Jochen Roose · Mike S. Schäfer
Thomas Schmidt-Lux (Hrsg.)

Fans

Erlebniswelten
Band 17

Herausgegeben von

Winfried Gebhardt
Ronald Hitzler
Franz Liebl

Zur programmatischen Idee der Reihe

In allen Gesellschaften (zu allen Zeit und allerorten) werden irgendwelche kulturellen Rahmenbedingungen des Erlebens vorproduziert und vororganisiert, die den Menschen außergewöhnliche Erlebnisse bzw. außeralltägliche Erlebnisqualitäten in Aussicht stellen: ritualisierte Erlebnisprogramme in bedeutungsträchtigen Erlebnisräumen zu sinngeladenen Erlebniszeiten für symbolische Erlebnisgemeinschaften. Der Eintritt in dergestalt zugleich ‚besondere' und sozial approbierte Erlebniswelten soll die Relevanzstrukturen der alltäglichen Wirklichkeit – zumindest partiell und in der Regel vorübergehend – aufheben, zur mentalen (Neu-)Orientierung und sozialen (Selbst-)Verortung veranlassen und dergestalt typischerweise mittelbar dazu beitragen, gesellschaftliche Vollzugs- und Verkehrsformen zu erproben oder zu bestätigen.

Erlebniswelten können also sowohl der ‚Zerstreuung' dienen als auch ‚Fluchtmöglichkeiten' bereitstellen. Sie können aber auch ‚Visionen' eröffnen. Und sie können ebenso ‚(Um-) Erziehung' bezwecken. Ihre empirischen Erscheinungsweisen und Ausdrucksformen sind dementsprechend vielfältig: Sie reichen von ‚unterhaltsamen' Medienformaten über Shopping Malls und Erlebnisparks bis zu Extremsport- und Abenteuerreise-Angeboten, von alternativen und exklusiven Lebensformen wie Kloster- und Geheimgesellschaften über Science Centers, Schützenclubs, Gesangsvereine, Jugendszenen und Hoch-, Avantgarde- und Trivialkultur-Ereignisse bis hin zu ‚Zwangserlebniswelten' wie Gefängnisse, Pflegeheime und psychiatrische Anstalten.

Die Reihe ‚Erlebniswelten' versammelt – sowohl gegenwartsbezogene als auch historische – materiale Studien, die sich der Beschreibung und Analyse solcher ‚herausgehobener' sozialer Konstruktionen widmen.

Winfried Gebhardt (gebhardt@uni-koblenz.de)
Ronald Hitzler (ronald@hitzler-soziologie.de)
Franz Liebl (FranzL@udk-berlin.de)

Jochen Roose
Mike S. Schäfer
Thomas Schmidt-Lux (Hrsg.)

Fans

Soziologische Perspektiven

VS VERLAG

MÄNGELEXEMPLAR

Bibliografische Information der Deutschen Nationalbibliothek
Die Deutsche Nationalbibliothek verzeichnet diese Publikation in der
Deutschen Nationalbibliografie; detaillierte bibliografische Daten sind im Internet über
<http://dnb.d-nb.de> abrufbar.

1. Auflage 2010

Alle Rechte vorbehalten
© VS Verlag für Sozialwissenschaften | Springer Fachmedien Wiesbaden GmbH 2010

Lektorat: Frank Engelhardt

VS Verlag für Sozialwissenschaften ist eine Marke von Springer Fachmedien.
Springer Fachmedien ist Teil der Fachverlagsgruppe Springer Science+Business Media.
www.vs-verlag.de

Umschlaggestaltung: KünkelLopka Medienentwicklung, Heidelberg
Titelfoto: AP/Thanassis Stavrakis
Druck und buchbinderische Verarbeitung: Ten Brink, Meppel
Gedruckt auf säurefreiem und chlorfrei gebleichtem Papier
Printed in Germany

ISBN 978-3-531-16096-2

Vorwort

Neben den Autorinnen und Autoren dieses Bandes – denen wir Einiges zu-
gemutet haben, die dies jedoch hingenommen und mit viel Engagement
umgesetzt haben – wollen wir noch einigen weiteren Personen danken. Hier
ist zunächst Michael Jäckel zu erwähnen, dessen Sammelband „Mediensoziologie" konzeptionell Pate stand für die Idee, auch den Gegenstand Fans
systematisch, aus Sicht unterschiedlicher soziologischer Perspektiven zu
beleuchten. Zudem danken wir den Leipziger Studierenden des Forschungs-
seminars „Kultursoziologie der Fans", die durch ihre Begeisterung und
ihren Ideenreichtum den Anstoß für eine umfassendere Beschäftigung mit
Fans gaben. Ebenfalls sind wir Winfried Gebhardt, Ronald Hitzler und
Franz Liebl für die Offerte dankbar, den Band in die Reihe „Erlebniswelten"
aufzunehmen. Nicht zuletzt danken wir Beatrice Bedbur, Julia Böcker,
Daniel Mudra und Andreas Schmidt für Ihre Hilfe bei der Erstellung und
Korrektur des Manuskripts.

Jochen Roose, Mike S. Schäfer & Thomas Schmidt-Lux

Inhaltsverzeichnis

Einleitung.
Fans als Gegenstand soziologischer Forschung

Jochen Roose, Mike S. Schäfer & Thomas Schmidt-Lux

> „Ich informiere mich noch immer an jedem Wochenende, wie mein Verein, die Spielvereinigung Fürth, gespielt hat. Und ich kann Ihnen sagen, es ist ein Jammer. Seit Jahren scheitern sie oft ganz knapp, manchmal nur wegen des Torverhältnisses, am Aufstieg in die Bundesliga. Wobei ich mich immer noch daran gewöhnen muss, dass mein Verein jetzt Greuther Fürth heißt, nicht mehr nur Fürth. Greuther war mir in meiner Jugend nicht bekannt" (ZEITmagazin Leben 27/2007, S. 22).

Dieses Zitat wäre kaum bemerkenswert, käme es von einem fränkischen Fußballfan. Tatsächlich aber stammt es von Henry Kissinger, dem ehemaligen US-Außenminister, Präsidentenberater sowie Friedensnobelpreisträger, und datiert knapp 70 Jahre nach seiner Emigration aus Deutschland. Kissinger, von dem man gewiss nicht sagen kann, er sei in seiner neuen Heimat nicht angekommen, hat offenbar eine stete Verbundenheit mit seiner alten Heimat aufrechterhalten – als Fan des lokalen Fußballvereins.

Dieser Fall ist symptomatisch für den Gegenstand dieses Buches: für Fans. Denn Fans gehen oft erstaunliche Beziehungen ein. Sie begeistern sich für Personen, die für persönliche Kontakte unerreichbar oder zumindest nur selten und punktuell zugänglich sind. Sie unterstützen kontinuierlich Vereine, selbst wenn Trainer, Manager oder Spieler ausgetauscht werden. Diese Beziehungen sind oft leidenschaftlich und bleiben nicht selten ein Leben lang bestehen, teils unter widrigen Umständen, über große Entfernungen hinweg und trotz wiederholter Enttäuschungen – wie bei Henry Kissinger.

Doch wer sind diese Fans, was unterscheidet sie von „normalem" Publikum? Wie werden Zuschauer oder Zuhörer zu Fans? Und was folgt aus dieser Fan-Begeisterung für den Einzelnen und für soziale Gemeinschaften?

Fragen wie diese sind es, die wir in diesem Band stellen und mittels soziologischer Expertise beantworten wollen. Denn Fans sind ein Phänomen, das für die Soziologie in unterschiedlicher Hinsicht interessant ist. Zum einen ist die Entstehung von Fans von Interesse. Zwar ist es die freie und private Entscheidung jedes Einzelnen, Fan zu werden; Menschen können Fans werden oder nicht, und wenn sie Fans werden, können sie sich immer noch für unterschiedlichste Fanobjekte – Personen, Gruppen oder Gegenstände – entscheiden. Zugleich hat sich in den verschiedensten Bereichen gezeigt, dass scheinbar freie Entscheidungen je nach sozialer Lage oft recht unterschiedlich gefällt werden, mithin sozial vorgeprägt sind. Aufgabe soziologischer Forschung ist es, den Mechanismen nachzuspüren, nach denen bestimmte Fanobjekte aus einem schier unendlichen Universum von Möglichkeiten ausgewählt werden und Interesse und Sympathie für einen Gegenstand schließlich zur Fan-Begeisterung gesteigert werden.

Zum anderen sind die Folgen des Fantums soziologisch relevant. Bei Fans lässt sich eine auf ein bestimmtes Objekt fokussierte Freizeitbeschäftigung beobachten, die mitunter die gesamte Lebensgestaltung prägt. Das gibt diesem Aspekt ein besonderes Gewicht im Vergleich zur kaum überschaubaren Vielfalt anderer Freizeitaktivitäten und legt die Suche nach Effekten dieses in spezifischer Weise fokussierten Verhaltens nahe.

Will man sich Fans wissenschaftlich nähern, hat man aber zunächst zwei klassische Aufgaben: Erstens muss der Gegenstand begrifflich gefasst, mithin definiert werden; zweitens gilt es, den Forschungsstand zu resümieren. Beides ist im Fall von Fans ungewöhnlich schwierig. Denn die sprichwörtlichen Schultern in Form bereits vorliegender Arbeiten anderer Soziologen, auf die man sich bei der Definition und Analyse von Fans stellen könnte, sind noch recht schmal, was daran liegen mag, dass der Gegenstand selbst ob seines Variantenreichtums nicht einfach zu fassen ist. Dennoch wollen wir uns diesen Aufgaben hier stellen.

1   Fans – zwei Definitionen

Die (Sozial-)Wissenschaften kennen grundsätzlich zwei Arten von Definitionen: Nominal- und Realdefinitionen (vgl. z.B. Kromrey 2002: 153). Nominaldefinitionen sind Festlegungen eines Begriffsverständnisses durch den Autor. Sie dienen der Verständigung darüber, was mit einem Begriff gemeint ist und versuchen, möglichst präzise die Eigenschaften anzugeben, an denen das Definierte erkannt werden soll. Da es sich dabei um Konventionen, d.h. um letztlich willkürliche Festlegungen handelt, bei denen die Nähe zum allgemeinen Sprachgebrauch keine zwingende Voraussetzung ist, haben Nominaldefinitionen keinen Informationswert. Sie sind nicht wahr oder falsch, sondern lediglich für eine Forschungsfrage geeignet oder nicht. Realdefinitionen sind dagegen empirische Beschreibungen von Gegenständen. Sie versuchen, die tatsächlich wesentlichen Eigenschaften von Phänomenen zu beschreiben und haben damit einen substanziellen Informationsgehalt. Dieser Informationsgewinn hat aber einen Preis: Realdefinitionen beschreiben, welche Phänomene de facto mit einem bestimmten Begriff bezeichnet werden. Sie sind an den alltäglichen Sprachgebrauch gebunden und damit meist weniger präzise.

Sowohl Nominal- als auch Realdefinitionen haben also ihre Tücken, aber auch ihre Vorzüge. Wir wollen daher beide Wege beschreiten – eine Nominaldefinition anbieten und uns auch im Sinne einer Realdefinition an einer Beschreibung wesentlicher Charakteristika von Fans versuchen.

1.1 Fans - eine Nominaldefinition

Widmen wir uns zunächst der Frage, welche Definitionen von Fans bereits vorliegen. Dabei ist zunächst zu konstatieren, dass viele Studien mit einem Verständnis von Fans arbeiten, das im Kontext bestimmter Fanszenen (z.b. Fußball- oder Musikfans) intuitiv verständlich ist. Die Untersuchten werden meist durch Selbstrekrutierungen oder die Rekrutierung in scheinbar eindeutigen Kontexten (z.b. in Fankurven) ausgewählt und so der Fokus auf die gewünschte Zielgruppe zu garantieren versucht. Es wird also keine Definition vom Forscher postuliert, sondern die Frage, wer ein Fan ist, wird den Akteuren überantwortet (vgl. Franke 1991; Hills 2002: xi).

Explizite (Nominal-)Definitionen von Fans sind bisher selten. In denen, die vorliegen, steht oftmals die Emotionalität von Fans im Mittelpunkt: So hält es Winter für typisch, dass Fans „enthusiastisch und exzessiv ihrer Leidenschaft nachgehen" (1993: 71), Hills beschreibt sie als „obsessed with a particular star, celebrity, film, TV programme, band" (2002: ix), Abercrombie und Longhurst als „particularly attached" (1998: 138). Eine emotionale Beziehung scheint aus Sicht vieler Autoren kennzeichnend für Fans zu sein.

Doch wie muss diese emotionale Beziehung genau aussehen? Eine Reihe von Definition beschreiben Fans als Personen, die eine übersteigerte emotionale Beziehung zu ihren Fanobjekten haben. Dies mag mit den etymologischen Wurzeln des Begriffs zu tun haben, der die Kurzform des englischen „fanatic", also „Fanatiker" ist. Ein Fanatiker ist jemand, „der von bestimmten Ideen, einer bestimmten Weltanschauung o.ä. so überzeugt ist, dass er sich leidenschaftlich, mit blindem Eifer (und rücksichtslos) dafür einsetzt" (Duden 1993: 1036). Vor allem in der englischen Literatur ist diese begriffliche Nähe von Fanatikern und Fans nach wie vor spürbar. Mackellar (2006) macht in ihrer Literaturschau beispielsweise keinen Unterschied zwischen Fans und Fanatikern. In der Tradition von Rudin (1969) sowie Haynal und anderen (1987) bestimmt sie Fans (und Fanatiker) durch die Verabsolutierung der Wertschätzung einer Person oder eines Gegenstandes, verbunden mit der Abwertung aller anderen Ziele und eigener Bedürfnisse: „The values attached to the fanatic's pursuit take on a meaning that allows them to reduce the value of other seemingly normal human needs" (Mackellar 2006: 198f.). Sie schildert Fans damit als letztlich pathologische Charaktere, die alle anderen Lebensbereiche ihrem Fanatismus unterordnen.

Auch diesen Arbeiten dient also eine – wenngleich dramatisch übersteigerte – emotionale Bindung von Fans an ein Fanobjekt als Basis des Begriffsverständnisses. Wir übernehmen diese Zentralstellung von Emotionen, setzen aber im Gegensatz zu Mackellar und anderen an zwei Punkten anders an. Zum einen halten wir es nicht für sinnvoll, Fans zu pathologisieren. Auch wenn etymologische Wurzeln des Begriffs im Fanatismus liegen mögen, so hat er sich doch zumindest im deutschen Sprachraum soweit verselbständigt, dass eine wertfreie Fassung des Terminus möglich und sinnvoll ist. Zum anderen gilt es, eine Psychologisierung des Begriffs zu vermeiden. Ob ein Fan durch eine bestimmte Charakterstruktur gekennzeichnet ist, ist von Fall zu Fall empirisch zu klären. Bei einer soziologischen Fan-Definition sollten nicht die individuellen Charakterzüge einzelner Menschen im Mittelpunkt stehen, sondern die Charakteristika von deren spezieller Beziehung zu einer anderen Person, einer Personengruppe oder einem anderen Gegenstand – ihrem Fanobjekt.

Dementsprechend verstehen wir Fans in der Folge als *Menschen, die längerfristig eine leidenschaftliche Beziehung zu einem für sie externen, öffentlichen, entweder personalen, kollektiven, gegenständlichen oder abstrakten Fanobjekt haben und in die emotionale Beziehung zu diesem Objekt Zeit und/oder Geld investieren* (angelehnt an Schäfer/Roose 2005: 49).

Eine kurze Erläuterung der Bestandteile dieser Definition mag die ihr zugrunde liegenden Entscheidungen plausibel machen. Der Kern des Fan-Seins ist, erstens, eine intensive emotionale, eine *leidenschaftliche Beziehung*. Intensität und Ausdruck dieser emotionalen Bindung mögen sich über die Zeit verändern, aber gänzlich ohne Emotionen ist Fan-Sein nicht denkbar.

Diese emotionale Bindung ist, zweitens, *längerfristig*. Damit hält eine erste Unschärfe in die Definition Einzug, da sich letztlich nicht genau bestimmen lässt, wie lange eine emotionale Beziehung andauern muss, damit eine Person als Fan charakterisiert werden kann. Es ist jedoch sinnvoll, Fans abzugrenzen von gelegentlichen Zuschauern, die beispielsweise eifrig applaudieren, aber diese emotionale Beziehung nach dem Verlassen des Konzertsaals bereits beendet haben.

Drittens ist Fantum immer mit einem ideellen oder gegenständlichen *Fanobjekt* verbunden. Dieses Fanobjekt kann vielfältig sein und die Definition muss daher an dieser Stelle allgemein gehalten werden. Als Fanobjekte können die verschiedensten Personen, Gegenstände oder Kollektive dienen, es können sogar abstrakte Konstrukte wie Musikrichtungen oder Filmgenres sein. Dennoch kann das Fanobjekt in zweierlei Weise spezifiziert werden, um Fan-Beziehungen von anderen Beziehungen zu unterscheiden: Das Fanobjekt ist dem Fan *extern*. Damit lässt sich das Fan-Sein abgrenzen von Freizeitaktivitäten, bei denen Menschen selbst aktiv sind. So bin ich nicht Fan von der Fußballmannschaft, in der ich selbst spiele – auch wenn ich dies leidenschaftlich gern tue und dabei Zeit investiere – weil mir die Mannschaft nicht extern ist. Zudem ist das Fanobjekt ein *öffentliches*, d.h. der Zugang zum Fanobjekt ist prinzipiell unabgeschlossen. Dies unterscheidet Fantum z.B. von Freundschaften oder Liebesbeziehungen, die ebenfalls emotionale Beziehungen darstellen, in die Zeit und Geld investiert wird, aber im Privaten stattfinden.

Fan-Sein umfasst nach unserem Verständnis, viertens, nicht nur eine leidenschaftliche, emotionale Beziehung, sondern ist auch handlungsrelevant. Das *Investieren von Zeit und/oder Geld* als Kriterium macht deutlich, dass Fan-Sein mit Handlungen zwingend verbunden ist.

Trotz dieser Spezifikationen lässt unsere Definition von Fans noch erheblichen Spielraum. Insbesondere in zwei Richtungen wurde die Definition bewusst offen gehalten: Zum einen schränkt sie die Fanobjekte nicht auf bestimmte inhaltliche Bereiche wie Sport oder Musik ein. Zum anderen lässt sie unterschiedliche Intensitäten des Fan-Seins zu. Die hier vorgeschlagene Definition geht lediglich von einer gewissen, nicht mehr selbstverständlichen emotionalen Intensität aus.

1.2 Fans in Deutschland - eine quantitative Exploration

Neben dieser Nominaldefinition wollen wir im Sinne einer Realdefinition skizzieren, was Fans tatsächlich auszeichnet. Dabei beschränken wir uns auf Fans in Deutschland, denn schon dies ist anspruchsvoll genug, da repräsentative Arbeiten zu Fans bisher nicht existieren. Es ist beispielsweise völlig unklar, in welcher Größenordnung sich die Anzahl von Fans in Deutschland bewegt. Wir gehen zwar davon aus, dass ein beachtlicher Teil der Bevölkerung nach unserer Definition als Fan anzusehen ist und die meisten Menschen im Lebensverlauf einmal Fan von etwas oder jemandem waren, aber belegen können wir diese These nicht.

Um einige Eindrücke von der deutschen Fanlandschaft zu erhalten, haben zwei der Autoren eine Online-Befragung von 6.353 Personen durchgeführt.[1] Eingeladen zur Teilnahme wurden Personen, die nach ihrer eigenen Ansicht „begeistert oder Fan von etwas" sind. Wir lehnen uns damit – wie bei Realdefinitionen üblich – an das Begriffsverständnis der Befragten an, haben uns also auf deren Selbstselektion verlassen. Auch deshalb kann unsere Online-Befragung keine Repräsentativität beanspruchen. Die folgenden Ergebnisse sind daher keine Beschreibung, die für alle deutschen Fans repräsentativ wäre, sondern lediglich eine quantitative Exploration.

Die Befragten sind, ihren Selbstauskünften zufolge, Fans von sehr unterschiedlichen Dingen: von Musikern und Bands, von Fußball- und anderen Sportvereinen, von einzelnen Sportlern, von Büchern, Schauspielern, Filmgenres usw., aber auch von Computer-Betriebssystemen wie Linux, Auto-

---

1   Die Befragung wurde von Jochen Roose und Mike S. Schäfer durchgeführt und auf deutschsprachigen Internetseiten beworben. Geantwortet haben auch einige Österreicher, Schweizer und andere Ausländer. Im Folgenden werden aber nur die deutschen Fälle analysiert, um etwaige Verzerrungen durch unterschiedliche Nationalitäten der Befragten zu vermeiden.

marken, Hifi-Anlagen oder der Dresdner Semperoper. In Tabelle 1 werden diese Angaben in fünf Fanbereiche zusammengefasst.[2]

Tabelle 1:   Verteilung von Fans auf unterschiedliche Fanbereiche (in %)

Sport	55,6
Musik	24,5
Film	9,5
Buch	4,1
Sonstiges	6,3
N	5726

Quelle dieser (und aller folgenden) Auswertungen: Fan-Online-Befragung Roose/Schäfer

Diese Verteilung entspricht aber vermutlich nicht der tatsächlichen Verteilung von Fans in Deutschland. Beispielsweise kam ein großer Teil der Antworten durch Hinweise auf unsere Befragung auf einer Webseite für Tippspiele bei Fußball- und Eishockeywettbewerben zustande, und entsprechend dürften der Sportbereich und insbesondere Fußball und Eishockey überrepräsentiert sein. Aufgrund dieser Verzerrungen können wir keine belastbaren Größenvergleiche dieser Fanbereiche vornehmen. Innerhalb der einzelnen Bereiche dürfte die Verteilung von Fans aber durchaus ungefähr der realen Verteilung (für Fans mit Internetnutzung) entsprechen. Im Folgenden analysieren wir daher die einzelnen Fanbereiche jeweils getrennt, um erste Ähnlichkeiten und Unterschiede aufzuspüren.

Sehen wir uns zunächst *Einstellungen von Fans* an (Abb. 1). Dabei wird sofort die intensive Beziehung von Fans zu ihren Fanobjekten deutlich. Eine klare Mehrheit gibt an, von ihrem Fanobjekt „vorbehaltlos begeistert" zu sein. Die Intensität dieser Beziehung ist aber nicht mit „Fanatismus" im Sinne einer Unterordnung aller anderen Lebensbereiche unter das Dasein als Fan gleichzusetzen. Wenn sie sich zwischen Freunden und Fanobjekt entscheiden müssten, gäben nur 10 % der Befragten ihrem Fanobjekt den Vorzug. Zwischen 5 und 15 % geben an, das Fanobjekt bestimme ihren Alltag

---

2   Da ein großer Teil der Antworten durch Hinweis auf einer Webseite für Tippspiele bei Fußball- und Eishockeywettbewerben zustande gekommen ist, dürfte der Sportbereich, insbesondere eben Fußball und Eishockey, überrepräsentiert sein, während Musikfans vermutlich unterrepräsentiert sind.

und rund 10 % sagen, sie selbst wären gern so wie ihr Fanobjekt. Es ist also nur eine kleine Minderheit, für die das Fantum den primären und unhinterfragten Lebensmittelpunkt darstellt.

Abbildung 1:   Intensität der Beziehung zum Fanobjekt (in %)

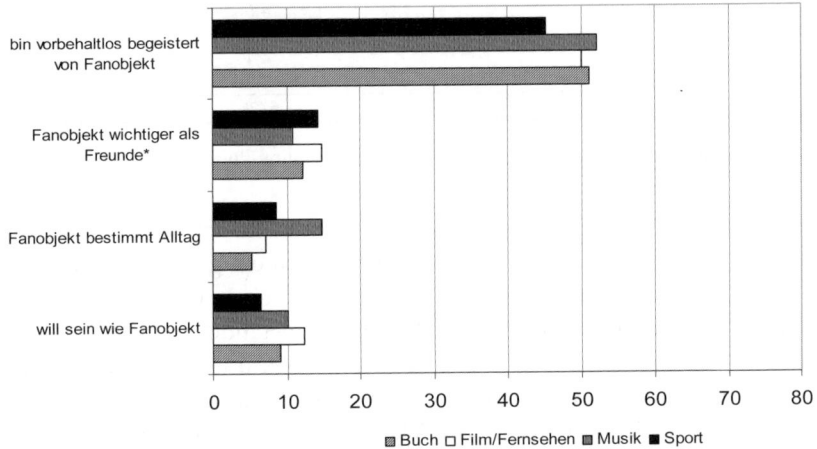

Befragte konnten angeben, ob sie den Aussagen „voll", „zum Teil" oder „gar nicht" zustimmen. Ausgewiesen ist der prozentuale Anteil der Personen, die „voll" zustimmen. Das mit „*" markierte Item wurde in umgekehrter Richtung abgefragt.

Betrachten wir zusätzlich einige *Fan-Aktivitäten*. Sieht man sich – gewissermaßen als Globalmaß der Fan-Aktivitität – an, welchen Anteil ihrer Freizeit Fans ihrem Fanobjekt widmen (Tab. 2), dann zeigt sich zweierlei: Erstens scheint diese Frage schwierig zu beantworten zu sein. In jedem Fanbereich gibt ungefähr ein Drittel der Befragten an, diesen Freizeitanteil nicht einschätzen zu können, was möglicherweise daran liegt, dass die Vielzahl der Alltagshandlungen mit Fanbezug nur schwer aufzusummieren ist. Zweitens geben die Fans, die geantwortet haben, überwiegend an, „bis zu einem Viertel" ihrer Freizeit in das Fanobjekt zu investieren. Bei den Sportfans sind dies fast zwei Drittel (61 %), bei Filmfans gut die Hälfte (55 %) und bei Buch-Fans knapp die Hälfte (46 %). Die meisten Musikfans investieren dagegen scheinbar mehr Zeit in ihre Fan-Aktivitäten. Diese Verteilung ist zwei-

felsohne stark beeinflusst durch die Gelegenheiten, sich mit seinem Fanobjekt zu beschäftigen. Beim Sport sind es vor allem Wettkämpfe oder Spiele,
die im Stadion oder in Medien beobachtet werden können. Im Gegensatz
dazu ist die Musik der präferierten Interpreten im Zeitalter tragbarer Ab-
spielgeräte einfacher verfügbar. Zudem spielt sicherlich auch der Aufwand
der jeweiligen Fanaktivität eine Rolle. Während das Hören von Musik eine
recht niedrigschwellige Beschäftigung mit dem Fanobjekt darstellt, die sogar
nebenbei erfolgen kann, erfordert etwa das Lesen von Büchern mehr Zeit
und eine intensivere Zuwendung.

Tabelle 2:   Freizeitanteil für Fan-Aktivität (in %)

	Sport	*Musik*	*Film*	*Buch*
bis zu einem Viertel	60,9	37,9	55,3	45,5
ein Viertel bis zur Hälfte	22,1	29,9	23,5	34,3
Hälfte bis drei Viertel	11,9	19,6	14,2	14,7
mehr als drei Viertel	5,1	12,6	7,0	5,6
N	*2034*	*934*	*358*	*143*
N: kann ich nicht sagen	*1066*	*429*	*170*	*78*

Tabelle 3:   Besuch von Veranstaltungen des Fanobjekts (in %)

	Sport	*Musik*	*Film*	*Buch*
nie	3,1	0,4	0,2	0,5
selten	12,9	0,5	2,6	0,9
gelegentlich	25,6	6,7	19,8	27,3
meist	30,4	39,6	46,6	52,7
immer	28,4	52,8	30,8	18,6
N	*3183*	*1365*	*530*	*220*

Tabelle 4:   Für Fantum ausgegebenes Geld (Selbsteinschätzung; in %)

	Sport	*Musik*	*Film*	*Buch*
wenig Geld	29,1	28,4	40,2	41,0
nicht so viel Geld	38,6	38,3	35,2	31,2
viel Geld	27,5	28,5	21,6	23,1
sehr viel Geld	4,8	4,8	3,0	4,6
N	*2729*	*1167*	*440*	*173*
N: kann ich nicht sagen	*269*	*158*	*68*	*36*

Eine der zentralen Aktivitäten von Fans ist der Besuch von Veranstaltungen: Spielen im Stadion, Konzerten, Lesungen, Film-Premieren usw. Diese Veranstaltungen werden von Fans intensiv wahrgenommen. In allen Fan-Bereichen gibt mehr als die Hälfte der Befragten an, meistens oder immer Veranstaltungen bei ihrem Fanobjekt zu besuchen (Tab. 3). Dies spricht für die große Bedeutung von Fanaktivitäten auch jenseits medialer Angebote. Gerade für das Entstehen hochemotionaler Beziehungen wie eben von Fans kann das unmittelbare Erleben des jeweiligen Objektes wichtig sein und steht häufig auch am Beginn individueller Fanbiographien.

Neben der Investition von Zeit verweist die Fan-Definition auch auf das Ausgeben von Geld. Alle erfassten Fanbereiche bieten die Gelegenheit, viel Geld auszugeben – durch Reisen an entlegene Veranstaltungsorte, den Kauf von Merchandising-Artikeln oder ähnliches. Da die Budgets von Fans aber aufgrund von unterschiedlichen Altersgruppen und Schichtzugehörigkeiten sehr unterschiedlich sind, haben wir gefragt, ob die Fans aus ihrer subjektiven Sicht viel oder weniger Geld ausgeben. Auch hier wählen viele Befragte die niedrigsten Kategorien, geben also nach eigener Einschätzung wenig oder „nicht so viel" Geld für ihr Fantum aus (Tab. 4). Umgekehrt sind es zwischen 25 % (Film) und 33 % (Musik), die viel oder sehr viel Geld investieren.

Schließlich haben wir noch nach einer Reihe konkreter Aktivitäten gefragt, um herauszufinden, inwieweit und wie das Fantum in den Lebensvollzug der Fans eingreift (Abb. 2). Es zeigt sich, dass Fan-Sein für den größten Teil der Fans bedeutet, Informationen über das Fanobjekt zu sammeln, begeistert vom Fanobjekt zu erzählen und fanbezogene Medien zu nutzen. Insbesondere unter Sportfans ist zudem die Unterstützung der eigenen Mannschaft und das Besitzen von Fan-Kleidung verbreitet. Es sind auch vornehmlich die Sportfans, die ihre Anhängerschaft ihrer Umwelt demonstrieren wollen.

Immerhin zwei Fünftel der Sport- und Musikfans hatten schon einmal Kontakt mit den Sportlern oder Musikern, denen ihre Begeisterung gilt. Kritik am eigenen Fanobjekt ist nur für vergleichsweise wenige ein Tabu. Nur 37 % der Film- und Fernsehfans berichten, sie würden ausschließlich gut von ihrem Fanobjekt sprechen; unter den Sportfans geben das sogar lediglich 17 % an, was möglicherweise daran liegt, dass schlechte Leistungen ihres Fanobjektes für Sportfans in Form von Niederlagen oder schlechten Tabellenrängen deutlicher sichtbar sind als etwa für Filmfans.

Abbildung 2:   Fan-Aktivitäten (in %)

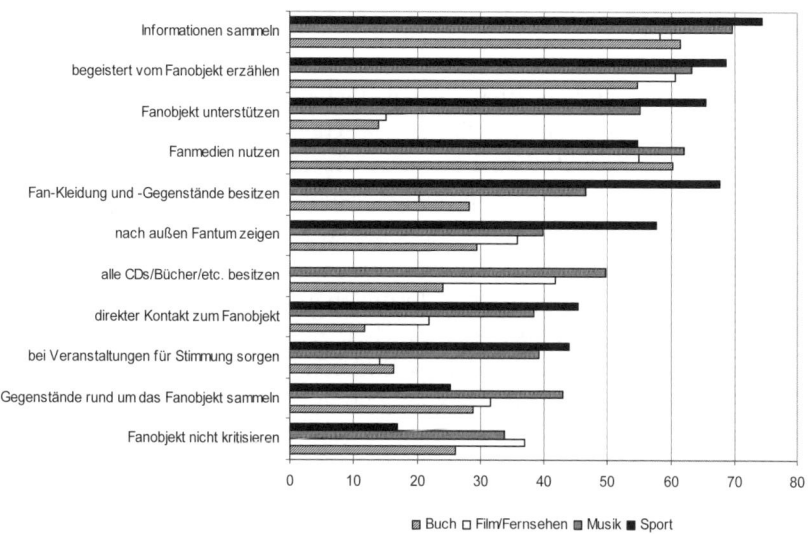

Befragte konnten angeben, ob sie den Aussagen „voll", „zum Teil" oder „gar nicht" zustimmen. Ausgewiesen ist der prozentuale Anteil der Personen, die „voll" zustimmen.

Resümieren wir: Die Online-Befragung von Fans in Deutschland zeichnet ein Bild von Fans als Menschen, die sich mit einigem Aufwand ihrem Fanobjekt zuwenden. Die Begeisterung der Fans ist dabei der Kern ihrer Fanbeziehung, aber meist nicht mit völliger Hingabe im Sinne kritikloser Imitation verbunden. Fan-Sein bedeutet, in einem nennenswerten Teil seiner Freizeit die Geschicke des Fanobjektes zu verfolgen, Informationen zu sammeln, sich mit anderen über das Fanobjekt auszutauschen und oftmals auch, das Fanobjekt zu unterstützen oder Zugehörigkeit zu demonstrieren. Zudem wird deutlich, dass die Palette möglicher Fanobjekte sehr breit ist – Fan kann man scheinbar von fast allem werden.

2   Stand der Fanforschung

Nach diesen Definitionen gilt es nun, die Grundzüge des einschlägigen Forschungsstands zu resümieren. Dabei wird zunächst einmal deutlich, dass Fans trotz ihrer weiten Verbreitung und ihrer interessanten Charakteristika bislang alles andere als ein etabliertes Forschungsobjekt der Sozialwissenschaften oder auch der Soziologie sind. Es finden sich allerdings eine Reihe von vereinzelten Studien zu unterschiedlichen Aspekten des Phänomens Fantum, die sich durch vier Spezifika auszeichnen:

Die vorliegenden Studien beziehen sich, erstens, durchweg auf einen einzelnen Fanbereich oder ein einzelnes Fanobjekt. Am meisten Aufmerksamkeit haben Fußballfans auf sich gezogen (z.B. Bradley 2002; Carroll 1980; Franke 1991; Gebauer 2002; Giulianotti 1995, 2002; König 2002; Prosser 2002), gefolgt von Fans von Popmusik-Interpreten und -gruppen (z.b. Fritzsche 2003; Hauk 1999; Rhein 2000; Weyrauch 1997; Wise 1990). Nur vereinzelt wurden darüber hinaus auch Fans von anderen Fanobjekten analysiert, etwa von Science-Fiction-Filmen und -Serien (z.B. Barker/Brooks 1998; Brüdigam/ Zinnecker 1998; Kozinets 2001), Videospielen (Consalvo 2003), Wrestling (Götz 1998a, 1998b), Horrorvideos (Eckert u.a. 1990; Vogelgesang 1991) oder so unterschiedlichen Musikangeboten wie Black Metal (Vogelgesang 1998), Volksmusik (Grabowski 1999) oder Richard Wagner (dessen Fans sich selbst freilich nicht als „Fans" bezeichnen, vgl. Gebhardt 2003; Zingerle/Cappai 2003). Was bisher in der Literatur vollständig fehlt, ist eine Querschnittsbetrachtung des Phänomens Fan über verschiedene Fanbereiche hinweg. Systematische Vergleiche von Fanszenen wurden bisher nicht vorgelegt.

Zweitens dominiert in der Forschung eine qualitative Orientierung. Die Studien vermitteln – häufig auf Basis eines quasi-ethnographischen Vorgehens – einen detaillierten und instruktiven Blick in die Welt der Fans. So werden beispielsweise Anhänger eines einzelnen Vereins genau unter die Lupe genommen. Diese Arbeiten sind für die Vermessung eines noch wenig betrachteten Forschungsgegenstandes, wie ihn Fantum darstellt, überaus instruktiv. Ein nächster Schritt wäre aber, die dort ausgemachten Befunde auf ihre Belastbarkeit über den einzelnen Fall hinaus zu untersuchen. Dies kann auch quantitative Methoden ins Spiel bringen. Solche Studien mit einem Anspruch auf Generalisierung gibt es bisher nicht.

Drittens lässt sich in der Literatur eine Reihe von mehrfach behandelten Fragestellungen ausmachen. So wird häufig deviantes Verhalten von Fans, v.a. gewalttätiges oder auch rassistisches und diskriminierendes Handeln, geschildert (z.b. Becker 1982; Carroll 1980; Case/Boucher 1981; Roversi 1991; Wann 1993). Ebenfalls geht es oft um ritualisierte Elemente des Fanhandelns, wobei nicht selten Parallelen zu religiösen oder kultischen Verhaltenswiesen hergestellt werden (z.b. Gebauer 2002; Klein/Schmidt-Lux 2006; Kopiez 2002; Ponomarjev 1980; Prosser 2002; Sommer 1996). Nicht zuletzt wiesen eine Reihe von Arbeiten auf die Bedeutung von Fan-Sein in der Phase der Adoleszenz hin und versuchen, dessen Bedeutung für die Identitätsausbildung Jugendlicher und junger Erwachsener zu bestimmen (z.b. Bliesener/Lösel 2002; Fritzsche 2003; Götz 1998a, 1998b; Hall/Whannel 1990; Möller u.a. 2002; Rhein 2000; Vogelgesang 1994, 1998). Damit ist aber unserer Ansicht nach nur ein kleiner Teil der denkbaren, auch der naheliegenden Fragen zum Phänomen Fans behandelt. Eine Ausweitung dieser Perspektiven auf andere Handlungsaspekte, Ursachen und Folgen des Fan-Seins ist zweifelsohne wünschenswert.

Ein viertes, damit zusammenhängendes Manko der Literatur ist schließlich ihre Theorieabstinenz. So gut wie nie werden systematisch soziologische Theorien auf den Gegenstand Fans bezogen oder aus Fanforschungen Theorien generiert; und nicht selten beschränkt sich die Theoriearbeit auf die Erwähnung von Zeitdiagnosen wie der Freizeit- oder Spaßgesellschaft, zu denen das Phänomen ins Verhältnis gesetzt wird. Ohne einen klaren theoretischen Bezug, der der Generalisierung der Befunde der vielen einzelnen vorliegenden Studien dienen könnte, lassen sich die existierenden Arbeiten jedoch nur schwer zu einem Wissensstand kumulieren. Sie beschreiben vielfältigste Mechanismen und Typen in sehr spezifischen Kontexten, die sich über die disparaten Fanbereiche nur bedingt zu einem Gesamtbild verdichten. Auch hier besteht also der Bedarf nach einer Weiterentwicklung des Literaturstandes.

Der vorliegende Band soll diese Probleme an- und zu diesem Zweck in allen vier genannten Punkten über die vorliegende Literatur hinausgehen: Erstens gliedert sich der Band nach soziologischen Perspektiven auf Fans. Es geht also nicht um eine Reihe isolierter Fallstudien zu heterogenen Fanbereichen, sondern die einzelnen Beiträge beziehen jeweils soziologische Dimensionen auf den Gegenstand Fans und leuchten so das Phänomen systematisch aus. Zweitens steht eine eigenständige theoretische Bearbeitung des Themas Fans im Mittelpunkt. Es werden sowohl einleitend allgemeine Theorien der Soziologie auf ihre Tauglichkeit für die Analyse des Gegenstandes abgeklopft als auch in den einzelnen Kapiteln gegenstandsspezifische Theorien auf Fans bezogen. Drittens werden über die Beiträge hinweg unterschiedliche Fanszenen als empirische Beispiele herangezogen. Dabei geht der Blick sowohl auf die augenscheinlichen Fälle – etwa Fußballfans – als auch randständige Fanszenen – wie Fans von Horrorfilmen. Viertens kommen dabei sowohl qualitative als auch quantitative Methoden zum Einsatz.

Dieses Forschungsprogramm wird in diesem Band auf Fans übertragen. Die einzelnen Aufsätze betonen dabei – je nach Ausrichtung der Autoren und Spezifik der entsprechenden Literaturlage – unterschiedliche Aspekte. So sind Beiträge enthalten, die sich mit der originären Spezifik des Phänomens Fantum beschäftigen und etwa die Emotionen von Fans in den Mittelpunkt rücken (Mike S. Schäfer), fanspezifische Formen der alltäglichen Lebensführung skizzieren (Thomas Schmidt-Lux) und auf distinktive Praktiken innerhalb von Fanszenen eingehen (Winfried Gebhardt). Andere Aufsätze schließen stärker an Schwerpunkte der bereits vorliegenden Literatur an und fokussieren die Rolle von Gewalt unter Fans (Alexander Leistner), deren Konsumverhalten (Leila Akremi & Kai-Uwe Hellmann) oder Parallelen zu Religion bzw. Religiosität (Thomas Schmidt-Lux). Teils wird dabei dezidiert die Entwicklung der Fanforschung zu einem spezifischen Aspekt nachvollzogen, wie im Beitrag zu kultureller Praxis (Rainer Winter). Zusätzlich werden eine Reihe von Kernthemen der Soziologie auf Fans bezogen, die bislang nur selten systematisch auf dieses Phänomen in Anschlag gebracht wurden: Dahingehend werden etwa die Sozialstruktur von Fans (Gunnar Otte) und deren Sozialisation (Jan Skrobanek & Solvejg Jobst) thematisiert, darüber hinaus Geschlechteridentitäten (Bettina Fritzsche) sowie Fragen der Migration (Victoria Schwenzer & Nicole Selmer) und Globalisierung von Fans (Jochen Roose). Schließlich werden Ergebnisse von Studien zum Konnex von Fans und Medien (Dieter Ohr) oder zur Partizipation von Fans (Jochen Roose & Mike S. Schäfer) präsentiert.

In der Zusammenschau dieser Beiträge – so hoffen wir – ist es uns gelungen, die soziologische Analyse von Fans systematischer und vielseitiger als bisher zu fundieren und zugleich Anreize für weitere Studien zu einem, unseres Erachtens, hoch interessanten und relevanten Phänomen zu setzen.

Literatur

Abercrombie, Nicholas & Brian Longhurst (1998): Audiences. London: Sage.

Barker, Martin & Kate Brooks (1998): Judge Dredd. Luton: University of Luton Press.

Becker, Peter (1982): Haut'se, haut'se, haut'se in 'ne Schnauze - Das Fußballstadion als Ort der Reproduktion sozialer Strukturen. In: Pilz, Gunter A. (Hrsg.): Sport und körperliche Gewalt. Reinbek: 72-84.

Bliesener, Thomas & Friedrich Lösel (2002): Identitätsbildung, Gruppenstruktur und Gruppenerleben bei Hooligans. In: Herzog, Markwart (Hrsg.): Fußball als Kulturphänomen. Stuttgart: Kohlhammer. 253-268.

Bradley, Joseph M. (2002): The Patriot Game: Football's Famous `Tartan Army'. In: International Review for the Sociology of Sport 37/2. 177-197.

Brüdigam, Ulf & Jürgen Zinnecker (1998): Die ausgefransten Ränder der Rationalität. Ein bildungstheoretisches Strukturformat am Beispiel von Star Trek- und Akte X-Fans. In: Bohnsack, Ralf & Winfried Marotzki (Hrsg.): Biographieforschung und Kulturanalyse. Opladen: Leske+Budrich. 93-125.

Carroll, R. (1980): Football Hooliganism in England. In: International Review for the Sociology of Sport 15/2. 77-92.

Case, Robert W. & Robert L. Boucher (1981): Spectator Violence in Sport: a Selected Review. In: Journal of Sport and Social Issues 5/2. 1-14.

Consalvo, Mia (2003): Zelda 64 and Video Game Fans: A Walkthrough of Games, Intertextuality, and Narrative. In: Television and New Media 4/3. 321-334.

Duden (1993): Duden. Das große Wörterbuch der deutschen Sprache in acht Bänden. Mannheim u.a.: Dudenverlag.

Eckert, Roland, Waldemar Vogelgesang & Thomas A. Wetzstein (1990): Grauen und Lust. Die Inszenierung der Affekte. Eine Studie zum abweichenden Videokonsum. Pfaffenweiler: Centaurus.

Franke, Elk (1991): Fußballfans - eine Herausforderung an das sozialwissenschaftliche Arbeiten. In: Garz, Detlef & Klaus Kraimer (Hrsg.): Qualitativ-empirische Sozialforschung. Opladen: Westdeutscher Verlag. 177-211.

Fritzsche, Bettina (2003): Pop-Fans. Studie einer Mädchenkultur. Opladen: Leske+Budrich.

Gebauer, Gunter (2002): Fernseh- und Stadionfußball als religiöses Phänomen. In: Herzog, Markwart (Hrsg.): Fußball als Kulturphänomen. Stuttgart: Kohlhammer. 305-314.

Gebhardt, Winfried (2003): Bayreuth - vom Konvent zum Event. In: Neumann-Braun, Klaus, Axel Schmidt & Manfred Mai (Hrsg.): Popvisionen. Frankfurt a.M.: Suhrkamp. 185-198.

Giulianotti, Richard (1995): Football and the Politics of Carnival. In: International Review for the Sociology of Sport 30/2. 191-220.

Giulianotti, Richard (2002): Supporters, Followers, Fans, and Flaneurs: A Taxonomy of Spectator Identities in Football. In: Journal of Sport and Social Issues 26/1. 25-46.

Götz, Maya (1998a): Mädchen und Fernsehen. München: KoPäd.

Götz, Maya (1998b): Wenn Mädchen Fans sind. In: Beinzger, Dagmar, Sabine Eder, Renate Luca & Renate Röllecke (Hrsg.): Im Wyberspace. Bielefeld: Gesellschaft für Medienpädagogik und Kommunikationskultur. 111-123.

Grabowski, Ralf (1999): "Zünftig, bunt und heiter": Beobachtungen über Fans des volkstümlichen Schlagers. Tübingen: Tübinger Vereinigung für Volkskunde.

Hall, Stuart & Paddy Whannel (1990): The Young Audience. In: Frith, Simon & Andrew Goodwin (Hrsg.): On record. New York: Panthenon. 27-38.

Hauk, John (1999): Boygroups! Berlin: Schwarzkopf und Schwarzkopf.

Haynal, André, Miklos Molnar & Gèrard de Puymege (1987): Fanaticism. New York: Schoken Books.

Hills, Matt (2002): Fan Cultures. London & New York: Routledge.

Klein, Constantin & Thomas Schmidt-Lux (2006): Ist Fußball Religion? In: Thaler, Engelbert (Hrsg.): Fußball. Fremdsprachen. Forschung. Aachen: Shaker. 18-35.

König, Thomas (2002): Fankultur. Münster: Lit.

Kopiez, Reinhard (2002): Alles nur Gegröle? Kultische Elemente in Fußball-Fangesängen. In: Herzog, Markwart (Hrsg.): Fußball als Kulturphänomen. Stuttgart: Kohlhammer. 293-303.

Kozinets, Robert V. (2001): Utopian enterprise: Articulating the meanings of Star Trek's culture of consumption. In: Journal of Consumer Research 28/1. 67-88.

Kromrey, Helmut (2002): Empirische Sozialforschung. Opladen: Leske+Budrich.

Mackellar, Joanne (2006): Fanatics, fans or just good fun? Travel behaviours and motivations of the fanatic. In: Journal of Vacation Marketing 12/3. 195-217.

Möller, Renate, Patrick Glogner, Stefanie Rhein & Jens Heim (Hrsg.) (2002): Wozu Jugendliche Musik und Medien gebrauchen. Weinheim & München: Juventa.

Ponomarjev, N.J. (1980): Sports as a Show. In: International Review of Sport Sociology 3-4/201-230.

Prosser, Michael (2002): 'Fußballverzückung' beim Stadionbesuch. Zum rituell-festiven Charakter von Fußballveranstaltungen in Deutschland. In: Herzog, Markwart (Hrsg.): Fußball als Kulturphänomen. Stuttgart: Kohlhammer. 269-292.

Rhein, Stefanie. (2000): Teenie-Fans. In: Heinrichs, Werner & Armin Klein (Hrsg.): Deutsches Jahrbuch für Kulturmanagement 1999. Baden-Baden: Nomos. 165-194.

Roversi, Antonio (1991): Football Violence in Italy. In: International Review for the Sociology of Sport 26/4. 311-331.

Rudin, Josef (1969): Fanaticism. London: University of Notre Dame Press.

Schäfer, Mike S. & Jochen Roose (2005): Begeisterte Nutzer? Jugendliche Fans und ihr Medienumgang. In: merz - Medien + Erziehung 2005/2. 49-53.

Sommer, Regina (1996): Musik und religiöse Erfahrung. In: Fechtner, Kristian, Lutz Friedrichs, Heinrich Grosse, Ingrid Lukatis & Susanne Natrup (Hrsg.): Religion wahrnehmen. Marburg: diagonal. 175-184.

Vogelgesang, Waldemar (1991): Jugendliche Video-Cliquen. Action- und Horrorvideos als Kristallisationspunkte einer neuen Fankultur. Opladen: Westdeutscher Verlag.

Vogelgesang, Waldemar (1994): Jugend- und Medienkulturen. In: Kölner Zeitschrift für Soziologie und Sozialpsychologie 46/3. 464-491.

Vogelgesang, Waldemar (1998): Inszenierungs- und Erlebnisformen von jugendlichen Black Metal-Fans. In: Willems, Herbert & Martin Jurga (Hrsg.): Inszenierungsgesellschaft. Opladen: Westdeutscher Verlag. 213-229.

Wann, Daniel L. (1993): Aggression Among Highly Identified Spectators as a Function of Their Need To Maintain Positive Social Identity. In: Journal of Sport and Social Issues 17/2. 134-143.

Weyrauch, Jan (1997): Boygroups. Das Teenie-FANomen der 90er. Berlin: Extent.

Winter, Rainer (1993): Die Produktivität der Aneignung - Zur Soziologie medialer Fankulturen. In: Holly, Werner & Ulrich Püschel (Hrsg.): Medienrezeption als Aneignung. Opladen: Westdeutscher Verlag. 67-79.

Wise, Sue (1990): Sexing Elvis. In: Frith, Simon & Andrew Goodwin (Hrsg.): On record. New York: Panthenon. 390-398.

Zingerle, Arnold & Gabriele Cappai (Hrsg.) (2003): Sozialwissenschaftliches Übersetzen als interkulturelle Hermeneutik. Berlin: Duncker & Humblot.

Fans in theoretischer Perspektive

Jochen Roose, Mike S. Schäfer & Thomas Schmidt-Lux

Das Themenfeld Fans ist bislang selten systematisch mit soziologischer Theorie in Verbindung gebracht worden. Von wenigen Ausnahmen abgesehen, brachten Fanforschungen weder eigene Theorien hervor noch wurden soziologische Theorien auf das Phänomen Fantum angewandt. Dies stellt ein eindeutiges Manko der bisherigen Fanforschung dar, und hier liegen dementsprechend noch die größten Reserven. Von einer stärkeren theoretischen Orientierung würden nicht nur die empirischen Analysen von Fans profitieren und die Anschlussfähigkeit der Fanforschung an andere soziologische Felder erhöht – die soziologische Theoriedebatte selbst könnte hier wertvolle Impulse erfahren.

Dieser Aufgabe gehen etliche Beiträge dieses Bandes für jeweils spezifische soziologische Perspektiven nach. Zuvor wollen wir jedoch einige Vorschläge unterbreiten, auf welche Weise die Anwendung allgemeiner soziologischer Theorien auf den Fall der Fans instruktive Fragen aufwerfen und Antwortrichtungen anbieten kann. Unsere Ausführungen können dabei – in Anbetracht der enormen soziologischen Theorienvielfalt – keinen Anspruch auf Vollständigkeit erheben, sondern sollen erste Hinweise darauf sein, wie vielfältig die Möglichkeiten sind, sich dem Themenfeld Fans theoretisch zu nähern.

Wir fragen im Folgenden zunächst mit der Rational Choice-Theorie nach den Gründen, die Personen zu Fans werden lassen. Lässt sich Fantum als rational verstehen und welcher Nutzen ist sich durch Fantum zu erzielen? Mit Goffman beleuchten wir darüber hinaus, wie Fan-Aktivitäten ein Teil individueller Selbstpräsentationen sind und wie spezifische Bühnen genutzt werden, um Teile der Identität auszuagieren, die in anderen Räumen Beschränkungen unterliegen. Die Grundlagen der Abgrenzung von Fanszenen nach außen und vor allem die dazu komplementären internen Beziehungen und Hierarchiebildungen von Fans untereinander werden wir schließlich mit Bourdieus Distinktionstheorie betrachten.

Diese Theorien haben wir ausgewählt, weil sie unterschiedliche soziologische Zugänge repräsentieren und auch unterschiedliche Aspekte des Gegenstands fokussieren. Aber natürlich sind die damit in den Mittelpunkt gestellten Fragen nach Ursachen und Formen von Fantum sowie Strukturen von Fanszenen nur einige Möglichkeit unter vielen anderen.

Die folgenden Ausführungen nehmen die Grundlinien der genannten Theorien auf, ohne deren Weiterentwicklungen in allen Facetten nachvollziehen zu können. Stattdessen wird grundlegend gefragt, inwieweit die entsprechenden Theorien für Fans und Fantum erklärungskräftig sind und welche Anschlussfragen sich daraus ergeben. Wir wollen so deutlich machen, dass die soziologische Erforschung von Fans in zwei Richtungen anschlussfähig ist: zur Ergänzung und Verfeinerung theoretischer Debatten wie zur Bearbeitung empirischer Fragen für einen spezifischen Gegenstand.

1   Warum wird man Fan? Eine Rational Choice-Perspektive

Für die Beantwortung der Frage, warum Menschen zu Fans werden, mag die Rational Choice-Theorie auf den ersten Blick ungeeignet scheinen. Sie beschäftigt sich schließlich mit rationalen Abwägungen und Entscheidungen, während umgekehrt der Beginn individueller Fankarrieren gerade nicht als eine solche Entscheidung wahrgenommen wird. Fans selbst wählen vor allem passive Begrifflichkeiten, um zu beschreiben, wie sie gewissermaßen unverschuldet und durch die Umstände zu Fans wurden (Akremi/Hellmann in diesem Band). Eine rational abgewogene Entscheidung lässt sich dabei nicht erkennen.

Nun müssen Entscheidungen nach dem Verständnis der Rational Choice-Theorie keineswegs den Akteuren selbst als punktuelle Entscheidungen bewusst sein. Auch implizite Abwägungsprozesse und Entwicklungen in kleinen Schritten verlaufen nach den Annahmen der Theorie rational und lassen sich entsprechend erklären (Esser 1999: 190ff.). Doch wiederum sperrt sich der Fall Fans gegen eine solche Interpretation. Fans werden vielfach als irrational wahrgenommen (z.B. Mackellar 2006, vgl. auch die Einleitung in diesem Band). Man könnte sie demnach als einen Fall sehen, der nicht dem Geltungsbereich der Rational Choice-Theorie anheimfällt.

Eine solche theoretische Engführung wird unseres Erachtens dem Phänomen Fans nicht gerecht und entspräche auch nicht dem Anspruch der Ra-

tional Choice-Theorie auf Allgemeingültigkeit (vgl. z.B. Esser 1999: 224ff.;
2006). Zum einen wurde im Verlauf der Fanforschung mehrfach betont, dass
eine Pathologisierung von Fans dem Phänomen unangemessen ist (vgl. auch
die Einleitung und Winter in diesem Band). Zudem hat die Emotionssoziologie gezeigt, dass Emotionen bewusst und strategisch gesteuert werden
können und eine Gleichsetzung von emotional besetzten Beziehungen wie
der Fan-Fanobjekt-Beziehung mit Irrationalität das Phänomen verkürzt
(Turner/Stets 2005: 21ff.). Es kann also durchaus sinnvoll sein, einen Rational
Choice-Ansatz für die Fan-Soziologie zu verfolgen.

In der Rational Choice-Theorie werden eine ganze Reihe unterschiedlicher Varianten vertreten, und es würde hier zu weit führen, diesen im Detail
durchzugehen. Wir orientieren uns stattdessen am theoretischen Grundmo-
dell (vgl. dazu z.B. Kunz 2004) und an dessen Erweiterungen durch Hartmut
Esser (1993; 1999-2002). Menschliches Handeln wird demnach verstanden
als eine Auswahl unter Alternativen, von denen jene Alternative mit dem
größten Nutzen gewählt wird. Der Nutzen ergibt sich als individueller,
subjektiv angenommener Nutzen, wobei die Eintrittswahrscheinlichkeit und
der erzielbare Nutzen verschiedener Alternativen gegeneinander abgewo-
gen werden. Wie sich Nutzen für eine Person ermitteln lässt, wird in der
Theorie unterschiedlich verstanden. Esser geht mit Bezug auf Lindenberg
von zwei anthropologischen Grundbedürfnissen aus, auf die sich aller Nutzen zurückführen lässt: soziale Anerkennung und physisches Wohlbefinden
(Esser 1999: 92ff.). Im konkreten Fall ist nun zu klären, welche Alternativen
ein Akteur hat, also welche Gelegenheiten und Ressourcen ihm/ihr zur Verfügung stehen, welche Alternativen die Person sieht und welcher subjektiv
eingeschätzte Nutzen für physisches Wohlbefinden und/oder soziale Anerkennung mit den Alternativen verbunden ist.

Selbstverständlich geht es jetzt nicht darum, für jeden Fan abzuleiten,
welche Alternativen ihm/ihr gerade zur Verfügung standen und so zum
Fantum geführt haben. Das Ziel ist vielmehr, soziale Regelmäßigkeiten zu
identifizieren, die sich aus dieser Logik ergeben (müssten). Es stellen sich
also zwei Fragen: 1. Wie erreichen Fans durch ihr Fantum soziale Wertschätzung und/oder physisches Wohlbefinden? 2. Unter welchen Bedingungen ist
Fantum der günstigere Weg zu dieser Nutzenbefriedigung im Vergleich zu
Alternativen? Die Antwort auf die zweite Frage weist uns den Weg um zu
klären, welche Personengruppen eher Fans werden als andere.

Der Nutzen aus Fantum kann vielfältig sein. Soziale Anerkennung finden Menschen in den unterschiedlichsten sozialen Gruppen, und Fan-Gemeinschaften bieten dazu genauso eine Möglichkeit wie andere Kontexte auch. Es mag also mit einer gewissen Zufälligkeit zu tun haben, ob sich Menschen in Fangruppierungen oder in andere soziale Kontexte integrieren, um soziale Anerkennung zu finden. Allerdings ergibt sich in der Folge eine Pfadabhängigkeit. Soziale Anerkennung wird in aller Regel jenen in höherem Maße zuerkannt, die in der Gruppenhierarchie höher angesiedelt sind, was wiederum mit der Dauer des Fantums und dem dabei akkumulierten Wissen zusammenhängt (siehe Abschnitt 3). Der Wechsel des Fanobjekts ist dann gleichbedeutend mit der Aufgabe dieser über Zeit erarbeiteten Hierarchieposition. Mit Blick auf soziale Anerkennung ist also der Wechsel von einem Fanobjekt zu einem anderen unwahrscheinlich. Die oft erstaunliche Treue von Fans beispielsweise zu erfolglosen Fußballmannschaften wird nicht zuletzt so erklärbar.

Das zweite Grundbedürfnis, das physische Wohlbefinden, lässt sich spezifischer an Fantum anbinden. Ausgangspunkt für diese Überlegung ist die Emotionalität der Fan-Fanobjekt Beziehung. Zunächst einmal können die mit dem Fanobjekt zusammenhängenden Ereignisse, wie Konzerte, Filmvorführungen, Sportwettbewerbe u.ä., attraktiv sein, weil hier Emotionen ausgelebt und ausprobiert werden können, für die in anderen Lebenskontexten möglicherweise kein Raum ist (vgl. Schäfer sowie Fritzsche in diesem Band). Sloan (1979) hat in seinem Theorie- und Empirieüberblick für den Sportbereich eine Reihe von (möglichen) Effekten der Sportereignisse auf Fans aufgezeigt, die als (impliziter) rationaler Grund für Fanbegeisterung in Frage kommen. Dabei stehen emotionale Effekte im Vordergrund. So könnten die Beobachtung und vor allem das Mitfiebern bei Sportereignissen der Stress- und Stimulationserzeugung dienen, die in anderen Kontexten nicht sozial akzeptiert erreicht werden können (Klausner 1968). Die Identifikation mit einer erfolgreichen Mannschaft bietet positive Identifikationsmöglichkeiten mit Stolz, Prestige und Selbstbewusstsein (Sloan 1979: 238). Auch die Berichte von Fans selbst heben immer wieder die Emotionalität der Erlebnisse hervor.

Diese Möglichkeit emotionalen Erlebens reicht aber als Motiv für Fan-Begeisterung allein nicht aus. Der Besuch dieser Veranstaltungen ist so erklärbar, aber nicht die vielfältigen Fanaktivitäten rund um diese Ereignisse.

Verständlich wird dies erst, wenn man Fantum als eine Strategie zur Intensivierung des emotionalen Erlebens versteht. Durch die emotionale Bindung erhalten Ereignisse im Zusammenhang mit dem Fanobjekt eine gesteigerte Bedeutung, und die dabei empfundenen Emotionen werden verstärkt. Grossberg erklärt das Phänomen Fans in genau dieser Weise: „For the Fan, popular culture becomes a crucial ground on which he or she can construct mattering maps. Within these mattering maps, investments are enabled which empower individuals. They may construct relatively stable moments of identity, or they may identify places which [...] matter [...]. Fans actively constitute places and forms of authority [...] through the mobilization and organization of affective investments" (Grossberg 1992: 59). Am offensichtlichsten ist dies wohl im Sport, wenn aus der neutralen Beobachtung eines Sportereignisses ein intensives „Mitfiebern" mit dem eigenen Verein wird. Doch auch bei anderen Fanobjekten lassen sich emotionale Erlebnisse beobachten, die durch die Fan-Begeisterung noch einmal intensiviert werden (z.B. Grabowski 1999: 73).

Ein weiterer Aspekt, der für die Rationalität einer Fan-Beziehung spricht, ergibt sich aus der Zeitdiagnose von Gerhard Schulze, der heutige Gesellschaften als Erlebnisgesellschaften charakterisiert (Schulze 1992a; vgl. auch Volkmann 2000). Schulze hatte argumentiert, Bedürfnisbefriedigung in der Wohlstandsgesellschaft sei vor allem eine Befriedigung des Bedürfnisses nach positiven Erlebnissen. Dessen Befriedigung sei aber ausgesprochen schwierig, da positive (d.h. schöne, beeindruckende) Erlebnisse schwer zu prognostizieren und damit schwer zu finden seien (Schulze 1992a: 63ff.; 1992b; 1997). Schulze vermutete als Lösungsstrategie eine fortwährende Suche nach Neuem, wobei der Erlebniswert des Neuen stets prekär bleibt. Fantum lässt sich nun verstehen als rationale Alternativstrategie, bei der das Erlebnis nicht in immer Neuem gesucht wird, sondern in einer sich steigernden Konzentration auf das Gleiche.[1] Der Erlebniswert müsste abhängig sein von der Fähigkeit, die Fanbeziehung zu intensivieren und so das Erlebnis trotz der ähnlichen Wiederholung zu steigern. In dieser Perspektive wäre eine Fanbeziehung die rationale Lösung für die Unberechenbarkeit des

---

[1] Dass auch diese Strategie emotionale Erlebnisse durchaus nicht garantieren kann, bleibt dabei natürlich unbestritten (vgl. auch Leistner/Schmidt-Lux 2010).

Erlebnismarktes, wie sie Schulze beschreibt. Die intensiveren, fanatischeren Fans sind demnach die rationaleren.

Damit lassen sich zwei für alle Fanbereiche anwendbare Strategien einer Steigerung des physischen Wohlbefindens durch Fantum erkennen: 1. Fantum als Strategie zur Steigerung emotionalen Erlebens und 2. Fantum als Strategie der Erlebnissicherung auf einem prekären Erlebnismarkt.

Daran schließt sich die Frage an, welche Personengruppen vermutlich eher zu Fantum neigen. Dies müssten Personen sein, die entweder aufgrund höherer Kosten Alternativen verwerfen oder deren Bedarf an Emotionen besonders hoch ist. Auf welche Personenkreise dies zutrifft, lässt sich nicht leicht sagen. Zu denken wäre beispielsweise an alternative Möglichkeiten des emotionalen Erlebens etwa in religiösen Zusammenhängen (vgl. Schmidt-Lux zu „Fans und Religion" in diesem Band). Man könnte dann annehmen, dass Menschen mit religiösem Hintergrund weniger wahrscheinlich zu Fans werden, weil ihnen zumindest ein Ausschnitt der emotionalen Erlebnisse des Fantums in einem anderen Kontext zugänglich ist. Andersherum könnten diskriminierte oder exkludierte Gruppen einen höheren Bedarf an Zugehörigkeitsgefühl zu einem erfolgreichen Fanobjekt und dem damit verbundenen Prestige haben (Giulianotti/Robertson 2006, vgl. auch Schwenzer/Selmer in diesem Band). Eine andere Überlegung ergibt sich aus Schulzes Milieuunterscheidung. Die Milieus unterscheiden sich im Ausmaß ihrer Erlebnisorientierung (Rössel 2005: 93), wobei die Milieus der Jüngeren eine stärkere Erlebnisorientierung zu haben scheinen als die der Älteren. Entsprechend müssten Fans eher unter jungen Menschen zu finden sein. Schließlich könnte man vermuten, dass mit den neuen Medien der Zugang zu Fangemeinschaften einfacher geworden ist. Insbesondere im Internet ist der Kontakt zu anderen Fans unterschiedlichster Fanobjekte beträchtlich einfacher geworden. Bei sinkenden Kosten wird eine Alternative relativ zu anderen attraktiver. Wir müssten dementsprechend mehr Fans erwarten und eine größere Bandbreite von Fanobjekten (vgl. Ohr sowie Roose in diesem Band).

All dies sind zunächst einmal vorläufige, beispielhafte Thesen und Interpretationen zu Einzelbefunden, die sich aus einer Rational Choice-Perspektive ergeben. Eine Anwendung dieser Perspektive auf Fans gibt es bislang nicht. In empirischen Studien finden sich aber immer wieder Hinweise, welchen Nutzen die Fans aus ihrem Fantum ziehen. Diese Plausibilitätsüberle-

gungen systematisch in eine Rational Choice-Theorie des Fantums zu übersetzen, könnte einerseits zur Integration von Einzelbefunden beitragen und
andererseits eine systematische Weiterentwicklung von Theorien darüber
ermöglichen, wer zum Fan wird und warum.

2   Wie agieren Fans? Antworten aus Goffmanscher Perspektive

Eine ebenfalls mikrosoziologische, aber deutlich anders akzentuierte Perspektive auf Fans lässt sich mit Erving Goffman einnehmen. Es ist nicht
allein die phänomenologische Nähe von Stars und Fans zu den für Goffman
zentralen Kategorien von *Darstellern* und *Publikum*, die seine Schriften für
die soziologische Analyse von Fantum bedeutend sein lassen. Es ist in erster
Linie der von Goffman stark gemachte mikroskopische Blick auf soziale
Kontexte, der Aufschluss über das Funktionieren und die innere Ordnung
von Fankulturen verspricht. Denn *vor* allen (berechtigten) Untersuchungen
sozialer Konsequenzen und gesellschaftlicher Bedeutung von Fanbeziehungen kann die Frage gestellt werden, wie sich Fantum im Alltag und sozialen
Interaktionen konstituiert und inszeniert.

Gerade die *Organisationsprinzipien* sozialer Zusammenhänge standen im
Mittelpunkt von Goffmans Interesse (Hettlage 1999). Dabei versuchte er, einerseits die soziale Bedeutung und Macht von Symbolen, Interaktionsregeln
und Institutionen zu erkunden, andererseits aber gleichzeitig deren Fundierung im Miteinander (oder Gegeneinander) individueller Akteure zu betonen. Zu beiden Aspekten sozialer Ordnung finden sich bei Goffman detaillierte Analysen. In seinen Arbeiten zur Rahmenanalyse (Goffman 1977) fragt
er nach den sozialen Konsequenzen spezifischer Situationsdefinitionen und
-interpretationen; sein Buch zur Selbstdarstellung im Alltag entwirft eine
Rollentheorie sozialer Interaktionen (Goffman 1983); seine Studie zu „totalen
Institutionen" beschreibt die Konsequenzen institutioneller Arrangements
für individuelle Akteure, aber auch deren Strategien, diesen Institutionen zu
begegnen (Goffman 1972). Immer wiederkehrendes Motiv in diesen Texten
sind Fragen individueller Identitätsbildung bzw. -wahrung in einer sozialen
Umgebung, auf die der Einzelne unausweichlich zur Wahrung seines Selbst-
bildes angewiesen ist (vgl. Goffman 1975). Blickt man auf dieses begriffliche
und konzeptionelle Instrumentarium, verwundert es, dass in Arbeiten zu
Fans und Fantum bislang selten auf Goffman Bezug genommen wurde.

Insofern tragen die folgenden Bemerkungen eher programmatischen Charakter und zeigen Bezüge auf, die weiter ausgebaut werden müssten (vgl. auch Gebhardt in diesem Band).

Zur Analyse von Fans scheint bei Goffman zunächst das Konzept der *Interaktionsordnung* fruchtbar zu sein. Er versteht darunter das Set von Regeln, Normen und Symbolen, die für eine jeweils begrenz- und angebbare „Sphäre der unmittelbaren Interaktion" (Goffman 1994: 55) gelten. Dort müssen, unter Bedingungen körperlicher Kopräsenz, Handlungen von Individuen koordiniert werden und Personen sich selbst und Andere beobachten. Die Analyse solcher Interaktionsordnungen erachtete Goffman als zentrale Aufgabe der Soziologie und widmete sich ihr selbst an vielen Beispielen. Eine davon inspirierte Fanforschung hätte nun die Aufgabe, spezifische Fan-Interaktionsordnungen zu untersuchen. Zu fragen wäre hier nach all den Regeln und Ritualen zur Sicherung der je persönlichen Fan-Identitäten, letztlich aber auch der Identität der Fangruppe als Kollektiv. Welche Regeln gelten für die Kommunikation im Fan-Chat oder im Fanblock des Stadions? Was sind legitime und was sind illegitime Themen oder sprachliche Ausdrücke? Solche Fragen wurden bereits in einer Reihe von Studien thematisiert. In den Lewis-Carroll-Fanclubs war es beispielsweise verpönt, die gegenüber dem Autor erhobenen Pädophilie-Vorwürfe auch nur zu thematisieren, geschweige denn ernst zu nehmen (Brooker 2005). Harrington und Bielby (1995) analysierten analog die Regularien von *soap*-Fanclubs, Bromberger (1998) die Normen innerhalb von Fußball-Fanszenen, Gebhardt und Zingerle (1998) die Regeln des Wagner-Kultes. Die Kenntnis solcher Regeln macht es im Umkehrschluss auch möglich, gezielte Verletzungen anderer Fans oder Diskreditierungen von Fans des eigenen Lagers zu analysieren und deren Regelhaftigkeit zu erkennen. Denn zur Wirksamkeit solcher Verletzungen (Beleidigungen, das Verweigern von Respekt etc.) gehört das Wissen um die jeweils eigentlich angebrachten Regeln. Goffman verwies hier auf „deference" und „demeanor" (Ehrerbietung und Benehmen) zur Herstellung wechselseitigen Vertrauens und Respekts – beides Regeln, deren gezielte Nicht-Beachtung deutliche Signale an die jeweils andere Seite sind (vgl. Franke/Pätzug 2006).

Im Grunde wird also nach der *Inszenierung der Fan-Rolle* gefragt, dem „face-work" unter Fans (Goffman 1986). Fan zu sein bedeutet in dieser Perspektive nichts anderes als die Verkörperung einer sozialen Rolle, die wie jede andere auch (Arzt, Schriftsteller, Polizist) mit bestimmten Regeln und Normen versehen ist und zur Darstellung ein Publikum und vor allem eine Vorderbühne braucht (Goffman 1983). Zur Untersuchung stehen hier Vorderbühnen an, auf denen sich Personen als Fans inszenieren und mit anderen Fans gemeinsam auftreten. Dies sind bei Musikfans bspw. die Konzerte der jeweiligen Lieblingsbands, aber auch Fantreffen oder Fan-Clubs. Welche Anforderungen an Fanrollen existieren hier? Welchen Regeln muss man folgen, um sich selbst als ernst zu nehmender, authentischer und „echter" Fan zu präsentieren? Auch zu diesen Fragen finden sich implizit Antworten in verschiedenen Fanstudien (z.B. in Doss 1999; Cavicchi 1998), wobei aber auch hier selten theoretische Bezüge und Schlussfolgerungen vorgenommen werden.

Offenkundig schließt das an Goffmans Konzept des „impression management" an, das notwendig ist, um Zugang zu bestimmten Fankreisen zu erlangen bzw. aufrecht zu erhalten. Dies mag dann das Wissen um bestimmte biografische Details des Stars sein, die aufrechte Verachtung anderer Fangruppen oder vielleicht auch der betont souveräne und selbstbestimmte Umgang mit dem Fanobjekt. All diese Techniken sind jeweils abhängig von der Fangruppe, die als Bezugspunkt angesehen wird, und den diese Gruppe kennzeichnenden Regeln. Entsprechend kann es hier auch zu Konflikten kommen. Wann tritt so möglicherweise Rollendistanz ein, und aus welchen Gründen? Und an welchen Stellen wird über die Ausgestaltung und Interpretation der Fanrolle gestritten oder verhandelt? Fantypologien nahmen solche Fragen teilweise in den Blick und identifizierten jeweils unterschiedliche Zugänge von Fans zu ihrem Fanobjekt. Allerdings verblieb dies entweder bei der Identifizierung vorwiegend kollektiver Mechanismen (Giulianotti 2002) oder die Vorstellung der Fangruppen erweckte den Eindruck weitestgehend harmonisch nebeneinander bestehender Fansegmente (Mackellar 2009). In Ansätzen thematisierte solche Spannungen Daniel Cavicchi bei seiner Analyse von Diskussionen unter Bruce Springsteen-Fans, was einen „wahren" Fan ausmacht (Cavicchi 1998: 96ff.)

Hinterbühnen wiederum sind „zu einer Vorstellung gehörige Ort(e), an dem der durch die Darstellung hervorgerufene Eindruck bewusst und selbstverständlich widerlegt wird" (Goffman 1983: 104). Orte also, an denen das Fanverhalten eingeübt bzw. vorbereitet wird. Die Suche nach solchen Orten und dortigen Regeln ist ein weiterer wichtiger Anknüpfungspunkt an

Goffman, führt aber unweigerlich zu einer noch interessanteren Frage. Der nämlich, wo überhaupt die *fanbezogene Vorderbühne* endet. Wann wird also die Rolle des Fans abgelegt, bzw. in welche sozialen Kontexte und Interaktionen eingeführt, die eigentlich anderen Regeln folgen? Und an welchen Stellen kommt es dann zu Konflikten oder Irritationen? Anders gesagt, thematisiert dies das Ausmaß der alltäglichen Relevanz und Präsenz des individuellen Fanseins. Goffman hat dieses Problem sehr schön am Eindringen von „Anderen" in bestimmte Situationsarrangements untersucht (Goffman 1983: 127f.). Dies ist etwa der Fall, wenn der als Fußballfan ausstaffierte Personalchef auf dem Weg zum Stadion seiner Sekretärin begegnet, die ihn bislang nur mit Anzug und Krawatte sah. Generell gefragt: Wann und wie kollidiert die Definition von Orten als Fan-Vorderbühne mit anderen Vorderbühnen-Rahmungen und wird so zum Problem? Und wie wird dieses gelöst?

Im Anschluss an zentrale Kategorien Erving Goffmans entwickelte zuletzt Randall Collins (2004) eine Theorie der *Interaction Ritual Chains.* Diese ist für das hier interessierende Phänomen Fantum insofern von Bedeutung, als sie den Blick verstärkt auf sich wiederholende, eben rituelle Alltagspraktiken lenkt, die interaktiv hervorgebracht werden und darüber grundlegende soziale Konsequenzen haben. Nach Collins zeichnen sich gelungene Interaktionsrituale durch vier Grundbedingungen aus: die körperliche Kopräsenz einer Gruppe von Menschen, deutliche Außengrenzen der Gruppe, ein gemeinsamer Punkt der Aufmerksamkeit und eine geteilte Stimmung innerhalb des Kollektivs. Schließen sich an diese Bedingungen gemeinsame Aktivitäten an, kann von einem gelungenen Interaktionsritual gesprochen werden und es besteht die Wahrscheinlichkeit, dass dieses Ritual wiederholt wird. Im Ergebnis solcher Wiederholungen festigt sich die Gruppenstruktur, die symbolische Ausstattung erweitert sich bzw. gewinnt an Stärke. Collins verband bei diesen Überlegungen zentrale Goffmansche Ideen mit Emile Durkheims Theorie religiöser Rituale und Symbole, ohne sich dabei auf die Sphäre traditioneller Religion zu beschränken.

Dementsprechend können Fan-Interaktionen als von hoher Regelmäßigkeit gekennzeichnete Interaktionen verstanden und interpretiert werden. Auch diese verlaufen häufig kollektiv, symbolisch codiert und mit emotionalem *output.* Noch stärker kommt durch eine solche Perspektive das Zusammenspiel von kollektiven und individuellen Momenten bei der Herstellung des Fantums in den Blick, und am Beispiel von gelingenden und sich wiederholenden Interaktionsritualen sollten sich „Kernzellen" von Fansozialität gut beobachten lassen. Collins selbst hat dies in Ansätzen unternommen (Collins 2008: 307ff.), andere Studien, insbesondere unter Sportfans, widmeten sich gleichfalls ritualisierten Fanpraktiken (vgl. Klein/Schmidt-Lux 2006). Auch zu diesem Punkt steht jedoch eine dezidiert auf Goffman Bezug nehmende Analyse weiter aus.

3   Was strukturiert Fan-Szenen? Der Ansatz von Pierre Bourdieu

Ein Aspekt von Fan-Gemeinschaft, der in der Literatur wiederholt beschrieben wurde, ist ihre Abgrenzung nach außen und, komplementär dazu, ihre interne Strukturierung. So beschreiben verschiedene Autoren, wie sich Fans – teils rigide – gegen die Außenwelt und „Nicht-Fans" (vgl. Gray 2003) abgrenzen. Fans von Fernsehserien sehen sich etwa als „markedly different from the average viewer or casual fan"; sie sind „adamant about distinguishing themselves from the stereotypical couch potato viewer with remote control in hand, consuming large quantities of television pabulum in an unstructured and habitual fashion" (Costello/Moore 2007: 130f.), Sportfans blicken aus der Fankurve auf das Konsumpublikum herab (z.B. Bromberger 1995; Schwenzer 2001) und Fans bestimmter Filmgenres spötteln über Unkundige (z.B. Eckert u.a. 1990; Winter 1991).

Parallel dazu lassen sich innerhalb der Fan-Gemeinschaften Hierarchiebildungen zeigen, wenngleich diese – je nach Fanobjekt – hinsichtlich der Hierarchisierungsprinzipien variieren. Innerhalb der bereits beschriebenen Fernsehserienfans sind es vornehmlich deren Aktivität und diskursive Präsenz innerhalb der im Wesentlichen internetbasierten Fanszene, die ihnen Renommee verschaffen und die Grundlage für einen Aufstieg in der Hierarchie sind (Costello/Moore 2007: bes. 132ff). Unter Fußballfans sind es v.a. der persönliche Einsatz im Stadion bei der Unterstützung der Mannschaft (Bromberger 1995) sowie die langjährige Bindung an den Verein, auch in schlechten Zeiten (Giulianotti 2002: 34), die eine hohe hierarchische Stellung begründen können. Horrorfilmfans unterscheiden sich bspw. hinsichtlich ihres Wissens über das Genre und hinsichtlich ihrer Aktivität in der Fan-Gemeinschaft (Eckert u.a. 1990: 64ff).

Derartige Phänomene externer Abgrenzung bei gleichzeitiger interner Differenzierung findet man in vielen verschiedenen Gesellschaftsbereichen. Für ihre Analyse besonders geeignet ist der Ansatz Pierre Bourdieus (vgl. 1983; 1994), der auch bereits mehrfach auf Fans und ähnliche Phänomene angelegt und teils eigens dafür modifiziert wurde.

Bourdieu versteht die soziale Welt als vertikal und horizontal strukturiert. Horizontal nebeneinander liegen verschiedene gesellschaftliche Felder, die jeweils unterschiedlichen Rationalitäten folgen, in denen unterschiedliche Ressourcen und Kapitalausstattungen wichtig sind und die eigenen Strukturierungslogiken unterworfen sind. Die Zahl derartiger Felder ist prinzipiell unbegrenzt, die wichtigsten sind Bourdieu zufolge das politische, das ökonomische, das kulturelle und das wissenschaftliche Feld (vgl. Bourdieu 1997; 2001). Vertikal differenziert sich Gesellschaft nach Bourdieu in unterschiedliche Klassen, die Bourdieu jedoch – im Unterschied etwa zu Marx – nicht nur nach ökonomischer Kapitalausstattung, sondern nach unterschiedlichen Kapitalien, deren internen Relationen und Veränderungen unterscheidet (vgl. Bourdieu 1983; sowie Müller 1986). Die zentralen Kapitalformen Bourdieus sind *ökonomisches Kapital* (materielles Vermögen wie Geld, Aktien usw.), *soziales Kapital* (aktuelle und potenzielle Ressourcen, die mit der Beteiligung einer Person an einem Netzwerk sozialer Beziehungen verbunden sind) sowie *kulturelles Kapital*. Bei letzterem handelt es sich v.a. um Bildungskapital, das „institutionalisiert" sein kann (wie akademische Titel), „objektiviert" (wie Kunstwerke, die man besitzt) oder „inkorporiert" (wie Kompetenzen von Personen etwa bei der Entschlüsselung bestimmter Kunststile). Bourdieus Gesellschaftsanalyse zielt darauf, die Mechanismen aufzuzeigen, die der Strukturierung der sozialen Welt und der Reproduktion dieser Sozialstruktur – inklusive der ihr inhärenten Unterschiede – zu Grunde liegen.

In seinem wohl bekanntesten Werk, den „Feinen Unterschieden" (1994), bindet Bourdieu auch persönlichen Geschmack, ästhetisches Empfinden und kulturelle Vorlieben in dieses Kapitalienmodell ein. Er zeigt, wie klassenspezifisch verteiltes kulturelles Kapital und gerade inkorporiertes kulturelles Kapital unterschiedlich auf Sozialpositionen im Frankreich der 1960er und 1970er Jahre verteilt sind und wie dies zur Reproduktion gesellschaftlicher Ungleichheit auch in punkto ökonomischem und sozialem Kapital beiträgt (vgl. Bourdieu 1994: bes. 727ff.). Er beschreibt etwa die ausgeprägte Neigung der „unteren Klassen" für Sportveranstaltungen und Fußball sowie für „modischen Nippes und bunten Kitsch" (1994: 212f, 595), die Vorliebe französischer Volksschullehrer und mittlerer Führungskräfte für Charles Aznavour oder Johnny Hallyday (1994: 212f.) und die Präferenz von Verwaltungs- und Wirtschaftseliten für klassische Musik, Maler wie Renoir und bestmimte Luxusgüter (1994: 212f., 419, 426f.). Diese Vorlieben versteht Bourdieu nicht als bewusste Strategien der Distinktion etwa von Eliten, sondern als in den persönlichen Habitus eingelassene, sozialisierte und damit gewissermaßen „echte" Liebhabereien der betreffenden Personen. An dieser Stelle reichen seine Analysen recht nahe an Fans heran – es ist letztlich nur eine Frage der Intensität dieser Liebhaberei, ob die Grenze zum Fantum überschritten wird.

Bourdieus Konzeption von kulturellem Kapital wurde denn auch von mehreren Autoren für Fans oder ähnliche Phänomene nutzbar gemacht. Besonders interessant sind dahingehend die Analysen von Sarah Thornton (vgl. v.a. 1995; 1996; für eine Anwendung auf Fans vgl. Giulianotti 2002) zu jugendlichen Klub- bzw. Subkulturen sowie die, konkreter auf Fans bezogenen, Arbeiten von John Fiske (v.a. 1992). Beide lehnen sich explizit an Bourdieu an (vgl. Fiske 1992: 30f.; Thornton 1995).[2] Sie sehen Kapitalien ebenfalls als spezifische Strukturierungsmechanismen der sozialen Welt, die Abgrenzungen nach außen als auch interne Hierarchisierungen erzeugen – und sie versuchen daher, Bourdieus Kapitalienkonzept gegenstandsspezifisch zu erweitern.

Für Jugend-Subkulturen bzw. Fanszenen führen sie „subkulturelles" (Thornton) bzw. „populär-kulturelles" (Fiske) Kapital ein. Diese Kapitalien zeigen sich sowohl in objektivierter Form – bspw. in umfangreichen und gut sortierten LP-Sammlungen (vgl. Thornton 1995: 202), in „collections of cheap, mass-produced fan objects" oder in „an article of clothing ‚genuinely' worn by the star" (Fiske 1992: 44) – als auch in inkorporierter Form wie spezifischem Wissen und Kompetenzen, der Kenntnis szenetypischer Verhaltensformen wie Slangworten und Grußritualen (vgl. Thornton 1995: 202f.;

---

2   Es gibt auch einige Unterschiede zwischen beiden Ansätzen, etwa im Umgang der eher klassentheoretisch inspirierten Thorntonschen Analyse und des eher aus den „cultural studies" kommenden Fiske. Diese Unterschiede werden hier aber ausgeblendet, weil sie für die Erörterung von Fans keine Rolle spielen.

Fiske 1992: 43) und sogar in spezifischem Aussehen (vgl. zu „Körperkapital" Otte 2007). Das Demonstrieren dieses Kapitals ist ein Marker für die „hipness" (Thornton 1996: 10f.) des Kapitalbesitzers innerhalb der entsprechenden Gemeinschaft und wird innerhalb der Sub- resp. Fankultur goutiert und honoriert.

Damit klingt schon der zentrale Unterschied zu Bourdieu[3] an: Sowohl sub- als auch pop-kulturelles Kapital sind in der Regel nicht – wie die anderen von Bourdieu beschriebenen Kapitalformen – gesellschaftsweit gültig, sondern gelten nur in einer Subkultur bzw. einer Fangruppe.[4] Sie tragen also zur Distinktion zwischen „a particular fan community (those who possess it) from others (those who do not)" (Fiske 1992: 42f.) bei. Diese externe Distinktion – gegen andere Subkulturen und Fangruppen, oft aber auch gegen den diffus umrissenen „Mainstream" (Thornton 1996: 5) – heißt auch, dass sub- und popkulturelles Kapital nur schwer in gesamtgesellschaftlich gültiges ökonomisches Kapital konvertiert werden können (vgl. Fiske 1992: 45) und weitgehend auf die „interpretive community" (Jenkins 1992: 210) der Subkultur und Fangruppe beschränkt bleiben.[5]

Sub- und popkulturelles Kapital gilt also vornehmlich innerhalb der eigenen Gemeinschaft und seine spezifische Dividende besteht in der Wertschätzung der peer group (Fiske 1992: 34). Dies impliziert auch einen „veiled elitism and separatism" (Thornton 1996: 5), der damit in die Gruppen Einzug hält: Unterschiedliche Kapitalienausstattung sind, wie bei Bourdieu, keine folgenlosen Andersartigkeiten, sondern bewirken Besser- und Schlechterstellungen von Einzelnen in der Gruppe und verleihen damit Macht, „however modest these powers may be[.] Distinctions are never just assertions of equal difference; they usually entail some claim to authority and

---

3   Wenngleich Bourdieu natürlich, wie Thornton (1995: 202) auch einräumt, grundsätzlich vorsieht, dass in gesellschaftlichen Nischen Unterkategorien bestimmter Kapitalformen entstehen können. Gerade mit seiner Feldertheorie ist das grundsätzlich konzeptionell fassbar.

4   Allerdings kommt es immer wieder vor, dass Fan-Utensilien und Sammlerstücke mitunter für hohe Summen versteigert werden – dies stellt also eine Ausnahme dar, bei der Fan-Kapital in ökonomisches Kapital konvertiert wird.

5   Entsprechend gelingt die Umwandlung dieser Kapitalform in Verdienstmöglichkeiten meist nur wenigen DJs, Designern usw., die wiederum Teil der Szene sind und aufgrund ihrer Stellung besonderes Prestige genießen (Thornton 1995: 203).

presume the inferiority of others" (Thornton 1995: 201; ähnlich Fiske 1992: 43). Für die Analyse einer solchen Strukturierung und Verfestigung von Macht sind Fans besonders interessant: „Fans, in particular, are active producers and users of such cultural capital and, at the level of fan organization, begin to reproduce equivalents of the formal institutions of official culture" (Fiske 1992: 33). Sie bauen also regelrechte Institutionen auf, die auf diesen alternativen Kapitalformen fußen und machen sie damit sozial folgenreich (vgl. zum Versuch von Fans, sich als „Geschmacksberater" für Fernsehsender zu etablieren, Brower 1992: 182).

Das Instrumentarium Bourdieus und dessen Weiterentwicklungen scheinen also gut für die Analyse von Fan-Gemeinschaften geeignet. Damit lässt sich verstehen, dass mit der Schließung von Fan-Gemeinschaften nach außen interne Strukturierungen und deren Strukturierungslogiken wichtiger werden, die sich als Herausbildung von sub- oder populär-kulturellem Kapital beschreiben lassen. Im Nachgang zu Bourdieu wird auch deutlich, dass sich Kapital unter Fans nicht einfach durch den Erwerb bestimmter Objekt – d.h. durch die Akquise objektivierten fanspezifischen Kapitals – herstellen lässt, sondern dass inkorporiertes Kapital in Form von Wissen, Kompetenzen usw. ebenfalls von großer Bedeutung, vermutlich von größerer Bedeutung ist.

Über diese Analysen hinaus wäre es interessant zu untersuchen, inwieweit Strukturen und Kapitalien der Gesellschaft in Fan-Gemeinschaften hineinwirken oder ob sie dort wertlos werden. Umgekehrt lässt sich auch fragen, ob fanspezifisches Kapital sich heute, in der „Freizeitgesellschaft", möglicherweise mehr denn je in die Außenwelt übertragen lässt.

4 Forschungsperspektiven

Was ist das Ergebnis dieser Überlegungen? Zunächst einmal die Erkenntnis, dass sich überraschende Einsichten und zugleich neue, vielversprechende Forschungsperspektiven gewinnen lassen, wenn man sich dem Fall der Fans aus soziologisch-theoretischer Perspektive zuwendet. Die Ausführungen zu den drei Theorievorschlägen zeigten zwar, dass solche Unternehmungen durchaus auf – wenngleich unterschiedlich umfangreiche – Vorarbeiten aufbauen können. Zu oft jedoch verblieben diese theoretisch inspirierten Fanforschungen auf der Ebene von Fallstudien und eher impressionistischen Illustrationen.

Auf drei Feldern gäbe es demnach künftig Handlungsbedarf: Erstens wäre es interessant zu fragen, ob man nicht schon die drei hier diskutierten Theorien miteinander kombinieren kann. Wird bspw. im Rahmen rationaler Entscheidungen mitunter die eigene Kapitalienausstattung reflektiert (und dann entschieden, dass man doch besser in der Fanszene „dabei" bleibt)? Im Ergebnis liefe dies darauf hinaus, nicht allein existierende Theorien dem Forschungsfeld Fans überzustülpen, sondern genuine soziologische Theoriearbeit in Konfrontation mit empirischem Material zu leisten.

Dies ließe sich zweifellos – zweitens – durch Hinzunahme weiterer theoretischer Angebote erweitern. Hier sind soziologische Klassiker wie die Eliassche Zivilisationstheorie ebenso wie interaktionistische Symboltheorien zu nennen, vor deren Hintergrund das Phänomen Fans zu interpretieren wäre. Aber auch neuere Theoriedebatten könnten von einem systematischen Bezug auf Fans profitieren. In Ansätzen ist dies etwa bei der Individualisierungstheorie schon der Fall gewesen (vgl. Otte in diesem Band). Die Frage jedoch, ob Fangruppen klassischen sozialstrukturellen Mustern folgen, eher als „Szenen" (Hitzler u.a. 2001) oder gar als „urban tribes" (Maffesoli 1996) angesehen werden müssen, ist längst nicht entschieden – und muss vielleicht auch je nach Fansegment unterschiedlich beantwortet werden.

Dies erfordert jedoch – drittens – vor allem Arbeiten, die theoretisch fundiert und zugleich empirisch gehaltvoll verfahren. Um über das Stadium von Einzelbefunden hinaus zu kommen, sind hier vor allem vergleichende Studien gefragt oder Fallstudien, die den Blick für generelle Fragen nicht aus den Augen verlieren. Diese Fragen sollten dann eben nicht zuletzt theoretischer Natur sein.

Literatur

Bourdieu, Pierre (1983): Ökonomisches Kapital, kulturelles Kapital, soziales Kapital. In: Kreckel, Reinhard (Hrsg.): Soziale Ungleichheiten. Göttingen: Otto Schwarz. 183-199.
Bourdieu, Pierre (1994): Die feinen Unterschiede. Frankfurt a.M.: Suhrkamp.
Bourdieu, Pierre (1997): Der Tote packt den Lebenden. Schriften zu Kultur und Politik 2. Hamburg: VSA.
Bourdieu, Pierre (2001): Das politische Feld. Konstanz: UVK.

Bromberger, Christian (1995): Football as world-view and as ritual. In: French Cultural Studies 6/18. 293-311.

Bromberger, Christian (1998): Fußball als Weltsicht und als Ritual. In: Belliger, Andréa & David J. Krieger (Hrsg.): Ritualtheorien. Opladen: Westdeutscher Verlag. 285-301.

Brooker, Will (2005): „It is Love". The Lewis Carroll Society as a Fan Community. In: American Behavioral Scientist 48/7. 859-880.

Brower, Sue (1992): Fans as Tastemakers: Viewers for Quality Television. In: Lewis, Lisa A. (Hrsg.): Adoring Audience. Fan Culture and Popular Media. London: Routledge. 163-184.

Cavicchi, Daniel (1998): Tramps Like Us. Music and Meaning among Springsteen Fans. New York & Oxford: University Press.

Collins, Randall (2004): Interaction Ritual Chains. Princeton: Princeton University Press.

Collins, Randall (2008): Violence. Princeton: Princeton University Press.

Costello, Victor & Barbara Moore (2007): Cultural Outlaws: An Examination of Audience Activity and Online Television Fandom. In: Television and New Media 8/2. 124-143.

Doss, Erika (1999): Elvis Culture. Fans, Faith and Image. Kansas: University Press.

Eckert, Roland, Waldemar Vogelgesang, Thomas A. Wetzstein & Rainer Winter (1990): Grauen und Lust. Die Inszenierung der Affekte. Eine Studie zum abweichenden Videokonsum. Pfaffenweiler: Centaurus.

Esser, Hartmut (1993): Soziologie. Allgemeine Grundlagen. Frankfurt a.M.: Campus.

Esser, Hartmut (1999): Soziologie (Bd 1). Frankfurt a.M.: Campus.

Esser, Hartmut (1999-2002): Soziologie (6 Bände). Frankfurt a.M.: Campus.

Esser, Hartmut (2006): Affektuelles Handeln: Emotionen und das Modell der Frame-Selektion. In: Schützeichel, Rainer (Hrsg.): Emotionen und Sozialtheorie. Frankfurt a.M.: Campus. 143-174.

Fiske, John (1992): The cultural economy of Fandom. In: Lewis, Lisa A. (Hrsg.): The Adoring Audience. Fanculture and Popular Media. London & New York: Routledge.

Franke, Thomas & Veit Pätzug (2006): Von Athen nach Althen. Die Fanszene von Lok Leipzig zwischen Europacup und Kreisklasse. Dresden: SDV.

Gebhardt, Winfried & Arnold Zingerle (1998): Pilgerfahrt ins Ich. Die Bayreuther Richard-Wagner-Festspiele und ihr Publikum. Konstanz: UVK.

Giulianotti, Richard (2002): Supporters, Followers, Fans, and Flaneurs. A Taxonomy of Spectator Identities in Football. In: Journal of Sport and Social Issues 26/1. 25-46.

Giulianotti, Richard & Roland Robertson (2006): Glocalization, Globalization and Migration. The Case of Scottish Football Supporters in North America. in International Sociology 21/2. 171-198.

Goffman, Erving (1972): Asyle. Über die soziale Situation psychiatrischer Patienten und anderer Insassen. Frankfurt a.M.: Suhrkamp.

Goffman, Erving (1975): Stigma. Über Techniken der Bewältigung beschädigter Identität. Frankfurt a.M.: Suhrkamp.

Goffman, Erving (1977): Rahmenanalyse. Ein Versuch über die Organisation von Alltagserfahrungen. Frankfurt a.M.: Suhrkamp.

Goffman, Erving (1983): Wir alle spielen Theater. Die Selbstdarstellung im Alltag. München: Piper.

Goffman, Erving (1986): Techniken der Imagepflege. In: Goffman, Erving: Interaktionsrituale. Über Verhalten in direkter Kommunikation. Frankfurt a.M.: Suhrkamp. 10-53

Goffman, Erving (1994): Die Interaktionsordnung. In: Goffman, Erving: Interaktion und Geschlecht. Frankfurt a.M.: Campus. 50-104.

Grabowski, Ralf (1999): „Zünftig, bunt und heiter". Beobachtungen über Fans des volkstümlichen Schlagers. Tübingen: Tübinger Vereinigung für Volkskunde.

Gray, Jonathan (2003): New Audiences, New Textualities: Anti-Fans and Non-Fans. In: International Journal of Cultural Studies 6/1. 64-81.

Grossberg, Lawrence (1992): Is There a Fan in the House. The Affective Sensibility of Fandom. In: Lewis, Lisa A. (Hrsg.): Adoring Audience. Fan Culture and Popular Media. London, New York: Routledge. 50-65.

Harrington, C. Lee & Denise D. Bielby (1995): Soap Fans. Pursuing Pleasure and Making Meaning in Everyday Life. Philadelphia: Temple University Press.

Hettlage, Robert (1999): Erving Goffman. In: Kaesler, Dirk (Hrsg.): Klassiker der Soziologie. München: Beck. 197-215.

Hitzler, Ronald, Thomas Bucher & Arne Niederbacher (2001): Leben in Szenen. Formen jugendlicher Vergemeinschaftung heute. Opladen: Leske+Budrich.

Jenkins, Henry (1992): 'Strangers No More, We Sing': Filking and the Social Construction of the Science Fiction Fan Community. In: Lewis, Lisa A. (Hrsg.): Adoring Audience. Fan Culture and Popular Media. London: Routledge. 208-236.

Klausner, Samuel Z. (1968): Empirical analysis of stress-seekers. in Klausner, Samuel Z. (Hrsg.): Why Man Takes Chances. Garden City: Anchor Books. 133-168.

Klein, Constantin & Thomas Schmidt-Lux (2006): Ist Fußball Religion? Theoretische Perspektiven und Forschungsbefunde. In: Thaler, Engelbert (Hrsg.): Fußball. Fremdsprachen. Forschung. Aachen: Shaker. 18-35.

Kunz, Volker (2004): Rational Choice. Frankfurt a.M.: Campus.

Leistner, Alexander & Thomas Schmidt-Lux (2010): "Ein schönes Spiel reicht noch nicht aus". Fußballfans im Rausch. In: Niekrenz, Yvonne & Sonja Ganguin (Hrsg.): Jugend und Rausch. Weinheim & München: Juventa.

Mackellar, Joanne (2006): Fanatics, fans or just good fan? Travel behaviours and motivations of the fanatic. In: Journal of Vacation Marketing 12/3. 195-217.

Mackellar, Joanne (2009): Dabblers, Fans and Fanatics. Exploring the behavioural segmentation at a spezial-interest event. In: Journal of Vacation Marketing 15/1. 5-24.

Maffesoli, Michel (1996): The Time of the Tribes. The Decline of Individualism in Mass Society. London: Sage.

Müller, Hans-Peter (1986): Kultur, Geschmack und Distinktion. Grundzüge der Kultursoziologie Pierre Bourdieus. In: Neidhardt, Friedhelm, M. Rainer Lepsius & Johannes Weiss (Hrsg.): Kultur und Gesellschaft (Sonderheft 27 der Kölner Zeitschrift für Soziologie und Sozialpsychologie). Opladen: Westdeutscher Verlag. 162-190.

Otte, Gunnar (2007): Körperkapital und Partnersuche in Clubs und Diskotheken. Eine ungleichheitstheoretische Perspektive. In: Diskurs Kindheits- und Jugendforschung 2/2. 169-186.

Rössel, Jörg (2005): Plurale Sozialstrukturanalyse. Eine handlungstheoretische Rekonstruktion der Grundbegriffe der Sozialstrukturanalyse. Wiesbaden: Verlag für Sozialwissenschaften.

Schulze, Gerhard (1992a): Die Erlebnisgesellschaft. Kultursoziologie der Gegenwart. Frankfurt a.m.: Campus.

Schulze, Gerhard (1992b): Situationsmodi und Handlungsmodi. Konzepte zur Analyse des Wandels sozialer Ungleichheit. In: Hradil, Stefan (Hrsg.): Zwischen Bewußtsein und Sein. Opladen: Leske+Budrich. 67-80.

Schulze, Gerhard (1997): Steigerungslogik und Erlebnisgesellschaft. In: Politische Bildung 30/2. 77-94.

Schwenzer, Victoria (2001): Fußball als kulturelles Ereignis: Eine ethnologische Untersuchung am Beispiel des 1. FC Union Berlin. In: Jahrbuch für Europa- und Nordamerika-Studien 5. 87-115.

Sloan, Lloyd Reynolds (1979): The Function and Impact of Sports for Fans: A Review of Theory and Contemporary Research. In: Goldstein, Jeffrey H. (Hrsg.): Sports, Games, and Play. Social and Psychological Viewpoints. Hilsdale: Lawrence Erlbaum. 219-262.

Thornton, Sarah (1995): The Social Logic of Subcultural Capital. In: Gelder, Ken & Sarah Thornton (Hrsg.): The Subcultures Reader. London & New York: Routledge. 200-209.

Thornton, Sarah (1996): Club Cultures: Music, Media and Subcultural Capital. Middletown: Wesleyan University Press.

Turner, Jonathan H. & Jan E. Stets (2005): The Sociology of Emotions. Cambridge: Cambridge University Press.

Volkmann, Ute (2000): Das Projekt des schönen Lebens - Gerhard Schulzes Erlebnisgesellschaft. In: Schimank, Uwe & Ute Volkmann (Hrsg.): Soziologische Gegenwartsdiagnosen (Bd. 1). Opladen: Leske+Budrich. 75-90.

Winter, Rainer (1991): Zwischen Kreativität und Vergnügen. Der Gebrauch des postmodernen Horrorfilms. In: Müller-Doohm, Stefan & Klaus Neumann-Braun (Hrsg.): Öffentlichkeit, Kultur, Massenkommunikation. Beiträge zur Medien- und Kommunikationssoziologie. Oldenburg: BIS. 213-229.

Geschichte der Fans

Thomas Schmidt-Lux

Wann, wo und wie lässt man eine Geschichte der Fans beginnen? Sofern sich Arbeiten aus dem Bereich der Fanforschung überhaupt dieser Frage widmeten, brachte dies bislang Uneinigkeit hervor; systematisch fand das Problem bisher keine Beachtung. Als eher impliziter *starting point* der derzeitigen Fangeschichtsschreibung kann das späte 19. Jahrhundert angesehen werden, die meisten Fanstudien befassen sich erst mit Beispielen aus noch jüngerer Geschichte.

Diese zeitliche Einschränkung ist jedoch keineswegs zwingend und lässt sich inhaltlich auch schwer rechtfertigen. Orientiert man sich an der in der Einleitung vorgeschlagenen, letztlich weiten Definition von Fantum als längerfristiger, leidenschaftlicher Beziehung zu einem externen, öffentlichen Objekt bei Investition von Zeit und Geld, erweitert sich der Horizont des Phänomens weit über das 19. Jahrhundert hinaus. Wenigstens hypothetisch ist Fantum so als zeitloses Konzept denkbar.[1] Ein solches Verständnis ist aus unserer Sicht von Vorteil, um auf der Ebene der Phänomene und möglichen Fanobjekte nicht per definitionem die Perspektive zu verengen, und um zugleich historische Veränderungen von Fans und Fantum beobachten zu können. Diese sollen ja keineswegs negiert, sondern – im Gegenteil – gerade durch eine solche, historisch weite Perspektive systematischer in den Blick kommen. Aus Sicht der hier vorgeschlagenen Definition spricht nichts dagegen, schon in der Antike nach Fans zu fragen – und dies hat, wie man sehen wird, auch einigen Erfolg.

Grenzen setzt hier eher der Forschungsstand und damit das Wissen um Fans als der Gegenstand selbst, denn natürlich hängt ein solches Vorgehen stark von der Quellenlage ab. Gerade bei historisch weit zurück liegenden Beispielen wird man nicht für alle Aspekte der Fandefinition ausreichend

---

1 Die Investition von *Zeit* war der von *Geld* historisch sicherlich vorgängig.

Belege finden können und es stellenweise bei Vermutungen belassen müssen. Dies ist aber ein generelles Problem historischer Forschung und kein Grund, eine über das 19. Jahrhundert hinaus reichende Perspektive auf Fans gänzlich zu verwerfen.

Zwei alternative Zugänge zu einer Geschichte der Fans seien gleichwohl kurz diskutiert. Die erste Variante würde sich primär am begrifflichen Label „Fans" orientieren. Nimmt man dieses semantische Kriterium als Ausgangspunkt, braucht man in der Tat ‚nur' ins späte 19. Jahrhundert zurückkehren und kann, beginnend bei amerikanischen Sportanhängern, eine Fan-Geschichte schreiben, die im Zuge ihrer Entwicklung mehr und mehr Themenbereiche erfasst. Ein solches Vorgehen ist zweifellos aufschlussreich und wird auch später in diesem Aufsatz unternommen. Gleichzeitig lässt sich jedoch zeigen, dass die Phänomene, für die erst das 19. Jahrhundert den Begriff „Fans" hervorbrachte, bereits weit vor dieser Zeit existierten. Die hier präferierte Fanforschung interessiert sich somit auch für Menschen, die etwa als „Anhänger", „Liebhaber" oder „Verehrer" bestimmter Dinge oder Personen bezeichnet wurden und werden. Letztlich wird damit das eine (die semantische Analyse) getan, ohne das andere (die historische Forschung jenseits spezifischer Begriffe) zu lassen.

Ein zweiter Zugang würde die Geschichte von Fans ebenfalls im 19. Jahrhundert beginnen lassen, allerdings mit einer anderen Begründung. Fans werden in dieser Position als genuin modernes Phänomen angesehen, das erst durch Individualisierungs- und Differenzierungsprozesse und nicht zuletzt den rasanten Bedeutungszuwachs von Freizeit und Freizeitaktivitäten hervorgebracht wurde.[2] Gegenüber dieser Position sind jedoch ähnliche empirische Einwände geltend zu machen. Aus unserer Sicht brachten die beschriebenen Modernisierungsprozesse zwar wichtige Veränderungen im Bereich des Fantums hervor, sie ließen dieses Phänomen jedoch nicht grundsätzlich neu entstehen. Bei Durchsicht der entsprechenden Literatur verdichten sich vielmehr die Hinweise darauf, dass Fans zwar erst im 19. und 20. Jahrhundert zum Massenphänomen wurden, aber bereits zuvor beobachtbar

---

2   Ähnlich plädiert Winfried Gebhardt (in diesem Band) dafür, erst im 19. Jahrhundert von Fans zu sprechen, da Anhängerschaft zuvor an vorgegebene Merkmale wie ethnische oder lokale Herkunft geknüpft gewesen sei und damit letztlich das Fanobjekt nicht frei gewählt wurde.

waren. Wie zu sehen sein wird, verschrieben sich Menschen bereits in der Antike – ganz unserer Definition entsprechend – dauerhaft spezifischen Fanobjekten, die nicht ethnisch oder anderweitig vorgegeben waren und investierten in diese leidenschaftliche Beziehung Zeit und Geld.

Die hier beschriebene Geschichte der Fans verzichtet somit auf die Engführung des Fanbegriffes zugunsten einer weiteren historischen Perspektive. Sie interessiert sich (auch) für Fanbeziehungen, die bereits *vor* Erfindung des Begriffes „Fans" existierten. Damit verbunden nimmt sie mehr als nur *Sportfans* in den Blick, was eine häufig anzutreffende, aber ebenfalls sehr enge Fassung des Phänomens Fans ist.[3]

Gleichwohl ist mit diesem konzeptionellen Rahmen eine weitere Schwierigkeit verbunden. Denn gerade im Feld historischer Forschungen widmeten sich viele Arbeiten generell dem *Publikum* verschiedenster Veranstaltungen, ohne dieses weiter zu differenzieren. Damit fällt es schwer, etwa bei römischen Wagenrennen die *Gelegenheitszuschauer* von stark engagierten und regelmäßigen Besuchern, eben *Fans* zu trennen. An manchen Stellen im Text wird darauf nochmals gesondert eingegangen und dieses Problem diskutiert. Hier sei vorerst nur angemerkt, dass eine Geschichte des Publikums nicht mit einer Geschichte der Fans deckungsgleich ist. Fans stellen aus unserer Perspektive einen spezifischen, nämlich hochgradig engagierten Teil eines größeren und insgesamt heterogenen Publikums dar. Zugleich muss sich aber eine Geschichte der Fans auf Forschungen zum Publikum stützen – gerade in Bezug auf historisch weit zurückliegende Epochen.

Vor dem Hintergrund dieser Vorüberlegungen wird nun im Folgenden ein erster Schritt in das Feld der Fangeschichte getan. Obgleich eine ausschließlich am Begriff orientierte Fangeschichte verworfen wurde, ist diese natürlich aufschlussreich und steht am Anfang der folgenden Abschnitte. Anschließend wird dann entlang der genannten Fandefinition eine historische Erkundung des Phänomens Fantum unternommen, einschließlich seiner Kontinuitäten und Veränderungen über die Zeit. Zum Abschluss wer-

---

3 Auch die Konzentration auf Sportfans führt letztlich zu einer Geschichte der Fans, die erst im 19. Jahrhundert beginnt, da erst dann von Sport im heutigen Sinn gesprochen wird (vgl. Caysa 1997). Gleichwohl hat sich die historische Fanforschung bislang vor allem auf den Sport und sein Publikum konzentriert, was die mehrheitliche Präsenz solcher Beispiele auch in diesem Beitrag erklärt.

den diese Befunde nach ihrem analytischen Gehalt interpretiert und drei
Thesen einer spezifischen Grundlogik der Geschichte von Fans diskutiert.

1   Fans – Geschichte und Bedeutungsdimensionen eines Begriffs

Der Begriff Fan taucht erstmalig in einem Artikel der US-amerikanischen
Tageszeitung „Kansas Times and Star" vom 26. März 1889 auf. Dort berichtete der Reporter vom lokalen Baseball-Club und in diesem Zusammenhang
auch von dessen Anhängern – den „Kansas City baseball fans", und schon
wenige Jahre später ist der Begriff unter Sportreportern ein geläufiger Ausdruck (Oxford English Dictionary 1989: 711). Die häufige Assoziation von
Fans mit *Sport*fans ist wortgeschichtlich somit keineswegs verwunderlich.
Bemerkenswert ist allerdings, dass die Ausbreitung der Bezeichnung Fans
von einer Sportart ausging, die lange Zeit auf Nordamerika beschränkt war,
dort jedoch vergleichsweise früh professionelle Strukturen ausbildete (Rossi
2000; Sandvoss 2003: 16). Professionalisierung bedeutete hier nicht nur
Kommerzialisierung, sondern auch die zunehmende Differenzierung der
Rollen der Teilnehmenden (Spieler, Zuschauer, Schiedsrichter) und damit
einhergehend auch entsprechende Terminologien – eben auch die der engagierten Zuschauer als Fans.

Etymologische Forschungen sehen die Vorläufer des Begriffes zumeist
in der Bezeichnung „fanatic". Dies meinte (und meint nach wie vor) Personen, die von einem bestimmten Ziel oder Vorhaben auf ungewöhnliche Weise ergriffen, wenn nicht besessen („obsessed") sind. Im Deutschen fand das
Attribut „fanatic" seine direkte Übertragung als „fanatisch", was wiederum
äquivalent zu begeistert, leidenschaftlich, eifernd oder besessen verwendet
werden kann. Diese Bedeutungsspanne von großer, aber grundsätzlich
nachvollziehbarer Hingabe bis hin zu einer übersteigerten Versessenheit
wird auch im Duden begrifflich reflektiert. Dieser beschreibt Fans als „begeisterte Anhänger", einen Fanatiker dagegen als jemanden, „der sich für
eine Überzeugung, eine Idee fanatisch einsetzt [...], mit einer Art Verbohrt-
heit, blindem Eifer" (Duden 2003: 446). Oftmals jedoch, das werden
verschiedene Analysen im Fortgang des Buches zeigen, wird heute für *beide*
Varianten der Begriff Fan verwendet – nicht zuletzt abhängig davon, wie
viel Verständnis man für eine bestimmte Fankultur aufzubringen gewillt ist.

Doch zurück zur Wortgeschichte. Der englische Terminus „fanatic" kann erstmals für das 16. Jahrhundert nachgewiesen werden und geht auf das lateinische „fanaticus" zurück. Dies wurde einerseits, in Übereinstimmung mit der heutigen Bedeutung von fanatisch, als „in Raserei versetzt", „rasend" oder „begeistert" übersetzt, aber auch für Personen verwendet, die „von einer Gottheit in Entzückung geraten" waren (Pons 1997: 383). Diese Anlehnung wird noch unterstützt durch die Nähe zu „fanum", dem lateinischen Ausdruck für Tempel bzw. Heiligtum. In dieser religiösen Bedeutung findet der Begriff wohl auch in der frühen Neuzeit Verwendung, dort jedoch auch für die religiösen Non-Konformisten des 17. Jahrhunderts, bis dann neben diese Konnotation andere, gleichwohl verwandte Bestimmungen treten (Oxford English Dictionary 1989: 712f.). In zweifacher Hinsicht ist das bemerkenswert: So rücken über diese Wortgeschichte Fantum und Religion näher zusammen; eine Verbindung, die in der Literatur oder massenmedialen Berichten immer wieder hergestellt wird. Gleichzeitig werden Religion und Religiöse nicht selten und durchaus abwertend als be- oder versessen beschrieben – eben als fanatisch und letztlich irrational (vgl. Schmidt-Lux zu „Fans und Religion" in diesem Band).

Heute findet sich der Begriff Fan in vielen Sprachen. Im Englischen und Deutschen findet er häufig Verwendung. Das Französische hat ihn auch im Gebrauch als „enthusiastischen Verehrer" einer Sache oder Person - „Jeune (sic!) admirateur (trice) enthousiaste de (une vedette)" (Petit Robert 1986: 757) –, ähnlich im Spanischen. Auf Italienisch ist dagegen der Begriff Fan zwar verständlich, wenigstens im Kontext von Sportfans allerdings die Bezeichnung „tifoso" gebräuchlicher. Diese ist jünger als der Begriff Fans und wahrscheinlich milanesischen Ursprungs. „Tifo" ist hier ursprünglich der Terminus für eine bakterielle Infektion, womit die körperliche bzw. leibliche Dimension des Fanseins, die auch in der Emotionssoziologie Beachtung findet, unmittelbar ins Spiel kommt. Der Ausdruck hat aber über die Kombination „fare il tifo" als Synonym für „anfeuern" und „unterstützen" seine Bedeutung erweitert und meint auch eine „brennende Leidenschaft oder enthusiastische Verpflichtung für einen Athleten oder eine Mannschaft" (Cortelazzo/Cortelazzo 1999: 1693; Dizionario etimologico della lingua italiana 1988: 1338). „Tifoso" schließt demnach als Metapher an die „febbri tifoidi" („Das Fiebern der Fans") an und bezieht sich auf das wöchentliche „febbre sportiva" („Sportives Fieber') in den Stadien.[4]

2 Wagenrennen, Werther, WorldWideWeb. Vom antiken zum modernen Fantum

Über die begriffsgeschichtliche Betrachtung und damit ,enge' Fandefinition hinaus lässt sich die Perspektive auf Personen erweitern, die bereits vor dem Auftauchen des entsprechenden Terminus in unserem Sinne als Fans gelten können – also dauerhaft und leidenschaftlich einen Gegenstand, eine Person oder Idee verehrten und hierfür Ressourcen wie Zeit oder Geld aufwandten.

Hier mag man zunächst auf Beispiele aus religiösen Kontexten verweisen, die üblicherweise nicht dem Phänomen Fantum zugeordnet werden, aber durchaus strukturelle Ähnlichkeiten aufweisen. Vielfach ist hier die Verehrung von Personen beobachtbar, die an heutige Formen des Star-Kultes erinnern. Dies betraf nicht primär kirchliche Amtsträger, sondern oftmals gerade Personen, die ohne institutionellen Hintergrund zum Ziel volksfrömmiger Verehrung und damit zum ,Fanobjekt' wurden. So gesehen könnten heutiges Fantum und Starverehrung als säkulare Formen einer ursprünglich religiös motivierten Beziehung interpretiert werden. Zugleich spielten religiöse Motive bei diesen Beispielen zwar eine wichtige, jedoch keineswegs die einzige Rolle. Vielmehr trug die Verehrung etwa von Hildegard von Bingen oder Katharina von Siena *auch* Züge einer Gefolgschaft, die aus dem *Charisma der Person* rührte und nicht allein religiös zu interpretieren ist.

Geht man aber nun über diesen Kontext hinaus und sichtet bisherige Forschungen zu *Publikum* und *Zuschauern*, erhält man ebenfalls überraschend frühe Auskünfte zu Fans. Allen Guttmann lässt seine Ausführungen zum *Sport*publikum in der griechischen Antike beginnen.[5] Über die damaligen Wettkämpfe existieren Berichte, die auch das Publikum in den Blick nehmen. Dieses bestand zumeist aus Männern, die auch selbst den jeweili-

---

4   Für die italienischen Hinweise danke ich Franz Erhard.

5   Es existieren zwar bereits Darstellungen von früheren ägyptischen Ringkämpfern, die ebenfalls von Zuschauenden angefeuert werden (Guttmann 1986), doch lassen sich über diese keine weiteren Aussagen treffen.

gen Sport betrieben. Schon in diesen Überlieferungen ist von leidenschaftlicher und lautstarker Unterstützung die Rede – vermutlich meist für die
Athleten des eigenen Heimatortes. Schon früh finden sich auch Belege für
Zuschauerränge und aufgeschüttete Erdwälle, etwa in dem im 6. Jahrhundert v. Chr. errichteten Stadion von Olympia. Dieses bot über 40.000 Menschen Platz, die aber ebenfalls nur eingeschränkt als ‚reine' Fans bezeichnet
werden können, verknüpften sich doch auch bei den Olympischen Spielen
religiöse und sportliche Aspekte aufs Engste (Guttmann 1986).

In der römischen Antike veränderte sich der Charakter dieser Veranstaltungen in dem Sinne, dass weniger die sportliche Leistung als die Demonstration physischer Stärke im Vordergrund stand. Paradigmatisch verdeutlicht dies das Beispiel der Pankration, eines Kampfsports, bei dem (fast) alle
Mittel erlaubt waren und der nicht selten mit dem Tod eines der beiden
Kämpfenden endete (vgl. Elias/Dunning 1984). Bedeutendste Zuschauer-
magneten waren aber Gladiatorenwettkämpfe und Wagenrennen. Die größten Gladiatorenarenen fassten bis zu 50.000, der Circus Maximus in Rom sogar 250.000 Menschen.

Die diesbezüglichen Quellen lassen es auch zu, von Fans in unserem
Sinne zu sprechen (vgl. Cameron 1976: 236, 309).[6] Denn von den zahlreichen
Zuschauern waren manche nur gelegentlich oder einmalig bei den Rennen
zu Besuch – ein Teil jedoch tat dies regelmäßig und gezielt. Anders sind
auch die hohen Besucherzahlen der teilweise mehrmals in der Woche stattfindenden Rennen kaum zu erklären. Vielfach zog auch nicht einfach die
Herkunft oder Familie der Kämpfenden die Unterstützung des Publikums
nach sich. Vielmehr finden sich Anzeichen für eine tatsächlich ‚freie Wahl'
des jeweiligen Favoriten.

Damit konstituierte sich ein Fantum, das aus freien Stücken Bindungen
einging, auf diesen beharrte und hierfür Zeit, Geld und Leidenschaft auf-
brachte – ein Handeln, das schon damals nicht nur auf Verständnis stieß. So
schrieb Plinius der Jüngere über die populären Wagenrennen:

> „The Races were on, a type of spectacle which has never had the slightest attraction
> for me. I can find nothing new or different in them: once seen is enough, so it surpri-
> ses me all the more that so many thousands of adult men should have such a childish

---

6   Alan Cameron verwendet an zwei Stellen in seiner Geschichte der Circus-Spiele diesen
     Ausdruck und spricht von „circus and theatre fans" (1976: 236 und 309).

passion for watching galloping horses and drivers standing in chariots, over and over again. If they were attracted by the speed of the horses or the drivers' skill one could account for it, but in fact it is the racing-colours they really support and care about, and if the colours were to be exchanged in mid-course during a race, they would transfer their favour and enthusiasm and rapidly desert the famous drivers and horses whose names they shout as they recognize them from afar. Such is the popularity and importance of a worthless shirt" (Pliny 1969: 87ff.).

In dieser Schilderung finden sich einerseits genau solche Szenen, wie sie auch heute für diverse Sportveranstaltungen typisch sind. Zudem mischt sich dies überraschend früh mit einer ebenfalls bis heute anzutreffenden, letztlich elitären Abweisung des Fanseins als irrationalem Phänomen: Einmal als Unverständnis gegenüber der Freude an (in der Sache) immer gleichen Geschehnissen, und zugleich als kopfschüttelnder Verweis darauf, dass es den Zuschauern letztlich allein um Äußerlichkeiten geht. Denn anstatt dem jeweils Besten Tribut zu zollen, zählt für die Anhänger allein die über die Kleidung signalisierte ‚Mannschaft' des Fahrers. Die Wagenrennen lassen sich auch nicht mehr als allein oder vorrangig religiöse Feste interpretieren, was zusätzlich für ihre Interpretation als frühe Fanobjekte spricht. Denn die Rennen als solche standen im Mittelpunkt der Veranstaltung und damit auch ihrer Besucher (wenngleich dies nicht ausschloss, dass damit von Seiten der anwesenden Cäsaren auch politische Anliegen verbunden werden konnten).

Erste Beispiele von Fantum finden sich somit in der Antike. Aus dem Mittelalter sind große Publikumsveranstaltungen vor allem bei Ritterturnieren überliefert. Obwohl, oder vielleicht gerade *weil* deren Charakter sich von sportlichen zu eher unterhaltsamen Veranstaltungen wandelte, waren diese auch für ein Massenpublikum bis in die Renaissance attraktiv. Noch mehr Interessierte zogen Wettbewerbe im Bogenschießen an. Über die Zusammensetzung der Zuschauerschaft und damit den Anteil von Fans ist dabei wenig überliefert, wobei es aber auch hier Personen gab, die regelmäßig und mit starker Begeisterung für spezifische Teilnehmer die Turniere besuchten. Beide Veranstaltungen, vor allem jedoch die Ritterturniere, fanden zudem eine erotische Aufladung. Wie schon die römischen Wagenrennen, zogen auch diese Turniere zunehmend weibliches Publikum an und wurden so Gelegenheiten zur geschlechtsspezifischen Präsentation, Brautwerbung und Heiratsanbahnung (Guttmann 1986: 39ff.).

Nun mag es auch heute so sein, dass sich die Begeisterung etwa für Musikstars mit mehr oder minder deutlichen erotischen Ambitionen verbindet (vgl. Doss 1999: 155ff. sowie Fritzsche in diesem Band). Für die genannten Beispiele muss dies jedoch als generelles Zeichen für die noch geringe Ausdifferenzierung von Publikumsrollen gedeutet werden. Beim Fußball bspw. war lange Zeit die Trennung in Spieler und Publikum bzw. Fans schwerlich möglich. Das Spiel wurde in seinen Anfängen innerhalb der Stadtmauern gespielt und zog nicht zuletzt deshalb vermeintlich nur Zuschauende immer wieder mit ein. Erst mit der Renaissance begannen sich hier klarere Konturen und Regeln abzuzeichnen, die Spieler von Zuschauern trennten und darüber hinaus gelegentliche Zuschauer von Fans unterscheidbar werden ließen (vgl. Bale 1993).

Darüber hinaus ist an diesen mittelalterlichen Beispielen ein weiterer grundsätzlicher Punkt erkennbar: Ändert oder verschiebt sich die Bedeutung, die bestimmten Objekten zugeschrieben wird, können diese in der Folge auch zu Fanobjekten werden. Am Beispiel des Bogens wird dies schnell deutlich, wandelte sich dieser doch von einem anfänglich nur zur Jagd und in Kriegen genutzten Gerät zu einem bei Schau- und Sportwettkämpfen verwendeten Gegenstand – und damit zu einem (potentiellen) Fanobjekt (vgl. Schenkel 2008). In ähnlicher Weise lässt sich natürlich beobachten, wie die Erfindung und damit das erstmalige Auftauchen von spezifischen Artefakten in mitunter überraschend kurzer Zeit eine darauf bezogene Fanszene nach sich zieht. Beispielhaft ist hierfür etwa die Gemeinde der Philatelisten, die vor Herausgabe der ersten modernen Briefmarke im Jahr 1840 naturgemäß nicht existierte, sich dann aber schnell formierte (Maaßen 2006).

Mit Beginn der Neuzeit nimmt sowohl die Dichte von Überlieferungen als auch die Varianz von Fanobjekten zu. Immer deutlicher treten so auch die Konturen von Fangruppen zutage, die sich innerhalb spezifischer Zuschauer- und Publikumsgruppen finden lassen. Cavicchi sieht begeisterte Leser zeitgenössischer Literatur des 18. Jahrhunderts als erste Vertreter modernen Fantums an. Diese schrieben an die von ihnen verehrten Autoren, besuchten die Originalschauplätze der Romane und identifizierten sich mit den beschriebenen literarischen Figuren (Cavicchi 1998: 5). Herausragendes Beispiel hierfür ist sicherlich Goethes 1774 erschienener Roman „Die Leiden des jungen Werther". Das Buch erreichte eine bis dahin ungekannte Popularität und erschien schon zu Lebzeiten des Autors in 55 Auflagen. Zehntausende lasen das Buch, oftmals mehrfach. Zeitgenossen berichteten von Reisen der begeisterten Leser nach Wetzlar an Werthers Grab; Werther-Motive fanden sich auf Fächern, Ringen, Amuletten oder Tassen (Andree 2006). Die Hingabe und Identifikation mit Werk und Hauptfigur gipfelten schließlich in der Nachahmung seines Endes. In über einem Dutzend Fälle sind Selbstmorde aus verzweifelten und hoffnungslosen Liebesbeziehungen dokumentiert, bei denen die Opfer sich neben dem aufgeschlagenen „Werther" erschossen oder Abschiedsbriefe mit entsprechenden Bezügen hinterließen. In einem Fall fand man den Toten in ebensolcher Konstellation, wobei zudem „das Lied ‚Ausgelitten hast du, ausgerungen' auf dem Claviere [lag], und sein Bediener hatte es ihn noch am Abend vor seinem Tode mit größter Rührung spielen und singen hören" (zitiert in Andree 2006: 179).[7]

Massenhaftes Interesse fanden auch verschiedene Wettkämpfe von und mit Tieren. Dazu zählten Hahnenkämpfe und Stierreiten, aber auch heute eher in Vergessenheit geratene Veranstaltungen wie das *Bear-Baiting*. Dabei wurden vorher relativ kampfuntauglich gemachte Bären an einen Pfahl gebunden und von Kampfhunden angegriffen. Solche Kämpfe waren im 16. und 17. Jahrhundert in allen Gesellschaftsschichten außerordentlich beliebt. Gleiches lässt sich bei den im 17. Jahrhundert in England aufkommenden Pferderennen beobachten. Auch hier war das Publikum gemischt und umfasste sowohl gelegentliche als auch gewohnheitsmäßige Besucher. Da aber die Rennen regelmäßig stattfanden und bald von einer Glücksspielindustrie begleitet wurden, konnte sich hier eine echte Fanszene entwickeln. Schon im frühen 19. Jahrhundert waren nicht selten zehntausende Menschen im Publikum; Zahlen, wie sie zu dieser Zeit im Übrigen auch beim Sportgehen oder Boxen erreicht wurden (Guttmann 1986: 64).

Eine regelrechte Fanszene bildete sich auch bei dem ebenfalls in England sehr populären Elisabethanischen Theater zum Ende des 16. Jahrhunderts. Auch dessen Publikum war „made up of every rank and class of society" (zitiert in Weimann 1958: 172) – soziale Differenzen manifestierten sich lediglich in den unterschiedlichen Preisklassen der Eintrittskarten. „In 1595

---

7 „Ausgelitten hast du, ausgerungen" ist ein Gedicht Karl Freiherr v. Reitzensteins, das eine – nicht von Goethe stammende – Rede Lottes am Grab Werthers zum Inhalt hat. Solche an das Werk anknüpfenden ‚Wertheriaden' erschienen bald in massenhafter Verbreitung.

the estimates suggest that the two acting companies were visited by about
15.000 people weekly. In 1620 when six playhouses were open [...] the
weekly total was probably nearer 25.000. Perhaps about 15 or 20 per cent of
all the people living within reach of Shoreditch and Southwark were regular
playgoers." (Gurr 1992: 213). Auch wenn kaum Quellen zu individuellen
Motiven der Theaterbesucher vorliegen und vermutlich mehr als nur ästhetisch-künstlerische Interessen beim Besuch der Theater eine Rolle spielten,
handelte es sich bei weiten Teilen der Besucherschaft um die freiwillige und
regelmäßige Begeisterung für ein kulturelles Phänomen, das keine wesentlichen Unterschiede zu heutigen Formen von Fanbeziehungen erkennen lässt.

Generell setzten mit dem 19. Jahrhundert zwei wichtige Prozesse ein:
Erstens kam es zur endgültigen „Erfindung des Fans", die sich schon zuvor
in der zunehmenden Differenzierung von Zuschauerrollen abzuzeichnen begann und letztlich mit der begrifflichen Fassung als ‚fans' zum Ende des 19.
Jahrhunderts ihren Abschluss fand. In diesem Prozess waren Sportclubs und
Medien wichtige Akteure (Horne 2006: 41). Die Clubs schufen die strukturellen Voraussetzungen zum aktiven Betreiben, aber eben auch zum regelmäßigen Verfolgen von Fußball, Baseball etc., während die Presse beide Prozesse
begleitete und verstärkte (Eisenberg 2005). Seit dem späten 18. Jahrhundert,
vor allem aber seit den 1820er Jahren richteten die Tageszeitungen eigene
Sportteile ein und halfen auf diese Weise bei der Etablierung einer „culture
of spectatorship" (Guttmann 1986: 85). Die zunehmende mediale Berichterstattung in Bereichen wie Theater und Kino hatte ähnliche Folgen (Cavicchi
1998: 5). Schließlich trug der Bau moderner Stadien zur Trennung von Fans
und Spielern, aber auch zur Differenzierung und räumlichen Separierung
von unterschiedlichen Fangruppen bei (Bale 1993; Schäfer/Roose 2010).

Zweitens, und mit dem ersten Prozess zweifellos verbunden, wurde
Fantum zu einem Massenphänomen. Dies bedeutete, dass mehr Menschen
Fanbeziehungen entwickelten, und zugleich diese Fanbeziehungen einen
größeren Platz in der individuellen Lebensführung einnahmen. Der Besuch
bspw. von Sportveranstaltungen wurde regelmäßiger und häufiger. Im
deutschen Fußball fand diese Entwicklung vor allem in der Zwischenkriegszeit statt. „Hatten vor 1914 selbst ‚Schlagerspiele' nur einige hundert oder
tausend Zuschauer mobilisieren können, so kamen nun Zehntausende"
(Eisenberg 1990: 23). Dies lag einerseits an den gewachsenen finanziellen
und zeitlichen Ressourcen. So ermöglichte in England in den 1860/70er Jah-

ren erst die Einführung des arbeitsfreien Samstagnachmittags den Besuch von zu dieser Zeit ausgetragenen Fußballspielen, wobei aber schon in den 1880er Jahren Spiele *in* der Woche tausende Zuschauer anzogen (Curry 2007: 29).[8] Zugleich jedoch war dies auch dem inzwischen deutlich gewachsenen *Angebot* geschuldet, das mehr und mehr Interessierte anzog. Die Zahl potentieller Fanobjekte und auf ein Massenpublikum ausgerichteter Veranstaltungen wuchs zusehends. Jedenfalls waren nun Boxkämpfe, Ruderwettbewerbe oder Fußballspiele, bei denen zehntausende Fans zusahen, keine Seltenheit mehr.

Die seitdem beobachtbare Entwicklung und Geschichte von Fans, Fanszenen und Fanobjekten ist vergleichsweise gut dokumentiert (Hills 2002; Sandvoss 2005; Schulze-Marmeling 1995). Forschungen und Reportagen finden sich zu unterschiedlichsten Beispielen; der Blick von Medien und Wissenschaft ist inzwischen sensibilisiert für Fanszenen auch abseits der Klassiker Sport und Musik. Fans gehören zum festen kulturellen Inventar der Moderne.

Dabei kann keinesfalls von *einer* Fankultur gesprochen werden. Zu sehr haben sich inzwischen unterschiedliche Lager und Fanszenen *differenziert* – nach innen wie nach außen. So ist das Feld von Fanobjekten und -themen unüberschaubar geworden. Zu im Grunde jedem Gegenstand hat sich wenigstens eine Handvoll Bewunderer zusammengetan und geht ihrem – mitunter absichtsvoll abseitigen – Interesse nach. Distinktionsgewinne verspricht dabei eher die Anhängerschaft für tendenziell (noch) unbekannte oder schwer zugängliche Musikstile als bspw. das generelle Interesse an Fußball. Dies hat auch innerhalb von Fangruppen zur erheblichen Zunahme feiner Unterschiede geführt. Gerade in Fanszenen, die schon auf eine lange Geschichte zurückblicken können, bilden sich Hierarchien entlang der Dauer der Zugehörigkeit oder wenigstens des Wissens um die eigene Historie.

Zudem ist gerade im 20. Jahrhundert eine merkliche *Professionalisierung* von Fans beobachtbar. Dies meint zum einen den Grad der Organisiertheit. Fantum wird hier immer häufiger mit Mitgliedschaften verbunden, sei es in Fanclubs oder Mailinglisten. Hierfür bilden sich mehr und mehr Experten,

---

8 So kamen etwa zum Spiel von Sheffield Wednesday gegen die Blackburn Rovers an einem Montag im Jahr 1882 immerhin 12.500 Zuschauer (Curry 2007: 29ff.).

die zuvor eher spontan und individuell motivierte Treffen und Gesellungen auf Dauer stellen, gemeinsame Fahrten organisieren, der Fangruppierung eine einheitliche Außendarstellung verleihen und nicht zuletzt den Kontakt zum Fanobjekt selbst herstellen.

Damit ist auch die *Kommerzialisierung* des Fantums verbunden, die sich auf vielfältige Weise bemerkbar macht. Der mittlerweile riesige Markt von Devotionalien, Symbolen und sonstigen Gimmicks für Fans, insbesondere im Bereich des Sports und der Musikindustrie, ist augenfällig und braucht keine weiteren Belege. Fans sind bereit, teilweise enorme Summen für ihre Leidenschaft zu zahlen. Oftmals beginnt dies schon beim einfachen Mitgliedsbeitrag im Fanclub und führt über den Kauf von Postern oder DVDs bis hin zu kostspieligen Reisen zu Konzerten oder Fan-Conventions. Zugleich sind natürlich Gegenbewegungen unübersehbar. So sind viele aus Prinzip nicht bereit, in jedem Jahr ein neues Trikot ihres Vereins zu kaufen, nur weil dieser aus ökonomischen Gründen regelmäßig dessen Design wechselt. Andere verzichten auf den Kauf der vierten Singles-Collection ihrer Lieblingsband, auch wenn sie damit nicht in den Besitz eines bislang unveröffentlichten Songs kommen. Und im Gegenzug sperren sich viele Fanobjekte wie etwa Musiker und andere Künstler selbst gegen ihre zunehmende Vermarktung – ob nun aus Kalkül oder tatsächlicher Verweigerungshaltung.[9]

Alles in allem muss man bei Durchsicht der entsprechenden Literatur und Beobachtung der Fanszenen im 20. Jahrhundert von einem *Massenphänomen* bei gleichzeitiger *Individualisierung* der Fankultur sprechen. Denn auf der einen Seite hat die größere Verfügbarkeit an freier Zeit und anderen Ressourcen bei einer Vielzahl von Menschen dazu geführt, Fan von etwas oder jemandem zu werden. Selbstverständlich variiert dies deutlich in Umfang, Intensität und Bindungsdauer, doch kann am Fantum als Bestandteil moderner Alltagskultur kein Zweifel bestehen. Zugleich zeichnet sich dieses moderne Fantum durch ein geringes Ausmaß an traditionalen Bindungen aus, wird somit Möglichkeit und zugleich Verpflichtung der freien Wahl

---

9   Dies ist etwa dann der Fall, wenn Bands wie *Radiohead* ihre aktuellen Alben zum freien Download bzw. bei Möglichkeit einer freiwilligen Zahlung ins Netz stellen.

individueller Akteure. Im Ergebnis bringt dies die beobachtbare Vielfalt und Differenziertheit von Fanszenen, Fanobjekten und Fanaktivitäten hervor.

3 Fangeschichte als Gesellschaftsgeschichte. Drei Thesen

Fantum als frei gewählte, intensive Beziehung zu einem spezifischen Gegenstand oder einer Person ist also, soviel sollte nach diesen Beispielen sicher sein, keine genuin moderne Erscheinung. Zugleich jedoch hat sich dieses kulturelle Feld in seiner Geschichte merklich verändert. Da Analysen spezifischer Aspekte dieser Entwicklung noch in den verschiedenen Beiträgen des vorliegenden Bandes unternommen werden, sollen hier lediglich einige wenige, grundlegende Entwicklungslinien nachgezeichnet werden. Diese diskutieren im Kern drei Thesen: (1) die Geschichte des Fantums als Mediengeschichte, (2) die Entwicklung des Fantums als Ergebnis von Modernisierungs- und Individualisierungsprozessen und schließlich (3) die Geschichte des Fantums als Zivilisationsprozess.

3.1 Fangeschichte als Mediengeschichte

Fangeschichte lässt sich mit guten Gründen als Mediengeschichte schreiben, genauer: als Geschichte moderner (Massen)Medien. Fantum ist aus dieser Perspektive eng an Medien gekoppelt, und auch wenn man Massenmedien nicht als Entstehungsbedingung von Fankulturen sehen möchte, war doch das Aufkommen von Zeitungen und Zeitschriften, später von Radio, Fernsehen und Internet jeweils mit zweifellos wichtigen fankulturellen Entwicklungen verbunden, und das in mehrfacher Hinsicht (vgl. Horne 2006).

Zum einen ist durch massenhaft gedruckte bzw. elektronische Kommunikationsmedien seit dem 19. bzw. 20. Jahrhundert deutlich mehr Menschen der Zugang zu spezifischen Fanobjekten möglich. Das Interesse für bestimmte Dinge oder Personen ist ja an das Wissen um deren Existenz, aber auch an deren wenigstens potentielle Erreichbarkeit gebunden. In beiden Bereichen bedeuteten Erfindungen wie Radio oder Fernsehen einen enormen Zuwachs an Wissen und Möglichkeiten, der anfangs zwar immer nur sehr kleine Teile der Bevölkerung betraf, im Zuge der Durchsetzung und Verbreitung der Medien aber zum Massenphänomen wurde. Was zuvor nur über Druckerzeugnisse oder mündliche Berichte weiter gegeben wurde, erreicht heute in Sekundenschnelle potentiell jeden Flecken der Erde. *Mehr* Menschen erhalten so *schneller* Kenntnis von neuen Musikstilen oder Sportstars – und werden nicht zuletzt auf diesem Weg auch Fans.

Dies hat aber widersprüchliche Folgen, wie sich am Beispiel von Fußballübertragungen beobachten lässt. Zu Beginn der 1920er Jahre fanden die ersten Radioübertragungen statt, ab den 1930er Jahren die ersten Fernsehsendungen. Mit den 1940/50er Jahren, als diese Übertragungen auch wirklich von einer großen Zahl von Menschen zu verfolgen waren, sanken die Besucherzahlen in den Stadien kontinuierlich ab. Sahen 1948/49 noch über 40 Millionen Menschen die Spiele der englischen Profiliga, waren das 1982/83 nur noch knapp 19 Millionen. Ähnliche Entwicklungen lassen sich auch in anderen Sportarten verfolgen (vgl. Guttmann 1986: 137).

Dies jedoch als anhaltende Entwicklung zu konstatieren, wie dies noch jüngst geschah (vgl. Eisenberg 2005), scheint nicht haltbar. Denn seit Mitte der 1980er hat sich dieser Trend wiederum umgekehrt. Sahen so in der Bundesliga-Saison 1985/86 nur 5,6 Millionen Zuschauer die Spiele in den Stadien, stieg diese Zahl seitdem um mehr als das Doppelte an; die Bundesliga zählte in der Saison 2008/09 insgesamt 12,8 Millionen Besucher. Dies ist nicht etwa der Aufstockung der Liga geschuldet, denn auch die durchschnittliche Besucherzahl erhöhte sich von 30.000 in den Jahren 1995/96 auf 42.000 in der Saison 2008/09.[10] Ebenso deutlich fallen die Zahlen der englischen Premier League aus. Dort erhöhte sich die durchschnittliche Besucherzahl von 22.180 in der Saison 1992/93 auf 35.600 Zuschauer in der Saison 2008/09.[11] Da in der gleichen Zeit die massenmediale Berichterstattung nicht nachgelassen hat, sondern ebenfalls starke Zuwächse verzeichnete, spricht dies offenkundig gegen eine Null-Summen-Rechnung und eine direkte Konkurrenz von Medien und Live-Fußball. Möglicherweise hat also gerade die Entwicklung des Fußballs zum TV-Event auch dafür gesorgt, dass viele über das Fernsehen zu Fans wurden bzw. Fans wieder verstärkt das direkte Stadion-Erlebnis suchen.[12]

---

10 Quelle: www.bundesliga.de (Zugriff am 22.6.2009).
11 Quelle: www.premierleague.com (eigene Berechnungen, Zugriff am 22.6.2009).
12 Zwar verfügen beide Ligen inzwischen auch über größere Stadien, doch dies allein bedingt natürlich noch keine tatsächlich erhöhte Nachfrage.

Grundsätzlich erweiterten die medialen Zugänge die *Wahl*möglichkeiten, was Fanobjekte und Fansein betraf. Das Fußballinteresse konnte sich nun auch mit einem weit entfernt liegenden Verein verbinden, von dessen Ergebnissen und Spielen man aus der Zeitung, später aber eben auch im Fernsehen erfuhr. Letztlich individualisierte dieser Zugang zu Themen und Personen auch das Faninteresse durch die Möglichkeit, abweichend von lokalen Mehrheiten sich mit den präferierten Objekten zu befassen. Der Zugang zum Fanobjekt war nicht mehr an dessen „reale" Erreichbarkeit gebunden; die Musik der Lieblingssängerin ist heute auf diversen Tonträgern, im Fernsehen und nicht zuletzt online dauerhaft verfügbar (vgl. Ohr in diesem Band).

Eine weitere wichtige Veränderung mit dem Aufkommen massenmedialer Kommunikation ist der Umstand, dass viele moderne Fanobjekte selbst massenmediale Erzeugnisse sind oder mindestens stark an deren Existenz gekoppelt sind. Ersteres ist der Fall bei Fans von Filmen oder TV-Serien, letzteres bei Fans von Schauspielern und etwa TV-Moderatoren. Bei solchen Angeboten verschränkten sich die benannten Bedingungen: Comicverfilmungen wie „X-Men", die ein regelmäßiges, großes Publikum erwarten können, stellen potentielle Fanobjekte dar, die vor zweihundert Jahren nicht existierten, und sie sind auf eine Weise erreich- und konsumierbar, die durch die Bindungen an Kino, DVD oder Internet eine letztlich globale und rasante Verbreitung ermöglichen. Damit haben Veränderungen stattgefunden, die aber vermutlich nicht nur eine Zunahme des Marktes an Fanobjekten zur Folge hatten, sondern auch deren kürzere Halbwertszeit.

Schließlich sei noch angemerkt, dass Medien nicht nur einen großen quantitativen Einfluss auf Fankulturen hatten, sondern auch in qualitativer Hinsicht wichtig waren und sind. Beispiele hierfür sind spezifische Formen des Fanverhaltens. Fans werden nicht zuletzt durch und über Medien entscheidend in ihrem Fanverhalten sozialisiert und beeindruckt (Wegener 2008). Über Zeitschriften, TV-Sendungen und Internetforen werden Fans mit – durchaus widersprüchlichen – Vorbildern konfrontiert. In Reportagen über Fans werden Standards des richtigen Fanverhaltens gesetzt oder hinterfragt, entsprechende Magazine weisen auf die jeweils gültigen Dresscodes und szene-internen Zeichensysteme hin. Manches davon fand sicherlich auch schon innerhalb der Besucherschaft von antiken Wagenrennen statt, die sich auch über Anfeuerungs- und Beschimpfungsrufe einigen mussten und gemeinsame Symbole entwickelten. Moderne Massenmedien haben allerdings diese bestehenden Kommunikationsstrukturen extrem beschleunigt, weiter verbreitet und vervielfacht, und sie wirken zudem selbst als wichtige Akteure im Feld der Fankultur.

3.2 Fangeschichte als Geschichte der Moderne

Diese Diskussion leitet direkt über zur grundsätzlicheren und bereits eingangs thematisierten Frage, ob nicht die Geschichte von Fans untrennbar mit der Geschichte der Moderne verbunden sei. „Fandom is a phenomenon of Western industrial capitalism since the late 1700s", stellte Daniel Cavicchi (1998: 5) fest. Die gesellschaftlichen Veränderungen seit dieser Zeit brachten neue, bürgerliche Publika hervor, ermöglichten neuen und breiteren Bevölkerungskreisen die Rezeption vormals elitärer Publikationen und Medien, und schufen durch neue Technologien andere Möglichkeiten der Auseinandersetzung mit Kunst und künstlerischen Inhalten. Winfried Gebhardt (in diesem Band) bezeichnet das „Phänomen der Fans" in einem ähnlichen Sinn als „modernes Phänomen, das erst mit den großen gesellschaftlichen Umwälzungen des 19. Jahrhunderts, mit den Verstädterungs-, den Industrialisierungs-, den Dekorporierungs- und den Säkularisierungsprozessen entsteht". Fantum ist hier an individuelle und individualisierte, freie Entscheidungen von Zugehörigkeit und Präferenzen gekoppelt, was letztlich erst in der Moderne möglich geworden sei.

Für diese These sprechen viele Befunde. So ist es unbestreitbar, dass sich vor allem im 20. Jahrhundert ‚Freizeit' als Kategorie wie auch als faktische Gegebenheit in bislang ungekanntem Ausmaß etabliert hat – und Zeit ist eine wichtige Ressource für Fans. Wer den gesamten Tag in Fabriken oder mit Feldarbeit verbrachte, hatte naturgemäß deutlich geringere Chancen, sich mit Musik oder Literatur zu befassen; die drastische Verringerung der Wochenarbeitszeit in westlichen Gesellschaften schuf für solche Tätigkeiten eine wichtige Voraussetzung. Ebenso ist natürlich der durchschnittliche Zuwachs an finanziellen Ressourcen (über Lohnanstiege und im Zuge wohlfahrtsstaatlicher Absicherungen) zu beachten – auch dies wichtige Veränderungen in historisch gesehen jüngerer Zeit. Solche Prozesse trugen sicherlich dazu bei, Fantum zu einem Massenphänomen moderner Gesellschaften werden zu lassen.

Zugleich brachten Individualisierungs- und Freisetzungsprozesse neue Wahlmöglichkeiten im Sinne eines größeren Angebotes, aber eben auch einer Wahl abseits ethnischer, klassenbedingter oder sonstiger Vorbedingungen mit sich. Selbst wenn diese Entscheidungen dann sozialstrukturell nicht unbedingt *un*regelmäßig ausfallen (vgl. Otte in diesem Band), ist dieses *prinzipielle* Kennzeichen doch wichtiges Merkmal von Entscheidungen unter den Bedingungen der Moderne und kann auch als Bedingung von Fantum angesehen werden.

Grundsätzlich bleibt hier aber die Frage, ob mit diesen Prozessen die *Entstehung* von Fantum als genuin modernem Phänomen oder nicht eher wichtige *Veränderungen* von Fankultur unter den Bedingungen der Moderne erfasst sind. Letztlich hängt dies (auch) von der jeweiligen Definition von Fans ab. Doch selbst bei Einführung vergleichsweise enger Kriterien scheint es mir nicht plausibel, erst mit der Moderne von Fans zu sprechen. Das Engagement und Interesse für ein spezifisches Fanobjekt lässt sich, wie gezeigt, in seinen Grundmechanismen bereits weit vorher beobachten – auch wenn die später stattfindenden Veränderungen unübersehbar und höchst bedeutsam sind.

3.3   Fangeschichte als Zivilisationsprozess

Die Geschichte des Sports ist von Norbert Elias als Beispiel für den grundlegenden gesellschaftlichen Zivilisationsprozess gedeutet worden (vgl. Elias 1997, Elias/Dunning 1984). Während die Antike noch weitgehend ungeregelte Wettkämpfe kannte, zudem gekennzeichnet durch ein hohes Maß an körperlicher, verletzender Gewalt, entwickelte das 19. Jahrhundert eine Idee von Sport als hochgradig reguliertem Wettkampf. Die Ursprünge hierfür lagen in den englischen *public schools*, von wo aus ihre Prinzipien die anderen Bereiche sportlicher und körperlicher Betätigung durchdrangen.

In Anlehnung an diese These ist auch die Geschichte von Fans als Zivilisationsprozess beschrieben worden. Sieht man sich diesbezügliche Beispiele aus dem Bereich des Sports an, liegen hier auch einige überzeugende Belege auf der Hand. So ereigneten sich vor allem im byzantinischen Reich teilweise extreme Zuschauerausschreitungen im Umfeld der oben beschriebenen Wagenrennen und Circus-Wettkämpfe.

„In Constantinople, the circus factions rioted at a level that makes modern mobs seem almost nonviolent. They set the city's wooden hippodrome on fire in 491, 498, 507, and 532 A.D. after which Justinian prudently invested in a marble stadium. In the fifth and sixth centuries, spectator violence in the Byzantine Empire increased to a point where troops were repeatedly called upon to restore order" (Guttmann 1986: 32).

Auch die mittelalterlichen Ritterturniere hatten, gerade in Folge ihrer steigenden Popularität, wiederholt mit verschiedenen Formen von Zuschauergewalt zu kämpfen.

Demgegenüber brachte dann die Zeit vom 18. bis Mitte des 19. Jahrhunderts eine deutliche Reduzierung der Gewaltausbrüche mit sich. „The diminution was not linear and there never was a moment when sports spectators were not liable to become unruly, tumultuous, or even riotous, but there is good reason to believe that spectatorship participated in the 'civilizing process' which led to the internalization of restraint and to the development of a stronger superego" (Guttmann 1986: 81). Vor allem setzten in dieser Zeit regelrechte Erziehungsprozesse der Fans ein: Sowohl die Vereine als auch Medien bemühten sich, das Vorbild des „anständigen Zuschauers" zu entwerfen, der *nicht* gewalttätig war und emotional wohltemperiert dem Geschehen zu folgen hatte. Diese Transformationsbemühungen wurden begleitet vom Bau neuer Stadien und Arenen, die mehr Sitzplätze und die Trennung verschiedener Zuschauerbereiche vorsahen (vgl. Bale 1993; Schäfer/ Roose 2010). Viele Vereine erhoben ab der zweiten Hälfte des 19. Jahrhunderts Eintrittsgelder, wodurch mindestens die gänzlich mittellosen Schichten aus den Stadien verbannt wurden und die stark gestiegenen Zuschauerzahlen wenigstens teilweise eingedämmt werden konnten. Wenn dies alles nichts half, stand immer noch die Polizei bereit.

Schon hier müssen jedoch erste Einschränkungen gemacht werden. So unterschied sich das Gewaltniveau der Fans je nach Sportart sehr. Was beim Fußball lange Zeit ein großes Problem darstellte, war beim Cricket nie derart dringlich. Aber auch andere Faktoren spielten eine Rolle. So sind die Sportligen in den USA bis heute weniger von Fanausschreitungen gekennzeichnet, was unter anderem an den großen Entfernungen liegt, die viele Fans von Auswärtsreisen und damit vor potentiell gewalttätigen Begegnungen mit gegnerischen Anhängern abhalten. Vor allem aber scheinen die Entwicklungen in historischer Perspektive nicht eindeutig zu sein. Sprechen die Überlieferungen aus Konstantinopel eine eindeutig gewalttätige Sprache, sind von den Gladiatorenkämpfen kaum Berichte von gewalttätigen Zuschauern bekannt. Und gerade die Entwicklungen in der zweiten Hälfte des 20. Jahrhunderts sprechen nicht unbedingt für eine weitere Abnahme von Gewalthandlungen von und unter Fans (vgl. Leistner in diesem Band).

Mindestens diskutabel scheint die Zivilisations-These auch angesichts neuerer Entwicklungen im Bereich des Kampfsports. Hier mehren sich seit den 1990er Jahren Veranstaltungen, bei denen die Kontrahenten unter weitestgehendem Verzicht auf Reglementierungen gegeneinander antreten und sich weit über das etwa beim Boxen oder Ringen übliche Maß hinaus schlagen und verletzen. Beim *Ultimate Fighting* ist außer Beißen und Angriffen auf die Augen fast alles gestattet, inklusive des Schlagens und Tretens am Boden liegender Gegner. Offenkundig hat man es hier mit Tendenzen zur „De-Sportization" von Wettkämpfen zu tun. Während sich die Herausbildung von sportlichen, also stark regulierten Möglichkeiten zum körperlichen Wettkampf im 19. Jahrhundert in Einklang mit der Zivilisationsthese bringen lässt, wird sie nun durch solche Tendenzen zur De-Regulierung von Gewaltakten mindestens herausgefordert (vgl. Bottenburg/Heilbronn 2006). Insgesamt betrachtet ist hier die Lage also widersprüchlicher und differenzierter, als es auf den ersten Blick scheint.

4   Fazit

Eine umfassende und historisch tiefenscharfe Geschichte der Fans steht weiterhin aus. Empirisch besteht auf im Grunde allen Gebieten, vielleicht unter Ausnahme des Fußballs, Nachholbedarf. Gefragt sind hier vor allem spezifische Fallstudien und zeit- bzw. kulturvergleichende Arbeiten, und dies auch zu Themenfeldern abseits der oftmals im Fokus stehenden Gebiete wie Sport oder Popmusik.

Solche Studien als überfällig anzusehen hat jedoch keineswegs rein enzyklopädische Gründe. Die systematische, historisch angelegte Beschäftigung mit dem Phänomen Fantum wäre vielmehr überaus instruktiv für soziologische wie geschichtswissenschaftliche Fragen nach Bedeutung und Wandel alltäglicher Lebensformen und -beschäftigungen, aber auch eine wichtige Erweiterung der Freizeitsoziologie. Zudem, dies wird schon jetzt in etlichen Arbeiten deutlich, sind auch die ‚großen Themen' der Soziologie an Fanforschungen anschluss- bzw. bewährungsfähig; Theorien von Modernisierung, Individualisierung und Zivilisierung lassen sich hier instruktiv be-

obachten und durch empirische Forschungen weiterentwickeln. Nicht zuletzt würde eine verstärkt historische Perspektive das Thema Fans aus einer
mitunter feststellbaren ‚Aktualitätsversessenheit' befreien – und ihm so zu
wieteren Fans verhelfen.

Literatur

Andree, Martin (2006): Wenn Texte töten. Über Werther, Medienwirkung und Medienge-
walt. München: Fink.

Bale, John (1993): The Spatial Development of the Modern Stadium. In: International Review for the Sociology of Sport 28/2-3. 121-133.

Bottenburg, Maarten van & Johan Heilbronn (2006): De-Sportization of Fighting Contests.
The Origins and Dynamics of No Holds Barred Events and the Theory of Sportization.
In: International Review for the Sociology of Sport, 41/3. 259-282.

Cameron, Alan (1976): Circus Factions. Blues and Greens at Rome and Byzantinum. Oxford: Clarendon.

Cavicchi, Daniel (1998): Tramps Like Us. Music and Meaning among Springsteen Fans.
New York & Oxford: Oxford University Press.

Caysa, Volker (Hrsg.) (1997): Sportphilosophie. Leipzig: Reclam.

Cortelazzo, Maulio & Michele A. Cortelazzo (1999): Il nuovo Etimologico. Dizionario
Etimologico della Lingua Italiana. Bologna: Zanichelli.

Curry, Graham (2007): Football Spectatorship in mid-to-late Victorian Sheffield. In: Brown,
Sean (ed.): Football Fans Around the World. London: Routledge. 23-42.

Dahlmann, Dittmar; Anke Hilbrenner & Britta Lenz (Hrsg.) (2007): Überall ist der Ball rund
- Die zweite Halbzeit. Zur Geschichte und Gegenwart des Fußballs in Ost- und Süd-
osteuropa. Essen: Klartext.

Dizionario etimologico della lingua italiana (1988). Volume 5/S-Z. Bologna: Zanichelli.

Doss, Erika (1999): Elvis Culture. Fans, Faith and Image. Kansas: University Press of Kansas.

Duden (2003): Das große Fremdwörterbuch. Mannheim u.a.: Dudenverlag.

Eisenberg, Christiane (2005): Medienfußball. Entstehung und Entwicklung einer transnationalen Kultur. In: Geschichte & Gesellschaft 31. 586-609.

Eisenberg, Christiane (1990): Vom „Arbeiter" zum „Angestelltenfußball"? Zur Sozialstruktur des deutschen Fußballsports 1890-1950. In: Pfeiffer, Lorenz & Giselher Spitzer
(Hrsg.): Sozial- und Zeitgeschichte des Sports. 1990/2. 20-45.

Elias, Norbert (1997): Über den Prozess der Zivilisation (2 Bd.). Frankfurt a.M.: Suhrkamp.

Elias, Norbert & Eric Dunning (1984): Sport im Zivilisationsprozess. Studien zur Figura-
tionssoziologie. Münster: Lit.

Gurr, Andrew (1992): The Shakespearean Stage 1574-1642. Cambridge: Cambridge University Press.

Guttmann, Allen (1986): Sports Spectators. New York: Columbia University Press.

Hills, Matt (2002): Fan Cultures. London: Routledge.

Horne, John (2006): Sport in Consumer Culture. New York: Palgrave Macmillan.

Lämmer, Manfred (1986): Zum Verhalten von Zuschauern bei Wettkämpfen in der griechischen Antike. In: Sport zwischen Eigenständigkeit und Fremdbestimmung. Bonn.

Maaßen, Wolfgang (2006): Philatelie und Vereine im 19. Jahrhundert. Schwalmtal: Creativ.

Merkel, Udo (2007): Milestones in the Development of Football Fandom in Germany. Global Impacts on Local Contests. In: Brown, Sean (Hrsg.): Football Fans Around the World. London: Routledge. 59-77.

Oxford English Dictionary (1989). Volume V. Oxford: Oxford University Press.

Petit Robert, Le (1986). Paris: Robert.

Pliny (1969): Letters. Books VIII-X. Cambridge: Loeb.

Pons (1997): Wörterbuch Latein-Deutsch. Stuttgart: Klett.

Rossi, John P. (2000): The National Game. Baseball and American Culture. Chicago: Dee.

Sandvoss, Cornel (2003): A Game of Two Halves. Football, Television and Globalization. London & New York: Routledge.

Sandvoss, Cornel (2005): Fans. Cambridge: Polity Press

Schäfer, Mike S. & Jochen Roose (erscheint 2010): Emotions in Sports Stadiums. In: Frank, Sybille & Silke Steets (Hrsg.): Stadium Worlds. London & New York: Routledge.

Schenkel, Elmar (2008): Von der Jagd zur Selbsterfahrung. Bogenschießen in Mythos, Literatur und Lebenskunst. In: Court, Jürgen, Arno Müller & Christian Wacker (Hrsg.): Jahrbuch 2007 der Deutschen Gesellschaft für Geschichte der Sportwissenschaften. Münster: Lit.

Schulze-Marmeling, Dieter (1995): Vom Spieler zum Fan. Kleine Geschichte des Fußballfans. In: Schulze-Marmeling, Dieter (Hrsg.): Holt Euch das Spiel zurück. Fans und Fußball. Göttingen: Werkstatt.

Wegener, Claudia (2008): Medien, Aneignung, Identität. „Stars" im Alltag jugendlicher Fans. Wiesbaden: Verlag für Sozialwissenschaften.

Weimann, Robert (1958): Drama und Wirklichkeit in der Shakespearezeit. Halle a.d. Saale: Niemeyer.

Fans und Sozialstruktur

Gunnar Otte

Warum der Hamburger SV statt Bayern München, Anna Netrebko statt Michelle und James Brown statt Britney Spears? Die vermeintlich unerklärliche, weil hochgradig persönliche und emotionale Wahl von Fanobjekten verliert an Rätselhaftigkeit, wenn man sie aus sozialstruktureller Perspektive betrachtet. Die genannten Beispiele etwa gehören teils identischen, teils unterschiedlichen sozialen Kategorien an: Geschlechter-, Bildungs- und ethnischen Kategorien, Generationen und räumlichen Einheiten. Solche Kategorien sind von Belang für Fantum, weil Fans ihnen selbst angehören und weil diese Tatsache ihre Fanobjektwahl und Fanpraxis systematisch beeinflusst. Dies ist die These, die ich theoretisch und empirisch begründen möchte.

Obwohl viele Fanstudien sozialstrukturelle Bezüge herstellen, wurde aus sozialstruktureller Perspektive bislang weder eine Theorie zum Fanverhalten ausgearbeitet noch eine Bestandsaufnahme empirischer Regelmäßigkeiten geleistet. In beiderlei Hinsicht unternehme ich einen ersten Schritt. Zunächst beleuchte ich, welche Vorgehensweisen sozialstrukturelle Ansätze allgemein kennzeichnen (Abschnitt 1). Für Fanphänomene mache ich diese Überlegungen theoretisch fruchtbar (Abschnitt 2) und plausibilisiere sie anhand vorliegender empirischer Studien (Abschnitt 3).[1]

1   Anliegen und Varianten der Sozialstrukturanalyse

Die Sozialstruktur umfasst die Strukturen sozialer Differenzierung und sozialer Ungleichheit als Gliederungsmöglichkeiten einer Gesellschaft (Esser

---

1   Für wertvolle Anmerkungen zu einer früheren Fassung dieses Beitrags danke ich Veronika Andorfer, Martina Brandt, Hartmut Esser, Simone Pape, Heiko Rauhut, Jörg Rössel, Ivo Staub und den Herausgebern des Buches. Bei Daniel Just bedanke ich mich für tatkräftige Unterstützung bei der Literaturbeschaffung.

2000: 51ff., 426ff.). Während die Differenzierungsperspektive die Gesellschaft in soziale Systeme wie Politik, Wirtschaft, Kunst und Sport (mit der Geltung je eigener Codes und mit eigenen Sinngrenzen) unterteilt, bezieht sich die Ungleichheitsperspektive auf soziale Lagen und Kategorien von Akteuren. Besondere Bedeutung haben *vertikale* Ungleichheiten, d.h. Unterschiede sozialer Kategorien, die auf Rangordnungen ungleich bewerteter Positionen und Ressourcenausstattungen basieren, z.B. nach Klasse, Schicht und Bildungstiteln. Daneben gibt es soziale Kategorien, die nicht *per se* einer Rangordnung unterliegen, sondern gesellschaftlich bedingte Hierarchisierungen nach anderen Dimensionen erfahren. So handelt es sich bei Männern und Frauen um formal gleichgestellte Kategorien, doch sind mit der Geschlechterzugehörigkeit unterschiedliche Lebenschancen verbunden. Man spricht in diesem Fall von *horizontalen* Ungleichheiten.

Als wichtigste Ungleichheitsmerkmale gelten heute die Position im vertikalen Schichtungsgefüge – festgemacht an Erwerbsstatus, Beruf, Bildung und Einkommen –, die Zugehörigkeit zu Geschlechter- und ethnischen Kategorien sowie zu demographischen (Altersgruppen und Generationen) und familialen (Familien- bzw. Lebensformen) Kategorien (Klein 2005; Geißler 2008). Die Erhebung dieser Merkmale ist in der Umfrageforschung über „demographische Standards" institutionalisiert (Hoffmeyer-Zlotnik/Wolf 2003; Statistisches Bundesamt 2004). Wirkungszusammenhänge *im Kern* der Sozialstruktur empirisch zu untersuchen und theoretisch zu erklären, ist das Anliegen der Sozialstrukturanalyse im *engen* Verständnis. Ihr Instrumentarium wird jedoch auch zur Erklärung sozialen Handelns *jenseits* dieses Kernbereichs genutzt – und dieses *weite* Verständnis interessiert uns für den Gegenstand der Fans.

Dass ein weites Verständnis noch tragfähig ist, zieht die Individualisierungsthese in Zweifel (Beck 1983). Sie behauptet, dass es seit Ende des 2. Weltkrieges zu einer Entkopplung weiter Teile sozialen Handelns von sozialstrukturellen Merkmalen gekommen ist. Gerade im Freizeitbereich seien Geschmacksvorlieben und Szenezugehörigkeiten nach individuellem Gusto wähl- und kündbar (Hitzler u.a. 2001). Obwohl für eine umfassende Beurteilung mehr zeitvergleichende Studien nötig wären, nähren vorliegende Befunde Skepsis an der Individualisierungsthese und deuten auf eine in vielen Bereichen persistente Bindungskraft sozialer Kategorien hin (Rössel 2005: Kap. 2).

Gleichwohl sind Konsequenzen aus der Individualisierungsthese gezogen worden. Eine davon findet sich in der typologischen Werte- und Lebensstilforschung (Hartmann 1999; Otte 2004). Deren Grundidee besteht darin, gesellschaftliche „Großgruppen" nicht über Kategorien der objektiven sozialen Lage zu definieren, sondern über Muster kollektiv geteilter Subjektivität. Dazu gehören einerseits latente Wertorientierungen, Mentalitäten, Habitusformen und Geschmacksmuster, andererseits expressive Lebensstile und Praktiken der Alltagsgestaltung. Zusammen machen sie die Lebensführung aus (Weber 1972: 238f., 320f., 535ff.; Otte 2004: 89ff.). Personen, die einander in ihren Grundorientierungen und Alltagspraktiken ähneln, werden denselben Werte- bzw. Lebensstiltypen zugerechnet. Der Anspruch besteht darin, mit der bereichsübergreifenden Typenzugehörigkeit interindividuelle Variationen von Einstellungen und Verhaltensweisen in spezifischen Lebensbereichen zu erklären. Empirisch hat sich gezeigt, dass derartige Typologien genauso wie klassische Sozialstrukturkonzepte nur von begrenzter Erklärungskraft sind. Objektive und subjektive Dimensionen sozialer Ungleichheit hängen in beträchtlichem Ausmaß zusammen und stehen in einem Ergänzungs-, nicht Ersetzungsverhältnis (Otte 2004).

Die moderate Erklärungskraft hat mit der holistischen Konzeption der Typologien zu tun: In bereichsspezifischen Anwendungen kommen die dort relevanten Elemente nicht treffsicher zur Geltung. Stärkere Präzision versprechen *themenzentrierte* Lebensführungsanalysen: Aus dem Komplex der Lebensführung werden spezifische Elemente mit Blick auf den Erklärungsgegenstand herausgelöst. Als einflussreich hat sich dafür Bourdieus (1983) Konzept kulturellen Kapitals erwiesen. Bourdieu betrachtet „inkorporierte" Wissensbestände und Kompetenzen im Umgang mit symbolischen Ausdrucksformen sowie den „objektivierten" Besitz kulturell „legitimer" Objekte als Ressourcen, mit denen „Renditen" erzielt werden können – in Form sozialer Anerkennung oder finanzieller Einkünfte. Während er sein Konzept im Sinne *hochkulturellen* Kapitals ausdefiniert, haben andere Autoren demonstriert, dass hierarchisierende Wirkungen auch von *spezifischeren* Formen kulturellen Kapitals ausgehen. So zeigt sich am Beispiel von Clubs und Diskotheken, dass „subkulturelles Kapital" (Thornton 1996) bzw. „Szenekapital" (Otte 2007) von zentraler Bedeutung dafür ist, welche Einrichtungen Szenegänger besuchen und welche Statuspositionen sie in Szenen besetzen. Auch hier bestehen Zusammenhänge mit Sozialstrukturvariablen: Männliche Jugendliche verfügen über mehr Szenekapital als weibliche, ältere über mehr als jüngere. Gemeinsam ist Kulturkapitalansätzen, dass sie die Sozial-struktur und den Erklärungsgegenstand mit lebensführungsimmanenten, gegenstandsnah spezifizierten Variablen verknüpfen.

Unabhängig vom Erklärungsgegenstand können sich sozialstrukturelle Ansätze nicht mit dem Nachweis und der *ad hoc*-Interpretation statistischer Effekte begnügen, sondern sollten die sozialen Mechanismen theoretisch be-gründen, die diese Effekte erzeugen (Esser 1996; Hedström 2005). Auch wenn viele „variablensoziologische" Studien sie nicht explizieren, werden der Zugehörigkeit zu sozialen Kategorien immer wieder folgende vier Wir-kungsmechanismen unterstellt.

1. Sozialisation und soziale Identität. Schon in den ersten Lebensjahren sind Individuen Anregungen ausgesetzt, die zunächst von den primären Soziali-sationsagenten ausgehen, maßgeblich von Eltern und Familie. Die Anregun-gen werden durch Imitation („Lernen am Modell") oder die Wirkung positi-ver und negativer Sanktionen („soziale Verstärkung") vom Heranwachsen-den zumindest zum Teil übernommen bzw. in produktiver Auseinanderset-zung überformt (Hurrelmann 2002). Die Sozialisationsresultate variieren umso mehr, je stärker sich die Anregungen zwischen den sozialen Katego-rien unterscheiden und je homogener die Sozialisationsagenten nach diesen Kategorien zusammengesetzt sind. Einer verbreiteten Annahme zufolge bleiben Anregungen, die in Kindheit und Jugend angeeignet werden, lang-fristig relativ stabil und verfestigen sich im Habitus (Bourdieu 1982). Wer-den kategorienspezifische Sozialisationseinflüsse in mehreren Teilbereichen der Lebensführung wirksam (z.B. in Form geschlechtsspezifischer Sport-, Medien- und Musikpräferenzen), als zueinander passend erlebt und mit der eigenen Zugehörigkeit zu einer sozialen Kategorie in Verbindung gebracht, spricht man von sozialen Identitäten (z.B. als Mann oder Frau). Sie bergen Tendenzen eines „in-group bias" in sich, d.h. einer Privilegierung von Per-sonen gleicher Kategorienzugehörigkeit in Interaktionssituationen (Tajfel/ Turner 1986; Huddy 2001).

2. Netzwerkhomogenität. Sozialer Einfluss ist nicht auf Kindheit und Ju-gend beschränkt, sondern resultiert immerfort durch die Einbettung in sozi-ale Netzwerke. Dazu gehören alle Personen, mit denen ein Akteur wieder-holt kommuniziert und persönlich bekannt ist. Netzwerkangehörige geben einander Anregungen, deren Relevanz in Interaktionsprozessen ausgehandelt und deren Imitation mit Anerkennung bedacht wird (Fine/Kleinman 1979). Aufgrund der Diffusion dieser Anregungen tendieren soziale Netzwerke zur Homogenität, etwa im Hinblick auf ästhetische Präferenzen, politische Einstellungen und religiöse Orientierungen (Otte 2004: Kap. 9). Sie wird durch Wahlen von Freunden und Intimpartnern nach dem *Homophilieprinzip* verstärkt: Darunter versteht man Tendenzen der Beziehungsformierung nach Ähnlichkeitsgesichtspunkten (Lazarsfeld/Merton 1954). So lässt sich zeigen, dass eine Übereinstimmung im Musikgeschmack eher zur Aufnahme einer Beziehung mit einer fremden Person animiert als eine Divergenz (Knobloch u.a. 2000). Das Prinzip „gleich und gleich gesellt sich gern" gilt nicht nur für Lebensführungs-, sondern auch für Sozialstrukturmerkmale (McPherson u.a. 2001). Denn erstens dominiert auch hier eine *Präferenz* des „in-group bias": Zwei Beziehungsaspiranten mögen erwarten, besser miteinander kommunizieren zu können, wenn etwa ihr Bildungshintergrund ähnlich ist. Zweitens wird die Übereinstimmung durch *Opportunitätsstrukturen* forciert: Interaktionspartner, die man in Bildungsinstitutionen kennen lernt, haben in der Regel das gleiche Bildungsniveau.

3. Ressourcen und Restriktionen. Die kategoriale Zugehörigkeit vergrößert bzw. beschränkt das Spektrum zugänglicher Alternativen der Lebensführung. Von besonderer Relevanz sind *ökonomische* und *kulturelle* Ressourcen (Bourdieu 1982). Hohe Einkommens- und Vermögensressourcen eröffnen die Möglichkeit eines exklusiven Lebensstils. Hohe Bildung beinhaltet umfangreiches Wissen und konstituiert eine „kognitive Ressource", die die Decodierung komplexer Informationen erleichtert, etwa beim Lesen.

4. Opportunitätsstrukturen. Raum und Zeit sind elementare Sozialstrukturmerkmale. Durch die Zugehörigkeit zu *räumlichen* Kategorien (Nachbarschaft, Stadt-Land, Region, Nation) und *zeitlichen* Lagerungen (Generationen) sind Akteure mit einer Infrastruktur (z.B. politische, wirtschaftliche und rechtliche Ordnung, verfügbare Technologien, Ideologien und Moden) konfrontiert, im Rahmen derer sie ihre Lebensführung gestalten. In Verbindung mit Sozialisationsannahmen wird häufig postuliert, dass das Denken und Handeln maßgeblich unter den infrastrukturellen Bedingungen der Jugend geprägt wird und danach relativ stabil bleibt (Mannheim 1964). Raum-zeitliche Opportunitätsstrukturen tragen zur Netzwerkhomogenität bei, indem sie Milieus und Generationen begründen.

2 Theoretische Relevanz sozialstruktureller Perspektiven für Fanphänomene

Wie lassen sich Sozialstruktur-, Lebensführungs- und Kulturkapitalansätze für die Erklärung von Fanphänomenen fruchtbar machen? Bevor ich mich dieser Frage zuwende, ist es nötig, den Fanbegriff zu klären.

2.1 Fandefinition und -operationalisierung

Als „Fan" definiere ich eine Person, die *einem in der Öffentlichkeit stehenden, nicht zum persönlichen Netzwerk gehörenden Objekt Verehrung* entgegenbringt. Mit „Verehrung" meine ich eine gesteigerte Form von Wertschätzung. Als Fanobjekte konzipiere ich vor allem *Personen*, d.h. Einzelpersonen (z.b. Stars, Prominente) oder Personenkollektive (z.b. Teams, Bands), tot oder lebendig, denen Fans in *parasozialen Beziehungen* gegenüber stehen.[2] Nach Horton und Wohl (1956) ist eine solche Beziehung *stark asymmetrisch* angelegt: Eine öffentliche „Persona" öffne sich medial vermittelt einer Vielzahl von Zuschauern mehr oder weniger persönlich. Die weitgehend anonym bleibenden Zuschauer hätten jederzeit die Möglichkeit, die Beziehung aufzukündigen oder fortzusetzen.[3] Verhalte sich ein Zuschauer loyal, könne trotz der Rollenasymmetrie eine erstaunliche Vertrautheit resultieren, eine „intimacy at a distance": Die Persona werde durch persönliche Details nach und nach vertraut und zum Objekt der Auseinandersetzung im Alltag – als Vorbild, Wertevermittlerin, Trostspenderin und Unterhalterin, als anbetungswürdige Ikone oder Projektionsfläche für Ärger. Nur ein Zuschauer mit *positiver* Grundhaltung kann aber ein Fan sein (Rubin/McHugh 1987). Mitglieder des persönlichen Netzwerkes schließe ich als Fanobjekte aus, weil sie Interak-

---

2 Wippersberg (2007) fasst Prominente als Personen auf, die eine medial vermittelte, öffentliche Bekanntheit genießen. Während Prominente sehr unterschiedliche Reaktionen auslösen könnten, seien Stars eine Teilgruppe weitgehend positiv bewerteter Prominenter. Die Unterscheidung ist hier wenig relevant, weil jeder Fan individuell entscheidet, wen er verehrt.

3 Weber (1972: 13) definiert „soziale Beziehungen" über beiderseitig aufeinander bezogenes Handeln. Star-Fan-Beziehungen haben solch eine wechselseitige Gerichtetheit, doch rechtfertigen ihre Asymmetrie und Distanz den Begriff der Parasozialität.

tionspartner in symmetrischen Beziehungen der Privatsphäre sind. Trotz ihrer Unerreichbarkeit können Fanobjekte so bedeutsam wie Netzwerkpersonen sein: Gleich (1996: 131ff.) weist nach, dass die Beziehungsqualität zur Lieblingsperson im Fernsehen vergleichbar mit der zu „guten Nachbarn" ist, nicht aber die von „besten Freunden" erreicht.[4]

Zwar können auch fiktionale Figuren, Artefakte und abstrakt-ideelle Objekte Fanverehrung finden, doch sind personale Fanobjekte besonders relevant, weil sie als leibhaftige Menschen Vorbilder sein können.[5] Im Sinne Webers (1972: 140ff., 654ff.) haben sie „Charisma": Ihnen werden „außeralltägliche" Qualitäten zugeschrieben, die „Hingabe", „Heldenglauben" und „Gefolgschaftstreue" auslösen, aber immerfort unter „Bewährung" stehen und zur Aufrechterhaltung der Hingabe des „Erfolges" bedürfen.

„Fantum" lässt sich als *gelebte Verehrung* für ein Fanobjekt definieren. Sie weist affektive, kognitive und verhaltensbezogene Komponenten auf (Herrmann 1977: Kap. 3; Wann/Branscombe 1993; Gantz/Wenner 1995). *Affektiv* macht sie sich in Begeisterung beim Auftreten des Fanobjektes, in Anteilnahme an dessen Schicksal und in Trauer bei Niederlagen und Verlust bemerkbar. *Kognitiv* zieht sie selektive Wahrnehmung, Zuwendung und Erinnerung nach sich und schafft breites Wissen über das Fanobjekt. Damit gehen *Verhaltensmanifestationen* einher: Ein Fan investiert Zeit in das Erleben des Fanobjektes, Wissensaneignung und diskursive Auseinandersetzungen in Interaktionskontexten. Er investiert Geld in Veranstaltungsbesuche, Devotionalien, Medien und Fanclubmitgliedschaften. Zudem impliziert Fantum eine besonders systematische Form des Konsums, nämlich das *Sammeln* objektbezogener Informationen und Artefakte.[6]

---

4   Parasoziale Interaktion wurde primär anhand von Fernsehserien untersucht. Sie kann sich dort auf (a) die fiktionale Figur, (b) den darin verkörperten Personentypus oder (c) die Person des Darstellers richten (Keppler 1996: 19). Außerhalb dieses Kontextes werden Fanobjekte vermutlich primär als Menschen mit persönlichen Qualitäten verehrt.

5   In Kollektiven ziehen einzelne Personen meist besondere Bewunderung auf sich, sei es in einer Musikgruppe, einer Daily Soap oder einem Sportteam (Herrmann 1977: 72ff.; Hauk 1999: 319). Der Teamsport ist ein Spezialfall: Hier wird das personell ständig wechselnde Team eines Vereins meist über lange Zeiträume verehrt. Für einen Spieler, der den Verein wechselt, lässt die Verehrung oft rapide nach.

6   Bianchi (1997) erklärt die Faszination des Sammelns damit, dass die Kombination aus Serialität (Festlegung auf Objekte, die Teil eines gleichbleibenden Sets sind) und Vari-

Operational ist zu beachten, dass Intensität und Form des Fantums *inter-individuell* variieren. Zwar kommen meist Dichotomien von Fans vs. Nicht-fans zum Einsatz, doch gibt es auch Versuche der *Intensitätsmessung*: Wann und Koautoren (Wann/Branscombe 1993; Wann u.a. 2001) entwickeln eine Skala der Team-Identifikation, Rubin u.a. (1985) eine Skala parasozialer Beziehungen mit Fernsehfiguren (vgl. auch Gleich 1996; Visscher/Vorderer 1998; vgl. zu weiteren Ansätzen Lascu u.a. 1995; Rhein 2000). Solche Skalen wurden allerdings kaum theoretisch begründet. Auch die *Formen* des Umgangs mit Fanobjekten variieren: Fantum kann mit unterschiedlichem Gewicht der affektiven, kognitiven und verhaltensorientierten Komponenten gelebt werden, eine mehr oder weniger elaborierte Rezeption aufweisen und eher öffentlich oder eher privat stattfinden.

Die Konzepte der parasozialen Interaktion und Charisma-Bewährung implizieren, dass sich Fans mit ihren Objekten kritisch auseinandersetzen. Daher kann sich die Verehrung *intraindividuell* in Intensität und Form wandeln. Bei anhaltendem Misserfolg ziehen sich „fair-weather"-Fans zurück, während „die-hard"-Fans dem Fanobjekt die Treue halten (Cialdini u.a. 1976; Wann u.a. 2001: 164ff.). Neben dem Erfolg reflektieren Fans die Angemessenheit der Objektverehrung in ihrer Lebenslage: Wie lange soll man für seine Jugendidole schwärmen? Der *Kern* jeder Verehrung scheint mir in der *affektiven Objektbindung* zu liegen (Göttlich/Krischke-Ramaswamy 2003: 168). Sozialstrukturelle Studien basieren dagegen meist auf Verhaltensindikatoren: Umfragen bei Sportveranstaltungen und Konzerten differenzieren selten Fans und nicht-objektgebundene Zuschauer, geschweige denn Intensitäten und Formen des Fantums (Stollenwerk 1996; Dollase u.a. 1986: 85ff.). Sie ignorieren Fans, die ihre Begeisterung nicht-öffentlich ausleben.

Den *Objektbereich* personenbezogenen Fantums beschränke ich definitorisch kaum. In der Struktur *sozialer Differenzierung* können Fanobjekte nahezu allen Systemen entstammen, etwa Religion, Militär, Politik, Wirtschaft, Wissenschaft, Sport und Kunst.[7] In der Struktur *sozialer Ungleichheit* sind sie

---

ation (Zuordnung neuer Objekte zu diesem Set) ein optimales kognitives Erregungspotenzial schafft: Sammeln reduziere die Unsicherheit in der unendlichen Welt der Güter, lasse aber zugleich Neuheit zu.

7   Ich halte mich nur lose an den in der Systemtheorie diskutierten Katalog sozialer Systeme (Burzan u.a. 2008). Wegen seiner Bedeutung für die Fanobjektrekrutierung ist es

beliebig rekrutierbar, gehören aber übermäßig den *oberen* Kategorien vertikaler Ungleichheit an: Verehrt werden Spitzensportler, Musik- und Filmstars, Hochadlige, Präsidenten und Generäle, also Personen, die nach Position, Vermögen oder Qualifikation privilegiert und in Folge des medialen
Interesses besonders sichtbar sind.

2.2 *Theorieperspektiven: Sozialstruktur, Lebensführung und Fantum*

Nach Klärung meines Fanverständnisses gilt es, die konzeptionellen Bau-
steine zu einem theoretischen Modell zu verknüpfen. Ich unterscheide die
Ebenen Sozialstruktur, Lebensführung und Fantum und verbinde sie über
die Wirkungsmechanismen sozialstruktureller Variablen.[8] Den Haupterklä-
rungsgegenstand bilden individuelle Ausprägungen des Fantums mit zwei
Teilaspekten. Erstens sind die Eigenschaften der gewählten *Fanobjekte* von
Interesse. Im Fall von Personen fragt sich, welchen sozialen Kategorien sie
angehören und welchen sozialen Systemen sie entstammen. Zweitens ist er-
klärungsbedürftig, welche Ausprägungen die *gelebte Verehrung* hat. Dies beginnt mit der Frage, ob eine Person überhaupt ein Fan ist und – wenn ja –
wie viele Fanobjekte sie hat. Ferner ist zu klären, wie intensiv die Verehrung
ist und welche Formen sie annimmt, wie also die affektive, kognitive und
verhaltensbezogene Verehrung konkret abläuft (s. Abb. 1).

   Ein Schlüssel zur Beantwortung dieser Fragen liegt in der Lebensführung als *Vermittlungsinstanz* zwischen Sozialstruktur und Fantum. Sie um-
grenzt das Rekrutierungsfeld potenzieller Fanobjekte, und da sie ihrerseits
nur in sozialstrukturell vorgeformten Bahnen gestaltbar ist, schlägt die Sozi-
alstruktureinbettung auf Fanobjektwahl und Fanpraxis durch. Einflussreich
sind einerseits Wertorientierungen, vor allem religiöser, politischer und ästhetischer Art, andererseits Lebensstilmuster, vor allem der Medienrezeption, Freizeitgestaltung, Szene- und Vereinsteilnahme. Die Relevanz der Lebensführung spiegelt sich in meiner *motivationalen Grundannahme* wider: Ein

---

naheliegend, das Kunstsystem spartenspezifisch in Subsysteme zu unterteilen, z.B. in
Musik, Film, Literatur, bildende und darstellende Kunst.
8   Im Hintergrund meiner Überlegungen steht das „Investitionsparadigma" der Lebensführung (vgl. ausführlich Otte 2004: Kap. 4).

Fan verehrt ein Objekt für außergewöhnliche, vorbildliche Leistungen und Qualitäten auf einem Gebiet, das ihn selbst interessiert (Horton/Wohl 1956; Stever 1991). Die Lebensführung unterliegt Sozialstruktureinflüssen über die Mechanismen der raum-zeitlichen Opportunitätsstrukturen, der Sozialisation und Identitätsformation, der Homogenitätstendenz sozialer Netzwerke sowie der ökonomischen und kulturellen Ressourcen.

Abbildung 1:   Theoretisches Erklärungsmodell

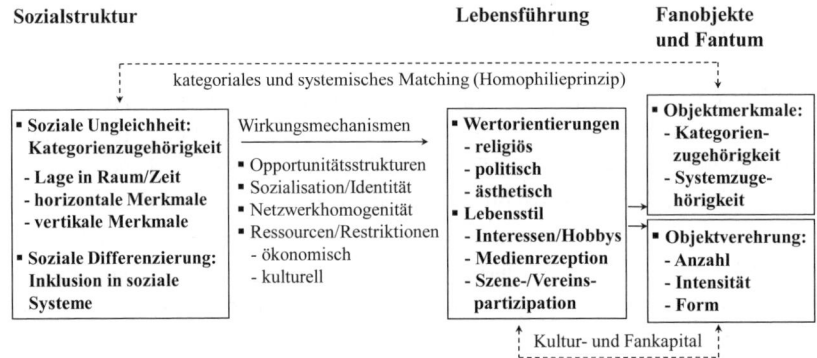

Im dreischrittigen Modell Sozialstruktur–Lebensführung–Fantum scheinen mir *zwei Erklärungsperspektiven* nötig, um den beiden Teilaspekten der abhängigen Variablen Rechnung zu tragen. Die erste Perspektive stellt auf die Erklärung der Fanobjektwahlen ab. Vermittelt über die allgemeine Lebensführung kommt es zu einem *Matching* der Position eines Fans in der Ungleichheits- und Differenzierungsstruktur einerseits und der Kategorien- und Systemzugehörigkeit der Fanobjekte andererseits. Diese „Passung" ist primär durch Homophilie gekennzeichnet. Das Homophilieprinzip, das für *soziale* Beziehungen breite Geltung beanspruchen kann, übertrage ich auf *parasoziale* Beziehungen. Die zweite Perspektive wird benötigt, um Ausmaß und Form der Objektverehrung zu erklären. Hierfür scheinen mir das Konzept *kulturellen Kapitals* und seine themenzentrierte Spezifikation als *Fankapital* ertragreich, da sie intra- und interpersonell variable Decodierungsfähigkeiten im Hinblick auf die Fanobjekte implizieren. Als Fankapital bezeichne ich die individuelle Verfügung über akkumulierte Wissensbestände, Erfahrungen, Kompetenzen und Artefaktsammlungen zum Fanobjekt bzw. zur Sparte, der es angehört (z.B. Fußball). Das Fankapital wächst mit Investitionen von Zeit, Geld und kognitiven Kapazitäten und unterliegt zumindest teilweise der Einbettung in die Sozialstruktur.

Bevor ich die zwei Theorieperspektiven genauer erläutere, sei die Argumentation am Beispiel des Sports illustriert. Schon in Kindheit und Jugend wird häufig langanhaltendes Interesse für eine Sportart geweckt. Angeregt durch Familie, Freunde oder Schule liegen die Beteiligungsquoten an sportlicher Aktivität höher als im weiteren Lebenslauf (Schlagenhauf 1977: 142ff., 167ff.). Die aktive Ausübung, der Besuch von Veranstaltungen und die mediale Rezeption der Sportart verstärken einander; diese Wechselwirkungen sind mehrfach belegt (Schlagenhauf 1977: 212ff.; Guttmann 1986: 150ff.; Stollenwerk 1996: 112ff.; Mehus 2005: 328f.). Je stärker das Interesse an der Sportart ist, umso mehr wächst die Expertise und umso mehr sind Lebensführung und Vergemeinschaftung darauf zentriert (vgl. zu Ultras im Fußball Pilz u.a. 2006). Meist zieht ein Sportler oder Team besondere Bewunderung auf sich. Das Fantum setzt damit ein, dass sich der Bewunderer dem Objekt affektiv, kognitiv und verhaltensbezogen zuwendet. Bevorzugt werden Objekte, die verfügbar und salient sind, d.h. Objekte in räumlicher Nähe (Nation, Region) und mit sportlichem Erfolg. Wegen der Vorbildfunktion von Sportstars werden auch andere Übereinstimmungen aktiviert, etwa nach Geschlecht und Ethnie, denn die Identifikation mit Objekten der Eigengruppe stützt die soziale Identität (Tajfel/Turner 1986). Auf diese Weise entstehen Tendenzen sozialstruktureller Homophilie von Fan und Fanobjekt. Zugleich wird Fankapital akkumuliert: Der Fan erwirbt Wissen durch Dokumentationen und Biographien, erlebt Spiele oder Wettkämpfe, erlernt Techniken und Taktiken und baut eine Sammlung von Fanartikeln und Autogrammen auf. Das Fankapital reflektiert Intensität und Form des Fanverhaltens, genauso wie es sie konstituiert: Hohes Fankapital geht mit emotionaler Anteilnahme und Verhaltensformen wie häufigem Stadionbesuch und fester Positionierung im Fanblock einher. In Fanszenen nehmen Akteure mit hohem Fankapital hohe Statuspositionen ein. Dort „kapitalisiert" sich ihre Expertise in sozialer Anerkennung durch Gleichgesinnte (Benke/Utz 1989; Fiske 1992; Grabowski 1999: 107ff.; Rhein 2000: 183ff.).

Tabelle 1:   Postulierte Sozialstruktureffekte für Fanobjektwahl/
-verehrung

Sozialstruktur	Kategoriales Matching nach dem Homophilieprinzip	Systemisches Matching	Fantum: Intensität, Form, Anzahl der Fanobjekte
Lage in Raum und Zeit:			
Raum	O, S, N	Interaktionseffekte	–
Kohorte / Generation	O, S, N	Interaktionseffekte	–
horizont. Ungleichheiten:			
Alter / Lebenszyklus	S, N (via Generation)	Interaktionseffekte	Anzahl/Intensität +: Jugend
Familien-/Lebensform	–	–	Intensität –: Familienphase
Geschlecht	S, N (vs. heterosex. Begehr.)	Interaktionseffekte	–
sexuelle Orientierung	S, N	Interaktionseffekte	–
Ethnie / Nationalität	O, S, N	Interaktionseffekte	–
vertikale Ungleichheiten:			
soziale Herkunft	O, S, N, R (via Bildung)	Interaktionseffekte	Anzahl +: gehobene Herk.
Bildung	O, S, N, R (kulturelles Kapital)	Interaktionseffekte	Anzahl +: hohe Bildung
Einkommen / Vermögen	– (nur sehr spezifisch)	–	–
Beruf	O, S, N, R	Systemhomophilie	–
Inklusion in Systeme	–	Systemhomophilie	Anzahl/Intensität +

Wirkungsmechanismen der Sozialstrukturmerkmale: O = Opportunitätsstrukturen, S = Sozialisation/Identität, N = Netzwerkhomogenität, R = Ressourcen/Restriktionen.

Im Folgenden werde ich die Logik des kategorialen und systemischen Matching und die des Kultur- und Fankapitals genauer erläutern, indem ich ihre Verbindungen mit der Sozialstruktur und deren Wirkungsmechanismen herausarbeite. Zur besseren Übersicht sind die postulierten Effekte und ihre Mechanismen in Tabelle 1 dargestellt.

2.2.1 Kategoriales Matching und homophile Fanobjektwahlen

Von grundlegender Bedeutung ist die Lage eines Akteurs *in Raum und Zeit* mit ihren Opportunitätsstrukturen: Das medial vermittelte *Angebot* adoptierbarer Lebensführungsmuster und potenzieller Fanobjekte variiert für Angehörige unterschiedlicher Raumkategorien und Geburtskohorten. Der in Kindheit und Jugend bestehende raum-zeitliche Referenzrahmen ist zentral für die Identitätsformation und beeinflusst die Objektrekrutierung nachhaltig. Der Mechanismus sozialer Anerkennung in Netzwerken homogenisiert die Objektwahlen zusätzlich, da enge Bezugspersonen häufig denselben Raumkategorien und Generationen angehören. Aufgrund der *national* organisierten Mediensysteme ist zu erwarten, dass die gewählten Fanobjekte ihren Lebensmittelpunkt überproportional im Inland haben. Je internationaler Medieninhalte sind, umso größer sind die Chancen, dass Personen aus dem Ausland verehrt werden. Homophilietendenzen sind auch für regionale und lokale Raumeinheiten zu erwarten. Eine *generationale* Homophilie resultiert, wenn Fans vornehmlich *lebende* Objekte (ähnlichen Alters) verehren. Dafür spricht, dass lebende Personen aufgrund ihrer Zeitgenossenschaft besonders interessante Objekte der Auseinandersetzung sind. Die Tendenz ist aber nicht zwingend: Wo es starke Traditionspflege gibt, können über viele Generationen dieselben Objekte verehrt werden.

Die Opportunitätsstrukturen des Angebots beeinflussen das Ausmaß des homophilen Matching nach *anderen* Ungleichheitskategorien. Je nach Repräsentation sozialer Kategorien in gehobenen Gesellschaftspositionen und in den Medien variieren ihre Chancen, zu Fanobjekten zu werden. In einer Gesellschaft, in der beispielsweise Frauen und ethnische Minderheiten vollkommen marginalisiert sind, werden sich homophile Objektwahlen nur für Männer und die ethnische Majorität ergeben.

Mit Blick auf *horizontale* Ungleichheiten fragt sich zunächst, ob es *innerhalb* des Matching von Fans und Fanobjekten nach ihrer Zeitgenossenschaft zu einer *feiner* gestaffelten *Altershomophilie* kommen kann. Sie stellt sich ein, wenn Fans solche Objekte besonders anregend finden, die eine ähnliche Position im Lebenslauf einnehmen und Modelle für die Bewältigung aktueller Entwicklungsaufgaben im Alterungsprozess bieten. Wichtiger als diese allgemeine Proposition ist vermutlich der Mechanismus *nachhaltiger* Verehrung von Idolen aus Jugend und Postadoleszenz. In dieser Phase ist der Orientierungsbedarf groß, weil Heranwachsende auf körperliche Veränderungen reagieren, eine sexuelle Identität entwickeln, Intimbeziehungen aufbauen, eine Grundhaltung gegenüber dem Angebot an Werten und Lebensstilen einnehmen und sich auf die Anforderungen in Beruf und Familie vorbereiten müssen (Hurrelmann 2002). Wenn annähernd gleichaltrige Fanobjekte – aufstrebende Musiker, Schauspieler oder Sportler – Orientierungshilfe bieten und sich die Verehrung biographisch festsetzt, kommt es zur gemeinsamen Alterung von Fans und Fanobjekten. Beide können in einer altershomogenen „Generationseinheit" stehen (Mannheim 1964), die Altershomophilie ist in diesem Fall generationsvermittelt.

Die *Geschlechterhomophilie* fußt auf ähnlichen Sozialisationserfahrungen von Fans und Fanobjekten. Über Erziehungspraktiken werden geschlechtsspezifische Anregungsgehalte transportiert, die eine mehr oder weniger maskulin bzw. feminin geprägte Lebensführung induzieren. So halten Eltern für Jungen und Mädchen unterschiedliche Musikinstrumente, Sportarten und Umgangsformen für angemessen (O'Neill 1997; Leaper/Friedman 2007: 570ff.). Bei Mädchen gilt ein manierliches Auftreten für angebracht, während Jungen eher Aggression zugestanden wird. Demgemäß bevorzugen Jungen härtere Musikgenres und kampfbetonte Sportarten, die wiederum von männlichen Fanobjekten dominiert werden. Der Sozialisationseinfluss wird durch Netzwerkeffekte verstärkt, da Spielgruppen und Cliquen Tendenzen zur Geschlechterhomogenität aufweisen (Leaper/Friedman 2007: 569, 572). Die Argumentation nuanciert die soziale Identitätstheorie (Tajfel/Turner 1986): Während letztere eine Identifikation mit gleichgeschlechtlichen Objekten *per se* vorhersagt, postuliert meine Theorie, dass nur solche Objekte gewählt werden, die eine Passung zur Lebensführung des Fans aufweisen. Je nach Sozialisationsverlauf werden parasoziale Beziehungen also *mehr oder weniger* geschlechterrollentypisch geprägt sein. Die Geschlechterhomophilie wird durch einen gegenläufigen Einfluss gemindert. Da Fanobjekte *sexuelles Begehren* auslösen können (Ehrenreich u.a. 1992; Bromnick/Swallow 1999: 124), sollte das Ausmaß gleichgeschlechtlicher Objektwahlen für heterosexuelle Fans geringer ausfallen als für homosexuelle. In diesem Punkt ist die motivationale Annahme, dass Objekte aufgrund vorbildlicher Leistungen und Qualitäten verehrt werden, zu erweitern.

Die *sexuelle Orientierung* wird selten zu den Grundelementen der Sozialstruktur gezählt, scheint mir wegen ihrer Relevanz für soziale Identität und Netzwerkbildung aber im Fankontext sehr wichtig: Zwischen der eigenen sexuellen Orientierung und der der Fanobjekte sind überzufällige Übereinstimmungen zu erwarten.

Ethnische Zugehörigkeiten definiere ich mit Weber (1972: 234ff.) über den „subjektiven Glauben an eine Abstammungsgemeinsamkeit", der oft auf biologischen, sprachlichen und religiösen Ähnlichkeiten fußt und Besonderheiten der Lebensführung sowie Selektivitäten der Netzwerkbildung nach sich zieht. Weber hält den Begriff der Ethnie für unscharf und grenzt die *Nationalität* als politische – meist sprachlich verbundene – Vergemeinschaftungskategorie davon ab. Aufgrund der Sozialisations- und Netzwerkmechanismen erwarte ich eine überproportionale Verehrung von Objekten der ethnischen und nationalen Eigengruppe. Zudem bauen ethnische Minder-

heiten aus eigenen Traditionen gespeiste Opportunitätsstrukturen auf, die
zur Rekrutierung ethnisch spezifischer Fanobjekte genutzt werden.

Unter den *vertikalen* Ungleichheitsmerkmalen bildet die sozioökonomische Lage der *Herkunftsfamilie* als Instanz der primären Sozialisation den
Ausgangspunkt.[9] Anders als im Fall horizontaler Merkmale spielen hier
auch Ressourceneffekte eine Rolle. Zwei Teileffekte sind zu unterscheiden
(Bourdieu 1982; Conger/Dogan 2007; Grieswelle 1978: 136ff.). Je nach Ausstattung mit ökonomischem Kapital können Eltern ihren Kindern eine finan-
ziell unterschiedlich aufwändige Lebensführung mit entsprechenden Hob-
bys ermöglichen: Klavier und Musikunterricht müssen erst einmal finanziert
sein. Hinzu kommen Wirkungen kulturellen Kapitals, das mit dem elterli-
chen Bildungsniveau variiert und in Form kultureller Kompetenzen und Anregungen weitergegeben wird: Klavierspielen gelingt leichter, wenn es
durch elterliche Expertise unterstützt wird. Je nach Intensität klassenspezifi-
scher Sozialisation und Netzwerkhomogenität schlagen Heranwachsende eine vorstrukturierte Interessenlaufbahn ein (vgl. zu einem systematischen
Nachweis Sullivan 2001). Sie schreibt sich besonders bei sozialer Immobilität
fort, da die *eigene* Position in der vertikalen Ungleichheitsstruktur – die er-
worbene Bildung, der erreichte Berufsstatus und das erzielte Einkommen –
ähnliche Wirkungen zeitigt, wie sie für die Herkunftsfamilie gelten. Bei sozialer Mobilität entspricht die Lebensführung einer Mixtur aus familiärer Sozialisation und Anregungen davon abweichender, späterer Kontexteinbet-
tungen (van Eijck 1999).

Inwiefern ist aber ein homophiles Matching vertikaler Lagemerkmale
plausibel? Tendenzen zur *Einkommens- und Vermögenshomophilie* erscheinen
mir abwegig, weil Fanobjekte aufgrund ihrer Außeralltäglichkeit meist ge-

---

9   Die Teildimensionen Bildung, Einkommen und Berufsprestige sind stark korreliert
    und werden häufig zu Indizes des sozioökonomischen Status oder der sozialen Schicht
    zusammengefasst (Ganzeboom/Treiman 1996). Klassenzugehörigkeiten werden aus
    Produktionsmittelbesitz und beruflichen Merkmalen abgeleitet. Anders als Statusposi-
    tionen und Schichten können Klassen nicht nur vertikal, sondern auch horizontal an-
    geordnet werden. Ich beschränke mich auf eine vertikale Betrachtung und gebrauche
    die Konzepte Klasse, Schicht und Berufsstatus hier synonym bzw. im Sinne des jeweils
    zitierten Autors. Ich diskutiere die eigenständigen Wirkungen von Bildung, Einkom-
    men und Beruf zu Lasten dieser Globalkonzepte.

hobene oder Elitepositionen innehaben und hohe Einkommen beziehen. Da die Medien bevorzugt über Stars und exklusive Gesellschaftskreise berichten, sind diese als Fanobjekte für alle Einkommensgruppen verfügbar.[10] Auch eine *Bildungshomophilie* ist nicht selbstverständlich – allein deshalb nicht, weil der Bildungshintergrund von Fanobjekten weniger salient ist als ihr Geschlecht oder ihre Ethnie und weil Menschen sich weniger stark mit Bildungskategorien identifizieren. Das bedeutet aber nicht, dass Bildung wirkungslos sein muss. Postulieren lassen sich Tendenzen der Bildungshomophilie, die durch das System der Kunst getragen werden: Kunstschaffende verfügen genauso wie das Hochkulturpublikum über relativ hohe BildungsZabschlüsse (Haak 2008: 85ff.; Bourdieu 1982; Schulze 1992; Otte 2004). Spekulieren lässt sich weiter, dass auch in der Populärkultur das „Emissionsniveau" (Bourdieu 1974: 176ff.) der Leistungen hochgebildeter Fanobjekte höhere kognitive Rezeptionsanforderungen stellt als dasjenige weniger gebildeter Fanobjekte und dass sich die Anhängerschaft nach bildungsbasierten Decodierungsfähigkeiten konstituiert. Dies gilt besonders dann, wenn Fanobjekte stark sprachvermittelt auftreten (z.B. Sänger, Entertainer, Politiker) und eine Passung *sprachlicher* Codes über das Fantum entscheidet. Wegen der intergenerationalen Transmission kulturellen Kapitals erwarte ich ein parallel laufendes Matching nach sozialer Herkunft und Bildung; mobilitätsbedingt sollten die Herkunftseffekte jedoch geringer sein.

Schließlich lassen sich eigenständige Effekte der *Berufszugehörigkeit* erwarten. Fanobjekte werden für Leistungen oder Qualitäten verehrt, die sie in ihrer Erwerbsrolle erbringen: als Sportler, Künstler, Politiker, Offizier, Wissenschaftler usw. Wer in demselben Beruf sozialisiert wurde und in berufliche Netzwerke einbettet ist, sollte ein Objekt aufgrund seiner berufsspezifischen Vorbildhaftigkeit eher verehren als ein Berufsfremder.

---

10 Nur wenn die Teilnahme an Sport- oder Kulturveranstaltungen sehr exklusiv ist und die dort anzutreffenden Fanobjekte medial schwach repräsentiert sind, ist eine Einkommenshomophilie denkbar. Ein Beispiel ist der Golfsport (Taks u.a. 1998: 175).

2.2.2 Systemisches Matching

Neben der Zugehörigkeit zu Ungleichheitskategorien interessiert als zweiter Aspekt der Objektwahl, welchen *Systemen* die Fanobjekte angehören. Aus differenzierungstheoretischer Perspektive lässt sich – unter Beibehaltung der motivationalen Grundannahme – postulieren, dass die Wahrscheinlichkeit, einen Angehörigen eines spezifischen Systems zu verehren, umso höher ist, je mehr der Bewunderer in das System inkludiert ist. Systeminklusion konzipiere ich mit Burzan u.a. (2008: 38ff.) als kontinuierliche Variable. Da Fanobjekte primär über ihre beruflichen Leistungsrollen definiert sind, ergibt sich eine Hypothese zum *systemischen Matching*, die mit der zuletzt diskutierten Hypothese der *Berufshomophilie* identisch ist (sofern man Berufe als Systeme auffasst): Je stärker jemand in einen Beruf inkludiert ist, umso eher bringt er herausragenden Persönlichkeiten dieses Berufs Verehrung entgegen. Systemhomophilie entsteht aber auch dadurch, dass Akteure über „sekundäre Leistungsrollen" (z.b. als Sportvereinsmitglied) und „Publikumsrollen" (z.b. als Veranstaltungsbesucher) in Systeme inkludiert sind (Burzan u.a. 2008). Je intensiver jemand in der Freizeit in das Sport-, Kunst-, Politik- oder Religionssystem inkludiert ist, umso eher sollte er ein Objekt des jewieligen Systems bewundern. Diese Art des systemischen Matching lässt sich analog aus der um die Lebensführung erweiterten Ungleichheitsperspektive ableiten: Wie in Abbildung 1 dargestellt, strukturieren Wertorientierungen und Lebensstile die Rekrutierungskontexte von Fanobjekten vor.

Die Differenzierungsperspektive ist besonders wegen ihrer *Interaktionseffekte* interessant, die sich zwischen der *Systemzugehörigkeit* der Fanobjekte und der *kategorialen Position* der Fans in Zeit, Raum und sozialer Ungleichheitsstruktur ergeben. Im Zeitverlauf können einzelne Systeme als Strukturen des Objektangebotes an Bedeutung gewinnen oder verlieren: So ist aufgrund der Expansion und Ausdifferenzierung der Kunst-, Sport- und Mediensysteme zu erwarten, dass dort heute mehr Fanobjekte rekrutiert werden als früher. Je nach systemischer Ausdifferenzierung sollte es dabei nationalstaatliche Variationen geben. Auch sollte die Systemzugehörigkeit der Fanobjekte nach Ungleichheitsmerkmalen der Fans variieren, wenn soziale Kategorien – durch Opportunitäten-, Sozialisations-, Netzwerk- und Ressourcenwirkungen – zu bestimmten Systemaffinitäten gedrängt werden. Solange etwa Männern und Frauen aufgrund geschlechtsspezifischer Sozia-

lisation unterschiedliche Zuständigkeiten für gesellschaftliche Funktionsbe-
reiche zugewiesen werden, sollten Fanobjekte nach ihrer Systemzugehörigkeit geschlechtsspezifisch gewählt werden. Politik, Militär und Sport sind
traditionell männlich konnotierte Sphären und dürften von männlichen Fans
zur Objektrekrutierung bevorzugt werden; künstlerisches Interesse und reli-
giös-karitatives Engagement sind weiblich konnotierte Zuständigkeiten und
dürften eher weiblichen Fans als Rekrutierungsfelder dienen (Burzan u.a.
2008: 108ff.; Leaper/Friedman 2007).

2.2.3 Kulturkapital, Fankapital und Variationen der Objektverehrung

Die bisherige Perspektive richtet sich auf die Frage, *welche* Fanobjekte gewählt werden. *Ausmaß* und *Formen* der Verehrung lassen sich mit dem Mat-
ching-Mechanismus nicht erklären. Der dafür favorisierte Kultur- bzw. Fan-
kapitalansatz geht davon aus, dass Akteure Zeit, Geld und kognitive Kapazitäten in die Kultivierung ihrer Lebensführung bzw. ihres Fantums investieren. Infolgedessen unterscheiden sie sich in ihren Rezeptions- und Vereh-
rungsmodi und nehmen hierarchisch geordnete Positionen in Fanszenen ein.
Zu klären ist, in welchem Maß und in welcher Weise Faninvestitionen von
Merkmalen der Sozialstruktur abhängen. Als besonders relevant werde ich
die Lebenszyklus- und Bildungsdimensionen herausstellen.

   Als Experimentierphase mit hohem Orientierungsbedarf sollte die Ju-
gendzeit die Lebensphase sein, in der sowohl die *Anzahl* der Objekte, die
bewundert werden, als auch die *Intensität*, mit der das geschieht, ihr Maximum erreichen. Da Fantum in dieser Phase noch keiner langen Investitions-
dauer unterliegt und biographisch wenig sedimentiert ist, ist es reversibler
als bei Erwachsenen. Entsprechend lässt sich mit zunehmendem Alter nicht
nur ein Rückgang der Intensität, sondern auch der Objektfluktuation erwarten. Zum reduzierten Bedarf nach identitätsstiftenden Objekten kommen
zunehmende Restriktionen bei der Ausübung von Fanaktivitäten. Sie gehen
von der für die mittlere Lebensphase typischen Familiengründung und Er-
werbstätigkeit aus. Gerade *außerhäuslichen* Aktivitäten erlegt die Familie
Einschränkungen auf: Der Fußballfan, der es als Single gewohnt war, sein
Team selbst bei Auswärtsspielen zu begleiten, gerät in die Bredouille, wenn
er seine Familie jedes Wochenende allein lässt. In der mittleren Lebensphase
ist daher eine Privatisierung der Verehrung zu erwarten. Das öffentlich zur

Schau gestellte Fankapital sollte abnehmen, das wissens- und erfahrungsba-
sierte Fankapital, aber auch die Menge gesammelter Artefakte zunehmen.
Im Lebenslauf sollte sich damit die Position im diachronen Fanzyklus verschieben: Benke und Utz (1989) typisieren ihn bei Fußballfans als Entwicklung vom „Novizen" über den „Kuttenträger" zum „Veteranen", Eckert u.a.
(1991) bei Horrorfilmfans vom „Fremden" über den „Touristen" zum „Buff"
und „Freak".[11] Zentral ist die Frage, welche der zu Jugendzeiten bewunderten Objekte nachhaltig verehrt und welche aufgegeben oder durch „altersge-
mäße" Objekte abgelöst werden. Altersnormen in altershomogenen Netzwerken können darüber genauso entscheiden wie der Modewandel, der
Fanobjekte altersgruppenübergreifend delegitimieren kann.[12]
    Wenn aus jedem Interessengebiet Fantum resultieren kann, sollte sich
mit steigender Klassenposition der Pool potenzieller Fanobjekte vergrößern,
denn höhere Klassen weisen eine größere Aktivitäts- und Interessenvielfalt
auf (Peterson 1992).[13] Erklärbar ist sie über den Ressourcenmechanismus,
d.h. über das mit höherer Bildung verbundene kulturelle Kapital, das die
Decodierbarkeit unterschiedlicher symbolischer Ausdrucksformen begüns-
tigt. Die Aufgeschlossenheit stößt dort an Grenzen, wo sie als „trivial" gelten
(Schulze 1992). Dieses Attribut schreiben Hochgebildete vorzugsweise Formen der volkstümlichen Kultur und kommerziellen Massenkultur zu, die
besonders von unteren Bildungsgruppen geschätzt werden (vgl. zu deren
Fans Grabowski 1999; Harrington/Bielby 1995; Fritzsche 2003). Da gerade
die Aneignung knapper, innovativer Güter Distinktion verspricht, sollten
neben der *Anzahl* auch die *Variationsbreite* und *Nischenspezifität* der Fanobjekte mit dem Bildungsniveau zunehmen. Dem postulierten Zusammenhang

---

11 Abercrombie und Longhurst (1998: Kap. 5) konzipieren ihre Publikumstypologie als
    Karrierepfad vom allgemeinen „Consumer" über den diffusen „Fan" und spezialisier-
    ten „Cultist" zum aktivistischen „Enthusiast" und gegebenenfalls „Petty Producer".
12 Stacey (1994: 91ff., 109ff., 200, 226ff.) berichtet von älteren Frauen, die ihre jugendliche
    Verherrlichung von Hollywood-Schauspielerinnen rückblickend als übertrieben be-
    zeichnen, sie aber mit großer Nostalgie erinnern und ihre Modevorstellungen zum Teil
    bis heute von den Filmdiven beeinflusst sehen.
13 Diese Tendenz findet sich für Vereinsmitgliedschaften (Reigrotzki 1956: 170ff.), sportli-
    che Betätigung (Lüschen 1963; Winkler 1998; Scheerder u.a. 2002: 229), Freizeitbeschäf-
    tigungen (Schlagenhauf 1977: 235; Grieswelle 1978: 126f.) und Musikvorlieben (Klaus-
    meier 1963; Otte 2008).

wirkt jedoch ein Lebensführungselement entgegen, nämlich der mit zuneh-
mender Bildung *abnehmende* Fernsehkonsum (Otte 2004). Da das Angebot
potenzieller Fanobjekte stark fernsehvermittelt ist, unterliegen Niedriggebil-
dete in *dieser* Hinsicht breiteren Opportunitäten und sollten für Objekte em-
pfänglicher sein, die ihre Prominenz allein der Fernsehpräsenz verdanken
(Daily Soap-Darsteller, TV-Entertainer).[14]

Aus der Kulturkapitalperspektive lassen sich Hypothesen zur Reflexion
formaler Aspekte bei der Objektrezeption ableiten. Fanobjekte der Populärkultur sollten umso eher eine hochgebildete Anhängerschaft haben, je weniger sie durch leicht objektivierbare Qualitäten auffallen, sondern je mehr die
Decodierung „sekundärer Sinnschichten" nötig ist. Bourdieu (1982: 53ff.) ermittelt, dass mit der Bildung der Rezipienten die Kenntnis von Filmregis-
seuren deutlicher steigt als die von Schauspielern. Während Schauspieler
durch ihre bloße Leinwandpräsenz erinnerbar seien, erfordere das Wissen
über Regisseure eine cineastische Haltung. Ihr wohne die Logik kulturellen
Kapitals inne: Die oberen Klassen setzten sich mit formalen Arrangements
auseinander, die unteren allein mit Inhalten. Demnach sollten Regisseure
höher gebildete Fans haben als Schauspieler. Letztere sollten wiederum von
Hochgebildeten eher für ihre darstellerischen Leistungen, von Niedriggebildeten für ihre physische Attraktivität bewundert werden. Auch in Sportvorlieben manifestiert sich nach Bourdieu (1982: 332ff.; 1993) geistige Reflexion.
Mit ihrem Habitus der Verfeinerung und Ästhetisierung betrachteten Angehörige höherer Klassen den Körper nach Formung, Gesundheit und Beweg-
lichkeit und präferierten Tennis, Skisport, Leichtathletik, Gymnastik und
Schwimmen. Sie vermieden Kraft- und Kampfsportarten (z.B. Bodybuilding,
Boxen, Ringen) sowie Mannschaftssportarten (z.B. Rugby, Fußball, Handball, Basketball), die Körperkontakt, Kraft, Kampfgeist und Gruppendiszip-
lin erforderten und eher den unteren Klassen vorbehalten seien.[15]

---

14 In diesem Sinne findet Vorderer (1996: 169) bei Niedriggebildeten eine stärkere Intensi-
    tät parasozialer Beziehungen zu Fernsehserienfiguren (vgl. auch Gleich 1996: 134f.).
15 Bourdieus Argumente beziehen sich auf die *Sportausübung*. Der Veranstaltungsbesuch
    folgt nach Bourdieu (1993: 175) „komplexeren Gesetzmäßigkeiten", die er nicht aus-
    führt. In seinen Daten unterscheiden sich die Klassen beim Besuch von Sportveran-
    staltungen und bei Sportsendungen im Fernsehen relativ wenig (Bourdieu 1982: 344).

3   Empirische Befunde

Das skizzierte Untersuchungsprogramm erfordert Studien, die kategorien-
vergleichend, systemübergreifend und bevölkerungsrepräsentativ angelegt
sind. Derartige Datenbasen liegen nicht vor. Zumindest ansatzweise, aber
notgedrungen selektiv erlaubt die Forschungsliteratur eine Zusammenschau
empirischer Befunde zum kategorialen und systemischen Matching von
Fans und Fanobjekten wie auch zu Effekten des Kultur- und Fankapitals auf
Intensitäten und Formen des Fantums. Um Wirkungen der Angebotsstruktur auf die Objektrekrutierung zu untersuchen, wende ich mich zunächst
der Systemzugehörigkeit von Fanobjekten im Zeitverlauf zu (Abschnitt 3.1).
In Abschnitt 3.2 präsentiere ich Evidenz zum homophilen Matching, in Abschnitt 3.3 gehe ich der Kapitalperspektive nach.

3.1   *Systemzugehörigkeiten von Fanobjekten im historischen Wandel*

Systemzugehörigkeiten von Fanobjekten lassen sich anhand von Umfragen
rekonstruieren, in denen Kinder und Jugendliche nach persönlichen Helden
oder Vorbildern gefragt wurden (Gash/Conway 1997; Bromnick/Swallow
1999; White/O'Brien 1999; Melnick/Jackson 2002; Wann u.a. 2001: 74ff.; Zinnecker 1987: 285ff.). Diese Daten reichen in den USA bis in die 1890er Jahre
zurück (Greenstein 1964). Für die Idole Erwachsener liegt eine 1946 beginnende Zeitreihe des Gallup-Instituts vor, das jährlich eine Zufallsauswahl
der US-Bevölkerung nach dem Mann und der Frau fragt, die man persönlich
am meisten bewundere (Smith 1986; Young/Harris 1996).[16]
   Unter Kindern und Jugendlichen vereinigen – unter Ausschluss der
30 bis 40 % umfassenden Nennungen persönlicher Angehöriger – Personen
aus Sport, Film/Fernsehen, Musik und Politik hohe Anteilswerte auf sich.
Zeitvergleichend offenbart sich in der ersten Hälfte des 20. Jahrhunderts ein
Bedeutungsverlust politischer Helden (Greenstein 1964: 445). Einen Zuge-
winn verzeichnen Unterhaltungsstars. Zunächst findet eine Verschiebung

---

16 Bezogen auf Begriffe, Fragestimuli, Kategoriensysteme und Stichproben gibt es erhebli-
    che Vergleichsprobleme aller Befunde. Nur selten folgen sie meiner Fandefinition. Die
    Ergebnisse zur Heldenverehrung sind in Richtung moralischer Ideale verzerrt.

von der Hoch- zur Populärkultur statt. Erst in der Nachkriegszeit kommt es über die fernsehvermittelte Massenunterhaltung zum markanten Anstieg von Sportlern, Film- und Musikstars. In einer komparativen Studie amerikanischer und irischer Dritt- und Viertklässler entstammen persönliche Helden Mitte der 1990er Jahre zu 39 % (USA) bzw. 50 % (Irland) dem Film/Fernsehen, zu 29 % (18 %) dem Sport, zu 24 % (18 %) der Musik, zu 7 % (beide Länder) der Religion und zu 5 % (2 %) der Politik (berechnet nach Gash/Conway 1997: 357).[17] In der deutschen Shell-Studie 1984, in der 15- bis 24-jährige nach Vorbildern gefragt wurden, verteilen sich die Angaben auf Sportler (25 %), Musiker (21 %), Filmschauspieler (15 %), religiöse Persönlichkeiten (10 %), Politiker, Wissenschaftler und humanitär engagierte Persönlichkeiten (je 4 %, berechnet nach Zinnecker 1987: 299). Zu beachten ist die Altersabhängigkeit: Typisch für Kinder zu Beginn der Schulzeit sind fiktionale Helden; mit dem Alter wächst der Anteil politischer Helden (White/O'Brien 1999: 89).

Amerikanische Erwachsene bewundern in den 1990er Jahren Männer aus Politik (42 %), Unterhaltung/Kultur/Sport (21 %), Religion (16 %), Militär (11 %), Wirtschaft (11 %) und Bürgerrechtsbewegungen (11 %) sowie Frauen aus Politik bzw. Politikerfamilien (je 32 %), Unterhaltung/Kultur/Sport (26 %), Adelshäusern (11 %) und Bürgerrechtsbewegungen (11 %, Young/Harris 1996: 370).[18] Die nach Dekaden gemittelten Anteilswerte unterliegen seit dem 2. Weltkrieg Schwankungen, aber kaum systematischen Trends. Allerdings kommt es in den 1980/90ern zu einem Bedeutungsverlust politischer Helden und einem Aufschwung von Idolen aus Unterhaltung und Wirtschaft. Gegenüber der Nachkriegsära werden heute signifikant mehr Frauen in autonomen Positionen (d.h. nicht als „Gattin von") bewundert. Ihre Systemzugehörigkeiten haben sich denen der Männer angenähert: Sie

---

17 Neuseeländische Schüler der 9. und 12. Klasse bewundern Persönlichkeiten aus Sport (47 %), Film/Fernsehen (21 %), Musik (10 %), Politik, Mode, Literatur und Religion (jeweils unter 5 %, Melnick/Jackson 2002: 436).

18 Ähnliche Resultate erzielt Porpora (1996: 221), der in einer Bevölkerungsumfrage in Philadelphia 1993 nach persönlichen Helden mit Vorbildfunktion fragte. Unter Ausschluss der Befragten ohne Angabe oder mit Nennung persönlicher Angehöriger entfallen auf Politik 43 %, Unterhaltung/Sport 23 %, Religion 17 %, Kunst/Wissenschaft 8 % und sonstige Bereiche 8 %.

dominieren die Rubriken „Bürgerrechtsbewegte" und „Unterhaltung/ Kultur/Sport" weniger stark und haben in der Politik aufgeholt. Nach wie vor schlägt aber die geschlechtsspezifische Besetzung der Elitepositionen einiger Systeme durch: Idole aus Wirtschaft (Unternehmer), Religion und Militär sind fast durchgängig männlich. Angehörige von Königshäusern und Politikerfamilien sind weiblich dominiert.

In einigen Studien finden sich *Interaktionseffekte* zwischen der Systemzugehörigkeit der Fanobjekte und Ungleichheitsmerkmalen der Fans, insbesondere deren Geschlecht: Männliche Jugendliche verehren häufiger Sportstars, weibliche eher Musikstars; für Film/Fernsehen, Politik und Religion sind die Geschlechterdifferenzen uneinheitlich oder gering (Gash/Conway 1997: 357; Bromnick/Swallow 1999: 122ff.; Melnick/Jackson 2002: 436; Zinnecker 1987: 301). Mit der Persönlichkeitsverehrung werden sehr unterschiedliche Aspekte assoziiert: außergewöhnliche Leistungen und beruflicher Erfolg, Wohlstand und exklusiver Lebensstil, physische Attraktivität und Charisma, moralische Qualitäten und Sinnstiftung (Porpora 1996).

3.2 Homophilie zwischen Fans und Fanobjekten

Welche Anhaltspunkte gibt es für das kategoriale Matching von Fans und Fanobjekten nach dem Homophilieprinzip? Dass die Personenverehrung an *räumliche Opportunitäten* und *nationale Identitäten* gebunden ist, zeigen die Gallup-Umfragen: Anhand der Aufschlüsselung bei Smith (1986: 579ff.) ergibt sich, dass die US-Bevölkerung einheimische (männliche) Politiker um ein Vielfaches häufiger nennt als ausländische – mit steigender Tendenz. Räumliche Homophilie auf nationaler, regionaler und lokaler Ebene ist daneben besonders im Sport zu erwarten, weil der Wettkampfcharakter räumliche Kategorien betont. So nennen neuseeländische Schüler oft neuseeländische Sportler als Idole, kaum aber heimische Musiker oder Schauspieler, sondern amerikanische (Melnick/Jackson 2002: 436f.). Zum Ausmaß *regionaler* Fanbindungen liegen erstaunlich wenige Daten vor.[19] Zwar weiß man,

---

19 Viele Autoren gehen davon aus, dass Fußballfantum lange auf einer rein lokalen Basis beruhte; Horak und Marschik (1995) sprechen etwa von der Figur des Wiener „Bezirksanhängers". Für Nordwestengland präsentiert Mellor (1999: 28ff.) Hinweise, dass

dass die mittleren Anfahrtswege von Sportpublika selten 70 Kilometer überschreiten und rund 90 % der Zuschauer Teambindungen haben (Stollenwerk 1996: 51, 82); doch verzerren Publikumsanalysen die Grundgesamtheit der Fans zu Ungunsten der entfernt wohnenden.

Als *generationale* Homophilie im Sinne gemeinsamer *Zeitgenossenschaft* lässt sich der Befund interpretieren, dass überwiegend lebende, kaum historische Personen als Vorbilder und Helden dienen (Porpora 1996: 222f.). Zur generationalen Homophilie im Sinne gemeinsamen *Alterns* von Fans und Fanobjekten fehlt direkte Evidenz. In diese Richtung deuten aber generationale Prägungen des Musikgeschmacks. Hartmann (1999: Kap. 6.4) und Höffling (1997: 93f.) belegen, dass Präferenzen für volkstümliche und populäre Musikgenres, für die man sich im Jugend- und frühen Erwachsenenalter begeistert, im Lebenslauf tendenziell beibehalten werden. Darauf deutet auch das steigende Durchschnittsalter der Publika bei Volksmusik-, Schlager-, Liedermacher- und Jazzkonzerten hin (Neuhoff 2001). Holbrook und Schindler (1989, 1996) zeigen, dass sich Personen zeitüberdauernd für Pop-Hits und Hollywood-Filme begeistern, die während ihrer Postadoleszenz aktuell waren. Ein Homophilienachweis müsste aber das Alter der Stars in Relation zu dem der Fans setzen.[20]

Tendenzen zur *Geschlechterhomophilie* parasozialer Beziehungen existieren, sind aber bei weiblichen Befragten schwächer ausgeprägt oder kehren sich zur Heterophilie um. In der Studie von Gash und Conway (1997: 355f.) wählen 92 % der irischen und 81 % der amerikanischen Jungen einen männlichen Helden, 52 % bzw. 56 % der Mädchen eine Heldin. Unter den Schülern bei Bromnick und Swallow (1999: 124; eigene Berechnungen) bewundern 88 % der Jungen und 33 % der Mädchen eine gleichgeschlechtliche Person. Fast identische Werte (90 % bzw. 33 %) finden Melnick und Jackson

---

Fans bereits in der unmittelbaren Nachkriegszeit aus großen Einzugsgebieten zu Schlagerspielen strömten und nicht wenige von ihnen mehrere Clubs unterstützten, dass also lokale Identitäten brüchiger waren als gemeinhin angenommen.

20 Auch im Sport deutet sich eine Altershomophilie an: Profisportler beenden ihre Karriere meist im vierten Lebensjahrzehnt und Sportzuschauer sind deutlich jünger als der Bevölkerungsschnitt. Zu zeigen wäre aber, dass etwa Nachwuchsfußballer besonders junge Fans haben und Fußballlegenden von älteren verehrt werden.

(2002: 435).[21] In einer Umfrage zu Fernsehserienhelden geben 85 % der männlichen und 29 % der weiblichen Zuschauer eine Figur gleichen Geschlechts an (berechnet nach Vorderer 1996: 166). In einer Bevölkerungsumfrage in Mannheim wurde danach gefragt, wessen Bücher man gern liest: 90 % der männlichen Befragten nennen einen Schriftsteller, 37 % der weiblichen eine Schriftstellerin (Himmelhuber 2006: 84f.).[22] Die Geschlechterdifferenz in der Homophilieneigung kann aus dem Überangebot männlicher Fanobjekte resultieren, doch stehen entsprechende Belege aus. Als Alternativerklärung wäre zu prüfen, ob das sexuelle Begehren bei weiblichen Fans ausgeprägter ist als bei männlichen. Dass das Ausmaß an Homophilie durch dieses Motiv reduziert wird, zeigt die qualitative Studie Fritzsches (2003: 245, 251f.): Weibliche Teenager verehren die Spice Girls wegen ihrer „Verbindung von Weiblichkeit und Selbstbewusstsein" als Vorbilder, begehren aber Mitglieder von Boygroups als Objekte romantischer Sehnsüchte.

Der angeführte Befund, dass es im Sport mehr männliche als weibliche Fans gibt, entspricht dem Homophilieprinzip, zumal männliche Profis die publikumsträchtigen Sportarten dominieren. Entsprechend geschlechterselektiv sind die Publikumskompositionen (nahezu alle Studien beziehen sich auf Herrensport): In europäischen Fußballligen übersteigt der Zuschauerinnenanteil selten 15 % (Waddington u.a. 1998: 160f.; Malcolm u.a. 2000: 132; Földesi 1996: 412f.). Unwesentlich höhere Anteile findet man in Deutschland im technik- bzw. kampfbetonten Motorsport und Eishockey, aber auch beim Tischtennis (Stollenwerk 1996: 57; Messing/Lames 1996: 208). Rund 30 % der Zuschauer machen Frauen beim Handball, Basketball, Wasserball und bei Pferderennen aus, rund 40 % bei Tennis und Golf, knapp 50 % beim Volleyball und gut 55 % beim Tanzen. Die Rangfolge entspricht grob dem Geschlechterverhältnis unter den Sportaktiven (Schlagenhauf 1977: 61; Lamp-

---

21 In der Studie von Stoughton und Ray (1946: 158) ist die Homophilie fast perfekt (92 % vs. 89 %). Allerdings wurden die Schüler gefragt, welche Person sie am liebsten *verkörpern* würden; dabei werden Geschlechtergrenzen selten überschritten.

22 Dabei zeichnet sich der postulierte Netzwerkeffekt ab: Je geschlechtshomogener das persönliche Freizeitnetzwerk der Frauen ist, umso höher ist der Anteil derjenigen, die auf Liebesromane spezialisierte Schriftstellerinnen – dem am klarsten von Leserinnen dominierten Genre – bevorzugen, etwa Barbara Wood und Utta Danella.

recht/Stamm 1996: 281ff.).[23] Beim Vergleich von zwei nach sonstigen Randbedingungen ähnlichen Spielen ermitteln Messing und Lames (1996) mehr
weibliche Zuschauer beim Damen- als beim Herrenhandball (56 % vs. 37 %,
vgl. Guttmann 1986: 143ff.). Die enge Verzahnung von Aktiv- und Zuschau-
ersport wird daran deutlich, dass der Anteil der derzeit oder ehemals Aktiven unter den Veranstaltungsbesuchern meist 80 % bis 90 % beträgt – nur im
Fuß-, Hand-, Basketball und Eishockey liegt er mit 60 % bis 70 % tiefer (Stollenwerk 1996: 112ff.; Messing/Lames 1996). Dass der ausgeübten Sportart die
Idole entstammen und diese oft auf derselben *Position* spielen wie der Bewunderer, wurde ebenfalls belegt (Wann u.a. 2001: 78).[24]
    Erkenntnisse zum Fantum nach *ethnischen* Gesichtspunkten sind rar. In
einer experimentellen Studie, in der die Hautfarbe von Künstlern an deren
Musik erkannt werden musste, präferierten schwarze US-Jugendliche die
Musik schwarzer Künstler, während weiße Probanden keinen Unterschied
zwischen schwarzen und weißen Musikern artikulierten (McCrary 1993).
Auch verehren Afroamerikaner überproportional Sportler ihrer Hautfarbe
(Wann u.a. 2001: 78). Kalter (1999) ermittelt, dass Trikots südamerikanischer
Spieler der deutschen Fußball-Bundesliga häufiger abgesetzt werden als Trikots deutscher, westeuropäischer, afrikanischer und asiatischer Spieler,
während sich solche von Osteuropäern schlechter verkaufen. Dies geht zum
Teil auf die Leistung zurück, denn erfolgreiche Spieler – besonders Stürmer
– sind verkaufsfördernder.[25] Wegen der unbekannten Käufermerkmale sind
zum ethnischen Matching keine eindeutigen Aussagen möglich. Die vermutlich größtenteils deutsche Anhängerschaft diskriminiert aber offenbar positiv gegenüber Südamerikanern und negativ gegenüber Osteuropäern.

---

23 Beim Aktivsport in Belgien dominieren Männer besonders den Mannschaftsballsport,
    gefolgt von Kampfsport, kompetitivem Individualsport (z.B. Leichtathletik), nichtor-
    ganisiertem Outdoorsport (z.B. Ski, Segeln) und Racquetsport (Scheerder u.a. 2005).
24 Die Aussagekraft von Publikumsstudien wird dadurch gemindert, dass viele Zu-
    schauer selbst bei Spitzenevents *wenig populärer* Sportarten mit den Sportlern *näher be-
    kannt* sind und nicht als „Fans" gelten können. Nach Messing und Lames (1996) trifft
    dies auf 30 % bis 80 % der Besucher von Spielen der 1. und 2. Basket-, Hand-, Volley-
    und Wasserball-Bundesligen zu. Auch im volkstümlichen Schlager sind nach Gra-
    bowski (1999) persönliche Beziehungen zwischen Kapelle und Publikum verbreitet.
25 Analog gehört der perzipierte Erfolg der Darsteller einer Daily Soap zu den stärksten
    Prädiktoren der Intensität parasozialer Beziehungen (Visscher/Vorderer 1998: 462ff.).

Studien zur homophilen Objektwahl nach Merkmalen vertikaler Ungleichheit scheint es nicht zu geben: So konnte keine quantifizierende Studie gefunden werden, die die Bildungslaufbahnen von Fanobjekten zusammen mit Merkmalen ihrer Verehrer offenlegt. Genauso wenig ließen sich geeignete Studien zum Fantum nach sexueller Orientierung identifizieren.

3.3 Variationen von Intensität und Formen des Fantums

Die Befunde zur langfristigen Prägung des Musikgeschmacks unterstreichen die sozialisatorische Bedeutung der Lebensphase Jugend. Dass Fantum in dieser Zeit *besonders intensiv* ausgelebt wird, belegen Daten zur Musiksozialisation (Behne 1996; Strzoda u.a. 1996; überblicksweise Gembris 2005: 291ff.; Otte 2008). Mit zunehmendem Einfluss gleichaltriger Bezugspersonen werden im Alter von 10 bis 13 Jahren zunächst eingängige Chart-Hits bevorzugt, häufig unter starker Bewunderung charismatischer Stars. Rund 40 % bis 45 % bezeichnen sich als Fan einer Musikgruppe (Strzoda u.a. 1996: 67). Mit 14 bis 16 Jahren beginnen viele Jugendliche, sich auf einzelne Musikstile und -szenen zu spezialisieren. Dabei sinkt der Anteil derer, die sich als Fan einer Musikgruppe identifizieren (Jugendwerk der Deutschen Shell 1981: 77ff.). In der Postadoleszenz sind Musikszenen für männliche Jugendliche stärker als für weibliche identitätsrelevant (Otte 2007).

Auch im Sport kommt die lebenszyklische Ausformung von Fantum zum Ausdruck. Für die frühe Herausbildung der Sportbegeisterung ist oft die Familie verantwortlich, besonders der Vater – für Jungen wie für Mädchen; bei Jungen spielen zudem Freunde eine größere Rolle (Wann u.a. 2001: 23ff.; Schlagenhauf 1977: 170; Herrmann 1977: 86ff.). Analog zur Musik diagnostizieren Wann u.a. (2001: 74f.) einen umgekehrt u-förmigen Zusammenhang zwischen Alter und Intensität sportlichen Fantums mit dem Maximum bei 20 Jahren (vgl. für Sportzuschauer auch Schlagenhauf 1977: 217; Grieswelle 1978: 126f.; Thrane 2001: 157; White/Wilson 1999: 256). Stollenwerk (1996: 62) ermittelt bei Basketball-, Fußball- und Eishockeyzuschauern ein Durchschnittsalter zwischen 21 und 30 Jahren; 30 % bis 60 % sind maximal 20 Jahre alt. Zwischen 28 und 37 Jahren liegt der Mittelwert bei Volleyball-, Handball- und Tennisspielen; noch älter sind Besucher von Tanz- und Reitturnieren. Dass Fußballpublika deutlich jünger als die Gesamtbevölkerung sind, belegt eine Untersuchung bei acht Profclubs in Europa (Waddington u.a. 1998). In einer ungarischen Studie kommen die erwarteten Systematiken der Lebensform zum Ausdruck (Földesi 1996): Zum einen ist der harte Kern der Fans, der das Team zu Auswärtsspielen begleitet, nochmals jünger. Zum anderen ist die 12 % umfassende Minderheit weiblicher Besucher meist ledig oder geschieden, d.h. Frauen reduzieren ihre ohnehin geringe Besuchsfrequenz in der Familienphase besonders stark. Ähnliche Befunde liegen für weitere Länder vor (Waddington u.a. 1998: 160f.; Malcolm u.a. 2000: 133f.; Horak/Marschik 1995: 134ff.).

Erwartungsgemäß lassen *Intensität* und *öffentliche Inszenierung* von Fanaktivitäten im Lebenslauf also nach. Im Einklang damit beobachtet Fonarow (1997) unter Rockkonzertbesuchern mit zunehmendem Alter einen Rückzug vom Bühnenbereich an die Ränder der Konzertsäle. Unter Sportzuschauern ermittelt Stollenwerk (1996: 90) eine mit dem Alter sinkende Ausstattung mit Fanartikeln. Kaum Erkenntnisse gibt es zur *Anzahl* individueller Fanobjekte: Neuseeländische Schüler, die gebeten wurden, alle „public reference idols" aufzuzählen, nannten 3,6 Namen; diese Anzahl erhöhte sich zwischen 12 und 17 Jahren geringfügig (Melnick/Jackson 2002: 435). Nach Porporas (1996: 223ff.) Bevölkerungsumfrage geht die Anzahl persönlicher Helden mit dem Alter leicht zurück und nimmt mit Bildung und Religiosität zu.

Zur Wirkung vertikaler Ungleichheiten und kulturellen Kapitals liegen wenige Studien vor. Hochkulturfans untersuchen Gebhardt und Zingerle (1998: Kap. 4) anhand der Bayreuther Richard Wagner-Festspiele. Die Besucher verfügen mehrheitlich über einen Hochschulabschluss, gehören dem gehobenen Wirtschafts- und Bildungsbürgertum an und beziehen sehr hohe Einkommen. Zum Kern der Fans gehört das Publikumsdrittel, das sich Richard Wagner gleichsam als „Jünger" verpflichtet fühlt und in einem der drei Wagner-Verbände organisiert ist (Gebhardt/Zingerle 1998: 89ff., 229ff.). Im Einklang mit Befunden, nach denen das Hochkulturinteresse in der sozialen Herkunft wurzelt (Rössel 2005: 309ff.), berichten Befragte, dass ein Schlüsselerlebnis ihrer Jugend – wie ein Opernbesuch mit der Familie – ihre Begeisterung entfacht habe. Zwar wachsen Hartmanns (1999) und Höfflings (1997) Analysen zufolge die Vorlieben für Kunstmusik im Lebenslauf, doch wäre zu prüfen, ob dabei auch Fantum entsteht. Die Arbeit Himmelhubers (2006: 76ff., 144) bestätigt, dass mit steigendem Bildungsniveau Schriftsteller favorisiert werden, deren Werke als „komplex" einzustufen und der Hochliteratur zuzurechnen sind. Die Tendenz verstärkt sich, wenn das Netzwerk überwiegend aus hochgebildeten Personen besteht.

Die Evidenz zu Bourdieus These klassenstrukturierter Sportvorlieben ist inkonsistent. Nach Stollenwerk (1996: 63ff.) sowie Messing und Lames (1996: 209) haben Golf-, Tennis-, Volleyball- und Basketballpublika ein hohes Bildungsniveau; Hauptschulabsolventen und Arbeiter sind kaum präsent (vgl. zum Golf auch Lascu u.a. 1995). Niedriger ist die Bildung von Eishockey-, Fußball- und Handballzuschauern; jedoch sind Absolventen von Haupt-, Realschulen und Gymnasien zu gleichen Teilen vertreten. Die Arbeiteranteile sind mit 35 % bis 40 % bei Motorsportevents am höchsten (zum Vergleich: Fußball 12 % bis 26 %).[26] In einer groß angelegten Studie, die sich allerdings auf die Sportausübung bezieht, wurden 1969, 1979, 1989 und 1999 in Belgien 25.000 Schüler mitsamt ihrer Eltern befragt. Für die Elternstichprobe weisen Scheerder u.a. (2002) markante Kontinuitäten über dreißig Jahre nach: Golf, Tennis, Segeln, Ski und Volleyball werden überwiegend von hohen Bildungs- und Berufsgruppen betrieben; Boxen/Ringen, Angeln, Motorsport und Gewichtheben/Bodybuilding von statusniedrigen; Fußball ist bei allen populär. Bei *gruppierter* Betrachtung der Sportarten findet man – entgegen Bourdieu – keine Schichtunterschiede in Mannschafts-, Kampf- und kompetitiven Individualsportarten; durchgängig von hohen Schichten dominiert werden – im Sinne Bourdieus – Racquetsport und Outdoorsport wie Ski und Segeln (Scheerder u.a. 2005: 152ff.). In Deutschland rangieren Anfang der 1970er Jahre Tennis, Segeln, Volleyball, Pferde- und Skisport auf einem Schichtindex zuoberst; unterhalb der Bevölkerungsmitte befinden sich nur Aktive im Schieß- und Kampfsport (Schlagenhauf 1977: 158). Auch 1991 nimmt die Ausübungshäufigkeit fast aller Sportarten mit der sozialen Schicht zu, besonders im Tennis (Winkler 1998: 136f.). In den USA weisen 1998 Tennis, Golf und Fitnesssport die größten Statusvorsprünge auf; selbst die statusniedrigste der untersuchten Sportarten, American Football, wird in unteren Schichten nicht häufiger ausgeübt als in höheren Schichten (Stempel 2005). Das prononcierte Sportinteresse gehobener Statusgruppen führt dazu,

---

26 Messing und Lames (1996) ermitteln unter Zuschauern von Fußballspielen in Amateurligen deutlich niedrigere Schichtzugehörigkeiten als Stollenwerk (1996) in der 1. Bundesliga. Ob dieser Befund generalisierbar ist, müssen weiteren Studien zeigen.

dass körpernaher Mannschafts- und Kampfsport entgegen Bourdieus Vermutung keine Domäne unterer Schichten ist.

Fußball ist der Sport, der in Europa das größte Publikumsinteresse auf sich zieht und den Großteil der Sportfans generiert.[27] Trotzdem liegen über die historische Entwicklung der Publikumskomposition keine gesicherten Erkenntnisse vor. Empirische Studien gemahnen zur Vorsicht gegenüber der gängigen These, dass der Fußballsport nach der Etablierung an englischen Public Schools und der kontinentaleuropäischen Verbreitung unter Studenten und im Bürgertum nach dem 1. Weltkrieg erst zum Proletariersport geworden und mit der Vermarktung der 1990er Jahre wieder in höhere Schichten vorgedrungen sei. Zwar haben in der Weimarer Republik und im Nationalsozialismus Arbeiter wahrscheinlich die Mehrheit der Anhänger gestellt – schon weil sie in der Bevölkerung die größte Berufsgruppe waren. Eisenberg (1990) liefert aber Hinweise, dass Angestellte unter den Zuschauern überproportional vertreten waren. Für Nachkriegsengland kommt Mellor (1999) zu einem ähnlichen Schluss.[28] Obwohl viele Beobachter in Folge erhöhter Sicherheits- und Komfortstandards, gestiegener Preise und exponierten Marketings eine Feminisierung, Familialisierung und Statushebung erwartet haben, lassen sich in England zwischen Mitte der 1980er und Ende der 1990er Jahre keine Trends dieser Art feststellen (Malcolm u.a. 2000). Die Arbeiteranteile betragen bei europäischen Prof!clubs 20 % bis 35 % (Waddington u.a. 1998: 161ff.).[29] Vermutlich hat der Fußballsport seit der Zwischenkriegszeit in allen Schichten *relativ gleichmäßig* Fans angezogen.

Segmentierungen von Fußballfans anhand ihrer Verhaltensformen, die zugleich nach Sozialstruktur und Fankapital untersucht würden, finden sich in vorliegenden Studien nur rudimentär (Heitmeyer/Peter 1988; Pilz u.a.

---

27 Nach Schlagenhauf (1977: 218) besuchen von den Bürgern, die überhaupt zu Sportveranstaltungen gehen, 74 % Fußballspiele. Danach folgen Leichtathletik (14 %), Handball (13 %), Pferdesport (11 %), Tennis und Radsport (je 6 %), Motorsport und Turnen (je 5 %).

28 Andererseits ist nicht zu leugnen, dass Vereine wie Schalke 04 einer Arbeitertradition entstammen und eine entsprechende Mitgliederbasis hatten (Gehrmann 1989).

29 In England schwankt der Anteil manuell Beschäftigter an allen erwerbstätigen Stadionbesuchern zwischen 33 % und 49 % (Malcolm u.a. 2000: 136). Für Ungarn ermittelt Földesi (1996: 414ff.) einen Arbeiteranteil von rund 50 %.

2006). In Folge der forcierten Fußballvermarktung hat sich etwa die „Ultra-Szene" in Abgrenzung zu „spielorientierten" Fans herausgebildet. Die Ultras verstehen sich als „wahre Fans", die eine „Provokationskultur" mit bedingungsloser Vereinstreue und Lokalverbundenheit zelebrieren, die Stehplatzkultur verteidigen, die Vereinspolitik kritisch verfolgen und ihr Fantum zum Lebensmittelpunkt machen (Pilz u.a. 2006; Nash 2000). Getragen werden sie von männlichen Jugendlichen, überwiegend Schülern, Studenten und Auszubildenden, die nach Herkunft und Bildung nur unwesentlich vom Bevölkerungsschnitt abweichen. Dieses Profil ähnelt demjenigen, das Herrmann (1977) 1971 für den „harten Kern" der Fans des 1. FC Nürnberg ermittelte. Von Nöten sind aber Studien, die ein differenziertes Spektrum von Fanformen *vergleichend* auf ihre strukturellen Lagerungen untersuchen.

4 Schlussfolgerungen

In meinem Beitrag habe ich klassische Sozialstrukturkonzepte und neuere Lebensführungsansätze für die Analyse von Fans fruchtbar gemacht. Über vier Wirkungsmechanismen der Zugehörigkeit zu sozialen Kategorien und Systemen habe ich diese Ebenen miteinander verknüpft und die Lebensführung als Rekrutierungsrahmen potenzieller Fanobjekte betrachtet. Von den Fans unintendiert stellt sich lebensführungsvermittelt – so die Theorie – eine Passung ihrer eigenen kategorialen und systemischen Zugehörigkeit und derjenigen ihrer Fanobjekte ein. Die parasozialen Beziehungen zu Fanobjekten unterliegen der für soziale Beziehungen bekannten Homophilietendenz. Die auf die Erklärung von *Objektwahlen* abzielende Matching-Perspektive wurde um die Kultur- und Fankapital-Perspektive ergänzt, um Variationen in *Intensität und Form* der Fanpraxis zu erklären. Dabei habe ich lebenszyklische und bildungsbezogene Einflüsse hervorgehoben. Aufgrund des Orientierungsbedarfes sollte Fantum im Jugendalter besonders intensiv, fluktuierend und öffentlich sichtbar kultiviert werden und danach einer Abschwächung, Verstetigung und Privatisierung folgen. Mit dem Bildungsniveau sollten Anzahl, Variationsbreite und Nischenspezifität der Fanobjekte steigen und die Rezeptionsformen stärker auf formale Aspekte jenseits unmittelbar eingängiger Objektattribute gerichtet sein. Innerhalb von Fanszenen fungiert das Fankapital als hierarchiebildende Ressource.

Ein Vorzug dieser theoretischen Doppelperspektive besteht darin, Fanphänomene in beträchtlichem Umfang *strukturell*, d.h. ohne komplexe Motivationsannahmen erklären zu können. Die Kernannahme besagt, dass Fans solche Objekte als Vorbilder und Identitätsstifter verehren, die den Interessen ihrer Lebensführung entsprechen. Einer weiteren Annahme zufolge ist die Lebensführung so ausgestaltet, dass sie auf Anerkennung in den persönlichen Netzwerken der Akteure stößt. Ansätze, die sich auf die Klassifikation *weitergehender* Beweggründe von Fans konzentrieren, haben sich als wenig fruchtbar erwiesen und kaum generalisierbare Erklärungsmodelle hervorgebracht (vgl. überblicksweise Grieswelle 1978: 180ff.; Wann u.a. 2001: 31ff.). Im Vergleich dazu erlaubt die vorgeschlagene Theorie die Ableitung einer Fülle von Hypothesen. Viele habe ich in Abschnitt 2 entwickelt, ohne dass die verfügbaren Studien Aussagen zu ihrer Gültigkeit zulassen.

Die für eine adäquate Prüfung der abgeleiteten Hypothesen und postulierten Mechanismen benötigte Datengrundlage muss mit einer repräsentativen Bevölkerungsumfrage und der Operationalisierung der theoretischen Konzepte erst noch geschaffen werden. Fallstudien können aufschlussreiche Ergänzungen liefern, vermögen aber die umfassend und quantifizierend angelegte Theorie nicht hinreichend abzubilden. Ermutigend ist, dass die selektiv vorliegenden, in Abschnitt 3 thematisierten Befunde auf die Haltbarkeit zentraler Hypothesen hindeuten. Soweit es Evidenz gibt, zeichnen sich nach allen Sozialstrukturmerkmalen Übereinstimmungen der sozialen Kategorienzugehörigkeit von Fans und Fanobjekten ab. Wie sich für Angehörige des weiblichen Geschlechts gezeigt hat, kann es aber zum *heterophilen* Matching kommen, wenn die Angebotsstruktur potenzieller Fanobjekte kategorial unausgewogen ist. Am Sport ist deutlich geworden, dass Eigenaktivität und Schauinteresse eng miteinander verwoben sind, dass das Fanverhalten also zentralen Bestandteilen der Lebensführung folgt. Auch für lebenszyklische Veränderungen der Intensität und Form des Fantums gibt es Anhaltspunkte. Besonders unzureichend ist die Datenlage im Hinblick auf Ungleichheitsmerkmale, die weniger leicht beobachtbar sind bzw. nicht so oft erhoben werden wie Geschlecht, Alter und räumlicher Kontext, nämlich Merkmale vertikaler Ungleichheit wie Bildung und Beruf, aber auch der ethnischen Zugehörigkeit und sexuellen Orientierung.

Die Grenzen des sozialstrukturellen Theorierahmens lassen sich ebenfalls benennen: Wie die strukturelle Wahrscheinlichkeit, eine *Klasse* von

Objekten zu verehren, in die Aneignung *konkreter* Objekte umschlägt, kann vermutlich nur über psychologische Erweiterungen erklärt werden. Zu denken ist hier etwa an die Identifikation mit aktuell *erfolgreichen* Modellen. Die Reichweite endet ferner dort, wo Formen der Objektverehrung sich von sozialstrukturellen Bindungen vollkommen lösen und selbst mit der Erweiterung um die Lebensführungsebene nicht mehr erfassbar sind – eine Frage, die empirisch zu klären ist. Als Ausgangspunkt für systematische Erklärungen erweist sich der sozialstrukturelle Ansatz aber als vielversprechend.

Literatur

Abercrombie, Nicholas & Brian Longhurst (1998): Audiences. London: Sage.

Beck, Ulrich (1983): Jenseits von Stand und Klasse? In: Kreckel, Reinhard (Hrsg.): Soziale Ungleichheiten. Göttingen: Schwartz. 35-74.

Behne, Klaus-Ernst (1996): Musikgeschmack in den 90er Jahren. In: Musikforum 32/84. 25-41.

Benke, Michael & Richard Utz (1989): Hools, Kutten, Novizen und Veteranen. In: Kriminologisches Journal 21/2. 85-100.

Bianchi, Marina (1997): Collecting as a Paradigm of Consumption. In: Journal of Cultural Economics 21/4. 275-289.

Bourdieu, Pierre (1974): Elemente zu einer soziologischen Theorie der Kunstwahrnehmung. In: Bourdieu, Pierre: Zur Soziologie der symbolischen Formen. Frankfurt a.M.: Suhrkamp. 159-201.

Bourdieu, Pierre (1982): Die feinen Unterschiede. Frankfurt a.M.: Suhrkamp.

Bourdieu, Pierre (1983): Ökonomisches Kapital, kulturelles Kapital, soziales Kapital. In: Kreckel, Reinhard (Hrsg.): Soziale Ungleichheiten. Göttingen: Schwartz. 183-198.

Bourdieu, Pierre (1993 [1978]): Historische und soziale Voraussetzungen modernen Sports. In: Bourdieu, Pierre: Soziologische Fragen. Frankfurt a.M.: Suhrkamp. 165-186.

Bromnick, Rachel D. & Brian L. Swallow (1999): I like being who I am. A Study of Young People's Ideals. In: Educational Studies 25/2. 117-128.

Burzan, Nicole, Brigitta Lökenhoff, Uwe Schimank & Nadine M. Schöneck (2008): Das Publikum der Gesellschaft. Wiesbaden: Verlag für Sozialwissenschaften.

Cialdini, Robert B. u.a. (1976): Basking in Reflected Glory. Three (Football) Field Studies. In: Journal of Personality and Social Psychology 34/3. 366-375.

Conger, Rand D. & Shannon J. Dogan (2007): Social Class and Socialization in Families. In: Grusec, Joan E. & Paul D. Hastings (Hrsg.): Handbook of Socialization. New York: Guilford. 433-460.

Dollase, Rainer, Michael Rüsenberg & Hans J. Stollenwerk (1986): Demoskopie im Konzertsaal. Mainz: Schott.

Eckert, Roland, Waldemar Vogelgesang & Thomas A. Wetzstein (1991): Grauen und Lust – Die Inszenierung der Affekte. Eine Studie zum abweichenden Videokonsum. Pfaffen- wieler: Centaurus.

Ehrenreich, Barbara, Elizabeth Hess & Gloria Jacobs (1992): Beatlemania: Girls just want to have Fun. In: Lewis, Lisa A. (Hrsg.): The Adoring Audience. London: Routledge. 84- 106.

Eisenberg, Christiane (1990): Vom „Arbeiter-" zum „Angestelltenfußball"? Zur Sozial- struktur des deutschen Fußballsports 1890-1950. In: Sozial- und Zeitgeschichte des Sports 4/3. 20-45.

Esser, Hartmut (1996): What is Wrong with „Variable Sociology"? In: European Sociologi- cal Review 12/2. 159-166.

Esser, Hartmut (2000): Soziologie. Spezielle Grundlagen (Bd. 2). Frankfurt a.M.: Campus.

Fine, Gary Alan & Sherryl Kleinman (1979): Rethinking Subculture: An Interactionist Analysis. In: American Journal of Sociology 85/1. 1-20.

Fiske, John (1992): The Cultural Economy of Fandom. In: Lewis, Lisa A. (Hrsg.): The Adoring Audience. London: Routledge. 30-49.

Földesi, Gyöngyi Szabó (1996): Social and Demographic Characteristics of Hungarian Football Fans and their Motivations for Attending Matches. In: International Review for the Sociology of Sport 31/4. 407-425.

Fonarow, Wendy (1997): The Spatial Organization of the Indie Music Gig. In: Gelder, Ken & Sarah Thornton (Hrsg.): The Subcultures Reader. London: Routledge. 360-369.

Fritzsche, Bettina (2003): Pop-Fans. Studie einer Mädchenkultur. Opladen: Leske+Budrich.

Gantz, Walter & Lawrence A. Wenner (1995): Fanship and the Television Sports Viewing Experience. In: Sociology of Sport Journal 12/1. 56-74.

Ganzeboom, Harry B.G. & Donald J. Treiman (1996): Internationally Comparable Measures of Occupational Status for the 1988 International Standard Classification of Occupa- tions. In: Social Science Research 25/3. 201-239.

Gash, Hugh & Paul Conway (1997): Images of Heroes and Heroines: How Stable? In: Jour- nal of Applied Developmental Psychology 18/3. 349-372.

Gebhardt, Winfried & Arnold Zingerle (1998): Pilgerfahrt ins Ich. Die Bayreuther Richard Wagner-Festspiele und ihr Publikum. Konstanz: UVK.

Gehrmann, Siegfried (1989): Football in an Industrial Region. The Example of Schalke 04 Football Club. In: International Journal of the History of Sport 6/3. 335-355.

Geißler, Rainer (2008): Die Sozialstruktur Deutschlands. Wiesbaden: Verlag für Sozialwis- senschaften.

Gembris, Heiner (2005): Musikalische Präferenzen. In: Oerter, Rolf & Thomas H. Stoffer (Hrsg.): Spezielle Musikpsychologie. Göttingen: Hogrefe. 279-342.

Gleich, Uli (1996): Sind Fernsehpersonen die „Freunde" des Zuschauers? Ein Vergleich zwischen parasozialen und realen sozialen Beziehungen. In: Vorderer, Peter (Hrsg.): Fernsehen als „Beziehungskiste". Opladen: Westdeutscher Verlag. 113-144.

Göttlich, Udo & Mohini Krischke-Ramaswamy (2003): Fans. In: Hügel, Hans-Otto (Hrsg.): Handbuch Populäre Kultur. Stuttgart: Metzler. 167-172.

Grabowski, Ralf (1999): „Zünftig, bunt und heiter." Beobachtungen über Fans des volkstümlichen Schlagers. Tübingen: Tübinger Vereinigung für Volkskunde.

Greenstein, Fred I. (1964): New Light on Changing American Values: A Forgotten Body of Survey Data. In: Social Forces 42/4. 441-450.

Grieswelle, Detlef (1978): Sportsoziologie. Stuttgart: Kohlhammer.

Guttmann, Allen (1986): Sports Spectators. New York: Columbia University Press.

Haak, Carroll (2008): Wirtschaftliche und soziale Risiken auf den Arbeitsmärkten von Künstlern. Wiesbaden: Verlag für Sozialwissenschaften.

Harrington, C. Lee & Denise D. Bielby (1995): Soap Fans. Pursuing Pleasure and Making Meaning in Everyday Life. Philadelphia: Temple University Press.

Hartmann, Peter H. (1999): Lebensstilforschung. Opladen: Leske+Budrich.

Hauk, John (1999): Boygroups! Berlin: Schwarzkopf & Schwarzkopf.

Hedström, Peter (2005): Dissecting the Social. Cambridge: Cambridge University Press.

Heitmeyer, Wilhelm & Jörg-Ingo Peter (1988): Jugendliche Fußballfans. Weinheim: Juventa.

Herrmann, Hans Ulrich (1977): Die Fußballfans. Schorndorf: Hofmann.

Himmelhuber, Berit (2006): Soziale Ungleichheit von Literaturpräferenzen. Eine empirische Untersuchung zu Lieblingsschriftstellern in der Bevölkerung. Leipzig: Universität Leipzig, Institut für Kulturwissenschaften. Unveröffentlichte Magisterarbeit.

Hitzler, Ronald, Thomas Bucher & Arne Niederbacher (2001): Leben in Szenen. Formen jugendlicher Vergemeinschaftung heute. Opladen: Leske+Budrich.

Höffling, Christian (1997): Musik und Sozialstruktur. Musikalische Rezeptionsmuster und Teilkulturen in der Bundesrepublik Deutschland. In: Frevel, Bernhard (Hrsg.): Musik und Politik. Regensburg: ConBrio. 83-107.

Hoffmeyer-Zlotnik, Jürgen H.P. & Christof Wolf (Hrsg.) (2003): Advances in Cross-National Comparison. New York: Kluwer.

Holbrook, Morris B. & Robert M. Schindler (1989): Some Exploratory Findings on the Development of Musical Tastes. In: Journal of Consumer Research 16/1. 119-124.

Holbrook, Morris B. & Robert M. Schindler (1995): Market Segmentation based on Age and Attitude toward the Past: Concepts, Methods, and Findings concerning Nostalgic Influences on Customer Tastes. In: Journal of Business Research 37/1. 27-39.

Horak, Roman & Matthias Marschik (1995): Vom Erlebnis zur Wahrnehmung. Der Wiener Fußball und seine Zuschauer 1945-1990. Wien: Turia+Kant.

Horton, Donald & R. Richard Wohl (1956): Mass Communication and Para-Social Interaction: Observations on Intimacy at a Distance. In: Psychiatry 19/3. 215-229.

Huddy, Leonie (2001): From Social to Political Identity: A Critical Examination of Social Identity Theory. In: Political Psychology 22/1. 127-156.

Hurrelmann, Klaus (2002): Einführung in die Sozialisationstheorie. Weinheim: Beltz.

Jugendwerk der Deutschen Shell (Hrsg.) (1981): Jugend '81 (Bd. 3, Tabellenband). Hamburg: Jugendwerk der Deutschen Shell.

Kalter, Frank (1999): Ethnische Kundenpräferenzen im professionellen Sport? Der Fall der Fußballbundesliga. In: Zeitschrift für Soziologie 28/3. 219-234.

Keppler, Angela (1996): Interaktion ohne reales Gegenüber. Zur Wahrnehmung medialer Akteure im Fernsehen. In: Vorderer, Peter (Hrsg.): Fernsehen als „Beziehungskiste". Opladen: Westdeutscher Verlag. 11-24.

Klausmeier, Friedrich (1963): Jugend und Musik im technischen Zeitalter. Bonn: Bouvier.

Klein, Thomas (2005): Sozialstrukturanalyse. Reinbek: Rowohlt.

Knobloch, Silvia, Peter Vorderer & Dolf Zillmann (2000): Der Einfluß des Musikgeschmacks auf die Wahrnehmung möglicher Freunde im Jugendalter. In: Zeitschrift für Sozialpsychologie 31/1. 18-30.

Lamprecht, Markus & Hanspeter Stamm (1996): Age and Gender Patterns of Sport Involvement among the Swiss Labor Force. In: Sociology of Sport Journal 13/3. 274-287.

Lascu, Dana-Nicoleta, Thomas D. Giese, Cathy Toolan, Brian Guehring & James Mercer (1995): Sport Involvement: A Relevant Individual Difference Factor in Spectator Sports. In: Sport Marketing Quarterly 4/4. 41-46.

Lazarsfeld, Paul F. & Robert K. Merton (1954): Friendship as Social Process: A Substantive and Methodological Analysis. In: Berger, Morroe, Theodore Abel & Charles H. Page (Hrsg.): Freedom and Control in Modern Society. New York: Octagon. 18-66.

Leaper, Campbell & Carly Kay Friedman (2007): The Socialization of Gender. In: Grusec, Joan E. & Paul D. Hastings (Hrsg.): Handbook of Socialization. New York: Guilford. 561-587.

Lüschen, Günther (1963): Soziale Schichtung und soziale Mobilität bei jungen Sportlern. In: Kölner Zeitschrift für Soziologie und Sozialpsychologie 15/1. 74-93.

Malcolm, Dominic, Ian Jones & Ivan Waddington (2000): The People's Game? Football Spectatorship and Demographic Change. In: Soccer & Society 1/1. 129-143.

Mannheim, Karl (1964): Das Problem der Generationen. In: Mannheim, Karl: Wissenssoziologie. Auswahl aus dem Werk. Berlin: Luchterhand. 509-565.

McCrary, Jan (1993): Effects of Listeners' and Performers' Race on Music Preferences. In: Journal of Research in Music Education 41/3. 200-211.

McPherson, Miller, Lynn Smith-Lovin & James M. Cook (2001): Birds of a Feather. Homophily in Social Networks. In: Annual Review of Sociology 27. 415-444.

Mehus, Ingar (2005): Distinction through Sport Consumption. Spectators of Soccer, Basketball, and Ski-Jumping. In: International Review for the Sociology of Sport 40/3. 321-333.

Mellor, Gavin (1999): The Social and Geographical Make-Up of Football Crowds in the North-West of England, 1946-1962. In: The Sports Historian 19/2. 25-42.

Melnick, Merrill J. & Steven J. Jackson (2002): Globalization American-Style and Reference Idol Selection. In: International Review for the Sociology of Sport 37/3-4. 429-448.

Messing, Manfred & Martin Lames (1996): Empirische Untersuchungen zur Sozialfigur des Sportzuschauers. Niedernhausen: Schors.

Nash, Rex (2000): Contestation in Modern English Professional Football. In: International Review for the Sociology of Sport 35/4. 465-486.

Neuhoff, Hans (2001): Die Altersstruktur von Konzertpublika. In: Musikforum 37/95. 64-83.

O'Neill, Susan A. (1997): Gender and Music. In: Hargreaves, David J. & Adrian C. North (Hrsg.): The Social Psychology of Music. Oxford: Oxford University Press. 46-63.

Otte, Gunnar (2004): Sozialstrukturanalysen mit Lebensstilen. Wiesbaden: Verlag für Sozialwissenschaften.

Otte, Gunnar (2007): Jugendkulturen zwischen Klassenästhetik und freier Geschmackswahl – das Beispiel der Leipziger Clubszene. In: Göttlich, Udo, Renate Müller, Stefanie Rhein & Marc Calmbach (Hrsg.): Arbeit, Politik und Religion in Jugendkulturen. Weinheim: Juventa. 161-177.

Otte, Gunnar (2008): Lebensstil und Musikgeschmack. In: Gensch, Gerhard, Eva Maria Stöckler & Peter Tschmuck (Hrsg.): Musikrezeption, Musikdistribution und Musikproduktion. Wiesbaden: Gabler. 25-56.

Peterson, Richard A. (1992): Understanding Audience Segmentation. From Elite and Mass to Omnivore and Univore. In: Poetics 21/4. 243-258.

Pilz, Gunter A. u.a. (2006): Wandlungen des Zuschauerverhaltens im Profifußball. Schorndorf: Hofmann.

Porpora, Douglas V. (1996): Personal Heroes, Religion, and Transcendental Metanarratives. In: Sociological Forum 11/2. 209-229.

Reigrotzki, Erich (1956): Soziale Verflechtungen in der Bundesrepublik. Tübingen: Mohr.

Rhein, Stefanie (2000): Teenie-Fans: Stiefkinder der Populärmusikforschung. In: Heinrichs, Werner & Armin Klein (Hrsg.): Deutsches Jahrbuch für Kulturmanagement 1999. Baden-Baden: Nomos. 165-194.

Rössel, Jörg (2005): Plurale Sozialstrukturanalyse. Wiesbaden: Verlag für Sozialwissenschaften.

Rubin, Alan M., Elizabeth M. Perse & Robert A. Powell (1985): Loneliness, Parasocial Interaction, and Local Television News Viewing. In: Human Communication Research 12/2. 155-180.

Rubin, Rebecca B. & Michael P. McHugh (1987): Development of Parasocial Interaction Relationships. In: Journal of Broadcasting & Electronic Media 31/3. 279-292.

Scheerder, Jeroen, Bart Vanreusel & Marijke Taks (2005): Stratification Patterns of Active Sport Involvement among Adults. Social Change and Persistence. In: International Review for the Sociology of Sport 40/2. 139-162.

Scheerder, Jeroen, Bart Vanreusel, Marijke Taks & Roland Renson (2002): Social Sports Stratification in Flanders 1969-1999. Intergenerational Reproduction of Social Inequalities? In: International Review for the Sociology of Sport 37/2. 219-245.

Schlagenhauf, Karl (1977): Sportvereine in der Bundesrepublik Deutschland, Teil I. Schorndorf: Hofmann.

Schulze, Gerhard (1992): Die Erlebnisgesellschaft. Frankfurt a.M. & New York: Campus.

Smith, Tom W. (1986): The Polls: The Most Admired Man and Woman. In: Public Opinion Quarterly 50/4. 573-583.

Stacey, Jackie (1994): Star Gazing. Hollywood Cinema and Female Spectatorship. London: Routledge.

Statistisches Bundesamt (2004): Demographische Standards. Wiesbaden: Destatis.

Stempel, Carl (2005): Adult Participation Sports as Cultural Capital. A Test of Bourdieu's Theory of the Field of Sports. In: International Review for the Sociology of Sport 40/4. 411-432.

Stever, Gayle S. (1991): The Celebrity Appeal Questionnaire. In: Psychological Reports 68/3. 859-866.

Stollenwerk, Hans J. (1996): Sport, Zuschauer, Medien. Aachen: Meyer & Meyer.

Stoughton, M. Louise & Alice M. Ray (1946): A Study of Children's Heroes and Ideals. In: Journal of Experimental Education 15/2. 156-160.

Strzoda, Christiane, Jürgen Zinnecker & Christine Pfeffer (1996): Szenen, Gruppen, Stile. Kulturelle Orientierungen im Jugendraum. In: Silbereisen, Rainer K., Laszlo A. Vaskovics & Jürgen Zinnecker (Hrsg.): Jungsein in Deutschland. Opladen: Leske+Budrich. 57-83.

Sullivan, Alice (2001): Cultural Capital and Educational Attainment. In: Sociology 35/4. 893-912.

Tajfel, Henri & John C. Turner (1986): The Social Identity Theory of Intergroup Behavior. In: Worchel, Stephen & William G. Austin (Hrsg.): Psychology of Intergroup Relations. Chicago: Nelson-Hall. 7-24.

Taks, Marijke, Roland Renson & Bart Vanreusel (1998): A Socio-economic Analysis of Social Stratification in Sport. In: Cachay, Klaus & Ilse Hartmann-Tews (Hrsg.): Sport und soziale Ungleichheit. Stuttgart: Naglschmid. 167-181.

Thornton, Sarah (1996): Club Cultures. Hanover: Wesleyan University Press.

Thrane, Christer (2001): Sport Spectatorship in Scandinavia. A Class Phenomenon? In: International Review for the Sociology of Sport 36/2. 149-163.

van Eijck, Koen (1999): Socialization, Education, and Lifestyle: How Social Mobility Increases the Cultural Heterogeneity of Status Groups. In: Poetics 26/5-6. 309-328.

Visscher, Anja & Peter Vorderer (1998): Freunde in guten und schlechten Zeiten. Parasoziale Beziehungen von Vielsehern zu Charakteren einer Daily Soap. In: Willems, Herbert & Martin Jurga (Hrsg.): Inszenierungsgesellschaft. Wiesbaden: Westdeutscher Verlag. 453-469.

Vorderer, Peter (1996): Picard, Brinkmann, Derrick und Co. als Freunde der Zuschauer. In: Vorderer, Peter (Hrsg.): Fernsehen als „Beziehungskiste". Opladen: Westdeutscher Verlag. 153-171.

Waddington, Ivan, Dominic Malcolm & Roman Horak (1998): The Social Composition of Football Crowds in Western Europe. In: International Review for the Sociology of Sport 33/2. 155-169.

Wann, Daniel L. & Nyla R. Branscombe (1993): Sport Fans: Measuring Degree of Identification with their Team. In: International Journal of Sport Psychology 24/1. 1-17.

Wann, Daniel L., Merrill J. Melnick, Gordon W. Russell & Dale G. Pease (2001). Sport Fans. The Psychology and Social Impact of Spectators. New York: Routledge.

Weber, Max (1972 [1922]): Wirtschaft und Gesellschaft. Tübingen: Mohr.

White, Philip & Brian Wilson (1999): Distinctions in the Stands. An Investigation of Bourdieu's 'Habitus', Socioeconomic Status and Sport Spectatorship in Canada. In: International Review for the Sociology of Sport 34/3. 245-264.

White, Steven H. & Joseph E. O'Brien (1999): What is a Hero? An Exploratory Study of Students' Conceptions of Heroes. In: Journal of Moral Education 28/1. 81-95.

Winkler, Joachim (1998): Schichtspezifische Varianten des Sportverhaltens in den neuen und alten Bundesländern. In: Cachay, Klaus & Ilse Hartmann-Tews (Hrsg.): Sport und soziale Ungleichheit. Stuttgart: Naglschmid. 121-139.

Wippersberg, Julia (2007): Prominenz. Konstanz: UVK.

Young, Tasia & Mary B. Harris (1996): Most Admired Women and Men: Gallup, Good Housekeeping, and Gender. In: Sex Roles 35/5-6. 363-375.

Zinnecker, Jürgen (1987): Jugendkultur 1940-1985. Opladen: Leske+Budrich.

Fans und Emotionen

Mike S. Schäfer

Die Soziologie der Emotionen ist vergleichsweise jung. Entstanden in den USA der 1970er, fasste sie erst in den 1980ern in Deutschland Fuß, hat sich seither aber rasant entwickelt und verfügt mittlerweile über ein ansehnliches Theorien- und Methodenrepertoire. Dieses Repertoire ist für die Analyse von Fans prädestiniert – schließlich stellen Emotionen ein konstitutives, vielleicht *das* konstitutive Charakteristikum von Fans dar, die von unterschiedlichen Autoren und auch in diesem Band als Personen verstanden werden, die sich vornehmlich durch ihre intensive *emotionale* Beziehung zu einem für sie externen Fanobjekt auszeichnen (vgl. die Einleitung in diesem Band sowie Fritzsche 2003: 265ff.; Hills 2002: 90; Schäfer/Roose 2005: 49; Winter 1993: 71). Entsprechend wird im Folgenden dargelegt, welche emotionssoziologischen Blickwinkel bereits für die Analyse von Fans genutzt wurden und welche dahingehend künftig fruchtbar sein könnten. Dazu werden zunächst die Grundperspektiven der Emotionssoziologie skizziert und anschließend auf Fans bezogen.[1]

1 Soziologie der Emotionen: Perspektiven und Fragestellungen

Vorgelagert ist die Frage, was „Emotionen" sind – und diese Frage ist nicht einfach zu beantworten. Bereits vor nahezu 30 Jahren fanden sich mehr als 100 Definitionsversuche (vgl. Kleinginna/Kleinginna 1981), und die Zahl ist seither noch gewachsen. Der wohl sinnvollste Weg, um eine Schneise in dieses definitorische Dickicht zu schlagen, sind Metadefinitionen, die vorliegende Begriffsbestimmungen vergleichen und Schnittmengen herausarbeiten (vgl. Gerhards 1988; Scherer 2005; Thoits 1989; Turner/Stets 2006). Sie

---

1 Für hilfreiche Kommentare zu diesem Artikel danke ich Jürgen Gerhards, David Glowsky, Gunnar Otte, Andreas Schmidt und Christian von Scheve.

zeigen, dass Emotionen in der Regel als physiologische, körperliche Eindrücke von Personen gesehen werden, die von situativen Stimuli ausgelöst werden, üblicherweise mit bestimmten Formen des mimischen, gestischen oder sprachlichen Ausdrucks verbunden sind und für die in der Regel kulturelle Labels existieren, mit denen sie als „Freude", „Wut", „Angst", „Traurigkeit" usw. deklariert werden.[2] Diese vier Emotionen stellen aus Sicht der meisten Autoren auch die grundlegenden („basic" oder „primary") Emotionen dar (Turner 2000: 67; vgl. Thamm 2006; Turner/Stets 2005: 1ff.).[3]

Auch die meisten Emotionssoziologen arbeiten mit diesem oder einem ähnlichen Begriffsverständnis[4] und bringen die solcherart definierten Emotionen in unterschiedlicher Weise mit sozialem Handeln in Verbindung: Einerseits finden sich theoretische Perspektiven, innerhalb derer die Entstehung von Emotionen untersucht wird und diese als Produkt sozialer Interaktionen oder kultureller Regeln verstanden werden. Andererseits existiert auch eine Perspektive, die Emotionen als Triebkraft des Sozialen, bspw. als Grundlage sozialer Zusammenhänge interpretiert. Die Grundzüge dieser Perspektiven werden nun zunächst skizziert.

1.1   Emotionen als Ergebnis sozialer Interaktionen und Strukturen

Die Frage, wie Emotionen entstehen, trieb bereits einen soziologischen Klassiker um: Georg Simmel beschrieb „sekundäre Gefühle" als menschliche Reaktionen auf Diskrepanzen, die zwischen ihren eigenen Bewertungsmaß-

---

2   In Abgrenzung dazu werden Gefühle („feelings") eher als übergeordnetes Konzept verstanden, dem körperliche Empfindungen wie Hunger oder Schmerz ebenso zugerechnet werden wie Emotionen (vgl. Scherer 2005: 699; Thoits 1989: 318). Stimmungen („moods") gelten dagegen als „more chronic, usually less intense, and less tightly tied to an eliciting situation" als Emotionen, während Empfindungen („sentiments") „socially constructed pattern[s] of sensations, expressive gestures, and cultural meanings" seien, „organized around a relationship to a social object, usually another person [...] or groups such as a family" (Thoits 1989: 318).

3   Sie werden zudem nicht nur von Wissenschaftlern als grundlegend angesehen, sondern sind auch die Emotionen, die nicht-wissenschaftlichen Befragten am häufigsten einfallen, wenn sie nach Emotionen gefragt werden (Fehr/Russell 1984).

4   Wenn die im Folgenden beschriebenen Autoren davon abweichen, wird darauf hingewiesen.

stäben und Umweltreizen bestehen. Dankbarkeit etwa entstehe, wenn eine Person bei einer Interaktion ein Übermaß an Gegenleistungen erhalte, für das sie ihre eigene Leistung als nicht adäquat empfindet; sie kompensiere das entstandene Ungleichgewicht dann mittels gezeigter Dankbarkeit (Simmel 1993). Scham entstehe, wenn eine Person bemerkt, dass ihr Verhalten den Verhaltensstandards des Gegenübers nicht entspricht und weiß, dass dies vom Anderen auch bemerkt wird (Simmel 1983: 140ff.).

Trotz dieser frühen Arbeiten Simmels wurde die Entstehung von Emotionen lange unter Ausschluss der Soziologie, v.a. von Psychologen und Biologen, bearbeitet. Erst in den 1970ern geriet sie (wieder) in den soziologischen Fokus, maßgeblich durch die Arbeiten Theodore D. Kempers (vgl. 1978a, 1978b, 1981, überblicksweise 2006). Für ihn sind Emotionen[5] das Ergebnis realer oder vorgestellter sozialer Situationen oder Beziehungen (1978a: 43). Er nimmt an, dass bestimmte soziale Situationen entsprechende Emotionen nach sich ziehen und versucht, diese Situationen und die ausgelösten Emotionen zu typisieren. Dabei hält er zwei sozialstrukturelle Parameter für grundlegend bei der Beschreibung sozialer Situationen: Macht und Status (vgl. Kemper 1978a: 266ff., 368ff., 1978b). Macht versteht er, mit Max Weber, als Chance, innerhalb einer sozialen Beziehung den eigenen Willen auch gegen Widerstreben durchzusetzen, während Status soziale Beziehungen dahingehend beeinflusst, dass Statushöhere von Statusniedrigeren freiwillige Gunstbezeugungen erhalten: „money, praises, emotional support, friendship, or even love" (Kemper 1978b: 33). Kemper zufolge lösen spezifische Macht- und Statuskonstellationen typischerweise bestimmte Emotionen bei Akteuren aus (vgl. Thoits 1989: 325). Akteure fühlen sich z.B. sicher, wenn sie hinreichend mit Macht ausgestattet sind. Sie sind ängstlich, wenn ihre Macht unzureichend scheint. Sie sind glücklich, wenn sie einen hohen Status haben, und fühlen sich deprimiert, wenn dem nicht so ist. Diese Grundannahme wird zudem durch einige zusätzliche Annahmen komplexer gestaltet. Kemper nimmt an, dass nicht nur statische Verteilungen, sondern auch Macht- und Statusveränderungen Emotionen auslösen (z.B. Kemper 1978a: 70ff.). Bei bestimmten Emotionen sei außerdem bedeutsam, ob Akteure die Schuld für Macht- oder Statussituationen und -verändere-

---

5   Kemper (1978a: 47) begreift Emotionen als „a relatively short-term evaluative response essentially positive or negative", die mit körperlichen Reaktionen einher geht.

rungen bei sich oder bei anderen sähen: „Wird die schwache Machtposition Alter angelastet, dann mischt sich das Angstgefühl mit dem des Ärgers und der Feindschaft gegenüber Alter" (Gerhards 1988: 131).

Kempers Konzeption von Emotionen als Ergebnis sozialstruktureller Konfigurationen – deren Verdienst v.a. darin liegt, Emotionen wieder an zentrale soziologische Kategorien angeschlossen zu haben – wurde primär aus zwei Richtungen kritisiert. Teils wurde seine grundlegende Stoßrichtung gutgeheißen, aber bspw. bemängelt, dass er mit Status und Macht nur zwei sozialstrukturelle Dimensionen berücksichtigte und andere, etwa die Dichte personaler Netzwerke, nicht (vgl. Turner/Stets 2006: 48). Andere Autoren kritisierten grundsätzlicher: Kemper überschätze den Einfluss von Macht und Status auf Emotionen und vernachlässige im Gegenzug die Bedeutung soziokultureller Einflüsse und das gestalterische Potenzial von Individuen, das auch Emotionen und deren Ausdruck einbeziehe (Flam 2002: 136). Vor allem diese beiden Kritikpunkte waren es, die zur Entwicklung einer wieteren emotionssoziologischen Schule beitrugen.

1.2 Die kulturelle Kodierung von Emotionen

Diese zweite Theorieperspektive untersucht ebenfalls die Entstehung von Emotionen, erklärt diese aber nicht durch sozialstrukturelle Gegebenheiten, sondern durch sozial geprägte Regeln. Ihre wohl wichtigsten Vertreter sind Arlie Russell Hochschild und Erving Goffman.

Hochschild untersucht in ihrem emotionssoziologischen Klassiker „The Managed Heart" (1983) Stewardessen und Gerichtsvollzieher, mithin Berufszweige, bei denen Emotionen und deren Darstellung eine wichtige Rolle spielen. Sie zeigt u.a., dass positive Emotionen ein fester Bestandteil der Berufsrolle von Stewardessen sind, der von Fluggesellschaften in Form von „Darstellungsregeln" („display rules") und „Gefühlsregeln" („feeling rules") festgelegt und im Berufsalltag eingefordert wird. Vorgegeben werden die Art, Intensität und Dauer, in der bestimmte Emotionen gezeigt werden sollen: Stewardessen sollen nicht nur ein für die Kunden (vermeintlich) attraktives Äußeres präsentieren, sondern auch dauerhaft lächelnd Freude an der Arbeit zur Schau stellen. Falls sie diese Freude einmal nicht empfinden, sollen sie nötigenfalls „surface acting" betreiben, die geforderten Gefühle also zumindest darstellen. Zusätzlich wird versucht, Stewardessen zu „deep acting" anzuhalten und ihnen nahe zu legen, an den zugrunde liegenden Emotionen selbst zu arbeiten. Sie sollen etwa die Arbeitssituation an Bord uminterpretieren und sich dort als Gastgeberin fühlen, der die Zufriedenheit ihrer Gäste am Herzen liegt und die sich über diese Zufriedenheit auch selbst freut. Für derartige Umdeutungen schlägt Hochschild den Begriff „Emotionsarbeit" („emotional labor") vor.

In ähnlicher Weise beschreibt Hochschild kulturelle Regeln für Emotionen in anderen Arbeitsverhältnissen sowie in Geschlechterbeziehungen (z.b. Hochschild/Machung 1989). Nach Ansicht einiger Kritiker überakzentuiert sie dabei aber den Einfluss dieser Regeln und vernachlässigt das gestalterische Potenzial der Individuen (vgl. Wouters 1989). Diese seien „Gefühlsregeln" nicht hilflos ausgeliefert, sondern hätten „die Wahl zwischen echtem Gefühlsmanagement oder Oberflächenhandeln[,] können innovativ, distanziert oder zynisch Mischformen entwerfen" (Flam 2002: 103) und erkennen, wann ihre Emotionen managementbedürftig sind und wann nicht (Flam 2002: 129).

Dies entspricht auch den Überlegungen Erving Goffmans (v.a. 2003), dessen Zugang zu Emotionen sich in seine „dramaturgische" Soziologie eingliedert. In den meisten sozialen Situationen, so Goffman, verhalten sich Menschen wie auf einer Bühne und spielen eine Rolle. Die Hochschildschen „Gefühlsregeln" lassen sich dabei als Teil der Rollenerwartungen verstehen, die an die „Schauspieler" gerichtet werden und deren Handeln und Emotionen in öffentlichen Situationen entsprechend beeinflussen (können). Goffman weist demgegenüber aber einerseits auf das Potenzial von Menschen hin, auch in öffentlichen Situationen strategisches „Ausdrucks-" und „Gefühlsmanagement" zu betreiben (vgl. Turner/Stets 2005: 28) und beschreibt andererseits, dass Menschen stets über private „Hinterbühnen" verfügen, in denen sie sich von kulturellen Regeln stärker lösen können.

Während sich die empirischen Analysen Goffmans und Hochschilds eher auf die gesellschaftliche Mikro- und Meso-Ebene konzentrieren, lässt sich die Idee kulturell geprägter Gefühlsregeln prinzipiell auch auf ganze Gesellschaften übertragen. Schon Hochschild (1983) weist darauf hin, dass die von ihr thematisierte Verregelung des Gefühlslebens typisch für moderne Dienstleistungsgesellschaften sei. Auch Max Webers (1988) klassische Analyse zeigt, wie die „protestantische Ethik" zu innerweltlicher Enthaltsamkeit und dem Primat von emotionaler Beherrschung und Rationalisierung geführt habe (vgl. Gerhards 1988: 29ff.). Der wohl bekannteste Ansatz, der Gefühlsregeln auf der Makro-Ebene beschreibt, ist der von Norbert Elias (vgl. 1997a, 1997b). Er beschreibt den Jahrhunderte dauernden Prozess der „Zivilisation" europäischer Gesellschaften als zunehmende Einbindung von Menschen in „Figurationen" genannte Vernetzungen. Diese führen zu verstärkten wechselseitigen Abhängigkeiten, die wiederum eine steigende Affektkontrolle im gegenseitigen Umgang nötig machen. Welche konkreten Affekte dabei wie zu kontrollieren sind, geben Elias zufolge die oberen Gesellschaftsschichten – z.b. der Adel – vor. Bei ihnen zeigt Elias bspw. eine dauerhafte Verfeinerung der Manieren, die dann von den unteren Schichten adaptiert wird, was den Adel umgekehrt dazu zwingt, sich in immer neuer Weise abzugrenzen. Das Resultat, so Elias, sei eine dauerhafte und gesamtgesellschaftlich wirksame (Um-)Gestaltung von Gefühlsregeln durch gesellschaftliche Eliten.

1.3 Emotionen als Konstruktionsform sozialer Wirklichkeit

Während Emotionen bisher als Produkt sozialer Verhältnisse oder kultureller Regeln verstanden wurden, fragt die dritte emotionssoziologische Perspektive, welche sozialen Wirkungen Emotionen haben. Dabei lassen sich zwei Varianten unterscheiden.

Erstens werden Emotionen immer wieder und mittlerweile weitgehend konsensuell als Triebkräfte menschlichen Handelns gesehen (vgl. Thoits 1989: 328). Schon Emile Durkheim beschreibt Emotionen im „Selbstmord" als Mittler zwischen sozialen (Makro-)Bedingungen und subjektiven Handlungsmotivationen. Er schildert, wie Depression, Melancholie und Schwermut zum egoistischen Selbstmord führen (1983: 162ff.), während ein „ruhiges Gefühl der Pflichterfüllung" (1983: 339) dem altruistischen Selbstmord und Zorn, Wut und Gereiztheit dem anomischen Selbstmord zugrunde liegen (1983: 273ff.). Aktuellere Studien demonstrieren, dass Emotionen wie Stolz und Scham die Rollenanpassung, Konformität und das prosoziale Verhalten von Menschen beeinflussen (z.B. Denzin 1984; Scheff 1988) und an der Produktion sozialer Strukturen und Ungleichheiten beteiligt sind (z.B. Neckel 1991).

Zweitens werden Emotionen häufig als konstitutiv für die Entstehung komplexerer sozialer Gebilde beschrieben. Auch dies findet sich bereits bei

Durkheim, vornehmlich in seiner Religionssoziologie (v.a. 1981), in der er Emotionen als eine Grundlage sozialer Kollektive beschreibt. Gemeinsam empfundene Emotionen, die in kollektiven Ritualen immer wieder (re)produziert und verstärkt werden, und die emotionale Besetzung kollektiv geteilter heiliger Objekte dienen Durkheim zufolge der Verständigung der Gemeinschaft über ihre Gemeinsamkeiten und ihrer Verfestigung nach innen. Zudem stabilisierten Emotionen die Abgrenzung von Kollektiven nach außen (Durkheim 1981: 61ff.).[6]

An dieser Stelle schließt Randall Collins (v.a. 1975, 2004) an. Er argumentiert wie Durkheim, dass Emotionen v.a. in Ritualen erzeugt werden, bei denen Mitglieder von Gemeinschaften anwesend sind, sich wechselseitig wahrnehmen, auf ein Objekt konzentrieren, gemeinsame Stimmungen („emotional moods") entwickeln und sich durch rhythmisches Verhalten sowie kollektive Symbolbezüge aufeinander abstimmen. Dadurch würden Emotionen geschaffen bzw. intensiviert, die die Kohäsion von Gemeinschaften steigern.

2   Emotionen und Fans

Fans sind für die Anwendung der geschilderten emotionssoziologischen Perspektiven ein Paradebeispiel. Denn sie sind Teil einer intensiven emotionalen sozialen Beziehung: der zu ihrem Fanobjekt.[7] Die Emotion, mit der sich diese Beziehung zu Sportlern, Musikern, Schauspielern, Regisseuren o.ä. am ehesten charakterisieren lässt, ist wohl die Verehrung – eine Emotion, die sich auf etwas Abwesendes, Imaginiertes richtet und dieses stark überhöhend emotional besetzt. Auch wenn Fans ihre Fanobjekte nie persön-

---

6   Simmels (1922: 87f.) „primäre" Emotionen sind ähnlich angelegt; ihm zufolge dienen
     sie dazu, Individuen aneinander zu binden und so Gemeinschaft zu konstituieren.

7   In der Literatur wird mitunter diskutiert, inwieweit es sich bei den Beziehungen von
     Fans zu ihren Idolen um „reale" oder (nur) um „pseudosoziale" Interaktionen handelt
     (z.B. Weiss 1996; vgl. zudem die Diskussion um „Parasozialität" bei Otte in diesem
     Band). Es scheint aber evident, dass das Handeln von Fans soziales Handeln im Sinne
     Max Webers darstellt, das sinnhaft auf die jeweiligen Fanobjekte bezogen ist – etwa
     wenn Fans ihre Fanobjekte als „Freunde" (Hauk 1999: 265) bezeichnen, von denen sie
     sich wahrgenommen und „angesprochen" fühlen (Fritzsche 2003: 139).

lich getroffen haben, konstruieren sie ein imaginäres Bild des verehrten Objektes, das sie nicht selten inklusive aller seiner wahrgenommenen Eigenschaften verteidigen. Fans lassen sich entsprechend als „adoring audience" (Lewis 1992) interpretieren.

Angesichts dieser fundamentalen Emotionalität sind Fans ein hochinteressanter emotionssoziologischer Gegenstand, und es wäre zunächst einmal wünschenswert, wenn die für Fans konstitutive Verehrung künftig stärker in den Mittelpunkt soziologischer Forschung rückte. Es läge bei der Beschreibung dieser spezifischen Emotion bspw. nahe, Schnittstellen zur Religionswissenschaft und zu Formen der Gottesverehrung zu suchen. Darüber hinaus ist es instruktiv, die beschriebenen drei emotionssoziologischen Perspektiven auf Fans anzulegen – und dies soll nun geschehen.

2.1 Emotionen von Fans als Ergebnis sozialer Interaktionen und Strukturen

Im Mittelpunkt der ersten emotionssoziologischen Perspektive steht die Annahme, dass soziale Situationen und Strukturen Emotionen auslösen. Zahlreiche Belege sprechen dafür, dass dies für Fans auch und in besonderem Maße gilt.

So gibt es eine Fülle von Arbeiten, die zeigen, wie in direkten oder medial vermittelten Interaktionen zwischen Fans und Fanobjekten die dieser Beziehung immanente Verehrung intensiviert und in vielfältige weitere Emotionen überführt wird. Zum Beispiel beschreibt eine 16-Jährige, bei Konzerten „ihrer" Boygroup bekomme sie „ein Gefühl, als wenn man schwebt, wie Schmetterlinge im Bauch, und ist einfach froh" (Hauk 1999: 377) und ein Fan von „Gute Zeiten, Schlechte Zeiten" schildert, schon vor Beginn der Serie „freu ich mich so drauf [...], man sitzt da irgendwie am Computer und denkt, ha, noch eine halbe Stunde".[8] Bei Popmusik-Fans zeigen sich zudem Emotionen wie Bewunderung („weil sie es soweit gebracht haben"), aber auch, etwas überraschend, Trauer („weil sie nicht wissen, dass es mich gibt") oder Hass („wenn sie keine Zeit für ihre Fans hatten, weil sie ihr Flugzeug erreichen mussten", Hauk 1999: 376f.).

---

8   Zitate ohne Literaturangabe entstammen Interviews, die im Rahmen des von Jochen
    Roose und mir geleiteten Forschungsprojektes „Fans und Fantum" geführt wurden.

Diese Aufzählung, die sich problemlos verlängern ließe, zeigt, welche Bandbreite an Emotionen bei Fans ausgelöst wird und auch, dass es sich dabei sowohl um positive als auch um negative Emotionen den Fanobjekten gegenüber handelt. Neben Freude und Varianten von Zuneigung und Bewunderung werden immer wieder auch Neidgefühle und Abneigungen thematisiert, die meist aus der zwangsläufigen Distanz der Fanobjekte zu den Fans resultieren. Nichtsdestotrotz geben drei Viertel der von Hauk (1999: 380) befragten Boygroup-Fans an, in ihrer Beziehung zu den Bands überwögen positive Emotionen.

In der Literatur wird zudem deutlich, dass diese Emotionen in der Regel nicht mechanistisch, in Form eines Reiz-Reaktions-Modells ausgelöst werden. Fans lassen sich nicht simplifiziert als Opfer perfider kulturindustrieller Marketingstrategien (vgl. klassisch Horkheimer/Adorno 1995) begreifen, sondern gerade für Musikfans lässt sich zeigen, dass diese ihre Beziehung zu den Fanobjekten (mit)gestalten und teils strategisch einsetzen, um ihre Emotionen zu steuern („mood management"). So beschreibt eine 37-Jährige, wie sie mit Costa Cordalis' Musik ihre Stimmung aufheitert: „wenn's eben ma' so richtig [...] dreckig im Keller geht, dann legt man einfach die CD auf, [...] dann legt man so 'ne schöne Ballade auf und da geht's ooch wieder gut." Entsprechend lassen sich Fans (auch) als aktive Rezipienten und ihr Handeln als Strategie der Erlebnisintensivierung interpretieren (vgl. Grabowski 1999: 73). Diese Strategien der Emotionserzeugung und -intensivierung sind oftmals medial fundiert. Zwar stellen Live-Erlebnisse wie Stadionbesuche oder Konzerte unbestritten emotionale Höhepunkte für Fans dar, aber gerade viele Musikfans – deren Idole ja meist nicht ständig vor Ort sind – nutzen CDs, DVDs und Fernsehen, um sich das Fanobjekt auch bei geografischer Distanz „umstandslos anzueignen" (Fritzsche 2003: 249).

Darüber hinaus lassen sich an Fans weitere emotionssoziologisch interessante Differenzierungen aufzeigen. Besonders interessant ist dahingehend, Elemente von Kempers Theorie – die auf den Nexus von Sozialpositionen und Emotionen hinweist – auf Fans anzuwenden.

Dazu ist zunächst festzuhalten, dass auch unter Fans durchaus Hierarchien zu finden sind. So werden in der Literatur bspw. „Touristen" von „Buffs" und „Freaks" (z.B. Eckert u.a. 1990; Grabowski 1999) oder „Die-Hard-" von „Fair-Weather-Fans" (Wann/Branscombe 1990) unterschieden.

Diese Hierarchien gehen oft auf unterschiedlich intensive emotionale Bindungen von Fans zu ihren Fanobjekten zurück, mithin auf die Intensität der empfundenen Emotionen und v.a. der empfundenen Verehrung. So beschreibt Christian Bromberger (1998: 296), dass unter Fußballzuschauern diejenigen hierarchisch höher stehen, die sich stärker mit dem Verein identifizieren. Auch Richard Giulianotti (2002) differenziert auf dieser Basis zwischen eher distanzierten „followers" und „echten" Fans. Beide Autoren betonen dabei den performativen Aspekt dieser Emotionalität: Um eine Hierarchie begründen und legitimieren zu können, ist es unerlässlich, dass Fans nicht nur intensiv fühlen, sondern diese Intensität auch durch frenetische Unterstützung deutlich werden lassen. Denn diese findet Lob unter anderen Fans, etwa, wenn diese der intensiven Unterstützung eines Fußballvereins durch dessen „Ultra"-Gruppierungen Anerkennung von anderen Fans gezollt wird (vgl. Schwenzer 2001).

Ist die entsprechende Hierarchie einmal existent und sind Modi der Anerkennung, d.h. der Zuweisung von Sozialprestige unter den Fans etabliert, dann lassen sich diese – mit Kemper – als Statuszuweisungen interpretieren. Und es lässt sich zeigen, dass in derart konfigurierten Situationen bestimmte Emotionen entstehen. Wenn z.B. ein Fanclubleiter von der Befriedigung spricht, die ihm die eigene Bedeutsamkeit unter den anderen, „normalen" Fans und deren häufig geäußerte Anerkennung bringe (Grabowski 1999: 34), dann liegt dies dicht an Kempers Konzeption: Hier löst die Hierarchie Emotionen aus. Zugleich wird deutlich, dass unter Fans die Status-Dimension vermutlich bedeutsamer ist als die von Kemper ebenfalls betonte Macht-Dimension. Machtbeziehungen unter Fans sind zwar prinzipiell vorstellbar, aber angesichts der tendenziell locker strukturierten Fanszenen mit vielfältigen Ausstiegsoptionen und geringen Sanktionsmöglichkeiten für ranghöhere Fans dürfte Macht unter Fans eine geringere Rolle spielen bzw. auf stark institutionalisierte Fanclubs o.ä. beschränkt sein.

Zusätzlich lässt sich unter Fans ein anders gearteter, fanspezifischer Zusammenhang von Sozialstruktur und Emotionen finden: Zwar genießen emotional intensiver an das Fanobjekt gebundene Fans einerseits höheres Ansehen und nehmen daher oft höhere Positionen in der Fan-Hierarchie ein. Andererseits stellt sich aber bei langen Zugehörigkeiten zu Fan-Szenen oft eine emotionale Gewöhnung ein, die die emotionale Intensität wiederum senkt – Fan-Veteranen lassen sich tendenziell schwerer euphorisieren als andere.

Dies lässt sich exemplarisch an Horrorfilm-Fans verdeutlichen. Roland Eckert u.a. (1990; vgl. Vogelgesang 1991; Winter 1995) zufolge finden sich auf den unteren Hierarchieebenen dieser Szene „Fremde" und „Touristen", die noch nicht oder nur schwach in die Fanszene eingebunden sind und sich den Filmen weitgehend ohne oder mit nur schwach ausgeprägtem Genrewissen nähern. Sie sind auf die filmischen Eindrücke entsprechend wenig vorbereitet und reagieren emotional sehr intensiv. Diese emotionale Reaktion kann ablehnend sein – gerade „Fremde" finden die Filme oft „schaurig", „ekelhaft", sind „zu Tode erschrocken" und steigen teils auch schnell wieder aus dem Konsum aus (Eckert u.a. 1990: 69f.). Die Filme können aber auch als reizvolle, intensive Erfahrung empfunden und in der Folge häufiger und gezielt als „Stimulanz und Affektualisierung" (Vogelgesang 1991: 266) gesucht werden: „Es ist richtig schön, Angst zu haben, vor etwas, was nicht da ist" (Eckert u.a. 1990: 76).

„Horror-Buffs" und „Freaks" dagegen, in der Fan-Hierarchie höher stehend, verfügen über detailliertes Genrewissen, das aus (teils jahre-)langer Beschäftigung mit Horrorfilmen herrührt. Sie nähern sich dem Gegenstand sehr reflektiert, stellen beim Konsum Vernetzungen zu anderen Filmen, Genreentwicklungen, Produktions- und Hintergrundwissen etc. her und sind abgeklärte „Grusel-Veteranen" (Vogelgesang 1991: 265): „Splatterfilme haben sich erschöpft. Es gibt nichts mehr, was härter sein kann. Das Thema wird dann langweilig" (Eckert u.a. 1990: 80). Diese Aussagen mögen teils der Distinktion dienen, mit der die Fan-Elite ihre Erfahrung demonstriert, aber es scheint für diese Fans tatsächlich schwieriger zu sein, Emotionen wie Angst zu erleben. Ein Fan schätzt, das sei ihm „in den letzten drei Jahren nur ein- oder zweimal passiert" (Eckert u.a. 1990: 80).[9] Und dies, obwohl ihnen ihre eigenen emotionalen Reaktionen wichtig und Emotionen ein hohes Gut sind. Auch wenn ein Film „einfach scheußlich von vorne bis hinten" sei, sei

---

9 Damit korrespondiert, dass auch die von Alexander Leistner und Thomas Schmidt-Lux (2010) befragten Fußballanhänger, die der Fanelite regionaler Vereine zuzurechnen sind, angeben, dass zwar „viele [andere Fans] sagen, dass immer gute Stimmung ist", dass sich dies ihrer Empfindung nach aber deutlich anders verhält: „[F]ür uns ist vielleicht gute Stimmung, vielleicht nur […] zwei, drei Mal pro Saison."

er niemals schlecht, wenn er es schaffe, „in dem Zuschauer eine Emotion hervorzurufen", sagt ein Fan (Eckert u.a. 1990: 89), und ein anderer ergänzt, er lehne Splatterfilme nicht ab, nur „weil die Handlung vielleicht schlecht ist", sondern schätze sie immer dann, wenn sie es schafften, „irgendeine Emotion in mir freizusetzen" (Eckert u.a. 1990: 88).

Diese Schilderungen machen deutlich, dass eine emotionssoziologische Betrachtung nicht nur von Fan-Fanobjekt-Interaktionen, sondern auch von Fan-Hierarchien fruchtbar sein kann. Emotionale Muster unter Fans lassen sich mit Hilfe der Emotionssoziologie in instruktiver Weise systematisieren. Umgekehrt kann die Emotionssoziologie vom Fall der Fans lernen, da sich bei diesem Phänomen eine Differenziertheit emotionaler Aspekte zeigt, die anderswo schwer zu finden ist. Diesen Anknüpfungspunkten wird bislang jedoch kaum nachgegangen. Analysen der Ursachen und Entstehung der Emotionen von Fans gibt es nicht, von der Einbeziehung komplexer struktu-rierter sozialer Strukturen als Ursachenfaktoren – wie sie Kemper vorschlägt – ganz zu schweigen.

2.2 Kulturelle Gefühlsregeln bei Fans

Die zweite emotionssoziologische Perspektive fragt nach der Prägung von Emotionen durch kulturelle Regeln. Im Gegensatz zur ersten Perspektive finden sich hier bereits einige Studien, die diesen analytischen Blick auch explizit auf Fan-Szenen anlegen.

Zunächst einmal existieren Arbeiten, die Fantum als emotionale Nische in einer tendenziell ent-emotionalisierten Moderne interpretieren. Deren theoretische Basis ist häufig Norbert Elias' Theorie, derzufolge Formen der Affektkontrolle weite Bereiche moderner Gesellschaften durchdrungen ha-ben und Gelegenheiten für Aufregung und Emotionen seltener geworden sind (vgl. Elias/Dunning 1970). Bestimmte Fanbereiche und v.a. Sportfans (vgl. Elias/Dunning 1984) werden demgegenüber als einer der wenigen Be-reiche gesehen, in dem das Zeigen von Emotionen (noch) legitimiert ist und in dem sogar tabuisierte Emotionen wie die „Abneigung vor dem Anderen" (Bromberger 1998: 292) ausgedrückt werden dürfen. Auf diese Weise kön-nen Fans, so das Argument, der gesellschaftlichen Kontrolle ihrer Emotionen entkommen und ihrem – quasi anthropologisch verankerten – Bedürfnis nach emotionaler Intensität, nach „Excitement", nachkommen (vgl. Elias/ Dunning 1970).

Andere Arbeiten machen darüber hinaus aber deutlich, dass Emotionen auch unter Fans keineswegs unkontrolliert empfunden und ausgedrückt werden, sondern dass es dabei, wie in anderen gesellschaftlichen Bereichen auch, „Gefühlsregeln" und „Darstellungsregeln" gibt. In einer anschaulichen Studie schildert Louis A. Zurcher (1972) die emotionalen Regeln während eines US-amerikanischen College-Football-Spiels. Als „visiting coach" konnte er beobachten, wie schon deutlich vor dem Spiel nicht nur die Spieler und Trainer, sondern auch die Fans durch Vorveranstaltungen („pep rallies") in eine erwartungsvolle Stimmung versetzt und, konkreter, auf das Ensemble von Emotionen vorbereitet werden, das sie möglicherweise im Spiel „brauchen" können:

> „We were to be ready to enact, at different times during the game, affection for other fans and hostility or even hatred for the opponents. We might be called upon to show compassion for the injured. If the game went well for the team, we would be expected to show pride, joy, and perhaps ecstasy. If the game went badly, it would be appropriate for us to display anger, disappointment, disgust, and perhaps even shame" (Zurcher 1972: 5).

Während des Spiels wird dieses Ensemble dann durch „orchestrators" bzw. „emotional prompters" aktiviert, denen die Aufgabe zufällt, den Fans die in der jeweiligen Situation adäquaten Emotionen anzuzeigen – allen voran Cheerleader, aber auch Stadionsprecher und „informal cheerleader", d.h. Anheizer unter der Fans selbst (Zurcher 1972: 7, 14).

Andere Autoren zeigen, dass mit ähnlichen Mitteln an US-High-Schools versucht wird, Schüler dazu zu bringen, eine emotionale Atmosphäre zur Unterstützung des eigenen Teams zu erzeugen, schließlich sei die Stimmung der Fans „an important element in this spectacle, and high schools do not risk leaving it to spontaneous self-expression" (Friedenberg 1967: 45). Sie weisen zudem explizit darauf hin, dass sich die geschilderten Regeln nicht nur auf die Darstellung, sondern auch auf die tatsächliche Empfindung von Emotionen richten bzw. mit diesen wechselwirken. Das Ergebnis ist, dass „the young spectators whose individual responses might have been spontaneous but enthusiastic can no longer tell whether they are expressing their feeling or enacting their roles" (Friedenberg 1967: 45; vgl. Bryan/Horton 1976).

Diese Studien gehen also mit Hochschild konform und verweisen teils explizit auf ihren Ansatz. Wie Hochschild könnte man ihnen vorwerfen, dass sie in ihrer Konzentration auf die Verregelung von Fan-Emotionen über das Ziel hinaus schießen und die Aufnahme, Verarbeitung sowie potenzielle Veränderung oder Ignoranz dieser Regeln durch Fans nicht hinreichend thematisieren. Hilfreich wäre es sicherlich, an dieser Stelle die schon bei Hochschild vorgesehenen Konzepte des „surface acting" und des „deep acting" systematischer ins Spiel zu bringen und zu fragen, inwieweit Fans Emotionen in bestimmten Situationen möglicherweise nur darstellen oder ob sie sie tatsächlich empfinden – bzw. inwieweit sie versuchen, dies unter dem Druck der situativen Regeln zu tun. Dabei wäre es auch instruktiv, das Zusammenspiel dieser Regeln mit der emotionalen Spontaneität zu betrachten, die ebenfalls einen Grundpfeiler des Fan-Erlebens ausmacht (vgl. Schwenzer 2001).

Über diese konzeptionellen Lücken hinaus müsste die Datenbasis der entsprechenden Studien verbreitert werden, da Studien wie die genannten noch in (zu) geringer Zahl vorliegen und sich zudem vorwiegend auf Sportfans in den USA beziehen. Zusätzlich wäre es eine interessante Weiterführung dieser Theorieperspektive, nach der Entstehung von Darstellungs- und Gefühlsregeln bei Fans zu fragen. Dahingehend sind drei Forschungsrichtungen vorstellbar:

Erstens finden sich unter Fans oft explizite Aushandlungen von Emotionsregeln. Die Fan-Gemeinschaft diskutiert dann über legitime Emotionen, ohne dass es immer gelingt, dabei Konsens herzustellen. Ein Beispiel sind die Auseinandersetzungen unter Boygroup-Fans über die Frage, welcher Ausdruck von Zuneigung für die Band angemessen ist. Ein Gegenstand, an dem sich diese Debatten bspw. entzünden, sind Plakate, auf denen Fans den Bandmitgliedern sexuelle Avancen machen. Diese werden von anderen Fans als „übertrieben", „hysterisch" oder „albern" sanktioniert (z.B. Fritzsche 2003: 233, 260f.). Die entsprechenden Auseinandersetzungen, die sowohl bei Treffen von Fans als auch in Fanmedien stattfinden, dürften ein lohnender Forschungsgegenstand sein. Dabei ließe sich auch, mit Bezug zur ersten Theorieperspektive, fragen, ob bestimmte Subgruppen innerhalb von Fans, etwa die Fanelite, einen besonders großen Einfluss darauf haben, welche Emotionen und welcher Ausdruck selbiger als legitim angesehen werden.

Dies verweist auf eine zweite interessante Forschungsrichtung: In nahezu allen Fanszenen gibt es eine Mehrzahl von Akteuren, die versuchen, Gefühls- und Ausdrucksregeln zu beeinflussen. Dies sind zum einen Fans, die ihre Aufgabe darin sehen, für „Stimmung zu sorgen" (vgl. Schäfer/Roose 2008) bzw. als „Stimmungsverstärker" (Grabowski 1999: 121, vgl. 57) zu fungieren. Schon unter Fans ist aber Dissens darüber nicht selten, welche Emotionen in bestimmten Situationen wie ausgedrückt werden sollen (vgl. die Diskussionen unter Fußball-Fans über die Unterstützung einer erfolglosen Mannschaft in Schwenzer 2001). Neben Fans gibt es zudem noch weitere Akteure, die versuchen, Gefühls- und Ausdrucksregeln zu etablieren. Im Bereich von Musik sind es oft die Interpreten selber, die bei Konzerten die Formulierung derartiger Regeln von der Bühne herunter übernehmen. Bei Konzerten bspw. wird „die Art des Mitmachens [...] von den Musikern vorgeschrieben: [...] ‚ich will alle Feuerzeuge sehen'" oder auch „‚Auf geht's. Stimmung. Ich will alle Hände oben sehen!'" (Grabowski 1999: 103) Bei Sportveranstaltungen sind es bspw. Stadionsprecher oder Cheerleader, die versuchen, Emotionen zu steuern. Die Konkurrenz zwischen diesen unterschiedlichen Akteuren um emotionale Gestaltungsmacht, die dabei verwendeten Argumente, Strategien und Erfolgskriterien stellen interessante emotionssoziologische Gegenstände dar – gerade in Fällen, in denen Dissens zwischen verschiedenen Fangruppen oder zwischen Fans und Fanobjekt besteht.

Vor diesem Hintergrund ist schließlich eine dritte Fragestellung interessant. Debatten unter Fans, Leserbriefen an einschlägige Magazine und Fanzines lässt sich entnehmen, dass in den vergangenen Jahren eine Konfliktlinie an Brisanz gewonnen hat: Fußballfans bspw. kritisieren teils vehement vermeintliche „Kommerzialisierungs"- und „Eventisierungs"-Tendenzen ihres Sports bzw. Vereins. Diese Kritik richtet sich gegen zunehmende Versuche von Stadionsprechern, Fans zu bestimmten Aktionen (aufstehen, „La-Ola-Welle" etc.) aufzufordern, gegen das Einführen von Cheerleadern in einigen Stadien, gegen von Vereinsseite produzierte „Vereinshymnen", gegen den „Ausverkauf" von Stadionnamen an Sponsoren usw. Dem setzen Fanclubs das Ideal einer „authentischen", aus einer gewachsenen Fankultur entspringenden Atmosphäre entgegen (vgl. Hills 2002: 27ff.; Schwenzer 2001). Ähnliche Konflikte über vermeintlich kommerzialisierte vs. authentische Emotionen finden sich bei Popmusik- (Fritzsche 2003: 11), Schlager-

(Grabowski 1999: 103) und ,Star Trek'-Fans (Kozinets 2001), und ihre Dynamik scheint in den vergangenen Jahren – parallel zum wachsenden kommerziellen Erfolg etwa der deutschen Fußball-Bundesliga – noch angewachsen zu sein. Entsprechend dürfte es emotionssoziologisch auch fruchtbar sein, dieser Verquickung von Emotionen und ökonomischen Interessen künftig einmal nachzugehen.

2.3   Soziale Folgen von Fan-Emotionen

Die dritte emotionssoziologische Perspektive thematisiert nicht die Entstehung, sondern die sozialen Folgen von Emotionen. In der Literatur zu Fans gibt es zu dieser Perspektive wohl die meisten Arbeiten, wenngleich diese nicht immer explizit soziologisch angelegt sind.

Zunächst einmal beschäftigen sich einige Autoren mit der grundlegendsten Ebene des Einflusses von Emotionen auf die soziale Welt, nämlich mit ihrem Einfluss auf menschliches Handeln. Die gesamte fanspezifische Lebensführung ließe sich hier exemplarisch anführen; von der intensiven Informationssuche in Massenmedien über das Sammeln von Merchandising-Objekten und bestimmte Alltagsrituale bis hin zu Urlaubsreisen, auf denen Fans ihren Lieblingsbands oder Sportvereinen folgen. Dazu liegen recht viele Arbeiten vor, die jeweils einzelne Aspekte thematisieren (vgl. überblicksweise Schmidt-Lux zu „Fans und Lebensführung" in diesem Band), allerdings selten systematisch oder gar handlungstheoretisch unterfüttert sind.

Ein zweiter Aspekt, der in der Literatur zu Fans oft Beachtung findet, ist die Rolle, die Emotionen bei der Entstehung und Verfestigung sozialer Gemeinschaften spielen. Der theoretische Bezugspunkt ist dabei oft Emile Durkheim, der „Zutaten" beschrieben hat, die zur Vergemeinschaftung von Gruppen führen und dabei Ritualen, Symbolen und eben Emotionen eine besondere Rolle zuwies (z.B. Durkheim 1981: 403ff.): Die Mitglieder der Gruppe müssen für ein Ritual anwesend sein und sich wechselseitig wahrnehmen. Sie sollten einen gemeinsamen kognitiven und emotionalen Fokus entwickeln und ihr Verhalten aufeinander abstimmen. Wenn sie schließlich beginnen, ihre aufeinander abgestimmten Gefühle auszuagieren, dann können sich diese wechselseitig verstärken – oder mit Durkheim: „Efferveszenz" entsteht (vgl. Durkheim 1981: 297f.). Randall Collins (2004: 47ff.) beschreibt in ähnlicher Weise die „Zutaten" von Ritualen, die die Kohäsion von Gemeinschaften steigern.[10]

Viele Studien greifen sich eine oder mehrere dieser Zutaten heraus und beschreiben diese für unterschiedliche Fanszenen. Meist geht es um Fußball- oder um Musikfans, an denen sich die Dynamiken wechselseitig überhöhter Emotionen besonders gut zeigen lassen.

Für beide Fanszenen gilt, dass zentrale und besonders emotionale Erlebnisse in abgegrenzten Räumen, nämlich in Konzertarenen oder Sportstadien stattfinden (vgl. Schäfer/Roose 2010). An diesen Orten wird die Außenwelt bewusst ausgeschlossen und so die, mit Bromberger (1998), „Außerweltlichkeit" der Geschehnisse unterstrichen – ein Trend, der sich mit vielen neu gebauten, monofunktionalen und nach außen abgeschlossenen Fußballarenen noch verstärkt hat (Bale 1993; Schäfer/Roose 2010). Zum anderen wird in Arenen und Stadien die Kopräsenz einer großen Zahl von Menschen nicht nur gewährleistet, sondern auch noch einmal allen Anwesenden vor Augen geführt (vgl. Schroer 2008: 167). Dies macht es einfacher, viele Anwesende auf den gleichen Gegenstand zu fokussieren und macht diese Fokussierung allen Beteiligten zugleich auch deutlich – wie das folgende Zitat eines Fußballfans illustriert: „[Es macht] Spaß […], dass man die Leute unter sich in der Kurve anschaut und man sieht, dass die alle 'n Grinsen haben und sich einfach nur freuen und wahnsinnig abgehen."

Ein weiteres Charakteristikum von Stadien und Konzerten ist, dass das Geschehen in hohem Maße ritualisiert abläuft. Im Fußballstadion werden „die immer gleichen Sprechchöre intoniert, es gibt Rituale vor einer Ecke oder einem Freistoß, und traditionell verhasste Gegenspieler, die mit den immer gleichen Verhöhnungen bedacht werden", während auch Fangesänge „neben einer gewissen Varianz doch eine große Verlässlichkeit und festgelegte, ritualisierte Art von Form und Inhalt aufweisen" (Klein/ Schmidt-Lux 2006: 26). Ebensolche gemeinsamen Rituale existieren bei Popmusikkonzerten, etwa das Mitsingen bekannter Lieder, der Wechselgesang

---

10 Auch der Anthropologe Victor Turner schildert, wie Mitglieder einer Gruppe durch emotionalisierende Rituale ein Gruppenbewusstsein – „communitas" – entwickeln können (v.a. Turner 1974). Turner selbst hat dies u.a. auf Jugendbewegungen wie „Hippies" und „Teeny Bopper" bezogen (Turner 1989: 111), andere Autoren haben es auch auf Fans übertragen (Fritzsche 2003: 36ff.; Zurcher 1972: bes. 13f.).

mit den Interpreten, ritualisierte Beifallsbekundungen und Zugaben etc.
(Fritzsche 2003: 214ff.). Zusätzlich werden Fans aktiviert, körperlich involviert und synchronisiert – so dass man bei Konzerten meist „schwitzt und
[...] volle Kanne dabei ist", wie ein Volksmusik-Fan anmerkt (Grabowski
1999: 84). Man hüpft, jubelt und singt gemeinsam, dem Spiel und zugleich
nicht selten den Regeln des Rituals folgend.

Die Gemeinsamkeiten der Fans und ihre Konzentration auf einen gemeinsamen Fokus werden durch geteilte Symbole wie Embleme, Maskott-
chen o.ä. und entsprechende Adressierungen noch einmal unterstrichen
(vgl. Crisp u.a. 2007; Girtler 1995).[11] So werden Fans von Stadionsprechern
bspw. pauschal als „Fans" oder „crowd" bezeichnet, also als „an aggrega-
tion of people who do, in fact, have a common focal concern" (Bryan/Horton
1976: 7; vgl. Fritzsche 2003: 268).

Fans werden also, ganz im Durkheimschen Sinne, räumlich aus Alltags-
verläufen herausgelöst, in kollektive Rituale eingebunden, auf einen gemeinsamen Gegenstand konzentriert und körperlich-aktiv in das Geschehen
involviert. Dadurch wird nicht nur das individuelle Emotionserleben intensiviert, sondern auch Emotionen anderer Fans werden wahrnehmbar und
dies kann zu einer wechselseitigen Steigerung der Emotionen führen. Konzerte und Fußballspiele werden so – nicht immer und für alle, aber doch
mitunter und für einige Fans – zu „irrealen, sinnlichen und rauschhaften"
(Fritzsche 2003: 184, 215; vgl. Leistner/Schmidt-Lux 2010) Ereignissen.

Solcherart entstandene Emotionen stabilisieren nicht nur die Gemeinschaft der Fans, sondern können sie auch von der Außenwelt und anderen
Gruppen abgrenzen. So ist es bspw. bei Sportrivalitäten üblich, öffentlich auf
„,in-group virtues and out-group vices'" (Bryan/Horton 1976: 6), auf die
eigene Ehrenhaftigkeit und die Ehrlosigkeit der Gegner (Girtler 1995: 122f.)
zu verweisen, um auf diese Weise „a kind of ,we-they' feeling, a type of ,in-

---

11 Zusammengehörigkeitsgefühle entstehen nicht nur zwischen Fans, sondern auch zwi-
    schen Fans und Fanobjekt, etwa wenn Baseball-Fans das Stadion als „Heimat" und sich
    selbst als Mitglieder in der „Familie" des Vereins sehen (Trujillo/Krizek 1994: 307f.;
    Brooker 2005: z.B. 870). Einige Autoren nehmen an, dass diese Zusammengehörigkeits-
    gefühle über Fan-Gemeinschaften hinauswirken und etwa zur Schaffung politischer
    Identität (vgl. Bradley 2002; King 2000) und zum Zusammenhalt von Gesellschaft
    insgesamt beitragen (z.B. Smith 1988; 1989) – wenngleich es Befunde gibt, die dies nicht
    stützen (vgl. Roose/Schäfer in diesem Band sowie Schäfer/Roose 2008).

group/out-group' identification" (Bryan/Horton 1976: 6) zu entwickeln. Dies geht hin bis zu gewalttätigen „Stammeskriegen" (Girtler 1995: 106) in Fußballstadien.

In dieser und ähnlicher Weise wird oft geschildert, wie gemeinsame Fan-Emotionen entstehen und sich Fan-Gemeinschaften konsolidieren. Für diese emotionssoziologische Perspektive fehlt es also nicht an einschlägigen Studien. Kritikwürdig ist aber, dass sich diese Arbeiten kaum systematisch auf emotionssoziologische Theorien beziehen und häufig mit einem nicht explizierten und teils vagen Verständnis von Emotionen arbeiten, das mitunter mit Phänomenen wie „Identität" synonym gesetzt wird. Systematischere Betrachtungen des Falls der Fans könnten aber durchaus helfen, diese oft unscharf bleibenden Kategorien an einem konkreten Forschungsbeispiel zu prüfen, zu schärfen oder ggf. auch zu verwerfen.

3   Zusammenfassung und Ausblick

Das Verhältnis von Fans und Emotionen ist zweifellos ein soziologisch interessanter und facettenreicher Gegenstand. Allerdings spiegelt sich dies noch nicht in der Literatur wieder. Zwar liegen eine Reihe sozialwissenschaftlicher Arbeiten vor, die Fans und deren Emotionen in irgendeiner Weise thematisieren. Sie weisen aber, in der Zusammenschau betrachtet, eine ganze Reihe von Schwachstellen auf:

Erstens ist ihre empirische Basis noch nicht breit genug, um belast- und generalisierbare Aussagen treffen zu können. Dafür konzentrieren sich die bisherigen Studien zu stark auf wenige Fanszenen (v.a. Sport- und Popmusikfans) und zu wenige nationale Kontexte, vornehmlich in der westlichen Welt. Zweitens sind viele der entsprechenden Arbeiten theoretisch zu unbedarft. Kaum einmal wird auf soziologische oder emotionssoziologische Theorien zurückgegriffen, und wenn doch, dann meist nur eklektisch und ausschnittsweise. Drittens, und damit zusammenhängend, gibt es unter den verwendeten Theorien ein Ungleichgewicht: Einige der geschilderten emotionssoziologischen Perspektiven wurden bereits mehrfach auf den Gegenstand Fans angelegt, andere hingegen noch gar nicht. So fragt, wie gezeigt, eine Reihe von Arbeiten nach existierenden soziokulturellen Regeln für Emotionen und deren Darstellung unter Fans. Ebenso beziehen sich verschiedene Autoren auf die Durkheimsche Konzeption der emotionalen Fundierung sozialer Gemeinschaften. Umgekehrt werden Perspektiven wie die Kempersche, die sozialstrukturelle Einflüsse auf Emotionen untersucht, nicht verwendet.

Ziel dieses Artikels war es, neben Literaturüberblick und -kritik auch Entwicklungsmöglichkeiten aufzuzeigen. Die entsprechenden Schilderungen sollten einerseits deutlich gemacht haben, dass eine emotionssoziologische Perspektive höchst fruchtbar für die Analyse von Fans sein kann. Bislang beschränken sich viele sozialwissenschaftliche Arbeiten zu Fans auf eine quasi-ethnographische Beschreibung der Welt der Fans – was den Vorteil hat, dass oft plastische Bilder der entsprechenden Szene entstehen, aber auch den Nachteil, dass theoretische Kategorien selten systematisch in Anschlag gebracht werden. Die Emotionssoziologie bietet ein solches begriffliches und konzeptionelles Instrumentarium, das bei der Analyse von Fans nützlich sein kann und darüber hinaus interessante weitergehende Fragen aufwirft. Mit seiner Hilfe lassen sich bspw. Fanhierarchien als Statushierarchien mit emotionalen Wirkungen deuten, und es lässt sich daran anschließend fragen, inwieweit die Macht-Dimension bei Fans überhaupt eine Rolle spielt. Versuche der „Stimmungsmache" in Fanszenen lassen sich als Konkurrenzen um emotionale Hegemonie begreifen, und es lässt sich fragen, wie diese Konkurrenzen ablaufen und wie dort Vorherrschaft entsteht. Kollektivereignisse lassen sich in die Tradition religiöser Rituale stellen und es lässt sich fragen, wie weit die Parallelen zu Religionen in Einstellungen und Handlungsverläufen tatsächlich gehen (vgl. Schmidt-Lux zu „Fans und Religion" in diesem Band). Gerade für Fans dürfte eine solche emotionssoziologische Perspektive dabei hilfreich sein, weil Emotionen als wesentliche Dimension des Handelns von Fans verstanden werden müssen und die Sinnkonstruktionen, die Handlungsmotivationen und die Strukturierung der sozialen (Um-)Welt von Fans wesentlich emotional basiert sind.

Umgekehrt kann nicht nur die Fan-Literatur von der Emotionssoziologie profitieren, sondern auch die Emotionssoziologie von einer stärkeren Beachtung von Fans. Immerhin stellen Fans angesichts der konstitutiven Bedeutung, die Emotionen für sie haben, einen exzellenten emotionssoziologischen Untersuchungsgegenstand dar. Durch Studien unterschiedlicher Fans und Fanszenen ließen sich zentrale Annahmen der Emotionssoziologie prüfen und differenzieren. Bereits ein erster Blick in die – bislang so gut wie nie emotionssoziologisch durchdeklinierten – Analysen macht deutlich, dass basale Annahmen der Emotionssoziologie bei Fans zutreffend scheinen, dass aber zugleich eine instruktive Varianzbreite deutlich wird. So kann das Beispiel der Fans zeigen, welche Vielfalt an Emotionen in Interaktionen ausgelöst werden kann. Ähnliche Differenzierungen gibt es wohl hinsichtlich der Intensität von Emotionen und bezüglich ihres Einflusses auf menschliches (Fan-)Handeln. Die Vielfalt dieser Differenzierungen anhand von Fans aufzuzeigen und deren einzelne Facetten gegeneinander zu relationieren, könnte eine fruchtbare Fortentwicklung der Emotionssoziologie sein. Auch emotionsbezogene Spezifika von Fanszenen dürften faszinierende Untersuchungsobjekte darstellen. Zu denken ist hier etwa daran, dass Emotionen unter Fans ein zentraler Diskursgegenstand sind: Eben weil sie so konstitutiv sind, werden emotionsbezogene Fragen von Fans dauerhaft, explizit und durchaus auch konfliktiv ausgehandelt. Es wird darüber diskutiert, welche Emotionsausdrücke legitim sind und welche nicht, inwieweit „authentische" Emotionen eine Einstiegsvoraussetzung für die Beteiligung an Fan-Gemeinschaften sein sollten usw. Die Untersuchung derartiger Diskussionen und der damit verbundenen Reflexionen der beteiligten Akteure über ihre Emotionen wäre sicherlich eine Analyse wert. Denn die Differenziertheit emotionaler Aspekte, die sich unter Fans zeigt, ist anderswo schwer zu finden. Entsprechend dürfte gerade dieser Fall geeignet sein, um zentrale Annahmen der Emotionssoziologie zu prüfen, zu differenzieren und ggf. zu modifizieren.

Literatur

Bale, John (1993): The Spatial Development of the Modern Stadium. In: International Review for the Sociology of Sport 28/2-3. 121-133.

Bradley, Joseph M. (2002): The Patriot Game: Football's Famous `Tartan Army'. In: International Review for the Sociology of Sport 37/2. 177-197.

Bromberger, Christian (1998): Fußball als Weltsicht und Ritual. In: Belliger, Andréa (Hrsg.): Ritualtheorien. Wiesbaden: Westdeutscher Verlag. 285-301.

Brooker, Will (2005): "It Is Love": The Lewis Carroll Society as a Fan Community. In: American Behavioral Scientist 48/7. 859-880.

Bryan, Clifford & Robert Horton (1976): School Athletics and Fan Aggression. In: Educational Researcher 5/7. 2-11.

Collins, Randall (1975): Conflict Sociology. New York: Academic.

Collins, Randall (2004): Interaction Ritual Chains. Princeton: Princeton University Press.

Crisp, Richard J., Sarah Heuston, Matthew J. Farr & Rhiannon N. Turner (2007): Seeing Red or Feeling Blue: Differentiated Intergroup Emotions and Ingroup Identification in Soccer Fans. In: Group Processes and Intergroup Relations 10/1. 9-26.

Denzin, Norman K. (1984): On Understanding Emotion. San Francisco: Jossey-Bass.

Durkheim, Emile (1981): Die elementaren Formen des religiösen Lebens. Frankfurt a.M.: Suhrkamp.

Durkheim, Emile (1983): Der Selbstmord. Frankfurt a.M.: Suhrkamp.

Eckert, Roland, Waldemar Vogelgesang, Thomas A. Wetzstein & Rainer Winter (1990): Grauen und Lust. Die Inszenierung der Affekte. Eine Studie zum abweichenden Videokonsum. Pfaffenweiler: Centaurus.

Elias, Norbert (1997a): Über den Prozeß der Zivilisation. Bd. 1. Frankfurt a.M.: Suhrkamp.

Elias, Norbert (1997b): Über den Prozeß der Zivilisation. Bd. 2. Frankfurt a.M.: Suhrkamp.

Elias, Norbert & Eric Dunning (1970): The Quest for Excitement in Unexciting Societies. In: Lüschen, Günther (Hrsg.): The Cross-Cultural Analysis of Sport and Games. Champaign: Stipes. 31-51.

Elias, Norbert & Eric Dunning (1984): Sport im Zivilisationsprozeß. Münster: Lit.

Fehr, Beverley & James A. Russell (1984): Concept of emotion viewed from a prototype perspective. In: Journal of Experimental Psychology 113/4. 464-486.

Flam, Helena (2002): Soziologie der Emotionen. Konstanz: UVK.

Friedenberg, Edgar (1967): Adolescence as a Social Problem. In: Becker, Howard S. (Hrsg.): Social Problems: A Modern Approach. New York: Wiley. 35-75.

Fritzsche, Bettina (2003): Pop-Fans. Studie einer Mädchenkultur. Opladen: Leske+Budrich.

Gerhards, Jürgen (1988): Soziologie der Emotionen. Weinheim & München: Juventa.

Girtler, Roland (1995): Randkulturen. Wien, Köln & Weimar: Böhlau.

Giulianotti, Richard (2002): Supporters, Followers, Fans, and Flaneurs: A Taxonomy of Spectator Identities in Football. In: Journal of Sport and Social Issues 26/1. 25-46.

Goffman, Erving (2003): Wir alle spielen Theater. München: Piper.

Grabowski, Ralf (1999): "Zünftig, bunt und heiter": Beobachtungen über Fans des volkstümlichen Schlagers. Tübingen: Tübinger Vereinigung für Volkskunde.

Hauk, John (1999): Boygroups! Teenager, Tränen, Träume. Berlin: Schwarzkopf und Schwarzkopf.

Hills, Matt (2002): Fan Cultures. London & New York: Routledge.

Hochschild, Arlie Russell (1983): The Managed Heart. Commercialization of Human Feeling. Berkeley, Los Angeles & London: University of California Press.

Hochschild, Arlie Russell & Anne Machung (1989): The Second Shift: Working Families and The Revolution At Home. New York: Viking.

Horkheimer, Max & Theodor W. Adorno (1995): Dialektik der Aufklärung. Frankfurt a.M.: Fischer.

Kemper, Theodore D. (1978a): A Social Interactional Theory of Emotions. New York: Wiley.

Kemper, Theodore D. (1978b): Toward a Sociology of Emotions: Some Problems and Some Solutions. In: American Sociologist 13/9. 30-41.

Kemper, Theodore D. (1981): Social Constructivist and Positivist Approaches to the Sociology of Emotions. In: American Journal of Sociology 87/2. 336-362.

Kemper, Theodore D. (2006): Power and Status and the Power-Status Theory of Emotions. In: Stets, Jan E. & Jonathan H. Turner (Hrsg.): Handbook of the Sociology of Emotions. New York: Springer. 87-113.

King, Anthony (2000): Football fandom and post-national identity in the New Europe. In: British Journal of Sociology 51/3. 419-442.

Klein, Constantin & Thomas Schmidt-Lux (2006): Ist Fußball Religion? Theoretische Perspektiven und Forschungsbefunde. In: Thaler, Engelbert (Hrsg.): Fußball. Fremdsprachen. Forschung. Aachen: Shaker. 18-35.

Kleinginna, Paul R. & Anne M. Kleinginna (1981): A Categorized List of Emotion Definitions with Suggestions for a Consensual Definition. In: Motivation and Emotion 5/4. 345-379.

Kozinets, Robert V. (2001): Utopian enterprise: Articulating the meanings of Star Trek's culture of consumption. In: Journal of Consumer Research 28/1. 67-88.

Leistner, Alexander & Thomas Schmidt-Lux (2010): „Ein schönes Spiel reicht noch nicht aus". Fußballfans im Rausch. In: Niekrenz, Yvonne & Sonja Ganguin (Hrsg.): Jugend und Rausch. Weinheim & München: Juventa.

Lewis, Lisa A. (Hrsg.) (1992): The Adoring Audience. Fan Culture and Popular Media. London & New York: Routledge.

Neckel, Sighard (1991): Status und Scham. Zur symbolischen Reproduktion sozialer Ungleichheit. Frankfurt a.M. & New York: Campus.

Schäfer, Mike S. & Jochen Roose (2005): Begeisterte Nutzer? Jugendliche Fans und ihr Medienumgang. In: merz - Medien + Erziehung 2005/2. 49-53.

Schäfer, Mike S. & Jochen Roose (2008): Die gesellschaftliche Bedeutung von Fußballbegeisterung: Vergemeinschaftung und Sozialkapital-Bildung auf dem Prüfstand. In: Klein, Gabriele & Michael Meuser (Hrsg.): Ernste Spiele. Zur politischen Soziologie des Fußballs. Bielefeld: transcript. 201-226.

Schäfer, Mike S. & Jochen Roose (erscheint 2010): Emotions in Sports Stadiums. In: Frank, Sybille & Silke Steets (Hrsg.): Stadium Worlds. Football, Space and the Built Environment. London & New York: Routledge.

Scheff, Thomas J. (1988): Shame and conformity: The deference-emotion system. In: American Sociological Review 53/3. 395-406.

Scherer, Klaus R. (2005): What are emotions? And how can they be measured? In: Social Science Information 44/4. 695-729.

Schroer, Markus (2008): Vom 'Bolzplatz' zum 'Fußballtempel'. Was sagt die Architektur der neuen Fußballstadien über die Gesellschaft der Gegenwart aus? In: Klein, Gabriele & Michael Meuser (Hrsg.): Ernste Spiele. Zur politischen Soziologie des Fußballs. Bielefeld: transcript. 155-173.

Schwenzer, Victoria (2001): Fußball als kulturelles Ereignis: Eine ethnologische Untersuchung am Beispiel des 1. FC Union Berlin. In: Jahrbuch für Europa- und Nordamerika-Studien 5. 87-115.

Simmel, Georg (1922): Die Religion. Frankfurt a.M.: Rütten und Loening.

Simmel, Georg (1983): Schriften zur Soziologie. Frankfurt a.M.: Suhrkamp.

Simmel, Georg (1993): Dankbarkeit. Ein soziologischer Versuch. In: Simmel, Georg (Hrsg.): Aufsätze und Abhandlungen 1901- 1908 (Band II). Frankfurt a.M.: Suhrkamp. 308-316.

Smith, Garry J. (1988): The Noble Sports Fan. In: Journal of Sport and Social Issues 12/1. 54-65.

Smith, Garry J. (1989): The Noble Sports Fan Redux. In: Journal of Sport and Social Issues 13/2. 121-130.

Thamm, Robert E. (2006): The Classification of Emotions. In: Stets, Jan E. & Jonathan H. Turner (Hrsg.): Handbook of the Sociology of Emotions. New York: Springer. 11-37.

Thoits, Peggy A. (1989): The Sociology of Emotions. In: Annual Review of Sociology 15. 317-342.

Trujillo, Nick & Bob Krizek (1994): Emotionality in the Stands and in the Field: Expressing Self through Baseball. In: Journal of Sport and Social Issues 18/4. 303-325.

Turner, Jonathan H. (2000): On the Origins of Human Emotions. A Sociological Inquiry into the Evolution of Human Affect. Stanford: Stanford University Press.

Turner, Jonathan H. & Jan E. Stets (2005): The Sociology of Emotions. New York: Cambridge University Press.

Turner, Jonathan H. & Jan E. Stets (2006): Sociological Theories of Human Emotions. In: Annual Review of Sociology 32. 25-52.

Turner, Victor W. (1974): Dramas, Fields and Metaphors. Symbolic Action in Human Society. Ithaca: Cornell University Press.

Turner, Victor W. (1989): Das Ritual. Struktur und Anti-Struktur. Frankfurt a.M. & New York: Campus.

Vogelgesang, Waldemar (1991): Jugendliche Video-Cliquen. Action- und Horrorvideos als Kristallisationspunkte einer neuen Fankultur. Opladen: Westdeutscher Verlag.

Wann, Daniel L. & Nyla R. Branscombe (1990): Die-Hard and Fair-Weather Fans: Effects of Identification on BIRGing and CORFing Tendencies. In: Journal of Sport and Social Issues 14/2. 103-117.

Weber, Max (1988): Die protestantische Ethik und der Geist des Kapitalismus. In: Weber, Max (Hrsg.): Gesammelte Aufsätze zur Religionssoziologie I. Tübingen: Mohr. 17-206.

Weiss, Otmar (1996): Media Sports as a Social Substitution. Pseudosocial Relations with Sports Figures. In: International Review for the Sociology of Sport 31/1. 109-117.

Winter, Rainer (1993): Die Produktivität der Aneignung - Zur Soziologie medialer Fankulturen. In: Holly, Werner & Ulrich Püschel (Hrsg.): Medienrezeption als Aneignung. Opladen: Westdeutscher Verlag. 67-79.

Winter, Rainer (1995): Der produktive Zuschauer. Medienaneignung als kultureller und ästhetischer Prozeß. München: Quintessenz.

Wouters, Cas (1989): The Sociology of Emotions and Flight Attendants: Hochschild's Managed Heart. In: Theory, Culture & Society 6. 95-123.

Zurcher, Louis A. (1972): The Staging of Emotion: A Dramaturgical Analysis. In: Symbolic Interaction 5/1. 1-22.

Fans und alltägliche Lebensführung

Thomas Schmidt-Lux

Denkt man an Fans, hat man schnell spezifische Situationen vor Augen: volle Stadien, laute Konzerthallen, euphorische Momente. Doch jedes Fußballspiel hat ein Ende, jedes Konzert kennt eine letzte Zugabe. Neben diesen außeralltäglichen Höhepunkten besteht jedes Fanleben auch – und vielleicht sogar: *vor allem* – aus einem Alltag. Dieser steht im Mittelpunkt der folgenden Überlegungen. Dabei beschäftigt uns die Frage, ob und wie sich Fantum in der alltäglichen Lebensführung von Fans niederschlägt, welche Formen die Fanbeziehung dort annimmt und welche Folgen dies hat. Der Blick gilt hier also auch den kleinen Dingen und Aspekten, den gewöhnlichen Aktivitäten und Beschäftigungen von Fans; denn nicht zuletzt solche Beobachtungen machen die Vielschichtigkeit des Phänomens und zugleich dessen soziologische Relevanz deutlich.

Die Beschäftigung mit der alltäglichen Lebensführung von Menschen ist in der Soziologie mittlerweile anerkanntes Geschäft. Für Alfred Schütz war Alltag vor allem Alltags*wissen*. Er fragte nach den Sinnstrukturen der alltäglichen Lebenswelt, die Individuen umgibt und vorrangiger Bezugspunkt ihres Denkens und Handelns ist (vgl. Schütz 1974; Schütz/Luckmann 2003). Eine andere und hier stärker im Mittelpunkt stehende Variante soziologischen Alltagsverständnisses interessiert sich eher für die *Handlungs*dimension sozialen Alltags und fragt nach Regelmäßigkeiten und Routinen menschlichen Tuns abseits institutionalisierter Felder (vgl. Goffman 1983, 1986; Fine 1998). In den Blick kommt so die Gesamtheit aller Alltagsinteraktionen und -rituale; gewohnte Praktiken und Routinen, Handlungen, die wiederholt und zugleich ohne spezifisch instrumentellen Grund ausgeführt werden und auch kein (technisches oder sonstiges) Spezialwissen erfordern. Max Webers Arbeiten schließlich sind von großer Bedeutung, wenn man sich für das Zusammenspiel von Ideen, Institutionen und Individuen interessiert und insbesondere für die Frage, durch welche Instanzen und Einflüsse alltägliches Handeln hervorgebracht, bestimmt und strukturiert wird (hierzu auch Müller 1992). Am deutlichsten tritt dieses Problem in seiner Studie zum Protestantismus zu Tage (Weber 1988).

Vor diesem Hintergrund geht es im Folgenden darum, Fantum in seiner alltäglichen Vielfalt ebenso wie in seinen sozialen Konsequenzen deutlich werden zu lassen. Sowohl die Mikrophysik und interaktionale Grundlegung des Fanalltags (Goffman) als auch der Einfluss des Fantums auf individuelle Handlungspraxis (Weber) stehen dabei im Zentrum des Interesses. Der Aufsatz gliedert sich in zwei Abschnitte. Der erste Teil beschäftigt sich mit Forschungen zur individuellen Bedeutung von Fanobjekten. Hier wird danach gefragt, wie stark sich Menschen an ihr Fanobjekt binden und welche Unterschiede es diesbezüglich gibt. Im zweiten Abschnitt wird spezifisch nach der Alltagspraxis von Fantum gefragt. Hier tritt somit stärker der Fanalltag ,als solcher' in den Mittelpunkt, der in seinen sachlichen, sozialen und zeitlichen Aspekten untersucht wird. Beide Teile stützen sich vorrangig auf die zum Thema erschienene Forschungsliteratur. Sie bilden damit den derzeitigen soziologischen Wissensstand über den Alltag von Fans ab, offenbaren jedoch zugleich offene Fragen und künftig zu bearbeitende Aspekte dieses Feldes.

1   Wie stark beeinflusst das Fansein den Lebensalltag?

Es ist Konsens der Fanforschung, dass das jeweilige Fanobjekt keineswegs in immer gleicher Weise den Lebensalltag von Fans bestimmt. Zunächst einmal können diese Interessen verschiedene Wertigkeiten einnehmen und sich damit auch im Alltagshandeln von Fans je unterschiedlich manifestieren – der aus Inseraten bekannte Slogan „Sammle jeden Schnipsel von ..." trifft sicherlich nur auf ein spezifisches Fansegment zu. Zur Debatte steht damit zunächst die Webersche Frage nach der alltagspraktischen *Relevanz* bestimmter Ideen oder Objekte, in unserem Fall des Fangegenstandes.

In der soziologischen Literatur lassen sich zwei Varianten zur Beantwortung dieser Frage finden. Die erste Forschungsrichtung (Abschnitt 1.1) beurteilt die individuelle Relevanz danach, wie zentral die Stellung des Fanobjekts im jeweiligen Lebensentwurf ist. Entlang dieser *Zentralität* des Fantums entwickelten entsprechende Studien dann hierarchische Typologien von Fans, die von hoch engagierten Fans bis hin zu eher sympathisierenden Anhängern des jeweiligen Gegenstandes reichen. Die zweite Forschungsrichtung (Abschnitt 1.2) verglich Fans nach dem Grad ihrer *Speziali-*

sierung auf das jeweilige Fanobjekt. Die Relevanz des Fanobjekts war in diesen Studien daran ablesbar, auf welcher Stufe einer regelrechten Fankarriere der jeweilige Fan eingeordnet werden konnte. Die hoch spezialisierten Fans verfügten demnach über das meiste Wissen und die besten Ressourcen, um ihre Fanbeziehung ausleben zu können, und entsprechende Konsequenzen hatte dies für den Alltag der Akteure.

1.1 *Zentralität des Fanobjektes im Alltag*

Um die Frage, wie wichtig das jeweilige Fanobjekt für Fans ist, systematisch und zugleich differenziert beantworten zu können, entwickelten verschiedene Studien Fan-Typologien. Obgleich die Untersuchungen teilweise spezifische Fragestellungen verfolgten, lassen sie sich doch auch als Unterscheidungen der *Alltags*bedeutung von Fanobjekten lesen.

So untersuchte Joanne Mackellar (2009) die Besucher eines australischen Elvis-Revival-Festivals und identifizierte dabei vier Arten von Fans. Für die erste Gruppe („social segment") stand der soziale Aspekt der Veranstaltung im Mittelpunkt. Zusammen mit Freunden oder der Familie besuchten sie das Festival eher wegen des geselligen Vergnügens als aus genuinem Elvis-Interesse. Selten wurden dabei größere Anfahrten unternommen, und nur wenige von ihnen besaßen Elvis-Devotionalien. Die zweite Gruppe („dabblers") zeichnete sich bereits durch ein spezifischeres Interesse an Elvis aus, wies jedoch ein überschaubares Wissen zum „King" auf und beschäftigte sich damit nur in einem kleinen Teil ihrer Freizeit. Diese Fans investierten jedoch schon Zeit und Geld, auch wenn ihre Elvis-Kostüme meistens geliehen waren und die Konzerte nicht allzu teuer sein durften. Wie das „social segment" besuchte auch diese Fangruppe neben Elvis-Festivals noch andere, ähnliche Veranstaltungen. Dies kam für die dritte Gruppe („fans") nicht in Frage. Sie besuchten ausschließlich und gezielt Elvis-Festivals, verfügten über ausgiebiges Wissen zu Leben und Werk des Künstlers, besaßen eine Menge Devotionalien und wandten dafür einen Großteil ihrer verfügbaren Zeit und finanziellen Mittel auf. Nicht selten aufwändig selbstgeschneiderte Elvis-Kleidung tragend, suchten diese Fans auch mehr als nur „a bit of fun", sondern die Bestätigung ihrer oftmals schon lange Jahre bestehenden Fan-Identität inmitten der „Elvis family". Für das vierte Segment schließlich („fanatics") ist Elvis „a central part of their life and identity"

(Mackellar 2009: 18). Sie reisen nicht nur zu allen Elvis-Events in Australien, sondern regelmäßig auch an die Originalstätten in den USA wie etwa zu Elvis' Graceland. Monatelang werden diese Fahrten teils vorbereitet, die Kleidung aller Familienmitglieder selbst angefertigt. Jene Fans bewahren ihre wertvollsten Elvisobjekte in regelrechten Schreinen auf und sind hochgradig aktive Mitglieder in Fanclubs. Am auffälligsten war in dieser Fangruppe die moralische Dimension ihres Fantums: Sowohl das Fanobjekt selbst als auch das richtige Fan-Verhalten wurden an spezifischen ethischen Kriterien gemessen bzw. diese daraus generiert.

Prinzipiell ähnliche Kategorisierungen finden sich in Studien zu Horrorvideo-Fans (Eckert u.a. 1990; Winter 1995), Star-Trek-Fans (Wiemker 1998) und Bridge-Spielern (Scott/Godbey 1994). Winter erstellt diese Fanhierarchie eher rezeptionstheoretisch, Wiemker konzentriert sich stärker auf die Alltagsrelevanz. Immer aber folgen die Fan-Segmentierungen einer hierarchischen Logik, wobei die Zentralität des jeweiligen Fanobjektes leitende Ordnungskategorie ist.

Wichtiger Ertrag solcher Typologien ist es, den Blick für unterschiedliche Grade von Fanintensität und die Stellung der Fanbeziehung im Lebensalltag zu schärfen. Während manche nur vergleichsweise wenig Zeit mit dem Sehen von favorisierten Fernsehserien oder Filmen verbringen, haben andere die gleichen Filme schon unzählige Male gesehen und informieren nun in online-Fanforen Interessierte über die biographischen Hintergründe der Schauspieler. Alltagsrelevant wird das Fanobjekt also im Grunde immer, nur eben in unterschiedlichem Ausmaß.[1]

Dass allerdings die Alltagsrelevanz des Fantums im Hinblick auf eingesetzte Ressourcen wie Geld und Zeit hoch sein kann, aber zugleich *keine*

---

1   Solche Fan-Typologien haben aber auch einige Schwächen, die vorrangig die Zahl und Trennschärfe der identifizierten Kategorien betreffen. Diese umfassen nicht selten mehrere inhaltliche Dimensionen, wobei die Definition und Gewichtung dieser Dimensionen mindestens vage bleibt. Da häufig vom Forscher vorgenommene Intensitätseinschätzungen (etwa des Medienkonsums oder der emotionalen Bindung) die entworfenen Typen voneinander trennen, stellt sich natürlich die Frage, wann genau etwa der Buff zum Freak wird. Oft wird dies entlang des Kriteriums entschieden, wie „zentral" eine bestimmte Aktivität für den Lebensentwurf angesehen werden kann (so bei Mackellar 2009) – offenkundig eine sehr schwierig zu entscheidende Frage, wenn keine klare Kriterien zur Bestimmung jener Zentralität benannt sind.

exklusive Bindung an das jeweilige Fanobjekt bestehen muss, zeigten Befragungen von Vogelfans.[2] In ihrer Befragung texanischer „bird-watcher" unterschieden Kim u.a. (1997: 337) zwischen *involvement* und *commitment* und kamen zum Ergebnis, dass diese Vogelfans ihr Hobby zwar mit viel Zeit- und Geldaufwand und engagiert betrieben, sich aber oft vorstellen konnten, andere Freizeitbeschäftigungen zu finden und alternativen Interessen nachzugehen – und dies teils auch praktizierten. Gerade bei Individuen, die unter Verwendung der vorgestellten Kategorien hochengagierten Fansegmenten zugeordnet würden, lohnt also der genaue Blick auf Motivationsstrukturen und aufgewandte Ressourcen, wobei zweifellos weiterhin Bedarf an tiefenscharfen Untersuchungen spezifischer Fansegmente besteht (so auch Stone 2007).

1.2 Fankarrieren als Spezialisierung

Ein zweiter Teil der Forschung befasst sich nicht mit der Zentralität von Fanobjekten im Alltag von Fans zu einem gegebenen Zeitpunkt, sondern stellt die Frage, ob sich beim Betrachten individueller Fanbiographien regelmäßige Verläufe in der *Entwicklung* der jeweiligen Fanaktivität ausmachen lassen. Diese als *specialisation thesis* diskutierte Annahme sieht die stark alltagsstrukturierende Stellung von Fanaktivitäten nicht bloß als mögliche Spielart des Fantums, sondern als Endpunkt regelrechter Fankarrieren an. Zuerst wurde diese Annahme von Hobson Bryan (1977, 1979) formuliert und vor allem am Beispiel von outdoor-Aktivisten wie Anglern, Jägern oder Bergsteigern untersucht.

Im Kern der These steht die Annahme, Spezialisierungen innerhalb des Fantums als Entwicklungsprozess zu begreifen. Bryan illustrierte das u.a. am Beispiel von Hobby-Anglern. Er beobachtete, wie diese oft als gewöhnliche Fischer begannen, nach und nach aber ihre Ausrüstung verfeinerten, die

---

2 Orientiert man sich an der in der Einleitung dieses Bandes formulierten Definition von Fans, fallen diese und auch einige der im Folgenden dargestellten Aktivitäten sicherlich in einen Grenzbereich. Die hier dargestellten, von der specialisation-Forschung untersuchten Beispiele etwa können nur bedingt als Fanobjekte gelten, aber es lohnt sich doch, die These zur Kenntnis zu nehmen und ihre Anwendbarkeit auch auf klassische Fanfelder zu diskutieren.

Menge gefangenen Fischs immer weiter zugunsten spezifischer Fischarten reduzierten, nur noch an spezifischen und mitunter auch gefährlichen Orten fischten und schließlich bei sehr schwierigen Techniken wie dem Fliegen-Fischen landeten. Eine damit verbundene Veränderung in der Alltagsrelevanz dieser Aktivitäten wurde von Bryan eher implizit thematisiert, obgleich diese Verbindung nahe liegt. Denn all jene unter Spezialisierung gefassten Entwicklungen sind schwierig vorstellbar ohne Konsequenzen für die individuelle Lebensführung. Fliegenfischen an abgelegenen Flussläufen erfordert gegenüber dem einfachen Angeln am Dorfteich ein deutlich höheres Maß an Zeit und Geld; die Karriere vom Kanu-Paddler zum Powerboat-Fahrer ist ohne Einschnitte in den (Familien-)Alltag wohl nicht zu haben.

So einleuchtend dies scheint, warf doch insbesondere die Entwicklungs-Annahme einige Fragen und Einwände auf (vgl. Kuentzel 2001). Denn, so die Kritiker, statt der Spezialisierung in einem spezifischen Feld ist es denk- und auch beobachtbar, dass Menschen die Partizipation in *unterschiedlichen* thematischen Kontexten präferierten, also gewissermaßen die Abwechslung der Expertenstellung vorziehen. Dies schließt an neuere Forschungen in der Kultursoziologie an, die Distinktion nicht mehr als exklusive Aneignung spezifischer (hochkultureller) Praktiken konzeptionieren, sondern der zu Folge vielmehr der informierte Zugang zu einer *Vielzahl* kultureller Felder als neues Abgrenzungsmerkmal dient (vgl. Bourdieu 1982; Peterson 1992). Höhere Distinktionsgewinne hätte somit nicht der hochspezialisierte Fan eines Fanobjektes zu erwarten, sondern jene, die sich auf unterschiedlichen Gebieten als informierte und engagierte Anhänger – als „omnivores" resp. „Allesfresser" (Peterson 1992) – erweisen.

Andere Einwände verwiesen auf jene Fans, sich bewusst gegen Spezialisierung zugunsten als „echt" apostrophierter Beschäftigungen entscheiden würden. Zudem sei die Gipfel- bzw. Höhepunkt-Vorstellung der Spezialisierungs-These irreführend und stattdessen ein Modell unterschiedlicher Entwicklungspfade anzuwenden. Um beim Anglerbeispiel zu bleiben: So ist das Fliegenfischen nach Gebirgsforellen nicht die einzig mögliche Spezialisierung, sondern es sind stattdessen auch Spezialisten im Barsch-Fischen anzutreffen. Empirisch zeigt sich zudem nicht die Zunahme an Spezialisten, sondern ein Mehr an unterschiedlichen Freizeitaktivitäten, was eher für Diversifizierungs- statt Spezialisierungsannahmen spricht.

Diese Diskussion verweist nochmals zurück auf die oben besprochenen Fan-Kategorien. Denn auch bei diesen war nicht immer klar, ob die jeweiligen Kategorien Entwicklungsstadien und damit Stufen einer Fankarriere sind, oder eher nebeneinander stehende Segmente unterschiedlichen Fanverhaltens. Diese Diskussion könnte durch Ideen wie das kürzlich von Matt Hills (2005) entworfene Modell „zyklischen Fantums" bereichert werden. Hills wies darauf hin, dass die Annahme eines konstanten Fan-Engagements, sei dies nun sehr oder eher weniger leidenschaftlich, keineswegs immer zutrifft. Zu beobachten sind ebenso Fans, die sich immer wieder neue Fanobjekte wählen und dabei auch das Maß ihres Engagements variieren. Zudem sollte sich hier die Fanforschung an Arbeiten orientieren, die in anderen thematischen Bereichen zu Fragen von Bindung und Engagement entstanden. So verweist bspw. das Phänomen der Kasualfrömmigkeit gerade nicht auf kontinuierlich bestehende Bindungen an Institutionen und deren Angebote, sondern vielmehr auf eine *lebensphasenspezifische* Bedürfnisorientierung; eine Haltung, die vermutlich auch unter Fans anzutreffen ist (vgl. Höhmann/Krech 2006).

2   Formen und Folgen der Alltagspräsenz von Fanobjekten

Ebenso wie sich Unterschiede in der *Intensität* von Fanbeziehungen konstatieren lassen, nimmt Fantum im Alltag auch sehr verschiedene *Formen* an und wird auf unterschiedlichsten Ebenen relevant. Um dies systematisch erfassen zu können, wird im Folgenden auf eine Unterscheidung von Niklas Luhmann zurückgegriffen, der bei der Analyse sozialer Systeme drei Sinndimensionen identifizierte: eine sachliche, eine soziale und eine zeitliche (Luhmann 1987: 111ff.). Die *sachliche* Dimension von Sinn umfasst Themen oder Gegenstände, über die kommuniziert oder auf die gezielt zugegriffen werden kann. Die *soziale* Dimension rekurriert auf die an Kommunikationen beteiligten Akteure, und die *zeitliche* Dimension schließlich unterscheidet Sinn nach früher und später. Ungeachtet der von Luhmann mit dieser Dreiteilung verbundenen systemtheoretischen Spezifika lassen sich diese drei Dimensionen auch auf das Phänomen Fantum übertragen und strukturieren daher den folgenden Abschnitt.

2.1   Sachliche Dimension: Was tun Fans?

Fragt man nach der sachlichen Dimension der Alltagspraxis von Fans, kommen all jene Aktivitäten in den Blick, mit denen sich Fans gezielt und regelmäßig befassen. Unbestritten ist dies ein weites Feld. Insofern wird im Folgenden versucht, die wichtigsten Aktivitäten zu erfassen, wobei sich fünf Hauptpunkte finden lassen: (1) Konsumieren und Informieren, (2) Sammeln, (3) Reisen, (4) Produzieren und (5) Protestieren. Damit spannt sich ein Spektrum auf, dass von eher passiven bis hin zu stark aktiven Fanpraktiken reicht.

2.1.1 Konsumieren und Informieren

Wenn sich Kinobesucher, vielleicht schon am Premierentag, den neuesten Film ihres Lieblingsschauspielers ansehen, dann gehen sie im Grunde der Kernaktivität von Fans nach: Sie *konsumieren, rezipieren* oder *nutzen* das präferierte Fanobjekt unter wenigstens minimalem Aufwand von Zeit oder Geld. Das kann selbstverständlich unterschiedliche Formen annehmen. Volleyballfans schauen sich ein Spiel an, Wagner-Fans besuchen den Bayreuther „Hügel" oder legen eine CD ein, Krimifans lesen ein Buch. Dass auch die Häufigkeit und Intensität der jeweiligen Praktiken variiert, haben wir bereits am Beispiel der Fan-Typologien gesehen und korrespondiert mit Alltagsbeobachtungen (vgl. auch die Einleitung in diesem Band). In jedem Fall sind diese Formen des Umgangs mit dem Fanobjekt die ,einfachsten' Elemente einer fanartigen Lebensführung.

Daneben verbringen die meisten Fans Zeit damit, sich über ihr Fanobjekt zu *informieren*.[3] Auch hierbei wird sehr unterschiedlicher Aufwand betrieben, doch kaum ein Fan kommt gänzlich ohne zusätzliche Informationen aus. Egal ob Sport-, Musik-, Bücher-, Film- oder Fernsehserienfan – mehr als 90 % geben an, gezielt Informationen über ihr Fanobjekt zu suchen (Schäfer/Roose 2005: 51f.). Dies kann ganz praktische Informationen betreffen (das

---

3   Rund zwei Drittel der von Roose und Schäfer Befragten gaben dies als Aktivität an. „Information sammeln" war damit die häufigste der erfragten Praktiken (vgl. die Einleitung in diesem Band).

Spielergebnis, den Konzerttermin, das Erscheinungsdatum des Buches usw.), aber auch bis hin zu detailliertem Insiderwissen reichen, das man wiederum nur aus sehr exklusiven Publikationen beziehen kann. In den Studien von Harrington und Bielby zu Fans von *Daily Soaps* standen fast alle der Befragten regelmäßig mit anderen Fans in Kontakt, um sich über den Fortgang der Serie auszutauschen (Harrington/Bielby 1995: 25). Damit steht bereits der Erwerb und Konsum von ,sekundären Fanobjekten' in Verbindung: Zeitschriften, die über Musik-Stars berichten, Biographien von verehrten Sportlern usw. Sekundär meint hier, dass sie nicht unmittelbar die Fan-Fanobjekt-Beziehung konstituieren, aber zu deren Aufrechterhaltung beitragen. Auch diese Produkte dienen oftmals dem Informationserwerb, haben aber darüber hinaus weitere, etwa distinktive Funktionen (Crawford 2004; Horne 2006).

2.1.2 Sammeln

Neben diesen grundlegenden Beschäftigungen mit dem Fanobjekt ist eine der häufigsten Tätigkeiten von Fans das *Sammeln*, d.h. das Erwerben, Aufbewahren und nicht selten auch Zur-Schau-Stellen von Gegenständen oder Informationen, die mit dem verehrten Fanobjekt in Beziehung stehen. Beispiele hierfür finden sich im Grunde in jeder Fanszene: Robbie-Williams-Fans sammeln Zeitschriftenartikel, CDs oder Bücher; Fußballfans häufen Trikots und Autogrammkarten an und bewahren Eintrittskarten auf. Um viele Fanobjekte hat sich eine regelrechte Industrie entwickelt, die Erinnerungsstücke und Devotionalien für Fans produziert. Selbstverständlich ist der szene-interne Wert solcher Massenware ungleich geringer im Vergleich mit originalen und einmaligen Stücken. Die Erstveröffentlichung eines frühen Albums auf Vinyl bringt dem Besitzer deutlich mehr „subkulturelles Kapital" (Thornton 1996; vgl. Roose u.a. zu „Theorie" in diesem Band) als der Besitz der kompletten CD-Kollektion.[4] Einfach zu bestimmen ist dieser Wert aber nicht immer. So kann ein in Graceland gekauftes Elvis-Erinne-

---

4 Subkulturelles Kapital ist dann teils auch wieder in ,klassisches' ökonomisches Kapital konvertierbar. So brachte im Jahr 2009 die Versteigerung des seltenen, ersten Super-man-Comics 317.000 Dollar ein.

rungsstück trotz hoher Stückzahl durch die räumliche Nähe zu den Grals-
stätten der Szene wiederum an Prestige gewinnen (vgl. Doss 1999: 33ff.).

Dass aber als original wahrgenommene Fanobjekte besondere Anziehungskraft haben, kann als sicher gelten. Dies zeigte sich auch bei der Inter-
net-Auktion von Utensilien der amerikanischen TV-Serie „Buffy the Vampire Slayer". Diese vom produzierenden Filmstudio durchgeführte Versteigerung erzielte vor allem bei Kleidungsstücken der Hauptprotagonisten
Höchstpreise. Ein Ledermantel ging für 13.000 Dollar an den neuen Besitzer,
für Buffy's „Villow Vamp Outfit" wurden 8.000 Dollar gezahlt, und selbst
das Telefon der Hauptdarstellerin war dem Käufer noch 1.000 Dollar wert
(Stenger 2006). Individuell kann das Sammeln nach verschiedenen Kriterien
ausgerichtet sein. Für den Einen ist die schiere Menge an Devotionalien
wichtig, für die Andere ihr Seltenheitswert, wieder Anderen geht es um
Vollständigkeit. Auch bei der Präsentation der gesammelten Objekte lassen
sich Unterschiede ausmachen. Die Varianz reicht hier vom rein privaten
Besitz der Gegenstände bis hin zu Fans, die ihre Sammlung als Privat-Mu-
seum präsentieren. Gerade in der Szene der Elvis-Fans finden sich immer
wieder Berichte von Fan-Schreinen, in denen die gesammelten Objekte ausgestellt werden (Hinerman 1992; Fiske 1999).

2.1.3 Reisen

In vielen Fanszenen ist das *Reisen* fester Bestand der jeweiligen Fankultur.
Anlässe sind Musik-Festivals und Konzerte (Fritzsche 2003), Tauschbörsen
oder der Besuch von Originalstätten der verehrten Personen oder Gruppen
(Doss 1999). Auch hier fällt die Reiseintensität von Fan zu Fan sehr unterschiedlich aus. Bei Sportfans reicht das Spektrum von gelegentlichen Visiten
beim Heimspiel des Vereins bis hin zum Besuch noch der unbedeutendsten
Vorbereitungsmatches: „I think I've missed five games in twenty years"
(Gibson u.a. 2002: 411). Nicht selten finden solche Reisen in Gruppen statt,
was einerseits organisatorische Gründe und Vorteile hat, zudem aber auch
auf eine wichtige Funktion der Touren verweist. Am Beispiel von Football-
Fans zeigte Fairley, dass die Personen zwar durchaus am besuchten Spiel
interessiert waren, im Zentrum ihrer Motivation aber soziale Motive und die
Bestätigung der kollektiven Fanidentität stand. Diese wurde maßgeblich
durch den Bezug auf vergangene Reisen und dabei Erlebtes aufrechterhal-

ten. „It is as if the team (or, perhaps, the sport) is merely a vehicle through which to build friendships and celebrate a common group identity" (Fairley 2003: 298).

2.1.4 Produzieren

Jene Fans, die bei Winter (1995) als *buffs* und *freaks* bezeichnet wurden, zeichnen sich dadurch aus, dass sie nicht allein (mediale) Angebote zu ihrem Fanobjekt konsumieren, sondern diese auch selbst *produzieren* (ausführlich dazu Winter in diesem Band). In den letzten Jahren haben sich diese Aktivitäten zunehmend im Internet etabliert. Fans erstellen und betreuen Homepages und Mailinglisten, sie organisieren Fanforen und Chats, schaffen Kunstwerke und Literatur zu ihren Fanobjekten (Jenkins 1992). In erster Linie findet hierüber ein Informations- und Wissensaustausch statt – ein wichtiger Aspekt fankulturellen Alltags. Dieses Wissen mag von praktischem Nutzen sein (Konzerttermine), fungiert aber auch als Kapital innerhalb einer spezifischen Wissenswelt. Daneben existieren nach wie vor klassische Fanarenen – etwa die jährlichen Treffen von Anhängern bestimmter Automarken oder Oldtimern. Auch diese werden von spezifischen Protagonisten der Fanszene organisiert. Andere Varianten, bei denen das eigene Fantum über produktive Praktiken alltagsrelevant wird, finden sich bei den Organisatoren von Fanclubs. Diese organisieren regelmäßige Fan-Treffen, stellen den Kontakt zwischen bspw. den Musikern und den Fans her, veröffentlichen Fanzines und Magazine. Je nach Größe der Fanszene und des jeweiligen Clubs kann dies einen beachtlichen Arbeitsaufwand bedeuten (Grabowski 1999).

Zum Produzieren können auch Praktiken gezählt werden, die eher mit der Dar- als mit der Herstellung von Fanprodukten verbunden sind. So hat ein beachtlicher Teil von Elvis-Fans einen sehr spezifischen Weg gewählt, um seiner Verehrung des „Kings" Ausdruck zu verleihen und betätigt sich als „Elvis-impersonator". Deren Zahl wird auf 50.000 weltweit geschätzt (Fraser/Brown 2002: 191), wobei der Großteil vermutlich in den USA ansässig ist. Auch wenn etliche dieser Imitatoren für Auftritte bei Festivals oder zu anderen Anlässen Gagen erhalten, investieren sie mindestens zu Beginn ihrer Karriere Zeit und Geld - immerhin kostet ein professioneller Elvis-Overall fast 3.000 Dollar (Fraser/Brown 2002: 191). Dabei handelt es sich

keineswegs um Personen, die allein des Geldes wegen einen verstorbenen
Star spielen – die *impersonators* sind zumeist selbst Elvis-Fans (Fraser/Brown
2002: 196).

2.1.5 Protestieren

Doch auch die einfache Mitgliedschaft in einem Fanclub kann unerwartet
weitreichende Formen annehmen (vgl. Roose/Schäfer in diesem Band). Als
beispielsweise Ende der 1960er Jahre keine weiteren „Star Trek"-Folgen
gedreht werden sollten, wandten sich tausende Fans an den verantwortli-
chen Sender NBC und erreichten schließlich eine Fortsetzung (Jenkins 1992).
Dies war kein Einzelfall. Melissa Scardaville untersuchte die Fanproteste
anlässlich der geplanten Einstellung der amerikanischen Soap Opera
„Another World". Diese weiteten sich schnell aus, nachdem 1999 das Ende
der Serie nach 35-jähriger Ausstrahlung verkündet wurde. Dabei wurden
Fans, die zuvor nur lose in Newsgroups verbunden waren bzw. keine Bindung zur Fan-Community hatten, zu „accidental activists" (Scardaville
2005). Sie organisierten – meistens online-basiert – Fanproteste, und nach
und nach erwuchs daraus eine national agierende Fanorganisation. Über
solche Ereignisse können aus eher im Privaten agierenden Fans öffentlich
agierende Personen werden, wobei nicht zuletzt die Bedeutung des Fanobjekts für den Alltag und die eigenen Aktivitäten wächst.[5]

2.1.6 Zwischenfazit

Recht gut lässt sich also insgesamt ein Bild des ‚sachlichen Kerns' des Fantums, also unterschiedlichster Fanaktivitäten und ihrer lebensweltlichen
Relevanz rekonstruieren. Gleichwohl bleibt eine Reihe von Fragen offen, die
weiterer Forschung bedürfen. So gibt es keine systematischen Erkenntnisse
zur Frage, wann, auf welche Weise und mit welchen Konsequenzen das
Fanobjekt in Beziehung zu anderen lebensweltlichen Sphären außerhalb des
klassischen Freizeitbereiches steht. Auf den Arbeitsplatz bezogen kann dies

---

5   Vgl. Brooker (2005: 876) für eine – trotz vereinzelter Erfolge – pessimistische Einschät-
    zung der Machtressourcen solcher Fan-Gemeinschaften.

einerseits konkurrieren, wenn etwa vom Bürocomputer aus Fußball-Mana-
gerspiele gespielt werden. Es mag sich aber auch temporär ergänzen, wenn
mit den Kollegen oder dem Chef – im Büro oder etwa bei Empfängen – über
das Fanobjekt gesprochen wird und überraschend gemeinsame Interessen
entdeckt werden. Eben noch subkulturelles Kapital übersetzt sich in solchen
Momenten schlagartig in soziales Kapital. So findet man vielleicht am
nächsten Morgen eher Zugang zum vormals distanzierten Kollegen, der sich
als Fan des gleichen Fußballvereins erwies.[6] Zudem mangelt es an Studien,
die im Detail und mit tiefenscharfen Interpretationen Alltagspraxen von
Fans untersuchen. Zu oft werden diese aus einem sehr speziellen Blickwinkel erfasst und so etwa allein der Medienkonsum erfasst (Gantz u.a. 2006).
Die individuelle, handlungspraktische Relevanz des Fanobjektes und nicht
zuletzt ihre biographische Bedeutung bleiben noch zu oft im Ungefähren.

2.2 Soziale Dimension: Interaktionen von und mit Fans

Die soziale Dimension des Fanalltags wird im Folgenden auf zweifache
Weise untersucht. Im ersten Schritt wird es darum gehen, inwiefern das
Fansein die sozialen Kontakte von Menschen beeinflusst. Dieser Teil fragt
somit nach der strukturierenden Kraft von Fanobjekten in sozialer Hinsicht
– eine der Weberschen Perspektive nahestehende Frage. Der zweite Abschnitt ist dann deutlicher durch Probleme inspiriert, denen sich vor allem
Erving Goffman widmete. Dort wird die soziale Alltagspraxis von Fans auf
ihre Rituale und Regeln befragt, womit das in den Blick rückt, was Goffman
(1994) als „Interaktionsordnung" bezeichnete.

2.2.1 Wie beeinflusst das Fanobjekt soziale Beziehungen?

Als im Jahr 2002 der Hollywood-Schauspieler und bekennende Elvis-Fan
Nicholas Cage die Elvis-Tochter Lisa Marie heiratete, mutmaßte der schottische *Evening Standard* (15.8.2002), damit habe Cage sich wohl ein besonders

---

6   Dass die gemeinsame Sympathie für einen Fußballverein fachliche Inkompetenz nicht
    immer kompensieren kann, lässt sich am Beispiel Bernd Strombergs verfolgen (TV-Se-
    rie Stromberg, Staffel 2, Folge „Männerfreundschaft").

originelles Sammler-Stück sichern wollen. Ob man sich dieser Interpretation
der Eheschließung anschließt oder nicht – interessiert man sich für die Alltagswelt von Fans, kommt man um die Frage nach den sozialen Konsequenzen des Fantums nicht herum. Gerade *sozialem* Handeln gilt ja das soziologische Interesse und damit auch der „sozialen Welt" (Strauss 1978) von Fans.
Im Folgenden soll deshalb nach dem soziologischen Wissensstand zur Beziehung von Fanleben und sozialen Beziehungen gefragt werden.

Dass jede fanartige Beziehung eine soziale Dimension hat, wurde bereits
konstatiert, und diese gilt mitunter als wichtigste Motivation für das Engagement in Fanszenen (Fairley 2003). Will Brooker bezog dies vor allem auf
Fanclubs und ähnliche Vereinigungen und stellte fest: „A key appeal of fan
groups is the sense of being part of a community, of sharing an enthusiasm
with others who will understand" (2005: 863). Brooker zeigte dies am Beispiel von Fans des englischen Autors Lewis Carroll („Alice im Wunderland"). Die Mitgliedschaft in einer Gemeinschaft von Gleichgesinnten stand
für viele der von ihm Befragten im Mittelpunkt der Motivation. Die regelmäßigen Treffen boten Gelegenheit zum Austausch von Informationen und
Wissen, dienten aber zugleich der wechselseitigen Vergewisserung eines
gemeinsamen ‚geistigen Bandes' und der Zugehörigkeit zu einer durch spezifische Interessen verbundenen Gruppe. Die Art und Weise dieser Vergewisserung kann zwei unterschiedliche Stoßrichtungen annehmen: einmal als
Bestätigung, an das Richtige und Gute zu glauben („the community of like
minded souls"), einmal als Bestätigung, anders zu sein als die Anderen –
damit aber nicht allein zu sein („Here among the similarly afflict [sic]I am
comfortable with my illness"; zitiert bei Brooker 2005: 863; ähnliche Befunde
auch bei Scardaville 2005).

Obgleich der Lewis-Carroll-Club ein eher hochkulturelles, akademisches
Milieu anzog und einen Autor zum Identifikationsobjekt hatte, der auch
außerhalb der Community anerkannt war, lassen sich doch deutliche Parallelen zu Fanclubs feststellen, die eher im Feld der Populärkultur angesiedelt
sind. Auch die Studien zu diesen Gruppen betonen die Bedeutung von
Kontakten zu Personen mit gleichen Präferenzen (Bacon-Smith 1992; Tul-
loch/Jenkins 1995; Hills 2002). Je nach Stellung innerhalb des Fanclubs können sich hierbei natürlich soziale Motive unterschiedlicher Art überlagern.
Befriedigung aus dem alleinigen Kontakt mit Gleichgesinnten ist sicherlich
bei Protagonisten organisierten Fantums nicht vom Prestige zu trennen, das

aus solchen Positionen rührt. Dies wird im Aufruf eines Newsletter-Betreibers deutlich, der an seine (schwindenden) Mitglieder appelliert:

> „I've been involved in organised fandom for over 18 years and don't regret a day of it. I have met thousands of interesting people and befriended hundreds of them. We all need fan clubs to foster the spirit of friendship. Ok, they don't always have information as up to date as the newsletters, magazines and computer nets, but don't let them die. Renew your memberships." (zitiert bei Lawrence 2003: 305).

Diese soziale Funktion ist allerdings nicht an die formale Zugehörigkeit zu einem Fanclub gebunden (vgl. Roose/Schäfer in diesem Band). So wie die Mehrheit von Science Fiction und insbesondere Star-Trek-Fans *nicht* Mitglied in einem offiziellen Club ist und sich eher informell – wenn überhaupt – vergemeinschaftet (Bacon-Smith 1992), ist dies auch für andere Fanszenen zu vermuten. Ein Volksmusik-Fan antwortet auf die Frage, was denn bei den Konzerten das eigentlich Schöne sei: „Hach, das ist halt mit den Leuten. Jedesmal trifft man die gleichen, man hat schon / es ist irgendwie wie eine Familie. Dann tauscht man wieder Erfahrungen aus. ‚He, da wart ihr nicht'. Man merkt richtig, da hat man gefehlt. Wo die dabei waren und wir nicht. Das ist einfach / man gehört dazu. Zu den anderen" (zitiert bei Grabowski 1999: 83). Die Regelmäßigkeit und Verlässlichkeit von sozialen Kontakten – vermittelt über das gemeinsame Interesse an der Musik – sind hier offenkundig die wichtigsten Erträge der Fanbeziehung, auch ohne Mitglied in einem entsprechenden Verein sein zu müssen.

Insofern sprechen die Befunde der derzeitigen Forschung nicht dafür, organisierte Fanclubs als vorrangige Prägeinstanzen und Multiplikatoren einer spezifischen Fankultur anzusehen. Eine mindestens ebenso große Rolle spielen kleinere, informelle Fangruppen, der jeweilige Freundeskreis, signifikante Andere oder die Vielzahl von Angeboten und Plattformen im Internet; an solchen Orten werden Verhaltensregeln und moralische Ordnungen ausgehandelt, wobei die genaue Hierarchie von der jeweiligen Fanszene abhängig ist. Gerade in hoch professionalisierten Bereichen wie dem Profi-Fußball wird eher von Seiten des Fanobjekts (also hier: der Vereine) versucht, Einfluss auf die Fans zu nehmen und die Fankultur zu beeinflussen. Solche Auseinandersetzungen sind aber auch aus dem Musikgeschäft bekannt, bei denen es dann bspw. um die Anerkennung bzw. Autorisierung von offiziellen Fanclubs gehen kann.[7]

Eine intensive Diskussion entspann sich zuletzt über Auswirkungen des Internets auf persönliche Fan-Kontakte. Die pessimistische Sicht betonte dabei die zunehmende Virtualisierung der Fan-Communities sowie die erhöhte Flüchtigkeit und Vergänglichkeit sowohl von Kontakten als auch von Informationen. Für diese Sicht sprach bspw. die Einstellung von prominenten Fan-Rundbriefen und Fanzines innerhalb der Star-Trek-Szene, die auch keine Wiedergeburt im Internet erlebten (vgl. Lawrence 2003). Solange darüber Zahlen vorlagen, konnte aber im Gegenzug eine deutlich höhere Resonanz bei online-basierten Newslettern konstatiert werden. Viele kamen nun in, wenngleich sicherlich unterschiedlich intensiven, Kontakt zu einer Fanszene, von deren Existenz sie zuvor kaum wussten.

Dies betrifft gerade spezifische Fansegmente wie Soap-Opera-Fans, die vorwiegend aus Hausfrauen im ländlichen Raum bestanden. „Resources – mainly time, space, and money – were not readily available to these women; any networking that did occur was limited. What soap fans needed was a space where they could gather to communicate about the show, a place that was eventually found on the internet" (Scardaville 2005: 884). Fans sind auf diese Weise schneller in Kontakt mit anderen Fans, aber auch mit ihren Fanobjekten – wenigstens indirekt. Dies bemerkten nicht nur Fernsehsender, die es im Zeitalter des Internet weitaus schneller und auch intensiver mit Fanprotesten zu tun hatten, wenn Protagonisten von TV-Serien starben oder Fortsetzungen ausblieben (Jenkins 1992). Zudem, das zeigt wenigstens das Beispiel der Star-Trek-Szene, haben solche Formen der Interaktion eher traditionale und auf face-to-face-Beziehungen beruhende Fan-Foren nicht abgelöst. Nach wie vor finden Conventions und Fantreffen statt, die offenkundig eher in Ergänzung als in Konkurrenz zum Online-Fandom stehen.

So deutlich die soziale Dimension des Fantums in einer Vielzahl von Studien auch hervortritt, so klar ist auch, dass ihre Bedeutung im Einzelfall sehr unterschiedlich ausfällt. So betonten die von Gary Alan Fine (1998) untersuchten Pilzsammler zwar, dass das gemeinsame Suchen und Begut-

---

7   Zur Auseinandersetzung um offizielle vs. nicht-offizielle Fankultur und Erinnerungsstücke vgl. Doss (1999: 213ff.).

achten der gefundenen Pilze in der Gemeinschaft von Gleichgesinnten zwar deutlich angenehmer sei, unterhielten aber über diese Anlässe hinaus kaum private Kontakte. Differenzierter stellte sich dies bei einer Studie unter Bridge-Spielern dar. Scott und Godbey (1994) identifizierten dabei vier unterschiedliche Spielertypen: Turnierspieler, regelmäßige Duplicate-Spieler[8], regelmäßige *social players* und schließlich gelegentliche *social players*. Die vier Gruppen unterschieden sich im Bezug auf die Häufigkeit des Spielens und ihre Wettbewerbsteilnahme, vor allem aber durch den Stellenwert, den sie den sozialen Aspekten des Bridge-Spiels einräumten. Auffälligerweise spielten bei drei der vier Gruppen soziale Aspekte eine wichtige Rolle für die Motivation, sich in Bridge-Clubs zu treffen. Allein die Turnier-Spieler distanzierten sich von allen Formen des *social bridge*. Dort würde zu viel geredet, geschummelt, und zudem beherrschten die Beteiligten das Spiel nur dürftig: „Social bridge is hopeless. It's worse than sitting in your chair and staring at the wall" (zitiert bei Scott/Godbey 1994: 284).

Die anderen drei Gruppen dagegen betonten – auf unterschiedliche Weise – soziale Aspekte. Schon die regelmäßigen Duplicate-Spieler, obgleich ehrgeizig und sehr am Spiel selbst interessiert, pflegten teilweise Freundschaften unter Mitspielern und organisierten eher informelle Spielrunden abseits des Bridge-Verbandes, um sich dort mit Freunden zu treffen. Die regelmäßigen social players waren noch viel stärker in ihrem Bridge-Club verankert, bezeichneten ihre dortigen Mitspieler als enge Freunde und standen mit ihnen auch außerhalb des Clubs in Kontakt. Sie spielten Bridge in erster Linie aufgrund seines geselligen Charakters und des von ihnen oft betonten Spaßes am Spiel. Die Gruppe der Gelegenheitsspieler dagegen war selten in Clubs organisiert, sondern eher über Freunde und Familie mit Bridge in Kontakt. Sie waren weitaus weniger am Spiel selbst interessiert als die regelmäßigen social players, und die soziale Dimension nahm mitunter, wie bei der nachfolgend zitierten Spielerin, auch ambivalente Züge an: „I found out that if I didn't play bridge, I would be left out. This is a bridge town." (Scott/Godbey 1994: 292).

Vor allem jedoch für das intensivste Fansegment, dem hier die Turnier-spieler entsprechen und in anderen Studien die freaks (Winter 1995) oder

---

8   Duplicate Bridge ist eine spezielle Bridge-Form mit partiell abweichenden Regeln.

fanatics (Mackellar 2009), stellt die Beschäftigung mit dem Fanobjekt nicht nur einen Gewinn an sozialen Kontakten dar. Die intensive und ressourcen-aufwändige Beziehung führt sie zwar auf der einen Seite mit einer Vielzahl an Menschen zusammen, kann aber im Gegenzug auch bisherige Bekannte verprellen bzw. neue Bekanntschaften außerhalb der Fanszene verunmögli-chen. Dies erfuhr auch ein Video-Fan, dessen Beziehungen nicht zuletzt auf-grund seines extensiven Hobbies scheiterten – immerhin investierte er un-gefähr die Hälfte seines Gehalts in die 1.500 Filme unfassende Sammlung: „Meine Sammelei und mein Interesse für diese Sache kann nicht jede Frau teilen oder sich dafür begeistern" (Eckert u.a. 1990: 86).

2.2.2 Interaktionsordnungen von Fans

Offenkundig findet ein großer Teil von Fanaktivitäten nicht vereinzelt und individuell statt, sondern in direktem oder indirektem Kontakt zu anderen Fans. Vor dem Hintergrund von Goffmans Interesse für Alltagsinteraktionen soll nun gefragt werden, nach welchen Regeln die Interaktionen von Fans verlaufen und welche Interaktionsordnung sich dabei etabliert.

Grundsätzlich können zwei Dimensionen von Fan-Interaktionen unter-schieden werden: Integration und Distinktion. Die *integrative Dimension* ist dort beobachtbar, wo sich Fans wechselseitig in ihrem Fansein versichern und bestärken: in Gesprächen, Online-Foren oder gemeinsamen Aktionen. Obgleich dabei oft nur einfache Informationen und praktische Tipps ausge-tauscht werden („Wo bekomme ich in Frankfurt die besten Platten?"), haben diese Interaktionen zugleich identitätssichernde Funktion. Sie können als Teil der szenebezogenen „Konversationsmaschine" interpretiert werden; das alleinige Reden über die Welt (in diesem Fall: die Welt des Fanobjektes) hat immer auch den Effekt, gemeinsame soziale Wirklichkeit abzusichern und zu bestätigen (vgl. Berger/Luckmann 1987: 163).

Mitunter ermöglicht es die gemeinsame Vorliebe für ein Fanobjekt auch, in neuen sozialen Kontexten Kontakte zu Anderen aufzunehmen: „Just this semester, I met a guy in my hall who's really a big fan. I guess it was a few nights ago that we just sat around and started talking. It just gives you this whole dialogue instantly about each album. We just connected right off on that" (Cavicchi 1998: 174). Und wenigstens situativ kann die Konversation über gemeinsame Vorlieben und Interessen auch Klassenschranken oder andere soziale Grenzen aufheben bzw. in den Hintergrund rücken. Entspre-chende Studien zu sozialen Interaktionen am Arbeitsplatz stellten fest, dass „Sport" das herausragende Thema war, auf das sich Vorgesetzte wie Ange-stellte der untersuchten Firmen einigen konnten und sich während oder nach der Arbeit darüber *miteinander* austauschten (Erickson 1996: 235).[9]

Die *distinktive Dimension* von Fan-Interaktionen kommt dann ins Spiel, wenn kommunikativ Grenzziehungen vorgenommen werden und so bspw. ‚echtes' Fantum definiert wird. Dies kann innerhalb einer Fanszene verlau-fen oder als Grenzziehung zu den Fans des ‚falschen' Clubs. Bezogen auf die von ihm untersuchten Fans von Bruce Springsteen stellte David Cavicchi fest: „Fandom is, in practice, less of a ready-made category that clearly sepa-rates one person from all others and more of a process of distinction in which a fan must constantly question and monitor his or her experience, background, attitudes, and behaviours, relative to all the other people in-volved in any rock audience" (Cavicchi 1998: 107). Die von Max Weber im Calvinismus konstatierte methodische Selbstkontrolle gilt hier dem richtigen Umgang mit Codes und Normen der Fanszene. Nur deren Einhaltung er-möglicht die Zugehörigkeit und teilt die Springsteen-Anhänger in „echte" und „gewöhnliche" Fans ein, analog zum schon von Weber aufgegriffenen Bibel-Zitat „An ihren Früchten sollt ihr sie erkennen" (vgl. Weber 1988: 173).

Diese Unterscheidungen innerhalb der Fans machten sich an einer Reihe von Kriterien fest. So spielten bei den Diskussionen der Springsteen-Anhän-ger Kleidung, Verhalten und Einstellung eine wichtige Rolle („Casual fans only have one or two albums and don't listen much"), aber auch Kenntnisse über die Springsteen-Biographie und natürlich von dessen Werk („Bruceo-logy"). Die dabei gezogenen Grenzen verliefen einerseits zwischen Fans und Nicht-Fans, aber auch innerhalb der Fanszene zwischen Kategorien wie

---

9   Zugleich hat diese Vergemeinschaftung auch ihre Grenzen. So sind bspw. Fußballsta-dien zwar einerseits Orte dichter Interaktion von Fans, und für die Dauer des Spiels kann die Zugehörigkeit zu spezifischen soziale Schichten unwichtig sein, solange man gemeinsam im Fanblock steht und singt. Gleichzeitig jedoch schreiben sich in letzter Zeit zunehmend soziale Grenzen in die Stadien ein. Durch die Anhebung des durch-schnittlichen Preisniveaus kommt es zur Verdrängung der ärmeren Besucherschaft zu-gunsten breiterer Mittelschichten, und über VIP-Lounges, Familienbereiche u.ä. wer-den unterschiedliche Fangruppen mehr und mehr voneinander separiert.

„echt", „besessen" oder „gewöhnlich" (Cavicchi 1998: 107). Ähnliche Beobachtungen machte Will Brooker bei den Lewis-Carroll-Fans.

> „Some aspects of the cultural capital celebrated in Wakeling's [Vorsitzender des Fan-
> clubs] asides to his audience may, like the arcana of most fan communities, have little
> or no currency in the world outside [...], but within the bounds of the LCS, a memory
> for such details is respected and deferred to as intellectual wealth: It is comparable to
> a medal of honour, a professional qualification, a commanding rank, a high salary, or
> a precious collection" (Brooker 2005: 865).

Brooker betonte noch stärker die Regeln der kommunikativen Ordnung,
die den Fanclub des Schriftstellers kennzeichnete. Da Carroll wiederholt als
pädophil dargestellt wurde, entschied die Haltung gegenüber diesen Ge-
rüchten über die weitere Akzeptanz in der *community*. Allein schon eine
unentschlossene oder zögerliche Haltung konnte den kommunikativen Ausschluss von der abendlichen Dinnerparty zur Folge haben. Solche Tabus
finden sich in jeder Fanszene in mehr oder minder großer Zahl. Sie können
sich direkt auf das eigene Fanobjekt beziehen und beispielsweise jedwede
Kritik an der Lieblingsband untersagen. Oder sie sind eher indirekt mit dem
verehrten Fanobjekt verbunden – der Besuch von Spielen des Lokalrivalen
ist für viele Fußballfans undenkbar.

Diese Beispiele verweisen auch auf die Bedeutung von *Symbolen* zur in-
teraktiven Konstitution und Strukturierung von Fanwelten. Sie markieren
Zugehörigkeiten und Grenzen, wobei die Qualität und Kraft von Symbolen
von Fall zu Fall unterschiedlich ist und sich über die Zeit ändern kann (Collins 2004). In der Fanszene von Fußballvereinen ist etwa von Bedeutung,
welche Art von Vereinstrikot man besitzt und trägt. So lehnten es die *lads*,
eher der Arbeiterklasse zugehörige Fans von Manchester United, lange Zeit
ab, offizielle Vereinstrikots zu tragen. Diese assoziierten sie mit gewöhnlichen und wenig engagierten Anhängern, die ihr Fantum über den Kauf offi-
zieller und zudem teurer Kleidung gewissermaßen beglaubigen lassen
mussten (vgl. Crawford 2004: 125). Brooker (2005) beschrieb eine Weih-
nachtsfeier der Carroll-Fans, bei denen die gereichten Speisen auf wichtige
Sequenzen der Bücher des Autors verwiesen; ein Umstand, der nicht offen
angesprochen wurde, um den distinktiv-symbolischen Mehrwert des Essens
nicht zu schmälern. Garry Robson (2004) schließlich zeigte in seiner Studie
zum Londoner Fußballclub Millwall FC eindrücklich auf, wie ein Verein
stellvertretend für ein soziales Milieu steht, das im Zuge rapiden sozialen

Wandels stark unter Druck geraten ist und sich umso stärker an das Schicksal des Lokalvereins bindet. Als symbolischen Ausdruck dieser Konstellation interpretierte Robson die „match-day rituals" der Fans – ihr Schreien, Singen und Rufen im Stadion, die Beleidigung von Schiedsrichter und gegnerischer Mannschaft, das kollektive Trinken vor und nach dem Spiel.

Bemerkenswert sind hierbei zwei Punkte: Zum einen ist – nicht nur in diesem Fall – die gezielte Missachtung oder Verletzung der symbolischen Ordnung der ‚Gegenseite' wichtiges Mittel der Fan-Kommunikation. Dabei kann sich der Angriff auf das gegnerische Fanobjekt selbst, dessen Fans oder zentrale Werte bzw. Ideen richten; die Art der Mittel reicht von verbalen Schmähungen bis hin zu gewalttätigen Aktionen (vgl. hierzu Leistner in diesem Band). Zum zweiten konstatiert Robson für die Millwall-Fans einen Umstand, der für die Frage nach alltäglicher Lebensführung von Fans von besonderem Interesse ist. Denn die spezifische Art des Verhaltens im Stadion ist zwar Ausdruck eines kollektiven Habitus einer „working-class masculinity"; dieser Habitus aber, und das ist der entscheidende Punkt, hat „no precise equivalent in everyday experience" (Robson 2004: 147). Lebensalltag und Fankultur sind hier offenkundig nicht miteinander in Einklang zu bringen, oder anders gesagt: die Attraktivität des Fanobjekts liegt gerade in seinem *Kontrast* zum Alltag.

2.3 *Zeitliche Dimension: Zeitbudget, Rituale und Fanbiographien*

Abschließend interessiert uns nun die zeitliche Dimension alltäglicher Fanpraxis; sei es als regelmäßige Uhrzeit, zu der das Fanobjekt wie im Fall der „Lindenstraße" verfolgt wird, sei es als eine die Freizeit dominierende Hauptbeschäftigung, die kaum mehr Zeit lässt für andere Dinge oder soziale Kontakte außerhalb der Fanszene. Fan-Zeit soll im Folgenden auf drei Ebenen betrachtet werden: Zeit als Budget, Zeit als Ritual und Zeit als Biographie.

Auch in diesem Punkt muss zu Beginn auf Varianz verwiesen werden: Vom reinen Zeitumfang betrachtet beschäftigen sich Fans auf sehr verschiedene Weise mit dem verehrten Objekt. Beschränkt sich dies bei manchen auf wenige Stunden in der Woche oder Monat, dominiert es bei anderen Tagesablauf und Alltag. Sieht man sich die wenigen verfügbaren Daten an, ist die letztgenannte Gruppe sicherlich in der Minderheit. Nur ungefähr 15 % der

Befragten bei Roose und Schäfer gaben an, mehr als drei Viertel ihrer Freizeit für ihre Fan-Aktivitäten aufzuwenden. Beim Großteil überschritt dies
nicht ein Viertel der freien Zeit. Auch Eckert u.a. (1990: 90) konstatierten,
dass „nur ein kleiner Teil der Fans" auf der Stufe der Freaks einzuordnen ist,
weil alle anderen ihre Aktivitäten nicht zuletzt aufgrund des hohen Zeit-
aufwandes letztlich beschränken.

Dies differiert aber je nach Fanszene. Der Anteil der Hochengagierten
war bei Roose und Schäfer etwa bei den Musik-Fans doppelt so hoch wie bei
den Sportfans (vgl. die Einleitung in diesem Band). Dies hängt sicherlich von
mehreren Faktoren ab, nicht zuletzt der (medialen) Erreichbarkeit des Fanobjekts. Auch ist der Aufwand, um der jeweiligen Fanaktivität nachzugehen,
offenkundig unterschiedlich: Eine *Madonna*-CD ist ungleich schneller auf-
gelegt als ein Fußballspiel besucht. Zugleich sind die *durchschnittlichen* Zeit-
aufwendungen von der jeweiligen Struktur der Fanszene anhängig. So ist
das Spektrum von Sportfans sehr breit und reicht von Fußballfans, die eine
TV-Sendung in der Woche verfolgen, aber fast nie ins Stadion gehen, bis hin
zu Ultras, die im Grunde ihre gesamte Freizeit dem unterstützten Club
widmen. Je spezifischer aber das Fanobjekt wird, desto höher ist sicherlich
der Anteil Hochengagierter und damit die durchschnittlich aufgewandte
Zeit.[10]

Gerade die Protagonisten des „organized fandom" investieren mitunter
aber ein enormes Zeitbudget. Hier vermischen sich wie bei dem Leiter eines
Volksmusik-Fanklubs eigenes Fantum und organisatorische Tätigkeit zu
einem alles bestimmenden Lebensinhalt: „Alle Freizeit praktisch. Ich kann
nichts mehr anderes nebenher machen. Da ist also immer soviel Post da, bei
mir ist der Schreibtisch, der läuft bald über vor lauter Post. Das kann ich gar
nicht verschaffen [sic!]" (Grabowski 1999: 136). Hochengagierte Fans, die
nicht mit solchen Aufgaben befasst sind, widmen ihrer Fanleidenschaft
bspw. über Reisen viel Zeit (Hills 2002; Brooker 2005; Mackellar 2006). Gerade bei langjährigen Fans mag sich der Zeitaufwand auch erhöhen, da nach
einer gewissen Zeit der Beschäftigung mit dem Fanobjekt höherer Aufwand
betrieben werden muss – sei es, um die Fankarriere weiter voranzutreiben
oder überhaupt noch Befriedigung aus dem Hobby zu ziehen. So suchen die

---

10 Zum je nach Fanszene unterschiedlichen Fernsehkonsum vgl. Gantz u.a. (2006).

birdwatcher immer seltenere Vögel (Kim u.a. 1997), die Naturcamper immer gefährlichere und abgeschiedenere Orte (McFarlane 2004) und die Videofans immer abseitigere Filme (Eckert u.a. 1990).

Die zeitliche Dimension des Fantums kommt vielen Beobachten vor allem als *Ritualisierung* und damit als strukturierende Komponente in den Blick: *Tatort*-Fans sind sonntags ab 20:15 Uhr nicht erreichbar (vgl. Akremi/Hellmann in diesem Band). In häufigerer Frequenz befassen sich bspw. Fans von Daily Soaps mit ihrem Fanobjekt und sehen mitunter täglich zur gleichen Zeit die neueste Folge etwa von „Days of our Lives", einer seit 1965 ausgestrahlten US-amerikanischen TV-Serie.

Am häufigsten beschrieben wurden diese zeitlichen Strukturierungen des Alltagslebens bei Sportfans (u.a. Gibson et al. 2002). Dies mag auch vom Fanobjekt nahe gelegt sein. Allein die Spielpläne der Vereine geben hier eine Regelmäßigkeit vor, die mitunter fast das gesamte Jahr umfasst, und über diesen Zeithorizont planen manche Fußball-Fans dann auch ihre Aktivitäten: „It all starts with planning my holidays. Now I plan the holidays in a way that I take into account the vacation of the children, but I also have al little calendar lying next to it, with away games on days I have to work and I might take that day off" (zitiert bei Sandvoss 2003: 18). Der wöchentliche Spieltag, zumeist sonnabends, stellt dann den eigentlichen Wochenhöhepunkt dar: „Samstag ist für mich das wichtigste. Da freut man sich drauf. Man lebt die ganze Woche nur darauf hin, dass man mitfahren kann" (aus Schulz/Weber 1982: 86). Gerade bei Fans der hochengagierten Ultra-Gruppierungen strukturiert dies den Rest der Woche: Von Montag bis Freitag wird der Spieltag vorbereitet, indem Plakate und Choreographien vorbereitet, Busse für die Auswärtsfahrten gemietet und Fanzines verfasst werden, am Sonnabend findet dann das Spiel statt und der Sonntag wird für Nachbereitungen oder Rückreisen genutzt. Bei manchen sind es nur die Spieltage, die nach dem immer gleichen Muster ablaufen: In Tageszeitung und Internet die letzten Infos fürs Spiel sammeln, Freunde treffen, Bier trinken, zum Stadion gehen und das Spiel sehen, danach noch gemeinsam in die Kneipe. Löst man sich von einer Perspektive, die dies als einfallslose Routinen kontaktarmer Männer ansieht, erkennt man, dass „on a daily basis football is an important element in the structuring of many people's lives: to some, offering a coherant sense of self, feelings of belonging and unreflexive modes of being; to others, an intrusion into more meaningful domestic affairs, the perpetuation of unacceptable attitudes or an unnecessary test of cultural competence" (Stone 2007: 175).

Nicht selten geraten die Fanaktivitäten gerade durch die mit ihnen verbundenen Rituale in Konflikt mit anderen lebensweltlichen Sphären. Der Ausgang solcher Momente hängt vom Entscheidungsspielraum der Akteure ab, aber auch von der jeweiligen biographischen Relevanz. So kann dem Fanobjekt dann auch *absolute* Priorität eingeräumt werden, wenngleich auch (vorerst) im Konjunktiv: „Wenn Du am Spieltag beerdigt wirst, kann ich leider nicht kommen" (Biermann 1995).

Diese Relevanz wiederum kann in Abhängigkeit von momentanen Einflüssen gesehen werden (etwa das entscheidende Spiel des Jahres), hängt aber auch mit der biographischen Bedeutung des Fanseins zusammen. Dies wurde vor allem in einer Studie unter langjährigen Fans des Football-Teams der University of Florida deutlich (Gibson u.a. 2002). Die Interviewten waren teilweise schon seit über fünfzig Jahren Fans der *Gators*. Diese Beziehung schöpfte ihre Stärke nicht allein aus der Dauer, sondern auch aus der Parallelität mit wichtigen biographischen Passagen. So waren die meisten der Fans selbst Absolventen der University of Florida und seit dieser Zeit mit dem Team verbunden. Die Mitgliedschaft signifikanter Anderer (Ehepartner, langjährige Freunde) zur Fan-Community verstärkte diese Bindung weiter. Gleichzeitig stellten viele der Fans Veränderungen ihrer Bindung über die Zeit fest. Meist ging dies mit spezifischen Phasen der eigenen Lebenssituation einher. Die eigene Elternschaft ließ das noch zu studentischen Zeiten hohe Engagement etwas zurückgehen, das sich dann aber in späteren Lebensphasen wieder verstärkte. So unternahmen viele noch im vergleichsweise hohen Alter Fahrten zu Auswärtsspielen und nahmen dabei teilweise ihre Enkelkinder mit. An diese gaben sie teilweise auch ihre Dauerkarten weiter und fundierten so die biographische Relevanz des Fantums ihrer Nachkommen.

3   Fazit

An einer Vielzahl von Beispielen lässt sich zeigen, wie das Fansein Freizeitaktivitäten bestimmt, soziale Beziehungen generiert und Investitionen von Zeit und Geld nach sich zieht. Obgleich die Personen sicherlich in der Minderheit sind, deren Lebensalltag *primär* vom Fanobjekt bestimmt ist, sind die

Einflüsse und Wechselwirkungen von Fantum und täglicher Lebensführung bei vielen doch unübersehbar. Die Beschäftigung mit dem Fanobjekt ist somit selten eine vom Lebensalltag gesonderte Sinnprovinz, sondern eher ein – mitunter bedeutender – Teil desselben (so auch Sandvoss 2005).

Zum Lebensalltag von Fans liegen derzeit viele instruktive Erkenntnisse vor. Oftmals sind diese jedoch Teil von Studien mit anderen zentralen Fragestellungen oder Teil von Überblicksstudien zu spezifischen Fanszenen (vgl. Cavicchi 1998). Damit ergeben sich an vielen Stellen mehr Fragen als Antworten, wenn man sich für Fanalltag interessiert. So liegen zu wenige systematische Mikrostudien vor, die gezielt den Alltag von Fankulturen in den Blick nehmen. Ebenso fehlen Einzelfallstudien, etwa zum Segment hochengagierten Fantums. Gerade im Austausch mit anderen soziologischen Disziplinen verspricht dies aber aufschlussreiche Erkenntnisse, etwa zu Veränderungen von Fanbeziehungen im Lebensverlauf. So fragt die Bewegungsforschung schon länger nach biographischen Konsequenzen politischen Engagements, aber auch nach dessen ‚Ausbalancierung' mit anderen Lebenssphären, um die Verstetigung, aber auch unterschiedlich intensive Phasen der jeweiligen Aktivitäten besser erklären zu können (vgl. etwa McAdam 1989). Erhellt würden mit all diesen Perspektiven nicht nur Einzelaspekte des Phänomens Fantum. Vielmehr gewinnt man gerade über die Frage nach der *Alltags*relevanz Einblicke über die generelle Bindungs- und Prägekraft von Fanbeziehungen, die nicht selten von frappierender Intensität ist: „Das hat was mit Charakter zu tun. Deinen Club kannst Du nicht einfach wie ein Kleidungsstück ablegen und Dir was Neues überziehen" (zitiert in Franke/Paetzug 2006: 275).

Literatur

Armstrong, Gary (1998): Football Hooligans. Knowing the Score. Oxford: Berg.

Bacon-Smith, Camille (1992): Enterprising Women. Television Fandom and the Creation of the Popular Myth. Philadelphia: University of Pennsylvania Press.

Bacon-Smith, Camille (2000): Science Fiction Culture. Philadelphia: University of Pennsylvania Press.

Berger, Peter L. & Thomas Luckmann (1987): Die gesellschaftliche Konstruktion der Wirklichkeit. Frankfurt a.M.: Fischer.

Biermann, Christoph (1995): Wenn Du am Spieltag beerdigt wirst, kann ich leider nicht kommen. Die Welt der Fußballfans. Köln: Kiepenheuer und Witsch.

158   Thomas Schmidt-Lux

Bourdieu, Pierre (1982): Die feinen Unterschiede. Frankfurt a.M.: Suhrkamp.
Brooker, Will (2005): „It is Love". The Lewis Carroll Society as a Fan Community. In: American Behavioral Scientist 48/7. 859-880.
Bryan, Hobson (1977): Leisure Value Systems and Recreation Specialisation. The Case of Trout Fishermen. In: Journal of Leisure Research 9. 174-187.
Bryan, Hobson (1979): Conflict in the great Outdoors. Birmingham: The Birmingham Publishing.
Cavicchi, Daniel (1998): Tramps Like Us. Music and Meaning among Springsteen Fans. New York & Oxford: University Press.
Collins, Randall (2004): Interaction Ritual Chains. Princeton: University Press.
Crawford, Garry (2004): Consuming Sport: Fans, Sport and Culture. London & New York: Routledge.
Doss, Erika (1999): Elvis Culture. Fans, Faith and Image. Kansas: University Press.
Eckert, Roland, Waldemar Vogelgesang & Thomas A. Wetzstein (1990): Grauen und Lust. Die Inszenierung der Affekte. Pfaffenweiler: Centaurus.
Erickson, Bonnie H. (1996): Culture, Class and Connections. In: American Journal of Sociology 102/1. 217-251.
Fairley, Sheranne (2003): In Search of Relived Social Experience. Group-Based Nostalgia Sport Tourism. In: Journal of Sport Management 17. 284-304.
Fine, Gary Alan (1998): Morel Tales. The Culture of Mushrooming. Cambridge: Harvard University Press.
Fiske, John (1999): Body of Knowledge. Offizielle und populäre Formen des Wissens um Elvis Presley. In: Hörning, Karl. H. & Rainer Winter (Hrsg.): Widerspenstige Kulturen. Cultural Studies als Herausforderung. Frankfurt a.M.: Suhrkamp. 339-378.
Franke, Thomas & Veit Pätzug (2006): Von Athen nach Althen. Die Fanszene von Lok Leipzig zwischen Europacup und Kreisklasse. Dresden: SDV.
Fraser, Benson P. & William J. Brown (2002): Media, Celebrities and Social Influence. Identification with Elvis Presley. In: Mass Communication and Society 5/2. 183-206.
Fritzsche, Bettina (2003): Pop-Fans. Studie einer Mädchenkultur. Opladen: Leske+Budrich.
Gantz, Walter, Zheng Wang, Paul Bryant & Robert F. Potter (2006): Sports versus All Consumers. Comparing TV Sports Fans with Fans of Other Programming Genres. In: Journal of Broadcasting and Electrinc Media 50/1. 95-118.
Gibson, Heather, Cynthia Willming & Andrew Holdnak (2002): „We're Gators... Not Just Gator Fans". Serious Leisure and University of Florida Football. In: Journal of Leisure Research 34/4. 397-425.
Goffman, Erving (1983): Wir alle spielen Theater. Die Selbstdarstellung im Alltag. München & Zürich: piper
Goffman, Erving (1986): Techniken der Imagepflege. In: Goffman, Erving: Interaktionsrituale. Über Verhalten in direkter Komunikation. Frankfurt a.M.: Suhrkamp. 10-53.
Goffman, Erving (1994): Die Interaktionsordnung. In: Goffman, Erving: Interaktion und Geschlecht. Frankfurt a.M.: Campus. 50-104.
Grabowski, Ralf (1999): „Zünftig, bunt und heiter". Beobachtungen über Fans des volkstümlichen Schlagers. Tübingen: Tübinger Vereinigung für Volkskunde.

Harrington, C. Lee & Denise D. Bielby (1995): Soap Fans. Pursuing Pleasure and Making Meaning in Everyday Life. Philadelphia: Temple University Press.

Hills, Matt (2002): Fan Cultures. London & New York: Routledge.

Hills, Matt (2005): Patterns of Surprise: The "Aleatory Object" in Psychoanalytic Ethnography and Cyclical Fandom. In: American Behavioral Scientist 48/7. 801-821.

Hinerman, Stephen (1992): „I'll be here with You". Fans, Fantasy and the Figure of Elvis. In: Lewis, Lisa A. (Hrsg.): The Adoring Audience. Fan Culture and Popular Media. London & New York: Routledge. 107-134.

Höhmann, Peter & Volkhard Krech (2006): Das weite Feld der Kirchenmitgliedschaft. In: Huber, Wolfgang; Johannes Friedrich & Peter Steinacker (Hrsg.): Kirche in der Vielfalt der Lebensbezüge. Gütersloh: Gütersloher Verlagshaus.143-195.

Horne, John (2006): Sport in Consumer Culture. London: Palgrave.

Jenkins, Henry (1992): Textual Poachers. Television Fans and Participatory Culture. New York & London: Routledge.

Kim, Seong-Seop, David Scott & John Crompton (1997): An Exploration of the Relationships Among Social Psychological Involvement, Behavioural Involvement, Commitment, and Future Intentions in the Context of Birdwatching. In: Journal of Leisure Research 29/3. 320-341.

Kuentzel, Walter F. (2001): How spezialised is Spezialisation Research? In: Journal of Leisure Research 33/3. 351-356.

Lawrence, Lesley (2003): „These are the voyages...". Interaction in Real and Virtual Space Environments in Leisure. In: Leisure Studies 22/October. 301-315.

Luhmann, Niklas (1987): Soziale Systeme. Grundriss einer allgemeinen Theorie. Frankfurt a.M.: Suhrkamp.

Mackellar, Joanne (2006): Fanatics, Fans or just good fun? Travel behaviours and motivations of the fanatic. In: Journal of Vacation Marketing 12/3. 195-217.

Mackellar, Joanne (2009): Dabblers, Fans and Fanatics. Exploring the behavioural segmentation at a spezial-interest event. In: Journal of Vacation Marketing 15/1. 5-24.

McAdam, Doug (1989): The Biographical Consequences of Activism. In: American Sociological Review 54/5. 744-760.

McFarlane, Bonita L. (2004): Recreation Specialization and Site Choice Among Vehicle-Based Campers. In: Leisure Sciences 26. 309-322.

Müller, Hans-Peter (1992): Gesellschaftliche Moral und individuelle Lebensführung. Ein Vergleich von Emile Durkheim und Max Weber. In: Zeitschrift für Soziologie 21/1. 49-60.

Peterson, Richard A. (1992): Understanding Audience Segmentation: From Elite and Mass to omnivore and univore. In: Poetics 21, 243-258.

Robson, Garry (2004): No one likes us, we don't care. The Myth and Reality of Milwall Fandom. Oxford: Berg.

Sandvoss, Cornel (2003): A Game of two Halves. Football, Television and Globalization. London: Routledge.

Sandvoss, Cornel (2005): Fans. The Mirror of Consumption. Cambridge: polity press.

Scardaville, Melissa C. (2005): Accidental Activists. Fan Activism in the Soap Opera Community. In: American Behavioral Scientist 48/7. 881-901.

Schäfer, Mike S. & Jochen Roose (2005): Begeisterte Nutzer? Jugendliche Fans und ihr Medienumgang. In: merz - Medien und Erziehung 49/2: 49-53.

Schütz, Alfred (1974): Der sinnhafte Aufbau der sozialen Welt. Frankfurt a.M.: Suhrkamp.

Schütz, Alfred & Thomas Luckmann (2003): Strukturen der Lebenswelt. Konstanz: UVK.

Schulz, Hans-Joachim & Robert Weber (1982): Interview mit einem Fan des VfB Stuttgart. In: Pilz, Gunter A. (Hrsg.): Sport und körperliche Gewalt. Reinbek: rowohlt. 85-88.

Scott, David & Geoffrey Godbey (1994): Recreation Specialisation in the Social World of Contract Bridge. In: Journal of Leisure Research 26/3. 275-295.

Stenger, Josh (2006): The Clothes Make the Fan. Fashion and Online Fandom When Buffy the Vampire Slayer Goes to Ebay. In: Cinema Journal 45/4. 26-44.

Stone, Chris (2007): The Role of Football in Everyday Life. In: Soccer and Society 8/2-3. 169-184.

Strauss, Anselm (1978): A Social World Perspective. In: Denzin, Norman (Hrsg.): Studies in Symbolic Interaction (Bd. 1). Greenwich: JAI. 119-128.

Thornton, Sarah (1996): Club Cultures. Hanover: Wesleyan University Press.

Tulloch, John & Henry Jenkins (1995): Science Fiction Audiences. Watching Doctor Who and Star Trek. London & New York: Routledge.

Weber, Max (1988): Die protestantische Ethik und der „Geist" des Kapitalismus. In: Weber, Max: Gesammelte Aufsätze zur Religionssoziologie I. Tübingen: Mohr Siebeck. 17-206.

Wiemker, Markus (1998): Trust no Reality. Eine soziologische Analyse der X-Files. Berlin: Wissenschaftlicher Verlag.

Winter, Rainer (1995): Der produktive Zuschauer. Medienaneignung als kultureller und ästhetischer Prozess. München: Quintessenz.

Fans und kulturelle Praxis

Rainer Winter

Als ich Ende der 1980er Jahre mit meiner Trierer Arbeitsgruppe „Medien-kultur und Lebensformen" (Winter/Eckert 1990) begann, die Fans von Hor-ror- und Pornofilmen zu untersuchen, existierte noch keine Fanforschung im eigentlichen Sinne. Das Bild vom Fan wurde durch Berichte in der Sensati-onspresse, im Fernsehen oder durch Klatsch geprägt. Die Fans wurden als Fanatiker, als von Obsessionen geplagte Einzelgänger oder als obskuren Be-gierden ausgelieferte Zeitgenossen betrachtet, die ihre begrenzte Lebenszeit nutzlos vergeuden. So interessierte sich der Auftraggeber unserer empiri-schen Untersuchungen dafür, ob die intensiven Nutzer von Horror- und Pornofilmen eine Gefahr für die soziale Ordnung darstellen und die Zu-gänglichkeit von Videofilmen möglicherweise eingeschränkt werden sollte (Eckert u.a. 1991). Die Fans waren die Außenseiter, die pathologisch Veran-lagten, die Anderen, die exzessiv und rastlos sich mit ästhetisch und mora-lisch minderwertigen kulturellen Objekten beschäftigten (vgl. Jenson 1992; Winter 1995: 128ff.).

In unseren ausgedehnten ethnographischen Feldforschungen konnten wir zeigen, dass diese stereotypen Vorstellungen nicht zutreffen und die öffentliche Stigmatisierung der Fans beendet werden sollte. Denn diese sind aktive, kritisch engagierte Konsumenten, die über differenzierte und krea-tive Rezeptions- und Aneignungspraktiken verfügen, die sie in Prozessen der Medienbildung erworben haben. Zudem suchen sie den Kontakt zu Gleichgesinnten, gehen emotionale Allianzen ein, kreieren affektive Formen der Vergemeinschaftung und schaffen eigene Sozialwelten (Winter 1991, 1999; Mikos 2005). Ihre Praktiken führen sie mit Interesse und Leidenschaft aus. So produzieren die ambitionierten Fans eigene Fanzines, schreiben Filmkritiken oder werden Fankünstler. Fansein bedeutet ein profundes Wis-sen über ein Filmgenre, einen Star oder eine Musikrichtung zu haben, es zu vertiefen, mit anderen zu teilen und zu kultivieren. Durch diese aktive Nut-zerposition wird eine gewisse Kontrolle über das Objekt der Begierde ausgeübt, die die Voraussetzung für Vergnügen und Spaß ist. Gleichzeitig werden Werte, moralische und ästhetische Präferenzen ausgedrückt. Auch subtile und trickreiche Praktiken des Widerstandes gegen dominante Bedeutungen und Sinnstrukturen können entstehen. So stellen z.B. homosexuelle Fans von Filmstars durch ihre phantasiereichen Rezeptionspraktiken die normativen Implikationen von Geschlechtsrollen in Frage (DeAngelis 2001). In Aneignungsprozessen wird ein Gefühl für die eigene Identität entwickelt, indem man sich zu einer Gruppe Gleichgesinnter zugehörig fühlt und von anderen entschieden abgrenzt. Es kommt zu einem *Empowerment*, zu einer affektiven Ermächtigung, die oft nicht lange andauert, aber eine wesentliche Motivation für das Fansein ist. Ein Fan zu werden bedeutet – dies ist eines der wichtigsten Ergebnisse meiner Forschungen – eine (Medien-)Karriere, einen weitgehend eigenbestimmten Prozess der Bildung zu durchlaufen.

Diese für mich zunächst überraschenden Ergebnisse wurden durch Untersuchungen im Kontext der Cultural Studies[1], vor allem in den USA (Bacon-Smith 1992; Jenkins 1992; Mikos 1994a; Tulloch/Jenkins 1995; Harrington/Bielby 1995), weitgehend bestätigt, so dass sich ein differenzierteres Bild vom Fan durchgesetzt hat. Dies ist mit dem Eingeständnis verbunden, dass viele von uns Fans waren oder sind. So sind die Fans keineswegs mehr die *Anderen*. Das Fantum ist eine gewöhnliche, kulturelle Praktik geworden, mit der viele ihr Leben gestalten. Gerade die Medien bieten hierfür vielfältige Möglichkeiten. So sind nicht nur Filmstars, Fernsehserien oder Musiker populär. Auch Sportarten wie Fußball ziehen durch ihre mediale Vermarktung Fans an. Dabei sind Fans in der Regel kompetenter, produktiver oder kreativer im Gebrauch kultureller Objekte. So können z.B. Liebhaber von Fernsehserien eigensinniger mit diesen umgehen und mehr Spaß haben als gewöhnliche Zuschauer und Zuschauerinnen, weil sie ein umfassenderes Wissen in Bezug auf das Genre, die Erzählstruktur und die Charaktere haben (vgl. Fiske 1987; Brown 1994; Mikos 1994b, 2005). Vor diesem Hintergrund möchte ich in diesem Beitrag wichtige aktuelle Erkenntnisse und Entwicklungen der Fanforschung aus kulturtheoretischer Sicht analysieren

---

1   Cultural Studies sind eine transdisziplinäre Forschungsrichtung, die sich in Großbritannien, den USA und in Australien seit den 1980er Jahren u.a. intensiv mit Phänomenen der Medienkultur beschäftigt (vgl. überblicksweise Winter 2009). Von Anfang an war dabei die Fanforschung ein zentrales Thema.

und diskutieren. Betrachtet man die Forschung, die seit Mitte der 1990er Jahre durchgeführt wurde und die heute weltweit betrieben wird, so sind, legt man den Schwerpunkt auf das Verhältnis Fans und Kultur, folgende Themen, Probleme und Forschungsperspektiven meiner Ansicht nach von besonderer Bedeutung:

1. Ein zentraler Gegenstand der Fanforschung ist das Verhältnis der akademischen Kultur zur Fankultur. Hier wird methodologisch die Frage thematisiert, ob Akademiker involvierte Forscher, mithin Fans sein können oder gar müssen. Während zu Beginn die Forscher keine Fans waren oder dies zumindest nicht zugaben, *outen* sich vor allem in den USA seit den 1990er Jahren im Kontext von Cultural Studies viele als Fans und greifen bei ihren Fragestellungen und Analysen auf ihr ausgeprägtes Insiderwissen zurück. In der Regel müssen sie die Welt der Fans jedoch entschieden gegen die Kritik, Stigmatisierung und Geringschätzung, die in der akademischen Welt zum Teil vorherrschen, verteidigen. In der ersten Dekade dieses Jahrtausends finden wir dann eine neue Generation von Forschern, für die ihr Fantum infolge ihrer frühen Sozialisation mit Medien selbstverständlich ist und von Anfang an offen kommuniziert wird. Es wird sogar zur Basis für ihre wissenschaftliche Beschäftigung. Das Fansein muss zumindest in den USA nicht mehr in der akademischen Welt legitimiert werden. Vor diesem Hintergrund möchte ich u.a. zeigen, warum die Methode der Autoethnographie ein wichtiger Zugang zum Feld geworden ist (Abschnitt 1).

2. Seit Mitte der 1990er Jahre haben sich die medialen Bedingungen und Voraussetzungen von Fankulturen durch die allmähliche Veralltäglichung des Internets entschieden verändert. Führten viele Fans bis dahin ein Leben im Verborgenen und waren auch für die Forscher nur schwer zugänglich und erreichbar, so machen die neuen Medien eine intensivierte Verdichtung, Spezialisierung und Differenzierung von Fanwelten möglich, die offen zugänglich sind und zur Partizipation einladen. So bietet z.B. eine spezialisierte *Newsgroup* Fans jederzeit Zugang zu einer Gemeinschaft Gleichgesinnter. Auch für den Forscher wird es einfacher, Kontakt zu Fans zu bekommen. Wir werden zeigen, wie die Praktiken von Fans durch die medialen Veränderungen neu beschrieben werden können und welche Bedeutung der Methode der virtuellen Ethnographie in diesem Zusammenhang zukommt (Abschnitt 2).

3. Soziologisch orientierte Fanforschung in den 80er Jahren begann im Kontext des Symbolischen Interaktionismus und der Cultural Studies, die einige Affinitäten und Gemeinsamkeiten haben (vgl. Denzin 1992). Beide Traditionen interessieren sich für die Erfahrungen der Untersuchten und für die Kreativität von Alltagspraktiken. Dabei legen die Cultural Studies oft den Schwerpunkt auf Formen des (symbolischen) Widerstandes gegen dominante Sinnstrukturen und hegemoniale Ordnungen (Winter 2009). Es geht ihnen um mögliche Verschiebungen in Machtverhältnissen, um Momente der Ermächtigung, um das Aufzeigen von Fluchtlinien, um Prozesse demokratischer Transformation. In dieser Perspektive rebellieren Fans gegen bestehende Geschmackshierarchien und kulturelle Wertvorstellungen. Sie entfalten eine Lust am Widerstand (Abschnitt 3). Mit dieser subkulturellen Positionierung, die sich von anderen abgrenzt, sind Gefühle der Ermächtigung (*Empowerment*, Grossberg 1992) verbunden. Allerdings ist diese politische Perspektive in der neueren Forschung verloren gegangen. Ich werde abschließend diskutieren, ob dies zu Recht geschah.

1   Die Beziehungen zwischen akademischer Kultur und Fankultur

Vor allem die Cultural Studies und postmoderne Ansätze prägen die Fanforschung in den USA, England und Australien seit den 1990er Jahren. Das Wissenschaftsverständnis, das in diesem Zusammenhang entwickelt wurde, unterscheidet sich deutlich von positivistischen oder postpositivistischen Ansätzen, die Versionen des (kritischen) Realismus verpflichtet sind. Während für diese die Distanz des Forschers zu seinem Gegenstand, Neutralität und „Objektivität" von zentraler Bedeutung sind, rücken in konstruktionistischen Ansätzen immer mehr die Perspektive des Forschers/der Forscherin, Selbstreflexivität, Kritik von Machtverhältnissen und Möglichkeiten von Intervention ins Zentrum (vgl. Gergen 1999; Denzin/Lincoln 2005).

Die *erste Generation* von soziologisch orientierten Fanforschern untersuchte in einer ethnographischen Perspektive Fans und ihre Kulturen. Sie waren dem „active audience approach" verpflichtet, der eine Gegenperspektive zu den Vorstellungen vom passiven Zuschauer entwickelte. Die aktiven, eigensinnigen und kreativen Praktiken von Fans waren für sie eine Intensivierung und Verdichtung des alltäglichen Kampfes um Bedeutung, der die Medien- und Konsumpraktiken im Allgemeinen in der Postmoderne prägt. In Auseinandersetzung mit den kulturellen Waren der Konsumindustrie und der Kulturindustrien erobern die Konsumenten sich eigene Bedeutungen und einen eigenen kulturellen Raum (De Certeau 1988; Winter 2001). Untersucht wurden z.b. die Fans von Liebesromanen (Radway 1984), von *Dr. Who* (Tulloch/Alvarado 1983) und des Fernsehens (Fiske 1987).

Betrachtet man die von den Forschern eingenommene Perspektive, so halten sie die ethnographische Distanz zu den Untersuchten ein. Sie heben deren aktive Auseinandersetzung mit medialen Produkten hervor, machen sich selbst aber nicht zum Gegenstand der Forschung. So werden ihre eigenen Gefühle im Umgang mit den Fans und deren Leidenschaften nicht thematisiert. Auch das möglicherweise bestehende eigene Fantum wird nicht explizit behandelt oder ist oft gar nicht vorhanden. Folglich ist der Schreibstil dieser Forscher weitgehend distanziert, sachlich und unpersönlich. Schließlich wird die (politische) Bedeutung der Fanpraktiken diskutiert, wie dies z.B. John Fiske (2001) für die Fans von Madonna gemacht hat oder Janice Radway (1984) für die von Liebesromanen. Zu Recht wurde dieser Forschung dann in der Folge zum Teil vorgeworfen, dass der Forscher bzw. die Forscherin eine bauchrednerische Funktion übernahm, weil er/sie vorgab, die Bedeutung der Praktiken der Untersuchten, vor allen Dingen deren politische Implikationen, besser zu verstehen als diese selbst (Saukko 2003; Winter 2007). Trotzdem zeigte diese erste Phase der Forschung, dass Fans ernst zu nehmen sind, weil sie wichtige kulturelle Akteure in der Konsum- und Medienwelt der Postmoderne sind, auch wenn sie oft ein eher unsichtbares Leben führen und ihre Bedeutungsproduktionen Elemente einer „illegitimen Kultur" (Bourdieu 1981) oder „kulturellen Schattenwirtschaft" (Fiske 1992) sind.

Eine *zweite Generation* von Forschern und Forscherinnen konnte hier anknüpfen. Hier sind u.a. die Studien zu *Star Trek* von Henry Jenkins (1992) und Camille Bacon-Smith (1992), zu Science Fiction-Publika von Jenkins und John Tulloch (1995) oder zu *Daily Soaps* von C. Lee Harrington und Denise D. Bielby (1995) zu nennen. Entscheidend für diese Forschungen ist, dass sie die theoretischen Konzeptionen des Fans als aktiv und bisweilen widerständig sowie der Fankultur als Subkultur als weitgehend bekannt voraussetzen und sich an die differenzierte Herausarbeitung der Perspektiven der Fans, ihres Wissens, ihrer Praktiken, Erfahrungen und Vergnügen machen konnten. Dies ist, vor allem bei Jenkins (1992), mit dem Vorhaben verbunden, aus

einer Innenperspektive als Fan zu anderen und neuen akademischen Beschreibungen des Fanseins zu kommen, die dessen kulturelle Komplexität
und Vielschichtigkeit aufzeigen. So konnte er z.b. zehn verschiedene Aneignungspraktiken von *Star Trek* herausarbeiten (Jenkins 1992: 162ff.), z.b. die
Rekontextualisierung einer Geschichte, ihre Refokussierung oder die Erotisierung.[2] Er bemüht sich zu zeigen, das Fansein als „normal, everyday cultural or social phenomenon" (Jenkins 1992: 5) betrachtet werden sollte. Es geht
ihm explizit um eine Verteidigung des Fanseins gegenüber Anfeindungen in
der akademischen Welt oder der Presse. So stellt Jenkins rückblickend fest:

> „And it proves very difficult – there's a lot of resistance [...] When I was writing *Tex
> tual Poachers* I was so frustrated by how badly fans had been written about. As a fan I
> felt implicated in that writing and I wanted to challenge it; there are passages in the
> book that are just out-and-out defenses of fandom, and others that are trying to pull
> back and describe, analyze, critique" (Jenkins 2006a: 12).

Deshalb folgte die Studie von Jenkins nicht den klassischen Vorgaben
der teilnehmenden Beobachtung. Er betrat das Feld nicht von außen,
sondern war von Anfang an ein Insider. Dagegen war die Studie *Enterprising
Women* (1992) von Bacon-Smith eher klassisch ethnographisch angelegt. Ihr
Ziel war es „to follow the group in search of the answers they found for
themselves. In my zeal, I went looking for Truth as the community I studied
lived it" (Bacon-Smith 1992: 283). In ihrer achtjährigen Forschungsarbeit
wurde sie von den Fans oft mit ihrer Außenseiterrolle als Ethnographin konfrontiert:

> „When my investigations took me too close to sensitive topics, the community side
> tracked me with something of value, something that conserved the risk I as ethnogra
> pher sensed was present but that did not expose too much, that did not reveal the
> heart of the community" (Bacon-Smith 1992: 283).

Harrington und Bielby (1995: 5) wiederum bekennen sich zu Beginn ihrer Studie als langjährige Fans von Soaps, die nach ihrer Einschätzung auch
im Bereich des Fernsehens am unteren Ende der Hierarchie zusammen mit

---

2 In meiner Studie zu den Horrorfans konnte ich bei der Analyse von deren textueller
Produktivität zwischen vier Praktiken des Gebrauchs unterscheiden: die Interpretation
und Fortsetzung der Filme, die „wissenschaftliche Analyse", die Kreation eigener Geschichten bzw. der Entwurf von Spezialeffekten oder Masken sowie die Umfunktionierung von Inhalten und ihre Refokussierung (Winter 1995: 207ff.).

Game Shows und Wrestling anzusiedeln seien. Sie weisen auch darauf hin, dass das Verständnis von Medienfans in der Öffentlichkeit in der Regel auf Ignoranz und Vorurteilen beruht. Was Fans wirklich tun und vor allem, was sie erleben und empfinden, ist bisher nur wenig untersucht und verstanden worden.

Ihre im Kontext der Cultural Studies entstandene ethnographische Studie ist multi-methodisch konzipiert. Sie verknüpfen teilnehmende Beobachtung mit Interviewtechniken, Textanalysen und Internetforschungen. Dabei machen sie aber auch auf ein wichtiges Manko eines ethnographischen Vorgehens bei Fanstudien aufmerksam. Der affektive Modus des Fanseins, die „wild zone", lässt sich diskursiv durch Beobachtungen oder Interviews nur schwer oder überhaupt nicht erfassen. Daneben besteht die Gefahr, dass die exzessiven Formen des „Genießens" vom Forscher rationalisiert oder weitgehend übergangen werden, weil er kein theoretisches Vokabular hat, um sie zu erfassen, angemessen zu beschreiben und zu analysieren.

> „We should emphasize at the outset that the pleasure can be so intense that it almost cannot be articulated by those experiencing it. We were struck repeatedly in our interviews and informal conservations with fans by the strength of their passion for, devotion to, and sheer love of daytime television, to an extent often beyond their own comprehension" (Harrington/Bielby 1995: 121).

Ähnliche Erfahrungen habe ich auch mit Horrorfans gemacht (Winter 1995), die einerseits tiefe Emotionen erleben möchten, andererseits diese, treten sie ein, kaum adäquat verbalisieren können. Die Horrorfans – vom „Touristen" bis zum „Freak" – haben gelernt, negative Gefühle wie Angst und Ekel, die beim gewöhnlichen Zuschauer im Zentrum stehen, in Lust zu transformieren, weil sie im imaginativen Hedonismus geschult sind (Winter 1999). So funktionieren sie z.B. den Diskurs über die negativen Wirkungen von Gewaltdarstellungen für ihre eigenen Zwecke um. Sie steigern das Erlebnis der Filme, die als etwas Gefährliches und Verbotenes erlebt werden. Die Fans können sich als stark und außergewöhnlich erleben, weil sie sich dem „Anderen der Vernunft" stellen. Sollen sie diese Gefühle aber beschreiben, wird ein Spalt zwischen diesen und der verbalen Widergabe deutlich, eine Schwierigkeit in der diskursiven Artikulation des Erlebten und Erfahrenen.[3] Ein ethnographisches Vorgehen wird dann reduktionistisch, wenn dieses Manko von Befragungen und Beobachtungen nicht berücksichtigt wird und die Fans als sich selbst transparente und verständliche Handelnde begriffen werden. Die zweite Phase der Fanforschung zeigt, wie wichtig es ist, die Perspektive der Fans herauszuarbeiten, ihre Äußerungen als Ausdruck ihres Wissens Ernst zu nehmen. Sie zeigt aber auch deutlich die diskursiven Grenzen von Beobachtungen und Befragungen auf.

In der heutigen *dritten Phase* (vgl. z.B. Gray u.a. 2007) scheint es mir erforderlich zu sein, die bisherigen Methoden durch Zugänge zu erweitern, die den Erfahrungen, Leidenschaften und gelebten Erfahrungen von Fans möglichst nahe kommen und sie auch entsprechend darstellen können. Hierbei ist zu beachten, dass viele Forscher der dritten Phase sowohl Akademiker als auch Fan sind und diese Position zur Grundlage ihrer akademischen Karriere machen. Diese Akademiker/Fans werden in den wissenschaftlichen Feldern der angloamerikanischen Welt in dieser Doppelrolle scheinbar akzeptiert (vgl. Jenkins 2006a). Sie formulieren aus einer Fanperspektive heraus wissenschaftliche Fragen, treten in Talkshows auf und machen sich für die Belange von Fans stark. Diese spezifische intellektuelle Rolle, die sicherlich mit der erfolgreichen Institutionalisierung von Cultural Studies-Programmen in diesen Ländern zusammenhängt, findet sich in vielen anderen kulturellen Kontexten aber nicht. In Deutschland, Frankreich, Italien oder auch in China macht man das eigene Fantum in der akademischen Welt besser nicht zum Ausgangspunkt seiner wissenschaftlichen Forschung. Gegen die Position von Jenkins und Hill (2002) möchte ich einwenden, dass gute Forschung auch dann möglich ist, wenn man nicht Betroffener ist. Bevor ich auf die Autoethnographie eingehe, die ein Akademiker/Fan, um seine Leidenschaft und seine Affekte zu beschreiben, einsetzen kann, möchte ich entschieden dafür plädieren, dass Fanforschung auch heute von Nicht-Fans betrieben werden kann und sollte. Es sind aber einige Voraussetzungen erforderlich, um die Probleme der zweiten Phase der Fanforschung zu beheben.

---

3   Es liegt nahe, an dieser Stelle auf psychoanalytische Konzepte zurückzugreifen. Harrington/Bielby (1995: 133ff.) beziehen sich auf die Objekt-Beziehungstheorie von Winnicott und beschreiben Soap Operas als Übergangsobjekte. Zu denken ist auch an die Arbeiten von Slavoj Žižek (1991), insbesondere zum Werk von Alfred Hitchcock.

Zunächst sollte eine Perspektive, die von außen kommt und den Fan zum Objekt eines „voyeuristischen Blicks" (Denzin 1995) macht, weitgehend vermieden werden. Außerdem soll der Ethnograph sich auf die Erfahrungswelt des Fans intensiver als bisher einlassen. In einer dialogischen Auseinandersetzung zwischen dem Selbst des Forschers und der Perspektive des Fans können die Grenzen des eigenen Verständnisses zum Thema werden mit dem Ziel, die eigene Sensibilität für fremde Erfahrungs- und Erlebniswelten zu entwickeln oder zu steigern (vgl. Saukko 2003: 57). Darüber hinaus ist es in Bezug auf populärkulturelle Erfahrungen wichtig, deren Partikularität und (biographische) Kontexte zu beachten. Im Zuge der narrativen Wende der qualitativen Forschung (Denzin 1989; Gubrium/Holstein 2009) sollen Forscher hierbei vor allem auf die persönlichen und intimen Geschichten achten, die Fans über die wichtigen Ereignisse in ihrem Leben erzählen, und analysieren, wie sie mit ihrem Fantum verbunden sind. Diese sind mögliche Anknüpfungspunkte für einen Dialog, der auch biographische Erlebnisse des Forschers mit einbeziehen kann und ihm hilft, die Schlüssellochperspektive des Voyeurs zu verlassen. „As lived textualities, these personal experience narratives and ‚mystories' recover the dialogical context of meaning, placing the observer on both sides of the ‚keyhole'" (Denzin 1997: 47).

In diesen Prozess werden vermehrt auch emotionale und verkörperte Formen des Wissens berücksichtigt, die zu persönlichen und literarischen Formen des Schreibens beim Forscher oder der Forscherin führen können (Richardson 2000). Darüber hinaus sollen, der Performance-Ethnographie folgend (Denzin 2003; Winter/Niederer 2008), die im Feld wahrgenommenen und erfassten Erlebnisse, Gefühle und Erfahrungen vom Forscher selbst aufgeführt werden, was zu einer tiefgehenden emotionalen Begegnung zwischen Forscher und Publikum führen kann. Ergänzend sollte auf Polyvokalität Wert gelegt werden. Gelebte Erfahrungen von Fans sollen von verschiedenen Stimmen wiedergegeben werden, um zu vermeiden, dass eine Stimme für die „Wahrheit" einer Erfahrung steht, und um die Partikularität einzelner Erfahrungen angemessen zu erfassen (Saukko 2003: 64ff.). Auch in den Darstellungen der Forschungsergebnisse sollte es zu einer Interaktion zwischen den Stimmen der Untersuchten und der des Forschers kommen.

Ein weiterer hiermit zusammenhängender Aspekt ist die Selbstreflexivität. Da im Kontext von Cultural Studies und der neueren amerikanischen

Sozialforschung davon ausgegangen wird, dass es keine unvoreingenom-
mene Forschung geben kann (Denzin/Lincoln 2005), kommt der Reflexivität
die Funktion zu, für eigene Vorannahmen zu sensibilisieren, sich der eigenen sozialen Verankerung und Vorlieben bewusst zu werden und offen für
andere Perspektiven auf die untersuchten Fanwelten zu sein. So stellt z.b.
Lawrence Grossberg (1997: 250f.) fest:

> „The collapse of critical distance and the crisis of authority is not epistemological but
> a concrete historical dilemma called into existence by the fact that, as critical intellec-
> tuals, we are inextricably linked to the dominant forms of popular culture, we are
> fans writing about the terrain, if not the objects, of our own fandom[.] My existence as
> a fan, my experiences [...] are the raw material, the starting point of critical research".

Das Selbst des Forschers, seine sozialen und moralischen Verpflichtun-
gen, seine Auffassungen werden kritisch reflektiert, um der Perspektive anderer Fans gerecht zu werden. Dabei impliziert Selbstreflexivität aber nicht,
dass ein „wahreres" Wissen der Welt möglich ist (Haraway 1997: 16). Eher
zeigt sie die Begrenzungen unserer Weltsicht auf und verdeutlicht, dass
verschiedene Interpretationen und Beschreibungen unserer eigenen Welt
und der der Fans möglich sind. In den Formen kritischer Autoethnographie
führt die Selbstreflexivität dazu, dass der Forscher untersucht, welche
bisherigen Erlebnisse und Diskurse seine Erfahrung bestimmt haben. Zweifellos hat der Akademiker/Fan einige Vorteile, insbesondere dann, wenn er
in autoethnographischer Perspektive seine Erlebnisse, Gefühle und Vergnügen festhält und systematisch analysiert. Freilich bleibt auch in der Ich-Per-
spektive die Differenz zwischen Erlebtem und verbaler Realisation bestehen.
Sie kann aber thematisiert und z.B. durch poetische oder literarische Formen
des Schreibens transzendiert werden.

Der erste Forscher, der meines Wissens für Autoethnographie in der
Medienforschung plädiert hat, war John Fiske in „Ethnosemiotics. Some
Personal and Theoretical Reflections" (1990). In gewisser Weise sind Formen
von Autoethnographie allerdings Bestandteil von fast jeder ethnographischen Forschung. Wie auch Fiske (1990: 90f.) feststellt, finden sich Spuren
von ihr z.B. in den frühen Rezeptionsstudien von Dorothy Hobson (1982) zu
Crossroads, von Ien Ang (1986) zu *Dallas* oder in der bereits erwähnten Fan-
studie von Janice Radway (1984). Entscheidend ist nun aber, dass diese Perspektive im Mittelpunkt der Forschung stehen soll:

„[Theoretical autoethnography] may be able to investigate ways in which socio-cultural forces or the play of meanings, pleasures and power are experienced and actualized both externally (in objects, symbols, practices) and internally in the social- and self-consciousness of the agent, in the organizations of discourse that structure both the interior and the exterior, both the social and the personal and that set the two in a relationship of analogic continuity rather than one of homologic similarity and difference. What autoethnography may be able to do, then, is to open up the realm of the interior and the personal, and to articulate that which, in the practices of everyday life, lies below any conscious articulation" (Fiske 1990: 90).

Auch wenn Fiske schon 1990 diesen Vorschlag gemacht hat, wird diese Methode erst in neuerer Zeit vermehrt angewandt (vgl. Bochner/Ellis 2002; Hills 2002: 71ff.). Die Autoethnographie ermöglicht es, Gefühle, affektive Bindungen und Werte sowohl des Fans als auch des Akademikers/Fans in ihrer diskursiven und kulturellen Prägung zu erforschen. Das methodisch angeleitete kontinuierliche und fortgesetzte Nachdenken über das eigene Fansein kann deutlich machen, wie die Erklärungen für das Fansein kulturellen Konventionen folgen und durch andere „Rechtfertigungen" ersetzt werden können. Wie Hills (1992: 72) feststellt: „It can promote an acceptance of the fragility and inadequacy of our claims to be able to ‚explain' and ‚justify' our own most intensely private or personal moments of fandom and media consumption". So kann die Kontingenz diskursiver Erklärungen und die Möglichkeit von Neubeschreibungen (vgl. Gergen 1999) aufgezeigt werden. Es sind also Prozesse der Selbstreflexivität, die uns Einblicke in die (veränderliche) Perspektive von Fans und ihre emotionalen Zustände geben können. Zudem kann die Autoethnographie wie auch das biographische Interview die Konzentration der Forschung auf in der Regel eine Fankultur überwinden, indem sie die möglicherweise verschiedenen Fanbindungen eines Akademikers/Fans oder Fans im Laufe seines Lebens oder zu einem bestimmten Zeitpunkt zum Gegenstand macht.

Diese Skizze der drei Phasen der Fanforschung macht einerseits deutlich, wie schwierig es war und zum Teil auch noch ist, Fanforschung in der akademischen Welt zu verankern. Andererseits zeigt sich, wie infolge von Problemen in der Forschungspraxis neue Methoden entwickelt werden müssen, um den Welten der Fans mehr gerecht zu werden. Im Folgenden werden wir untersuchen, wie die Verfügbarkeit des Internets zur Transformation der Fankulturen beigetragen hat und welche neuen Methoden in diesem Zusammenhang von Belang sind.

2   Die digitale Transformation der Fankulturen

Zu Beginn der Publikumsforschung gab es eine strikte Unterscheidung zwischen dem Feld der Massenkommunikation und dem der interpersonalen Kommunikation, weil es in dem ersteren eine sozial, ökonomisch und kulturell institutionalisierte Differenz zwischen Produktion und Rezeption gab (Press/Livingstone 2005: 183f.). Die neuen, auf Interaktion und Partizipation angelegten digitalen Medien verwischen aber die Grenzen zwischen „Produktion und Rezeption als Kommunikationsmomente, als institutionalisierte Formen von Praxis und als Forschungsfelder" (Fornas u.a. 2000 zitiert in Press/Livingstone 2005: 184) zunehmend. Es ist, wie Jenkins (2006a, 2006b) feststellt, eine durch digitale Technologien ermöglichte Kultur der Partizipation entstanden, die in diametralem Kontrast zu den früheren Vorstellungen vom passiven Zuschauer steht und in der die Fans eine wichtige Rolle einnehmen. Inhalte werden zunehmend über verschiedene mediale Plattformen distribuiert, so dass es zu einer Konvergenz der Medien kommt, die nicht nur ein technologischer Prozess ist, sondern auch kulturelle Transformationen zur Folge hat. Von den Konsumenten wird nämlich eine aktive Teilhabe erwartet. So ermutigen z.B. neue Fernsehserien wie *Heroes, True Blood* oder *Lost*, die voller Geheimnisse, Rätsel und Mehrdeutigkeiten sind, Fans dazu, nach zusätzlichen und weiterführenden Informationen im Internet zu suchen und sich in Foren darüber auszutauschen. Die Fans stellen Verbindungen zwischen den in unterschiedlichen Medien verfügbaren Inhalten her. Hierzu sind sie aber auch auf soziale Kontakte zu anderen angewiesen. Es entstehen Gemeinschaften, in denen Wissen gemeinsam geschaffen, zirkuliert und debattiert wird (Jenkins 2006b: 27). So führen die meisten Fans heute kein zurückgezogenes Leben mehr, sondern äußern sich öffentlich und oft lautstark. Beispielsweise können Fans „Dialoge zusammenstellen, Episoden zusammenfassen, Subtexte diskutieren, selbst Fangeschichten verfassen, ihren eigenen Soundtrack aufnehmen, ihre eigenen Filme machen – und all dies weltweit über das Internet zirkulieren" (Jenkins 2006b: 16). Konvergenz bezieht sich also sowohl auf die Produktions- und Distributionsstrategien der global operierenden Kulturindustrie als auch auf die Praktiken des Medienkonsums.

Damit ist die Fanforschung vor neue Aufgaben gestellt. Die Analyse der Konvergenzkultur erfordert nämlich Formen der Online-Ethnographie, die

die neuen sozialen Kontexte methodisch angemessen erforschen können. So knüpft Nancy Baym in ihrer Studie *Tune In, Log On. Soaps, Fandom, and Online Community* (2000) an die ethnographischen Studien zur Rezeption von *Soap Operas* an. Im Zentrum ihrer Untersuchung steht aber die Analyse der in einer *Newsgroup* produzierten Onlinetexte, in denen die Entwicklung der Soap *All My Children* diskutiert wurde. Sie nahm drei Jahre lang nicht nur an den virtuellen Interaktionen teil, sondern nahm auch Kontakt zu einigen der Teilnehmerinnen in der physischen Welt auf. Auf dieser Basis gelingt es ihr, differenziert zu zeigen, wie die Gemeinschaft der Zuschauerinnen online und offline durch sich wiederholende Praktiken geschaffen und „aufgeführt" wird. Die Newsgroup lässt sich als eine mediatisierte und textuelle Performance des Fanseins begreifen.

Hätte Baym nur die Diskussionen in der Newsgroup untersucht, so wäre ihre Studie, basierend auf teilnehmender Beobachtung textbasierter Interaktion im Netz, eine rein virtuelle Ethnographie eines neuen Kommunikationsraums gewesen, wie sie in vielen Untersuchungen der ersten Phase der Internetforschung üblich war. Um eine Ethnographie des Internets zu betreiben, ist es aber erforderlich, das textuelle Material, das das Internet bietet, in Beziehung zum kulturellen und sozialen Kontext des Gebrauchs digitaler Technologien zu setzen (vgl. Press/Livingstone 2005: 192ff.). Zudem muss es vor dem Hintergrund der Rezeption der Soap im Wohnzimmer analysiert werden. Nur auf diese Weise können determinierende Kräfte des sozialen Kontextes und seiner Praktiken wie z.B. Formen sozialer und kultureller Ungleichheit angemessen berücksichtigt werden. Trotzdem ist zu erwarten, dass virtuelle Ethnographien von Fanwelten, bei denen körperliche Anwesenheit in den untersuchten Szenen nicht erforderlich ist und die deshalb oft weniger aufwändig sind, an Bedeutung zunehmen werden, weil „Interaktionen im virtuellen Raum immer komplexer und immer selbstverständlicher werden" (Bachmann/Wittel 2006: 209). Dabei verändert sich aber der Erfahrungszusammenhang des Ethnographen. Es muss neu bestimmt werden, was man unter teilnehmender Beobachtung versteht.

Die Nutzung des Internets beinhaltet das Lesen und Schreiben von Texten. So gehört es zu den Aufgaben des Ethnographen, die Bedeutungen zu verstehen, die in textuellen Praktiken ausgedrückt werden (Hine 2000: 50). Dabei ist eine Ethnographie der Konnektivität für die Erforschung des Internet von großer Relevanz, weil es nicht durch statische Grenzen, son-

dern durch Verknüpfungen und Netzwerke geprägt wird (Hine 2000: 61f.).
Nicht physische Orte, sondern kulturelle Prozesse stehen im Zentrum. So
fragt der Ethnograph nicht, „was ist das Internet, sondern wann, wo und
wie ist das Internet" (Hine 2000: 62). Wenn er z.B. Links untersucht, interessiert ihn, wie sie inszeniert werden, wohin sie führen und welche Transformationen sich bei seinen Explorationen im Netz ergeben. Vom Ethnographen wird so keine distanzierte textuelle Analyse erwartet, sondern ein ak-
tives und interaktives Engagement (Hine 2000: 62). Er soll auch die Verknüpfungen zwischen dem Virtuellen und dem Realen untersuchen, was
gerade in Bezug auf das Verständnis von Fanwelten von wichtiger Bedeutung ist.

Neben den Newsgroups sind vor allen Dingen elektronische Fanzines
ein wichtiges Untersuchungsobjekt für die Fanforschung. In deren erster
und zweiter Phase waren Fanzines noch gedruckte Organe, die oft schwer
zugänglich waren und eine Gegenöffentlichkeit konstituierten (vgl. Winter
1995: 153ff.; Duncombe 1997). Sie ermöglichten eine überlokale Kommunikation und eine soziale Organisation der Welt der Fans. Denn sie dienten
dem Austausch und der Zirkulation von Wissen. Beispielsweise wurde über
Fantreffen, über Aktivitäten und andere Fanzines in der jeweiligen Sozialwelt berichtet. Sie waren auch ein Medium, um die eigene Produktivität zu
entfalten und Anerkennung bei ähnlich Interessierten zu finden (vgl. Winter
1993). Auf diese Weise trugen sie entscheidend zur Herausbildung gemeinsamer Perspektiven bei und nahmen eine herausragende Rolle in der kulturellen Ökonomie der Sozialwelt ein, in der Bedeutungen und Wissen zirkulieren (vgl. Fiske 1992). Das *Online Fanzine*, das *e-zine*, ist nun ein leichter
zugängliches und viel effizienteres Mittel, um eine kulturelle Gemeinschaft
ästhetisch Gleichgesinnter zu schaffen und aufrecht zu halten. Außerdem
sind die Produktionskosten geringer, und man kann ein viel größeres Publikum erreichen. Daneben legen viele Fans auch Online-Archive an, die neuen
Fans leichter und schneller als früher Zugang zur Geschichte eines Fantums
geben können. So können sie schnell von der Rolle des Novizen zu der des
Touristen oder des Buffs wechseln (vgl. Winter 1995: 161ff.). Das e-zine verkörpert also ein enormes kreatives Potential und neue Möglichkeiten für die
Produktionen von Fans, insbesondere für Fan-Künstler (vgl. Atton 2004:
138ff.). Auf diese Weise wird eine Vielfalt an Informationen verfügbar, was
zu einer weiteren Verdichtung und Spezialisierung von bestehenden Fan-

kulturen führt. Gleichzeitig können neue Fankulturen entstehen, wie das Beispiel der so genannten Qualitätsfernsehserien (wie z.b. *24* oder *Lost*) zeigt, die von Anfang an das Internet in die Rezeption der Serie durch Fans miteinbezogen haben. Interessierten Fans wird durch aufwändig gestaltete Homepages eine Vielfalt von Wissen, Anknüpfungspunkten und Assoziationsmöglichkeiten gegeben.

Seit ihren Anfängen in der Sciencefiction-Szene dienen Fanzines auch dazu, als minderwertig und von den kulturellen Eliten missachtete Genres zu würdigen. So konnte ich bei meiner Untersuchung der Horror-Sozialwelt fast vierzig Fanzines ausfindig machen, die sich u.a. dem Splattergenre widmeten (Winter 1995: 153). In der Form von e-zines haben sich diese „subkulturellen" Organe nun vervielfacht und die gedruckten Magazine fast vollständig ersetzt. Einige der „abweichenden" Genres und Themen haben im Zuge der postmodernen Aufwertung des Marginalen nun auch ein breiteres Publikum gefunden und werden auch im Fernsehen behandelt, so dass sich e-zines, um ihrem subkulturellen Charakter weiterhin gerecht werden zu können, Genres, Themen und Formen zuwenden, die auch heute noch marginal sind. Eine weitere Strategie von e-zines gegen die Inkorporation in den Mainstream ist die Anhäufung und Verbreitung eines fast schon enzyklopädischen Wissens zu einem Thema wie z.b. zu einer Musikrichtung. So stellt Atton (2004: 149) fest:

> „Fan sites like Elephant Talk and the European Free Improvisation Home Page can be thought of as encyclopaedias. They bring together the range of 'departments' familiar to us from the printed fanzine – record and concert reviews, analysis and discussion, discographies and other information, musical materials and so on – but are able to arrange them in parallel and update them as necessary, while preserving their original arrangement".

Dieses Wissen kann dann zur sachkundigen Orientierung und zu einem vertieften Verständnis benutzt werden. „In effect, fans come to perform their own detailed critiques of their chosen subjects. Such displays of specialised knowledge are common across the range of fanzines and conspicuously set them apart from the bulk of any mainstream critical attention" (Atton 2004: 140). In einem weiteren Schritt können die Fans selbst kreativ werden und ihr Wissen z.b. über eine Fernsehserie verwenden, um selbst Geschichten über die Charaktere zu schreiben und im Internet zu veröffentlichen. Das spektakulärste Beispiel, das schon vor der Zeit des Internet existierte, ist die

Slash Fiction von *Star Trek*-Fans (Penley 1997; Green u.a. 1998), in der die Serie gegen den Strich gelesen und „abweichend" bzw. „oppositionell" dekodiert und refokussiert wird. Die Fans transformieren nämlich die heterosexuelle und maskuline Welt der Serie, Kirk und Spock werden ein homosexuelles Paar. Es wird ein kultureller Widerstand gegen lange Zeit dominante Genderpositionen im Fernsehen artikuliert.

Bevor ich abschließend diskutiere, inwiefern es weiterhin sinnvoll ist, Fansein als eine Form des kulturellen Widerstandes zu begreifen, möchte ich auf die Idee von Jenkins eingehen, das Konzept der „kollektiven Intelligenz" von Pierre Lévy (1997) auf Fankulturen im Internet anzuwenden. Dieser versteht darunter eine Form der Intelligenz, die auf der Basis der neuen Medien entsteht. Das Internet habe durch seine schnellen und intensivierten „many-to-many"-Kommunikationen zu einer Deterritorialisierung des Wissens geführt, in deren Folge ein neuer Wissensraum entstanden sei, der zur Partizipation, Interaktivität und dem gemeinsamen Teilen von Wissen einlade. Auf der Basis spezialisierter Interessen und emotionaler Besetzungen entständen neue Wissensgemeinschaften, die einen freiwilligen, temporären, partizipativen und auch taktischen Charakter hätten, wobei die kollektive Intelligenz durch das Zusammenführen des jeweils exklusiven Wissens der Einzelnen entstehe (Jenkins 2006b: 27ff.).

Vor diesem Hintergrund begreift Jenkins (2006c: 136ff.) *Online Fan Communities* als Verkörperung dieser neuen kollektiven Intelligenz, die jedoch nicht automatisch entsteht, sondern von den Anstrengungen und Aktivitäten der einzelnen Fans abhängt. Damit verbunden ist auch die Einebnung der Differenzen zwischen Autoren und Lesern sowie zwischen Produzenten und Zuschauern. Auf diese Weise sollen sich für die Fans mehr Teilnahme- und Gestaltungsmöglichkeiten ergeben. Die Wissenskultur soll auch die Warenkultur eindämmen und regulieren. Jenkins (2006c: 145) führt als Beispiel den ästhetischen Wandel an, den Fernsehserien in den letzten Jahren durchlaufen haben. Sie sind komplexer in ihrer Narrationsstruktur und ihrer Zeichnung von Charakteren geworden. Zudem sind sie auf der intertextuellen und auch auf der paratextuellen Ebene sehr vielschichtig.

> „To some degree, these aesthetic shifts can be linked to new reception practices enabled by the home archiving of videos, net discussion lists, and Web program guides. These new technologies provide the information infrastructure necessary to sustain a richer form of television content, while these programs reward the enhanced competencies of fan communities" (Jenkins 2006c: 145).

Das *Quality TV* wäre also ohne die Aktivitäten der Fans im Internet nicht denkbar. So könnte man die Überlegung von Jenkins fortführen. Im Weiteren führte er auch die Kultur der Computerspiele als ein Beispiel an.

Die Einschätzungen von Lévy und Jenkins sind sehr optimistisch, weil sie einer „Kultur von unten", die auf Partizipation, Mitmachen und Mitgestalten fokussiert ist, eine wichtige Rolle in der Herausbildung kollektiver Intelligenz in einer digital geprägten Umwelt zuweisen. Allerdings blendet diese optimistische Einschätzung die konkreten Macht- und Herrschaftsverhältnisse in der globalen Postmoderne – mit Ausnahme der Verdinglichungsprozesse in der Warenökonomie – weitgehend aus. Sie erinnert an die Diagnosen von Marshall McLuhan und zeigt, dass eine Medientheorie ohne Einbettung in eine Gesellschaftsanalyse nur Teilaspekte erhellen kann, aber in ihren bisweilen weit reichenden Folgerungen skeptisch beurteilt werden sollte. Abschließend werde ich die Relevanz der gesellschaftstheoretisch und politisch orientierten Fanforschung im Kontext der Cultural Studies erörtern.

3   Kultureller Widerstand und Ermächtigung heute

Die Fanforschung der ersten Phase, z.B. in den Arbeiten von John Fiske (1992, 2001) oder Lawrence Grossberg (1988, 1992), war kritisch und politisch orientiert, weil sie sich an der *Birmingham*-Formation von Cultural Studies orientierte (vgl. Winter 2001). Produktive und kreative Fans stellen durch ihre „abweichenden" und „oppositionellen" Lesarten und Anschlusspraktiken dominante Sinnmuster in Frage und untergraben so – zumindest temporär – hegemoniale Ordnungen. So subvertiert z.B. die Aneignung von Horrorfilmen, eines in der legitimen Kultur gering geschätzten und abgewerteten Genres, herrschende Vorstellungen, Werte und Geschmacksurteile (Winter 1995). Im Sinne von Umberto Eco (1985) sind die Fans semiologische Guerillakämpfer, die sich die durch die Kulturindustrie vorgegebenen Produkte eigensinnig und trickreich aneignen (De Certeau 1988). Diese Prozesse kulturellen Widerstandes, die in spezifischen räumlichen und zeitlichen Kontexten erfolgen, führen zu einer affektiven Ermächtigung der Fans. Seit ihren Subkulturstudien (Hebdige 1979) machen Untersuchungen der Cultural Studies in scheinbar nicht weiter bedeutsamen Merkmalen persönlichen oder kulturellen Ausdrucks Elemente von Subversion des Klassensystems oder von Geschlechterhierarchien ausfindig. Gerade Fans, die kreativ und produktiv sind, sind Beispiele für den „L'homme révolté" (Albert Camus), dessen existentialistischer Gestus Herrschaftsverhältnisse allerdings nicht herausfordern oder abschaffen kann.

Es ist diese Konzeption der Konsumenten oder der Fans als praktische Existentialisten, die zum einen (absichtlich) missverstanden wurde. So wurde unterstellt, dass Cultural Studies davon ausgehen würden, dass mikropolitische Veränderungen in Interaktionen zu makropolitischen Transformationen führen würden. Darüber hinaus wäre – in ihrer Perspektive – jeder Akt des Medienkonsums ein subversiver Akt. Zum anderen ist im Zuge der Institutionalisierung von Cultural Studies-Programmen an amerikanischen Universitäten der kritische und politische Anspruch der Cultural Studies weitgehend verloren gegangen. Es ist zu einer Entpolitisierung des Projekts gekommen. Im Zuge der neokonservativen und neoliberalen Wende sind gesellschaftstheoretische und -kritische Fragestellungen in den Hintergrund gedrängt worden. Beispiele hierfür liefert auch die Fanforschung.

So analysiert Hills in seiner metatheoretischen Studie *Fan Cultures* (2002) Fiskes Plädoyer für Autoethnographie. Nach einer Würdigung seiner Perspektive wirft er ihm vor, seine eigene gesellschaftskritische und politische Position, die er in seine Arbeit als Forscher einbringt und offen legt, nicht zu reflektieren und eine narzisstische Position einzunehmen: „His political stance remains outside the frame of self-reflexivity, remaining seemingly unquestioned and unchallenged" (Hills 2002: 74). Warum sollte Fiske seine gesellschaftskritische Haltung aufgeben, wenn er sich – offensichtlich anders als Hills – dem Projekt der Cultural Studies verpflichtet fühlt? Soll er stattdessen eher die Position des Fans einnehmen wie der Akademiker Matt Hills? Wäre er dann von narzisstischer Selbstbespiegelung befreit? Es gehört zum Charakter kritischer Theorie, die eigene Position deutlich zu machen (Kellner 1995; Winter/Zima 2007). Sie lässt sich aber nicht dekonstruieren, weil sie sich damit ihr eigenes Fundament nehmen würde. An diesem Beispiel zeigt sich deutlich, dass die Fanforschung der dritten Generation oft populistisch betrieben wird und im Vergleich zum ursprünglichen Projekt der Cultural Studies weitgehend ein entpolitisiertes Unterfangen ist.

Mir scheint es eher sinnvoll zu sein, die optimistischen Lesarten von John Fiske (1989) u.a., die im Anschluss an Michel de Certeau (1988) das polyseme und kreative Spiel der Populärkultur ins Zentrum gestellt haben, historisch zu kontextualisieren. Sie waren in gewisser Weise auch Ausdruck einer ludischen und exaltierten Postmoderne, in der wir nicht mehr leben. Gerade aber in einem Zeitalter des Medienspektakels, das der amerikanische Kulturtheoretiker und Medienpädagoge Douglas Kellner eindringlich beschreibt, sind Medienbildung[4], Reflexivität sowie kritisches Denken weiterhin erforderlich (Kellner 2003; Winter 2005). Die Fans, die auch kompetent das Internet nutzen, können hier eine Vorbildfunktion übernehmen. Bereits Wilhelm Dilthey (1907) hat gezeigt, dass es zum Prozess der Lebenserfahrung gehört, herauszufinden, welche Werte für einen wichtig sind. Dabei verkörpern Fankulturen wie auch die Populärkultur im 21. Jahrhundert nicht zwangsläufig progressive Werte. Sie stehen in enger Interaktion mit den transnationalen Kulturindustrien, die die Machtverhältnisse in der globalen Postmoderne nicht grundsätzlich in Frage stellen. Nichtsdestotrotz stellt die Populärkultur einen sich entwickelnden und differenzierenden Bereich der Interaktion und des Aushandelns von Sinn dar, dessen Bedeutung notwendigerweise ambivalent bleibt. Das Beispiel der Fans zeigt aber, dass seine Relevanz im 21. Jahrhundert nicht unterschätzt werden darf.

Literatur

Ang, Ien (1986): Das Gefühl Dallas. Zur Produktion des Trivialen. Bielefeld: Dädalus.

Atton, Chris (2004): An Alternative Internet. Radical Media, Politics and Creativity. Edinburgh: Edinburgh University Press.

Bachmann, Götz & Andreas Wittel (2006): Medienethnographie. In: Ayaß, Ruth & Jörg Bergmann (Hrsg.): Qualitative Methoden der Medienforschung. Reinbek: Rowohlt. 183-219.

Bacon-Smith, Camille (1992): Enterprising Women. Television Fandom and the Creation of Popular Myth. Philadelphia: University of Pennsylvania Press.

Baym, Nany K. (2000): Tune In, Log On: Soaps, Fandom and Online Community. London u.a.: Sage.

Bochner, Arthur & Carolyn Ellis (Hrsg.) (2002): Ethnographically Speaking. Autoethnography, Literature and Aesthetics. Lanham: Altamira Press.

Bourdieu, Pierre (Hrsg.) (1981): Eine illegitime Kunst. Die sozialen Gebrauchsweisen der Photographie. Frankfurt: EVA.

Brown, Mary Ellen (1994): Soap Opera and Women's Talk. London u.a.: Sage.

---

4   Zu diesem Begriff vgl. die instruktive Studie von Jörissen/Marotzki (2009).

DeAngelis, Michael (2001): Gay Fandom and Crossover Stardom. James Dean, Mel Gibson and Keanu Reeves. Durham: Duke University Press.

De Certeau, Michel (1988): Kunst des Handelns. Berlin: Merve.

Denzin, Norman K. (1989): Interpretive Biography. London u.a.: Sage.

Denzin, Norman K. (1992). Symbolic Interactionism and Cultural Studies. Cambridge, Mass.: Blackwell.

Denzin, Norman K. (1995): The Cinematic Society. The Voyeur's Gaze. London u.a.: Sage.

Denzin, Norman K. (1997): Interpretive Ethnography. London u.a.: Sage.

Denzin, Norman K. (2003): Performance Ethnography. London u.a.: Sage.

Denzin, Norman K. & Yvonna S. Lincoln (Hrsg.) (2005): Handbook of Qualitative Research. London u.a.: Sage.

Dilthey, Wilhelm (1907): Das Wesen der Philosophie. In: Dilthey, Wilhelm (1982), Gesammelte Schriften Band V. Stuttgart & Göttingen: Vandenhoeck & Ruprecht. 339-416.

Duncombe, Steve (1997): Notes from Underground: Zines and the Politics of Alternative Culture. London & New York: Verso.

Eckert, Roland, Waldemar Vogelgesang, Thomas A. Wetzstein & Rainer Winter (1991): Grauen und Lust. Die Inszenierung der Affekte. Pfaffenweiler: Centaurus.

Eco, Umberto (1985): Für eine semiologische Guerilla (orig. 1967). In: Eco, Umberto (Hrsg.): Über Gott und die Welt. München: Hanser. 146-156.

Fiske, John (1987): Television Culture. London & New York: Routledge.

Fiske, John (1989): Understanding Popular Culture. Boston u.a.: Unwin Hyman.

Fiske, John (1990): Ethnosemiotics: Some Personal and Theoretical Reflections. In: Cultural Studies 4. 85-99.

Fiske, John (1992): The Cultural Economy of Fandom. In: Lewis, Lisa A. (Hrsg.): The Adoring Audience. London & New York: Routledge. 30-49.

Fiske, John (2001): Die britischen Cultural Studies und das Fernsehen. In: Winter, Rainer & Lothar Mikos (Hrsg.): Die Fabrikation des Populären. Der John Fiske Reader. Bielefeld: transcript. 17-68.

Gergen, Kenneth (1999): An Invitation to Social Construction. London u.a.: Sage.

Gray, Jonathan, Cornel Sandvoss & C. Lee Harrington (Hrsg.) (2007): Fandom. Identities and Communities in a Mediated World. New York: New York University Press.

Green, Shoshanna, Cynthia Jenkins & Henry Jenkins (1998): Normale Female Interest in Men Bonking: Selections from The Terra Nostra Underground and Strange Bedfellows. In: Harris, Cheryl & Alison Alexander (Hrsg.): Theorizing Fandom. Fans, Subculture and Identity. Cresskill, New Jersey: Hampton Press. 9-40.

Grossberg, Lawrence (1992): Is There a Fan in the House? The Affective Sensibility of Fandom. In: Lewis, Lisa A. (Hrsg.): The Adoring Audience. Fan Culture and Popular Media. London & New York: Routledge. 50-68.

Grossberg, Lawrence (1997): It's a Sin: Politics, Postmodernity and the Popular. In: Grossberg, Lawrence (Hrsg.): Dancing in Spite of Myself. Durham: Duke University Press. 191-153.

Gubrium, Jaber F. & James A. Holstein (2009): Analyzing Narrative Reality. London u.a.: Sage.

Haraway, Donna (1997): Modest_Witnesses@Second_Millenium. Feminism and Techno-science. London & New York: Routledge.

Harrington, C. Lee & Denise D. Bielby (1995): Soap Fans. Pursuing Pleasure and Making Meaning in Everyday Life. Philadelphia: Temple University Press.

Hebdige, Dick (1979): Subculture. The Meaning of Style. London: Methuen.

Hills, Matt (2002): Fan Cultures. London & New York: Routledge.

Hine, Christine (2000): Virtual Ethnography. London u.a.: Sage.

Hobson, Dorothy (1982): Crossroads. The Drama of a Soap Opera. London: Methuen.

Kellner, Douglas (1995): Media Culture. London & New York: Routledge.

Kellner, Douglas (2003): Media Spectacle. London & New York: Routledge.

Jenkins, Henry (1992): Textual Poachers. Television Culture and Participatory Culture. London & New York: Routledge.

Jenkins, Henry (2006): Fans, Bloggers and Gamers. Exploring Participatory Culture. New York: New York University Press.

Jenkins, Henry (2006a): Excerpts from "Matt Hills interviews Henry Jenkins". In: Jenkins, Henry: Fans, Bloggers and Gamers. Exploring Participatory Culture. New York: New York University Press. 9-36.

Jenkins, Henry (2006b): Convergence Culture. Where Old and New Media Collide. New York: New York University Press.

Jenkins, Henry (2006c): Interactive Audiences? The "Collective Intelligence" of Media Fans. In: Jenkins, Henry: Fans, Bloggers and Gamers. Exploring Participatory Culture. New York: New York University Press. 134-151.

Jenson, Joli (1992): Fandom as Pathology: The Consequences of Characterization. Lewis, Lisa A. (Hrsg.) The Adoring Audience. Fan Culture and Popular Media. London & New York: Routledge. 9-29.

Jörissen, Benjamin & Winfried Marotzki (2009): Medienbildung – Eine Einführung. Bad Heilbrunn: Julius Klinkhardt/UTB.

Lévy, Pierre (1997): Collective Intelligence. Mankind's Emerging World in Cyberspace. Cambridge: Perseus Books.

Lewis, Lisa A. (Hrsg.) (1992): The Adoring Audience. London & New York: Routledge.

Mikos, Lothar (1994a): Es wird Dein Leben! Familienserien im Fernsehen und im Alltag der Zuschauer. Münster: MAkS.

Mikos, Lothar (1994b): Fernsehen im Erleben der Zuschauer. München: Quintessenz.

Mikos, Lothar (2005): Film und Fankulturen. In: Mai, Manfred & Rainer Winter (Hrsg.): Das Kino der Gesellschaft – die Gesellschaft des Kinos. Köln: Herbert von Halem. 95-116.

Penley, Constance (1997): Nasa/Trek: Popular Science and Sex in America. London & New York: Verso.

Press, Andrea & Sonia Livingstone (2006): Taking Audience Research into the Age of New Media: Old Problems and New Challenges. In: White, Mimi & James Schwoch (Hrsg.): Questions of Method in Cultural Studies. Oxford: Blackwell. 175-200.

Radway, Janice A. (1984): Reading the Romance. Woman, Patriarchy, and popular Literature. London: Verso.

Richardson, Laurel (2000): Writing. A Method of Inquiry. In: Denzin, Norman K. & Yvonna S. Lincoln (Hrsg.): Handbook of Qualitative Research. London u.a.: Sage. 923-948.

Saukko, Paula (2003): Doing Research in Cultural Studies. London u.a.: Sage.

Tulloch, John & Marc Alvarado (1983): Doctor Who. London: Macmillan.

Tulloch, John & Henry Jenkins (1995): Science Fiction Audiences. Watching Doctor Who and Star Trek. London & New York: Routledge.

Winter, Rainer (1991): Zwischen Kreativität und Vergnügen. Der Gebrauch des postmodernen Horrorfilms. In: Müller-Doohm, Stefan & Klaus Neumann-Braun (Hrsg.): Öffentlichkeit, Kultur, Massenkommunikation. Oldenburg: BIS. 213-229.

Winter, Rainer (1993): Die Produktivität der Aneignung. Zur Soziologie medialer Fankulturen. In: Holly, Werner & Ulrich Püschel (Hrsg.): Medienrezeption als Aneignung. Opladen: Westdeutscher Verlag. 67-80.

Winter, Rainer (1995): Der produktive Zuschauer. Medienaneignung als kultureller und ästhetischer Prozess. Köln: Herbert von Halem.

Winter, Rainer (1999): The Search for Lost Fear: The Social World of the Horror Fan in Terms of Symbolic Interactionism and Cultural Studies. In: Denzin, Norman K. (Hrsg.): Cultural Studies. A Research Volume (Bd. 4). 275-294.

Winter, Rainer (2001): Die Kunst des Eigensinns. Cultural Studies als Kritik der Macht. Weilerswist: Velbrück Wissenschaft.

Winter, Rainer (Hrsg.) (2005): Medienkultur, Kritik und Demokratie. Der Douglas Kellner Reader. Köln: Herbert von Halem.

Winter, Rainer (2007): Interpretative Methoden der Cultural Studies. In: Kimminich, Eva, Michael Rappe, Heinz Geuen & Stefan Pfänder (Hrsg.): Express Yourself! Europas kulturelle Kreativität zwischen Markt und Untergrund. Bielefeld: transcript. 21-32.

Winter, Rainer (2009): Cultural Studies. In: Kneer, Georg & Markus Schroer (Hrsg.). Handbuch Soziologische Theorien. Wiesbaden: Verlag für Sozialwissenschaften. 67-86.

Winter, Rainer & Roland Eckert (1990): Mediengeschichte und kulturelle Differenzierung. Zur Entstehung und Funktion von Wahlnachbarschaften. Opladen: Leske+Budrich.

Winter, Rainer & Peter V. Zima (Hrsg.) (2007): Kritische Theorie heute. Bielefeld: transcript.

Winter, Rainer & Elisabeth Niederer (Hrsg.) (2008): Ethnographie, Kino und Interpretation. Die performative Wende der Sozialwissenschaften. Der Norman K. Denzin Reader. Bielefeld: transcript.

Žižek, Slavoj (1991): Liebe Dein Symptom wie Dich selbst! Jacques Lacans Psychoanalyse und die Medien. Berlin: Merve.

Fans und Distinktion

Winfried Gebhardt

Fans sind – gleich woran und in welcher Intensität sie ihr Herz hängen – etwas Besonderes.[1] Sie fallen auf – jedenfalls wenn man genau hinzuschauen gelernt hat – und wollen dies in aller Regel auch. Nicht immer sind sie so leicht zu erkennen wie Fußballfans, die ihr Fansein in sofort auffallenden Zeichen, Symbolen und Verhaltensweisen nach außen hin offensiv demonstrieren, oder wie die Fans des Photographen Spencer Tunick, die ihren Willen, etwas Besonderes zu sein, darin ausdrücken, dass sie auf jede Form von artifiziellen Zeichen und Symbolen bewusst verzichten und sich kollektiv in ihrer ‚nackten‘ Natürlichkeit präsentieren, also das Nicht-Symbolische zum Symbol ihrer Zugehörigkeit erheben. Manchmal ist es auch nur eine unscheinbare, oftmals allerdings eine kostbare Kleinigkeit, eine Anstecknadel, ein Ring, eine auf spezifische Art gebundene Krawatte, die Verwendung einer besonderen, weil bedeutungsvollen Farbe in den Accessoires, die man – vor allem beim öffentlichen Auftritt – benutzt und die dem ‚eingeweihten‘ Außenstehenden signalisieren sollen, dass man hier einem Fan begegnet.

---

1 Die Verwendung des Begriffs Fans folgt im Kern der Definition, die von den Herausgebern in der Einleitung vorgelegt wurde und Fans als Menschen bezeichnet, die „längerfristig eine leidenschaftliche Beziehung zu einem für sie externen, öffentlichen, entweder personalen, kollektiven, gegenständlichen oder abstrakten Fanobjekt haben und in die emotionale Beziehung zu diesem Objekt Zeit und/oder Geld investieren". Allein an der Charakterisierung der Beziehung der Fans zu ihrem Objekt als ausschließlich emotional hege ich gewisse Zweifel, weil m.E. bei den meisten Fangruppen – jedenfalls wenn die Beziehung zu einer dauerhaften Beziehung wird – sich Rationalisierungen des Emotionalen bis hin zum Wertrationalen im Sinne der Handlungstypologie Max Webers (vgl. 1976: 12f.) ereignen, da Fans in der Regel irgendwann unter Begründungszwang geraten, also herausgefordert werden, ihre Leidenschaft gegenüber sich selbst, aber auch gegenüber Anderen zu rechtfertigen. Dies ist auch der Grund, warum ich, um die Beziehung der Fans zu ihrem Objekt zu kennzeichnen, den alteuropäischen Ausdruck „ihr Herz hängen" gewählt habe.

Wie auch immer, ob der Wille, etwas Besonderes zu sein, offensiv und auffällig in der Öffentlichkeit vorgetragen wird oder sich eher in distinguierten
Formen in ‚geschützten Räumen' vollzieht, die Absicht, seine Besonderheit
zu inszenieren und nach außen zu demonstrieren – gegen wen auch immer,
gegen die ‚Gesellschaft' insgesamt oder auch nur gegen konkurrierende
Fans – ist wohl ein unbestreitbares Kennzeichen eines jeden Fanseins.

Dieses unbestreitbare Kennzeichen des Fans soll Gegenstand der nachfolgenden Ausführungen sein. Besonderheit zu signalisieren oder sogar
offensiv zu demonstrieren, heißt auch immer, sich – von wem und wie auch
immer – unterscheiden zu wollen. Fansein ist damit auch immer ein Akt der
Distinktion und wird getragen von bewusst gewählten oder habituell verfe-
stigten Distinktionsstrategien. Um dieses Phänomen annäherungsweise verstehen und soziologisch deuten zu können, soll in einem ersten Schritt unter
Rückgriff auf die Kultursoziologie Pierre Bourdieus die Bedeutung des distinktiven Aktes für Individuum und Gruppe kurz skizziert werden. In einem zweiten Schritt sollen einige typische Distinktionsstrategien vorgestellt
werden. Da diese in der Bourdieuschen Distinktionstheorie zwar als solche
genannt, aber nicht explizit in ihren unterschiedlichen Formen und in ihrer
Funktion und Wirkweise beschrieben und analysiert werden, wird dazu auf
bestimmte Formen und Techniken der Inszenierung und des ‚impression-
managements', wie sie Erving Goffman in seiner Theorie der Selbstdarstellung vorgelegt hat, zurückgegriffen. In einem dritten Schritt sollen dann
diese theoretisch explizierten Distinktionsstrategien auf das Fansein und
seine individuelle wie kollektive Bedeutung übertragen und an ausgewählten Beispielen illustriert werden, um mit einigen Bemerkungen über die
distinktive Kraft der kollektiven Verdichtung des Fanseins im wie auch
immer gearteten Fan-Event zu schließen.[2]

1   Distinktion

Distinktion ist zwar heute ein in der Soziologie (und darüber hinaus) fraglos
und ganz selbstverständlich benutzter Begriff und der Verweis auf seine Be-

---

2   Für vielfältige Unterstützung, insbesondere bei der Materialrecherche, danke ich Jens
    Geilich, Christine Weisrock und Christina Zelmer.

deutsamkeit gilt als eine der großen innovativen Leistungen der Kultursoziologie Pierre Bourdieus. Zu den ausbuchstabierten soziologischen Grundbegriffen zählt er allerdings nicht. Bis heute haftet ihm ein Hauch von Unbestimmtheit an, der im „unausgearbeiteten Charakter des Distinktionstheorems" (Müller 1986: 183) in Bourdieus kultursoziologischem Hauptwerk *Die feinen Unterschiede* (1987) wurzelt. Wie bereits Hans-Peter Müller (1986) betonte, gebraucht Bourdieu den Begriff der Distinktion auf drei unterschiedliche Arten und Weisen. Zum einen ist mit Distinktion eine bewusst gewollte Abgrenzung gemeint, eine klassifizierende Handlung, in der sich ein Klassifizierender durch eine Bewertung oder ein Urteil in eine Beziehung zu einem Objekt, einem Wert oder einer Handlung setzt, um damit Besonderheit im Sinne eines Anders-, in der Regel aber sogar eines Besser- oder Höherseins zu beanspruchen. Die zweite Art der Verwendung des Begriffs der Distinktion bei Bourdieu ist die, die gemeinhin als die bedeutendste, weil den Kern seiner Theorie umschreibende, gilt: Distinktion als objektive, weil strukturbedingte Abgrenzung. „In strukturalistischer Sichtweise bildet auch der Geschmack ein strukturelles Feld mit objektiven Positionen (Geschmacksvarianten), die miteinander in Beziehung stehen. Kein Geschmack existiert für sich (,en soi'), sondern nur in Relation mit allen anderen (,pour autrui')" (Müller 1986: 182). Distinktion ist damit der kulturelle Ausdruck einer in ,soziale Klassen' oder ,soziale Schichten' gegliederten Gesellschaft. Und schließlich, drittens, taucht der Begriff der Distinktion noch in Form unbewusster und ungewollter Abgrenzung auf, die Bourdieu als „Distinktion ohne Absicht zur Distinktion" (Bourdieu 1987: 388) bezeichnet. Gemeint ist damit ein selbstverständlich geltendes, unhinterfragtes, habituell verfestigtes, weil in der ,Tradition' verankertes Verhalten, wie zum Beispiel das Tragen der Tracht.

Wie oben schon angedeutet, wird der Begriff der Distinktion heute weitgehend in der zweiten Art der Begriffsauslegung benutzt und zwar als theoretisch fundierter, sozialstruktureller Grundlagenbegriff. In dieser Form ist er allerdings für eine Analyse von Fanverhalten ungeeignet, weil Fansein nur bedingt als ein Klassen- oder Schichtphänomen angesehen werden kann. Zwar ist es richtig, dass bestimmte Formen des Fanseins, wie das Phänomen der Fußballfans oder auch das des enthusiastischen Verehrers einer künstlerischen Persönlichkeit, das wohl mit dem Geniekult der Romantik (vgl. Zilsel 1990: 51) beginnt, klassenspezifischen Ursprungs sind, im ersten

Fall des Proletariats, im zweiten Fall des sich formierenden Bildungsbürgertums (vgl. Otte in diesem Band). Doch schon in diesen Anfängen einer Fankultur in der Mitte des 19. Jahrhunderts[3] zeigen sich deutliche Tendenzen, im Fansein klassen- oder schichtspezifische Grenzen transzendieren zu wollen.[4] Spätestens aber mit der Transformation moderner Gesellschaften in solche „jenseits von Klasse und Schicht" (Beck 1986: 121) lässt sich kaum noch begründet von einer klassen- oder schichtenspezifischen Verortung bestimmter Formen des Fanseins sprechen. Zwar ist es auch heute noch so, dass bestimmte Formen des Fanseins in bestimmten Klassen, Schichten oder Milieus quantitativ stärker verbreitet sind als in anderen, und dass sich selbst in klassen- und schichttranszendierenden Fangruppen – gerade was das jeweilige fantypische Verhalten betrifft – durchaus noch habituell geprägte Unterschiede beobachten lassen. Insgesamt betrachtet aber haben jene von Ulrich Beck, Anthony Giddens, Zygmunt Bauman, Ronald Hitzler und anderen beschriebenen ‚spätmodernen' Individualisierungs- und Deinstitutionalisierungsprozesse dazu geführt, dass die Entscheidung für eine bestimmte Form des Fansein heute weitgehend als Option im Sinne von Peter Gross (1994) verstanden wird. Dies gilt insbesondere für Fanphänomene im Sport und im Bereich der Jugendkulturen, während im populär- und

---

3   Das Phänomen der Fans ist – sieht man von gewissen Erscheinungsformen des Circus-Publikums im antiken und spätantiken Rom einmal ab – ein modernes Phänomen, das erst mit den großen gesellschaftlichen Umwälzungen des 19. Jahrhunderts, mit den Verstädterungs-, den Industrialisierungs-, den Dekorporierungs- und den Säkularisierungsprozessen entsteht (vgl. Nipperdey 1983). Zwar gibt es auch in traditionalen und/oder ständisch organisierten Gesellschaften durchaus dem Fansein, jedenfalls vom Äußerlichen her, vergleichbare Erscheinungen. Ein gutes Beispiel für diese Behauptung ist der jährlich in Siena stattfindende Palio, ein Pferderennen, das von den verschiedenen Stadtvierteln getragen wird. Die Bewohner des jeweiligen Stadtviertels investieren sehr viel Zeit, Geld und Enthusiasmus in Pferd und Reiter, das Objekt ihrer Begierde ist allerdings nicht frei wählbar, sondern durch Wohnort und Geburt festgelegt. Korporative, ethnisch und/oder lokal bestimmte Zugehörigkeit entscheidet in traditionalen Gesellschaften in aller Regel darüber, woran man sein „Herz hängen" darf.

4   Ein Beispiel für diese Tendenzen sind die frühen Richard Wagner-‚Fans'. Der Wille des verehrten Meisters, Festspiele für alle veranstalten zu wollen, führte schnell zu Diskussionen darüber, die sozialen Schranken der Mitgliedschaft in den Richard Wagner-Vereinigungen sowohl nach oben als auch nach unten zu öffnen (vgl. Gebhardt/Zingerle 1998), was dann teilweise auch geschah.

hochkulturellen Bereich klassen-, schicht- oder milieuspezifische Grenzziehungen durchaus noch vorhanden sind, sich allerdings langsam nivellieren
(vgl. Gebhardt 2002). Die Fans von Anna Netrebko unterscheiden sich in ihrer sozialen Herkunft auch heute noch deutlich von denen der Kastelruther
Spatzen.[5]

Mit einem Distinktionsbegriff, der auf die Beschreibung und Analyse
sozialstruktureller Ungleichheit abzielt, lässt sich also nur wenig Erhellendes
zum Phänomen des Fanseins beitragen. Das ändert sich, wenn man sich der
ersten Bourdieuschen Begriffsverwendung bedient und Distinktion im Kern
als eine individuelle und/oder kollektiv[6] vollzogene Abgrenzungshandlung
versteht, also auf die „Praxis der Distinktion" (Diaz-Bone 2002: 31) abhebt.
Um zu verstehen, was damit gemeint ist, ist es wichtig zu betonen, dass die
Distinktion nicht einfach durch Berufung auf gesellschaftlich definierte
Rangfolgen von kulturellen Gütern erfolgt, sondern dass sie vor allem im
Wie, in der Art und Weise der In-Beziehung-Setzung besteht. Rainer Diaz-
Bone hat ausgehend von Bourdieus Diktum, dass „die sozialen Subjekte,
Klassifizierende, die sich durch ihre Klassifizierungen selbst klassifizieren",
sich voneinander „durch die Unterschiede, die sie zwischen schön und häss-
lich, fein und vulgär machen und in denen sich ihre Positionen in den objektiven Klassifizierungen ausdrückt oder verrät" (Bourdieu 1987: 25) unterscheiden, herausgearbeitet, dass der Akt der Distinktion durch einen drei-
fachen Verweisungscharakter gekennzeichnet ist. Er verweist

> „(1.) auf den sozialen Ort des Distingierenden, auf seine Position im sozialen Raum
> (soziale Selbstverortung), er verweist (2.) auf die distinguierten Objekte, wo er eine
> wahrgenommene ‚Ordnung der Dinge' reproduziert und den Dingen einen distingie-
> renden Zeichencharakter zuteil werden lässt (Semiotisierung) und er verweist (3.) auf
> eine ‚Zwischensphäre', die zwischen den Gruppen im sozialen Raum und den Dingen
> (Objekten/Tätigkeiten) vermittelt, welche sich in den unterschiedlichen und im Dis-
> kurs enthaltenen Prinzipien und Kriterien der Distinktion als ästhetisierende Proble-

---

5   Diese Aussagen beruhen nicht auf Ergebnissen von empirischen Studien, sondern fast
     ausschließlich auf eigenen (teilnehmenden) Beobachtungen während entsprechender
     Veranstaltungen.
6   Auf die sicher nicht unbedeutende Frage, ob es den Fan in der Einzahl überhaupt ge-
     ben kann, oder ob es nur Sinn macht, den Fan als Kollektivsubjekt zu denken, kann
     hier nicht näher eingegangen werden. Auf den ersten Blick spricht jedenfalls einiges
     dafür, dass – obwohl es natürlich den Fan als Individuum gibt – das ‚authentische'
     Fansein sich erst im Kollektiverlebnis herstellt.

matisierungen durch die Individuen materialisiert (Konstruktion und Rekonstruktion von Ästhetik)" (Diaz-Bone 2002: 31).

Diese drei Bedeutungsebenen des distinktiven Aktes, die soziale Selbstverortung oder Beheimatung, die Aufladung von ausgewählten Objekten mit einer spezifischen Bedeutung und die Konstruktion (oder auch nur die Reaktualisierung) einer spezifischen, auf mehr oder weniger explizit formulierten Werten aufgebauten ästhetischen oder zumindest ästhetisierenden Wirklichkeit, lassen sich nun auch im Fanhandeln erkennen und eröffnen somit die Möglichkeit, über die Distinktionen von Fans nachzudenken.

2 Distinktionsstrategien

Obwohl die Praxis der Distinktion Teil der Bourdieuschen Distinktionstheorie ist, haben weder Bourdieu selbst noch seine Gefolgsleute sich explizit der Frage nach dem ‚Wie' des distinktiven Aktes gewidmet.[7] Dies gilt auch für Rainer Diaz-Bone, der zwar die Bedeutung des distinktiven Aktes für eine Analyse der Distinktionspraxis hervorhebt, sich dann aber für eine diskurstheoretische Ergänzung der Bourdieuschen Distinktionstheorie entscheidet. Es gelingt ihm dabei durchaus, deren Fruchtbarkeit am Beispiel zweier ausgewählter Jugendszenen,[8] der Techno- und der Heavy-Metal-Szene, unter Beweis zu stellen (vgl. Diaz-Bone 2002: 241ff.), aber auch er geht auf die Art und Weise, wie und in welchen typischen Formen sich Distinktionen als Handlungen vollziehen, also welche Distinktionsstrategien dem Distingierenden grundsätzlich zur Verfügung stehen und wie er sie in seiner kon-

---

7   Vgl. Müller (1986: 182), der hierzu ausführt: „Die zweite Verwendungsweise bezeichnet die allgemeine theoretische Auffassung, die dritte taucht vorzugsweise bei der empirischen Diskussion der Arbeiterschaft in der vulgären und dem Großbürgertum in der vornehmen Variante auf und die erste bleibt für Bourdieus Lieblingsthema, das Kleinbürgertum reserviert".

8   Auch das ist eine noch ungeklärte (Definitions-)Frage, nämlich, ob man Szenemitglieder als Fans bezeichnen kann und ob jedes Fankollektiv eine Szene bildet. Überschneidungen gibt es auf jeden Fall, wenn man der Szenetheorie von Ronald Hitzler u.a. folgt (vgl. Hitzler u.a. 2001). Ebenfalls noch ungeklärt ist, ob man das Phänomen der Fans in die sogenannten ‚posttraditionalen Gemeinschaften' (vgl. Hitzler u.a. 2008) einreihen kann und soll.

kreten Handlungspraxis auswählt und einsetzt, nicht näher ein. Um die Praxis der Distinktion auch nur annähernd in ihrer Gesamtheit erfassen zu können, bedarf es neben einer diskurstheoretischen auch einer handlungstheoretischen Erweiterung der Bourdieuschen Distinktionstheorie.

Nun ist hier nicht der Ort, diese Aufgabe systematisch anzugehen. An dieser Stelle kann nur eine erste Vorstellung von einer solchen Ergänzung formuliert werden und diese wird unter Rückgriff auf Erving Goffmans (2005) Theorie der Selbstdarstellung im Alltag versucht. Goffman beschreibt darin die Notwendigkeit eines jeden Individuums, seine eigenen Handlungen zielorientiert an einem die soziale Ordnung repräsentierenden Regelwerk orientieren zu müssen, um nicht aus einer vorgegebenen ‚Rolle' zu fallen. Es geht darum sich selbst zu ‚inszenieren', die Informationen über das eigene Selbst so zu ‚managen', dass nach außen hin der Eindruck einer ‚authentischen Person' erweckt wird. Diese ‚authentische Person' aber ist nur, wie Goffman sagt, eine ‚Maske', allerdings eine, wie man mit Helmuth Plessner hinzufügen könnte, unabdingbare, sich aus der ‚exzentrischen Positionalität' des Menschen notwendig sich ableitende ‚Maske' (vgl. Plessner 1975, 2002). Sie bezeichnet sowohl bei Goffman als auch bei Plessner die Gesamtheit dessen, womit ein spezifischer Eindruck auf Andere erzeugt werden soll. Und was immer sich hinter der ‚Maske' verbirgt, spielt für die Inszenierung des Selbst nur bedingt eine Rolle. Denn diese Inszenierungen (‚performances') sind, wie Hubert Knoblauch sagt, „im Grunde die Aktivitäten, die wir durchführen, wenn wir unser gewöhnliches Selbst in einen sozialen Akteur verwandeln, der sich im Ausdruckshandeln zur Schau stellt" (Knoblauch 2000: 164).

Den Ausgangspunkt der Goffmanschen Theorie der Selbstdarstellung stellt also die Grundannahme dar, dass sozial Handelnde ein existenzielles Interesse daran haben, den Eindruck, den sie von sich erzeugen wollen, um gegenüber den Anderen ‚authentisch' zu wirken, in irgendeiner Form überzeugend zu kontrollieren. Wie sie dies tun, welche Mittel der Inszenierung und welche Strategien der Eindrucksmanipulation sie dazu entwickeln und einsetzen, wird dann ausführlich beschrieben und an vielfältigen Beispielen illustriert. Obwohl Goffman im ersten Teil seiner Theorie die Darstellungsformen als Handlungen einzelner Individuen analysiert, lässt er im Fortgang seiner Ausführungen keinen Zweifel daran aufkommen, dass erfolgreiche Darstellungen für gewöhnlich nicht von Individuen, sondern von ‚En-

sembles' vorgenommen werden. Solche Ensembles werden zum einen zu-
sammengehalten von einem gemeinsamen, nicht für die Öffentlichkeit bestimmten Wissen um und über die Ensemblemitglieder. Sie müssen in der
Lage sein, wie Goffman sagt, Geheimnisse bewahren zu können (vgl. Goffman 2005: 78f.). Zum anderen konstituieren sie sich dadurch, dass sie das für
sie typische Darstellungsrisiko gemeinsam tragen, dass das einzelne Mitglied also immer als Teil des Ganzen gesehen wird. Fans stellen nun ohne
jeden Zweifel solche Ensembles dar, auch wenn es sich im Vergleich mit
denen, die Goffman beschreibt, um besondere, weil nicht alltägliche, sondern – jedenfalls vom Eigenanspruch her gesehen – den Alltag in irgendeiner Form transzendieren[9] wollende, handelt.

Um sich als Ensemble erfolgreich inszenieren zu können, bedarf es, wie
oben schon gesagt, besonderer Darstellungsmittel und Strategien der Eindrucksmanipulation. Goffman nennt hier die Fassade, die dramatische Gestaltung, die Idealisierung, die Ausdruckskontrolle und die Mystifikation (als
Darstellungsformen) sowie spezifische ‚authentizitätssichernde‘ Verteidi-
gungs- und Schutzmaßnahmen, insbesondere den Takt (als Strategien der
Eindrucksmanipulation). Hier interessieren nur diejenigen, die über die
Aufgabe der ‚Authentizitätssicherung‘ hinaus auch noch eine distinktive
Funktion erfüllen, die es Einzelnen wie Ensembles also gestatten, sich als
etwas Besonderes zu zeigen und gegen andere abzugrenzen:

a) *Fassade.* Als Fassade bezeichnet Goffman die Gesamtheit eines festgelegten, „standardisierten Ausdrucksrepertoire(s), das der Einzelne im Verlauf seiner Vorstellung bewusst oder unbewusst anwendet" (Goffman 2005:
23). Dieses standardisierte Ausdrucksrepertoire setzt sich zusammen aus
dem ‚Bühnenbild‘ und den ‚Requisiten‘ und folgt in der Gestaltung derselben einer ‚ensembletypischen‘ Ästhetik. Zum Bühnenbild gehören Möbel-
stücke, Dekorationselemente, aber auch die Regeln für deren räumliche Anordnung. Zu den Requisiten zählt Goffman zum Beispiel Amtsabzeichen,
Rangmerkmale und andere Symbole, aber auch Kleidung, die physische
Erscheinung, die Haltung, die Sprechweise, den Gesichtsausdruck und die
Gestik (vgl. Goffman 2005: 25). Die Verwendung dieser Mittel dient nun

---

9   Die Begriffe ‚Transzendenz‘ und ‚transzendieren‘ werden hier im Sinne von Thomas
    Luckmanns „Die unsichtbare Religion" (1991) benutzt.

auch der Unterscheidung. Wie Bourdieu sagt: „Die Eigenart des Gebrauchs symbolischer Güter" bildet „das strategische Mittel zur Darstellung von Distinktion" (Bourdieu 1987: 120). Fans – wie später zu zeigen sein wird – besitzen oder ‚bauen' solche Fassaden und setzen sie zur Abgrenzung ein.

b) *Dramatische Gestaltung.* Um sich erfolgreich darzustellen, muss der Einzelne wie das Ensemble seine Handlungen mit Hinweisen durchsetzen, die ihn bestätigende Tatsachen beleuchten. „Denn wenn die Tätigkeit des Einzelnen Bedeutung für andere gewinnen soll, muss er sie so gestalten, dass sie *während der Interaktion* das ausdrückt, was er mitteilen will" (Goffman 2005: 31). Die dramatische Gestaltung einer Handlung kann in der ‚richtigen' Benutzung des ‚richtigen' Gegenstandes zum ‚richtigen' Zeitpunkt bestehen, aber auch in der die Handlung begleitenden Verwendung ‚übertriebener' Gestik und Mimik. Seriöses Handeln wird unterstützt durch zurückhaltend-kontrolliertes Minenspiel und einen dunklen Anzug, ekstatisches Handeln bedarf zumindest der weit aufgerissenen Augen und des geöffneten Hemdes. Und weil die Handlung dadurch sozusagen vom ‚Normalmaß' abweicht, unterscheidet sie sich und den Handelnden. Fans bedienen sich der dramatischen Gestaltung besonders extensiv.

c) *Idealisierung und Mystifikation.* Mit Idealisierung und Mystifikation beschreibt Goffman zwei spezifische Praktiken der Bedeutungs- oder Sinnaufladung von Inszenierungen. Idealisierung beschreibt „die Tendenz der Darsteller, beim Publikum einen auf verschiedene Art idealisierten Eindruck zu erwecken" (Goffman 2005: 35). Goffman meint damit das verstärkte Bemühen der Einzelnen oder des Ensembles, in der Darstellung die offiziell anerkannten Werte der Gesellschaft zu verkörpern. Im Falle der Darstellung der Fans geht es allerdings nur bedingt um die demonstrative Anerkennung gesellschaftlicher Werte und Normen. Idealisierung meint hier vor allem, den Wert des ‚verehrten Objekts' als in irgendeinem Sinne ‚bedeutsam' (unter Umständen auch als für ‚die Gesellschaft' bedeutsam) zu erweisen. Idealisierung kann deshalb auch als eine spezifische Legitimierungsstrategie betrachtet werden, die – im Falle der Fans – die Abweichung vom ‚Normalen' durch Bezug auf einen im ‚verehrten Objekt' liegenden Wert begründet. Mystifikation verstärkt diesen Akt der Wertbegründung, indem sie den im ‚verehrten Objekt' liegenden Wert als etwas ‚Herausgehobenes', ‚Außeall-

tägliches', ja vielleicht sogar etwas ‚Charismatisches'[10] überhöht. Mystifikation schafft Distanz und demonstriert damit Besonderheit, im Falle der Fans
vor allem dadurch, dass sie die Nähe zu dem ‚verehrten Objekt' als distan-
zierendes Alleinstellungsmerkmal präsentiert.

d) *Dramaturgische Loyalität, Disziplin und Sorgfalt.* Damit Ensembles ihre
Darstellung auf Dauer erfolgreich gestalten können, bedarf es – angesichts
der in der ‚Künstlichkeit' der Darstellung wurzelnder Gefährdungen – spezifischer Maßnahmen, die dafür sorgen, dass die Darstellung durch ‚miss-
glückte' Handlungen Einzelner nicht beschädigt wird. Goffman nennt diese
Maßnahmen Verteidigungs- und Schutzmaßnahmen und zählt darunter die
hier besonders interessierenden Strategien der dramaturgischen Loyalität,
der dramaturgischen Disziplin und der dramaturgischen Sorgfalt. Mit dra-
maturgischer Loyalität ist die bedingungslose Einhaltung des Regelwerks
gemeint, das sich ein Ensemble gegeben hat und das unter Umständen auch
von dem einzelnen Mitglied fordern kann, eine untergeordnete Position
einzunehmen und seine eigenen Interessen zurückzustellen, um den Ge-
samteindruck des Ensembles nicht zu beschädigen (vgl. Goffman 2005:
193ff.). Dramatische Disziplin steht dafür, die Darstellung des Ensembles
nicht durch ein Übermaß an Emotionalität, Spontanität und Identifikation zu
gefährden, sondern Darstellung als Darstellung zu begreifen und kontrol-
liert umzusetzen (Goffman 2005: 196f.). Und dramaturgische Sorgfalt heißt
schließlich, „eine Darstellung mit Voraussicht und Planung vorzubereiten"
(Goffman 2005: 198). Diese Maßnahmen gelten nach Goffman für Ensembles
jeder Art. Sie sind aber dann besonders wichtig, wenn es sich bei den sich
darstellenden Ensembles um solche handelt, die, wie im Falle der Fans, außerhalb der ‚normalen' Alltagswelt stehen und deshalb immer in ihrer Darstellung von Besonderheit mit Misstrauen und Unverständnis rechnen müs-

---

10 Max Weber schließt ja bekanntlich nicht aus, dass es neben dem Personalcharisma
    auch ein Objektcharisma geben kann (vgl. Gebhardt 1994). In seiner systematischen Re-
    ligionssoziologie in Wirtschaft und Gesellschaft sagt er dies explizit: „Das Charisma
    kann entweder […] eine schlechthin an dem Objekt oder der Person, die es nun einmal
    von Natur besitzt, haftende, durch nichts zu gewinnende Gabe sein" (Weber 1972:
    245f.). Von daher wäre es sicher eine Überlegung wert, die Beziehung der Fans zu ih-
    rem Objekt der Begierde als eine explizit charismatische zu bezeichnen.

sen, die sich in dem Moment dann auch noch potenzieren, wenn die Darstellung durch mangelnde Loyalität, Disziplin und Sorgfalt misslingt.

3   Die Distinktion der Fans

Diese von Goffman eingehend beschriebenen und analysierten Darstellungsformen und Techniken der Eindrucksmanipulation lassen sich durchaus als Distinktionsstrategien lesen, weil es den Ensembles ja auch immer darauf ankommt, die Besonderheit ihrer ‚Rolle' im gesellschaftlichen Rollengefüge herauszustellen. Ihr Charakter als spezifische Distinktionsstrategien verstärkt sich dann sogar, wenn es sich, wie im Falle der Fans, um Ensembles handelt, die für sich eine ‚Sonderrolle' beanspruchen, die sich bewusst außerhalb des alltäglichen gesellschaftlichen Rollengefüges stellen, entweder um es zu konterkarieren oder um es zu transzendieren. Insbesondere dann konkretisieren die Goffmanschen Darstellungsformen und Techniken der Eindrucksmanipulation das ‚Wie' des distinktiven Aktes. Dieses ‚Wie' zeigt sich vor allem an der ästhetischen und inhaltlichen Gestaltung der Fassade und der dazu benutzten Mittel, an der Art, am Umfang und an der Intensität der für die dramatische Gestaltung eingesetzten Handlungsformen und Rituale, und schließlich an der für Idealisierungs- und Mystifikationsprozesse typischen Eigenart des jeweils besonderen Bedeutungs- und Orientierungswissens und den Modalitäten seiner Generierung. Dieses ‚Wie' einer fantypischen Distinktionspraxis soll im Folgenden an einigen Beispielen illustriert werden.

a) *Fassade*. Fans bauen mit großer Sorgfalt und teilweise unter Einsatz beträchtlicher Mittel eine – jedenfalls für sie ‚stimmige' und ‚authentische' – Fassade auf, die ihre Besonderheit, ihre ‚Sonderrolle', für jeden, der sie betrachtet, sofort erkennbar werden lässt. Dazu gehört in der Regel, dass die eigenen Wohnräume, insbesondere die für Gäste zugänglichen, mit ‚Devotionalien' des verehrten Objektes dekoriert werden. Bei Fußballfans reicht die Bandbreite der Dekorationsstücke von Vereinsschals, Vereinsfahnen, dem Nachbau von Vereinstrophäen und Spielertrikots über zumeist großflächige Mannschaftsphotographien, Video- oder CD-Sammlungen von ‚erfolgreichen' Spielen (Meisterschaften oder Pokalgewinne) und Eintrittskartensammlungen bis hin zur Bettwäsche mit dem Vereinslogo oder (im Extremfall) sogar dem Anstreichen der Zimmerwände in den Vereinsfarben. Jeder soll und muss auf den ersten Blick erkennen, wo und bei wem er sich befindet. Bei den Fans von Pop-, Rock-, und Schlager-‚Stars' oder auch solchen der ‚volkstümlichen Musik' ist es nicht viel anders. Hier kommen neben dem bereits Genannten noch Platten-, CD- und Autogrammsammlungen, T-Shirts, Kaffeetassen, Plüschtiere mit dem Konterfei oder Namen des oder der ‚Verehrten' bis hin zu eher unappetitlichen ‚Reliquien' wie den Duft und damit die Aura des Stars bewahrenden, weil verschwitzten Kleidungsstücken oder andere Textilien des ‚verehrten' Objekts hinzu. Voller Stolz wurde mir einmal anlässlich des Besuchs bei einem weitläufigen Verwandten ein antikisierter alpenländischer Nachttopf mit dem Bildnis und den Autogrammen einer bekannten volkstümlichen Band aus Südtirol präsentiert – respektheischend auf der eichenen Anrichte an zentraler Stelle des Esszimmers platziert. Und natürlich drehte sich das anschließende Gespräch fast ausschließlich um die Requisition dieser besonderen ‚Devotionalie'. Aber auch bei den Fans, die das Objekt ihrer ‚Verehrung' eher im Bereich der Hochkulturproduktion finden, ist es ähnlich – wenn auch in nicht so auffälligen Formen. Hier befinden sich die Photographien in (goldenen) Rahmen, die Kaffeetassen mit dem Konterfei sind aus Porzellan und nicht aus Steingut, neben den Platten- und CD-Sammlungen existiert oftmals noch eine umfangreiche Bibliothek teilweise mit den Schriften, Libretti oder Partituren des ‚verehrten' Objekts. Im Hause einer schon etwas älteren Wagner-Enthusiastin wurde mir mit großer Begeisterung die bronzene Nachbildung eines Parsifal-Speers und eines Gralsbechers gezeigt, die, wie Hausherrin berichtete, ihr Vater noch im „Heiligen Bayreuth" erwerben konnte. – Neben den eigenen dekorativ gestalteten Wohnräumen und den oftmals ganz ähnlich eingerichteten Clubräumen (von öffentlichen Kneipen über Museen und Galerien bis hin zu privaten oder extra angemieteten Büros und Versammlungsräumen), die viele Fangruppen besitzen, gehört aber auch noch die individuelle Ausstattung der Person mit jeweils spezifischer Kleidung, (Körper-)Schmuck und Symbolen zur Fassade. Auch hier ist die Bandbreite groß, wobei in der Regel zu unterscheiden ist zwischen der ‚Alltagskluft' und der ‚Festtagskluft' der Fans. Während im Alltag der Hinweis auf das Fansein eher in dezenten Formen auftritt, erfolgt er auf Veranstaltungen, in denen es – in welcher konkreten Form auch immer – um das präsente Erleben des ‚verehrten Objekts' geht, zumeist deutlich massiver.[11] Im ‚normalen' Alltag des Fans genügt in der Regel ein kleines Zeichen als ‚Bekenntnis', ein Aufkleber auf dem Schreibmäppchen, der Schultasche, dem Mountainbike oder dem Auto, die ‚berühmte' Ansteck- oder Krawattennadel, der Siegelring, manchmal ein Abziehtattoo oder ein Piercing. Wenn es dann aber auf Veranstaltungen geht, in denen das ‚verehrte Objekt' im Mittelpunkt steht, sei es ein sportlicher Wettkampf, ein Konzert, eine Vernissage oder auch nur ein Fantreffen, wird die Zeichensprache in der Regel ausdrucksstärker und monumentaler. Dann kann es vorkommen, dass das gesamte Äußere einer Person dem Fansein angepasst wird. Allerdings gibt es hier deutliche Unterschiede. Während die sich auf solchen Veranstaltungen offensiv gestaltende Demonstration von Besonderheit sich im Bereich der Hochkultur zumeist in weitgehend distinguierten Formen abspielt (und sich kaum von den Praktiken des Alltags unterscheidet), wird im sportlichen und populärkulturellen Bereich ein immer größer werdendes Arsenal von durchaus phantasievollen, originellen Unterscheidungszeichen eingesetzt, wobei in den letzten Jahren ein deutlicher Trend hin zum extensiven Körperschmuck und zur Körperinszenierung zu beobachten ist: von der stylishen Frisur über das body-painting bis hin zu Brandings und Tattoos.

b) *Dramatische Gestaltung.* Die dramatische Gestaltung des Fanseins als distinktive Praxis ist vor allem dann zu beobachten, wenn die Fans als Kollektiv auftreten, in der Regel auf den jeweils spezifischen Veranstaltungen oder auf dem Weg dahin. Im ‚normalen' Alltag des Fans findet sie sich eher selten und wenn, dann im Gestus der Humorlosigkeit und eines leichten Fanatismus, der immer dann eingenommen wird, wenn sich Außenstehende über das Fansein des Betreffenden lustig machen oder es in Frage stellen. Dann hört der Spaß auf, die Minen verhärten sich, der Körper versteift sich, die Gestik wird aggressiver, die Sprachgeschwindigkeit und die Lautstärke nehmen zu. Die dramatische Gestaltung der ‚Fanrolle' vollzieht sich allerdings primär beim organisierten oder unorganisierten Massenauftritt der Fans. Typisch ist zum Beispiel der Aufbau eines standardisierten Mustern

---

11 Zur Unterscheidung von Fest und Alltag, zur Beziehung zwischen Alltag und Fest sowie zur Bedeutung dieser Unterscheidung für Individuum und Gesellschaft vgl. Seyfarth (1979) und Gebhardt (1987).

folgenden Erregungsspiegels, insbesondere dann, wenn das Erscheinen des ‚verehrten Objekt' vor der Tür steht. Das oftmals stundenlange, geduldige Ausharren in Sonne oder Nässe, die gespannte, sich ständig steigernde – und für manche auch schlechthin nervenaufreibende, weil zu Unwohlsein, Übelkeit und Ohnmacht führende – Vorfreude, der kontinuierliche Aufbau eines Geräuschpegels, wenn zum wiederholten Male ein – heute meist über SMS verbreitetes – Gerücht auftaucht, die Ankunft des ‚Stars' sei in Bälde zu erwarten, das Explodieren der Anspannung in ekstatischem Gekreische, stakkatoähnlichen Namensrufen, im wilden Schwenken von Fahnen, Bannern, T-Shirts und BHs, im Läuten von Kuhglocken und im Blasen von Tröten und sonstigen lärmintensiven Gerätschaften, wenn ‚Er' oder ‚Sie' dann endlich auftaucht, das Zücken der Handy- oder Digitalkameras, um den ‚heiligen Augenblick' für die Ewigkeit und die anderen festzuhalten, aber auch die schnell in Enttäuschung umschlagende Fassungslosigkeit, dass ein kurzer, oftmals nur Sekunden währender und zudem oftmals nur verstellter Blick auf den ‚Star' alles war, was von der Begegnung übrig blieb – alle diese Verhaltensweisen sind typische Arten dramatischer Gestaltung. Diese treten in dieser Extremform zwar vor allem wieder im Bereich des Sports und der Populärkultur auf, sind in gemäßigter Weise aber auch unter Hochkulturfans – als Akte der ‚Einstimmung' (vgl. Gebhardt/Zingerle 1998: 103ff.) – zu beobachten. – Doch nicht nur die Vorfreude wird dramatisch gestaltet, auch das Fanereignis selbst, das Konzert, der Wettbewerb, die Rede, die Präsentation, wird dramatisch gestaltend begleitet. Unter Fußballfans gibt es intensiv vorbereitete, teilweise sogar zeitaufwändig einstudierte Choreographien, die in bestimmten Spielsituation abgerufen werden, Papierstürme, Synchronklatschen, Sängerkriege, die La Ola-Welle und vieles andere mehr (vgl. Morris 1981). Im Biathlon, einer Sportart mit hohem Fanpotential, wird jeder abgegebene Schuss, der das Ziel erreicht, mit begeisternder Zustimmung begrüßt und jeder, der das Ziel verfehlt, mit einem tiefen Seufzer begleitet. In der Oper weiß der kundige Fan, wann er mit ‚Da capo'- und ‚Brava'-Rufen seinem Enthusiasmus Raum und Ausdruck verschaffen darf. Der ‚Fan' kennt nicht nur die jeweils typischen, oftmals ritualisierten dramatischen Gestaltungsformen, er setzt sie auch zielsicher im ‚richtigen' Moment ein und gibt sich damit als ‚Eingeweihter' zu erkennen.

c) *Idealisierung und Mystifikation.* Die Notwendigkeit, den Wert ihres ‚verehrten Objektes' vor sich selbst, aber auch vor den ‚Normalen' rechtfertigen zu müssen, ihn also als Ideal zu verklären, führt in der Regel dazu, dass Fans danach streben, möglichst alle, auch die entlegendsten Informationen über das Objekt ihrer Begierde zu sammeln und zu memorieren.

Fans verfügen über ein enormes Faktenwissen und sind immer bereit, es auch zu präsentieren, um ihre Kennerschaft und ihr Expertentum unter Beweis zu stellen. Fußballfans kennen die Geschichte ihres Vereins bis ins Detail. Sie wissen Ort und Datum großer Siege. Sie können sofort Auskunft über die Torfolge geben. Sie kennen die Biographien großer Spielerpersönlichkeiten, jedenfalls wenn sie über längere Zeit mit ihrem Verein verbunden waren, ihre Hobbies, ihre besonderen Fertigkeiten auf dem Fußballplatz. Sie geben Auskunft über die Spieltaktiken unterschiedlicher Trainer ebenso wie über den Wechsel der Trikotdesigns im Laufe der Vereinsgeschichte. Ähnliches gilt auch für die Fans populärer Musikidole, gleich ob diese aus dem populär- oder aus dem hochkulturellen Bereich stammen. Man weiß, wer wann welche Platte oder CD veröffentlicht hat und bei welchem Label dies geschehen ist. Man kennt die Stationen der Karriere bis ins Detail, weiß über die errungenen Auszeichnungen Bescheid, kennt die Anzahl der Flirts, Eheschließungen und Ehescheidungen, größeren und kleineren Skandale, in die das 'verehrte Objekt' verwickelt war. Keine noch so kleine Information erscheint dem Fan unwichtig. Alle gehören irgendwie dazu, um ein möglichst vollständiges Bild nachzeichnen zu können. Und nur diese Vollständigkeit des Bildes erklärt den 'idealen' Wert des Objekts. Nur im Ausnahmefall, insbesondere dann, wenn das Verständnis des 'verehrten' Objektes einen gewissen Bildungsgrad und spezifische – zumeist wissenschaftliche – Kenntnisse und Fertigkeiten voraussetzt, geht das Wissen der Fans über bloßes Faktenwissen hinaus. Dann werden auch musik-, kunst- oder auch zeitgeschichtliche Zusammenhänge wichtig und der Fan versucht, den Wert seines Objektes in einem größeren kulturgeschichtlichen Rahmen zu verorten, wie es das Beispiel eines dem Adornoschen Typus des Expertenhörers (vgl. Adorno 1981: 18f.) entsprechenden Wagnerfans zeigt, der anhand einzelner Partituren des 'Meisters' dessen Sonderstellung in der Musikgeschichte aufzeigen konnte, um so seine Besonderheit zu demonstrieren und dies bei jeder – passenden und unpassenden – Gelegenheit versuchte. Auch Formen der Mystifikation finden sich bei Fans, allerdings in unterschiedlicher Intensität. Mystifikation vollzieht sich in der Regel in der Auratisierung oder Charismatisierung des 'verehrten' Gegenstands, dem eine 'außeralltägliche', nicht für jeden erreichbare Qualität zugesprochen wird. *Clapton ist Gott,* wurde einst an die Wände des Bamberger Doms gepinselt. Maria Callas trug den Beinamen *Die Göttliche.* Auch Jimi Hendrix und Janice Joplin wurden gottähnliche Züge zugesprochen. Elvis Presley war *The King.* Und Franz Beckenbauer ist *Der Kaiser.* Diego Maradona gilt nicht nur als gottähnlich, für seine ,wirklichen' Fans ist er ein Gott – wer erinnert sich nicht an die berühmte *Hand Gottes,* die Argentinien zum Weltmeistertitel führte – und um ihn zu verehren, haben sie die *maradonianische Kirche* gegründet und vollziehen dort Eheschließungen und Kindstaufen. Sie haben ihre *Zehn Gebote,* von denen das erste dazu auffordert, den Ball nicht zu beschmutzen und sie beten ihr *Diego Unser.* Ähnliche Auratisierungs- und Charismatisierungsphänomene finden sich bei Schalke 04. Auch hier gibt es ein *Schalke Unser,* dessen erste Zeilen wie folgt lauten: „Schalke Unser im Himmel / Du bist die auserkorene Mannschaft / verteidigt werde Dein Name / Dein Sieg komme / wie zu Hause so auch auswärts" (vgl. www.schalke04.de). Auch hier lassen sich Fans in der Kapelle der Arena trauen oder ihre Kinder taufen (in der Regel allerdings von einem Pfarrer oder Priester). Und auch hier wird bis heute der *Flankengott,* Stan Libuda, verehrt. Die Apotheose des ,verehrten' Objekts und die diese begleitende und verstärkende Ausübung spezifischer ,liturgischer' Handlungen und Rituale,[12] die zumeist dem Formenkanon der Katholischen Kirche entlehnt sind, erlaubt es dem Fan, an der so konstruierten Aura zu partizipieren, sich selbst und sein Handeln als etwas ,Außeralltägliches' zu betrachten, und damit jene Distanz zu den ,Normalen' herzustellen, die notwendig ist, um seine Besonderheit nach innen und außen zu demonstrieren.

---

12 Gleichwohl bin ich eher skeptisch, ob es angemessen ist, diese Phänomene als ,Ersatzreligion' oder als ,neue' Formen der Religion zu deuten, wie es einige Theologen tun (vgl. z.B. Isenberg/Sellmann 2000; Boelderl u.a. 2005 sowie Schmidt-Lux zu „Fans und Religion" in diesem Band). Zu eindeutig ist – von Extremfällen einmal abgesehen – das ,zwinkernde Auge' zu erkennen, mit dem entsprechende Aussagen und Handlungen von vielen Fans begleitet werden. Angemessener scheint mir die Interpretation zu sein, darin eher den spielerischen (vielleicht auch provozierenden) Umgang mit religiösen Metaphern und Praktiken zum Zwecke der Aufmerksamkeitsgenerierung und Distanz produzierenden Besonderheitsfeststellung zu sehen – ein Umgang, der auch für den Einsatz vieler populärkultureller Praktiken bei explizit religiösen Veranstaltungen typisch ist (vgl. Forschungskonsortium WJT 2007).

4 Die distinktive Verdichtung des Fanseins im Event

Das Fansein erlebt seinen Höhepunkt auf jenen Veranstaltungen, zu denen sich mehrere Personen, die ihr ‚Herz' an das gleiche Objekt ‚hängen', versammeln, um diese Leidenschaft auszuleben, also ein situativ-konkretes Fanensemble bilden, das von einem ausgeprägten Wir-Gefühl getragen wird. Dieses ausgeprägte Wir-Gefühl schließt allerdings nicht aus, dass Fans sich auch intern unterscheiden und unterscheiden wollen. Distinktionspraktiken gibt es selbstverständlich auch innerhalb von Fanensembles. So bilden sich oftmals äußerst subtile Gruppenhierarchien aus, die miteinander darum konkurrieren, die intensivste Beziehung zum ‚verehrten Objekt' zu haben, ihm auch körperlich am nähesten zu kommen, die ansprechendste (und im Wettbewerb ‚erfolgreichste') Fanästhetik zu entwickeln und gestalterisch umzusetzen oder auch nur die meiste Zeit und das meiste Geld in das jeweilige Fanobjekt zu investieren – zu beobachten vor allem im sportlichen und jugendkulturellen Bereich. Konkurrenz und Wettbewerb können aber auch entstehen, wenn es um die ‚richtige' Deutung des Sinns (der Botschaft) des ‚verehrten' Objekts geht. So gibt es zum Beispiel bei den organisierten Wagner-Fans drei unterschiedliche Gruppierungen, die um die ‚richtige' Interpretation des Wagnerschen Erbes kämpfen und großen Wert darauf legen, sich zu unterscheiden und auch von außen unterschieden zu werden (vgl. Gebhardt/Zingerle 1998: 89ff.). In der Regel ist es aber so, dass diese Differenzen in ihrer Bedeutung schwinden, wenn das Fanensemble mit dem Willen, als ‚Einheit' wahrgenommen zu werden, auf (Fan-)Veranstaltungen öffentlich auftritt. Gerade dann geriert man sich gerne als geschlossene ‚große Familie' und bemüht sich intensiv darum, ‚Individualität' zu zähmen.

Solche Veranstaltungen werden von allen Beteiligten in der Regel als ‚Festtage' erlebt, auch deshalb, weil sie wie die meisten Feste einem durch Tradition oder Setzung festgelegten Rhythmus folgen, der das im Fluss der Zeit verschwimmende Leben ordnet. Fußballfans orientieren ihre Existenz am Spielplan. Wagnerfans freuen sich auf die jährlich stattfinden Bayreuther Richard Wagner-Festspiele. Und die Fans populärer Unterhaltungskünstler verfolgen intensiv die Tourneeankündigungen und Tourneetermine ebenso wie die medialen Auftritte ihrer ‚verehrten' Objekte und leben darauf hin. Diese Veranstaltungen werden aber auch deshalb als Festtage erlebt, weil auf ihnen die spezifischen Funktionen des festlichen Erlebens zu Tage treten.

Feste – als das Erlebnis des ‚Außeralltäglichen' – dienen nicht nur der individuellen Bewältigung des Alltags, indem sie diesen auf Zeit aufheben und/oder ihm durch die Aktualisierung der gefeierten ‚Werte' Sinn zuschreiben, sie dienen auch der Festigung des feiernden Kollektivs, weil das gemeinsame Interesse an dem zu feiernden Objekt die partikularen Aufsplitterungen, in die ein Ensemble im Alltag zerfällt, überwindet. Streitigkeiten und Interessenkonflikte, Antagonismen und soziale Ungleichheit sind für den Moment aufgehoben. Ansonsten getrennt lebende und agierende Ensemblemitglieder und Ensemblegruppen treffen auf diesen Veranstaltungen zusammen. Sie kommen sich – in gemeinsamen Aktionen – näher, die Kontakte vervielfachen sich, sie werden, auch durch das geoffenbarte Bekenntnis, der gleichen Leidenschaft zu frönen, einander vertrauter. Das festliche Erlebnis, zu dem unter Umständen auch das gemeinsame Verletzen gesellschaftlicher Normen zu zählen ist, vor allem aber die gemeinsame Steigerung in ekstatische, entgrenzende, liminale Zustände, lässt das Fanensemble gestärkt aus dem Fest hervorgehen.[13]

Das Fest der Fans, das in der Spätmoderne im übrigen immer mehr den Charakter eines karnevalesken Events[14] annimmt, hat allein schon deshalb einen distinktiven Charakter, weil es der Öffentlichkeit das Bild einer geschlossenen und thematisch fokussierten Einheit demonstrieren will und in der Regel auch demonstriert. Aus diesem Grund kommen hier die von Goffman beschriebenen Techniken der Eindrucksmanipulation extensiv zum Einsatz. Weil hier das Fanensemble als geschlossene Einheit auftreten will, entfaltet es ein hohes Maß an sozialer Kontrolle, achtet auf dramaturgische Loyalität, Disziplin und Sorgfalt weit mehr als im Fanalltag, in dem Individualität im Fanverhalten, also auch Abweichungen von der Fannorm, eher

---

13 Zur individuellen wie sozialen Funktion des festlichen Erlebens, insbesondere zu der hier nur angerissenen Unterscheidung von Fest und Feier, denen in analytischer Absicht jeweils unterschiedliche Funktionen zugewiesen werden können, dem Fest die Aufhebung des Alltags, der Feier die Sinnzuschreibung des Alltags, vgl. ausführlich Bollnow (1979), Gebhardt (1987), Turner (1989) und Enser (2001).

14 Zur Charakteristik des Events, seinen Gemeinsamkeiten mit, aber auch seinen Unterschieden gegenüber dem Fest vgl. die Einleitung sowie die Aufsätze von Winfried Gebhardt, Hubert Knoblauch, Herbert Willems und Wolfgang Lipp in Gebhardt u.a. (2000) sowie Gebhardt (2008).

toleriert und teilweise auch ausgelebt werden. Loyalität wird hier von jedem einzelnen Fan eingefordert, um nicht das Bild der geschlossenen Einheit zu beschädigen. Kritik und Zweifel an dem ,verehrten' Objekt sind Tabu. So oft und so intensiv auch im normalen Fanalltag über Fehlleistungen, Verirrungen und Schwächen des ,verehrten Objekts' diskutiert werden mag, im Moment der festlichen Verdichtung des Fanseins gilt es allein, bedingungslose Treue und Unterstützung zu signalisieren und umzusetzen. Fußballfans schimpfen häufig über die Leistungen der Spieler, Trainer und Funktionäre. Die Fans der Bayreuther Richard Wagner Festspiele kritisieren oftmals erbittert und gnadenlos Sänger-, Dirigenten-, Regie- und Orchesterleistungen. Die Fans von Britney Spears sind nicht unbedingt begeistert von ihren Mutterqualitäten. Aber in dem Moment, in dem das Spiel beginnt, die Türen zum Festspielhaus sich öffnen, der gealterte Teenie-Star die Bühne betritt, ist jede Kritik vergessen. Loyalität ist angesagt. – Und was für die Loyalität gilt, gilt ebenso für die dramaturgische Disziplin. Disziplin ist deshalb notwendig, weil die festliche Inszenierung des Ensembles an – zumeist ungeschriebene – Regeln und Vorschriften gebunden ist, die ihr – auch ästhetisches – Gelingen sichern sollen. Im Zentrum stehen dabei jeweils spezifische Kleider- und Schminkregeln sowie jeweils ensembletypische Verhaltensgebote und Verbote. Ein Fan von Schalke 04, der statt des Königsblaus das Himmelblau der Boca Juniors trägt, ist für die anderen Ensemblemitglieder untragbar. Wer im Bayreuther Festspielhaus die andächtige Stille und die ungepolsterten Stühle nicht ertragen kann, gilt als undiszipliniert und nicht leidensfähig. Und wer dort ,totally overdressed' erscheint, zeigt, das er die künstlerische Botschaft des ,Meisters' nicht verstanden hat. Wer zum Pink-Konzert im Madonna-Outfit erscheint, wird verspottet und hat sich als ,echter' Fan diskreditiert. Disziplin ist die Voraussetzung dafür, dass das Fanensemble als Ensemble ästhetisch und vom Verhalten her nicht auseinanderfällt, sondern als besondere, distingierende Einheit öffentlich in Erscheinung treten kann. – Die dritte, von Goffman beschriebene Verteidigungs- oder Schutzmaßnahme, die dramaturgische Sorgfalt, ist ebenfalls Teil des ,impression managements' des Fanensembles. Sorgfalt ist vor allem gefragt, wenn es darum geht, die ,richtigen' Zeichen zur ,richtigen' Zeit zu setzen oder ,richtig' gesetzte Zeichen auch ,richtig' zu deuten. Im sportlichen Bereich müssen Schlachtgesänge eingeübt und passend eingesetzt werden, oftmals komplizierte Massenchoreographien bedürfen der minutiös geplanten Aufführung.

Der Besucher der Bayreuther Festspiele muss wissen, was es bedeutet, wenn
das Bläserensemble auf dem Balkon zu spielen beginnt, nämlich das geordnete Versammeln und bedächtige Schreiten zu den ,richtigen' Eingangstü-
ren. Dramaturgische Sorgfalt setzt Training und Vorbereitung voraus. Nur
sie kann gewährleisten, dass das ,Image' des Besonderen nicht ins Lächerli-
che abgleitet und somit in seinem Kern beschädigt wird.

Mit Hilfe dieser Techniken der Eindrucksmanipulation sichert das Fanensemble im Fanevent den gewünschten und gewollten Eindruck einer gemeinsamen und gemeinsam vollzogenen Begeisterung für das Objekt seiner
Begierde – ein Eindruck, der jedem einzelnen Mitglied nicht nur seine Besonderheit gewahr werden lässt, die ihn von allen anderen unterscheidet,
sondern ihm auch immer wieder aufs Neue vermittelt, dass es sich lohnt,
sein Herz an das erwählte Objekt zu hängen, sein Leben als ,affecionado', als
leidenschaftlicher Liebhaber eines Objekts zu führen, das größer und bedeutender ist als er selbst.

5   Ausblick

Fans und ihre jeweils spezifischen Ausdrucksformen sind integraler Bestandteil ,moderner', vor allem aber ,spätmoderner' Kultur. In sich zunehmend individualisierenden und entgrenzenden Gesellschaften bietet das
Fansein die doppelte Chance einer distinktiven Besonderheitsgenerierung.
Zum einen gestattet es die (frei wählbare) Option auf soziale Verortung und
emotionale Beheimatung jenseits von Familie, Beruf und Nation. Zum anderen eröffnet es die Möglichkeit einer erlebnisintensiven, ,ganzheitlichen' In-
dividualitätsbekundung, die den ökonomischen, politischen und rechtlichen
Standardisierungsprozessen einen ,freiheitssuggerierenden' und ,authentizi-
tätssichernden' Kontrapunkt entgegenzusetzen verspricht. Im Fansein spiegelt sich somit die ambivalente Struktur ,spätmoderner' Gesellschaften, die
ihre Mitglieder auf der einen Seite zur Individualität zwingt, zum anderen
ihre Sehnsucht nach gemeinschaftlicher Bindung und Verortung nicht zu
stillen vermag. Das Fansein eröffnet – wenn auch nur situativ und partikulär
– eine Chance, jenseits der ,kalten Rationalität' des ,spätmodernen' Alltags
beide Anforderungen miteinander zu vereinbaren. Hieraus gewinnt es seine
Attraktivität. Und es ist nicht abzusehen, dass diese Attraktivität unter den
gegebenen Strukturbedingungen an Bedeutung verlieren wird.

Literatur

Adorno, Theodor W. (1981): Einleitung in die Musiksoziologie. Zwölf theoretische Vorlesungen. Frankfurt a.m.: Suhrkamp.

Beck, Ulrich (1986): Risikogesellschaft. Auf dem Weg in eine andere Moderne. Frankfurt a.m.: Suhrkamp.

Becker, Peter & Gunther A. Pilz (1988): Die Welt der Fans. Aspekte einer Jugendkultur. München: Copress.

Boelderl, Arthur R., Helmut Eder & Ansgar Kreutzer (Hrsg.) (2005): Zwischen Beautyfarm und Fußballplatz. Theologische Orte der Populärkultur. Würzburg: Echter

Bollnow, Otto Friedrich (1979): Neue Geborgenheit. Das Problem der Überwindung des Existenzialismus. Stuttgart: Kohlhammer.

Bourdieu, Pierre (1983): Zur Soziologie der symbolischen Formen. Frankfurt a.M.: Suhrkamp.

Bourdieu, Pierre (1987): Die feinen Unterschiede. Kritik der gesellschaftlichen Urteilskraft. Frankfurt a.M.: Suhrkamp.

Diaz-Bone, Rainer (2002): Kulturwelt, Diskurs und Lebensstil. Eine diskurstheoretische Erweiterung der bourdieuschen Distinktionstheorie. Opladen: Leske+Budrich.

Enser, Stephan (2001): Soziales Extremverhalten: ‚Maske' und ‚Rausch', ‚Chocks' und ‚Events'. Vom Initiationsritus zur Freizeitindustrie. Würzburg: Ergon.

Forschungskonsortium WJT (2007): Megaparty Glaubensfest. Weltjugendtag: Erlebnis – Medien – Organisation. Wiesbaden: Verlag für Sozialwissenschaften.

Gebhardt, Winfried (1987): Fest, Feier und Alltag. Über die gesellschaftliche Wirklichkeit des Menschen und ihre Deutung. Frankfurt a.M. u.a.: Lang.

Gebhardt, Winfried (1994): Charisma als Lebensform. Zur Soziologie des alternativen Lebens. Berlin: Reimer.

Gebhardt, Winfried (2002): Die Verszenung der Gesellschaft und die Eventisierung der Kultur. Kulturanalyse jenseits traditioneller Kulturwissenschaften und Cultural Studies. In: Göttlich, Udo, Clemens Albrecht & Winfried Gebhardt (Hrsg.): Populäre Kultur als repräsentative Kultur. Die Herausforderung der Cultural Studies. Köln: von Halem. 287-305.

Gebhardt, Winfried (2008): Gemeinschaften ohne Gemeinschaft. Über situative Event-Vergemeinschaftungen. In: Hitzler, Ronald, Anne Honer & Michaela Pfadenhauer (Hrsg.): Posttraditionale Gemeinschaften. Theoretische und ethnographische Erkundungen. Wiesbaden: Verlag für Sozialwissenschaften. 202-213.

Gebhardt, Winfried & Arnold Zingerle (1998): Pilgerfahrt ins Ich. Die Bayreuther Richard Wagner-Festspiele und ihr Publikum. Eine kultursoziologische Studie. Konstanz: UVK.

Gebhardt, Winfried, Ronald Hitzler & Michaela Pfadenhauer (Hrsg.) (2000): Events. Soziologie des Außeralltäglichen. Opladen: Leske+Budrich.

Goffman, Erving (2005): Wir alle spielen Theater. Die Selbstdarstellung im Alltag. München: Piper.

Gross, Peter (1994): Die Multioptionsgesellschaft. Frankfurt a.M.: Suhrkamp.

Hitzler, Ronald, Thomas Bucher & Arne Niederbacher (2001): Leben in Szenen. Formen jugendlicher Vergemeinschaftung heute. Opladen: Leske+Budrich.

Hitzler, Ronald, Anne Honer & Michaela Pfadenhauer (2008): Zur Einleitung: „Ärgerliche" Gesellungsgebilde? In: Hitzler, Ronald, Anne Honer & Michaela Pfadenhauer (Hrsg.): Posttraditionale Gemeinschaften. Theoretische und ethnografische Erkundungen. Wiesbaden: Verlag für Sozialwissenschaften. 9-31.

Isenberg, Wolfgang & Matthias Sellmann (Hrsg.) (2000): Konsum als Religion? Über die Wiederverzauberung der Welt. Mönchengladbach: Kühlen.

204

Winfried Gebhardt

Knoblauch, Hubert (2000): Erving Goffman. The Presentation of Self in Everyday Life. In: Kaesler, Dirk & Ludgera Vogt (Hrsg.): Hauptwerke der Soziologie. Stuttgart: Kröner. 162-166.
Luckmann, Thomas (1991): Die unsichtbare Religion. Frankfurt a.M.: Suhrkamp.
Morris, Desmond (1981): Das Spiel. Faszination und Ritual des Fußballs. München: Droemer Knaur.
Müller, Hans-Peter (1986): Kultur, Geschmack und Distinktion. Grundzüge der Kultursoziologie Pierre Bourdieus. In: Neidhardt, Friedhelm, M. Rainer Lepsius & Johannes Weiß (Hrsg.): Kultur und Gesellschaft. Sonderheft 27 der Kölner Zeitschrift für Soziologie und Sozialpsychologie. Opladen: Westdeutscher Verlag. 162-190.
Nipperdey, Thomas (1983): Deutsche Geschichte 1800-1866. Bürgerwelt und starker Staat. Müchen: C.H. Beck.
Plessner, Helmuth (1975): Die Stufen des Organischen und der Mensch. Einleitung in die philosophische Anthropologie. Berlin & New York: de Gruyter.
Plessner, Helmuth (2002): Grenzen der Gemeinschaft. Eine Kritik des sozialen Radikalismus. Frankfurt a.M.: Suhrkamp.
Seyfarth, Constans (1979): Alltag und Charisma bei Max Weber. In: Sprondel, Walter M. & Richard Grathoff (Hrsg.): Alfred Schütz und die Idee des Alltags in den Sozialwissenschaften. Stuttgart: Enke. 155-177.
Turner, Victor (1989): Das Ritual. Struktur und Anti-Struktur. Frankfurt a.M. & New York: Campus.
Weber, Max (1976): Wirtschaft und Gesellschaft. Grundriß der verstehenden Soziologie. Tübingen: Mohr-Siebeck.
Zilsel, Edgar (1990): Die Geniereligion. Ein kritischer Versuch über das moderne Persönlichkeitsideal, mit einer historischen Begründung. Frankfurt a.M.: Suhrkamp.

Fans und Sozialisation

Jan Skrobanek & Solvejg Jobst

Die Beschäftigung mit dem Problemfeld Sozialisation, also mit dem Prozess, durch den Menschen ihre Persönlichkeitsformung erfahren und zu handlungsfähigen Akteuren in einer spezifischen sozialen Umwelt werden, hat in den Sozialwissenschaften eine lange Tradition. Der Grundtenor ist hierbei, dass Menschen im Verlauf ihres Lebens zum einen lernen, sozial (vor)definierte Ziele zu übernehmen und adäquate Mittel zu deren Erreichung einzusetzen (Merton 1995). In diesem Sinne wurde der Begriff Sozialisation erstmals im Oxford Dictionary von 1828 definiert: „to render social, to make fit for living in society" (Clausen 1968: 21). Zum anderen lernen die Menschen im Prozess der Sozialisation, neue Ziele zu definieren und alternative Realisierungswege zu finden. Spricht man von Sozialisation, geht es somit nicht nur um die Anpassung an gesellschaftliche Erfordernisse, sondern ebenso im Sinne wechselseitiger Beeinflussung um die aktive Auseinandersetzung mit diesen gesellschaftlichen Bedingungen. Demnach verweist Sozialisation als „zweite soziokulturelle Geburt" (Claessens 1979) auf eine komplexe und hoch dynamische Beziehung zwischen Gesellschaft und Persönlichkeitsentwicklung, zwischen Kontext und individuellem Handeln, zwischen der Subjektwerdung und den jeweils historisch variablen Umweltbedingungen.

Eine sozialisationstheoretisch ausgerichtete Fanforschung konzentriert sich folglich auf die Relation zwischen dem sozialen Kontext und dem Erleben, Denken, Handeln sowie dem Selbstverständnis als Fan. Ausgehend von der simplen Feststellung, dass man als Fan nicht geboren wird, sondern unter bestimmten Umständen zum Fan wird, fragt die Sozialisationsforschung mit Blick auf Fans nach der Kopplung zwischen den sozialstrukturellen und kulturellen Aspekten, mit denen sich der Akteur im Verlauf seiner Persönlichkeitsentwicklung auseinandersetzt, den spezifischen fanbezogenen Einstellungen, Wahrnehmungs-, Interpretations-, Verhaltens- oder Handlungsmustern, die daraus entstehen und den (Rück-)Wirkungen dieser Persönlichkeitsaspekte auf die Sozialstruktur.

Grundsätzlich kann die Sozialisationsforschung auf eine lange Tradition zurückblicken (vgl. z.B. Durkheim 1973) und auch die Fanforschung verfügt über ein beachtliches empirisches Material (vgl. die Einleitung in diesem Band). Gänzlich anders verhält es sich jedoch, wenn man Arbeiten zum Problemfeld „Sozialisation und Fan" finden möchte. Relativ schnell werden hier auffallende Defizite deutlich. So gibt es wenige theoretische Erklärungen, die die Wirkungen der Einstellungen und Handlungen von Fans auf soziale Strukturen untersuchen, und es existieren keine Modellierungen, die der Pfadabhängigkeit von Sozialisation und Fansein in einem analytischen oder in einem empirischen Sinne gerecht werden.[1]

Vor diesem Hintergrund kann es im Folgenden nicht primär darum gehen, eine Systematisierung der bisherigen Fan-Sozialisationsforschung vorzunehmen. Unsere Überlegungen zielen vielmehr auf die Frage, wie vor dem Hintergrund von Sozialisationsforschung die Ursache-Wirkungs-Zusammenhänge zwischen Sozialisation und Fantum verstanden und in einem empirisch prüfbaren Prozessmodell abgebildet bzw. modelliert werden können. Zur Beantwortung dieser Frage ist es aus unserer Sicht zunächst notwendig, zentrale Grundannahmen der Sozialisationsforschung zu systematisieren und darauf aufbauend Implikationen für den Bereich „Fan" bzw. „Fantum" abzuleiten. Anschließend ist zu diskutieren, wie ein Mehrebenen-Prozessmodell von Sozialisation und „Fan" bzw. „Fantum" aussehen könnte, das Ursachen und Wirkungen von Fantum miteinander in Beziehung setzt. Den Abschluss bilden eine Zusammenfassung der Diskussion sowie ein Ausblick für die zukünftige Fan-Sozialisationsforschung.

1   Sozialisationstheoretische Systematisierung

Mit dem Begriff „Sozialisation" hat sich die Sozialwissenschaft (einschließlich der Erziehungswissenschaft und Pädagogik) ein Instrument geschaffen,

---

1   In der sozialwissenschaftlichen Datenbank Solis/Foris finden sich bspw. kaum Publikationen oder Projekte, die sowohl das Schlagwort „Fan(s)" als auch „Sozialisation" enthalten. Auch die kommentierte Bibliografie zum Thema „Fußball als Kulturgut" des Bundesinstituts für Sportwissenschaft (Schiffer 2007) weist nur sechs derartige Publikationen aus (Merkel 2007; Mikos 2007; Pilz 2005; Schwier 2005, 2006; Stone 2007).

das die relationale Analyse zwischen den subjektiven Entwicklungsprozessen bzw. Handlungs- und Sinnformen und der sozialen und materiellen Umwelt in den Mittelpunkt des Erkenntnisinteresses stellt. Das heißt, ins Zentrum der Forschung rückt der lebenslange Prozess, „durch den in wechselseitiger Interdependenz zwischen der biopsychischen Grundstruktur individueller Akteure und ihrer sozialen und physischen Umwelt relativ dauerhafte Wahrnehmungs-, Bewertungs- und Handlungsdispositionen auf persönlicher und kollektiver Ebene entstehen" (Hurrelmann u.a. 2008: 2).

Im Laufe der Wissenschaftsgeschichte haben sich verschiedene Auffassungen darüber entwickelt, wie diese Wechselwirkung zwischen Persönlichkeitsentfaltung und gesellschaftlicher Entwicklung theoretisch gefasst und reflektiert werden kann (Nunner-Winkler 2004: 132; Geulen/Hurrelmann 1980). Ein Vergleich der drei sozialisationstheoretischen „Hauptströmungen" (vgl. Tillmann 2004) zeigt dabei folgende grundlegende, universelle Eigenschaften des Sozialisationsprozesses (vgl. Jobst 2008):

Erstens wird – wenn auch implizit – von einem *lebenslangen* Wirkzusammenhang zwischen persönlicher Entwicklung und Gesellschaft ausgegangen. Die „soziokulturelle zweite Geburt" beginnt mit der „biologisch ersten Geburt" und endet mit dem Tod.

Zweitens verdeutlichen die theoretischen Konzepte, dass *Sozialisation nur als Mehrebenenprozess* zu begreifen ist. Insbesondere die struktur-funktionalistische (Parsons 1997) und die konflikttheoretische Perspektive (Bourdieu 1982) unterscheiden verschiedene Ebenen des Sozialisationsprozesses (Subjekt, Interaktion, Institution, Gesamtgesellschaft) und versuchen diese – je unterschiedlich – miteinander zu verbinden. Die struktur-funktionalistische Sicht betont die Verinnerlichung von gesellschaftlichen Normen (soziale Rollen) zum Bestandserhalt der Gesellschaft, wohingegen die konflikttheoretische Perspektive die Persönlichkeitsbildung im Kontext gesellschaftlicher Machtstrukturen und der ungleichen Verteilung von Ressourcen und daran gekoppelten Handlungsmöglichkeiten sieht.

Drittens ist Sozialisation nur dann hinreichend zu fassen, wenn der *Mensch als aktiver und kreativer Umweltgestalter* gedacht wird. Dieser Aspekt, den auch die neuere Sozialisationsforschung als „produktiv Realität verarbeitendes Subjekt" immer wieder betont (Hurrelmann 1990; Hurrelmann u.a. 2008), ist insbesondere für das symbolisch-interaktionistische Sozialisationskonzept konstitutiv. Dieses analysiert Sozialisation als ständiges Aus-

handeln von Bedeutung im Interaktionsprozess – bspw. wenn es um die
Identitätsbildung von Fans der Popkultur (vgl. Wegener 2008; Fritzsche
2004; Wenger 2003) oder um gewaltvolles Handeln im Kontext der Fußballfankultur geht (vgl. Bliesener/Lösel 2002; Heitmeyer/Peter 1992; vgl.
Leistner in diesem Band) – wobei die symbolische Bedeutung der sozialen Beziehungen und der kreative, selbstreflexive Umgang des Einzelnen mit seiner sozialen Umwelt in den Mittelpunkt der Betrachtung von Sozialisation rücken.

Schließlich ist auf die historisch-gesellschaftliche Variabilität von Sozialisation hinzuweisen. Die konkreten Merkmale von Sozialisation und die
damit einhergehenden (wissenschaftlichen) Interpretationen und Erklärungen stehen in direkter Abhängigkeit zum historisch-sozialen-kulturellen
Kontext der Forscherinnen und Forscher. Vermittelt über das wissenschaftliche Erkenntnisinteresse impliziert dieser bspw., dass Prozesse der Fremd-
steuerung (Erlernen von vorgeprägten und normativ abgesicherten Rollen
wie bei Parsons) eher im Vordergrund stehen als Prozesse der Selbststeue-
rung. Neben der Seinsgebundenheit wissenschaftlicher Konzepte sind auch
die Sozialisationsaspekte an sich variabel. So ist die Jugend keine unveränderbare naturgegebene Konstante, sondern „ein soziokulturelles Phänomen,
das in seinen Erscheinungsformen historisch-gesellschaftlichen Dimensionen unterworfen ist" (Griese 1987: 19).

1.1 Mehrebenenstruktur von Sozialisationsprozessen

Zur Systematisierung der Vielschichtigkeit der Mensch-Umwelt-Beziehung
existiert in der Sozialisationsforschung eine Reihe von Modellen, die zwischen verschiedenen Analyseebenen des Sozialisationsprozesses unterscheiden (Rolff 1967: 18f.; Bronfenbrenner 1976: 203; Geulen/Hurrelmann 1980:
64; Tillmann 2004: 16f.). Diese wollen wir hier nicht ausführlich präsentieren,
sondern unsere folgenden Ausführungen beziehen sich auf Bronfenbrenners
(1989) „Ökologie der menschlichen Entwicklung" – ein Modell, das die
Wechselwirkung zwischen Mensch und Umwelt als eine ineinander ge-
schachtelte Anordnung konzentrischer Strukturen begreift, die als Mikro-,
Meso-, Exo- und Makrosysteme bezeichnet werden.

Ein *Mikrosystem* verkörpert ein Muster an Tätigkeiten, Rollen und zwi-
schenmenschlichen Beziehungen, die die Person in einem gegebenen Lebensbereich bspw. in der Schule, am Arbeitsplatz, im Fußballstadion oder in

der Fangemeinschaft produziert bzw. im Austausch mit anderen erlebt (Bronfenbrenner 1989: 38). Die spezifische Art und Weise, wie ein konkretes Individuum seine Beziehung zur Umwelt wahrnimmt bzw. erlebt, genießt hierbei besondere Aufmerksamkeit.

Unter einem *Mesosystem* versteht Bronfenbrenner (1989: 41) „die Wechselbeziehungen zwischen den Lebensbereichen, an denen sich die entwickelnde Person aktiv beteiligt". Aus der Perspektive eines Jugendlichen verkörpert beispielsweise die Beziehung zwischen Elternhaus und Peergruppe ein *Mesosystem*.

Als *Exosystem* bezeichnet Bronfenbrenner (1989: 42) einen oder mehrere Lebensbereiche, „an denen sich die entwickelnde Person nicht selbst beteiligt, in denen aber Ereignisse stattfinden, die beeinflussen, was in ihrem Lebensbereich geschieht". Aus der Perspektive eines Jugendlichen wären dies zum Beispiel der Arbeitsplatz der Eltern, die Polizei oder – bei einem Fan – der entsprechende Fußballverein, die Band oder die Medien.

Das *Makrosystem* bezieht sich schließlich „auf die grundsätzliche formale und inhaltliche Ähnlichkeit der Systeme niedrigerer Ordnung (Mikro-, Meso- und Exosystem), die in der Subkultur oder der ganzen Kultur bestehen oder bestehen können, einschließlich der ihnen zugrunde liegenden Weltanschauungen und Ideologien" (Bronfenbrenner 1989: 42). Eine makrosystemische Analyse würde sich also nicht auf spezifische Kontexte beziehen, die eine konkrete Person erfährt, sondern auf allgemeine Prototypen der Kultur, die das Muster der Aktivitäten bestimmen.

Mit Hilfe dieser Ebenenunterscheidung wird es möglich, die jeweiligen Bedingungen bzw. Einflussfaktoren für das individuelle Handeln von Akteuren auf der Mikroebene zu systematisieren, zu kontextualisieren und zu interpretieren. Ebenso lässt sich modellieren, wie die individuellen Handlungen mit den Prozessen auf den anderen Ebenen interagieren bzw. diese beeinflussen. Nur über diese Tiefe und Ebenenkomplexität der Modellierung von Sozialisationsprozessen wird es möglich, den sozialen Sinn von fanspezifischen Handlungen auf intra- und interpersonelle Ursachen zurückzuführen und damit dem generellen Problem unvollständiger Erklärungen zumindest ansatzweise Rechnung zu tragen.

1.2 Sozialisation im Zeitverlauf

Die Unterteilung der Sozialisationskontexte in Makro-, Meso-, Exo- und Mikroebene wird zwar der Mehrebenenstruktur von Sozialisationskontexten gerecht, berücksichtigt jedoch nicht – jedenfalls nicht explizit – die Bedeutung der biografischen Abfolge von Sozialisationsphasen und die Rolle der verschiedenen Systeme im biografischen Verlauf. Zu deren Erläuterung beziehen wir uns auf die Unterscheidung zwischen der primären und der sekundären Sozialisation in Anlehnung an Berger und Luckmann (1994).[2]

Die primäre Sozialisation bezeichnet die Phase, in der das Kind zu einem Mitglied der Gesellschaft wird. Insbesondere in der Familie werden die Grundlagen für die Entwicklung der Persönlichkeit gelegt, indem das Kind zunächst „die Rollen und Einstellungen der signifikanten Anderen" übernimmt, „das heißt: es internalisiert sie und macht sie sich zu Eigen" (Berger/Luckmann 1994: 141f.). Es gehört mittlerweile zu den Allgemeinplätzen von Sozialisationsforschung, dass Resultate primärer Sozialisation Rahmen gebend für die darauf folgenden Sozialisationsstufen sind (Hurrelmann u.a. 2008; Mansel/Hurrelmann 2003; Hurrelmann 1994; Tillmann 2004).

Auf die primäre Sozialisation folgt die sekundäre Sozialisation durch Gleichaltrige, Schule oder Medien wie Fernsehen, Radio, Zeitschriften oder Bücher. Die Rolle dieser Sozialisationsagenten bzw. Medien und der mit ihrem Tun bzw. Handeln verbundenen Einflüsse kann komplementär zu vorhergehenden Sozialisationseinflüssen sein, kann aber auch quer zu diesen liegen bzw. sie in erheblicher Weise überlagern. Als zentral für diese zweite Sozialisationsphase wird die Bewältigung bestimmter Konfliktsituationen gesehen, die durch inkonsistente Standards unterschiedlicher Sozialisationsagenten entstehen. Vor allem die Jugendphase ist für die Produktion und Bewältigung von Verhaltenskonflikten aufgrund spezifischer in der Sozialisation begründeter Widersprüchlichkeiten bekannt (Hurrelmann u.a. 2008).

Eine Prozesse berücksichtigende Sozialisationsperspektive beleuchtet nicht nur die Erfahrungsfelder der jeweils relevanten Sozialisationsinstanzen, sondern die Verknüpfung der Phasen im Lebensverlauf eines Men-

---

2 Oft werden auch die drei Sozialisationsphasen primäre (Familie), sekundäre (z. B. Schule) und tertiäre Sozialisation (z. B. Beruf) unterschieden. Zum vierphasigen Konzept vgl. Fischer und Wiswede (2002).

schen. So wird u.a. angenommen, dass die soziale Herkunft erheblichen Einfluss auf den Bildungsweg hat, dass der Bildungsabschluss die berufliche Laufbahn bestimmt und diese die Familiengründung (Blossfeld u.a. 2005). Ein permissiv ausgerichteter und mit Wärme bzw. Zuneigung unterfütterter Erziehungsstil von Eltern bzw. Bezugspersonen führt zu eher pro-sozialem Handeln bei Kindern, ein eher restriktiver mit emotionaler Kälte einhergehender Erziehungsstil hingegen weniger (Fischer/Wiswede 2002: 87ff.). Dies wiederum hat direkte und indirekte Konsequenzen für das Verhalten der Kinder und Jugendlichen bspw. in der Schule oder anderen sekundären Instanzen.

Schlussfolgernd ist mit Blick auf das Problemfeld „Sozialisation und Fan" zunächst festzuhalten, dass die Analyse des Fans bzw. des Fantums neben der (Querschnitts-)Betrachtung verschiedener *Sozialisationsebenen* den Blick ebenso auf das Zusammenwirken von Faktoren der unterschiedlichen Sozialisationsphasen im *Zeitverlauf* richten sollte.

1.3   Sozialisation und Habitus

Zur weiteren Spezifizierung des Sozialisationsmodells der produktiven Realitätsverarbeitung (Hurrelmann 1990: 62ff.) und der damit verbundenen Auslotung der Wechselwirkungen bzw. Interaktionen zwischen Struktur und individuellem Handeln soll der Habitus-Begriff, wie ihn Pierre Bourdieu konzeptualisiert, herangezogen werden. Habitus bezeichnet einverleibte Muster des Sozialen, die eingeschrieben sind in die „Falten des Körpers, Gesten, Sprechweisen" (Bourdieu 2001: 165f.). Der Habitus bildet also ein Produkt der Vergangenheit, er wirkt als „strukturierte Struktur" bzw. als „opus operatum" (Bourdieu 1982: 279ff.). Dieses struktur-konservierende Element im Habitus unterstreicht die bereits formulierte Annahme von der nachhaltigen Wirkung der primären Sozialisation im weiteren Biografieverlauf der Fans.

Der Habitus wirkt jedoch nicht nur konservierend, sondern er ist auch produktiv, das heißt in der Lage, neue Verhaltensweisen hervorzubringen – er erzeugt eine strukturierende Struktur („modus operandi", Bourdieu 1982: 279ff.). Die hieraus resultierende Praxis kann als das Produkt der dialektischen Beziehung zwischen einer Situation und einem Habitus verstanden werden (Wacquant 2004). Entsprechend der hier vorgeschlagenen Perspektive einer prozess- und mehrebenenorientierten Sozialisationsforschung zu Fans bzw. Fantum handelt es sich bei einem Habitus um eine bestimmte Art, eine gegebene soziale Situation zu interpretieren und entsprechend dieser Rahmung zu handeln. Fan einer bestimmten Band, einer Fußballmannschaft oder einer Musikrichtung zu sein ist verbunden mit einem bestimmten Habitus. Dieser äußert sich durch eine relativ kohärente Reihe von Interpretationen sozialer Situationen, die in Handlungssituation – bspw. beim Konsumieren einer bestimmten Musikrichtung – verwirklicht werden.

Die Inkorporation von Sozialstruktur und deren Externalisierung über Dispositionen, Einstellungen und Verhalten verbinden sich zu einer dialektischen Einheit im Habitus (Bourdieu 1982: 174f.). Im Grunde bildet der Habitus eine Quelle „praktischen Sinns", der es dem Einzelnen vor dem Hintergrund seiner Dispositionen, Einstellungen und der jeweils wahrgenommenen Situation ermöglicht, dass jeweils „Angemessene" zu tun. Gleichzeitig entwickeln Akteure, die unter ähnlichen Bedingungen sozialisiert werden – d.h. eine annähernd gleiche Positionierung im sozialen Raum aufweisen – denselben Habitus (Bourdieu 1982). Zum Beispiel kann der emotionale Bezug eines Jugendlichen zu seinem Popidol oder die Investition von Zeit und Geld in die Ultra-Fanszene im Fußball aus der Akteursperspektive durchaus als freie Entscheidung wirken, sie sind jedoch gekoppelt an die Ausstattung des Akteurs mit bestimmten Kapitalien, die wiederum seine Position in der Hierarchie des Gesellschaftsgefüges bestimmen.

Der Habitus, der im Bourdieuschen Sinne inkorporiertes kulturelles Kapital verkörpert, kann nicht auf die dominante „Hochkultur" reduziert werden. Vielmehr symbolisiert er auch den „Wert" alternativer Kulturen bzw. deren konstruktives Gegenmoment zu einer dominanten Kultur (Jancovich 2002; Basu/Werbner 2001; Thornton 1996; Skrobanek/Jobst 2006; Jobst/Skrobanek 2009). Diese alternative Interpretation des Kapitalienansatzes lenkt den Fokus auf ein besonderes Merkmal der Fansozialisation – nämlich auf die sozial konstruierte Bedeutung des Fanseins und des Fantums, wie es bspw. Christian Wenger (2003) für die Identitätsbildung der „Star-Trek"-Fans aufzeigt. Die Zugehörigkeit zur Fangemeinschaft entwickelt sich über alltägliche Identifikationen, wobei die „Erfahrung des gesellschaftlichen Außen" und ein „Prozess der inneren Stabilisierung" entscheidend sind (Wenger 2003: 349). Neben der face-to-face Interaktion (z.B. beim *Trek*-Dinner) entwickelt sich die Zugehörigkeit über faneigene Zeitschriften oder über das Internet.

Im Grunde verkörpert die Fangemeinschaft einen *feldspezifischen Raum*, den sich Fans auf der Grundlage bestimmter Kapitalien konstruktiv aneignen (Bourdieu 2003: 122ff.; Bourdieu/Wacquant 1996: 124ff.). Demnach bestehen auch die Felder, in denen sich Fans bewegen, aus objektiven Kräfterelationen. Diese konstituieren sich über bestimmte Grundinteressen, die allen Fans im Feld gemeinsam sind und über die Distribution der entsprechenden Kapitalien. Während die Grundinteressen die Existenz des Feldes selbst betreffen, also all die Dinge, die man akzeptiert, indem man *mitspielt*, verwiesen die spezifischen Kapitalien auf die Machtrelationen im Feld. Das entsprechende Kapital besitzt nur in Verbindung mit dem Feld einen Wert und verleiht dessen Träger eine spezifische, auf das Feld bezogene Autorität. Diese ist jedoch immer auch mit Widerspruch und Protest konfrontiert, wodurch das Feld als Ort des permanenten Wandels und der kulturellen Produktion an Bedeutung gewinnt (Bourdieu/Wacquant 1996: 133f.).

Die Annahme der Produktion von Kultur aufgrund feldspezifischer Kapitalien kann mit all jenen Fananalysen verknüpft werden, die die Fankultur, d.h. die soziale Konstruktion des Fanseins, der Fangemeinschaft und des Fan-Objekts in den Mittelpunkt stellen (vgl. Willis 2004; Hughson/Free 2006, Wenger 2003; Fritzsche 2003; Hitzler u.a. 2001).

2   Sozialisation und Fans

Vor dem Hintergrund des bisher Diskutierten lässt sich mit Blick auf das Problemfeld „Sozialisation und Fans" zunächst allgemein festhalten, dass die Entwicklung zum Fan ein pfadabhängiger Prozess ist, der durch die jeweiligen Wechselwirkungen der verschiedenen Sozialisationsebenen (Makro-, Exo-, Meso-, Mikroebene) im Verlauf der primären und sekundären Sozialisation bestimmbar wird. Die im Zeitverlauf vorhandenen Strukturen haben nicht nur kurzfristige, sondern auch mittel- und längerfristige Effekte – sie verfestigen sich im Fan-Habitus. Die Entwicklung zum Fan mit einem bestimmten Fan-Habitus ist von der spezifischen Interdependenz der Sozialisationsphasen abhängig. Diese können vereinbar (konsonant) oder auch unvereinbar (dissonant) sein, sich also wechselseitig verstärken oder auch abschwächen. So können kritische Felderfahrungen, wie

das Fußballspiel im Brüsseler Heyselstadion 1985, das 39 Todesopfer forder-
te, positive Einstellungen gegenüber Fußballspielen abschwächen und so
zum Abbau fanspezifischer Einstellungen oder Dispositionen führen. Die
Herausforderung besteht nun darin, die bisher diskutierten Aspekte in ein
umfassendes empirisch prüfbares Prozessmodell zu integrieren.

2.1 Analyseebene 1: Fanspezifische Sozialisation als Mehrebenenanalyse

Die Analyse der Fan-Sozialisation verlangt zunächst eine Unterscheidung
der auf den verschiedenen Ebenen wirkenden Sozialisationsfaktoren, denn
es ist davon auszugehen, dass die Einstellungen und Handlungsmuster, die
der Fan bspw. im *Mikrosystem* des Fanclubs oder in der Fangemeinschaft
(re-)produziert – sein/ihr Fan-Habitus – in Relation zu weiteren für das Subjekt nicht unbedingt sichtbaren Kontexten steht. Erst in diesem Kontext der
Mehrebenenbetrachtung werden Aussagen vom Fan-Sein als ein Mikrokos-
mos, in dem sich die Gesellschaft spiegelt (Negt 1998; Brandes u.a. 2006),
empirisch überprüfbar.

Eine sozialisationstheoretische und empirische Analyse des Fanphäno-
mens geht davon aus, dass ein *Mikrosystem* wie bspw. die Fangemeinschaft
einen Raum von Möglichkeiten bietet, der sich dem Akteur quasi objektiv
auferlegt, seinen Habitus strukturiert und sich über den Habitus in den
Wahrnehmungs-, Deutungs- und Interpretationsschemata und darüber wiederum im Handeln selbst reproduziert. Im Grunde reproduziert sich feldspezifischer Sinn subjektiv, ohne diese Reproduktion bewusst anzustreben.
Gerade mit Blick auf die Ausdifferenzierung der Fan-Szenerie bzw. von
Fantum (Heitmeyer/Peter 1992: 30) wird deutlich, dass spezifische Kapitalien die jeweiligen Szenen auszeichnen (Feldspezifik) und dass deren Mitglieder über spezifische Kapitalien verfügen, mit denen sie partizipieren
bzw. agieren. So unterscheiden sich beispielsweise jugendliche Fußballfans
(vgl. Heitmeyer/Peter 1992; Bliesener/Lösel 2002) klar von jugendlichen Fans
der Gothic-Szene (vgl. Schmidt/Neumann-Braun 2008) oder der Popkultur-
szene (vgl. Fritzsche 2003; Wegener 2008) in der Art des reproduzierten
kulturellen Kapitals und der damit verbundenen Aneignungsform des „Fanobjekts". Während die Popstars als Vorbild für die eigene Berufsfindung
oder des Aussehens von den Fans wahrgenommen werden (Wegener 2008),
hat der Fußballverein für den Fan eine eher regional-kollektive Bedeutung.

Hierbei drücken sich die Fans in einer komplexen kulturellen Semantik und Symbolik aus, die weit mehr umfassen als die bloße Ware „Fanschal" oder „Konzertkleidung". Es geht um die Kollektivierung der Bedeutung der Ware „Fanobjekt" im spezifischen Kontext der Fangemeinschaft (Hughson/Free 2006). Gerade diese kulturelle Produktion (Willis 2004) ermöglicht es den Fans, die kommerzielle Ware „Fanobjekt" in etwas Eigenes umzuwandeln. In den Worten von Willis heißt das, das Fanobjekt zu „entfetischisieren" und mit Authentizität zu belegen (vgl. Hughson/Free 2006).

Neben den Aneignungsformen des Fanobjekts durch den Fan und der sozialen Konstruktion einer Fangemeinschaft sollten Analysen zu Fragen fanspezifischer Sozialisation auch das *Mesosystem* betrachten, also die spezifische Beziehung zwischen dem Handelnden in der Fangemeinschaft und den weiteren Sozialisationsorten, in denen der Fan agiert. Die spezifische Art und Weise dieser Wechselwirkung beeinflusst direkt oder indirekt den Fan-Habitus bzw. die weitere Bedeutung des Fanseins in der Persönlichkeitsentwicklung des Jugendlichen. Dabei ist davon auszugehen, dass die Kapitalienausstattung der Familie des jugendlichen Fans (bspw. ökonomisches Kapital, in der Fangemeinschaft des Vaters verkörpertes soziales Kapital oder in kollektivistischen Einstellungen verkörpertes kulturelles Kapital) und den in der eigenen Fangemeinschaft reproduzierten symbolischen Kapitalien einen wesentlichen Einfluss auf das fanspezifische Selbst haben. Ebenso können das Aufwachsen in einem spezifischen Stadtteil oder die Einbettung in eine Peergruppe, deren Mitglieder Fans des gleichen Objekts sind, die Fanorientierung befördern und damit die Integration des Fans in den Stadtteil oder die Peergruppe erhöhen (Abel 2008; Heitmeyer/Peter 1992).

Der Fan-Sozialisation gerecht zu werden, bedeutet weiterhin auch das Exosystem in den Blick zu nehmen, also Bereiche, denen der Akteur nicht selbst angehört, die jedoch die Spezifik seiner Erlebnisse als Fan beeinflussen. Das *Exosystem* kann demzufolge als das System bezeichnet werden, in dem das Fanobjekt dem Fan in seiner objektivierten, distanzierten Form gegenübersteht. Das Fanobjekt – der Verein, die Band, der Schauspieler etc. – ist eingebunden in Felder, zu denen der Fan keinen direkten Zugang hat. Der Einfluss dieser externen Felder auf den unmittelbaren Erlebnisraum des Fans wird vor allem dann deutlich, wenn die subkulturelle Produktion in der Fangruppe in Konflikt mit der Eigenlogik des Exosystems gerät. Beispiele hierfür sind das Absagen bzw. Unterbrechen von Fußballspielen oder

Konzerten, weil die Veranstalter Gewaltausbrüche befürchten, die Verteue-
rung von Eintrittsgeldern sowie Fanartikeln oder die Videoüberwachung
und die Durchsuchung von Fanbussen durch die Polizei – alles Aspekte, die
die Produktionsfelder von Fankultur beschneiden und verändern. Hierbei
stellt sich die Frage nach den Reaktionen der Fans auf ihre schwindende
Kontrolle über die Ware „Fanobjekt" (vgl. Willis 2000; Garnham 1990). Eine
Reaktion auf die wachsende Kontrolle der Fankultur zeigt sich etwa in den
Demonstrationen der Ultras in Frankreich 2008.

Die investive Beziehung zwischen Fan und Fanobjekt und die soziale
Konstruktion von Fankultur ist wiederum im Kontext des Makrosystems zu
betrachten, das in Anlehnung an Bourdieu *als sozialer Raum mit sozialen Klas-
sen- und Machtbeziehungen* spezifiziert werden kann. Die Investition des Fans
in sein Identifikationsobjekt und die Konsumtion der damit verbundenen
Waren – bspw. Tickets für die Fußball-WM, für das Kino, für das Konzert,
der Kauf spezifischer Kleidung zur Symbolisierung einer Musikrichtung
oder das Trinken von Alkohol beim Zusammensein mit anderen Fans –
verlangt Kapital, v.a. ökonomisches Kapital. Dieses ist jedoch im sozialen
Raum ungleich verteilt. Die Möglichkeit der konsumtiven Beziehung des
Fans zum Fanobjekt, gewissermaßen der erste Zugang zum Fanobjekt, ist im
Kontext dieser sozial ungleichen Verteilung von Kapitalien zu sehen. Dieses
spezifische, auf ökonomischen Ressourcen basierende Konsumverhalten der
Fans verdeutlicht nur eine Seite des makrosystemischen Einflusses. Ein anderer Aspekt zeigt sich im gesellschaftlichen Umgang mit sozial benachtei-
ligten Bevölkerungsgruppen und deren Kultur. Dieser Aspekt wird insbesondere im Bereich der Fußballfankultur diskutiert. So gilt die Formierung
der Hoolszene als Ausdruck eines Widerstands der Fans gegen eine voran-
schreitende Professionalisierung, Kommerzialisierung und gegen das Ab-
spalten des Fußballs von der Arbeiterkultur (bereits Tayler 1971) oder die
Zuschauergewalt wird als Form des Umgangs mit sozialer Benachteiligung
gesehen (Pilz 1996).

2.2   *Analyseebene 2: Fan-Sozialisation als Prozess*

Der Begriff der Veränderung bzw. des Prozesses deutet schon an, dass neben der eher querschnittsbezogenen Differenzierung möglicher Einflussfaktoren bzw. unterschiedlicher Ebenen eine horizontale Erweiterung, d.h. eine

Sequenzierung des betreffenden Erklärungsmodells erfolgen muss (s. Abb.
1). Studien zur Primärsozialisation von Fans im Elternhaus berücksichtigen
zwar die zum Zeitpunkt der Erhebung bestehende Eltern-Kind(Fan)-Bezie-
hung bspw. im Hinblick auf die Frage des Videokonsums und des Erzie-
hungsstils von Eltern, deren Kinder einer Video-Fangruppe angehören
(Vogelgesang 1991). Jedoch vernachlässigen sie trotz der Thematisierung des
Mesosystems „Familie-Fangemeinschaft" und des Mikrosystems „Video-
cliquen" die biografische Medienerfahrung der Fans im Verlauf ihrer Pri-
marsozialisation.

Durch eine Verzeitlichung wird es demgegenüber möglich, Informationen über intra- und interindividuelle Veränderungen mit den unterschiedlichen Systemebenen bzw. deren Wirkungen direkt zu koppeln. Eine querschnittliche Perspektive würde dies nicht ermöglichen, d.h. das Verstehen
oder die Erklärung von Entwicklungsverläufen von Individuen oder Gruppen von Individuen in Wechselwirkung mit stabilen oder sich verändernden
Umweltbedingungen wären kaum möglich. Bezogen auf den konkreten Fall
der Entwicklung eines Fanseins bzw. von Faneinstellungen, Dispositionen
und damit Habitus können so direkte oder indirekte Wirkungen der Bedingungen der Makroebene vermittelt über die Exo- und die Mesoebene auf
Bedingungen der Mikroebene und von der Mikroebene zurück prüfbar gemacht werden.

Abbildung 1:   Die soziologische Erklärung von Prozessen (Esser 1996: 107)

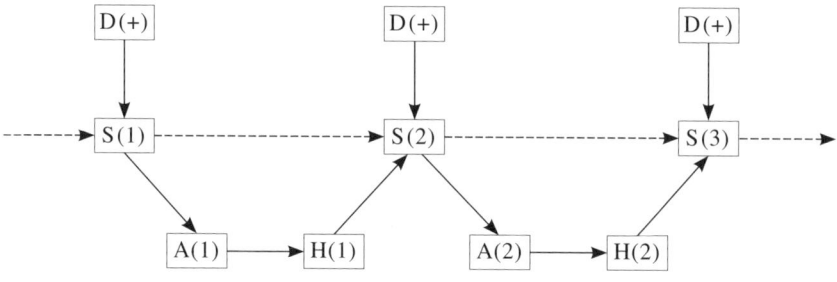

Legende: D(+) = externe Einflüsse, S(n+1) = Situation, A(n+1) = Akteur, H(n+1) = Handlung
des Akteurs, n+1 = Zeitpunkte im Zeitverlauf

Im Grunde beruht die Idee der Sequenzierung auf der einfachen Annahme, dass in Wechselwirkung mit Sozialisation entstandene soziale Phänomene wie das Fansein selbst wieder zum Ausgangspunkt bzw. zur Randbedingung eines weiteren Erklärungsschrittes gemacht werden können. Auf das Problem der Erklärung der Ursachen und Wirkungen von Fantum bezogen, ergeben sich analytisch im Zeitverlauf jeweils *zwei Teilprozesse*: Im *ersten Teilprozess* haben wir es mit spezifischen Wirkungen von Sozialisationsfaktoren auf das Kind, den Jugendlichen oder den Erwachsenen zu tun. Einstellungen und Handlungsmuster (Habitus) werden hier als Produkt kontextueller Bedingungen modellierbar. Im *zweiten Teilprozess* resultieren aus den Einstellungen und dem Handeln (Habitus) des Akteurs Wirkungen auf den Kontext bzw. auf die Sozialisationsfaktoren. So kann das Fan-Verhalten zu Spannungen in der Familie, zur Veränderung der Zusammensetzung des Fan-Blocks oder zu Reaktionen von Institutionen wie der Polizei führen.

Sozialisatorische Effekte wirken nie isoliert, sondern sind immer in einen Interaktions- bzw. Wechselwirkungszusammenhang gestellt (z.B. Abhängigkeit der Erziehungsstile von der Klassenlage der Familie etc.). Betrachten wir das in Abbildung 2 dargestellte Modell. Darin ist ein sequenziertes Erklärungsmodell für drei Zeitpunkte dargestellt. Das Modell ist insofern vereinfacht, als nur die Haupteffekte zwischen Sozialisationskontext und Akteur eingezeichnet sind. Entsprechend der hier gewählten Perspektive nehmen wir zunächst an, dass die Determinanten der Sozialisation zum ersten Zeitpunkt auf die Einstellungen und Dispositionen des Akteurs zu diesem Zeitpunkt wirken. Es handelt sich um querschnittliche Effekte innerhalb einer Zeitperiode. Darüber hinaus interessiert, ob es im Zeitverlauf beobachtbare Wirkungen von Sozialisationsfaktoren (SF)[3] auf den Akteur (FED) bzw. dessen Fantum und wiederum (Rück-)Wirkungen des Handelns des Akteurs bzw. dessen Fantum auf diese Faktoren gibt. Im Grunde interessieren, will man Ursachen und Wirkungen von Fantum analysieren, drei Aspekte:

---

3   „SF" = Indikation Sozialisationsfaktoren; „FED" = Indikation Fanbezogene Einstellungen/ Dispositionen.

a. Simultane (Wechsel)Wirkungen, d.h. welche Beziehungen sind inner-
    halb einer Periode identifizierbar?
b. Stabilitäten, d.h. wie stabil ist Fantum im Zeitverlauf?
c. Langzeitwirkungen, d.h. welche Ursache-Wirkungs-Zusammenhänge
    ergeben sich im Zeitverlauf?

In Abbildung 2 sind die Sozialisationsfaktoren in der oberen, die Variable
Fantum in der unteren Reihe dargestellt. Die Beziehungen, die jeweils innerhalb einer Periode (z.b. t1) bestehen, werden durch die Pfeile dargestellt,
die von SF_{t1} auf FED_{t1} verlaufen. Weiter zeigt die Abbildung die Stabilitäten
und die Effekte von FED_{t1} auf die SF_{t2} und die Stabilitäten sowie Effekte von
SF_{t1} auf FED_{t2}. Analog gilt dies ebenso im weiteren Zeitverlauf von t2 zu t3.
Hier lässt sich prüfen, wie groß der „Schatten der Vergangenheit" von Sozialisationseinflüssen auf das Fantum tatsächlich ist. Die Abbildung enthält
weiterhin einen Doppelpfeil (von SF_{t2} auf FED_{t2} und vice versa sowie von
SF_{t3} auf FED_{t3} und vice versa) in t2 und t3. Dieser bezeichnet einen simultanen Effekt, d.h. einen Effekt innerhalb einer Zeitperiode. Insofern lässt sich
weitergehend prüfen, ob sowohl zeitverzögerte Effekte (z.B. von SF zum
Zeitpunkt t1 auf FED zum Zeitpunkt t2) als auch simultane Effekte (innerhalb einer Welle) auftreten.

Abbildung 2:   Prozessmodell zur Erklärung der Ursachen und Wirkungen
                 von Sozialisationseinflüssen und Fantum

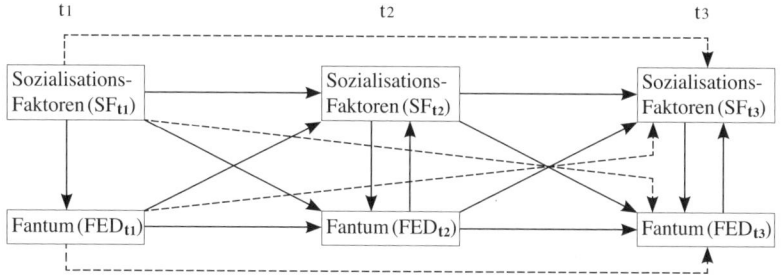

2.3   Sozialisation und Fan – ein integriertes Modell

Will man die Praxisformen von Fan bzw. Fantum verstehen und im Sinne von Wirkungen bzw. Ursachen in der Dialektik von Habitus, Kapital und Feld erklärbar machen, kommt man nicht umhin, die über die Sozialisation erfolgte Aneignung und Komposition von bestimmten kulturellen, sozialen und ökonomischen Kapitalien in einem bzw. mehreren sozialen Feldern, deren habituelle Verankerung in den Dispositionen, Einstellungen und Handlungen der jeweiligen Akteure im Zeitverlauf und in der Wechselwirkung mit anderen Systemen genauer zu untersuchen (Mehus 2005). Um diese Prozesshaftigkeit von Fantum unter den Randbedingungen der sozialisationsrelevanten Ebenen verstehbar und erklärbar zu machen, benötigt man ein integratives Modell, welches folgende Dimensionen berücksichtigt:

1. die soziokulturellen und sozioökonomischen Bedingungen des Fans im Kontext des sozialen Raums,
2. Dispositionen, Einstellungen und Verhaltensweisen, die unter den entsprechenden feldspezifischen Bedingungen angeeignet wurden,
3. soziokulturelle und sozioökonomische feldspezifische Bedingungen, die in der jeweiligen Fanszene existieren und
4. die Interaktion zwischen den analytisch-empirischen Bereichen.

In Anlehnung an die Abschnitte 1.1 und 2.1 müssen bei der Modellierung der Ursachen und Wirkungen von Fansein bzw. Fantum Aspekte der Makro-, Meso-, Exo- und Mikroebene direkt aufeinander bezogen werden. Ihr Handeln wird dabei durch die jeweiligen Gegebenheiten materieller, normativer und zeitlicher Art auf der individuellen als auch kontextuellen Ebene eingeschränkt bzw. verstärkt (Coleman 1995: 24ff.).

Jugendliche, die zum Fan werden bzw. als Fan handeln sind Informationen verarbeitende und handelnde Subjekte, die sowohl an ihrer eigenen Entwicklung und dem jeweils realisierten Resultat als auch an der Beschaffenheit und den Veränderungen der Umwelt beteiligt sind (Hurrelmann 1994).

Die Erklärung von Fansein bzw. Fantum und der Wirkungen dieser für die weitere Entwicklung des Jugendlichen lässt sich anhand eines sequentiellen Stufenmodells verdeutlichen (Esser 1999: 18). Dieses Modell berück-

sichtigt den prozesshaften Charakter der Entstehung von Fansein bzw.
Fantum und die daraus resultierenden Effekte in Abhängigkeit von Kon-
textmerkmalen, institutionellen und sozial-strukturellen Rahmenbedingungen sowie dem individuellen Handeln der Jugendlichen unter diesen Restriktionen (s. Abb. 3).

Abbildung 3: Dynamisches Modell zur Erklärung von Ursachen und Wirkungen von Fantum

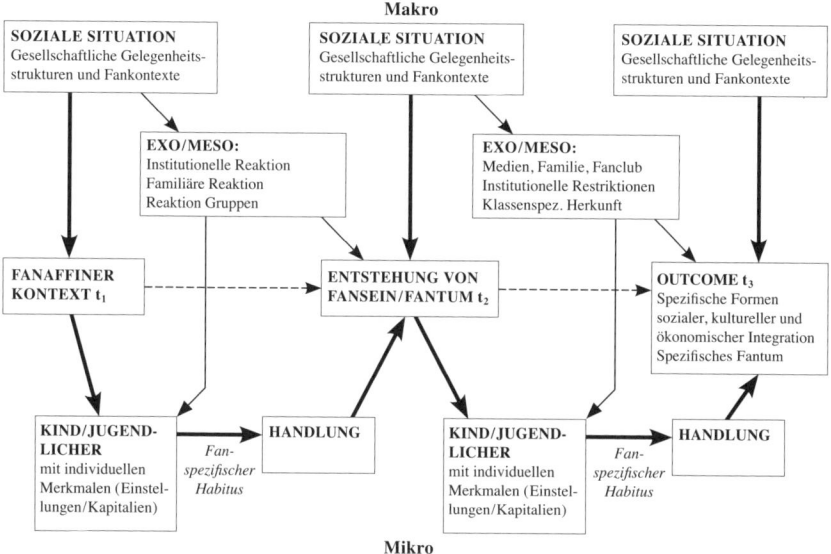

Mit Blick auf die Makroebene – d.h. auf die soziale Situation – sind insbesondere diejenigen Gelegenheitsstrukturen zu nennen, die Fantum ermöglichen bzw. fördern.

Auf der Exo-/Mesoebene sind vor allem institutionelle Rahmenbedingungen wie fanrelevante Angebotsstrukturen in der Region, in einer Stadt
oder in Stadtgebieten, fördernde oder hemmende Netzwerke sowie die klassenspezifische Herkunft in die Analyse einzubeziehen (Putnam 1995; Savage
2000; Kazepov 2005; MacDonald u.a. 2005). Klassenspezifische Lebenswelten
verweisen auf differente Erfahrungsräume, Sinn- und Anerkennungsstruk-

turen, die für gruppenbezogene und individuelle Aneignungs- und Produktionsformen von Fanaspekten konstitutiv sind. So genannte bildungsferne Klassenfraktionen beherrschen z.B. die Regeln und Rituale der mittelklassespezifischen Selbstorganisation – bspw. in einer Fanszene – eher selten (Grundmann u.a. 2003; Willis 1977). Ihnen fehlt entsprechendes soziales und kulturelles Kapital und das Wissen hinsichtlich spezifischer Fankulturen und Fanpraktiken (z.B. beim Golf- oder Tennissport). Andererseits verfügen sie über Regeln, Normen und Handlungswissen, die von den Regeln sozialstrukturell dominierender Gruppen abweichen (bspw. Sprayer, vgl. Hitzler u.a. 2001: 99ff.).

Schließlich müssen auf der Mikroebene die Einstellungen und Dispositionen (Habitus) und die Kapitalienausstattung – hier das kulturelle, ökonomische und soziale Kapital – der Jugendlichen berücksichtigt werden, die Fantum befördern oder hemmen (Bourdieu 1982, 1983; Hitzler u.a. 2001; Young 1999). Durch die Einbeziehung dieser Faktoren lässt sich abschätzen, ob es sich bei Fantum um absichtsvolle Versuche der Jugendlichen zur produktiven Verarbeitung ihrer Situation oder um von ihnen nicht kontrollierbare Effekte der gegebenen Situation handelt.

Die Ausbildung einer Fanbeziehung im Sozialisationsprozess hat schließlich weitergehende Effekte auf die soziale, kulturelle und ökonomische Integration bzw. Desintegration des Jugendlichen in das gesellschaftliche Umfeld und sein spezifisches Fantum.

4 Fazit

Wenn man die Literatur zu Fragen der Sozialisation, des Fanseins oder des Fantums auf einen einheitlichen Nenner zu bringen sucht, stößt man schnell an die Grenzen eines solchen Unternehmens, insbesondere wenn dieses darauf ausgerichtet ist, konzeptuelle oder gar theoretische Konsistenz und Präzision in der Diskussion zu Fragen von Sozialisation *und* Fansein bzw. Fantum auszumachen. Auf den Punkt gebracht: Es existiert keine theoretisch fundierte und empirische abgesicherte Auseinandersetzung mit der Relation zwischen Gesellschaftsstruktur und der Persönlichkeitsentwicklung als Fan im Zeitverlauf. Dies ist umso überraschender, da sich der Begriff „Sozialisation" – auch im Alltag von Fangemeinschaften – längst eingebürgert hat und im Rahmen der Diskussion um Sozialisation vielfach über Prozesse und

Entwicklungen sowie Einflüsse und Wechselwirkungen verschiedenster Sozialisationsfaktoren gesprochen wird.

Trotz oder gerade wegen der Popularität von Begriffen wie „Sozialisation" oder „Fan", „Fansein" oder „Fantum" gerät man schnell in Schwierigkeiten, wenn man präzisieren möchte, welche Aspekte kultureller, sozialer und ökonomischer Art damit tatsächlich gemeint sind, in welchem Zusammenhang diese Konzepte miteinander stehen, welche systemischen Ebenen sie betreffen und wie Prozesse, die aufgrund von Wechselwirkungen zwischen den verschiedenen Einflussfaktoren auf den jeweiligen Ebenen bestehen, modelliert werden können.

In der Tat: Die Attraktivität der Konzepte hängt – zumindest bisher – nicht an ihrer Fähigkeit zu theoretisch konziser Argumentation, sondern resultiert eher aus den Eigenschaften und Funktionen, die diese Konzepte für den generellen Rahmen der Betrachtung und Interpretationen für die Beschreibung und das Verstehen von Sozialisation, Fan, Fansein oder Fantum haben. Daraus erklärt sich sicherlich zu einem Großteil die bisherige Popularität der Begriffe, wenn es darum geht, fanspezifische Dispositionen und Einstellungen sowie daraus resultierende Handlungsweisen mit Einflüssen der Umwelt in indirekten oder direkten Zusammenhang zu bringen.

Das Ziel dieses Artikels war es deshalb, eine Perspektive zu entwickeln, die zeigt, wie die Vielschichtigkeit von Sozialisationsfaktoren, deren Wechselwirkungen untereinander und deren Prozesshaftigkeit im Zeitverlauf mit dem Phänomen Fan, Fansein sowie Fantum verlaufsbezogen verbunden und modelliert werden kann.

Ausgehend von den in der Sozialisationsforschung entwickelten Mehrebenenmodellen von Sozialisation wurde zunächst diskutiert, wie die jeweiligen Ebenen sozialer Umwelt der Akteure ineinander greifen. Hierbei wurde deutlich, dass damit zwar die Mehrebenenstruktur von Einflüssen systematisch abgebildet werden kann, diese allerdings nicht der biographischen bzw. lebenslaufbezogenen Abfolge von Sozialisationsphasen und den damit verbundenen unterschiedlichen Wirkungen von Sozialisationsfaktoren im Zeitverlauf gerecht werden. Zudem vernachlässigt eine solche ausschließlich ebenenbezogene Diskussion von Fragen der Sozialisation weitergehende Wechsel- und Rückwirkungen zwischen Faktoren unterschiedlicher Sozialisationskontexte und dem jeweiligen Handeln der Akteure. Schließlich bleibt anzumerken, dass die bisherige Forschung zur Sozialisation von Fans der Inkorporation von Sozialstruktur und der Entäußerung über die jeweiligen Dispositionen, Einstellungen und Verhalten – also dem Habitus – noch zu geringe Aufmerksamkeit widmet. Gerade die Prägung durch die feldspezifische Umwelt und die damit einhergehende Rahmung von Situationsdeutung und Handlung bietet vielfache Möglichkeiten der theoretischen Modellierung und empirischen Prüfungen der Wechselwirkungen von Sozialisationsfaktoren und situationalen Deutungen und Handlungen durch den Akteur.

Ausgehend von dieser Diskussion wurde eine prozessorientierte Mehrebenenmodellierung des Zusammenhangs von Sozialisation und Fan bzw. Fantum in der wechselseitigen Verflechtung von individuellen und situationalen Effekten im Zeitverlauf vorgeschlagen. Erst diese dynamische Perspektive ermöglicht es, sozialisatorische Effekte und die damit einhergehenden zeitversetzten und simultanen Wechselwirkungen, Stabilitäten und Langzeitwirkungen auf der individuelle Ebene zu verorten und von dieser zurück dynamisch in den Zeitverlauf einzubetten. Die beobachtbaren Ursachen und Wirkungen beschränken sich hierbei nicht nur auf eine der oben eingeführten Ebenen, sondern lassen sich auf eine Vielzahl von Dimensionen in ganz unterschiedlichen Lebensbereichen beziehen.

Eine empirische Forschung auf der Grundlage des hier vorgestellten Modells hätte eine Reihe von Vorzügen: Sie würde nicht nur eine theoretisch fundierte verlaufsorientierte Analyse ermöglichen, sondern gleichzeitig eine Brücke zwischen den verschiedenen Fanszenen schaffen, vor deren Hintergrund weiterführende generalisierbare Aussagen zum Fansein in unserer Gesellschaft zu erwarten sind. Diese Aussagen würden nicht nur die Fan-, sondern auch die Sozialisationsforschung voranbringen. Schließlich sind nicht nur Vergleiche zwischen verschiedenen Fankulturen von Bedeutung, sondern auch internationale Vergleiche – zwischen derselben oder verschiedenen Fankulturen. Es ist gerade diese Kontextualisierung der fanspezifischen Persönlichkeitsentwicklung im zeitlichen Verlauf, die komparative Analysen erfordert, da hier der Kontext als erklärende Variable bereits ins Forschungsdesign integriert ist.

Literatur

Abel, Volkmar (2008): Sozialisation in der Fangruppe. Saarbrücken: Verlag Dr. Müller.

Basu, Dipannita & Pnina Werbner (2001): Bootstrap capitalism and the culture industries: a critique of invidious comparison in the study of ethnic entrepreneurship. In: Ethnic and racial studies 24/2. 236-262.

Baumert, Jürgen, Petra Stanat & Rainer Watermann (2006): Herkunftsbedingte Disparitäten im Bildungswesen. Wiesbaden: Verlag für Sozialwissenschaften.

Berger, Peter L. & Thomas Luckmann (1994): Die gesellschaftliche Konstruktion der Wirklichkeit. Frankfurt a.m.: Fischer Taschenbuch.

Bliesener, Thomas & Friedrich Lösel (2002): Identitätsbildung, Gruppenstruktur und Gruppenleben bei Hooligans. In: Herzog, Markwart (Hrsg.): Fußball als Kulturphänomen. Kunst – Kult – Kommerz. Stuttgart: Kohlhammer. 253-268.

Blossfeld, Hans-Peter, Erik Klijzing, Melinda Mills & Karin Kurz (2005): Globalization, Uncertainty and Youth in Society. London: Routledge.

Bourdieu, Pierre (1982): Die feinen Unterschiede. Frankfurt a.M.: Suhrkamp.

Bourdieu, Pierre (1983): Ökonomisches Kapital, kulturelles Kapital, soziales Kapital. In: Kreckel, Reinhard (Hrsg.): Soziale Ungleichheit. Göttingen: Otto Schwartz. 183-198.

Bourdieu, Pierre (2001): Wie die Kultur zum Bauern kommt. Hamburg: VSA.

Bourdieu, Pierre u.a. (1997): Das Elend der Welt: Zeugnisse und Diagnosen alltäglichen Leidens and der Gesellschaft. Konstanz: Universitätsverlag.

Bourdieu, Pierre & Loic Wacquant (1996): Reflexive Anthropologie. Frankfurt a.m.: Suhrkamp.

Brandes, Holger, Harald Christa & Ralf Evers (2006): Hauptsache Fußball. Gießen: Psychosozial-Verlag.

Bronfenbrenner, Urie (1976): Ökologische Sozialisationsforschung. Stuttgart: Klett.

Bronfenbrenner, Urie (1989): Die Ökologie der menschlichen Entwicklung. Frankfurt a.M.: Fischer Taschenbuch.

Claessens, Dieter (1979): Familie und Wertesystem. Berlin: Gustav Fischer.

Clausen, John A. (1968): A historical and comparative view of socialization theory and research. In: Clausen, John A. (Hrsg.): Socialization and society. Boston: Little, Brown and Company. 18-72.

Coleman, James S. (1986): Die asymmetrische Gesellschaft. Weinheim: Beltz.

Coleman, James S. (1995): Grundlagen der Sozialtheorie. München: Oldenbourg.

Durkheim, Emile (1973): Erziehung, Moral und Gesellschaft. Neuwied: Luchterhand.

Esser, Hartmut (1993): Soziologie: allgemeine Grundlagen. Frankfurt a.M. & New York: Campus.

Esser, Hartmut (1999): Soziologie: spezielle Grundlagen. Frankfurt a.M. & New York: Campus.

Fischer, Lorenz & Günter Wiswede (2002): Grundlagen der Sozialpsychologie. München & Wien: Oldenbourg.

Fritzsche, Bettina (2003): Pop-Fans. Studie einer Mädchenkultur. Opladen: Leske+Budrich.

Fuchs, Werner (1983): Jugendliche Statuspassage oder individualisierte Jugendbiographie? In: Soziale Welt 3/34. 341-371.

Garfinkel, Harold (1967): Studies in Ethnomethodology. Englewood Cliffs: Prentice Hall.

Garnham, Nicholas (1990): Capitalism and Communication. London: Sage.

Geulen, Dieter & Klaus Hurrelmann (1980): Zur Programmatik einer umfassenden Sozialisationstheorie. In: Geulen, Dieter & Klaus Hurrelmann (Hrsg.): Neues Handbuch der Sozialisationsforschung. Weinheim: Beltz. 51-67.

Griese, Hartmut M. (1987): Sozialwissenschaftliche Jugendtheorien. Weinheim & Basel: Beltz.

Grundmann, Matthias, Olaf Groh-Samberg, Uwe H. Bittlingmayer & Ullrich Bauer (2003): Milieuspezifische Bildungsstrategien in Familie und Gleichaltrigengruppe. In: Zeitschrift für Erziehungswissenschaft 6/1. 25-45.

Häußermann, Hartmut (2004): An den Rändern der Städte. Frankfurt a.M.: Suhrkamp.

Heitmeyer, Wilhelm & Jörg-Ingo Peter (1992): Jugendliche Fußballfans. Weinheim & München: Juventa.

Hitzler, Ronald, Thomas Buchner & Arne Niederbacher (2001): Leben in Szenen. Formen jugendlicher Vergemeinschaftung heute. Opladen: Leske+Budrich.

Hughson, John & Marcus Free (2006): Paul Willis, cultural commodities, and collective sport fandom. In: Sociology of Sport Journal 23/1. 72-85.

Hurrelmann, Klaus (1990): Einführung in die Sozialisationstheorie. Weinheim & Basel: Beltz.

Hurrelmann, Klaus (1994): Lebensphase Jugend. Weinheim: Juventa.

Hurrelmann, Klaus, Matthias Grundmann & Sabine Walper (2008): Handbuch Sozialisationsforschung. Weinheim & München: Juventa.

Jancovich, Mark (2002): Cult movies, subcultural capital and the production of cultural distinction. In: Cultural Studies 16/2. 306-322.

Jobst, Solvejg (2008): Sozialisation. In: Hörner, Wolfgang, Barbara Drincks & Solvejg Jobst (Hrsg.): Grundbegriffe der Erziehungswissenschaft. Leverkusen: UTB. 130-185.

Jobst, Solvejg & Jan Skrobanek (2009): Ethnische Differenzierung oder Selbstexklusion? Zum Umgang junger Türken und Aussiedler mit Benachteiligungserfahrungen. In: Dirim, Inci & Paul Mercheril (Hrsg.): Migration und Bildung. Münster: Waxmann. 99-123.

Kazepov, Yuri (2005): Cities of Europe: changing contexts, local arrangements, and the challenge to urban cohesion. Malden: Blackwell.

MacDonald, Robert, Tracy Shildrick, Colin Webster & Donald Simpson (2005): Growing up in poor neighbourhoods: The significance of class and place in the extended transitions of 'socially excluded' young adults. In: Sociology 39/5. 873-891.

Mansel, Jürgen & Klaus Hurrelmann (2003): Jugendforschung und Sozialisationstheorie. In: Mansel, Jürgen, Hartmut M. Griese & Albert Scherr (Hrsg.): Theoriedefizite der Jugendforschung. Weinheim & München: Juventa. 75-90.

Mehus, Ingar (2005): Distinction through sport consumption. In: International Review for the sociology of sport 40/3. 321-333.

Merkel, Udo (2007): Milestones in the development of football fandom in Germany: global impacts on local contests. In: Soccer and Society 8/2/3. 221-239.

Merton, Robert K. (1995): Soziologische Theorie und Sozialstruktur. Berlin & New York: de Gruyter.

Mikos, Lothar (2007): Mythos Fan: Fußball-Fankulturen im Kontext gesellschaftlicher Veränderungen. In: Mittag, Jürgen & Jörg-Uwe Nieland (Hrsg.): Das Spiel mit dem Fußball: Interessen, Projektionen und Vereinnahmungen. Essen: Klartext. 479-497.

Müller, Walter, Markus Gangl & Stefani Scherer (2002): Übergangsstrukturen zwischen Bildung und Beschäftigung. In: Wingens, Matthias & Reinhold Sackmann (Hrsg.): Bildung und Beruf. Weinheim & München: Juventa. 39-64.

Negt, Oskar (1998): Jugendliche in kulturellen Suchbewegungen. In: Deiters, Friedrich-Wilhelm & Gunter A. Pilz (Hrsg.): Aufsuchende, akzeptierende, abenteuer- und bewegungsorientierte, subjektbezogene Sozialarbeit mit rechten, gewaltbereiten jungen Menschen. Münster: Lit. 113-124.

Nunner-Winkler, Gertrud (2004): Chancengleichheit und individuelle Förderung, eine Analyse der Ziele und Konsequenzen moderner Bildungspolitik. Stuttgart: Enke.

Parsons, Talcott (1997): Sozialstruktur und Persönlichkeit. Eschborn: Dietmar Klotz.

Pilz, Gunter A. (1996): Social Factors Influencing Sport and Violence: On the „Problem" of Football Hooliganism in Germany: In: International Review for the Sociology of Sport, 31/1. 49-66.

Pilz, Gunter A. (2005): Wandlungen des Zuschauerverhaltens im Profifußball: Vom Kuttenfan und Hooligan zum postmodernen Ultra und Hooltra. In: Journal für politische Bildung 3. 50-58.

Putnam, Robert D. (1995): Tuning in, Tuning out: the strange disappearance of social capital in America. In: Political Science and Politics 28/4. 664-683.

Rolff, Hans-Günter (1967): Sozialisation und Auslese durch die Schule. Heidelberg: Quelle und Meyer.

Savage, Michael (2000): Class analysis and social transformation. Buckingham & Philadelphia: Open University.

Schiffer, Jürgen (2007): Fußball als Kulturgut. Sportverlag Strauß.

Schmidt, Axel & Klaus Neumann-Braun (2008): Die Welt der Gothics: Spielräume düster konnotierter Transzendenz. Wiesbaden: Verlag für Sozialwissenschaften.

Schwier, Jürgen (2005): Die Welt der Ultras. Eine neue Generation von Fußballfans. In: Sport und Gesellschaft 2/1. 21-38.

Schwier, Jürgen (2006): Fandom and subcultural media. In: Tomlinson, Alan & Christopher Young (Hrsg.): German football. Abingdon & New York: Routledge. 168-180.

Shell, Jugendwerk der Deutschen (1992): Lebenslagen, Orientierungen und Entwicklungsperspektiven im vereinigten Deutschland (Bd. 2). Opladen: Leske+Budrich.

Skrobanek, Jan & Solvejg Jobst (2006): "Begrenzung" durch kulturelles Kapital? Zu Bedingungen regionaler Mobilität im Kontext der Kapitalientheorie Pierre Bourdieus. In: Berliner Journal für Soziologie 16/2. 149-184.

Solga, Heike (2005): Ohne Abschluss in die Bildungsgesellschaft. Opladen: Barbara Budrich.

Stone, Chris (2007): The role of football in everyday life. In: Soccer and Society 8/2/3. 169-184.

Thornton, Sarah (1996): Club cultures. Hanover: Wesleyan University Press.

Tillmann, Klaus-Jürgen (2004): Sozialisationstheorien. Reinbek: Rowolt.

Wacquant, Loïc J. D. (2006): Das Janusgesicht des Ghettos und andere Essays. Basel: Birkhäuser.

Wacquant, Loïc J. D. (2004): Habitus. In: Beckert, Jens & Milan Zafirovski (Hrsg.): International Encyclopedia of Economic Sociology. London: Routledge. 315-319.

Walther, Andreas, Manuela du Bois-Reymond & Andy Biggart (2006): Participation in transition: motivation of young adults in Europe for learning and working. New York: Peter Lang.

Wegener, Claudia (2008): Medien, Aneignung, Identität. Stars im Alltag jugendlicher Fans. Wiesbaden: Verlag für Sozialwissenschaften.

Wenger, Christian (2003): "Ich bin ein Trekkie" – Identitätsstiftung und Vergemeinschaftung in Fangemeinden am Beispiel der „Star Trek"-Fans. In: Winter, Carsten, Tanja Thomas & Andreas Hepp (Hrsg.): Medienidentitäten. Köln: von Halem.

Willis, Paul (1977): Learning to labour. Saxon House: Farnborough.

Willis, Paul (2000): The Ethnographic Imagination. Cambridge: Polity.

Willis, Paul (2004): Twenty-Five Years On: Old Books, New Times. In: Dolby, Nadine & Greg Dimitriadis (Hrsg.): Learning to Labour in New Times. New York & London: Routledge Falmer. 167-196.

Young, Jock (1999): The exclusive society: social exclusion, crime, and difference in late modernity. London & Thousand Oaks: Sage.

Fans und Gender

Bettina Fritzsche

„Most of all he was another human being to whom I could relate and be identified with. When I felt lonely and totally alone in the world, there was always Elvis. He was a private, special friend who was always there. [R]emembering conversations with other fans reminds me time and again that very many female *and* male fans experienced Elvis in this way. For us Elvis the macho superhero might just as well have been another and totally different person, for he certainly wasn't *our* Elvis."
(Wise 1996: 393ff., Herv. i.O.)

Sowohl Stars als auch Fans und ihre Kulturen werden häufig als extrem geschlechtlich kodiert, d.h. als „typisch männlich" oder als „typisch weiblich" wahrgenommen. So gilt die Begeisterung für Fußball als „Männlichkeitsritual" (Dunning u.a. 2003: 470), während eine Leidenschaft etwa für einen männlichen Filmstar als Frauensache wahrgenommen wird. Viele Stars verkörpern eine idealisierte Männlichkeit oder Weiblichkeit (etwa Arnold Schwarzenegger oder Christina Aguilera), andere wiederum sind gerade dafür bekannt, dass sie konventionelle Geschlechterinszenierungen ironisieren und parodieren (z.B. David Bowie). Wie sich in Sue Wise's Reflexion ihrer Leidenschaft für Elvis zeigt, sagt eine den Stars zugeschriebene Geschlechtlichkeit jedoch noch nichts darüber aus, welche Bedeutung diese für deren Fans und ihre Kultur hat. Im Gegensatz zu dem sexualisierten, hypermaskulinen Bild von ‚Elvis the pelvis' ist der von Wise und auch anderen Fans wahrgenommene Elvis eine eher asexuelle, weiche und harmlose Gestalt (an anderer Stelle charakterisiert sie ihn als „teddy bear").

Weder das Geschlecht der Stars noch das ihres Publikums determinieren dabei die jeweilige Rezeptionsweise. So stellt Ute Bechdolf (1999) in ihrer Studie zu Geschlechterkonstruktionen beim Musikfernsehen fest, dass bei der Auswahl der Rezeptionsstrategien „eben nicht nur die Zugehörigkeit zum weiblichen oder männlichen Geschlecht eine Rolle (spielt), sondern auch die Art der Selbstpositionierung als typischer Mann oder unkonventionelle Frau (bzw. umgekehrt) sowie die Akzeptanz oder Ablehnung traditi-

oneller Geschlechterdiskurse – auf kognitiver wie auf emotionaler Ebene."
(Bechdolf 1999: 222).

Die intensive Beschäftigung von Fans mit ihren jeweiligen Fan-Objekten
kann also im Zeichen einer komplexen und intensiven Auseinandersetzung
mit ihrer eigenen Geschlechtsidentität stehen. So repräsentieren Stars oft
bestimmte Geschlechter-Inszenierungen, denen ihre Fans sich anzuähnlichen suchen. In ihrer Studie zu weiblichen Fans von Hollywood-Diven weist
Jackie Stacey (1994: 234ff.) darauf hin, dass sich die Umgangsweise mit Stars
in dieser Hinsicht historisch verändert hat: Bis Mitte der 50er Jahre wurden
Hollywood-Stars auf eine Weise repräsentiert, die ihre Distanz zum Publikum auf verschiedenen symbolischen Ebenen maximierte. Erst die zunehmende Möglichkeit für das Publikum, sich das Star-Image mittels Konsumpraktiken anzueignen, führte zu einer größeren Nähe in den Fan-Star-Bezie-
hungen. Wie Lisa A. Lewis (1990: 173ff.) betont, stellt die Übernahme eines
bestimmten weiblichen Stils etwa von Madonna durch deren Fans hierbei
keine plumpe Imitation dar, sondern muss als Suche nach kreativen Impul-
sen zur Selbstentdeckung interpretiert werden. Eine leidenschaftliche Begeisterung für gegengeschlechtliche Stars hingegen steht insofern im Zeichen einer Auseinandersetzung mit Fragen der Geschlechtsidentität, als sie
oft als heterosexuelles Begehren verstanden und teilweise als solches ermu-
tigt wird. In diesem Sinne konstatiert etwa Maya Götz in ihrer Untersuchung zu Mädchen und Fernsehen, dass das Image bestimmter Stars bereits
auf das Interesse vieler Jugendlicher am Thema der heterosexuellen Liebe
ausgerichtet sei: „Was hier angeboten wird, ist nicht die ‚Ware Frau' oder
die ‚Ware Mann', sondern die ‚Wa(h)re Beziehung'" (Götz 1999: 380). Jedoch
belegen empirische Studien, dass ein intensives Interesse für gegengeschlechtliche Stars auch identifikatorische Momente haben kann. So war es
unter weiblichen Elvis-Fans üblich, sich die Haare so zu kämmen, dass es
aussah, als hätten sie Koteletten (vgl. Hauk 1999: 25) und auch die von Ehrenreich u.a. (1992: 103) interviewten weiblichen Beatles-Fans beschreiben
ihr Verhältnis zur Band als stark identifikatorisches: „I didn't want to sleep

with Paul McCartney, I was too young. But I wanted to be like them, something larger than life."[1]

Nicht nur die direkte Beschäftigung mit bestimmten Fan-Objekten, sondern auch die Fankultur selbst kann ein Feld für Inszenierungen und Verhandlungen geschlechtlicher Bedeutungen darstellen. So analysiert Michael Meuser (2008: 123f.) die „ernsten Spiele" der Fußball-Fans als Ausdruck männlicher Vergemeinschaftung, und auch die Begeisterung für Pop-Stars wird in der Regel als Kultur zwischen Mädchen, die mit entsprechenden Distinktionsbewegungen gegenüber dem männlichen Geschlecht einhergeht, gelebt (Fritzsche 2003: 254ff.).

Fankulturen stellen nicht notwendig, jedoch potenziell ein Forum für Auseinandersetzungen mit Fragen der Geschlechtsidentität dar. Im Folgenden sollen diese Auseinandersetzungen genauer in den Blick genommen werden: Auf welche Weise kann Geschlecht in Fankulturen Bedeutung erlangen und welche Umgangsweisen mit geschlechtlichen Bedeutungen lassen sich in diesen Kulturen beobachten? Inwiefern sind sie ein Ort der Reproduktion oder auch der Subversion konventioneller Geschlechter-Bilder im Sinne eines gender bendings? Nach einer geschlechtertheoretischen Verortung meines Zugangs werde ich diese Fragen am Beispiel zweier Fankulturen, die stark mit Geschlechterstereotypen assoziiert werden, diskutieren: Fußballfans sowie Fans von Teenie-Pop-Gruppen. Im Fazit erörtere ich Konsequenzen dieser Diskussion sowohl für die Geschlechterforschung als auch für eine Soziologie der Fans.

1 Die Herstellung von Geschlechtsidentität durch performative und mimetische Akte

Das berühmte Statement Simone de Beauvoirs „man wird nicht als Frau geboren, man wird es" lässt sich auch heute noch als Grundlage einer der zentralen Fragestellungen der soziologischen Geschlechterforschung bezeichnen: Wie kommt es dazu und was bedeutet es, dass das soziale Leben

---

1   Vgl. Götz' (1999: 376) Beobachtungen zur Identifizierung von Mädchen mit Wrestling-Stars sowie Stacey (1994: 126ff.) zur Gleichzeitigkeit von Identifizierung und Begehren in der Beziehung weiblicher Fans zu Hollywood-Diven.

in den meisten Gesellschaften durch ein „symbolisches System der Zweigeschlechtlichkeit" (Hagemann-White 1984) strukturiert wird, wie werden kohärente Geschlechtsidentitäten in sozialen und psychischen Prozessen hergestellt und wie verhält sich das Geschlecht zu anderen Identitätskategorien? Die Bedeutung der Geschlechtszugehörigkeit für die Identitätsbildung wurde dabei lange Zeit unter dem Stichwort der „geschlechtsspezifischen Sozialisation" analysiert. Die Auseinandersetzungen mit kulturellen – oft medial vermittelten – Vorgaben für die Geschlechtsidentität der Einzelnen lassen sich ihrerseits als Prozess der „Mediensozialisation" verstehen, wobei in der entsprechenden Forschung umstritten ist, woran die Sozialisationsrelevanz von Medien festgemacht werden und wie sie empirisch gesichert werden kann (vgl. Hoffmann/Mikos 1997: 8). Das Konzept der „geschlechtsspezifischen Sozialisation" geriet jedoch seit den 1980er Jahren zunehmend in die Kritik. Inspiriert von konstruktivistischen und dekonstruktiven Ansätzen (hierbei insbesondere den Arbeiten Judith Butlers) wurde der Frage nach geschlechtsspezifischen Bedingungen der Sozialisation vorgehalten, die Gefahr einer Reifizierung der Geschlechterdichotomie und einer Nivellierung der Differenzierungen zwischen Frauen und zwischen Männern zu bergen.[2] Stattdessen sollten die De-/Konstruktion der Kategorie Geschlecht, ihre spezifische Funktionslogik und diskursive Effekte analysiert werden (vgl. Bilden 1991; Bilden/Dausien 2006: 8).

Im Folgenden sei kurz eine theoretische Grundlage skizziert, die ich vor dem Hintergrund dieser Bedenken für geeignet halte, die Bedeutung medialer Vorgaben für die Bewältigung der sozialisatorischen Aufgabe einer Formulierung, Re-Formulierung und Inszenierung geschlechtlicher Bedeutungen zu analysieren.

Die Philosophin Judith Butler (1991) versteht das Geschlecht als performativ hergestelltes. Unter Bezug auf poststrukturalistische Ansätze sowie die Dekonstruktion Derridas geht Butler davon aus, dass die Art und Weise,

---

2   In ihrer kritischen Re-Lektüre der deutschen Sozialisationsforschung hat Bettina Dausien festgestellt, dass sich die Kritik am Modell der „geschlechtsspezifischen Sozialisation" auf die wissenschaftliche Konzeption von Sozialisation allgemein ausweiten lässt. So gelänge es den meisten Sozialisationsmodellen letztlich nicht, problematische Dichotomien wie etwa die Gegenüberstellung von Individuum und Gesellschaft überzeugend aufzubrechen (vgl. Dausien 1999: 232ff.).

wie wir uns selbst und die Welt wahrnehmen, immer schon von den Regeln des Diskurses konstituiert ist. Diskursive Zuweisungen wie etwa die Aussage „es ist ein Mädchen" bei der Geburt eines Kindes sind in diesem Sinne nicht als Beschreibungen einer vermeintlichen Wirklichkeit zu verstehen, sondern als performativer Akt, der hervorbringt, was er benennt und seine Macht daraus bezieht, dass er auf einer immer wieder neu reproduzierten Norm fußt. Wir werden insofern hineingeboren in ein kulturelles Raster, das Butler ‚heterosexuelle Matrix' nennt. Durch diese werden Körper, Geschlechtsidentitäten und Begehren naturalisiert und die Art und Weise bestimmt, wie wir unsere Körper wahrnehmen und diese anderen gegenüber präsentieren. Butler geht insofern auch davon aus, dass die kulturellen Ideale von Männlichkeit und Weiblichkeit unauflöslich mit einer Idealisierung der heterosexuellen Bindung verknüpft sind. Im Laufe unseres Lebens haben wir es immer wieder mit performativen Akten zu tun, die uns unseren Platz innerhalb der „heterosexuellen Matrix" zuweisen. Es kommt so zu einer steten Wiederholung geschlechtlich konnotierter Selbstinszenierungen, die sich schließlich in einem habitualisierten „leiblichen Stil" niederschlagen.

Zwar ist es in Butlers Konzeption unmöglich, der Macht der Konstruktionsmechanismen zu entfliehen. Jedoch geht jede Art von Normalitätskonstruktion mit der Konstruktion eines Bereiches von Abweichungen einher. Die normative Regulierung der Subjekte erfolgt insofern nicht nur über die diskursive Bereitstellung eines Bereiches intelligibler Bedeutungen von Geschlecht, sondern ebenso über die Konstruktion eines notwendigen ‚Außen', das aus der Norm herausfällt und es erst möglich macht, die Grenze des Intelligiblen zu bestimmen. In das „konstitutive Außen" (Butler 1997: 259) der heterosexuellen Matrix fallen alle Begehrensformen, die sich nicht als eindeutig heterosexuell klassifizieren lassen, jedoch auch geschlechtlich unbestimmte Körper, die nicht als männlich oder weiblich einzuordnen sind. Der Ausschluss dieser Körper auf der diskursiven Ebene zieht die Unmöglichkeit nach sich, ein geschlechtlich ambivalentes Kind aufzuziehen und hat in den meisten Fällen konkrete operative Eingriffe zur Folge. In diesem Sinne ist die empirische Realität wesentlich vielfältiger, als dass sie durch die heterosexuelle Matrix erfasst werden könnte, weshalb die performativen Akte, die uns innerhalb dieser unseren Platz zuweisen, auch immer wiederholt werden müssen.

Bettina Fritzsche

Eine Konzeption performativen sozialen Handelns, die meines Erachtens im Kontext einer Untersuchung derartiger Prozesse von besonderem Interesse sein kann, ist diejenige des mimetischen Handelns. Die Anthropologen Gunter Gebauer und Christoph Wulf beschreiben mimetische soziale Akte als körperliche Aufführungen, die einen Darstellungsaspekt besitzen sowie als Bewegungen, die auf andere Bewegungen Bezug nehmen (Gebauer/Wulf 1998: 11f.). Mimesis beinhaltet über das Nachschaffen von Vorgefundenem hinaus auch die Fähigkeit zur Veränderung, wobei sie keinen Sonderbereich ganz bestimmter Handlungen konstituiert, sondern vielmehr unser Alltagshandeln von mimetischen Zügen durchsetzt ist. Die angesprochene körperliche Ebene wird insbesondere deutlich am Beispiel der Mimesis von Gesten und Ritualen. Hierbei handelt es nicht um eine einfache Imitation etwa der Gesten anderer, sondern eben um eine „Anähnlichung" an diese. Eine solche Anähnlichung erlaubt eine Überschreitung der eigenen Grenzen in Richtung der körperlichen Darstellungs- und Ausdruckswelt einer anderen Person. Die soziale Mimesis lässt sich insofern als notwendige Voraussetzung der Erfahrung der Außenwelt und der Begegnung mit dem Anderen bezeichnen. Aufgrund ihrer Expressivität und ihrer Prozesshaftigkeit sind mimetische Akte performativ und Wulf (2001) zufolge entsteht das Performative in der Regel in mimetischen Prozessen.

Das somit skizzierte Verständnis einer Geschlechtsidentität, die durch performative und mimetische Akte hergestellt wird, lässt sich, wie im Folgenden gezeigt werden wird, als fruchtbarer sensibilisierender Theoriehintergrund für eine empirische Analyse der Bedeutung von Geschlecht in Fankulturen nutzen.

2 Trojanische Pferde in der Männerdomäne: Geschlechter(de)konstruktionen von Fußballfans

Wie bereits angedeutet, gilt nicht nur die Fußball-Fankultur, sondern Fußball an sich in vielen Ländern der Welt als geradezu prototypisches Feld der Produktion und Inszenierung von Männlichkeit (Meuser 2008: 113). Unter Bezug auf Bourdieu argumentiert Michael Meuser, Männlichkeit sei eine kompetitive und homosoziale Praxis, die Frauen ausschließe und sich in wettbewerborientierten Spielen wie dem Fußball besonders gut beobachten

ließe. Bestandteil der männlich-vergemeinschaftenden Funktion des Fußballs sei die Konstruktion hegemonialer Männlichkeit über die Exklusion
marginalisierter – beispielsweise schwuler – Männlichkeiten. Weiterhin gelte
Fußball als legitimer Ort für einen bedingt kontrollierten Ausdruck männlicher Gewalt. In einem kollektiven männlichen Aktionismus entstünden
Kameradschaft und Solidarität, Gewalt stelle insofern jenseits ihres destruk-
tiven Potenzials eine soziale Ordnung dar, als sie eben auch ein Modus
männlicher Vergemeinschaftung sei (Meuser 2008: 126f.).[3] In ihrer Studie zur
Konstruktion von Männlichkeit in der Adoleszenz konstatiert Sabine Jösting
(2005: 246ff.), die Teilnahme am Fußballsport biete heranwachsenden Männern die Chance, sich auch ohne eine gelebte heterosexuelle Praxis als
männlich zu definieren und darzustellen, sie sei ein Prüfstein männlicher
Normalität und entlaste von anderen Männlichkeitsbeweisen.

Die stark männliche Kodierung des Fußballs reproduziert sich in der
entsprechenden Fankultur. So beschreibt etwa König (2002: 45) in seiner
Arbeit zu Fußballfans, diese seien an bestimmten Verhaltensweisen wie etwa dem Stehen in der Fankurve, durch ein Solidaritätsgefühl, äußere Zeichen der Zugehörigkeit zu einem Verein sowie durch die Verkörperung von
Männlichkeitsnormen erkennbar. Meuser (2008: 123) zufolge finden korres-
pondierend zum Wettkampf auf dem Spielfeld unter den Fans verbale Wettkämpfe statt, wobei die ritualisiert vorgetragenen Schmähungen der gegnerischen Mannschaft und ihrer Fans insbesondere darauf ausgerichtet sind,
diesen ihre Männlichkeit abzusprechen. Weiterhin ist Sexismus in der Form
von Slogans auf T-shirts, Fangesängen und direkten Umgangsweisen gegenüber anwesenden weiblichen Fans ein integraler Bestandteil der Fankultur
(Sülzle 2004: 3f.).

Zusammenfassend lässt sich sagen, dass die Kultur von Fußballfans
zahlreiche Möglichkeiten der performativen Herstellung von Männlichkeit
bietet: Als Ort homosozialer Vergemeinschaftung beinhaltet sie Distinktionsbewegungen gegenüber „unmännlichen" Männlichkeiten und Frauen und
über stark körperlich und teilweise auf aktionistische Weise ausgelebte ge-

---

3   Zum Begriff des Aktionismus vgl. auch die Ausführungen von Bohnsack und Nohl
    (2001). Dieser dient den Autoren zufolge einer Sensibilisierung für eine empirisch beo-
    bachtete atheoretische, körperliche und kollektive Dimension insbesondere jugendli-
    cher Praktiken.

walttätige Formen des Wettbewerbs untereinander können die Fans sich in wiederholten performativen Akten gegenseitig ihre Virilität bestätigen.

In scheinbarem Widerspruch dazu steht die große Anzahl fußballbegeisterter Frauen, die insbesondere bei der WM 2006 und der EM 2008 auffiel: Was haben diese in der „Männerdomäne" zu suchen, sind sie als „echte Fans" zu betrachten und was bedeutet ihre Anwesenheit für die beschriebene performative Herstellung von Männlichkeit in diesem Feld?

Wie Nicole Selmer (2004) erläutert, ist die Anwesenheit von Frauen in Fußballstadien mitnichten neu. Tatsächlich bildeten Frauen schon immer einen Teil des Fußballpublikums, wobei sie Anfang des letzten Jahrhunderts in der Regel verunglimpft bzw. dafür verantwortlich gemacht wurden, die Aggressionen der Männer in Schach zu halten. Seit den 1970er Jahren werden Frauen von den Fußballclubs als potenzielle Einnahmequelle gezielt umworben. In einem Text von 2006 spricht Schaaf davon, dass heute über 20 % der ZuschauerInnen in den deutschen Stadien weiblich seien, wobei der Frauenanteil vor allem in den vorherigen fünf Jahren exponentiell gewachsen sei (vgl. Otte in diesem Band). Gleichzeitig lassen sich in der Perspektive von Sülzle (2004: 1) auch weitere Verschiebungen im männlich-heterosexuellen Fußballkosmos beobachten, wie etwa die wachsende Anzahl der Fanclubs von Frauen und schwuler Männer sowie von Mädchen- und Frauenmannschaften oder auch die Existenz von Fußballstars wie David Beckham, der offen über seine Vorliebe für Frauenunterwäsche spricht und als Vorbild für den Begriff der „Metrosexualität" gilt.[4] Weibliche Fußballfans weckten in den letzten Jahren zunehmend sozialwissenschaftliches Interesse (vgl. Selmer 2004; Sülzle 2004; Hagel u.a. 2005), wobei bislang noch kaum empirische Untersuchungen zur Fußball-Fankultur von Frauen vorliegen, die sich nach wie vor als „Stiefkinder der Wissenschaft" bezeichnen lassen (Wetzel 2005).

Erste Ergebnisse der von Sülzle (2004) vorgenommenen qualitativen empirischen Untersuchung zu weiblichen Fußballfans eröffnen jedoch bereits

---

4   Dieser wurde von Journalisten geprägt und bezieht sich Wikipedia zufolge auf Männer, die auch die feminine Seite ihrer Persönlichkeit zulassen und nach außen hin Verhaltensweisen zeigen, die bis dato eher dem Lebensstil von Frauen oder dem Klischee des homosexuellen Mannes zugeordnet wurden (http://de.wikipedia.org/wiki/Metrosexualit%C3%A4t).

eine hochinteressante Perspektive auf deren Auseinandersetzungen mit Fragen der Geschlechtsidentität. Dem Klischee zufolge setzen sich Frauen in Fußballstadien aus vier Gruppen zusammen: 1. von Fans mitgebrachte und eigentlich desinteressierte und in Bezug auf Fußball inkompetente Partnerinnen, 2. Groupies, die einzelne Fußballer anhimmeln wie Popstars, 3. Cheerleader als Sonderform der Groupies und 4. die echten weiblichen Fans. Die von Sülzle interviewten Frauen gehören ihrer Selbstwahrnehmung zufolge der vierten Gruppe an und setzten sich mit derselben Vehemenz von den anderen drei Gruppen ab wie männliche Fans auch. Zuschauerinnen, die durch Weiblichkeitsattribute wie kurze Röcke auffallen, sind Sülzles Interviewpartnerinnen zufolge keine wirklichen Fans und untertreiben den eigenen Kampf um Respekt als Frauen im Stadion (Sülzle 2004: 6). Der Wunsch dieser „echten weiblichen Fans", Mitglieder im „Boys' Club" zu sein, wird unter anderem mit dem Verzicht auf eine direkte Kritik am Sexismus männlicher Fans bezahlt. In diesem Sinne leisten die anwesenden Frauen ihren eigenen Anteil zur Reproduktion einer Männerdomäne. Andererseits beobachtet Sülzle auch ironisierende Umgangsweisen weiblicher Fans mit dem vorherrschenden Sexismus und Männlichkeitsritualen, der sich zum Beispiel in Namen von Frauen-Fanclubs wie „Always Ultra Cologne" oder „Hooligänse" niederschlägt.

Die Aussagen ihrer Interviewpartnerinnen lassen sich Sülzles Analyse zufolge allerdings auch so interpretieren, dass Fußball gerade als Männerdomäne sowohl Frauen als auch Männern die Freiheit eröffnet, sich von idealisierten Geschlechterbildern zu befreien: Die weiblichen Fans können sich von „der Masse Frauen" (Sülzle 2004: 4) und typischen Weiblichkeitsattributen absetzen. Jedoch bietet der Fußball gerade aufgrund seiner starken männlichen Konnotation auch Männern die Möglichkeit, Verhaltensweisen an den Tag zu legen, die eigentlich als „unmännlich" gelten (wie etwa intensive Berührungen zwischen den Fans, gegenseitige Fürsorglichkeit oder auch öffentliches Weinen). Ebenso wie die von Jösting (2005: 246ff.) interviewten Jungen durch ihre Teilnahme am Fußballspiel von der „Entwicklungsaufgabe" entlastet sind, eine heterosexuelle Beziehungspraxis zu beginnen, können erwachsene Männer die Fußball-Fankultur als Deckmantel nutzen, um Seiten der eigenen Persönlichkeit auszuleben, die einer idealisierten Männlichkeit ganz und gar nicht entsprechen.

Unter Bezug auf Butler lässt sich abschließend festhalten, dass die kulturellen Ideale von Männlichkeit und Weiblichkeit, die mit einer Idealisierung der heterosexuellen Bindung verknüpft sind, im Bereich des Fußballs und seiner Fankultur einerseits ungebrochen reproduziert werden. Andererseits lassen sich in der Männerdomäne Fußball mittlerweile etliche „trojanische Pferde" ausmachen, die die männliche Konnotation dieses Feldes ausnutzen, um Geschlechterideale zu ironisieren und zu unterlaufen. Fußball stellt insofern gerade als geschlechtlich hochgradig aufgeladenes Feld für seine Fans sowohl die Möglichkeit zur mimetischen Annäherung an Geschlechterideale dar als auch die Chance, diesen zu entgehen und sie in Frage zu stellen.

3   Verhandlungen von Weiblichkeits-Normen bei Pop-Fans

Das Engagement von Pop-Fans ist in einem doppelten Sinne als ‚mädchentypisches' Interesse zu betrachten: Zum einen beschäftigen sich mehr Mädchen als Jungen intensiv mit Pop-Gruppen, andererseits sind Mädchen (genau wie Jungen) mit der Common-Sense-Ansicht konfrontiert, dass eine solche Beschäftigung eben auch typisch für Mädchen sei. Diese Wahrnehmung schlägt sich auch in der sozialwissenschaftlichen Literatur nieder. So leitet Klaus Janke seinen Beitrag „Stars, Idole, Vorbilder" im Schüler-Jahresheft des Friedrich-Verlages 1997 mit der folgenden Frage ein: „Warum sind es immer die *jungen* Mädchen, die sich bei Popkonzerten die Höschen nass machen, warum keine Mittdreißigerinnen?" (Janke 1997: 18, Herv. i.O.). Auf eine ähnliche Fan-Beschreibung greift auch Erwin Schaar im Sammelband „Der Star" (1997) zurück. Er zitiert zunächst einen Journalisten, der nach einem Rolling Stones-Konzert kommentierte: „Die kleinen Mädchen hatten zu wild gekreischt und sich nass gemacht" und schließt dann selbst folgende Analyse an: „Die Reaktionen gegenüber den zu Verehrenden haben den denkenden Kopf nicht mehr nötig, der Körper liefert sich mit seinen fundamentalen Bedürfnissen ganz dem Dasein aus" (Schaar 1997: 125).

Abgesehen von der kaum verhüllten Verachtung, die derartigen Beschreibungen innewohnt, fällt ihre Konzentration auf den Körper der Fans auf. Unkontrollierte Körperreaktionen müssen hierbei als Symbol für die Irrationalität und Unbeherrschtheit der Fans herhalten. Mit der Festschreibung der Mädchen auf ihren Körper, ihrer Sexualisierung und Ridikülisierung werden Register gezogen, die sich nicht nur unschwer als geradezu prototypische Sexismen erkennen lassen, sondern die darüber hinaus die Abwertung einer bestimmten Populärkultur mit ihrer Feminisierung verknüpfen.

Unter Bezug auf ausgewählte Ergebnisse einer selbst durchgeführten qualitativ-empirisch angelegten Studie (Fritzsche 2003) zur Kultur weiblicher Fans von sogenannten Girlgroups und Boygroups soll im Folgenden diskutiert werden, inwiefern die Pop-Fankultur, ein allgemein als „Mädchendomäne" betrachtetes (und teilweise abgewertetes) Feld, ihren Akteurinnen ein Forum zur Auseinandersetzung mit Fragen der Geschlechtsidentität bietet.[5]

Wie Vogelgesang (1994: 468) in seiner Untersuchung zu jugendlichen Fans von Action- und Horror-Videos bemerkt, sind geschmackliche Entscheidungen innerhalb der global vermarkteten Jugendstile heute gleichzeitig Entscheidungen für eine besondere Stil-Sprache, die Profilierungs- und Identifizierungschancen innerhalb des jugendkulturellen Kommunikationssystems verschaffen. Die geschmackliche Verortung als Fan einer Teenie-Band kann dazu führen, dass sich Mädchen in spezifischer Weise als weibliche Jugendliche positionieren.

In meinen Interviews mit weiblichen Fans und Ex-Fans werden Jungen, die Boygroup-Bilder sammeln, ebenso erwähnt wie Jungen, die auf die „Spice Girls" stehen oder auch erwachsene Fans. Selbstverständlich gibt es darüber hinaus auch viele Mädchen, die die Pop-Fankultur für sich ablehnen. Meine Probandinnen konstituieren ihre Kultur dennoch als weiblich konnotierte Jugendkultur: Sie beschreiben die Entwicklung zum Fan als Prozess, der oft gemeinsam mit anderen Mädchen und in starker Orientierung an diesen vollzogen wird. Zwar wird auch mal mit Jungen eine Fan-Devotionalie getauscht, der kulturelle Nahraum wird jedoch nur mit Mädchen geteilt, den zentralen Fan-Praktiken, d.h. dem Sammeln, Tauschen

---

5   Datengrundlage waren 23 zwischen 1998 und 2000 durchgeführte narrative Einzelinterviews und Gruppendiskussionen mit Mädchen, die sich selbst als Fan oder Ex-Fan einer Boygroup oder Girlgroup bezeichneten. Meine Interviewpartnerinnen waren Fans der damals aktuellen Bands „Spice Girls", „Caught in the Act", „Backstreet Boys", „The Boyz" und „Echt" und zwischen 10 und 17 Jahren alt. Die Auswertung der Interviews erfolgte nach der rekonstruktiven Methode der dokumentarischen Interpretation (vgl. Bohnsack 2003).

(bzw. verbalen Austausch), dem Spielen und Tanzen wird in der Freundinnen-Dyade oder -Gruppe nachgegangen, und diese haben ihrerseits wieder einen gruppenstabilisierenden Effekt. Hierbei wird eine weibliche Sphäre geschaffen, die sich über die Weitergabe der entsprechenden kulturellen Kompetenz immer wieder aus sich selbst heraus als Kultur von Mädchen konstituiert. In ihren Schilderungen von Boygroup-Konzerten charakterisieren die Mädchen sich als Teil einer weiblichen Fan-Gemeinschaft, die sich kollektiv begehrend auf die Stars bezieht: Ungeachtet der vielen Männer, die die Forscherin bei ihrem Konzertbesuch sah, ist in den Erzählungen der Interviewpartnerinnen immer nur von anderen Mädchen die Rede.

Ebenso wie die Teilnahme an der Fußball-Fankultur die Chance zu einer „Vermännlichung" bietet, sichern die TeilnehmerInnen der Teenie-Pop-Fankultur sich somit allein über ihren Status als Fan einen gewissen Grad an Feminisierung.

Weiterhin zeigt sich, dass verschiedene Praktiken innerhalb der Fankultur im Dienste von Auseinandersetzungen mit Entwürfen der Identität einer weiblichen Jugendlichen stehen. So vollziehen Fans von Girlgroups konkrete mimetische Annäherungen an die weiblichen Stars, etwa indem sie sich im Rahmen von Tanzgruppen beim Einüben der Choreographien an den Videos der entsprechenden Gruppe orientieren, wobei sie in der Regel selbst erdachte Varianten hinzufügen. Ein wichtiger Aspekt bei dieser mimetischen Annäherung an die Pop-Gruppe ist die Aufteilung der „Rollen" der einzelnen Bandmitglieder. In Bezug auf die Girlgroup „Spice Girls" benennen viele Mädchen als vorteilhaft, dass diese so verschieden seien. Hierdurch steht ihnen ein Spektrum an Vorschlägen zur Verfügung, in welche Richtung die eigene Identität sich entwickeln könnte: Insbesondere die Holzschnittartigkeit der von den Girlgroup-Stars repräsentierten Varianten stereotyper Weiblichkeit (z.B. „Baby Spice", „Sexy Spice", „Scary Spice" o.ä.) erweist sich hier meines Erachtens als günstig, da diese es den Fans erlaubt, sich den verschiedenen Identitäts-Entwürfen auf eine Weise anzunähern, die ihnen möglichst viel eigenen Spielraum lässt. Im Zuge der Tanz-Mimesis können die Fans auf diese Weise einen eigenen Weg finden, den normativen Anforderungen an eine weibliche Selbst-Inszenierung zu begegnen: Der geschützte Rahmen der Bühnenaufführung ermöglicht es ihnen, sexy zu sein, ohne als Schlampe bezeichnet zu werden, klein und schüchtern zu sein,

ohne als „kindisch" zu gelten oder selbstbewusst aufzutreten, ohne Gefahr
zu laufen, als frech oder arrogant betrachtet zu werden.

Ein besonders interessanter Aspekt der Fan-Mimesis ist, dass viele Mädchen betonen, es gehe ihnen keinesfalls darum, wie die Stars zu werden.
Stattdessen nutzen sie deren probeweise Imitation offensichtlich, um herauszufinden, welcher Stil ihnen selbst angemessen ist bzw. welcher „Typ" sie
sind. Diese mimetische Annäherung an die noch unbekannte zukünftige
eigene Identität erfolgt im Zuge performativer Suchbewegungen. So beschreibt die 12-jährige Bianca ihre Orientierung an den „Spice Girls" als Strategie der Selbsterfahrung: Die Stars seien zwar Idole für sie, aber sie versuche gleichzeitig „meinen eigenen Charakter auch rauszufinden". Biancas
starkes Bestreben, das Ideal einer individuellen authentischen Persönlichkeit
zu erfüllen, verunmöglicht es ihr, ein einfaches Nachahmungsverhältnis
gegenüber den bewunderten Stars einzunehmen. Um sich dennoch an ihnen
orientieren zu können, entwickelt sie die komplizierte Strategie der doppelten Mimesis: Sie will sich nur diejenigen Züge der „Spice Girls" aneignen,
die sie ohnehin an sich selbst erkennt, wobei das Vorbild der Girlgroup ihr
dabei helfen soll, diese zur vollen Entfaltung zu bringen. Im Sinne dieser
Strategie bietet ihr die Fankultur die Möglichkeit, sich über das Bestreben,
den „Spice Girls" ähnlich zu werden, dem eigenen Selbst anzunähern.

Im Rahmen der Kultur von Boygroup-Fans finden performative Annäherungen an die Identität einer weiblichen Jugendlichen insbesondere im
Kontext einer Auseinandersetzung mit Heterosexualität statt. Die oft leiden-
schaftlichen Beziehungen der Fans zu den jeweiligen Stars lassen sich als
virtuelle Verhandlung heterosexueller Beziehungen beschreiben. Ein zentrales Moment der Verliebtheit in Boygroups ist dabei ein engagiertes Streben
nach Nähe zum Star im Wissen um die Aussichtslosigkeit dieses Wunsches.
Denn eigentlich wollen Boygroup-Fans die Gefühle von Verliebtheit und
Begehren kennen lernen, ohne bereits die Mühen und Risiken einer Beziehung auf sich nehmen zu müssen. In diesem Sinne benennt beispielsweise
die knapp 13-jährige Antje die Notwendigkeit für Mädchen, herauszufinden, wie Jungs sind und erste Erfahrungen mit diesen zu sammeln. Den
besonderen Vorteil von Boygroups sieht sie darin, dass diese im Gegensatz
zu Jungs aus der Schule nicht erreichbar seien.

Wie wichtig hierbei eine heterosexuelle Konstellation ist, zeigt sich in
Antjes Schilderung ihres Entsetzens über das Gerücht, die „Backstreet Boys"

seien in Wirklichkeit keine Jungen, sondern – wegen ihrer hohen Stimmen –
eigentlich Mädchen: „also, ich weiß ja nicht, ob die unten Mädchen sind
(lacht), also irgendwie, irgendwie wärs irgendwie son anderes Gefühl, dass
die irgendwie, dass ich auf Mädchen stehe (lacht), so und, irgendwie, hätt
ich mich dann hintergangen gefühlt, weil ich das nicht wusste." Hier zeigt
sich Antjes Unsicherheit bezüglich ihrer eigenen Positionierung im Rahmen
der heterosexuellen Matrix: Die Möglichkeit, dass das gewählte Objekt des
Begehrens im versteckten „unten" Zeichen des falschen Geschlechtes trägt,
stellt unmittelbar die eigene sexuelle Orientierung in Frage. Offenbar erlebt
Antje ihr Begehren als tastenden Versuch, der, wenn sie nicht acht gibt, die
angestrebte Heterosexualität noch leicht verfehlen kann. Sie charakterisiert
insofern das Fan-Sein als performativen Akt des Eintritts in die Welt heterosexueller Beziehungen.

Im diesem Sinne dokumentiert sich in den Interviews mit den Fans deutlich die von Judith Butler betonte tatsächliche Fragilität der heterosexuellen
Matrix, der zufolge sich von einem bestimmten Körper vermeintlich selbstverständlich auf ein bestimmtes Geschlecht und ein bestimmtes Begehren
schließen lässt. Die Fragilität einer kohärenten Geschlechtsidentität, die Erwachsenen aufgrund der Naturalisierungseffekte wiederholter performativer Akte verborgen bleibt, ist offensichtlich im Alter von zwölf Jahren noch
viel deutlicher spürbar.

Eine Identifizierung über mimetische Prozesse der Anähnlichung und
ein Begehren für die Stars müssen sich allerdings nicht ausschließen. Meines
Erachtens eignen sich gerade auch Boygroup-Stars in besonderer Weise als
Vorlage für Identifizierungen und mimetische Akte, da diese in der Regel
eine sehr feminine Männlichkeit repräsentieren. In diesem Sinne extrahierte
John Hauk (1999) aus den Briefen, die er von Boygroup-Fans erhielt, unter
anderem folgende von deren Vätern geäußerte Bezeichnungen für diese
Bands: „Milchbubis", „Schnösel", „Clowns" und „Schwuchtelboys". Die
weiche und wenig maskuline Inszenierung von Boygroup-Mitgliedern, die
offenbar den Spott eifersüchtiger Väter auslöst, kann für die oftmals sehr
jungen Fans der Bands weniger beängstigend sein als ein sehr maskulines
Auftreten und außerdem attraktiver, weil sie die Möglichkeit mimetischer
Prozesse eröffnet. Am Beispiel einer Gruppe 14- bis 16-jähriger Mädchen, die
in öffentlichen Auftritten als „Backstreet Girls" die Boyband „Backstreet
Boys" imitierte, zeigt sich, dass auch die Teenie-Fankultur die Möglichkeit

für subversive spielerische Auseinandersetzungen mit der heterosexuellen Matrix eröffnet. Die Auftritte als „Backstreet Girls" fanden bspw. im Rahmen von Straßenfesten oder auch in Jugendzentren statt, und ihr Stammpublikum bestand in erster Linie aus Mädchen. Im Interview beschreiben die Teilnehmerinnen, dass ihnen ein weibliches Publikum auch lieber war – möglicherweise befürchteten die Tänzerinnen, dass ein männliches Publikum ihre Männlichkeits-Performance delegitimieren würde. Auch erzählt die Gruppe, dass die Jungs sich über ihre Tanz-Vorführungen lustig machten. Diese scherten insofern aus der kollektiven Inszenierung eines Boygroup-Konzertes aus und störten diese, wohingegen das weibliche Publikum sich durchaus adäquat verhielt.

Anhand einer von der Sozialpädagogin des Jugendzentrums erstellten Videoaufnahme einer Tanzaufführung der Gruppe lässt sich feststellen, wie lustvoll und souverän die Tänzerinnen auf der Bühne die Rolle umschwärmter Stars einnahmen, während ihr weibliches Publikum hingebungsvoll kreischte, Transparente und Plakate hochhielt und Briefe auf die Bühne warf. Die in der Videoaufnahme im Hintergrund sichtbaren Jungs haben eher die Position von ‚fence-sittern' inne, die sich an der kollektiven Inszenierung einer romantisch aufgeladenen Begegnung zwischen Stars und Publikum nicht beteiligten. Gleichzeitig fällt auf, dass die Mädchen sich keineswegs bemühten, bei ihren Auftritten besonders männlich zu wirken. Männlichkeit war in dieser spielerischen Inszenierung einer extrem romantisch aufgeladenen Situation lediglich in der Form männlicher Namen präsent: Die Künstlerinnen wurden von ihren Fans mit den Namen der „Backstreet Boys" gerufen.

Eine solchermaßen auf das sprachliche Zeichen männlicher Namen reduzierte Männlichkeit hat in dieser Situation vorrangig eine Alibifunktion: Die hier vollzogene kulturelle Verhandlung unter Mädchen imitiert spielerisch ein ursprünglich eindeutig heterosexuell konnotiertes Setting und ermöglicht es den Beteiligten, erste Erfahrungen mit der romantischen Liebe zu sammeln, ohne sich gleichzeitig mit den als Störenfrieden wahrgenommen Jungen überhaupt beschäftigen zu müssen. Die mit der heterosexuellen Paarbildung verbundenen Risiken etwa des Kontrollverlustes oder der Stigmatisierung als zu kindisch oder als Schlampe und insbesondere auch der Bedrohung des Zusammenhaltes als Mädchengruppe sind weitgehend gebannt. Die spielerische Bezugnahme auf männliche Namen erlaubt es den

„Backstreet Girls" sowohl männlich konnotierte Potenzphantasien als auch
ein mögliches homoerotisches Begehren auszuleben, ohne dabei Gefahr zu
laufen, als homosexuell bezeichnet zu werden. In ihrer Inszenierung eines
weiblichen Publikums, das Mädchen umschwärmt und diese dabei mit
männlichen Namen ruft, lassen die beteiligten Akteurinnen eine Begehrens-
situation entstehen, die sich mit den hegemonialen Dichotomien von weib-
lich-männlich und homosexuell-heterosexuell nicht mehr fassen lässt.

Abschließend lässt sich festhalten, dass die Kultur weiblicher Pop-Fans[6]
diesen ein Forum für eine Vielfalt an Strategien zur Auseinandersetzung mit
Fragen der Geschlechtsidentität bietet. Beispielsweise können die Inszenierungen weiblicher Stars als Vorlage für mimetische Akte genutzt werden,
wobei im Zuge einer doppelten Mimesis und performativer Suchbewegungen auch zwischen kulturellen Symbolisierungen einer „geschlechtsreifen
Weiblichkeit" und dem Entwurf eines authentischen Selbst vermittelt werden kann. Gerade die Holzschnittartigkeit der medialen Vorbilder eröffnet
dabei Spielraum für kreative Prozesse des Selbstentwurfes. Die Wahl männlicher Stars als erstem Begehrensobjekt ermöglicht ein vergleichsweise risi-
kofreies Kennen lernen der Subjektposition einer „heterosexuell aktiven"
Weiblichkeit. Schließlich eröffnen mimetische Annäherungen an die weiche
und jungenhafte Männlichkeit von Boygroup-Stars die Chance, sich spielerisch dem anderen Geschlecht und mit diesem assoziierten Potenzphantasien anzuähnlichen und in einem geschützten Rahmen Formen homosexuellen Begehrens auszuleben. Auch Auseinandersetzungen mit Fragen der
Geschlechtsidentität im Rahmen dieser Fankultur können insofern also sowohl im Zeichen einer Anpassung an gesellschaftliche Erwartungen stehen
als auch eines eigenwilligen Unterlaufens der Norm und der kreativen Um-
gestaltung kultureller Vorgaben.

---

6   Leider liegt bislang keine Untersuchung zur Kultur männlicher Fans von Teenie-Bands
    vor. Ähnlich wie das in der Fußball-Fankultur der Fall ist, lässt sich jedoch vermuten,
    dass diese geschlechtstypisch konnotierte Kultur dem anderen – in diesem Fall männ-
    lichen – Geschlecht die Chance eröffnen kann, sich den Zwängen der eigenen Ge-
    schlechtszugehörigkeit bis zu einem gewissen Grad zu entziehen. Wie mir meine In-
    terviewpartnerinnen erläuterten, laufen Jungen, die sich etwa für Boygroups begeis-
    tern, allerdings Gefahr, als schwul stigmatisiert zu werden, weshalb sie ihre Fan-
    Leidenschaft meist geheim halten.

4 Fazit: Plädoyer für eine Exzess-Forschung

Wie bereits erläutert, ist als eine zentrale Problematik der Geschlechterforschung ihre Tendenz ausgemacht worden, den eigenen Gegenstand zu reifizieren und somit eine hierarchische Geschlechterordnung eher fortzuschreiben als in Frage zu stellen. Dekonstruktive Ansätze wie derjenige Judith Butlers fordern deshalb dazu auf, die Verhältnisse gegen den Strich zu lesen und auch den Bereich von Abweichungen wahrzunehmen, der mit jeder Art von Normalitätskonstruktion einhergeht und somit nicht nur der Reproduktion von Geschlechter-Normen, sondern auch der empirisch gegebenen Vielfältigkeit geschlechtlicher Identifizierungen gerecht zu werden.

Im Folgenden möchte ich kurz begründen, warum ich gerade die Fan-Forschung als geeigneten Ort für ein solches Aufspüren des „konstitutiven Außens" der Norm halte. Wie in der Einleitung dieses Bandes erläutert, ist das Wort Fan die Kurzform von „fanatic" und Fans lassen sich als Menschen verstehen, „die längerfristig eine leidenschaftliche Beziehung zu einem [...] Fanobjekt haben" (Roose u.a. in diesem Band; vgl. Winter 1993: 71). Als leidenschaftliche Kultur ist die Fankultur auch eine Kultur des Exzesses: Um ihrer Leidenschaft Ausdruck zu geben, sind Fans gewissermaßen zu einem übertriebenen, exzessiven Verhalten gezwungen, sei es bei Gewaltexzessen in Fußballstadien, bei Ohnmachtsanfällen während Pop-Konzerten oder einfach im Zuge einer exzessiven Sammelleidenschaft. Auf exzessive Weise wird hierbei oft ein geschlechtstypisches Verhalten inszeniert (wie etwa eine gewalttätige Männlichkeit oder eine heterosexuell begehrende Weiblichkeit). Dieser Aspekt des Exzesses ist ein wichtiger Gegenstand der Fan-Forschung.

So reflektiert der Popkultur-Theoretiker John Fiske: „Norms that are exceeded lose their invisibility, lose their status as natural common sense and are brought out into the open agenda" (Fiske 1991: 114). Der Gestus der Übertreibung, mit dem die Norm im Exzess erfüllt wird, geht seiner Ansicht nach mit deren Ausstellung einher und entkleidet sie ihrer Selbstverständlichkeit. Diese Art der übertriebenen Erfüllung einer Norm muss freilich nicht notwendig mit ihrer Subversion verbunden sein. Wie Lawrence Grossberg in seiner Analyse des Fan-Phänomens feststellt, kann es insofern nicht darum gehen, Fan-Aktivitäten als per se „angepasst" oder auch „widerständig" einzuordnen. Die Fankultur sei vielmehr als Ort des Empowerments zu verstehen. Dieses Empowerment garantiere keinen Widerstand gegen bestehende Machtstrukturen, es sei jedoch die Bedingung der Möglichkeit von Widerstand: „Empowerment is an abstract possibility; it refers to a range of effects operating at the affective level. [...] Empowerment refers to the generation of energy and passion, to the construction of possibility" (Grossberg 1992: 64; vgl. Winter in diesem Band).

Eine Geschlechterforschung, die sich nicht auf ein Aufspüren von Mechanismen der Reproduktion „typischer" Geschlechterverhältnisse beschränken, sondern vielmehr selbst zu einer Destabilisierung von Geschlechtstypisierungen beitragen will, indem sie für die vielen empirisch gegebenen Abweichungen von kohärenten Geschlechtsidentitäten sensibilisiert, hat in diesem Sinne ein Interesse, sich Fankulturen als Orten des Exzesses zuzuwenden. Wie die angeführten empirischen Beispiele zeigen, stehen die Aktivitäten von Fans oft im Dienste einer Reproduktion hegemonialer Geschlechterverhältnisse. Die Fankultur eignet sich jedoch gerade als Kultur des Exzesses auch als Ort der Subversion von Geschlechter-Normen. Ebenso wie eine solche „Exzess-Forschung" interessant für die gender studies sein kann, ist der Blick auf Fankulturen als Ort der exzessiven Übertreibung und teilweise Unterminierung hegemonialer Normen auch eine gewinnbringende Perspektive in der Fan-Forschung: Viel mehr als bisher sollte diese sich meines Erachtens dem Fan-Sein als Möglichkeit des Empowerments in Bezug auf gesellschaftliche Machtverhältnisse zuwenden. Eine Fan-Forschung als Exzess-Forschung müsste sich verstärkt jenen Fan-Identitäten widmen, die sich über übliche Identifikationsmechanismen erheben, wie etwa weibliche Fußball-Fans oder auch beispielsweise deutsche Rentner, die sich für indische Bollywood-Stars begeistern.

Literatur

Bechdolf, Ute (1999): Puzzling Gender. Re- und De-Konstruktionen von Geschlechterverhältnissen in und beim Musikfernsehen. Weinheim: Deutscher Studien Verlag.

Bilden, Helga (1991): Geschlechtsspezifische Sozialisation. In: Hurrelmann, Klaus & Dieter Ulich (Hrsg.): Neues Handbuch der Sozialisationsforschung. Weinheim & Basel: Belz. 279-301.

Bilden, Helga & Bettina Dausien (Hrsg.) (2006): Sozialisation und Geschlecht. Theoretische und methodologische Aspekte. Opladen & Farmington Hills: Barbara Budrich.

Bohnsack, Ralf (2003): Rekonstruktive Sozialforschung. Einführung in qualitative Methoden. Opladen: UTB.

Bohnsack, Ralf & Arnd-Michael Nohl (2001): Jugendkulturen und Aktionismus. Eine rekonstruktive empirische Analyse am Beispiel des Breakdance. In: Zinnecker, Jürgen & Hans Merkens (Hrsg.): Jahrbuch Jugendforschung 1. Opladen: Leske+Budrich. 17-37.

Butler, Judith (1991): Unbehagen der Geschlechter. Frankfurt a.m.: Suhrkamp.

Butler, Judith (1997): Körper von Gewicht. Berlin: Suhrkamp.

Dausien, Bettina (1999): „Geschlechtsspezifische Sozialisation" – Kontruktiv(istisch)e Ideen zu Karriere und Kritik eines Konzepts. In: Dausien, Bettina, Martina Herrmann & Mechtild Oechsle (Hrsg.): Erkenntnisprojekt Geschlecht. Feministische Perspektiven verwandeln Wissenschaft. Opladen: Verlag für Sozialwissenschaften. 216-246.

Dunning, Eric, Patric Murphy & John Williams (2003): Zuschauerausschreitungen bei Fußballspielen – Versuch einer soziologischen Erklärung. In: Elias, Norbert & Eric Dunning (Hrsg.): Sport und Spannung im Prozess der Zivilisation. Frankfurt a.m.: Suhrkamp. 347-365.

Ehrenreich, Barbara, Elisabeth Hess & Gloria Jacobs (1992): Girls Just Want to Have Fun. In: Lewis, Lisa (Hrsg.): Adoring Audience. Fan Culture and Popular Media. London & New York: Routledge. 84-106.

Fiske, John (1991): Understanding Popular Culture. Boston: Unwin Hyman.

Fritzsche, Bettina (2003): Pop-Fans. Studie einer Mädchenkultur. Opladen: Verlag für Sozialwissenschaften.

Gebauer, Gunter & Christoph Wulf (1998): Spiel Ritual Geste. Mimetisches Handeln in der sozialen Welt. Reinbek bei Hamburg: Rowohlt.

Götz, Maya (1999): Mädchen und Fernsehen. Facetten der Medienaneignung in der weiblichen Adoleszenz. München: KoPäd.

Grossberg, Lawrence (1992): Is there a Fan in the House? The Affective Sensibility of Fandom. In: Lewis, Lisa (Hrsg.): Adoring Audience. Fan Culture and Popular Media. London & New York: Routledge. 50-65.

Hagel, Antje, Nicole Selmer & Almut Sülzle (2005) (Hrsg.): gender kicks. Texte zu Fußball und Geschlecht. KOS-Schriften 10. Frankfurt a.M: Koordinationsstelle Fan-Projekte bei der Deutschen Sportjugend.

Hagemann-White, Carol (1984): Sozialisation: Weiblich – männlich? Opladen: Leske+Budrich.

Hauk, John (1999): Boygroups! Berlin: Schwarzkopf & Schwarzkopf.

Hoffmann, Dagmar & Lothar Mikos (Hrsg.) (1997): Mediensozialisationstheorien. Neue Modelle und Ansätze in der Diskussion. Wiesbaden: Verlag für Sozialwissenschaften.

Janke, Klaus (1997): Stars, Idole, Vorbilder. Was unterscheidet sie? In: Schüler 1997. Stars – Idole – Vorbilder. Seelze: Erhard-Friedrich-Verlag. 18-21.

Jösting, Sabine (2005): Jungenfreundschaften. Zur Konstruktion von Männlichkeit in der Adoleszenz. Wiesbaden: Verlag für Sozialwissenschaften.

König, Thomas (2002). Fankultur. Eine soziologische Studie am Beispiel der Fußballfans. Münster: Lit.

Lewis, Lisa A. (Hrsg.) (1992): The Adoring Audience. Fan Culture and Popular Media. London & New York: Routledge.

Meuser, Michael (2008): It's a Men's World. Ernste Spiele männlicher Vergemeinschaftung. In: Klein, Gabriele & Michael Meuser (Hrsg.): Ernste Spiele. Zur politischen Soziologie des Fußballs. Bielefeld: transcript. 113-134.

Schaar, Erwin (1997): Erziehung zur Mündigkeit? In: Faulstich, Werner & Helmut Korte (Hrsg.): Der Star. Geschichte – Rezeption – Bedeutung. München: Fink. 125-135.

Selmer, Nicole (2004): Watching the Boys Play. Frauen als Fußballfans. Kassel: AGON-Sportverlag.

Stacey, Jackie (1994): Star Gazing. Hollywood Cinema and Female Spectatorship. London: Routledge.

Sülzle, Almut (2004): Fußballstadion – eine der letzten Männerdomänen? Ethnographische Anmerkungen zur Geschlechterkonstruktion bei jugendlichen Fußballfans. Vortrag auf der 3. Tagung des Arbeitskreises für interdisziplinäre Männer- und Geschlechterforschung. Stuttgart-Hohenheim. Online unter www.ruendal.de/aim/tagung04/pdfs/almut_suelzle.pdf (Zugriff am 10.12.2008).

Vogelgesang, Waldemar (1991): Jugendliche Video-Cliquen. Action und Horrorvideos als Kristallisationspunkte einer neuen Fankultur. Opladen: Westdeutscher Verlag.

Wetzel, Steffie (2005): Die im Dunkeln sieht man nicht...? Weibliche Fußballfans im Fokus von Marketing, Medien und Meinungsmachern. In: Hagel, Antje, Nicole Selmer & Almut Sülzle (Hrsg.): gender kicks. Texte zu Fußball und Geschlecht. Frankfurt a.M.: Koordinationsstelle Fan-Projekte bei der Deutschen Sportjugend. Online unter www.kos-fanprojekte.info/veroeffe/schrift10/s10-04.htm (Zugriff am 15.12.2008).

Winter, Rainer (1993): Die Produktivität der Aneignung – Zur Soziologie medialer Fankulturen. In: Holly, Werner & Ulrich Püschel (Hrsg.): Medienrezeption als Aneignung. Opladen: Westdeutscher Verlag. 67-79.

Wise, Sue (1996): Sexing Elvis. In: Frith, Simon & Andrew Goodwin (Hrsg.): On Record. Rock, Pop and the Written Word. London & New York: Routledge. 390-398.

Wulf, Christoph (2001): Mimesis und Performatives Handeln. Gunter Gebauers und Christoph Wulfs Konzeption mimetischen Handelns in der sozialen Welt. In: Wulf, Christoph, Michael Göhlich & Jörg Zirfas (Hrsg.): Grundlagen des Performativen. Weinheim & München: Juventa. 253-272.

Fans und Gewalt

Alexander Leistner

Gewalttätige Ausschreitungen von Fußballfans zwingen mittelbar und unmittelbar Betroffene zu Reaktionen. Sie haben informelle Erlebnis- und offizielle Polizeiberichte zur Folge, sie aktivieren sport- und strafrechtliche In-
terventionsinstanzen, sie erreichen mediale Resonanzen. Und je nach
Reichweite der Berichterstattung und Tragweite zu erwartender Sanktionen
gibt es Stellungnahmen von Fans, Fanobjekt und Fanobjektfunktionären.
Diese Texte sind anlassbezogene Grenzziehungen um Legitimität, Richtung
und Intensität von Fanemotionen. „Die das angerichtet haben, sind keine
Saturn-Fans", so die Feststellung eines Vereinsvorsitzenden, und ein daraufhin entstandener Slogan behauptet selbstgewiss: „Wahre Saturn-Fans
sind friedlich". Die als sportfremd verurteilte Fanaktivität führt zum virtuellen Ausschluss aus der Fangemeinschaft. Gewalt ist in dieser Perspektive
etwas, das in das Geschehen rund um ein Fußballspiel von irgendwo da
draußen („der Gesellschaft") durch irgendwen („die Nicht-Fans") hineinge-
tragen wird. Dabei werden aber Eigensinn und Eigendynamik der Fan-Fanobjekt-Beziehung ignoriert – einer Beziehung, die Gewalt unter aufzuklä-
renden Umständen grundlegend einschließt.
    Zudem kann die Hauptquelle der Emotionserzeugung, das Fanobjekt
selbst, misstrauische Gewaltansteckungserwartungen wecken. Im August
2008 wurde ein britisches Open-Air-Festival abgesagt, nachdem die Polizei
den Auftritt der Bambyshambles um Pete Doherty verboten hatte. Ein poli-
zeiliches Gutachten hatte befürchten lassen, „that the band's tendency to
‚speed up and then slow down the music' could create a ‚whirlpool effect'
and spark disorder."[1]
    Wo im ersten Beispiel behauptet wird, dass sich die Gewalt von außen
in die Fan-Fanobjekt-Beziehung hineindrängele, ist die Spezifik dieser Be-

---

1   Vgl. www.guardian.co.uk/music/2008/aug/20/petedoherty.festivals (letzter Zugriff am
    01.12.2008)

ziehung im Blick auf Gewalt aus Sicht der Fansoziologie aufzuklären. Und wenn befürchtet wird, aus dieser Beziehung könne ein unkontrollierbarer, die Fans in einen gefährlichen Mob verwandelnder Mahlstrom erwachsen, erhellt der am und im Geschehen geschulte Blick der Gewaltsoziologie die Bedingungen für Auftreten und Eskalation von Gewalt.

Beide Perspektiven sollen im Folgenden entfaltet und miteinander verwoben werden. Zunächst werden bisherige Studien zu Fangewalt präsentiert und dabei zugleich den Analysedimensionen zugeordnet, die das Phänomen Gewalt in seiner Komplexität erfassen (Abschnitt 1). Darauf folgt ein erster Systematisierungsversuch des Forschungsfeldes: eine Typologie von Formen der Gewaltausübung, unterschieden nach ihrem Bezug auf die komplexen Fan-Fanobjekt-Figurationen (Abschnitt 2). Diese Typologie soll dann in zwei Richtungen angewandt werden: in die Tiefe einer ausgewählten Fanszene, am Beispiel einer eigenen Fallstudie über gewaltgeneigte Fußballfans, und in die Breite der verschiedenen Fantümer mittels einer Kategorisierung von Fanszenen im Hinblick auf den unterschiedlichen Stellenwert von Gewalt (Abschnitt 3). Den Aufsatz beschließt ein zusammenfassender Ausblick auf weiterführende Forschungsperspektiven (Abschnitt 4). [2]

1 Gewalt – Begriff und Analysedimensionen

Glaubt man den einleitenden Sätzen zahlreicher Überblicksbeiträge, dann ist Gewalt ein Forschungsgebiet, das in seiner „Unübersichtlichkeit", „Komplexität" und „Uneindeutigkeit" nur vorsichtig „stochernd" zu erschließen sei (Heitmeyer/Hagan 2002; Imbusch 2000). Zudem herrscht stete Unzufriedenheit darüber, wie das Phänomen analytisch sinnvoll einzugrenzen ist, bzw. darüber, wie irregeleitet sich die forschenden Kollegen bisher durch das Feld oder gar aus dem Feld heraus bewegen (Nedelmann 1997). Und in der Tat: Erschlagen von der „datensetzenden Macht" jahrzehntelang aufgetürmter Gewaltforschung und geblendet von der „phänomenalen Vielfalt" unterschiedlichster Gewaltformen, -orte und -anlässe soll die Frage „Was

2 Für hilfreiche Anmerkungen danke ich Christian Fröhlich, Nikita Pevzov, Monika Wohlrab-Sahr, Mike S. Schäfer, Christiane Berger und – allen unversöhnlichen Fanobjektdifferenzen zum Trotz – Thomas Schmidt-Lux.

steht geschrieben?" hier eingrenzend verbunden werden mit der Frage: „Was geschieht?"

Fansein ist ein Interaktionsgeschehen zwischen Fan, Fanobjekt, Gleichgesinnten bzw. Rivalen sowie Dritten (vgl. die stärker emotionssoziologische Definition von Roose u.a. in der Einleitung in diesem Band). Es ist wiederum eingebettet in situative, biographische, sozialstrukturelle, sowie kulturelle Kontexte. Charakteristisch sind unterschiedlichste und dabei verschieden emotionsintensive Bezugnahmen auf das Fanobjekt: das bewundernde Beobachten von Aussehen und Persönlichkeit des Idols; die fiebernde (An-) Teilnahme am Geschehen auf Bühne, Sportplatz, Leinwand; die Langzeitdokumentation aller nur denkbaren Medienresonanzen; das hartnäckige Drängen auf eine persönliche Begegnung. Damit verbunden sind vielfältige Interaktionen: der gemeinsame Veranstaltungsbesuch mit Gleichgesinnten, das montägliche Sportgespräch mit Arbeitskollegen als Spottgespräch zwischen rivalisierenden Fans, der Grundsatzstreit zwischen Teenagern und Eltern um die adäquate Verwendung des Taschengeldes.

Abbildung 1: Analysedimensionen des Gewaltgeschehens

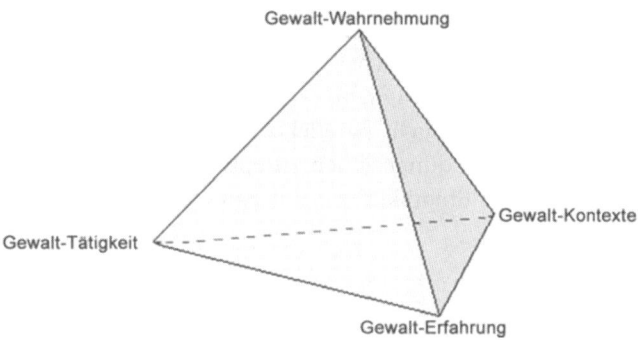

Gewalt wiederum ist idealtypisch ein Interaktionsgeschehen zwischen Tätern, Opfern und Dritten, das eingebettet ist in situative, biographische, sozialstrukturelle, sowie kulturelle Kontexte (s. Abb. 1). Gewalt wird ausgeübt, erlitten, beobachtet (oder gerade nicht beobachtet). Ich folge damit zunächst Autoren, die den Gewaltbegriff eng fassen und wie Heinrich Popitz (1999: 48) an der „absichtsvollen körperlichen Verletzung" festmachen und ihn klar abgrenzen: „Wir wollen den Gewaltbegriff nicht dehnen und zerren, wie es üblich geworden ist" (Popitz 1999: 48). Popitz wendet sich gegen die Erweiterung des Gewaltbegriffes, etwa um verbale Aggressionsäußerungen und psychische Schädigungen oder um die Dimension struktureller Gewalt als Ausdruck für die Verletzungsmacht von Unrechtsverhältnissen systematischer Lebenschancenverweigerung. Diese Begriffserweiterungen auf der einen und die radikale Einengung auf körperliche Verletzung auf anderen Seite, die Frage also, was als Gewalt gelten soll, lässt sich in dieser Entgegensetzung nicht zufriedenstellend klären. Dem hier vorgeschlagenen Analysemodell liegt ein enges Gewaltverständnis zunächst vor allem deshalb zugrunde, weil die Konzentration auf das Gewaltgeschehen hilft, die Grundkonstellation der beteiligten Akteure vor Augen zu führen.

Peter Imbuschs vermittelnder Rekonstruktion des Abgrenzungsdiskurses zwischen einer als klassisch bezeichneten Gewaltursachenforschung und einer sich selbst als innovativ rühmenden Phänomenologie der Gewalt[3], sowie seinem Versuch, die Komplexität des Gewaltbegriffes zu fassen (Imbusch 2002), verdanken wir einen handhabbaren Analyserahmen (s. Abb. 1). Er spannt sich mittels einfacher Fragen (Imbusch 2002: 34ff.) auf – offen für die Eigendynamik, die Prozesshaftigkeit und die kulturspezifischen Besonderheiten des Phänomens; weit genug, um die verschiedenen Forschungsansätze zu integrieren; und doch sensibel für auszubalancierende Spannungen zwischen den einzelnen Paradigmen.

Was folgt ist der Versuch, parallel zur Darstellung fansoziologischer Forschungen die Analysedimensionen zu entfalten und somit kenntlich zu machen, wie die Gewaltinteraktionen mit Fan-Fanobjekt-Interaktionen verwoben sind.

---

3   Beschäftigt erstere die Frage nach den gesellschaftlichen Bedingungen, die das Ausbrechen von Gewalt wahrscheinlicher machen, so rücken letztere in scharfer Entgegensetzung das eigentliche Gewaltgeschehen und die jeweiligen Akteurskonstellationen (Täter, Opfer, Dritte) sowie die Körperlichkeit (Schmerz), die sich tendenziell entgrenzenden Eigendynamiken, die Ambivalenz und Anlasslosigkeit von Gewalt in den Mittelpunkt der Analyse (vgl. Nedelmann 1997; Imbusch 2000).

1.1 Was geschieht und wie wird Gewalt ausgeübt?

Diese Frage rückt den konkreten Gewaltverlauf, sowie die Art und Weise der Gewaltausübung in den Mittelpunkt der Analyse. Groß ist die Bandbreite beobachtbarer Fangewalt. Sie reicht von Rangeleien nachdrängender Fans mit den Ordnern am Einlass einer soeben begonnenen Veranstaltung über den Feuerzeugwurf frustrierter Einzelner bis hin zur Jagd wütender Fans auf Spieler; von Formen inszenierter Gewaltbereitschaft über organisierte Überfälle bis hin zum Gebrauch eines bengalischen Feuers, um Gesicht und Oberkörper eines im Fanblock entdeckten Zivilpolizisten zu verbrennen. Die Notwendigkeit, angesichts dieser Vielgestalt genau hinzusehen, hat Kontroversen über gegenstandsangemessene Forschungsmethoden erzeugt. In der deutschsprachigen Gewaltforschung führte es zur Forderung, Gewalt im Gegensatz zur bloß quantifizierenden Ursachenforschung in ihren Handlungsabläufen und Konstellationen in „dichter Beschreibung" zu erschließen (vgl. Nedelmann 1997: 68f.). Wesentlich früher, aber nicht minder erbittert, wurde darum innerhalb der englischsprachigen Hooliganforschung (Hughson 1998) gerungen. Den „figurationalen" Forschern um die Elias-geprägte „Leicester School" (Dunning 1990) standen dabei jüngere Forscher (Armstrong 1998) gegenüber, die mehrjährige Feldforschungen innerhalb von Hooliganszenen durchführten. Der Hauptkonflikt zwischen beiden Lagern entbrannte um die Behauptung, dass man vor allem durch ethnographische Langzeitteilnahme in der Lage sei, „to examine the complexity of figurational dynamics within a football hooligan group" (Giulianotti 1999: 47). Was aber sehen Forscher, wenn sie Fangewalt derart intensiv beobachten?

Sie differenzieren das Bild von zunächst spektakulär erscheinenden Ausschreitungen mit klar erkennbaren Täterzurechnungen. So haben Feldforschungen von Oxforder Sozialpsychologen um Peter Marsh in den 1970er Jahren das öffentliche Bild von Gewaltexzessen durch eine als strukturlos wahrgenommene Masse zu korrigieren versucht. Da meist von eher geringer Intensität der Gewaltausübung, bezeichneten sie die Vorkommnisse in Abgrenzung zum Begriff Gewalt als „Aggro", als „ritualized expression of aggression which, by and large, is not seriously injurious" (Marsh u.a. 1995: 68). Diese Gewaltinszenierungen sind eingebettet in hierarchisch strukturierte Fankurven, deren alternative Karrierestruktur Anerkennungsgewinne durch gewaltförmiges Fanverhalten verspricht und ermöglicht – wenngleich dieses faktisch selten zu beobachten sei. Eine teilnehmende Beobachtungsstudie über englische Fußballfans während der WM 1990 hat andererseits die Einseitigkeit korrigiert, bei der Untersuchung von Fangewalt ausschließlich die präexistenten Gewaltneigungen der Akteure zu beschreiben und allein diese dann je verschieden erklären zu wollen. Dabei werde übersehen – so Stott und Reicher (1998) – dass situationsabhängige Interaktionsdynamiken zwischen Fans und der Polizei dazu führen, dass ursprünglich gewaltmeidende Fans in das Eskalationsgeschehen hineingezogen werden, dass also keineswegs immer klar ist, von wem die Gewalt nun ausgeht.

1.2 Wer übt Gewalt warum und wozu aus?

Auf dieser Ebene wird nach den Tätern, Ursachen und Motiven gefragt. Täter sind einzelne Fans; organisierte Fangruppen, die hauptsächlich (Hooligans) oder teilweise bzw. regional spezifisch (Rockerclubs) gewalttätig sind; Menschenmengen, aus denen heraus situativ und abhängig vom Vorhandensein und dem Verhalten gewaltgeneigter Gruppen Gewalt verübt wird; mithin Fanmassen, auf dem Weg zum Spiel, am Konzerteinlass vergeblich wartend, auf die Einkesselung durch Polizisten reagierend, außer sich vor Wut über die Anhäufung von Benachteiligungserfahrungen (Konzertabbruch, Platzverweis, Spielabsage). Täter sind auch Ordner oder Polizisten, deren Einsatzintensität sich je nach regionaler „Cop Culture" unterscheidet. Während in Deutschland durch einsatztaktische Disziplinierungen der Handlungsradius der Polizei vergleichsweise eingeschränkt und deren Verhalten deshalb mehr oder weniger kalkulierbar ist, wurden in Argentinien 68 % der getöteten Fußballanhänger Opfer polizeilicher Übergriffe (Alabarces 2002: 35). Schließlich kann das Fanobjekt selbst zum Gewalttäter werden. So der Fußballer Zovnimir Boban, der im Mai 1990 im Zusammenhang mit schweren Ausschreitungen zwischen Anhängern von Dinamo Zagreb und Roter Stern Belgrad einen Polizisten in Kung-Fu-Manier niederstreckte und darob zum Helden kroatischer Nationalisten avancierte; ebenso der Musiker Moses Pelham, der 1997 dem Moderator Stefan Raab als Reaktion auf dessen ätzende Kritik das Nasenbein brach.

Die Erklärungsversuche von Fan- bzw. Gewaltforschern variieren je nach Fokussierung. Eine erste, zentrale Antwort auf die Frage nach den Gewalttätern lautet: Es sind hauptsächlich Männer. Dies gilt vor allem dann, wenn die Rivalität der Fanobjekte zu einer stellvertretenden Konkurrenz zwischen tendenziell männerbündischen, homosozialen Fanzusammenschlüssen führt; mithin zu (teilweise sexuell eingefärbten) Abwertungspraktiken und einer gewaltförmig (wett-)kämpfenden Männlichkeit, die mindestens noch an diesen Orten beansprucht, hegemonial zu sein (vgl. Meuser 2008; Bromberger 2006; Hughson 2000).

Damit eng verwoben ist die Wahrnehmung, dass häufig jugendliche und heranwachsende Fans aus Gleichaltrigengruppen heraus gewalttätig werden (Armstrong 2003). Hier ist das Fanobjekt Kristallisationspunkt für Gruppenbildungs- und damit verbunden für Selbstbehauptungs- und Abgrenzungsprozesse. Die Autoren um Roland Eckert (2000) unterscheiden dabei drei Abgrenzungsformen. Rangordnungsdifferenzen innerhalb einer Fanszene und mehr noch die Konkurrenz mit gegnerischen Fangruppen führen zur Abgrenzungsform der *Rivalität*. Vor allem in Zuschauersportarten mit einer Tradition aggressiv-konkurrierender Aufeinandertreffen äußern sich die Rivalitäten gewaltförmig. Wo eine solche Tradition fehlt, beschränkt sich die Gewalt auf dementsprechend seltene Ausschreitungen etwa am Rande von Feierlichkeiten anlässlich des gewonnenen Stanley Cups 1986 und 1994 in Montreal (Roberts/Benjamin 2000). Eine weitere Abgrenzungsform ist die der *Feindschaft*. Aus dem Gegenüber im Leistungsvergleich wird dann der (unterschiedlich gewaltintensiv) zu bekämpfende Feind. Verschiedene Studien haben dies für die Rolle des Fußballs im Balkankrieg untersucht, wo sich sportliche Rivalitäten mit interethnischen Konflikten verbanden (Sack/Suster 2000) oder für die teilweise gewaltförmige Rivalität zwischen indischen und pakistanischen Cricket-Fans, wo zwischenstaatliche Konflikte die Beziehung zum jeweiligen Fanobjekt beeinflussen (Davis/Upson 2004). Die kulturelle Fremdheit gegenüber Fangruppen als unbekannten Anderen[4], führt schließlich zu *Distanz*, zu einer nicht gewaltförmigen Abgrenzungsform des Sich-aus-dem-Weg-Gehens.

---

4 Die Intensität solcher Fremdheitserfahrungen mag die schriftliche Eingabe einer zugfahrenden Lehrergruppe an Erich Honecker aus dem Jahr 1987 illustrieren. Das Pädagogenkollektiv verarbeitet dergestalt ihren Erstkontakt mit der episodalen Schicksalsgemeinschaft auswärtsfahrender Fußballanhänger: „Uns war es als ‚normale' Reisende schon kaum möglich, in Quedlinburg einzusteigen, da uns leere und volle Fla-

Die Suche nach Ursachen von Gewalthandeln und Gewaltneigung hat die soziale Herkunft der involvierten Fans, hat Marginalisierung- und Desintegrationserfahrungen erklärungsrelevant werden lassen. So schließen die Autoren um Eric Dunning von der Herkunft gewalttätiger Fußballfans aus den unteren sozialen Schichten – wenngleich viele Studien diese Herkunftshomogenität differenziert haben (Spaaij 2007; Armstrong 2003; Bohnsack u.a. 1995) – auf den damit verbundenen Stellenwert körperbetont-gewaltförmiger Männlichkeit und die Statusgewinne, die durch Gewalt innerhalb einer Fangruppe erreicht werden können (Dunning u.a. 1986). Gunter A. Pilz deutet Zuschauergewalt wiederum als Selbstbehauptungshandeln von ausgegrenzten Modernisierungsverlierern (Pilz 1996). So erhellend diese Arbeiten im Blick auf soziale Risikolagen sein mögen, stehen sie doch in der Gefahr, die historisch, kulturell und lokal variable Spezifik von Zuschauergewalt als eine zur Gruppenidentität vieler Fans dazugehörige Aktivität zu verdunkeln. Eine Aktivität, die auch Quelle von anderorts verwehrter Anerkennung sein kann, deren Faszination aber „nicht an Milieugrenzen halt macht." (Meuser 2008: 129).

In den 1990er Jahren führten Unzufriedenheiten innerhalb der deutschsprachigen Gewaltsoziologie dazu, gerade dies zum eigentlichen Forschungsthema zu machen: das Gewaltgeschehen selbst und nicht zuletzt dessen Faszination. Zu diesem Zeitpunkt gehörte die Attraktivität des Gewaltgeschehens längst zum Grundbestand fansoziologischer Erklärungen (exemplarisch Armstrong 2003; Bohnsack u.a. 1995). So betont ein jugendliches Ultramitglied die rauschhafte Überschreitung von Alltagserfahrungen als intrinsisches Motiv (Sutterlüty 2003: 86ff.) für die Teilnahme an Ausschreitungen:

> „Du stehst im Stadion, dein Spieler wird gefoult und du fühlst dich, als hätte dir der Gegner gerade selber die Beine weggerissen. Du bist nicht irgendein dahergelaufener Gelegenheitszuschauer, du bist ein wahrer Fan, du fieberst mit, und deine Emotionen kochen hoch. [...] Jeder, der gejubelt hat, als dein Spieler umgerissen wurde, soll nun

---

schen entgegengeworfen wurden und kein Platz im Zug war. Vom Zugpersonal wurden wir wie in einen Viehtransport in die Waggons geschoben. [...] Frauen wurden sexuell belästigt, z.B: Begreifen aller Körperteile, entkleidete Fans schikanierten die Frauen mit ihren Geschlechtsteilen, Betrunkene lagen in unwürdigen Stellungen in allen Wagen herum, sie haben sich eingemacht und erbrochen, so dass ein bestialischer Gestank entstand" (BStU, Archiv der Zentralstelle, MfS HA XX 2700, S. 68).

das Gleiche erfahren. Du willst dich gar nicht zusammenreißen. Du läufst draußen mit mehreren hundert schwarzgekleideten Menschen und jeder weiß, wenn jetzt einer kommt – dann knallt es. Du willst gar nicht darüber nachdenken, was das denn für ein armer Kerl ist, du willst einfach nur, dass es knallt."[5]

Das konkrete, herbeigesehnte Gewaltgeschehen wird als dermaßen emotionsintensives und leidenschaftliches (Körper)Erleben geschildert, dass die eigenen Moralempfindungen („was das für ein armer Kerl ist") in den Hintergrund rücken.

1.3 Wem gilt Gewalt und wie wird sie verarbeitet?

Ein Großteil der Forschung beschäftigt sich mit Hooliganismus als wechselseitiger *Gewalt von Fans gegen Fans*. Diese spezifische Gewaltbeziehung zwischen zwei Akteuren, die Schmerzen und mögliche Verletzungen einkalkulieren, lässt eine klare Unterscheidung von Täter- und Opferseite unkenntlich werden. Sie konstituiert stattdessen situativ Gewinner und Verlierer oder verfestigt die hierarchisierende Zuschreibung einer Hooliganszene als besonders angesehene Gruppe. Diese „Gewaltspiele" werden spätestens dann ernst, wenn die Rivalitäten von politischen, ethnischen oder religiösen Konflikten überlagert werden, wenn aus dem Gegner der Feind wird.

Kaum erforscht sind dagegen einseitige Gewaltrelationen, bei denen sich die *Gewalt von Fans gegen unbeteiligte Fans* richtet. Gerade das sogenannte „Schalzocken" als exemplarische Form der Aneignung gegnerischer Fanutensilien trifft nicht selten Anhänger, die selbst aktiv keine Auseinandersetzungen suchen würden. Zwei Aspekte sind hierbei interessant. Fans werden unfreiwillig Opfer, aber das Erleiden von Gewalt wird in den männlich dominierten Fanszenen allenfalls dann thematisiert und als Vorwurf der Ehrlosigkeit gegen den Rivalen gewendet, wenn „Frauen und Kinder" bei Auseinandersetzungen verletzt wurden. Szeneinterne Gewaltberichte blenden das Leiden von Opfern „mann-männlicher Gewalt" (Meuser 2008: 125) dagegen systematisch aus. Zum zweiten werden rivalitätsbedingte Opfererfahrungen von zunächst Unbeteiligten häufig zum Ausgangspunkt für eine gewaltgeneigte Fansozialisation. Ein in diesen Dingen einschlägig erfahrener und renommierter Fußballfan spricht hier von einer *Karriere*:

---

5 Textauszüge ohne Literaturangabe entstammen eigenen Erhebungen.

„Man fängt jung an und will sich dann Respekt verschaffen. Und da ist es mit 14 oder 16 eben cool, wenn man da jemanden umschlägt und ihm den Schal klaut. [M]an muss sich als Jungscher immer behaupten, vor allem in dieser Stadt. Entweder ist man Saturn-Fan oder Partisan-Fan. [D]ann muss man sich dagegen wehren oder sich eben jedes Mal eine aufs Maul hauen lassen."

Gewalt wird hier so dargestellt als gäbe es einen latenten Zwang zur gewaltsamen Gegenwehr. Dass diese Erfahrungen den Anfang für eine Gewaltkarriere bilden, wird im Kontext szeneinterner Ehrkonzepte und Männlichkeitsinszenierungen („Respekt verschaffen"; sich nicht jedes mal „eine aufs Maul hauen lassen") von diesem führenden Fanszenenmitglied als Selbstverständlichkeit angesehen und akzeptiert.

Die *Gewalt von Fans unter Gleichgesinnten* wird als „gesellige Gewalt" bezeichnet. Katharina Inhetveen (1997) hat diese „Spielform der Gewalt" am Beispiel der sich im „violent dancing" ausdrückenden leiblichen Musikrezeption von Hardcorefans untersucht. Dieses bewusst körperkollidierende Tanzen wird als unverzichtbarer Bestandteil eines gelungenen Konzertes und mithin der Fan-Fanobjekt-Beziehung angesehen, wobei subkulturelle Normen ernsthafte Schlägereien verhindern sollen.

Gewalt von Fans gegen Dritte richtet sich meist gegen die bei Festen, Konzerten und Spielen eingesetzten Ordner und Polizisten. Deren Funktion als intervenierende Emotionsregulatoren ist Anlass für Auseinandersetzungen und eingespielte Aggressionsroutinen, die dann teilweise aus den Ordnungskräften einen szeneübergreifenden Feind werden lassen. Die Feindschaft kann aber auch begrenzt bleiben auf bestimmte Veranstaltungen, einzelne Straßen oder Tribünenbereiche, wie bspw. die regelmäßigen Ausschreitungen zwischen Motorradfans und der Polizei auf den Bathurst Motorcycle Races im Australien der 1980er Jahre (Cunneen 1987).

Schließlich kann sich die *Gewalt von Fans gegen das Fanobjekt* selbst richten. Thematisiert wurde dies in Studien über das Phänomen des Prominentenstalkings; über Fans also, die bekundend oder erkundend in die Privatsphäre des Fanobjektes eindringen. Die Dominanz forensischer Studien; die Versuche, Stalker von Fans strikt zu unterscheiden (Hoffmann 2006: 93) und die Erklärung dieser intensiven Fanobjektorientierung als Obsession, gar als Erotomanie zeigen, dass die Pathologisierung der Täter den Blick auf das Phänomen als eine spezifische Fan-Fanobjekt-Beziehung eher verstellen. Die wenigen soziologischen Untersuchungen in diesem Feld haben Stalking dagegen als perspektivenabhängiges Ergebnis von Zuschreibungsprozessen thematisiert. Sie stützen damit die hier eingenommene Perspektive, wonach auch Stalking eine spezifische, wenngleich delegitimierte Fanaktivität ist. Wie Mike S. Schäfer aus Sicht der Emotionssoziologie (in diesem Band) zeigt, ist zweierlei für die Beziehung zwischen Fan und Fanobjekt charakteristisch. Einerseits können direkte Interaktionen zwischen Fans und Fanobjekt, wie Konzerte, starke Emotionen auslösen. Andererseits motivieren die Emotionen wiederum zu umfangreichen Fanaktivitäten: von massenmedialer Informationsbeschaffung, über ausladende Zimmerdekorationen, bis hin zu Versuchen, einen persönlichen Kontakt zum Idol herzustellen. Derlei unterschiedlich intensive Kontaktanbahnungsbemühungen spiegeln spezifische Aneignungsmuster (vgl. Wegener 2008) von Fans. Das Fanobjekt wird in Briefen oder Mails als Geliebter, als Familienmitglied oder Freundin oder als Objekt sexueller Phantasien adressiert (vgl. Hoffmann 2006: 82ff.). Eine zweite Form der Kontaktanbahnung zielt auf persönliche Begegnung. Die von Ferris (2001) untersuchten Star-Trek-Fans legten dabei einhellig großen Wert darauf, geplant-aufsuchende (Hotel oder Drehort) Zusammentreffen nicht als „Stalking" misszuverstehen. Dieser Zuschreibungsambivalenz entspricht die Widersprüchlichkeit, dass die mit Prominenz verbundenen Vertrautheitssuggestionen eines öffentlich inszenierten Privatlebens, die Stars für Fremde jederzeit selbstverständlich ansprechbar machen (Emerson u.a. 1998). Wenngleich mit diesen Fanaktivitäten bedrohlich wirkende Grenzverletzungen verbunden sind[6], so können sie doch auch als Versuche gedeutet werden, das medial ganz spezifisch ausgeleuchtete Leben des „vertrauten Fremden" eigenhändig weiter zu erhellen oder daran punktuell teilzuhaben. Schaut man sich nun die wenigen Mordfälle und Mordversuche durch Fans an, dann fallen auch diese – so die These – nicht aus dem Rahmen fanspezifischer Interaktionsdynamiken. Als „dislozierende Gewalt"[7] zielte die Messerattacke des Steffi-Graf-Fans zwar nüchtern-kalkulierend auf den Rücken der Konkurrentin, dabei aber vor allem auf deren Spielunfähigkeit. Diese

---

6   Die Spannung ist bedrohlich: Man verkörpert eine, bestimmte Aneignungsmuster nahelegende Starrolle, bleibt aber dabei immer zugleich verletzlicher Körper.

7   „Bei der dislozierenden Gewalttat ist der Körper ein Hindernis, das zu verschwinden hat; das Wie ist für diesen Angriff auf den Körper gleichgültig: Er kann beiseitegestoßen werden oder getötet, durch Drohung dazu gebracht werden, ,von selbst' zu verschwinden" (Reemtsma 2008: 108).

gewaltförmige Intervention zur stellvertretenden Wiederherstellung der sportlichen Spitzenposition kann deshalb auch als Ausdruck für die Verschmelzung von Fan und Fanobjekt gedeutet werden.

Fans können schließlich Opfer von Gewalt durch Außenstehende werden. *Gewalt gegen Fans* fokussiert auf staatliche oder vigilante Übergriffe zur Unterdrückung und Bekämpfung kultureller oder politischer Abweichung. Die damit notwendig verbundenen Devianzzuschreibungen beziehen sich auf das Fanobjekt selbst („Negermusik"), auf damit verbundene Fanaktivitäten (Tanzstil) oder Ausdrucksphänomene (Frisur, Mode). So richtete sich im Nationalsozialismus die „terroristische Erzwingung angepassten Sozialverhaltens innerhalb der sogenannten Volksgemeinschaft" (Peukert 1982: 255) auch gegen Swing- und Jazzfans. Diese wurden in der 1942 verfassten Denkschrift über „Cliquen- und Bandenbildung" der Reichsjugendführung als „Gegnergruppen" bezeichnet und behandelt (Muth 1982: 374). Ein anderes, weniger sanktionsintensives Beispiel sind die Leipziger Beatkrawalle der 1960er Jahre. Im Aufeinandertreffen von zwei Entwicklungen – dem kraftvollen Schwappen der Beatmusik über die Zonengrenze hinweg und der kanalisierenden Öffnung der DDR-Jugendpolitik – entstand ab 1964 ein Gelegenheitsraum, in den hinein das probierende Nachahmen von Jugendlichen landesweit Beatgruppen entstehen ließ. Die bekanntesten Gruppen wurden nun offiziell für Tanzveranstaltungen gebucht und in Kreiskulturhäuser geladen. Der Bann, in den die Beatmusik vor allem Teenager schlug, lässt sich an einer schillernden Figur der DDR-Beatszene illustrieren:

> „Achim Mentzel entpuppte sich als wahres Energiebündel sobald der erste Ton erklang, mischte sich unter die Tanzenden, schüttelte seinen Leib wie im Fieber, hob in völliger Ekstase eine Monitorbox mit den Zähnen aus... Aktionen diesen Schlags stießen beim Publikum auf übersensible Erregbarkeit, trafen emotional tief, fanden in tänzerischer Verausgabung sichtbaren Widerhall" (Rauhut 1993: 102).

Ausschreitungen nach einem Rolling Stones-Konzert in Westberlin zum Anlass nehmend, wurden ab Spätsommer 1965 die Beatfans zum Adressat für die mediale Zuschreibung kultureller Devianz. So weiß das Neue Deutschland zu berichten, diese Jugendlichen seien „‚Mitesser', die das Antlitz der Jugend verunstalten [...] verwahrlost, lange, zottelige, dreckige Mähnen" (Rauhut 1993: 119). Als die SED-Bezirksleitung im Oktober 1965 einem Großteil der Amateurbeatbands die Spielerlaubnis entzog, demonstrierten in der Leipziger Innenstadt bis zu 2500 Jugendliche. Die Demonstration wurde von der Polizei gewaltsam aufgelöst und ein Großteil der Festgenommenen zur „Arbeitserziehung" im nahegelegenen Braunkohletagebau verurteilt. Die Gewalt von vigilanten Gruppen[8] gegen Fans aufgrund zugeschriebener kultureller Devianz ist bisher nicht bzw. kaum erforscht worden, obgleich es an Beispielen nicht fehlt und differenzierendes Wissen nötig ist. Zu fragen wäre etwa, wie die 2008 in Mexico und Chile punktuell beobachtbaren Übergriffe auf Jugendliche einzuordnen sind, die als Fans des „emotional Hardcore" und/oder aufgrund des entsprechenden Aussehens als Emos bezeichnet werden: als rivalisierende Gewalt zwischen Anhängern verfeindeter Jugendkulturen (Punks vs. Emos), als Ausdruck einer gewaltförmig durchgesetzten hegemonialen Männlichkeit, die sich hier gegen Fans einer marginalisierend als „verweichlicht", „schwul" oder „emosexuell" etikettierten Jugendkultur richtet, oder als Abwehr einer als bedrohlich empfundenen kulturellen Devianz. Für Letzteres spricht ein 2008 in der russischen Duma zu Anhörung gebrachter Entwurf einer „Regierungsstrategie für den Bereich der moralisch-ethischen Erziehung von Jugendlichen in der Russischen Förderation"[9], der an russischen Schulen und in öffentlichen Einrichtungen das Tragen eines Emo-Outfits sowie entsprechende Internetseiten verbieten soll. Neben gewalttätigen Skinheads und Hooligans sei der Gefühlsradikalismus der Emos „eine der größten Gefahren für die nationale Sicherheit und für die Zukunft Russlands" (2008: 14).

1.4   Wie wird Gewalt wahrgenommen und gedeutet?

Etikettierungstheoretisch wird nach der Wahrnehmung und Deutung von Fangewalt gefragt, die sich je nach kulturellem und historischem Kontext (vgl. Inhetveen 2005) unterscheidet, die schließlich abhängt von der Position im oder zum Gewaltgeschehen. Nicht zuletzt diese Unterschiede führen innerhalb des Akteurfeldes zu Definitionskämpfen um die Deutung von Gewalt, deren Legitimität und den Fanstatus der Gewalttäter. Eine Strategie

---

8   „Damit bezeichnet man Aktivitäten zur Unterdrückung von abweichendem Verhalten (Devianz) anderer Bürger seitens Privatpersonen oder auch seitens Beamter außerhalb ihrer Dienstzeit" (Kowalewski 2002: 426).

9   http://parlib.duma.gov.ru/ru/catalogues/newbooks_detail.php?ID=871   (Zugriff   am 18.02.2009)

gewalttätiger Fans, um sich gegen Kritik an Ausschreitungen bzw. dem, was als gewaltförmig wahrgenommen wird, zu immunisieren, ist die starke Betonung der eigenen intensiven Beziehung zum Fanobjekt. Exemplarisch dafür seien Auszüge aus der Erklärung einer Ultragruppierung zitiert – nennen wir sie *Germania Ultras 1998*: „Des Weiteren sollten Viele der ‚wahren Fans' sich daran erinnern, was in der Fanszene und im Umfeld in den letzten 13 Jahren alles erreicht und aufgebaut wurde." Das überhöhende Deutungsmuster *„Wir Fans sind der Verein"* richtet sich implizit gegen weniger aktive Fans, gegen Vereinsführung und Spieler und delegitimiert deren Kritik an vorangegangenen Gewalttätigkeiten. Selten, dafür aber ungleich eindrücklicher wird auf dieses Deutungsmuster vom Fanobjekt selbst so explizit Bezug genommen und es derart deutlich zurückgewiesen wie in folgendem Beispiel. Nach den tatsächlich gewaltförmigen Ausschreitungen von Fußballfans eines ostdeutschen Traditionsvereins und angesichts drohender Strafen durch den Fußballverband verfasste die Mannschaft einen Offenen Brief an die Fans:

> „Angefeuert werden ist schön und kann sicherlich noch das letzte Prozent mehr Leistungsfähigkeit aus einem herauskitzeln. Doch die Fans beim 1. FC Hütte nehmen sich selbst im allgemeinen sowieso viel zu wichtig. Uns als Spieler interessiert Euer ganzer 'Ultra-Quatsch' nicht die Bohne. [...] Ihr habt es vielleicht gestern nicht mitbekommen: Nach dem Abpfiff kam ein kleiner hüttener Junge, der sehr schwer sehbehindert ist, auf das Spielfeld zu seinem Idol [Name des gegnerischen und zeitweiligen Nationaltorhüters]. Der übergab ihm seine Torwarthandschuhe und unterschrieb sie noch. Ihr hättet mal in die Augen des Kleinen sehen sollen... [...] Genau dies, aber auch die Achtung vor dem sportlichen Kontrahenten macht den Fußballsport aus."

Als Teil postviolenter Krisenkommunikation unterscheidet sich der Text stark vom ausgrenzenden Deutungsmuster *„Gewalttäter sind keine Fans"* der medial bedrängten Vereinsoffiziellen. Mit einer für Vereinsmitarbeiter ungewöhnlich hohen Fanszenensensibilität erkennt er die Täter als Kopf und Kern der Fanszene, werden deren Fanaktivitäten anerkannt, zugleich aber auf die Funktion der Stimmungserzeugung begrenzt. Gegen die als „Ultraquatsch" bezeichnete Konkurrenzlogik miteinander (wett)kämpfender Fanszenen setzt der Text Logik und Ethos sportlich-pazifizierter Wettkämpfe. Den Kern einer „wahren" Fanidentität sehen die Spieler positionsgemäß daher nicht in der Zentrierung auf Faninteraktionen, sondern auf sportliche Leistungsträger (unabhängig von deren Vereinszugehörigkeit).

Die Frage nach der Wahrnehmung von Gewalt berührt noch ein weiteres Phänomen – dass Betrachter von Gewalt zu *Fans von Gewalt* werden. Dieser Ausdruck ist stark, schärft aber den Blick für die Anziehungskraft und Faszination von Gewalt. Was fasziniert daran? Studien über Fans von Action- und Horrorfilmen bzw. von gewalthaltigen Videospielen betonen den emotionsregulierenden und emotionsstimulierenden Erlebnis- und den spannungsbedingten Unterhaltungswert von Gewalt (Meister u.a. 2008: 210). Zudem fasziniere die film- bzw. computertechnische Umsetzung der variantenreichen Körperzerstörungsdarstellungen (Eckert u.a. 1990). Das Interesse der Fans gilt der Gewalttätigkeit an sich, dabei aber dann vor allem deren instrumenteller Einbettung in komplex-herausfordernde Spielgeschehen und subtil-unterhaltende Spannungsdramaturgien.

Vergleichbares lässt sich für einzelne Kampfsportarten beobachten. Gegenläufig zu dem von Norbert Elias beschriebenen Trend der Sportisierung, der zivilisierenden Verregelung von Sportarten (Elias/Dunning 1986; Dunning 1990), hat der in den 70er Jahren auf dem amerikanischen Kontinent beginnende, in „free fights" ausgetragene Wettkampf zwischen Vollkontakt-Sportarten um das effektivste Kampfsystem einen partiellen Prozess der „de-sportization" angestoßen (vgl. van Bottenburg/Heilbron 2006). Dabei entstanden einerseits anspruchsvolle, die jeweiligen kampftechnischen Vorteile vereinenden Kombinationskampfstile (Mixed-Martial-Arts), die sowohl die gegnerbezogene Variabilität einzusetzender Techniken als auch die Kontaktintensität erhöht, andererseits erweckt diese Kontaktintensivierung bei Zuschauern den Eindruck einer besonderen Brutalität und Härte. Diese Sensationssteigerung wird von einem Teil der Freefightfans besonders geschätzt (van Bottenburg/Heilbron 2006: 273). Dass diese Gewalterwartung auch vom Fanobjekt verinnerlicht wird, mag die Aussage eines Kämpfers illustrieren, nachdem er den Kampf um die Ostdeutschen Freefight-Meisterschaften mittels Bodentechniken gewonnen hatte: „Ich hab mich gewundert, dass ich dafür noch Applaus gekriegt hab. Weil, ich glaub, es war langweilig anzugucken".[10] Es läge nun nahe, diese sportartspezifische und an die Zuschauerinteressen angepasste Steigerung der Gewaltintensität als Beleg für Wolfgang

---

10 Das Zitat entstammt dem Dokumentarfilm „Das Leben ist kein Ponyhof – Ansichten eines Freefighters".

Sofskys *Strudeltheorie der Gewalt*[11] zu nehmen. Dessen anthropologisch fundierter Gewaltsoziologie liegt die Annahme zu Grunde, dass die Eigendynamik und die Tendenz zur Entgrenzung das Wesensmerkmal von Gewalt sei und dass diese Verselbständigung auch für die Zuschauer gelte: „Trotz Abscheu und Widerwillen wird der Zuschauer von den Leidenschaften der Gewalt ergriffen. [...] Er will mehr, immer wieder." (Sofsky 1996: 102f.) Gegen diese stark vereinfachte Zusammenhangsbehauptung einer strudelförmigen, den Zuschauer hineinreißenden Gewaltfaszination spricht, dass sich mit dem Aufstieg innerhalb der Fanhierarchie, mit den damit verbundenen Spezialisierungen und Wissenszuwächsen die Schock- und Sensationswirkung von Gewalt abnutzt und sich die Nutzungsmotive verschieben. Gewalt wird zudem geschätzt, gerade weil sie fiktional ist („Allerdings wenn da jetzt ein Tier gequält wird, kann ich das nicht sehen. Da weiß man ja nie, ob das echt ist oder gespielt", Eckert u.a. 1990: 76), weil man keinen Straßenkämpfen, sondern Straßenkampfinszenierungen zuschaut.

Dass sportives, cineastisches oder spielerisches Gewalthandeln Gegenstand von intensiven Fanbeziehungen ist, hat Ansteckungsvermutungen geweckt und diese periodisch laut werden lassen, meist im Zusammenhang mit öffentlichkeitswirksamen Gewalttaten. Entsprechende *Kontaminationstheorien* (vgl. überblicksartig Kuncik/Zipfel 2004) vermuten, dass Gewalt durch Fans von Gewalt mit einer höheren Wahrscheinlichkeit verübt wird; dass also der intensive Konsum bspw. von Computerspielen, von Rap-Musik oder von gewalthaltigen Comics eine anhaltend gewaltstimulierende Wirkung auf die Intensivnutzer hat, die über eine nur kurzzeitige Aggressivitätssteigerung hinausgeht.

Die ordnende Literaturbeschau hat zunächst die Bereichs- und Facettendiagnosen des Verhältnisses von Fantum und Gewalt zusammengeführt und dabei deutlich werden lassen, wie sehr das Forschungsfeld in zweifa-

---

11 Drängel- und Strudeltheorien erklären Gewalt aus zwei entgegengesetzten Richtungen: Wo auf der einen Seite sozialstrukturelle Benachteiligungen und Desintegrationserfahrungen das Individuum in die Gewalttätigkeit drängen, wird auf der anderen Seite die innere Anziehungskraft von Gewaltinteraktionen betont (Sofsky 1997). Beiden Strömungen ist ein möglicherweise folgenreicher Neuansatz der Gewaltsoziologie entgegenzusetzen: die von Collins entfaltete, emotionale Barrieren und individuelle Gewaltinkompetenzen betonende Schwellentheorie von Gewalt (Collins 2008).

cher Hinsicht unausgeschöpft ist. Ein Großteil der Studien untersucht nur ausgewählte Fanszenen, wobei offenbar gewisse Affinitäten mehrheitlich männlicher Forscher zur sozialwissenschaftlichen Dauerbeobachtung des Fußballs und dessen Publikums führ(t)en, mit der Folge einer spannungsreichen Enge vieler Gewaltforscher auf vergleichsweise kleinem Untersuchungsfeld.[12] Diese Unwucht innerhalb der Fanforschung verstärkt sich, da ein Großteil der Arbeiten wiederum nur ausgewählte Gewaltdimensionen untersucht. Insgesamt wurde aber, wie ich hoffe, auch deutlich, wie stark die Gewaltinteraktionen in die komplexen Akteurskonstellationen um das Fanobjekt herum verwoben sind. Diese Zusammenhänge fanszenenübergreifend aufzuklären bleibt Hauptaufgabe zukünftiger Forschungen. Ein erster Beitrag könnte die Systematisierung fanspezifischer Gewaltformen und deren Anwendung auf einzelne Fanszenen wie auf das gesamte Forschungsfeld sein, die im Folgenden vorgeschlagen und durchgeführt werden soll.

2 Eine Typologie fanspezifischer Gewaltformen

Gewalttypologien sind weit verbreitet, wenngleich dabei die Spezifik des Gewaltgeschehens häufig unberücksichtigt bleibt. Meist werden allein Akteure (individuell, kollektiv, staatlich) oder Wirkungsebenen (körperlich, psychisch, strukturell) differenziert. Das Geschehen vor Augen, den „Übergriff auf den Körper eines anderen ohne dessen Zustimmung" (2008: 104), hat Jan Philipp Reemtsma Gewalt grundsätzlich und wegweisend nach ihrem Körperbezug unterschieden. Im Folgenden soll nun nach jenen „anderen" gefragt werden; soll Gewalt kategorisiert werden nach ihrem Bezug auf Fan-Fanobjekt-Figurationen.

---

12 Entsprechend harsch fällt das Urteil der Forscher um Peter Marsh aus: „Research on football violence has been a growth industry since the late 1960s in Britain, and academics in other European countries have steadily been catching up since the mid 1980s. To many observers, ourselves included, the subject is now probably over-researched and little in the way of new, original insights have been forthcoming in the past decade" (Carnibella u.a. 1996: 30).

2.1 Intervenierende Gewalt

„Ich weiß auch nicht, ob Monica Seles geschrieen hat. Alles geschah sehr schnell, und ich war sehr froh, dass ich es so weit gebracht hatte […] Nachdem ich zugestochen hatte, riefen einige Leute, ich sei ein Schwein. Und doch habe ich es auch für die Zuschauer getan. Die Reaktion der Zuschauer hat mich ein wenig verwirrt" (Hoffmann 2006: 65).

Intervenierende Gewalt zielt direkt auf das Fanobjekt bzw. auf das unmittelbar mit dessen Aktivitäten verbundene Akteurfeld, also auch auf Securitymitarbeiter, Schiedsrichter, Konkurrenten, Veranstalter. Im Gegensatz zur passiven Bewunderung oder kreativ-instrumentellen Aneignung des Fanobjektes steht intervenierende Gewalt dafür, aktiv steuernd in das Geschehen einzugreifen. In vielen Fällen des Prominentenstalkings soll die unmittelbare Präsenz des Stars erzwungen werden, und so richtet sich die Gewalt dann gegen intervenierende Dritte wie Personenschützer, gegen das Fanobjekt oder dessen Konkurrenten. Die offenkundige und massive Delegitimierung derartiger Interventionen Einzelner durch die übrige Fanszene und die damit einhergehende Verwunderung über deren feindselige Reaktionen, erklärt einerseits die Seltenheit der Übergriffe und lässt andererseits nach den psychischen Antrieben fragen. Daneben gibt es gewaltförmige Übergriffe von Anti-Fans gegen das fremde oder abgelehnte Fanobjekt. Ein Beispiel sind die „Bottle-Fights" auf dem englischen Reading Festival (vgl. Carroll 2007). Entstanden aus einem Jazz-Festival, öffnete es sich in den 1970er Jahren für Rock, Blues und Heavy Metal, später auch für Punkbands und aufgrund sinkender Teilnehmerzahlen in den 1980ern auch für populäre Musikgruppen. Diese – aus Sicht der alteingesessenen Besucher – ungeliebten Combos wurden traditionsbegründend seither regelmäßig durch Flaschenwürfe von der Bühne getrieben, Verletzungen der Musiker eingeschlossen. Im unter Fußballfans verbreiteten Spruch „Sieg oder Spielabbruch", sowie den dann ausgelösten Platzstürmen und Attacken auf Spieler und Schiedsrichter manifestiert sich das Selbstverständnis und Selbstbewusstsein von Fans, situationsabhängig die intervenierende Letztinstanz des Geschehens zu sein.

2.2 Gesellige Gewalt

„Aber im Prinzip isses halt einfach, ja es ist halt alles erlaubt, es is halt [...] bei nem richtig guten Konzert, wie gesagt es verschmilzt alles [...] halt zu einer Einheit [...] nur noch n Klumpen von Menschen über-, unter-, sonstwasnander" (Inhetveen 1997: 251).

Im Unterschied zur „gemeinsamen Gewalt" einer Gruppe gegen Außenstehende, die ja ebenfalls gemeinschaftsbildend und -verstärkend wirkt, ist gesellige Gewalt ungerichtet. Sie hat keinen definierten Gegner als Gegenüber, sondern vollzieht sich mitten im subkulturell gerahmten Strudelgeschehen der gleichgesinnten Interaktionspartner. Gemeinschaft stiftet nicht die erkämpfte Überlegenheit oder die kollektiv erlittene Niederlage, sondern das gelungene gewalthaltige (Rausch-)Erlebnis. Beispiele sind die ritualisierten Kämpfe zwischen Festivalbesuchern um einen bestimmten Hügel auf dem Gelände des „Downloadfestivals" oder das „violent dancing" von Hardcorefans. Als Gewaltinszenierung, die das emotionale Fanobjekt- und Gemeinschaftserleben steigern soll, bleiben die Aktionen der kämpfenden und tanzenden Fans dabei verletzungsmächtig. Der mit Flaschen, Dosen und Mülltonnen ausgetragene Hügelsturm und das gegenseitige Rempeln, Springen und Schlagen der Tänzer haben Prellungen, Blutungen und Brüche zur Folge, die subkulturell akzeptiert und selbstverständlich sind. Erkennbar intendierte Schädigungen von anderen als Hauptmotiv des Tanzens werden dagegen als „Abweichungen von diesen Normen [...] sanktioniert" (Inhetveen 1997: 242) – dies nicht selten ebenfalls gewaltförmig. Als Mittel zur vergemeinschaftenden Rauscherzeugung bleibt gesellige Gewalt nicht auf Konzertraum und Festivalgelände beschränkt, sondern wurde u.a. in die Fankurven von Stadien importiert. Die gegenseitigen Rempeleien und der in der „wall of death" vollzogene Schaukampf unter den Fans ist nun, neben anderen, Teil des gruppenbezogenen Emotionsmanagements. Er wird – wenngleich selten – für die situationsbezogene Inszenierung der eigenen Verrücktheit genutzt, etwa wenn angesichts eines uneinholbaren Rückstandes der eigenen Mannschaft der Fanblock zu tanzen und zu feiern anfängt.

2.3 Kompetitive Gewalt

„Einmal wurde sogar einer entführt, wo es dann auch mal einen Gegenschlag geben musste. Wo wir uns sagen, dass können wir nicht auf uns sitzen lassen. Damit wird sich dann auch wieder Respekt verschafft" (führendes Mitglied einer Gruppierung von Fußballfans).

Kompetitive Gewalt richtet sich gegen konkurrierende Fans und Fangruppen. Die Gegnerschaft und folgenreiche Konkurrenz der Fanobjekte befördert stark abgrenzungsorientierte Identitätskonstruktionen der Fans. So wurde im Umfeld der Cultural Studies exemplarisch beobachtet, wie die Aktivitäten von Fußballfans „have created a form of analogy with the match itself. But in their case, it becomes a contest which takes place not on the fields but on the terraces" (Clarke 1978: 54). Es entstand parallel zum Spiel ein von den Fans selbst auf den Rängen ausgetragener Wettkampf um Wucht und Originalität der Stimmungserzeugung, der für viele Fans den Ausgang gewaltsamer Aufeinandertreffen traditionell und ausdrücklich einschließt und Gewalt für einige zum Kern von Fan- und Gruppenidentität werden lässt. Dieser Konkurrenzlogik folgend wird Gewalt zu einer subkulturell legitimen Handlungsressource. Direkte Angriffe auf die Rivalen bzw. die Kommunikation eigener Gewaltbereitschaft soll dementsprechend Überlegenheit herstellen bzw. angesichts der eigenen Unterlegenheit (bei Asymmetrien in der Anzahl und/oder der Gewaltkompetenz der Beteiligten) signalisieren, dass man sich dem Wett-Kampf als Quelle von Anerkennung und Fluchtpunkt für Gruppenidentitäten prinzipiell stellt – dass man dazugehört. Den Wettkampfcharakter dieser „ernsten Spiele der Fans" (Meuser 2008: 122) betonend, wird dabei bestritten, dass kompetitive Gewalt auch auf Zerstörung und Vernichtung zielen könne (Armstrong 2003: 234).

3   Empirische Anwendungen

3.1   Fußballspezifische Gewaltformen – eine Fallstudie

Anhand einer eigenen Studie soll die vorgeschlagene Typologie zunächst auf eine Fanszene angewandt und auf theoretische Debatten bezogen werden. Über die Dauer mehrerer Spielzeiten wurden im Umfeld eines Traditionsvereins fußballspezifische Gewaltformen untersucht (vgl. ausführlicher Leistner 2008). Gegenüber den seltenen Fällen intervenierender Gewalt aufgrund eines sich emotional zuspitzenden Spielverlaufes dominieren verschiedene Formen kompetitiver Gewalt.[13] Typisch für das Aufeinandertreffen der Fangruppen an den Spieltagen sind ritualisierte Aggro-Inszenierungen. Diese Gewaltform setzt die Anwesenheit von Begrenzungen wie Polizeiketten oder Absperrzäunen voraus. Sie verhindern direkte Konfrontationen und stecken das „Spielfeld" für die durchaus ernsten Inszenierungen von Gewaltbereitschaft (Werfen von Gegenständen und Bengalos, simulierter Blocksturm) und für die Kommunikation von Stärke und Aggressivität ab. Die Aufeinandertreffen wirken spektakulär – was sich auch in der dramatisierenden Berichterstattung niederschlägt – sie bleiben aber in Ablauf und Gewaltintensität kalkulierbar. Der Befund deckt sich mit den zahlreichen Studien, die den rituellen Charakter von Fangewalt betonen (Armstrong 2003). Modernitätstheoretisch wird dies dann als Charakteristikum spätmoderner „Inszenierungsgesellschaften" (Zifonun 2007: 104) gedeutet, als eine Art ästhetisierender Begrenzung, gar als Selbstbeschränkung, die den Gewaltspielen selbst innewohnt. Diese einseitige Betonung des begrenzenden Inszenierungscharakters steht aber in der Gefahr, das Vorhandensein eindämmender Begrenzungsmechanismen automatisch vorauszusetzen. Die Fallstudie konnte stattdessen zeigen, dass dieser Inszenierungsrahmen immer wieder interaktiv hergestellt, ausgehandelt und aktualisiert werden muss. Und er bricht in sich zusammen, wenn aufgrund der räumlichen Nähe zwischen den verfeindeten Fanszenen einer Stadt die fußballspezifische Rivalität einer territorialen Logik folgt, in deren Folge lokale Jugendgangs um die sozialräumliche Dominanz in den einzelnen Stadtteilen kämpfen; wenn etablierte und wirksame Verständigungskanäle zwischen den rivalisierenden Fangruppen abbrechen („Es gab auch schon klärende Anrufe") und wenn der subkulturelle Bedeutungszuwachs des gewaltförmigen

---

13 Zur Illustration seien – bei aller eingeschränkten Aussagekraft – einige ministerielle Zahlen für das Bundesland Sachsen angeführt. In der Saison 2005/2006 fanden spielklassenübergreifend 187 polizeilich relevante Fußballspiele statt, die von 27.800 Polizisten abgesichert wurden. Dabei kamen 184 polizeilich relevante Vorkommnisse zur Anzeige. Darunter waren 19 % Angriffe auf Polizisten und Ordner, 15 % auf gegnerische Fans und 10 % Sachbeschädigungen. 100 Personen wurden verletzt. Nur in einem Fall war spielbezogen-intervenierende Gewalt der Auslöser für Ausschreitungen. Es dominierten Formen kompetitiver Gewalt sowie Gewalt gegen Sicherheitskräfte, die ein Zusammentreffen der Fans verhindern (vgl. Sächsischer Landtag Drucksache Nr. 4/6297).

Leistungsvergleiches zwischen Fangruppierungen zu einem grundlegenden Wandel der Auslegung gewaltbezogener Normen führt.

Tabelle 1: Anwendung der Typologie auf eine Fußballfanszene (vgl. Leistner 2008: 129)[14]

	intervenierend		kompetitiv	
Gewaltform	Platzsturm	Ganggewalt		Überfall
situativer Kontext	spieltagsbezogen	rivalitätsbezogen	rivalitätsbezogen	rivalitätsbezogen
	Reaktion auf Benach- teiligungen	Erstürmung des gegnerischen Fan- blocks	geplante / zufäl- lige Aufeinander- treffen	(einseitig) ge- plante Auseinan- dersetzungen
räumlicher Kontext	Stadion als Auf- führungsort des Fanobjektes	Stadion als Auf- führungsort der Fans	Innenstadt, einzelne Stadt- viertel	Zug mit Auswärtsfahrern; private Rückzugs- räume
Intensität	Aggro- Inszenierungen	Aggro- Inszenierungen	direkte Konfrontation	direkte Konfrontation
	fanszenen- und spielverlaufs- abhängig	fanszenen- abhängig		Einsatz von Schlag- und Schusswaffen

Als Folge dieser Entwicklung haben sich im untersuchten ultradominierten Verein Gewaltformen entwickelt (s. Tab. 1), die sich in dreifacher Hinsicht entgrenzt haben. Die Auseinandersetzungen verlagern sich von öffentlichen, gemeinsam akzeptierten und normierten Gewalträumen hinein in das Pri- vatleben der Beteiligten. Die Gewalt richtet sich auch gegen Unbeteiligte und schließlich kommen neben Schlagwerkzeugen auch Waffen zum Ein- satz.

Diese erste exemplarische Durchführung der Typologie grenzt sich von den entgegen gesetzten Automatismusbehauptungen zweier Ansätze der Gewaltsoziologie ab. Indem man eskalationsfördernde Bedingungen identi- fiziert, wendet man sich gegen Verharmlosungstendenzen, durch die Gewalt

14 Formen geselliger Gewalt waren in der Fallstudie nicht zu beobachten.

in der Moderne auf ihren Inszenierungscharakter reduziert wird. Und entgegen der Behauptung einiger Autoren der „neueren Gewaltforschung", zur Natur der Gewalt und mithin zur Natur des von der Gewalt erfassten Menschen gehöre die Tendenz zur brutalisierenden Entgrenzung prinzipiell dazu (Nedelmann 1997: 67), wird betont, dass die inneren Dynamiken des Gewaltgeschehens und die Eskalationsbedingungen lokal spezifisch und immer wieder neu empirisch zu rekonstruieren sind.

3.2 Fanszenenspezifischer Stellenwert von Gewalt

Sollen die Einseitigkeiten bisheriger Fanforschung überwunden werden, dann muss sich die Typologie fanszenenübergreifend bewähren. Zu erfragen wäre zweierlei: Der unterschiedliche Stellenwert, den Gewalt in einzelnen Fanszenen hat, sowie Zusammenhänge zwischen Auftreten und Ausmaß von Gewalt und der Grundorientierung von Fans oder ganzer Fanszenen innerhalb der komplexen Fan-Fanobjekt-Figurationen. Bisherige Systematisierungsversuche einzelner Fanszenen fokussieren vor allem auf Bindungsunterschiede und damit verbundene Aggressionsanfälligkeiten von (Sport-)Fans (Wann 1993), auf die hierarchiebegründenden Spezialisierungsstufen von (Video-)Fans (Eckert u.a. 1990), auf die unterschiedliche Anerkennungsrelevanz der Aktivitäten von (Fußball-)Fans (Heitmeyer/Peter 1988), auf Bindungs- und Loyalitätsunterschiede gegenüber dem Fanobjekt (Giulianotti 2002). Ohne dies hier ausführlicher diskutieren zu können, scheint doch eine umfassendere Typologie nötig zu sein. Die Vielfalt von Fantümern und die komplexen Fan-Fanobjekt-Figurationen vor Augen, sind die unterschiedlich gewichteten Motivationen und verschieden gerichteten Aktivitäten der Fans zu unterscheiden. Drei idealtypische Gewichtungen möchte ich vorschlagen und auf den Stellenwert fanspezifischer Gewalt befragen.

Für die *Fanobjektzentrierung* ist typisch, dass sich Aufmerksamkeit und Aneignungsaktivitäten stark auf das jeweilige Fanobjekt konzentrieren. Bei *starzentrierten Fans* sind dies Musiker, Moderatoren, US-Präsidenten oder Fußballspieler, bei *personen-, gruppen- oder gegenstandsorientierten Fans* sind es Musikgruppen, Fußballmannschaften, Automarken oder Komponisten, bei *gattungsorientierten Fans* sind es allgemein Musik- oder Fernsehgenres bzw. Sportarten. Da nicht auf den Anderen (konkurrierende Fans) sondern auf den oder das Besondere(n) gerichtet, erzeugen fanobjektzentrierte Aktivitäten (vgl. die Einleitung sowie Schmidt-Lux zu „Fans und Lebensführung" in diesem Band) – etwa das Sammeln (von Wissen und Andenken), das Tagträumen (von Partnerschaft oder eigener Berühmtheit), die lebensphasenspezifische oder stimmungsabhängig-emotionssteuernde Rezeption – selbst nur wenig potentiell gewaltfördernde Reibungsflächen zu anderen Fans. Im Bezug auf das Fanobjekt reichen die Versuche einer aktiven Beziehungsintensivierung durch Fans vom harmlosen Aufsuchen bis hin zum Nachstellen. Gleichwohl bleiben damit verbundene und als Starstalking bezeichnete Angriffe von Fans extreme Einzelfälle intervenierender Gewalt. Daneben gibt es negative Bezugnahmen von Anti-Fans (Gray 2003) auf ein verhasstes Fanobjekt (Tokio Hotel oder Bayern München), wenngleich aufgrund weitgehend fehlender Kontaktmöglichkeiten gewaltförmige Übergriffe von Anti-Fans ebenfalls selten sind. Beispiele sind die ritualisierten und von den Beteiligten (teilweise nur zähneknirschend) akzeptierten Bottle-Fights der Musikfans, die den Auftritt ungeliebter Musiker gewaltsam beenden sollen. Die Flasche und nicht das Telefon als Abstimmungsmedium nutzend, sind sie eine der unmittelbarsten Formen des Band-Votings. Gleichwohl sind Fans und Fanszenen dieses Typs gewaltarm.

Die *Interaktionszentrierung* lässt für Fans wichtig werden, was zwischen Fan und Fanobjekt und um es herum geschieht. Bei der Fokussierung auf *Fan-Fanobjekt Interaktionen* wird vorrangig das Live-Erleben des Fanobjektes geschätzt und immer auch die damit verbundenen Aktivitäten, Erlebnisse und Emotionen, wie die vom Fanobjekt oder den Fans ausgelöste und dem Publikum aufgenommene und verschieden intensiv mitgetragene Stimmung. Beispiele sind gemeinschaftliche Besuche mehrtägiger Musikfestivals oder erlebniskomprimierende Reisen. Gewalt ist hierbei entweder unverzichtbarer Bestandteil des Gemeinschaftserlebnisses oder entsteht aus den emotionsgeladenen Handlungsdynamiken, etwa wenn die Fans Schlägereien zwischen den gegnerischen Hockeyspielern auf den Rängen fortsetzen (Smith 1978) oder situative Benachteiligungserfahrungen (bspw. Konzertabbruch, Platzverweise) zum Anlass für einen Platz- oder Bühnensturm werden. Typisch sind zudem Pre-Event-Ausschreitungen, bzw. Angriffe aus der Masse feiernder oder enttäuschter Fans heraus auf Polizei und häufiger noch auf zerstörungsanfälliges Innenstadtinterieur.[15] Gewalt ist schließlich das situationsabhängige Nebenprodukt einer zwar im Veranstaltungsort zusammengeführten und auf das Fanobjekt hin gleichgesinnten Menschenmenge, die aber immer auch fanspezifische Kleinstkonflikte unter den Anwesenden erzeugt – etwa die lautstarke Abwägung zwischen Fans, ob Fahnen nun unverzichtbar für die Stimmungserzeugung oder eine äußerst lästige Sichtbehinderung sind. Davon zu unterscheiden, wenngleich die Übergänge empirisch fließend sind, ist der hohe Stellenwert *kompetitiver Fan-Fan-Interaktionen* für die Identität und die Aktivitäten von Fans. Der Aufmerksamkeitsfokus verschiebt sich hier stärker in Richtung der vielfältigen Rivalitäten zwischen den Anhängern konkurrierender Fanobjekte. Die Gegnerschaft und folgenreiche Konkurrenz von Fanobjekten befördert stark abgrenzungsorientierte Identitätskonstruktionen der Fans. Die Tradition, dem Fanobjekt bei seinen überregionalen Auftritten regelmäßig unterstützend hinterher zu reisen, sowie die architektonisch „nach innen gewendete Wucht" (Prosser 2002: 275) der jeweiligen Austragungsstätten (vor allem Stadien oder Sporthallen) verstärkt die musternde Wahrnehmung der gegnerischen Fans sowie die resonanzantizipierende Selbstwahrnehmung der eigenen Leistung[16] und derart letztlich die Reibungsfläche und Reibungsintensität zwischen den Fans. Die Auftrittsorte des Fanobjektes werden, ein tendenziell geschlechtsspezifisch eher homogen zusammengesetztes Publikum vorausgesetzt[17], somit zu stellvertretenden Austragungsorten für vergemeinschaftend-wettkämpfende Männlichkeit. Verstärkt werden diese Rivalitäten, wenn die antagonistisch definierten Identitäten von schon vorhandenen Konfliktlinien innerhalb der Gesellschaft überlagert werden, also die Fan-Fan-Auseinandersetzungen präexistente (politische, inner- bzw. zwischenstaatliche, ethnoreligiöse, regionale oder sportpolitische) Konflikte nicht einfach nur wider-

---

15 Gemeint sind jegliche Objekte, die mit vergleichsweise geringem Aufwand effektvoll zerstört werden können: Telefonzellen, großflächige Schaufensterscheiben oder PKWs, die sich ab einer bestimmten Personenzahl an verschiedene Orte und/oder in verschiedene Positionen platzieren lassen.

16 Leistung zielt hier auf verschiedene Ebenen des Besser-Seins: den Beitrag zur Gesamtstimmung, die Anzahl der Fans, die nach außen hin erkennbar gemachte Gewaltbereitschaft oder tatsächliche Gewalttätigkeiten.

17 Bezeichnenderweise finden sich in den vergleichsweise gewaltarmen japanischen Fußballfanszenen sehr viele Frauen (40%) und Kinder (Takahashi 2002: 194f.).

spiegeln, sondern dramatisieren und verstärken (Giulianotti/Armstrong 2001).

Charakteristisch für die *Fankulturzentrierung* ist, dass sich um das Fanobjekt herum Aktivitäten und entsprechende Szenen herausbilden und dann verselbstständigen. Beispiele sind die Tanz- und Feierkultur von Hip-Hop oder Techno-Fans, sowie die weit über den Fußball hinausgehenden jugendkulturellen Aktivitäten vieler Ultra-Gruppen. Für das Thema ist dieser Typ insofern interessant, als für HipHop-Fans beobachtet wurde, wie innerhalb einer Fankarriere reale Gewalttätigkeiten in ästhetisch-künstlerische Wettkampfpraktiken des „Battlens" und „Breakdancens" transformiert werden (Liell 2004: 75ff.). Neben sozialpädagogischen Interventionen in frühen Phasen der Fankarriere gehört deshalb die pazifizierende Verlagerung der Wettkampfebenen in kompetitiven Fanszenen; gehört also die Stärkung ausdruckskreativer Fankulturen zu einem der Hauptansatzpunkte präventiver Fansozialarbeit.

Anhand der hier vorgeschlagenen, wenn auch nur skizzenhaft entfalteten Typologie[18] und bezogen auf die fanspezifischen Gewaltformen lässt sich zeigen, dass vor allem in interaktionszentrierten Fanszenen situative Interventionen in das Geschehen und die Wett-Kämpfe zwischen Fans den Glutkern gewaltförmiger Faninteraktionen bilden. Die Spezifik dieser Fan-Fanobjekt-Figuration führt zur Ausbildung und Verfestigung antagonistischer Fanidentitäten. Ob und in welchem Maß diese Konkurrenzen gewalttätig ausgelebt werden, hängt von der Kontaktintensität der konkurrierenden Fanszenen, der Alterstruktur, dem Geschlecht und der sozialen Zusammensetzung der Fans, sowie vom Stellenwert stellvertretender Konkurrenzkämpfe um Ansehen und Überlegenheit ab.

---

18 Für zukünftige Forschungen scheint es lohnenswert, die vorgeschlagene, fanszenenumgreifende Typologie empirisch auszubauen. Forschungsthemen wären Wissens-, Bindungs- und Aktivitätsdifferenzen innerhalb der Typen, sowie die Verlaufsmuster von Fankarrieren (innerhalb eines oder stufenförmig zwischen den verschiedene Typen), sowie quantifizierende Aussagen über Art und Ausmaß der Identifikationstypen. Letzteres wäre auch deshalb wichtig, da sich die wenigen quantitativen Studien (wie von Jochen Roose und Mike S. Schäfer) auf Items konzentrieren, die stark auf fanobjektzentrierte Intensitäts- und Aktivitätsmessungen abzielen und deshalb nur einen Typ als „Idealfan" vor Augen haben.

4   Zusammenfassung und Ausblick

Im Unterschied zu den übrigen in diesem Band verhandelten Themen ist Gewalt ein zentraler und gut beforschter Gegenstand der Fanliteratur.[19] Ziel des Aufsatzes war es daher, die Facettendiagnosen zum Thema Fangewalt in ihrer Fülle wahrzunehmen und zunächst in einem mehrdimensionalen Analyserahmen zusammenzuführen. Wenngleich jeweils auf eine Fanszene fokussierend und nur ausgewählte Dimensionen analysierend, decken die Studien in ihrer Gesamtheit doch die wesentlichen Fragestellungen der Gewaltsoziologie ab. Nötig wäre somit zweierlei: Für den Ausbau einer Soziologie der Fangewalt müssten diese Einzelbefunde noch sehr viel stärker systematisiert und auf Zusammenhänge untereinander hin untersucht werden. Ausgewählte Fragestellungen wären Art, Ausmaß und Auswirkung der Überschneidungen zwischen verschiedenen gewaltaffinen Fanszenen (z.B. Fußballfans, die Freefightfans sind und/oder selbst Vollkontaktsportarten betreiben); die Rekrutierung gewaltkompetenter Fans für Akte politischer Gewalt oder der Einfluss regionaler Polizeikulturen auf Dynamik und Intensität von Auseinandersetzungen. Zum zweiten sollte eine Soziologie, die sich für die Gewalt einzelner Fanszenen interessiert und diese gegenstandsadäquat wahrnehmen und erklären möchte, den vorgeschlagenen Analyserahmen in seiner Mehrdimensionalität anwenden.

In einem nächsten Schritt wurden dann Gewaltformen in ihrem Bezug auf typische Fan-Fanobjekt-Figurationen unterschieden. Die exemplarische Entfaltung dieser Gewalttypologie am Beispiel einer interaktionszentrierten Fußballfanszene liefert ein Erklärungsangebot für die Gewalt der Fans und veranschaulicht, dass sie vor allem für interaktionszentrierte Fanszenen typisch und konstitutiver Teil der Gruppenidentität ist. Auch hier wäre weitere Forschung nötig. Grundsätzlich müsste sich die Typologie in der Anwendung auf einzelne Fanszenen bewähren und verfeinern. Wichtig wären außerdem quantitative Untersuchungen, die fanszenenumgreifend Aussa-

---

19 Dies mag einerseits daran liegen, dass die Popularität des Fanobjektes die Gewalt der Fans beobachtbar macht und öffentlich werden lässt. Anderseits könnte die große Aufmerksamkeit auch Ausdruck für ein grundsätzliches Misstrauen gegenüber diesen das Selbstbild einer gewaltreduzierten Moderne irritierenden und von Fans selbst hergestellten Gewalträumen sein (Reemtsma 2008).

gen über die Verteilung der einzelnen Typen und die potentielle Gewaltaffinität erlauben. Zudem: Wir wissen wenig über die situativen Eskalationslogiken intervenierender Gewalt; wenig darüber also, wie aus einer vom Wutrausch erfassten Menge heraus Ausschreitungen entstehen können und warum dies in anderen Fällen nicht geschieht. Und wir wissen noch wenig über die subkulturellen Konkurrenzlogiken kompetitiver Gewalt, speziell über Prozesse der Herstellung, der Transformation (etwa in Richtung politischer Gewalt) und Erosion subkultureller Gewaltnormierungen.

Zuletzt: Sich die Gewalt der Fans anzuschauen, ist gegenwartsdiagnostisch aufschlussreich. Der Blick hinter die routiniert aufgeführten Gewaltfassaden der Fans und auf die Gewaltspiele der zumeist jungen, von den damit verbundenen Emotionen faszinierten und den Gewaltphantasien bedrängten Männer, macht kenntlich: Vieles ist weniger schlimm, als es auf den ersten, möglicherweise sensationsgesteuerten Blick erscheint. Der Einblick in die regional spezifischen Eigengeschichten von Fanszenen und in Prozesse der Herstellung, Aufrechterhaltung und des Zusammenbrechens der gewaltbezogenen Handlungsrahmen, lässt aber aufmerken: Die Entgrenzung und Brutalisierung von Gewalt ist etwas, womit man zu rechnen hat. Schließlich sind seismographische Ausblicke möglich und nötig. Geschult am Beispiel des kriegerischen Zerfalls Jugoslawiens, sind Prozesse im Auge zu behalten (etwa aktuelle Auseinandersetzungen zwischen slowakischen und ungarischen Fußballfans in den Grenzregionen der beiden Länder), die aus gewaltgeneigten Schlachtenbummlern Menschenschlächter[20] werden lassen.

Literatur

Alabarces, Pablo (2002): "Aquante" and repression: football, politics and violence in Argentina. In: Dunning, Eric, Patrick Murphy, Ivan Waddington & Antonios S. Astrinakis (Hrsg.): Figthing Fans. Dublin: University College Dublin Press. 23-36.

Armstrong, Gary (1998): Football Hooligans. Oxford & New York: Berg.

---

20 Aus den Hooligans von Roter Stern Belgrad entstand Anfang der 1990er ein für Kriegsverbrecher berüchtigter paramilitärischer Freiwilligenverband („Arkan Tigers").

Bohnsack, Ralf, Peter Loos, Burkhard Schäffer, Klaus Städtler & Bodo Wild (1995): Die Suche nach Gemeinsamkeit und die Gewalt der Gruppe: Hooligans, Musikgruppen und andere Jugendcliquen. Opladen: Leske+Budrich.

Bottenburg, Maarten van & Johan Heilbron (2006): De-Sportization of Fighting Contests: The Origins and Dynamics of No Holds Barred Events and the Theory of Sportization. In: International Review for the Sociology of Sport 41/3-4. 259-282.

Bromberger, Christian (2006): Ein ethnologischer Blick auf Sport, Fußball und männliche Identität. In: Kreisky, Eva & Georg Spitaler (Hrsg.): Arena der Männlichkeit. Frankfurt & New York: Campus. 41-52.

Carroll, Ian (2007): The Reading Festival. London: Reynolds & Hearn.

Clarke, John (1978): Football and working class fans: Tradition and change. In: Ingham, Roger, Stuart Hall, John Clarke, Peter Marsh & Jim Donovan (Hrsg.): Football Hooliganism. London: Inter-Action.

Collins, Randall (2008): Violence. Princeton & Oxford: Princeton University Press.

Čolović, Ivan (1998): Fußball, Hooligans und Krieg. In: Bremer, Thomas, Nebojša Popov & Heinz-Günther Stobbe (Hrsg.): Serbiens Weg in den Krieg. Berlin: Berlin Verlag.

Davis, Christina & Grant Upson (2004): Spectatorship, Fandom, and Nationalism in the South Asian Diaspora. In: International Journal of the History of Sport 21/supl. 631-649.

Dunning, Eric (1990): Sociological Reflections on Sport, Violence and Civilization. In: International Review for the Sociology of Sport 25/1. 65-81.

Dunning, Eric, Patrick Murphy & Ivan Waddington (1986): Spectator Violence at Football Matches: Towards a Sociological Explanation. In: The British Journal of Sociology 37/2. 221-244.

Eckert, Roland, Waldemar Vogelgesang, Thomas A. Wetzstein & Rainer Winter (1990): Grauen und Lust. Die Inszenierung der Affekte. Pfaffenweiler: Centaurus.

Eckert, Roland, Christa Reis & Thomas A. Wetzstein (2000): „Ich will halt anders sein wie die anderen." Abgrenzung, Gewalt und Kreativität bei Gruppen Jugendlicher. Opladen: Leske+Budrich.

Elias, Norbert & Eric Dunning (1986): Quest of Excitement: Sport und Leisure in the Civilizing Process. Oxford: Blackwell.

Emerson, Robert M., Kerry O. Ferris & Carol Brooks Gardner (1998): On being stalked. In: Social Problems 45/3. 289-314.

Ferris, Kerry O. (2001): Through a Glass, Darkly: The Dynamics of Fan-Celebrity Encounters. In: Symbolic Interaction 24/1. 25-47.

Giulianotti, Richard (1999): Football: A Sociology of the Global Game. Cambridge: Polity.

Giulianotti, Richard (2002): Supporters, Followers, Fans, and Flaneurs: A Taxonomy of Spectator Identities in Football. In: Journal of Sport and Social Issues 26/1. 25-46.

Giulianotti, Richard & Gary Armstrong (2001): Constructing Social Identities: Exploring the Structured Relations of Football Rivalries. In: Giulianotti, Richard & Gary Armstrong (Hrsg.): Fear and Loathing in World Football. Oxford & New York. 267-279.

Gray, Jonathan (2003): New Audiences, New Textualities: Anti-Fans and Non-Fans. in International Journal of Cultural Studies 6/1. 64-81.

Heitmeyer, Wilhelm & Jörg-Ingo Peter (1988): Jugendliche Fußballfans. Weinheim & München: Juventa Verlag.

Heitmeyer, Wilhelm & John Hagan (2002): Gewalt. Zu den Schwierigkeiten einer systematischen internationalen Bestandsaufnahme. In: Heitmeyer, Wilhelm & John Hagan (Hrsg.): Internationales Handbuch der Gewaltforschung. Wiesbaden: Westdeutscher Verlag. 15-25.

Hoffmann, Jens (2006): Stalking. Heidelberg: Springer.

Hughson, John (1998): Among the Thugs: The `New Ethnographies' of Football Supporting Subcultures. In: International Review for the Sociology of Sport 33/1. 43-57.

Hughson, John (2000): The Boys are back in Town. Soccer Support and the Social Reproducting of Masculinity. In: Journal of Sport and Social Issues 24/1. 8-23.

Imbusch, Peter (2000): Gewalt – Stochern in unübersichtlichem Gelände. In: Mittelweg 36/2. 24-40.

Imbusch, Peter (2002): Der Gewaltbegriff. In: Heitmeyer, Wilhelm & John Hagan (Hrsg.): Internationales Handbuch der Gewaltforschung. Wiesbaden: Westdeutscher Verlag. 26-57.

Inhetveen, Katharina (1997): Gesellige Gewalt. Ritual, Spiel und Vergemeinschaftung bei Hardcorekonzerten. In: Trotha, Trutz von (Hrsg.): Soziologie der Gewalt. Wiesbaden: Westdeutscher Verlag. 235-260.

Inhetveen, Katharina (2005): Gewalt in ihren Deutungen. In: Österreichische Zeitschrift für Soziologie 30/3. 28-50.

Kowalewski, David (2002): Vigilantismus. In: Heitmeyer, Wilhelm & John Hagan (Hrsg.): Internationales Handbuch der Gewaltforschung. Wiesbaden: Westdeutscher Verlag. 426-440.

Kunczik, Michael & Astrid Zipfel (2004): Medien und Gewalt. Befunde der Forschung seit 1998. Berlin: Bundesministerium für Familie, Senioren, Frauen und Jugend.

Leistner, Alexander (2008): Zwischen Entgrenzung und Inszenierung – Eine Fallstudie zu Formen fußballbezogener Zuschauergewalt. In: Sport und Gesellschaft 5/2. 111-133.

Liell, Christoph (2004): Praktiken, Ästhetisierungen und Dramatisierungen der Gewalt. In: Liell, Christoph & Andreas Pettenkofer (Hrsg.): Kultivierung von Gewalt. Würzburg: Ergon. 63-84.

Marsh, Peter, Elisabeth Rosser & Rom Harré (1995): The rules of disorder. London & New York: Routledge.

Meister, Dorothee M., Uwe Sander, Klaus Peter Treumann, Eckhard Burkatzki, Jörg Hagedorn, Mareike Strotmann & Claudia Wegener (2008): Mediale Gewalt. Wiesbaden: Verlag für Sozialwissenschaften.

Meuser, Michael (2008): It´s a Men´s World. Ernste Spiele männlicher Vergemeinschaftung. In: Klein, Gabriele & ders. (Hrsg.): Ernste Spiele. Zur politischen Soziologie des Fußballs. Bielefeld: transcript. 113-134.

Muth, Heinrich (1982): Jugendopposition im Dritten Reich. In: Vierteljahreshefte für Zeitgeschichte. 30/3. 369-417.

Nedelmann, Brigitta (1997): Gewaltsoziologie am Scheideweg. In: Trotha, Trutz von (Hrsg.): Soziologie der Gewalt. Wiesbaden: Westdeutscher Verlag. 59-85.

Peukert, Detlev (1982): Volksgenossen und Gemeinschaftsfremde. Köln: Bund.

Pilz, Gunter A. (1996): Social Factors Influencing Sport and Violence: On the "Problem" of Football Hooliganism in Germany. In: International Review for the Sociology of Sport 31/1. 49-66.

Popitz, Heinrich (1992²): Phänomene der Macht. Tübingen: J.C.B. Mohr.

Prosser, Michael (2002): ‚Fußballverzückung' beim Stadionbesuch. In: Herzog, Markwart (Hrsg.): Fußball als Kulturphänomen. Stuttgart: Kohlhammer. 269-292.

Rauhut, Michael (1993): Beat in der Grauzone. DDR-Rock 1964 bis 1972 – Politik und Alltag. Berlin: Basisdruck.

Reemtsma, Jan Philipp (2008): Vertrauen und Gewalt. Hamburg: Hamburger Edition.

Roberts, Julian V. & Cynthia J. Benjamin (2000): Spectator Violence in Sports: a North American Perspective. In: European Journal on Criminal Policy and Research 8/2. 163-181.

Sack, Allen L. & Zeljan Suster (2000): Soccer and Croatian Nationalism: A Prelude to War. In: Journal of Sport and Social Issues 24/3. 305-320.

Smith, Michael D. (1978): Precipitants of Crowd Violence. In: Sociological Inquiry 48/2. 121-131.

Sofsky, Wolfgang (1996): Traktat über die Gewalt. Frankfurt a.M.: Fischer.

Spaaij, Ramón (2007): Football Hooliganism in the Netherlands: Patterns of Continuity and Change. In: Brown, Sean (Hrsg.): Football Fans Around the World. Oxford & New York: Routledge. 154-172.

Stott, Clifford & Steve Reicher (1998): How Conflict Escalates: The Inter-Group Dynamics of Collective Football Crowd 'Violence'. In: Sociology 32/2. 353-377.

Sutterlüty, Ferdinand (2003). Gewaltkarrieren: Jugendliche im Kreislauf von Gewalt und Missachtung. Frankfurt a.M. & New York: Campus.

Takahashi, Yoshio (2002): Soccer spectators and fans in Japan. In: Dunning, Eric, Patrick Murphy, Ivan Waddington & Antonios S. Astrinakis (Hrsg.): Figthing Fans. Dublin: University College Dublin Press. 190-200.

Trotha, Trutz von (1997): Zur Soziologie der Gewalt. In: Trotha, Trutz von (Hrsg.): Soziologie der Gewalt. Wiesbaden: Westdeutscher Verlag. 9-56.

Wann, Daniel L. (1993): Aggression Among Highly Identified Spectators as a Function of Their Need To Maintain Positive Social Identity. In: Journal of Sport and Social Issues 17/2. 134-143.

Wegener, Claudia (2008): Medien, Aneignung und Identität. „Stars" im Alltag jugendlicher Fans. Wiesbaden: Verlag für Sozialwissenschaften.

Zifonun, Darius (2007). Zur Kulturbedeutung von Hooligandiskurs und Alltagsrassismus im Fußballsport. In: Zeitschrift für Qualitative Forschung 8/1. 97-117.

Fans und Religion

Thomas Schmidt-Lux

Elvis Presley starb im August 1977 in Memphis. Blickt man jedoch auf seine Fanszene, ist Elvis lebendiger denn je. Nicht nur verkaufen sich seine Platten und Biografien gut – um seine Person hat sich ein regelrechter „Cult of the King" entwickelt (Harrison 1992). So lassen sich nicht allein Unmengen von Abbildungen und Fotos von Elvis finden, sondern geradezu sakralisierende Motive und Jesus-analoge Darstellungen. Diese werden von Fans in eigens eingerichteten Schreinen neben anderen Elvis-Reliquien drapiert oder im Internet ausgestellt. Zudem fahren jährlich hunderttausende Fans zu den zentralen Orten des Elvis-Gedächtnisses nach Graceland und in Elvis' Geburtsstadt Tupelo – und viele unternehmen dies jedes Jahr erneut. Der Höhepunkt ist die Elvis-Week anlässlich seines Todestages und insbesondere das Candlelight-Vigil, eine stille Prozession der Fans über das Graceland-Anwesen, wobei jeder der Teilnehmenden eine Kerze in der Hand trägt. In Portland existiert eine „24 Hour Church of Elvis"[1], und nach wie vor kursieren zahllose Berichte von Menschen, die mit Elvis nach seinem Tod – auf welche Art auch immer – in Kontakt gekommen sind (Hinerman 1992; Fiske 1999).

Nicht zuletzt durch Phänomene wie den „Cult of the King" inspiriert, lässt sich immer wieder die These vernehmen, dass Fantum ein religiöses Phänomen sei. Vorrangig geschieht dies in massenmedialen Publikationen und Berichten, die das Auto zur „Religion auf Rädern" erklären oder selbst bei österreichischem Weißwein behaupten: „Veltliner ist Religion".[2] Aber auch im wissenschaftlichen Feld ist die These vom religiösen Charakter des

---

1 Hierbei sei angemerkt, dass es sich bei der „24 Hour Church of Elvis" eher um ein Kunstprojekt als um eine reguläre Kirche handelt (www.24hourchurchofelvis.com). Bemerkenswert bleibt die religiöse Semantik, mit der Elvis thematisiert wird.

2 „Religion auf Rädern" lautet der Titel einer Sendung von „Süddeutsche TV" aus dem Jahr 2006. „Veltliner ist Religion" titelte die Österreichische Gastronomie- und Hotelzeitung (Ausgabe 1/2007).

Fantums anzutreffen. Während sich bspw. Erika Doss (1999) intensiv mit der religiösen Dimension des Elvis-Fantums befasste und zahlreiche vergleichbare Arbeiten zur Verehrung von Musikstars oder Personen der Unterhaltungsindustrie erschienen, haben sich vor allem im deutschsprachigen Bereich viele Arbeiten auf den Bereich des Sports und hier zumeist des Fußballs konzentriert. Für Gunter Gebauer (2002) etwa ist Fußball eine Religion, da dieser gemeinschaftliche Wertvorstellungen konstituiere, sie symbolisch zum Ausdruck bringe und darum rituell gefeiert werde. Schließlich begegnet einem die Religionsanalogie in der Selbstbeschreibung von Fans. Auch dies ist häufig im Sport anzutreffen. „Schalke ist eine Religion", um nur ein Beispiel zu nennen, ist hier kein von außen attribuiertes Label, sondern wird von Fans tatsächlich selbst verwendet, um ihre Bindung und Hingabe an den Verein zu beschreiben.[3]

Die These, dass Fantum Religion sei, findet jedoch keineswegs nur Zustimmung. So wurde die Apostrophierung des Elvis-Fantums als Religion als „extremely crude metaphor" disqualifiziert: „Despite highlighting a few striking similarities, the comparison between religion and fan culture [...] offers a weak explanatory framework" (Duffett 2003: 520). Und der Religionsvergleich beim Fußball wird etwa als „analogischer Fehlschluss" kritisiert (Martínez 2002: 34).

Angesichts dieser Vielfalt an Perspektiven wird im Folgenden aus religionssoziologischer Perspektive gefragt, inwiefern Fantum als religiöses Phänomen verstanden werden kann. Hierzu werde ich in einem ersten Teil vier religionstheoretische Ansätze vorstellen und ihre jeweiligen Anschlussmöglichkeiten an den Gegenstand Fantum ausloten. Im zweiten, kürzeren Teil werde ich dann einige theoretische und forschungspraktische Konsequenzen diskutieren, die sich aus diesen Überlegungen ergeben.[4]

---

3   Die Analogie von Fantum und Religion vermischt sich oft mit der *Pathologisierung* von Fans. Mit der „religiösen Hingabe der Fans" ist dann eine im Kern disqualifizierende Wertung verbunden. „Religiös" wird in solchen Darstellungen mit irrational, überhitzt und das eigentlich angemessene Maß übersteigend gleichgesetzt. Zur These der Pathologisierung vgl. Jenson (1992) oder Jenkins (1992: 10ff.). Eher degradierend als pathologisierend ist es, wenn das Fantum als Religion zweiter Klasse beschrieben wird, etwa als „zivile Ersatzreligion" (Weis 1995: 150) oder „Religionsersatz" (Pilz 2006).

4   Für Hinweise zu einer früheren Fassung des Textes danke ich Alexander Leistner, für viele Beispiele und Überlegungen insbesondere zum Fußball Constantin Klein.

1   Grundlinien des soziologischen Religionsverständnisses

Eine die Religionssoziologie seit ihren Anfängen beschäftigende Frage ist jene nach ihrem eigentlichen Forschungsgegenstand – was also eigentlich Religion sei bzw. was darunter im wissenschaftlichen Kontext zu verstehen ist. Einer gängigen Unterscheidung zufolge kann das Feld in einerseits substantiale, andererseits funktionale Religionsdefinitionen unterteilt werden (so etwa bei Knoblauch 1999 oder Krech 1999). Entwürfe der ersten Richtung identifizieren dabei einen im Grunde unveränderlichen bzw. unverzichtbaren Kern jeder Religion – eben ihre Substanz. Dies mag ihre furcht- und respekteinflößende Kraft sein (Otto 1917) oder ihr Basieren auf kollektiven Mythen (Eliade 1998). Funktionale Definitionen dagegen nahmen ihren Ausgangspunkt weniger bei den konkreten Inhalten oder Äußerungen, als bei der formalen Struktur und eben der Funktion von Religion. Diese besteht dann etwa in der Bearbeitung von Unsicherheit und Kontingenz (Luhmann 2000) oder der moralischen Integration des Kollektivs (Durkheim 1998). Vereinfacht gesagt, werden mit substantialen Definitionen zumeist Phänomene erfasst, die sowohl in der Selbstbeschreibung als auch im gängigen Alltagsverständnis als Religion beschrieben werden. Funktionalistischen Definitionen zufolge können dagegen auch Phänomene als Religion in den Blick kommen, die einem traditionellen Bild von Religion entgegenstehen.

So hilfreich diese Unterscheidung auch ist, um sich einen Überblick im Feld der Religionsdefinitionen zu verschaffen, verstellt sie doch den Blick auf theoretische Uneindeutigkeiten vieler Autoren.[5] Gerade neuere Definitionen liegen auch eher quer zu dieser Dichotomie von substantial und funktional (vgl. Pollack 1995, ähnlich Luhmann 2000: 126). Andere Vorschläge präferieren die Unterscheidung von expliziten und impliziten Religionen (vgl. Thomas 2001). Das Konzept impliziter Religion wurde zuerst von Edward Bailey formuliert, der „integrating foci" und damit verbundene emo-

---

5   Durkheim beispielsweise wird aufgrund der Betonung der integrativen Funktion von Religion meist der funktionalistischen Perspektive zugeordnet, obwohl die von ihm postulierte Leitdifferenz jeder Religion (Heiliges vs. Profanes) durchaus substantiell zu nennen wäre. Und Peter L. Berger sah sich selbst auf Seiten substantialer Definitionen, nahm aber an einigen Stellen Erweiterungen des Religionsbegriffs vor, die eher bei Vertretern der funktionalen Perspektive vermutet würden (vgl. Schmidt-Lux 2005).

tionale Bindungen als deren zentrale Aspekte ansah (Bailey 1997). Gerade im Bereich der Populärkultur existiert so eine ganze Reihe von Phänomenen, die als potentielle Kandidaten impliziter Religion von Interesse für die Religionsforschung sind. Darunter finden sich Themen wie Belletristik, Fernsehen, Internet, Kinofilme und Kunst, aber auch Arbeit, Liebe, Umweltbewusstsein sowie schließlich Sport und Fußball (vgl. Schnell 2006: 56f.).

Hinter all diesen Überlegungen und Diskussionen verbirgt sich jedoch weit mehr als theoretische Fingerspielerei ohne analytischen Ertrag. Denn je nach Religionsdefinition fallen alle weiterführenden Untersuchungen und Diagnosen unterschiedlich aus, und insofern ist mindestens das Wissen und die Bewertung der jeweils in Anschlag gebrachten Religionsdefinition notwendig.

Herausragendes Beispiel für solche Debatten ist die Diskussion um das Säkularisierungskonzept. Hier war noch bis in die 1950er Jahre die Sicht vorherrschend, dass Modernisierungsprozesse untrennbar mit der Abnahme von Religiosität verbunden sind. Klassische Säkularisierungstheorien gingen davon aus, dass mit dem Fortschreiten von gesellschaftlicher Differenzierung und Rationalisierung, mit der zunehmenden Individualisierung und Mobilität von Menschen und der weitgehenden technischen Beherrschbarkeit der Natur der Religion die Grundlagen genommen seien (Wilson 1976). Dieses modernisierungstheoretische Säkularisierungskonzept blieb aber – gerade unter Verweis auf eine zu enge Religionsdefinition – nicht unwidersprochen. In einer Art institutionellem Kurzschluss würde Religion mit Kirchenzugehörigkeit bzw. kirchlicher Praxis in Eins gesetzt und damit der Blick für religiöse Praxen oder Phänomene außerhalb der tradierten Sozialform von Religion verloren (Luckmann 1991).

Neben ihren begriffstheoretischen Implikationen ist diese Debatte nach wie vor eine der zentralen religionssoziologischen Fragen. So finden sich weiterhin prononcierte Vertreter einer Säkularisierungstheorie, die an deren Kernargumenten festhalten, gleichwohl aber konzeptionell wie analytisch Differenzierungen vorgenommen haben.[6] Auf der anderen Seite nimmt die

---

6   Dies meint bspw. die Unterscheidung in gesellschaftliche, kulturell-symbolische und individuelle Dimensionen von Säkularisierungsprozessen, die auf Peter L. Berger zurück geht (Berger 1988), oder den Verweis auf das aktivierende Potential von Religion in kulturellen Konfliktkonstellationen (Wallis/Bruce 1992).

Unterstützung für die These der „De-Secularization" der modernen Gesellschaft (Berger 1999) zu. Die Arbeiten von Jose Casanova (1994) zur öffentlichen Rolle der Religion in der Moderne sind hier ebenso zu nennen wie etwa Forschungen von Lucian Hölscher (2005) oder Martin Riesebrodt (2001). Wie auch immer man zu diesen Debatten um Begriff wie Status der Religion in der Moderne steht: Offenkundig können religionssoziologische Überlegungen zum Phänomen von Fans davon nicht unbeeindruckt bleiben, und umgekehrt hat die Fanforschung (dies zeigte schon das eingangs skizzierte Beispiel der Elvis-Fans) deutliche Konsequenzen für religionssoziologische Debatten.

Vor dem Hintergrund der dargelegten Diskussionslinien sind die folgenden Überlegungen entlang unterschiedlicher Religionskonzepte gegliedert. An deren Vorstellung schließt sich jeweils die Frage ihrer Übertragbarkeit auf das Phänomen von Fans an. Die Diskussion aller Entwürfe, resultierender Fragen und Konsequenzen für die weitere Forschung schließt den Aufsatz ab.

1.1 Emile Durkheim. Fans und „kollektive Efferveszenz"

Emile Durkheim legte seine Religionstheorie im Spätwerk „Die elementaren Formen des religiösen Lebens" vor. Aus Beispielen zum Totemismus zentralaustralischer und nordamerikanischer Stämme, die er als älteste und zugleich einfachste Sozialformen von Religion ansah, meinte Durkheim auf sämtliche späteren religiösen Erscheinungen gleichsam induktiv schließen zu können. Zugleich entwarf Durkheim dabei eine Sozialtheorie, die über den Aspekt des spezifisch Religiösen weit hinausging. In den aus seiner Sicht für die Religion zentralen Kollektiverfahrungen, „in Inter-Passionen, zuletzt in ekstatischen Widerfahrnissen" vermutete er „die Urszene des Sozialen" überhaupt (Fischer 2007: 267).

Zentrales Element des Totemismus waren kollektive Feiern in weitgehend ritualisierten Bahnen. Die Versammelten führten hierbei Tänze auf, sangen oder vollzogen spezifische Zeremonien. Im Verlaufe dieser Feiern konnte sich dies jedoch bis zu Zuständen höchster Erregung und Momenten einer *effervescence collective* (Durkheim) steigern: Die Regeln, die im normalen Alltagsleben galten, waren dann außer Kraft gesetzt. Was sonst verboten war, konnte nun erlaubt sein – wie etwa sexuelle Beziehungen zwischen Personen, denen der Umgang miteinander sonst streng untersagt war. Die in solchen Momenten „allgemeine[r] Gärung" und kollektiver „Wallung" entstehenden besonderen Energien und rauschhaften Zustände hatten die Vorstellung aufkommen lassen, es gebe neben der profanen Welt noch eine zweite, heilige, im Alltag unzugängliche Welt; eine Vorstellung, die im Totemsystem ihren Ausdruck fand und zugleich auf Dauer gestellt wurde. Überall, wo diese dualistische Vorstellung anzutreffen ist, so Durkheim, hat man es mit Religion zu tun: „Eine Religion ist ein solidarisches System von Überzeugungen und Praktiken, die sich auf heilige, d.h. abgesonderte und verbotene Dinge, Überzeugungen und Praktiken beziehen" (1998: 75).

Um nun die heilige Welt zu symbolisieren, bringt jede Religion spezifische Zeichen hervor, die genauen Vorschriften unterliegen. Die Analyse dieser Regeln und Mechanismen bringt Durkheim zu seinem zentralen Argument:

> „Einerseits ist das Symbol die äußere und sinnenhafte Form dessen, was wir das Totemprinzip oder den Totemgott genannt haben. Andererseits ist es aber auch Symbol jener spezifischen Gesellschaft, die Klan genannt wird. Es ist die Klansfahne; das Zeichen, mit dem sich die Klane voneinander unterscheiden; das sichtbare Zeichen, das alle tragen, die zum Klan gehören: Menschen, Tiere und Dinge. Wenn es also sowohl das Symbol des Totems [...] wie der Gesellschaft ist, bilden dann nicht Gott und die Gesellschaft eins? [...] Der Gott des Klans, das Totemprinzip kann also nichts anderes als der Klan selber sein" (Durkheim 1998: 284).

An diese grundsätzliche Identifizierung von Gott und Gesellschaft schloss er eine zweite These an. Denn wenn die australischen Stämme auf kollektive, religiöse Repräsentationen angewiesen waren, sind es moderne Gesellschaften erst recht – wenn auch in anderer Form. So gibt es

> „keine Gesellschaft, die nicht das Bedürfnis fühlte, die Kollektivgefühle und die Kollektivideen in regelmäßigen Abständen zum Leben zu erwecken und zu festigen. [...] Welchen wesentlichen Unterschied gibt es zwischen einer Versammlung von Christen, die die wesentlichen Stationen aus Christi Leben feiern [...] und einer Vereinigung von Bürgern, die sich der Errichtung einer neuen Moralcharta oder eines großen Ereignisses des nationalen Lebens erinnern?" (Durkheim 1998: 571).

Durkheim hielt somit geteilte Vorstellungen, Werte und Ideen für die dauerhafte Existenz sozialer Gruppen für unumgänglich. Als genau diesen Anforderungen entsprechendes Symbolsystem identifizierte er die Religion – in welcher Gestalt auch immer.

Eine diesen Prämissen folgende Auffassung des Religiösen ist heute keineswegs obsolet (vgl. Koenig 2008). So diagnostizierte Robert Bellah für die amerikanische Gesellschaft eine gewissermaßen neben den traditionellen religiösen Gemeinschaften bestehende *civil religion*. Deren ideeller Kern sei das „Verständnis der amerikanischen Erfahrung im Lichte einer letzten und universalen Wirklichkeit" (Bellah 1986: 38), was im Zusammenspiel mit diversen Symbolen und Riten letztlich zur Integration dieser religiös und sozial stark differenzierten Gesellschaft beitrage. Jeffrey Alexander unternahm, ausgehend von der Durkheimschen Idee eines heiligen Kerns jeder Gesellschaft, eine Interpretation der Watergate-Affäre und insbesondere der Mechanismen, die bei ihrer Bearbeitung und Aufklärung sichtbar wurden. Das heilige Zentrum stellte hier die politische und moralische Autorität des Präsidentenamtes dar, und Alexander (1993) zeigt auf eindrückliche Weise, wie über eine Vielzahl von öffentlichen Anhörungen, Sanktionen und medialen Diskussionen eine ritualisierte Reinigung dieses Zentrums stattfand, die letztlich die Legitimität des politischen Gesamtsystems stabilisierte.

Solche Studien nahmen Erweiterungen eines spezifisch religiösen Rahmens vor, die Durkheim mit seinen Analogien von christlichen und nationalen Gedenkfeiern bereits angerissen hatte. Nicht zuletzt deshalb scheint es plausibel, gerade kollektiv und teilweise hochgradig ritualisiert stattfindenden Fanaktivitäten religiösen Charakter zuzusprechen. Um mit einem nahe liegenden Beispiel zu beginnen: Die Verehrung einer Mannschaft, deren ritualisierte und emotional aufgeladene Feier und ein stark reglementierter Umgang mit den Symbolen des Vereins erfüllen alle Bedingungen, die Durkheim für die Rede von religiösen Phänomenen aufstellte. Massenhafte Ansammlungen von Fans in vollbesetzten Stadien oder Konzerthallen sind Gelegenheit par excellence, Situationen kollektiver Efferveszenz entstehen zu lassen (vgl. Schäfer/Roose 2010). Einen solchen Moment beschrieb ein Fußballfan auf die Frage, was denn sein schönstes Erlebnis gewesen sei: „Zum Beispiel das Spiel gegen Schalke, als der VfB zur Halbzeit mit 0:1 hinten lag. Da haben wir in der zweiten Hälfte noch sechs Tore geschossen, da war eine Stimmung da! Da bin ich total ausgeflippt vor Freude. Wir haben uns am Boden gewälzt und sind übereinander gefallen, einfach irre, besser als besoffen, ich hatte nachher alles voller blauer Flecke" (aus Schulz/Weber 1982: 86). Auch für neutrale Beobachter ist in Momenten des Jubels über Tore oder gewonnene Spiele nachvollziehbar, welche Vorstellung Durkheim mit jener „kollektiven Wallung" verband.

Robert W. Coles (1975: 62) konstatierte schon früh eine „sociological similarity between religion and football support". In einer dichten Beschreibung von Szenen eines englischen Liga-Matches entwarf er die sich schon lange vor dem eigentlichen Spiel aufbauende, dann aber ihren Höhepunkt findende kollektive, emotionale Spannung innerhalb des Publikums. „Each expression of sentiment finds thousands more who wish to share it. In every expression and agreement, the feelings generated appear to grow in intensity. Opinions which, in their expression, find the overwhelming agreement of vast crowds, become in their very utterance instant and powerful truths" (Coles 1975: 68). Diese gemeinschaftlichen Empfindungen seien als Ausdruck (und Verstärkung) kollektiver Vorstellungen von etwas Heiligen zu interpretieren: in diesem Fall des Fußballclubs bzw. des Fußballs generell.[7]

Auch in anderen Studien berichteten Besucher von „Rausch" und Gefühlen der „Trance": „Da bin ich immer vollkommen fertig, emotional voll aufgewühlt, richtig abgedreht, da muss ich mich erst wieder finden" sagt so ein Fan – allerdings nach dem fünfstündigen Besuch der Ring-Aufführung in Bayreuth (Gebhardt 2001). Dort macht sich die kollektive Efferveszenz unter anderen Vorzeichen bemerkbar – in der absoluten Stille und Hingabe an das Wagnersche Werk:

> „Ich war gestern im Siegfried, und im dritten Akt war es derart dicht, die Menschen haben kaum zu atmen gewagt. Es gehen fast 2000 Menschen hinein, und es war eine so gespannte Stille und ein tolles Publikum gestern. So etwas speichern sie – das ist eine Erfahrung, die sie gemacht haben. [...] Dieses ganz besondere Erlebnis – diese absolut dichte Konzentration und Spannung, und ja, dann brauchen Sie nur daran zu denken, im Laufe des Jahres, und es rieselt ihnen glücklich über den Rücken" (Gebhardt/Zingerle 1998: 210).

Zahlreich sind in der bisherigen Forschung auch Beispiele für ritualisierte Feiern und Zeremonien beschrieben worden. Die Elvis-Fans finden sich Jahr für Jahr in Graceland und Tupelo ein und gedenken dort ihres Idols (Doss 1999). Die Anhänger bestimmter TV-Serien versammeln sich gemeinsam zum Sendetermin vor dem Fernseher (Harrington/Bielby 1995), Besitzer von Oldtimern veranstalten alljährlich gemeinsame Treffen und Aus-

---

7 Die Unterscheidung zwischen genereller Fußballbegeisterung und der Anhängerschaft für einen spezifischen Verein ist m.E. wichtig, wird von Coles jedoch nicht vollzogen.

fahrten.[8] Als ritualisierte „Pilgerreisen" bezeichnete auch Will Brooker die Fahrten der Lewis Carroll-Fans zu den originalen Lebensorten ihres Idols. Dabei verschränkten sich Christentum und Fan-Religiosität auf bemerkenswerte Weise. Carroll, Autor von „Alice im Wunderland", war streng gläubiger Christ, und so unternahm der Fanclub wiederholt Reisen an seine Wohnorte und -häuser, aber auch nach London in die Westminster Abbey, wo Carroll in der *poet's corner* begraben liegt (Brooker 2005).

Für den Fußball unternahm Christian Bromberger (1995, 1998) ausführliche Ritual-Analysen. Hier werden die immer gleichen Sprechchöre intoniert, es gibt Rituale vor Ecken oder Freistößen und traditionell verhasste Gegenspieler, die mit den immer gleichen Verhöhnungen bedacht werden. Wichtiges Signum sind außerdem Fangesänge, die neben einer gewissen Varianz eine große Verlässlichkeit und festgelegte, ritualisierte Formen und Inhalte aufweisen. Kopiez (2002) konstatierte zudem zahlreiche Parallelen zu kirchenmusikalischen Formen, insbesondere zu Chorälen und Anrufungen. Neben musikalischen Analogien zur christlichen Religion spricht auch textlich eine Vielzahl von Beispielen für die religiöse Deutung der gemeinschaftlichen Gesänge. Häufig sind in den Texten Übernahmen christlicher Symbolik und Begriffe zu finden („Hansa Rostock, Du sollst strahlen wie der erste Heiligenschein!"). Daneben gibt es Passagen, die eine Dauerhaftigkeit der persönlichen Bindung an den Verein „bis in den Tod" formulieren oder die Einzigartigkeit der jeweiligen Fangemeinschaft mit traditionell religiösen Bildern, aber ohne religiöse Vokabeln betonen. Beispielhaft hierfür ist „You'll never walk alone", ein Lied, das ab 1963 als Song des FC Liverpool berühmt wurde und inzwischen in vielen Stadien gesungen wird.[9]

---

8 Dieses Feld von Veranstaltungen wie dem Internationalen Trabant-Fahrer-Treffen („Die Legende lebt!") in Zwickau ist von der Forschung noch wenig beachtet. Für einen Einstieg empfiehlt sich etwa der Besuch von www.motorclassic.at.

9 Ein bemerkenswertes Beispiel für die Allianz von Fußball, Religion und Musik ist die Band *Die Toten Hosen*. „You'll never walk alone" wird von ihnen immer am Ende der Konzerte gespielt. Darüber hinaus haben sie textlich oftmals Anleihen in der christlichen Semantik genommen. Beispielhaft hierfür sind Albumtitel wie „Auf dem Kreuzzug ins Glück", „Unsterblich" oder „Wir warten aufs Christkind" mit Liedern wie „Paradies", „Die zehn Gebote" oder „Bis zum bitteren Ende" und Live-Tourneen unter dem Titel „Im Auftrag des Herrn". Schließlich sind sie Anhänger und lange Zeit auch

Streng ritualisiert finden auch die bereits erwähnten Richard-Wagner-Festspiele und ihre Aufführungen statt. Meist noch auf Wagner selbst zurück gehende Regeln sichern den stets gleichen Ablauf der Veranstaltungen und zugleich ein Emotionsmanagement, das auf höchste Konzentration und innerliche Ergriffenheit aus ist: Bläserrufe zu Beginn, die völlige Abdunkelung und Verriegelung des Raumes, die „gesammelte Form der Erholung" in den Pausen (Gebhardt/Zingerle 1998: 212). Dieses Kollektiverlebnis wird zudem durch ‚sakralisierende Maßnahmen' im Umfeld des Aufführungshauses forciert. Der Besuch der „Heiligen Stätten" wie der Villa Wahnfried, der Grabstätte Wagners oder unbekannterer Wagner-Orte gehört meist zum vorbereitenden Programm der Festspiel-Besucher. Auch hier erfüllen die Rituale eine Doppelfunktion, die schon Durkheim beschreibt: Sie signalisieren den Bereich des Heiligen und dienen der Kreation emotionaler Ausnahmeerlebnisse.

Zudem ist im Grunde jede Fanszene durch die ständige Präsenz kollektiver Symbole gekennzeichnet. Sie stellen gemeinschaftliche Gefühle – über das eigentliche Zusammenkommen der Gruppe hinaus – auf Dauer (Collins 2004) und ermöglichen die Kontinuität kollektiver Integration und Kohärenz auch in Zeiten des Alltags und der räumlichen Separierung: der Schal in den Farben der favorisierten Mannschaft, der Aufkleber mit der regelmäßigen Urlaubsregion auf der Heckscheibe oder der Aufnäher der Lieblingsband auf dem Jackenärmel. Im ersten Zugriff (und dies mag auch die Aussage der Akteure selbst sein) kann dies als einfache Signalisierung geschmacklicher Präferenzen gedeutet werden. Darüber hinaus markieren Symbole aber natürlich soziale und kulturelle Zugehörigkeiten, räumliche Besitzansprüche und damit generell die Grenze von Heiligem und Profanem. So berichtet ein Fußballfan in einem Interview, wie er seit über 30 Jahren die selbst hergestellte Zaunfahne seines Lieblingsvereins beschützte: vor dem Zugriff der Polizei, des Ordnungsdienstes und nicht zuletzt gegnerischer Fans. Die Fahne wird im Verlauf des Interviews zum Synonym für den Verein und dessen Durchhaltevermögen über alle Widrigkeiten hinweg: Sie wird „be-

---

Sponsoren des Fußballvereins Fortuna Düsseldorf. Den Hinweis auf dieses wahlverwandtschaftliche Arrangement verdanke ich Julia Böcker.

schützt", wenn sie „in Gefahr gerät", und signalisiert bei Auswärtsspielen die Präsenz der Fans auf unsicherem Terrain (Franke/Pätzug 2006: 150).[10]

Nicht selten sind es gerade Regelverletzungen auf der symbolischen Ebene, die zum Anlass von Konflikten und gewalttätigen Ausschreitungen von Fans werden – etwa die Verbrennung einer gegnerischen Clubfahne sein oder das öffentliche Tragen eines Trikots in einem Stadtteil, der mit dem Lokalrivalen identifiziert wird. In solchen Fällen wird gezielt oder unbeabsichtigt die symbolische Trennung von Heiligem und Profanem negiert und das Selbstverständnis der jeweils anderen Gruppe herausgefordert.

1.2 Thomas Luckmann. Fantum als Sinnsystem letzter Relevanz

Eine zweite Möglichkeit, Fantum als religiöses Phänomen zu beschreiben, bietet sich über das Religionsverständnis Thomas Luckmanns an. Religion wird bei Luckmann zur unhintergehbaren, mit dem Menschen unmittelbar verbundenen Instanz, und zwar über den Akt der Sozialisation. Diese besteht im Kern, so Luckmann, aus der Vermittlung einer objektiven Weltansicht, in welche die je jüngeren Generationen quasi-natürlich hineinwachsen. Mit der Übernahme bzw. Aneignung dieser Weltansicht transzendiert der Mensch seine biologische Natur und wird im Grunde erst auf diesem Weg ein soziales Wesen; ein Luckmann (1991) zufolge genuin religiöser Akt.

Die Weltansicht folgt einer hierarchischen Ordnung. An ihrer Basis finden sich Typisierungen und Regeln, die sich vor allem auf das Alltagshandeln konzentrieren, dann aber spezifischer werden. An ihrer Spitze aber kann es zur Ausbildung einer Sinnschicht kommen, die Luckmann „Heiligen Kosmos" nennt. Dieser enthält, kurz gesagt, die gesellschaftlichen Antworten auf letzte Fragen – wie etwa die nach dem Umgang mit dem Tod. An diesem Wirklichkeitsbereich orientieren sich alle anderen Teile der Weltansicht, und „sowohl der ‚letzte Sinn' des Alltagslebens wie auch der Sinn

---

10 Auffälligerweise ist bei vielen Sportvereinen zu beobachten, dass – wie schon bei den von Durkheim untersuchten australischen Klans – häufig Tiere als symbolischer Ausdruck der Gruppe gewählt werden und nicht selten auch Einzug in den Namen des Vereins halten: bei den Chicago Bulls (Basketball), den Anaheim Ducks (Eishockey) oder den Philadelphia Eagles (Football).

außergewöhnlicher Erfahrungen haben ihren Ort in diesem ‚anderen', ‚heiligen' Wirklichkeitsbereich" (Luckmann 1991: 96).

Analog zu dieser gesellschaftlichen Weltansicht lässt sich auf individueller Ebene eine Hierarchie von Sinnschichten, nämlich subjektive Systeme letzter Relevanzen ausmachen. An deren Basis finden sich subjektive Vorlieben, also eher schwache bzw. nicht über einen spezifischen Kontext hinaus gehende Präferenzen. An der Spitze der subjektiven Relevanzsysteme ist jedoch – vergleichbar mit dem Heiligen Kosmos – eine „religiöse Schicht" des individuellen Bewusstseins identifizierbar. Diese integriert und bestimmt Leben und Handeln des Einzelnen (Luckmann 1991: 108ff.).

Während sich der Heilige Kosmos ursprünglich durch eine homogene innere Struktur auszeichnete, tauchten mit der Moderne neue Themen von „letzter Bedeutung" auf, die um die Aufnahme in den Heiligen Kosmos wetteiferten. Dies wurde von einem zweiten, wichtigen Prozess begleitet. Denn der Einzelne tritt unter den neuen Bedingungen gegenüber dem Heiligen Kosmos und seinen Angeboten zunehmend als „Kunde" auf und vermag zwischen den vielfältigen Angeboten in diesem „Warenlager letzter Bedeutungen" (Luckmann 1991: 145) zu wählen. Doch offenkundig sind die neu entstehenden Systeme letzter Bedeutungen leicht zerbrechlich und verfügen nicht über den Grad der Institutionalisierung, wie es beispielsweise das Christentum in Europa besaß. Die Stabilisierung muss somit individuell oder in vergleichsweise kleineren Gruppen erfolgen, zuzüglich aber auch über spezifische Medien und Instanzen, die Luckmann als „sekundäre Institutionen" bezeichnet.

Grundsätzlich, so Luckmann, entspringen die Themen des ‚neuen' Heiligen Kosmos der Privatsphäre. Als Hauptthema sieht Luckmann die individuelle Autonomie mit ihren Ausprägungen Selbstdarstellung, Selbstverwirklichung, Mobilitätsethos, Sexualität und Familialismus an (Luckmann 1991: 157). Insgesamt symbolisiert der moderne Heilige Kosmos nunmehr den sozialhistorischen Aufstieg des Individualismus und verleiht der (historisch gesehen: neu entstandenen) Privatsphäre letzte Bedeutung. Dies bedeutete die vermehrt private Entscheidung für (oder gegen) klassisch religiöse Angebote, aber auch die Tatsache, dass „das Selbst zentraler Gegenstand religiöser Sinnbildung wird" (Krech 1999: 67). Dies manifestiert sich in Bewegungen wie dem New Age oder anderen Techniken der Selbsterfahrung und -findung (Knoblauch 1989).

Nicht zuletzt weil Luckmann aber an jenen Stellen recht knapp und skizzenhaft blieb, an denen es um die Beschaffenheit des modernen Heiligen Kosmos ging, lädt dies zu weiteren Diskussionen und Überlegungen ein. Was spricht nun prinzipiell dagegen, einen Musikstil oder eine Band, eine bestimmte Person oder einen Sportverein als Thema des Heiligen Kosmos anzusehen und damit Fantum als religiöses Phänomen zu charakterisieren? Entscheidendes Kriterium wäre hierfür ja nicht die Menge jeweiliger Anhänger oder der Institutionalisierungsgrad der Fanszene, sondern allein die Wahrnehmung und Bedeutung dieser Objekte für das Publikum. Luckmann betont wiederholt individuelle Systeme letzter Bedeutung als im Grunde kleinste Einheiten des Heiligen Kosmos, und wenn ein Fangegenstand für einen Anhänger Objekt letzter Bedeutung geworden ist, nähme er dementsprechend einen Platz in der obersten Sphäre der jeweiligen Weltansicht ein. Bei entsprechender Kommunikation und Wahrnehmung hat er dann Chancen, es auch bei anderen in die „religiöse Schicht des individuellen Bewusstseins" zu schaffen und so einen umso prominenteren Platz im gesamtgesellschaftlichen Heiligen Kosmos einzunehmen. Ein in diesem Sinne religiöses Objekt müsste somit die Qualität haben, ein echter Wert bzw. Thema zu sein, an dem sich das individuelle Denken und Handeln ausrichten kann und dessen Existenz tatsächlich transzendiert.

Für wenigstens einige Beispiele scheint dies eine zutreffende Beschreibung zu sein. So wurden und werden Rockstars verehrt, weil sie für spezifische Ideale wie Individualität und Unabhängigkeit stehen, Sportvereine, weil sie etwa mit Ehrlichkeit, Bodenständigkeit und Tradition verbunden werden. Fußballklubs wurden so regelrecht zum Kristallisationspunkt kollektiver Identitäten, vor allem im Arbeitermilieu der ersten Hälfte des 20. Jahrhunderts (Murray 1994; Gehrmann 1994). Fans des Rap-Musikers Eminem bezogen sich positiv vor allem auf dessen Eigenständigkeit und Handlungskompetenz trotz aller biographischer Rückschläge und seiner besonderen Position als weißer Rapper: „dass [er] gegen den Strom schwimmt und daraus keinen Hehl macht" (Wegener 2008: 175). Am Beispiel von Elvis-Fans schließlich zeigte sich, „that people selectively integrate the perceived values and behaviours they see in celebrities they admire and adopt them into their own lives. Fans develop self-defining relationships with celebrities and seek to adopt their perceived attributes, resulting in powerful forms of personal and social transformation" (Fraser/Brown 2002: 200). Die Elvis-Anhänger nannten hier Eigenschaften wie Großzügigkeit, Respekt und Mitgefühl, aber auch klare Geschlechteridentitäten als Beispiele für Eigenschaften des Sängers, die sie selbst gern haben oder vermitteln würden: „That's a role model that I want my son to look up to. Elvis is the person I want him to emulate" (Fraser/Brown 2002: 200).

Die aus solch einer Fanbeziehung resultierende Orientierungsfunktion verändert sich aber lebensphasenspezifisch. Entsprechende Studien vermuteten den Höhepunkt im Übergang von später Kindheit zu früher Adoleszenz. Danach nimmt die Identifikation mit Popstars schon während der Adoleszenz mit zunehmendem Alter ab; zudem ist sie bei Mädchen höher als bei Jungen (Raviv u.a. 1996).

Die von Luckmann genannten sekundären Institutionen zur Stabilisierung fragiler, religiöser Konstruktionen wären im reichen Feld von Fanklubs und Fanzines zu finden. Szenen wie die der Science-Fiction-Fans haben eine Unzahl informeller Publikationen hervorgebracht, in denen Informationen ausgetauscht und Bekanntschaften geschlossen werden (u.a. Jenkins 1992). Fanbezogene Blogs, Fanforen und Newsletter im Internet sind inzwischen unüberschaubar geworden. Über solche Medien finden gewissermaßen kollektive Selbstvergewisserungen statt, aber auch symbolische Grenzziehungen nach innen wie außen. In diesem Sinne konstatierte Nancy Baim am Beispiel soap opera-Fans, dass „soap talk enables people to show off for one another their competence in making sense of the genre and their performance skill, and to engage in the social pleasures of performing and garnering praise and admiration" (Baym 1998: 126).

Themen wie individuelle Unabhängigkeit (Eminem-Fans) oder die Verbindung von Leistungsorientierung und Familie (Britney Spears-Fans, vgl. Wegener 2008) sind Topoi, die entweder schon von Luckmann als Beispiele des modernen Heiligen Kosmos genannt wurden, oder wenigstens potentiell dort Einzug halten könnten. Dies müsste für Fangruppen oder individuelle Fälle rekonstruiert und gewissermaßen mit empirischer Tiefenschärfe erforscht werden, um nicht beliebig jedem Fanobjekt „letzte Bedeutung" zuzusprechen. Zugleich würde über die Luckmannsche Kategorie eine Differenzierung von Fanszenen möglich. In deren Kern stünden dann jene, die tatsächlich als religiös charakterisiert werden und damit (nur) ein spezifischer Teil. Nicht Fantum per se, sondern ein spezifischer Bezug zum Fantum – ein spezifischer Fantypus also – wären so als religiös zu qualifizieren.

Ein schon älteres Beispiel solch religiöser Verehrung stellte der Goethe-Kult dar. Dieser erreichte spätestens seit dem letzten Drittel des 19. Jahrhunderts seine volle Blüte und brachte einflussreiche Organisationen (wie die Goethe-Gesellschaft), eine Unmenge an Publikationen (vor allem Biographien) hervor und ein System von sakralisierten Orten, Personen, Symbolen, Ritualen und Daten. Weimar wurde zur „Wallfahrtsstätte"[11] von Goethes Anhängerschaft, wo das Wohnhaus des Dichters nach seiner Rekonstruktion besichtigt werden konnte; in vielen Städten wurden Goethe-Denkmäler errichtet; zu seinen Geburts- und Sterbedaten große Feiern, Versammlungen oder Fackelumzüge veranstaltet. Goethe wurde, so schreibt Janet Boatin, zum „universalisierbaren Menschenbild" erhoben.

„Die Erforschung und Verbreitung des Goetheschen Geistes wurde als Umsetzung eines für alle Menschen gültigen Wertesystems verstanden, der Erziehung zu ‚Bildung und Humanität'. Diesem Denkmodell zufolge würde derjenige, welcher die ästhetische Perfektion von Goethes Werken rezipiere, eben diese Perfektion in sein eigenes Leben übertragen […] Dem Wortlaut einer Gedächtnisrede zufolge ist ‚ein großer Dichter ein erhöhter Mensch, ihm ins Herz schauen, erhöht uns selbst'" (Boatin 2005: 233).

Goethe und die mit ihm identifizierten Ideale wurden so tatsächlich zu einem Orientierungspunkt von letzter und höchster Relevanz – was sich nicht zuletzt in das Ende Werthers nachahmenden Selbstmorden aus verzweifelter Liebe zeigte. Äußeres Anzeichen dessen war der Versuch vieler Germanisten oder Schriftsteller im frühen 20. Jahrhundert, Goethe tatsächlich ähnlich zu sehen – ein Phänomen, das sich auch heute in vielen Fanszenen beobachten lässt.

1.3 Max Weber. Fans und methodische Lebensführung

Ein dritter religionssoziologischer Zugang zu Fans setzt bei einer spezifischen Funktion von Religion an. Damit ist das Potential von religiösen Ideen und Lehren gemeint, nicht nur in spezifischen Momenten, etwa zur Erklärung oder Bewältigung von Krisen, bedeutsam zu werden, sondern vielmehr die gesamte Handlungs- und Lebensführung von Individuen bestim-

---

11 So die Formulierung im 15. Jahresbericht der Goethegesellschaft, zitiert bei Boatin (2005: 241).

men zu können (vgl. Schmidt-Lux zu „Fans und Lebensführung" in diesem Band).

An erster Stelle stehen bei der Diskussion einer solchen Perspektive die Arbeiten Max Webers. Vor allem in seinen Studien zum Protestantismus arbeitete er mit dem calvinistischen Ideal der „innerweltlichen Askese" einen Typus der Lebensführung heraus, der als herausragendes Beispiel für eine religiös motivierte und strukturierte Lebensführung gilt. Resultierend aus der Prädestinationslehre Calvins und der für die Gläubigen quälenden Ungewissheit über ihren Gnadenstand entwickelte sich, so Weber, eine spezifische Lebenshaltung, die am offenkundigsten im Erwerbsleben wurde, darüber hinaus aber die gesamte Lebenspraxis umfasste. Aus dem seelsorgerischen Rat, über die Bewährung im Berufsleben Aufschluss über die eigene Zukunft im Jenseits zu erlangen, „folgte für den Einzelnen der Antrieb zur methodischen Kontrolle seines Gnadenstandes in der Lebensführung und damit zu deren asketischer Durchdringung. Dieser asketische Lebensstil aber bedeutete [...] eine an Gottes Willen orientierte rationale Gestaltung des ganzen Daseins" (Weber 1988: 163). Der puritanische Lebensstil, von Weber schon als Habitus bezeichnet, schlug sich in der Rationalisierung betrieblicher Abläufe nieder, aber eben auch in der hochgradig reflexiven privaten Handlungsführung. Man versagte sich Luxus, jedweden Müßiggang und jedes „über das angemessene Maß hinausgehende" Vergnügen. Auch wenn sich, so Weber, diese Art des Lebens schließlich verselbständigte und Systemcharakter gewann („stahlhartes Gehäuse"), ist doch immer wieder auf seine religiösen Wurzeln hinzuweisen.

Äquivalent schöpft die Webersche Analyse ihre nach wie vor bestehende Überzeugungskraft nicht allein aus ihrer historisch-erklärenden Dimension, sondern auch aus dem Verweis auf eine spezifische Form der Lebensführung, die bis heute – obgleich nicht zwingend religiös motiviert – anzutreffen ist. Beispiele hierfür wären Hochleistungssportler, soziale Bewegungen im Gesundheitsbereich oder Gruppen wie „Wahre Liebe wartet".

Nicht zuletzt im Anschluss an Weber wies beispielsweise Alois Hahn auf die Bedeutung der Beichte und ähnlicher Instrumente der institutionalisierten Selbstbeobachtung hin, um die dauerhafte Einhaltung religiöser, später auch säkularer Lebensmodelle sicherzustellen. Beichte und Tagebücher wirkten so als Mittel zur verstärkten Selbstkontrolle, damit verbunden aber auch als „Biographiegeneratoren" (Hahn 1987).

Kann so eine handlungsführende Kraft auch für Fantum konstatiert werden? Einige Befunde der Fanforschung sprechen tatsächlich dafür. So zeigen vor allem Studien aus der Jugendkulturforschung, wie Fans zielgerichtet zeitliche und finanzielle Ressourcen einsetzen, um in bestmöglicher Weise dem Fanobjekt nahe sein und die Fanbeziehung ausleben zu können (Mackellar 2006; Wegener 2008). Dies kann dann auf das gesamte Sozialleben ausstrahlen. Am Beispiel von Sportfans sieht das dann bspw. so aus: Das Wochenende wird mit der Fahrt zu einem Auswärtsspiel des eigenen Clubs verbracht, der Montag mit dessen Auswertung im Fanklub, und ab Dienstag mit der Vorbereitung der Choreographien für das nächste samstägliche Heimspiel.[12] Dies bedeutet, dass wenigstens von einigen Fans, dem selbsterklärten Kern der Fanszene, die komplette Freizeit mit dem Fanobjekt und ihnen verbundenen anderen Personen verbracht wird, die Urlaubsplanung sich nach dem Spielplan richtet und auch die Familie hintanstehen muss. Oder, wie es ein Frankfurter Fan gegenüber seiner Mutter gesagt haben soll: „Wenn Du am Spieltag beerdigt wirst, kann ich leider nicht kommen" (Biermann 1995).[13]

Allerdings muss hier differenziert werden. So ist es vom jeweiligen Fanobjekt abhängig, wie stark die lebensstrukturierende Wirkung reichen kann. Es macht dabei offenkundig einen Unterschied, ob jemand Fan von einer Sängerin ist, die in unregelmäßigen Abständen zu Konzerten auftaucht, oder ob jemand zu jedem Heim- und Auswärtsspiel seines Sportvereins mitreist. Gleichzeitig können jedoch Fans mittlerweile über mediale Vermittlungen auch abseits von direkten Begegnungen täglich in Kontakt mit ihren Fanobjekten oder anderen Fans sein. Das Schreiben eigener Blogs, das Lesen von Fan-Pages und Magazinen oder der Kontakt zu Gleichgesinnten in online-Communities sind nur einige Beispiele für Aktivitäten, die unter Umständen viel Zeit und Raum einnehmen können. Wie relevant das Fansein für die eigene Lebensführung ist, zeigt sich in solchen Beispielen und letztlich in

---

12 Vgl. den instruktiven Dokumentarfilm „Gate 8" über Ultra-Fans des 1. FC Nürnberg.

13 Eine solche, durch das Fanobjekt bestimmte Lebensführung kann mitunter auch Formen der Imitation annehmen. So berichtet Claudia Wegener in ihrer Studie von einem Fan der Schauspielerin und Sängerin Jeanette Biedermann. Dieser weibliche Fan erzählt glaubhaft, sich zu Hause einen Fenchel-Tee zu kochen und zu trinken, wenn ihr Vorbild Jeanette erkältet ist (Wegener 2008: 192).

Situationen, in denen sich diese Orientierung in Konkurrenz zu anderen Sinnsystemen gewissermaßen bewähren muss.

Dass das Fansein aber gewissermaßen „bis zum Schluss" gelebt werden kann, dafür sorgen Angebote wie die des Hamburger Sportvereins. Der richtete im September 2008 einen Teil des Friedhofs Hamburg-Altona, der an das Stadion-Gelände grenzt, als Fan-Friedhof ein, auf dem man sich in Vereinssarg und -farben begraben lassen kann. Eine Aktion, die unter dem sinnigen Motto „Wahre Leidenschaft kennt keinen Abpfiff" beworben wird. Man wird abwarten, wie rege das genutzt wird. Bereits seit einiger Zeit kann man sich als Fan des FC Everton sogar am Rand des Spielfeldes begraben lassen, und sowohl der FC Barcelona, als auch Schalke 04 haben in ihren Stadien Kapellen eingerichtet, in denen Trauungen und Taufen stattfinden.

1.4 Religious Economies Approach. Fans und Märkte der Idole

Abschließend soll ein religionssoziologisches Paradigma diskutiert werden, das in der Literatur zu Fans bislang keine explizite Verwendung fand, aber aufschlussreiche Einsichten verspricht. Denn auch wenn die folgenden Bemerkungen eher den Charakter impressionistischer Beobachtungen haben, können sie durchaus empirischer Forschung zugänglich gemacht werden.

Der Religious-Economies-Approach (resp. das „Religiöse Markt-Modell") ist seit den 1990er Jahren ein vieldiskutierter Ansatz, um die soziologisch hochrelevante Frage nach den Gründen für Auf- oder Abschwünge religiöser Praktiken sowohl im Zeitverlauf, aber auch in gesellschaftlich vergleichender Perspektive aufzudecken. In erster Linie verstand sich dieser Ansatz als Antwort auf die dominanten orthodoxen Säkularisierungstheorien, die einen unaufhaltsamen religiösen Niedergang im Fortgang der Moderne postulierten. Insbesondere die USA wurden jedoch als schlagende Widerlegung dieser These angesehen (Stark 1996; Stark/Iannaconne 1996; Stark/ Finke 2000). Denn unzweifelhaft vollzog sich hier kein Niedergang, sondern in Teilen ein regelrechter Aufschwung religiösen Lebens, der geradezu *parallel* zur Modernisierung, Industrialisierung und Urbanisierung des Landes verlief. Die Ursachen für religiöse Konjunkturen oder Rezessionen seien also in ganz anderen Bereichen zu suchen und generell, so diese Autoren, die Perspektive auf Religion zu verändern.

Ihrer Grundannahme folgend, kennzeichnet den Menschen ein konstantes, religiöses Bedürfnis. Dieses ist unabhängig von ideellen bzw. weltanschaulichen Debatten oder der historischen Veränderung von gesellschaftlichen Deutungsmustern, sondern fußt vielmehr auf dem als anthropologische Konstante verstandenen Bedürfnis nach Sicherheit und Anerkennung. Was sich nun aber historisch verändere, seien die gesellschaftlichen Möglichkeiten, diesen religiösen Bedürfnissen Ausdruck zu verleihen und in sozialen Zusammenhängen nachzugehen. Die offenkundigen Schwankungen etwa von kirchlicher Mitgliedschaft seien demzufolge nicht auf nachlassende individuelle Nachfrage zurückzuführen, sondern vielmehr auf die mangelnde Attraktivität und Anziehungskraft der religiös-institutionellen Angebote. Denn keineswegs würden individuelle Akteure wahllos gewissermaßen „religiösen Instinkten" folgen. Die Umsetzung und damit handlungspraktische Manifestierung individueller Religiosität wird somit stark von der Ausgestaltung des jeweiligen „religiösen Feldes" (Bourdieu) bestimmt. Als der individuellen Religiosität förderlich sehen die Autoren dieser Richtung einen Markt von religiösen Anbietern an, der sich weitestgehend frei von äußeren Einflüssen (etwa restriktiven staatlichen Vorgaben) in Richtung möglichst großer Vielfalt an Optionen und Wahlmöglichkeiten für die „Kunden" darstellt. Kann sich ein solches religiöses Angebot entwickeln, wird sich dies in der Zunahme von Kirchenmitgliedschaften und religiösen Praktiken (Gottesdienstbesuche etc.) niederschlagen.

Vor diesem theoretischen Hintergrund lassen sich auch die deutlich unterschiedlichen Niveaus individueller Religiosität in Nordamerika und Europa völlig neu interpretieren. Als Hauptursache wird nun das durch die monopolartige Dominanz von Staatskirchen bzw. staatliche Reglementierungen stark eingeschränkte religiöse Feld Europas und die daraus folgende mangelnde Vielfalt und Attraktivität religiöser Gruppen und Organisationen angesehen. Dem gegenüber stünden in den USA, in denen sich der Staat von Beginn an jeglicher Einflussnahme in religiöse Angelegenheiten entsagte, eine ungeheure Vielzahl religiöser Anbieter, die sich zudem stark an den Bedürfnissen und Interessen ihrer potentiellen „Kunden" orientierten (Finke/Stark 2003).

Dieses Argument könnte nun mit interessanten Folgen auf das Feld des Fantums übertragen werden. Fanobjekte wie Stars wären dann als religiöse Angebote zu verstehen, und die Identifikation mit ihnen – und damit auch

die Fanreligiosität – nähme in dem Maße zu, in dem der Markt solcher Angebote wächst. Ein Mehr an Stars und Fanobjekten bringt aus dieser Perspektive automatisch auch mehr Fans, Fanklubs und Fanmedien hervor.
Und in der Tat: Das 20. Jahrhundert kann mit guten Gründen als gigan-
tische Erweiterung des Angebotes von Fanobjekten gedeutet werden, was
vor allem dem Einzug der elektronischen Medien und damit verbundener
massenmedialer Kommunikation zuzurechnen ist. Im Ergebnis haben wir es
heute über die unterschiedlichsten Zweige der Unterhaltungsindustrie mit
einem nie gesehenen medialen Angebot zu tun und zugleich mit bislang
unerreichten Möglichkeiten für Personen, in aller Welt bekannt, beliebt und
zum Fanobjekt zu werden. Verbunden mit dem deutlichen Anwachsen des
individuellen Freizeitbudgets eröffnet dies schier zahllose und im historischen Vergleich günstige Gelegenheiten, zum Fan zu werden (Bacon-Smith
1992; Jenkins 1992).

Eine solche Theorie würde die Zunahme von Fanaktivitäten also nicht
als erhöhtes Bedürfnis nach Identifikation, Ausdruck biographischer Krisen
oder zunehmende Orientierungslosigkeit in der modernen Medienwelt
deuten, sondern schlicht als logische Folge eines sich vergrößernden und
verbessernden Angebotes an Identifikationsmöglichkeiten. Denn nicht nur
die Quantität hat sich verändert. Auch der zweite Aspekt des RE-Ansatzes
scheint aus meiner Sicht plausibel auf das Feld von Fans und Stars übertrag-
bar. Denn die wachsende Konkurrenz auf dem Markt der Celebrities hat eine deutliche Differenzierung der Angebote nach sich gezogen. Je nach Al-
tersgruppe, Musik- oder Filmgeschmack existieren diverse Vorbilder, die ihrerseits vielfältige Angebote parat haben, um Fans zu kreieren oder an sich
zu binden: Websites, Poster, Autogrammkarten, Computerspiele und so
weiter. Als Vermittler dieser Angebote existiert eine Vielzahl von Zeitschriften, Radiostationen und Fernsehsendern, über die Fans schnell Informationen erlangen können oder untereinander in Kontakt treten.

Um darüber verlässlichere Aussagen machen zu können, wären Daten
im Zeitvergleich notwendig, aber auch Informationen über zu- bzw. abnehmende Fanszenen verschiedener Art. In jedem Fall könnten solche Forschungen Aufschluss geben über Verlauf und mögliche Ursachen von Konjunkturen von Stars und Fanszenen und des Fantums generell, ohne dies
spezifisch religionssoziologisch interpretieren zu müssen.

2 Diskussion und weiterführende Überlegungen

2.1 Ist Fantum eine Religion?

Was folgt nun aus diesen Überlegungen? Angesichts der vielfältigen Defini-
tionsmöglichkeiten und empirischen Varianzen scheint die These angemessen, dass Fantum religiöse Züge tragen oder für Individuen zur Religion
werden *kann*. Diese Qualifizierung als „religiös" muss aber mit klaren Kriterien versehen werden, die sich auch empirisch nachweisen oder untersuchen
lassen. Ein solches Vorgehen wäre dann auch sensibel für bspw. lebensphasenspezifische Veränderungen der individuellen Fankultur. Ohne solche
Einschränkungen bzw. Spezifizierungen kann Fantum kaum per se als Religion bezeichnet werden.

So ist eine Person, die gern Metallica hört, sich auch jedes Album der
Band kauft und ab und zu ein Konzert besucht, dieses Interesse aber darüber hinaus – und insbesondere im Alltag – nicht weiter verfolgt, sicherlich
als Fan zu bezeichnen, aber wohl kaum als ‚metallica-religiös'. Zwar lässt
sich hier eine deutliche musikalische Präferenz erkennen, die auch den Einsatz von Geld und Zeit nach sich zieht, aber eine Aufladung als „Objekt
letzter Bedeutung" im Sinne Luckmanns wäre hier nicht zu erkennen. Oder:
Nicht jeder Stadionbesucher, der teilhat an Situationen kollektiver Efferveszenz, ist gleichzeitig auch fußballreligiös. Hier müsste zudem eine spezifische Bedeutung des Vereines (oder des Spieles an sich) erkennbar sein und
ein ritualisierter Umgang mit dessen Symbolen und Geboten, damit dieser
die Qualität des Heiligen erreicht.

Solche Unterscheidungen sind nicht allein aus religionssoziologischen
Erwägungen wichtig. Vielmehr entsprechen sie zahlreichen Befunden zu
Fanszenen, die ja wiederholt auf deutliche Binnendifferenzierungen dieser
Gruppen hinwiesen (so etwa Eckert u.a. 1990; Giulianotti 2002). Zu oft wird
jedoch bislang mit dem je persönlichen Alltagsverständnis von Religion
operiert, was letztlich wenig über die untersuchten Phänomene, viel aber
über frei flottierende, diffuse Religionsbegriffe aussagt. Entsprechend kon-
fus verlaufen dann auch die Debatten über die religiöse Dimension des Fantums. Während die einen auf Rituale und Mythen verweisen, kontern die
anderen mit fehlenden Transzendenzbezügen oder der Unterstellung von

Ironie seitens der Fans (vgl. zu den Debatten am Beispiel des Fußballs Klein/Schmidt-Lux 2006).

2.2 Fantum und Säkularisierung

Gleichwohl wären nicht alle Probleme gelöst, würde man sich nur auf einen angemessenen Religionsbegriff einigen. Denn mit dieser Frage verbinden sich ja weitere, die stets eine Rolle spielen, wenn „neue religiöse Phänomene" erforscht werden. Inwiefern nämlich stellt das Fantum eine „Bedrohung" für traditionelle, konfessionelle Religion dar? Hat die Fanreligiosität exklusiven Charakter und tritt so in Konkurrenz so anderen, stärker institutionalisierten Formen von Religion? Und hat man es dann mit Säkularisierung oder nur einer Veränderung des religiösen Feldes zu tun?

Dass eine solche Konkurrenz nicht einmal weltanschauliche Züge haben muss, sondern rein über Zeitressourcen verlaufen kann, zeigen wiederum Beispiele aus dem Fußball. Viele Fußballvereine, insbesondere in England wurden ja innerhalb von christlichen Gemeinden gegründet oder entwickelten sich aus kirchlichen Zusammenhängen wie bspw. Bibelklassen (Murray 1994: 32). Mit der Zunahme von Spielen und der immer intensiveren Vorbereitung darauf ließen sich beide Bindungen aber nicht mehr miteinander vereinbaren, und viele Vereine machten sich selbständig und konkurrierten dann sonntags wechselseitig um Publikum oder Mitglieder. Hier stellten also Freizeitangebote und potentielle Fanobjekte eine klare Konkurrenz zur christlichen Religion dar und zogen Säkularisierungsprozesse (im Sinne von Entkirchlichung) nach sich.

Daneben stellt sich aber die Frage, ob auf einer tatsächlich ideellen bzw. weltanschaulichen Ebene Fantum als Konkurrenz zu traditioneller Religiosität betrachtet werden kann, es also gleichsam als konkurrierendes Angebot im „Warenangebot letzter Ordnungen" (Luckmann) fungiert? Oder ob es vielmehr eine Leerstelle füllt, die schon zuvor entstanden war. Auch hierzu ist der Forschungsstand äußerst dürftig, keine mir bekannte Arbeit widmete sich bislang solchen Fragen.[14] Untersuchungsfelder gäbe es dabei durchaus.

---

14 Auf schwacher empirischer wie theoretischer Basis wird dieses Problem allein bei Reysen (2006) in Angriff genommen, allerdings ohne befriedigende Ergebnisse.

Die Problematik wurde zuletzt am Beispiel der Jedi-Religion diskutiert, einem eher synkretistischen Glauben, der zu großen Teilen auf die amerikanischen Star-Wars-Filme zurückgeht, wobei seine Anhänger eine ältere Tradition beanspruchen. Die Jedi-Religion sieht sich zwar nicht in expliziter Konkurrenz zu anderen Religionen und stellt es ihren Anhängern frei, etwa gleichzeitig Christ oder Buddhist zu sein. Zugleich jedoch erregte der Jediismus Aufsehen, als seine Anhänger bei den Volkszählungen in Neuseeland und zuletzt in Großbritannien dazu aufriefen, bei Ermangelung eigener religiöser Präferenzen „Jedi" bei Religionszugehörigkeit einzutragen. Dieser Auffforderung folgten allein in Neuseeland 70.000 Menschen und der Jediismus ist seither dort offiziell anerkannte Religion (zu Star-Wars-Fans generell vgl. Brüdigam 2001 oder Wenger 2006). Folgt man in diesem Fall der Selbstbeschreibung des Jediismus als Religion, wären hier keineswegs Säkularisierungsprozesse zu konstatieren, sondern eben neue Angebote im Heiligen Kosmos, die aus fanartigen Beziehungen erwachsen. Welche Relevanz dies individuell gewinnt, bliebe zu untersuchen.

Möglicherweise ist die Vorstellung einer wie auch immer gearteten Konkurrenz von Fantum und traditioneller Religiosität generell irreführend. Schließlich lassen sich viele Beispiele anführen, bei denen ein Neben- oder sogar Miteinander bspw. christlicher Institutionen und Fans zu beobachten ist. So veranstalteten die Anhänger des 1. FC Köln regelmäßig Prozessionen vom Dom zum Stadion, um ihrem Klub (und wahrscheinlich auch sich selbst) auf diesem Weg Unterstützung zukommen zu lassen. Auch die bereits angesprochenen Kapellen in Stadien sind keineswegs Ausdruck einer Vereinsreligion, sondern genuin christliche Einrichtungen. Solche Beispiele können als Indiz für die nachlassende Scheu der europäischen christlichen Kirchen gegenüber dem Feld des Populären gelesen werden (denn im Amerika stellt sich die Lage ohnehin ganz anders dar) – und als Versuch, Säkularisierungsprozessen gerade durch die positive Bezugnahme auf Fanobjekte entgegenzuwirken.[15]

---

15 Beachtlich ist unter diesem Aspekt auch die relativ zahlreiche Literatur theologischer Provenienz zur religiösen Dimension des Fußballs (vgl. Klein/Schmidt-Lux 2006).

2.3 Fantum und empirische Forschung

Abschließend ergeben sich empirische Fragestellungen und Probleme. Denn man kann sicherlich – wie gesehen – so vorgehen, dass bestimmte religionssoziologische Konzepte, mit denen sich Fantum als Religion plausibel fassen lässt, über spezifische ausgewählte Beispiele belegt werden. Die nächste Frage ist dann aber, für welchen Teil von Fans dies zutrifft. Nur für einen bestimmten Teil der jeweiligen Fangruppe? Oder nur für bestimmte Fanszenen, etwa im Sport? Anders gesagt: Wenn man die Frage „Ist Schalke Religion?" mit guten Gründen mit „ja" (oder wenigstens einem bedingten „ja") beantwortet, schließt sich die Frage an: „Für wie viele ist Schalke nun Religion?"

Hier stoßen wir schnell an die Grenzen derzeitiger Forschung. Explizit existieren zu dieser Frage keinerlei Zahlen. Allenfalls lassen sich Schätzungen vornehmen, die allerdings mit höchster Vorsicht zu behandeln sind. So haben Roose und Schäfer in ihrer Studie nach der Intensität der jeweiligen Fanbeziehung gefragt. Demnach lassen sich 5 bis 10 % der Befragten als hochengagiert bezeichnen und damit als potentiell (!) „fanreligiös". Diese Personen orientieren nach eigener Aussage ihren Lebensalltag am Fanobjekt oder wollen diesem weitgehend gleichen. Ähnliche Ergebnisse ergab die Frage nach dem Umfang der Freizeitaktivitäten, die auf das Fanobjekt bezogen sind. Auch hier bewegen sich die Anteile derer, bei denen das Fanobjekt mehr als drei Viertel der Freizeit einnimmt, meist im einstelligen Prozentbereich (vgl. die Einleitung in diesem Band).

Richard Giulianotti (2002) entwarf in einem Aufsatz eine analytisch überzeugende Kategorisierung unterschiedlicher Gruppen von Fußballinteressenten, die sich durch die Intensität ihrer Vereinsbeziehung und die spezifische Art dieser Bindung unterschieden. Für die hier interessierende Dimension eines religiösen Fußballbezuges kommen dabei sicherlich nur zwei Gruppen, die *Supporters* und die *Fans*, in Frage. Denn nur jene beiden zeichnen sich durch eine „heiße" Vereinsbeziehung aus, die „intense kinds of identification and solidarity with the club" umfasst (Giulianotti 2002: 31). Doch auch Giulianotti beschränkt sich auf die theoretische Diskussion seiner idealtypischen Unterscheidungen, ohne diese quantifizieren zu können. Dies mag (nicht) vorliegenden Daten geschuldet sein, wird von ihm aber nicht einmal als Problem benannt. Dabei würden solche Daten aber gerade im

Zeitverlauf aufschlussreiche Erkenntnisse liefern, was die Veränderung (oder vielleicht doch die Kontinuität) der Fankultur im Zuge der Kommerzialisierung und Medialisierung des Fußballs betrifft.

Diese Forschungslücken sind zu großem Teil der methodischen Ausrichtung der meisten Arbeiten im Feld der Fanforschung geschuldet (vgl. auch hierzu die Einleitung). Aus explizit religionssoziologischer Perspektive befassten sich zudem nur wenige Arbeiten mit Fans. Neben den auf die quantitative Verbreitung religiösen Fantums abzielenden Fragen kommen deshalb weitere in den Blick, die im Text bereits verschiedentlich angesprochen wurden. Davon sei nur auf drei Punkte nochmals hingewiesen.

Aus der Perspektive von Durkheims Religionsbegriff ist vor allem die individuelle Dimension kollektiver Efferveszenz weiter unterbestimmt, sowohl was ihren Verlauf, als auch ihre Folgen betrifft. Was genau führt zu solchen Momenten der Begeisterung, wie handeln individuelle Akteure dabei und was zeitigt dies für soziale Folgen? Ansatzpunkte zur genaueren Untersuchung kollektiver Efferveszenz lieferte Randall Collins (2004), doch auch bei ihm blieben etliche Aspekte unterbestimmt, die sich nicht zuletzt in der Verbindung zu einer Soziologie der Emotionen erhellen ließen (vgl. Schäfer in diesem Band). Das Konzept Luckmanns ließe sich ebenfalls sinnvoll auf die individuelle Dimension des Fantums anwenden. Hier wäre weiterhin, etwa über biographische Forschungen, nach der Stellung und Relevanz der Fanobjekte im individuellen Sinnkosmos zu fragen, um Zuschreibungen von letzten Relevanzen nicht auf zu dünnem empirischen Eis unternehmen zu müssen. Und schließlich haben wir noch zu wenige Informationen, inwiefern Fantum tatsächlich handlungsleitend und lebensstrukturierend wirksam wird. Ein an den Weberschen Kriterien orientierter Fanhabitus wäre noch präzise zu untersuchen oder aufzuzeigen, die Relevanz des Fantums im Alltag wird oftmals zu impressionistisch oder individualistisch erforscht. Bis zur Erhellung solcher und anderer Fragen bleibt die These vom Fantum als Religion eine These – wenn auch keine unplausible.

Literatur

Alexander, Jeffrey (1993): Kultur und politische Krise: ‚Watergate' und die Soziologie Durkheims. In: Alexander, Jeffrey: Soziale Differenzierung und kultureller Wandel. Frankfurt a.M. & New York: Campus. 148-195.

Bailey, Edward (1997): Implicit Religion in Contemporary Society. Kampen: Kok Pharos.

Baym, Nancy K. (1998): Talking About Soaps. Communicative Practices in a Computer-Mediated Fan Culture. In: Harris, Cheryl & Alison Alexander (Hrsg.): Theorizing Fandom. Fans, Subculture and Identity. Cresskill: Hampton Press. 111-129.

Bellah, Robert N. (1986): Zivilreligion in Amerika, in: Kleger, Heinz & Alois Müller (Hrsg.): Religion des Bürgers. München: Chr. Kaiser. 19-41.

Berger, Peter L. (1988): Zur Dialektik von Religion und Gesellschaft. Elemente einer soziologischen Theorie. Frankfurt a.M.: Fischer.

Berger, Peter L. (1999): The Desecularization of the World. A Global Overview. In: Berger, Peter L. (Hrsg.): The Desecularization of the World. Washington: Eerdmans. 1-18.

Biermann, Christoph (1995): Wenn Du am Spieltag beerdigt wirst, kann ich leider nicht kommen. Die Welt der Fußballfans. Köln: Kiepenheuer und Witsch.

Boatin, Janet (2006): Die Gemeinde des Olympiers. Goethekult und Goethe-Gesellschaft im Wilhelminischen Kaiserreich. In: Geyer, Michael & Lucian Hölscher (Hrsg.): Die Gegenwart Gottes in der modernen Gesellschaft. Göttingen: Wallstein. 229–252.

Brooker, Will (2005): „It is Love". The Lewis Carroll Society as a Fan Community. In: American Behavioral Scientist 48/7. 859-880.

Bromberger, Christian (1995): Le match de football. Ethnologie d' une passion partisaine à Marseille, Naples et Turin. Paris: EMSL.

Bromberger, Christian (1998): Fußball als Weltsicht und als Ritual, in: Belliger, Andréa & David J. Krieger (Hrsg.): Ritualtheorien. Opladen: Westdeutscher Verlag. 285-301.

Brüdigam, Ulf (2001): Strukturale Aspekte moderner Bildungsprozesse. Das Beispiel der Star-Trek-Fans. Opladen: Leske+Budrich.

Casanova, Jose (1994): Public Religions in the Modern World. Chicago: University of Chicago Press.

Coles, Robert W. (1975): Football as a „surrogate" Religion?, in: Hill, Peter (Hrsg.): A sociological yearbook of religion in Britain 8. London. 61-77.

Collins, Randall (2004): Interaction Ritual Chains. Princeton: Princeton University Press.

Doss, Erika (1999): Elvis Culture. Lawrence: University Press of Kansas.

Duffett, Mark (2003): False Faith or False Comparison? A Critique of the Religious Interpretation of Elvis Fan Culture. In: Popular Music and Society 26/4. 513-522.

Durkheim, Emile (1998): Die elementaren Formen des religiösen Lebens. Frankfurt a.M.: Suhrkamp.

Eliade, Mircea (1998): Das Heilige und das Profane. Vom Wesen des Religiösen. Frankfurt a.M.: Fischer.

Finke, Roger & Rodney Stark (2003): The Dynamics of Religious Economies. In: Dillon, Michele (Hrsg.): Handbook of the Sociology of Religion. Cambridge: Cambridge University Press. 96-109.

Fiske, John (1999): Body of Knowledge. Offizielle und populäre Formen des Wissens um Elvis Presley. In: Hörning, Karl H. & Rainer Winter (Hrsg.): Widerspenstige Kulturen. Cultural Studies als Herausforderung. Frankfurt a.M.: Suhrkamp. 339-378.

Fischer, Joachim (2008): Ekstatik der exzentrischen Positionalität. „Lachen und Weinen" als Plessners Hauptwerk. In: Accarino, Bruno & Matthias Schloßberger (Hrsg.): Expressivität und Stil. Berlin: Akademie. 253-269.

Franke, Thomas & Veit Pätzug (2006): Von Athen nach Althen. Die Fanszene von Lok Leipzig zwischen Europacup und Kreisklasse. Dresden: SDV.

Gebhardt, Winfried (2001): „Wagalaweia, bumm, bumm, bumm". Über einige strukturelle Affinitäten zwischen den Kulturszenen der Wagnerianer und der Technoiden. In: Ronald Hitzler & Michaela Pfadenhauer (Hrsg.): Techno-Soziologie. Erkundungen einer Jugendkultur. Opladen: Leske+Budrich. 85-93.

Gebhardt, Winfried & Arnold Zingerle (1998): Pilgerfahrt ins Ich. Die Bayreuther Richard-Wagner-Festspiele und ihr Publikum. Konstanz: UVK.

Gehrmann, Siegfried (1994): Football and Identity in the Ruhr: The case of Schalke 04. In: Giulianotti, Richard & John Williams (Hrsg.): Game without frontiers. Football, identity and modernity. Hants: Ashgate. 185-206.

Giulianotti, Richard (2002): Supporters, Followers, Fans, and Flaneurs. A Taxonomy of Spectator Identities in Football. In: Journal of Sport and Social Issues 26/1. 25-46.

Hahn, Alois (1987): Identität und Selbstthematisierung. In: Hahn, Alois & Volker Kapp (Hrsg.): Selbstthematisierung und Selbstzeugnis. Frankfurt a.M.: Suhrkamp. 9-24.

Harrington, C. Lee & Denise D. Bielby (1995): Soap Fans. Pursuing Pleasure and making meaning in everyday life. Philadelphia: Temple University Press.

Harrison, Ted (1992): Elvis People. The Cult of the King. London: Fount.

Hölscher, Lucian (2005): Säkularisierungsängste in der neuzeitlichen Gesellschaft. In: Manfred Gailus & Hartmut Lehmann (Hrsg.): Nationalprotestantische Mentalitäten. Göttingen: Vandenhoeck & Rupprecht. 133-147.

Hinerman, Stephen (1992): „I'll be here with You". Fans, Fantasy and the Figure of Elvis. In: Lewis, Lisa A. (Hrsg.): The Adoring Audience. London u.a.: Routledge. 107-134.

Jenson, Jolly (1992): Fandom as Pathology. The Consequences of Characterization. In: Lewis, Lisa A. (Hrsg.): The Adoring Audience. London u.a.: Routledge. 9-29.

Jenkins, Henry (1992): Textual Poachers. New York u.a.: Routledge.

Klein, Constantin & Thomas Schmidt-Lux (2006): Ist Fußball Religion? In: Thaler, Engelbert (Hrsg.): Fußball. Fremdsprachen. Forschung. Aachen: Shaker. 18-35.

Knoblauch, Hubert (1989): Das unsichtbare neue Zeitalter. „New Age", privatisierte Religion und kultisches Milieu. In: Kölner Zeitschrift für Soziologie und Sozialpsychologie 41/3. 504-525.

Knoblauch, Hubert (1999): Religionssoziologie. Berlin: de Gruyter.

Koenig, Matthias (2008): Wie weiter mit Emile Durkheim? In: Hamburger Institut für Sozialforschung (Hrsg.): Wie weiter mit …? Hamburg: Hamburger Edition.

Kopiez, Reinhard (2002): Alles nur Gegröle? Kultische Elemente in Fußball-Fangesängen. In: Herzog, Markwart (Hrsg.): Fußball als Kulturphänomen. Kunst – Kult – Kommerz. Stuttgart: Kohlhammer. 293-303.

Kopiez, Reinhard & Guido Brink (1998): Fußball-Fangesänge. Eine FANomenologie. Würzburg: Königshausen & Neumann.

Krech, Volkhard (1999): Religionssoziologie. Bielefeld: transcript.

Luckmann, Thomas (1985): Über die Funktion der Religion. In: Koslowski, Peter (Hrsg.): Die religiöse Dimension der Gesellschaft. Tübingen: Mohr. 26-41.

Luckmann, Thomas (1991): Die unsichtbare Religion. Frankfurt a.M.: Suhrkamp

Luhmann, Niklas (2000): Die Religion der Gesellschaft. Frankfurt a.M.: Suhrkamp

Mackellar, Joanne (2006): Fanatics, Fans or just good fun? Travel behaviours and motivations of the fanatic. In: Journal of Vacation Marketing 12/3. 195-217.

Martínez, Matías (2002): Warum Fußball? Zur Einführung. In: Martínez, Matías (Hrsg.): Warum Fußball? Bielefeld: Aisthesis. 7-35.

Murray, Bill (1994): Football. A History of the World Game. Aldershot: Scolar Press

Otto, Rudolf (1917): Das Heilige. Breslau: Trewendt&Granier.

Pilz, Gunter A. (2006): Kuttenfans. Der Verein als (Über)Lebensinhalt. In: Dossier Fußball WM 2006 der Bundeszentrale für politische Bildung. Online unter http://www. bpb.de/themen/UW7Q2A,0,0,Kuttenfans.html (Zugriff am 12.3.2009).

Pollack, Detlef (1995): Was ist Religion? Probleme der Definition. In: Zeitschrift für Religionswissenschaft 3/2. 163-190.

Reysen, Stephen (2006): Secular versus Religious Fans. Are they different? An Empirical Explanation. In: Journal of Religion and Popular Culture 12, Spring. o.S.

Riesebrodt, Martin (2001): Die Rückkehr der Religionen. München: Beck.

Schäfer, Mike S. & Jochen Roose (erscheint 2010): Emotions in Sports Stadiums. In: Frank, Sybille & Silke Steets (Hrsg.): Stadium Worlds. London & New York: Routledge.

Schmidt-Lux, Thomas (2005): Peter L. Berger. In: Drehsen, Volker, Wilhelm Gräb & Birgit Weyel (Hrsg.): Kompendium Religionstheorie. Göttingen: Vandenhoeck & Ruprecht. 260-271.

Schulz, Hans-Joachim & Robert Weber (1982): Interview mit einem Fan des VfB Stuttgart. In: Pilz, Gunter A. (Hrsg.): Sport und körperliche Gewalt. Reinbek: rowohlt. 85-88.

Stark, Rodney (1996): The Rise of Christianity. Princeton: Princeton University Press.

Stark, Rodney & Laurence Iannaccone (1994): A Supply-Side Reinterpretation of the 'Secularization' of Europe. In: Journal for the Scientific Study of Religion 33/3. 230-252.

Stark, Rodney & Roger Finke (2000): Acts of Faith. Berkeley: University of California Press.

Thomas, Günter (2001): Implizite Religion. Theoriegeschichtliche und theoretische Untersuchungen zum Problem ihrer Identifikation. Würzburg: Ergon

Wallis, Roy & Steve Bruce (1992): Secularisation. The Orthodox Model. In: Bruce, Steve (Hrsg.): Religion and Modernisation. Oxford: Oxford University Press. 8-30.

Weber, Max (1988): Die protestantische Ethik und der Geist des Kapitalismus. In: Weber, Max: Gesammelte Aufsätze zur Religionssoziologie I. Tübingen: Mohr. 17-206.

Wegener, Claudia (2008): Medien, Aneignung, Identität. „Stars" im Alltag jugendlicher Fans. Wiesbaden: Verlag für Sozialwissenschaften.

Weis, Kurt (1995): Sport und Religion. In: Joachim Winkler & Kurt Weis (Hrsg.): Soziologie des Sports. Opladen: Leske+Budrich. 127-150.

Wenger, Christian (2006): Jenseits der Sterne. Gemeinschaft und Identität in Fankulturen. Zur Konstitution des Star Trek-Fandoms. Bielefeld: transcript.

Wilson, Bryan (1976): Contemporary Transformations of Religion. Oxford: Oxford University Press.

Fans und Konsum

Leila Akremi & Kai-Uwe Hellmann

1 Fans: A Mirror of Consumption

Die Erforschung von Fans, d.h. Personen, die längerfristig eine leidenschaftliche Beziehung zu einem für sie externen, öffentlichen Objekt eingehen, sei es eine prominente Person, Gruppe oder Organisation, sei es ein Artefakt oder Symbol, für das sie vergleichsweise viel Zeit, Geld und Aufmerksamkeit aufbringen, hat über die letzten Jahrzehnte einige Reputation erworben.[1] Ihre hauptsächlichen Untersuchungsfelder sind dabei Sport, Musik und Medien, speziell Fernsehserien (vgl. Harris/Alexander 1998; Wann u.a. 2001; Jenkins 2006; Wenger 2006; Lohr 2008). Aufgrund dieser Forschungslage könnte man nun vermuten, es gäbe lediglich Sportfans, Musikfans und Serienfans. Tatsächlich jedoch ist das, was Fans sachlich, sozial und zeitlich auszeichnet, ein ubiquitäres Phänomen. Sehr deutlich bringt dies Cornel Sandvoss (2005) zum Ausdruck, indem er sein Buch „Fans: The Mirror of Consumption" betitelt hat (vgl. auch Hills 2002: 27ff.).[2] Denn nicht nur, dass jeder Fan zunächst mit der Konsumtion des Objekts seiner Begierde befasst ist, wie produktiv er weiterhin auch damit verfahren mag. Trifft man doch auch in vielen anderen Bereichen Personen an, die längerfristig eine leidenschaftliche Beziehung zu einem für sie externen, öffentlichen Objekt eingegangen sind, sei es eine prominente Person, Gruppe oder Organisation, sei es ein Artefakt oder Symbol, für das sie vergleichsweise viel Zeit, Geld und

---

1   Vgl. die Definition von Roose u.a. in der Einleitung dieses Bandes; ferner die Definition von Thorne und Bruner (2006): „Fan: a person with an overwhelming liking or interest in a particular person, group, trend, artwork or idea. Behavior is typically viewed by others as unusual or unconventional but does not violate prevailing social norms."

2   Vgl. Sandvoss (2005: 8): „Hence [...] I define fandom as the regular, emotionally consumption of a given popular narrative or text in the form of books, television shows, films or music, as well as popular texts in a broader sense such as sports, teams, and popular icons and stars ranging from athletes and musicians to actors."

Aufmerksamkeit aufbringen. Nur spricht man hierbei nicht gleich von Fans, und diese verstehen sich auch oft selbst nicht als solche. Insofern ist der Gegenstandsbereich der Fanforschung ungleich größer, betrachtet man den Fanbegriff nicht als konstitutiv. Die Konsumforschung befasst sich oftmals mit Fans, ihren Projekten und Verhaltensweisen, ohne sie direkt so zu nennen.

2 Fans im Fadenkreuz der Konsumforschung

Schaut man sich die Konsumforschung daraufhin an, ob und inwiefern sie sich schon mit solchen Fans befasst hat, ergeben sich mehrere Ansatzpunkte. So kann auf eine Reihe von Studien verwiesen werden, in denen vergleichbare Phänomene und Praktiken untersucht wurden, wie sie in der Fanforschung gang und gäbe sind, etwa hinsichtlich des Verhaltens von Besuchern in Baseballstadien, von Fahrern einer bestimmten Motorradmarke oder regelmäßigen Zuschauern bestimmter Fernsehserien (vgl. Holt 1995; Schouten/McAlexander 1995; Kozinets 1997, 2001). Im Laufe der letzten Jahre sind ferner Arbeiten bezüglich bestimmter Kultmarken hinzu gekommen, die über ausgesprochen treue und hochengagierte Anhänger verfügen (vgl. Ragas/Bueno 2002; Atkin 2004; Belk/Tumbat 2005).[3] Und schließlich gehört die neuere „Brand Community"-Forschung sicher auch dazu, die sich mit der Vernetzung derartiger Markenanhänger zu quasi-sozialen Bewegungen, Interessengruppen und Vereinen beschäftigt (vgl. O'Guinn 1991; Muniz/O'Guinn 2001; Holt 2004; O'Guinn/Muniz 2005; Cova u.a. 2007; Hallay u.a. 2008).[4]

---

3 Vgl. Atkin (2004: xix): „Cult Brand: a brand for which a group of customers exhibit a great devotion or dedication. Its ideology is distinctive and it has a well-defined and committed community. It enjoys exclusive devotion (that is, not shared with another brand in the same category), and its members often become voluntary advocates."

4 Übrigens geht es bei solchen Studien zumeist darum, diese speziellen Konsumentenkreise ethnographisch zu erforschen, um besser zu verstehen, woher ihr hohes Involvement rührt, wie sie zu Markenfans geworden und wie ihre Einstellungs- und Verhaltensmuster geartet sind, um schließlich Empfehlungen machen zu können, wie sich die Unternehmen am besten auf diese Kreise einstellen können. Denn „fanatical consumers" bergen ein besonderes Absatz- und Marketingpotential, das zu heben für jedes Unternehmen verlockend ist. Vgl. sehr unverblümt Blanchard und Bowles (1993).

Unabhängig davon ist eine Entwicklung zu beobachten, bei der Konsum- und Marketingforschung sich explizit mit der Verbindung von Konsumtion und Fanatismus auseinandersetzt, und zwar Fanatismus durchaus im Sinne von Extremismus. Am Anfang stand der Beitrag „Fanatical Consumers: towards a framework for research" von James Redden und Carol Steiner (2000), in dem ein bestimmtes Verhaltenssyndrom, bestehend aus den drei Faktoren „intensity", „intolerance" und „incoherence among thinking, behaviour and goals", zu identifizieren versucht wurde, mittels dessen – im Einklang mit der laufenden Fanforschung – der Typus des „fanatical consumer" systematisch erfasst werden sollte (vgl. Chung u.a. 2005; Thorne/Bruner 2006; Mackellar 2006, 2009).[5] Dabei wird dieser spezielle Konsumententypus auch unter Einschluss von Verhaltensweisen diskutiert, die in Richtung hartnäckiger Renitenz und konkreter Protestaktionen gehen (vgl. Rozanski u.a. 2000; Atkin 2004; Scardaville 2005).

Nah damit verwandt ist eine Debatte, die erst 2004 von Ronald W. Pimentel und Kristy E. Reynolds angestoßen wurde, als sie das Paper „A Model for Consumer Devotion: Affective Commitment with Proactive Sustaining Behaviors" veröffentlichten (vgl. Pimentel/Reynolds 2004; Atkin 2004; Bauer u.a. 2007; Pichler/Hemetsberger 2007, 2008). Dabei ist der Begriff „Devotion" – durchaus mit religiösen Anklängen[6] – so ausgelegt, dass man von hier aus leicht zu einem weiteren riesigen Forschungsfeld gelangt, das sich ebenfalls mit Fans und ihrem Verhalten gegenüber bestimmten Konsumobjekten, vor allem Marken, beschäftigt, ohne sie jedoch explizit als Fans zu bezeichnen: der „Loyalty/Commitment"-Forschung (vgl. Fournier/Yao 1997; Dholakia 1997; Ragas/Bueno 2002).

Ohne hier weiter in diese recht komplexe Forschungslage einzudringen, kann doch gesagt werden, dass es innerhalb der Konsumforschung inzwischen eine Reihe von Ansätzen und Arbeiten gibt, die sich mit Fan-ähnlichen Phänomenen befasst. Im Fokus stehen Konsumenten, die genau jene Bedingungen erfüllen, wie sie hier für Fans gesetzt werden. Dabei hat man es hinsichtlich der Objekte zumeist mit bestimmten Marken, d.h. markierten Sach- oder Dienstleistungen von herausragender Reputation zu tun (vgl.

---

5   Eine etwas ältere Studie, die sich mit „couponing and refunding ‚fans'" befasst, stammt
     von Claasen (1998: 72).
6   Vgl. Jindra (1994); Kozinets (2001); Muniz und Schau (2005).

Hellmann 2003). Demnach sind Konsumfans häufig Markenfans (vgl. Bieber 2001; Rühle 2008).

Im Folgenden werden auszugsweise Ergebnisse eines Forschungsprojekts präsentiert, das sich mit Markenfans beschäftigt hat.[7] Zunächst werden qualitative Befunde diskutiert, die zwecks Vorbereitung einer quantitativen Studie ermittelt wurden. Anschließend werden einige quantitative Befunde dargestellt. Zum Abschluss folgen allgemeinere Überlegungen zur Zukunft der Konsumforschung in Sachen Fanforschung.

3 Creating Raving Fans

Der Zweck des durchgeführten Forschungsprojekts lässt sich sehr treffend durch eine Äußerung von „Charlie" illustrieren, dem „Customer Service"-Guru aus dem Buch „raving fans" von Ken Blanchard und Sheldon Bowles (1993: 13): „If you really want to ‚own' a customer, if you want a booming business, you have to go beyond satisfied customers and create Raving Fans." Untersuchungszweck war es nämlich, mehr über Genese und Involvement von Markenfans herauszufinden. Hierzu wurde zunächst eine qualitative Forschungsphase ins Werk gesetzt, und zwar in Form von vier Fokusgruppen. Bei der Rekrutierung der Fokusgruppen-Teilnehmer wurde, da der Begriff des Fans in der Konsumforschung selbst kaum etabliert ist, auf herkömmliche „Bestände" der Fanforschung zurückgegriffen (ähnlich wie bei Pimentel/Reynolds 2004). Im Klartext wurden Personen aus zwei Untersuchungsfeldern der klassischen Fanforschung per Zeitungsanzeige angesprochen und ausgewählt: *Fußball* und *Fernsehserie*, um darüber markante Merkmale für die quantitative Befragung zu ermitteln.

Die Fokusgruppen waren thematisch nicht paritätisch besetzt. So gab es drei Fokusgruppen mit Fußballfans (*Arminia Bielefeld, Borussia Dortmund, Hertha BSC Berlin*) und eine Fokusgruppe mit Serienfans (*Tatort*). Auffällig war hier zum einen, dass sich sämtliche Fußballfans weitestgehend einheitlich geäußert haben, eine Beobachtung, die auch auf die Gruppendynamik

---

7 Das hier in Rede stehende Forschungsprojekt wurde im Jahre 2008 von Kai-Uwe Hellmann (TU Berlin) und Peter Kenning (Zeppelin University) in Kooperation mit Avantgarde aus München durchgeführt.

Fans und Konsum

der Tatortfans zutraf. Zum anderen äußerten sich beide Fangruppierungen hinsichtlich ihres Engagements – vergleicht man diese wiederum miteinander – teilweise sehr unterschiedlich. Die Ergebnisse wurden den drei Kategorien (1) *Fansozialisation*, (2) *Fanstrukturen* und (3) *Fanwerte* zugeordnet.

(1) Die Fansozialisation erfolgte bei den Fußballfans oft schon sehr früh, zumeist durch Familienmitglieder. Dieser Befund deckt sich mit dem Forschungsstand. „The most common reason listed for originally identifying with a team was that one's parents were supporters of the team" (Wann u.a. 2001: 5). An zweiter Stelle folgen Peer Groups. Kaum jemand ist erst als Erwachsener zum Fußballfan geworden. Oft wurde die Fanwerdung dabei als schleichender, auf Nachahmung beruhender und weitgehend unreflektierter Prozess beschrieben. Mitunter jedoch spielten auch ganz bestimmte Schlüsselerlebnisse („1989 beim Pokalsieg", „die Stimmung, die Atmosphäre, das Flair in diesem Stadion") eine entscheidende Rolle.

Bemerkenswert ist ferner, dass viele Fußballfans ihre Fangenese hochgradig passivistisch beschreiben, so als ob es ihnen lediglich widerfahren ist, quasi schicksalhaft. Typische Äußerungen sind etwa „reingesogen", „man wächst hinein", „ich bin dadrin gefangen", „hat mich sofort gefesselt", „dann wird man infiziert", „wenn man förmlich mitgerissen wird", „reingerutscht [...] und dann kommst Du nicht mehr raus". Zugleich wurde immer wieder auf das eigene kritische Urteilsvermögen hingewiesen, auf Momente der Distanznahme und Kritik gegenüber den jeweiligen Fanobjekten – ein offensichtliches Bemühen um Balance zwischen Konsumismus und Autonomie (vgl. König 2002: 49ff.; Hills 2002; Sandvoss 2005; Andrejevic 2008).

(2) Wendet man sich daraufhin den ermittelten Fanstrukturen bei den befragten Fußballfans zu, konnte durchweg festgestellt werden, dass es eine ganze Reihe von Ritualen gibt, insbesondere vor und nach Heim- bzw. Auswärtsspielen (z.B. Vereinsfarben anlegen, vormittägliches Verabreden mit anderen Fans, Besuch der Vereinskneipe, „Ausrasten" etc.). „Hauptsache der Spieltag, wenn nicht hier, dann ab 12 Uhr in die Kneipe, dann Spiel anschauen, und dann noch ein paar Stunden zusammen. Es ist fast noch wichtiger als das Spiel, dieses ganze Gruppenzusammensein." Oft wurde der Spieltag dabei völlig herausgelöst aus der sonstigen Alltagsroutine, im Sinne besonderer Selbstbelohnung, Eskapismus, Veraußeralltäglichung (vgl.

Belk u.a. 1989).[8] Es war gewissermaßen das absolute Highlight der Woche. Und bei dem Versuch, die diesbezügliche Erwartungshaltung noch genauer zu erfassen, zeigte sich dann, wie es in diesem Zitat schon anklang, dass dem Gemeinschaftserlebnis im und um das Stadion herum nicht selten eine herausragende Bedeutung zugemessen wird, was direkt zuzugeben aber schwerfällt, weil sich Fußballfans pauschal dem Verdacht des Hooliganismus ausgesetzt fühlen (vgl. Wann u.a. 2001; König 2002).

Hochinteressant war das breite Spektrum vielfältiger Bindungs- und Begeisterungsgrade, die sich allein in diesen drei Fangruppen beobachten ließen. Auf der einen Seite gab es den ruhigen, zurückhaltenden, distanzierten Fan, auf der anderen Seite den hundertprozentigen Vollzeitfan, dessen gesamte Lebensführung auf seinen Verein ausgerichtet ist. „Hertha tagtäglich." Und ein anderer Herthafan meinte: „Ja, bei mir Platz 3: Familie, Beruf, Hertha. Ich lebe fast schon Hertha." Worauf seine Freundin lapidar erwiderte: „Du bist Hertha." In diesem Zusammenhang ist wichtig zu erwähnen, dass überzeugte Fußballfans untereinander oft Rivalitäten kultivieren. So gibt es Vereine, mit denen man befreundet ist, sowie Vereine, mit denen man eine gepflegte Feindschaft unterhält, wie zwischen Schalke und BVB, frei von jeder Form forcierter Aggressivität. Auffällig ist überdies, dass Fußballfans offenbar hochgradig vernetzt sind. So gehörte jeder der von uns befragten Fans einem konkreten, mehr oder weniger großen Netzwerk von Freunden und Bekannten an, dies war für das gesamte Spektrum feststellbar. Überzeugte Fußballfans sind uns nur als Gruppenmitglieder und nicht als Einzelgänger begegnet. „Der Freundeskreis entsteht automatisch. Man kann schon alleine Fan sein. Aber wenn man in die Gemeinschaft reinkommt, findet man jemanden, mit dem man quatschen kann, und dadurch ist das Alleine-Fansein nicht für die Ewigkeit. Es werden Freundschaften geknüpft oder andere Sachen."

(3) Kommt man schließlich noch auf selbstbekundete Fanwerte zu sprechen, ergab sich eine relativ eindeutige Reihenfolge. Am häufigsten wurde der Wert „Leidenschaft" genannt. So hieß es an einer Stelle: „Bezüglich Leidenschaft erwarte ich, dass der Verein und die Spieler alle so viel Leiden-

---

8   Vgl. Wann u.a. (2001: 31): „Although there are dozens of motives, researchers and theorists have identified the following as being the most common: group affiliation, family, aesthetic, self-esteem, economic, eustress, escape, and entertainment."

schaft da rein stecken, wie wir als Fans das auch machen, in dem Sinne auch wieder Geben und Nehmen, was dann wieder zu einer stärkeren Identifikation führt." Eng verbunden war damit die Äußerung, dass Fans „leidensfähig" sein und Opfer bringen müssen, insbesondere im Falle von Vereinen, die in der Bundesliga einen notorisch heiklen Stand haben. Gerade hier zeige sich, wer ein echter Fan sei, da er seinem Verein auch in schwierigen Zeiten uneingeschränkt die Treue halte. „Treue! Den Verein sollte man jetzt nicht wechseln wie seine Unterhose." Übrigens wurde „Treue" ebenfalls sehr häufig genannt, gefolgt von „Gemeinschaft", „Identifikation", „Stadt/Heimat", „Kampf/Leistung", „Qualität" und „Tradition".

Schwenkt man an diesem Punkt auf die Tatortfans über, ist vorweg zu schicken, dass wir es nur mit einer Fokusgruppe zu tun hatten, was sicherlich dazu beigetragen haben mag, dass die Bandbreite beobachtbarer Unterschiede ungleich kleiner war.

(1) Bei der Frage der Fansozialisation ergaben sich ganz ähnliche Befunde. So sind die meisten Tatortfans schon während ihrer Kindheit mit dem Tatort in Kontakt gekommen, zumeist durch Fernsehverbote, was die Neugier besonders steigen ließ. In einem Fall war es hingegen die eigene Freundin, die ausschlaggebend war für die Fanwerdung, mit der Konsequenz, dass sich für das Paar daraus ein festes Sonntagabendritual entwickelte, wie für die meisten anderen Fans auch: „Also ich bin über meine Freundin da herangekommen, also das ist ein richtiger Fixpunkt, wir sind seit fünf Jahren zusammen, deswegen ist das ein wichtiger Bestandteil ...".

(2) Bezüglich der Sozialstrukturen des Tatortfandoms kristallisierte sich sehr schnell heraus, dass Tatortfans eher Allein-, Zuzweit- oder Familiengucker sind und in dieser Einheit für sich bleiben. Der Sonntagabend erfährt dabei eine besondere Wertigkeit und Schutzbedürftigkeit gegenüber äußeren Einflüssen. „Also da geht man nicht ans Telephon, und kündigt das vielleicht auch an, dass man den Tatort einfach sehen möchte, ungestört, konzentriert". Keinesfalls möchte man während der Ausstrahlung eines Tatorts gestört werden, und diese Selbstabschottung beginnt für die meisten schon mit der Tagesschau und schließt mit dem Tatort lückenlos ab. Insofern kann man hier von gewissen Ansätzen der Ritualisierung sprechen. Dennoch nahm sich die Ausbildung starker Gewohnheiten gegenüber den Fußballfans vergleichsweise bescheiden aus. Überhaupt war auffällig, dass die Bandbreite möglicher Bindungs- und Begeisterungsgrade sehr begrenzt

blieb. Sämtliche Tatortfans traten sehr beherrscht, ja distinguiert und ohne jede Neigung zum Enthusiasmus, gar Pathos auf. Insbesondere wurde großer Wert darauf gelegt, dass man etwa mit Fußballfans nichts gemein hätte: Von irgendeiner Form von Fanatismus sei man weit entfernt, weshalb sogar der Begriff „Tatortfan" kaum Akzeptanz fand. Nicht zuletzt deshalb war es auch wenig überraschend, dass im Unterschied zu Fußballfans die Wechselbereitschaft im Falle fortlaufender Enttäuschungen mit der Tatortserie recht ausgeprägt war. Vereinzelt wurde zwar auch Ablehnung bestimmter Konkurrenzserien geäußert, etwa gegenüber „CSI Miami", oder leichter Dünkel gegenüber anderen Fernsehserien, wie bei „Lindenstraße"; zudem traten innerhalb der Tatortwelt durchaus eindeutige Polaritäten zu Tage, etwa bei der Frage „Pro oder Contra Schimanski". Im Grunde jedoch betrachtete keiner der befragten Tatortfans sein Verhältnis zu dieser Serie als exklusiv, wie es bei den Fußballfans durchweg der Fall war.

(3) Bei den Fanwerten ergab sich keine vergleichbar eindeutige Reihenfolge. Höchste Aufmerksamkeit erhielt die Nennung „Spannung/Spannende Geschichte": Wichtig war hier, dass der jeweilige Plot den Tatort-Gepflogenheiten („Excitement", „Realismus", „Qualität") genügen muss, ein Feld, das gewiss noch spezieller Analyse bedarf. An zweiter Stelle wurde „Ermittler" genannt; gemeint war damit die charakterliche Ausprägung des Ermittlers bzw. der Ermittler und die Beziehungsdynamik, die sich zwischen den Protagonisten abspielt. Sodann folgte „Lokalkolorit"; zurückzuführen ist dieser Punkt auf die föderalistische Produktionsweise des „Tatort", da ja die Länder jeweils eigene Tatorte herstellen, mit typischen Figuren, eigenem Dialekt/Jargon, in mehr oder weniger bekannten Städten/Regionen. Schließlich sei noch angeführt, dass eine Verlegung der Sendezeit weg vom Sonntagabend bei den meisten Tatortfans sicherlich dazu führen würde, dass sie sich einer anderen Fernsehserie zuwenden, ggf. auch dagegen protestieren würden (vgl. Rozanski u.a. 2000; Scardaville 2005). Und fragt man noch nach einem Kurzprofil des Tatort als Serie aus Sicht der Fans, könnte man folgende Äußerung zitieren: „Ein Krimi, der eineinhalb Stunden dauert, ohne Werbung." Ein Alleinstellungsmerkmal sieht zweifelsohne anders aus.

Als Zwischenfazit ist festzuhalten, dass zwischen Fußball- und Tatortfans insbesondere dort, wo es um Bindungsintensität und Begeisterungsfähigkeit ging, Welten liegen. Während das Fansein bei Fußballfans nicht selten als eine Frage der persönlichen Identität erörtert wurde, war bei den

Tatortfans eine deutliche Distanz und Zurückhaltung spürbar, was auf eine ungleich geringere Identifikation hinwies. Wendet man sich vor diesem Hintergrund der quantitativen Befragung zu, ist dieser starke Unterschied in der Fanidentifikation im Auge zu behalten. Denn es wird sich zeigen, dass im Bereich von Ver- und Gebrauchsgüter des täglichen Bedarfs das Antwortverhalten der Befragten deutlich größere Übereinstimmung mit dem der Tatortfans aufwies.

4   Markenfans im Querschnitt

Der quantitative Teil dieses Forschungsprojekts erfolgte via *Computer Aided Telephone Interviews* (CATI) mit 300 Personen, die zuvor ein Screening durchlaufen mussten, das mit der Frage „Welche Lieblingsmarken haben Sie?" begann und mit der Anschlussfrage „Finden Sie eine dieser Marken besonders spannend, deren Fan Sie sozusagen sind?" endete. Auf diese Marke bezog sich dann das gesamte Interview. Insgesamt wurden 161 unterschiedliche Marken genannt.

Die Darstellung der Ergebnisse kann nur punktuell vorgenommen werden und wird in drei Blöcken erfolgen: Erstens geht es um einen allgemeinen Überblick, zweitens um drei Markengruppen, die sich recht gut identifizieren ließen, nämlich Mode, Autos/Motorräder (A&M) und Fast Moving Consumer Goods (FMCG, vor allem Nahrungsmittel mit hoher Umschlags-, weil Verbrauchsgeschwindigkeit), und drittens um gewisse Bindungs- und Begeisterungskarrieren bei den befragten Markenfans.

(1) Kommt man zunächst auf allgemeine demographische Daten zu sprechen, waren 43,7 % der Befragten männlich und 56,3 % weiblich. Der Altersdurchschnitt lag bei knapp 40 Jahren, die Alterverteilung sah wie folgt aus (s. Tab. 1).

Die Fandauer lag im Durchschnitt bei 12,9 Jahren. Umgerechnet auf eine kurze, mittlere und lange Fandauer, waren 29,7 % maximal fünf Jahre, 30,3 % zwischen sechs und zehn Jahren und 39,0 % mehr als 10 Jahre lang Markenfans.

Tabelle 1:   Altersverteilung (in %)

16 bis 20 Jahre	4,0
21 bis 30 Jahre	23,2
31 bis 40 Jahre	29,2
41 bis 50 Jahre	24,8
51 bis 60 Jahre	9,4
ab 61 Jahre	9,4
N	298

Was einzelne inhaltliche Gesichtspunkte angeht, so wurde zu Beginn eine Frage nach der Fansozialisation gestellt. Schon hier ergaben sich erste markante Unterschiede. Denn nicht nur, dass die Relevanz von Familie und Peergroups für die Fanwerdung eher randständig zu sein scheint, dominierte mit großem Abstand der „Zufall" als entscheidender Sozialisationsfaktor. Zwar wird sich im weiteren Verlauf zeigen, dass das Ausmaß an Kontingenz bezüglich Alter und Fandauer schrittweise abnimmt.[9] Nichtsdestotrotz ist auffällig, dass offenbar weniger gezielte Maßnahmen, etwa seitens der Werbung, was aus Sicht der Markenindustrie ja naheliegen würde, als vielmehr unerfindliche Umstände und Ursachen („Zufall") den entscheidenden Anstoß für die Markenfanwerdung gaben (s. Tab. 2).

Bemerkenswerte Befunde auf dieser allgemeinen Betrachtungsebene sind ferner, dass, obgleich das Aussageverhalten, auf die Gesamtheit bezogen, doch eher zurückhaltend war, immerhin 62,7 % sich sehr darüber freuen, wenn andere Personen die eigene Fanmarke ebenfalls mögen. Ein ähnlicher Ausreißer bei einem ansonsten eher moderaten Antwortverhalten

---

9   So meinten etwa 44,6 % der Befragten über 51 Jahre, dass Tradition für sie ein relevanter Faktor der Fanwerdung gewesen sei, im Unterschied zu 27,5 % bei denjenigen zwischen 16 und 30 Jahren. Hinsichtlich der Frage, ob Berichte zur eigenen Marke im Fernsehen angeschaut werden, lag der Prozentsatz der Befragten über 51 Jahre bei 63,3 % gegenüber 54,4 % in der Klasse der 16- bis 30-Jährigen; und bezüglich der entsprechenden Zeitungslektüre äußerten sich sogar 37,8 % der Befragten über 41 Jahre zustimmend gegenüber 17,3 % bei denjenigen zwischen 16 und 30 Jahren. Verwendet wurde eine Likert-Skala mit den fünf Ausprägungen „Trifft voll und ganz zu", „Trifft eher zu", „Teil Teils", „Trifft eher nicht zu" und „Trifft überhaupt nicht zu". Dabei beziehen sich sämtliche Angaben hier und weiterhin auf die Addition der Antworten „Trifft voll und ganz zu" und „Trifft eher zu".

ergab sich dadurch, dass immerhin 84,7 % der Befragten kein Problem damit hatten, sich vor anderen zu ihrem Fansein bezüglich einer bestimmten Marke zu bekennen. Die meisten anderen Optionen, das eigene Fansein positiv zu bekunden, wurden demgegenüber nämlich eher abgelehnt oder nur sehr zurückhaltend in Erwägung gezogen, etwa wenn es darum ging, aktiv für die eigene Marke Stellung zu beziehen, sich mit anderen Markenfans zusammenzuschließen etc. Besonders reserviert verhielten sich übrigens die Frauen, etwa bei der Frage, ob emotionale Erlebnisse entscheidend dafür waren, zum Markenfan geworden zu sein: Hier antworteten nur 23,1 % der Frauen zustimmend gegenüber 42,7 % bei den Männern.

Tabelle 2:   Markenfanwerdung (in %)

„Im Folgenden würden wir zunächst gerne etwas darüber erfahren, wie Sie zum Fan dieser speziellen Marke wurden."	Zustimmung
Ich bin eher zufällig zum Fan dieser Marke geworden.	56,7
Der Grund für mein Fansein ist der Erfolg der Marke. Deshalb kann ich mich mit der Marke so sehr identifizieren.	40,8
Ich bin Fan dieser Marke, weil sie eine so außergewöhnliche Tradition hat.	36,9
Es gab ein paar emotionale Erlebnisse, die dazu geführt haben, dass ich zum Fan dieser Marke wurde.	31,7
Ein wesentlicher Grund für mein Fansein war die tolle Darstellung der Marke in den Medien.	29,8
Ein wesentlicher Grund für mein Fansein war meine Familie.	27,7
Ein wesentlicher Grund für mein Fansein war das Verhältnis meiner Freundinnen und Freunde zu dieser Marke.	21,7
Ich wurde zum Fan dieser Marke, weil ich die anderen Fans der Marke interessant fand.	13,0

Erläuterung: Antworten konnten auf einer 5er-Skala abgestuft werden zwischen „Trifft voll und ganz zu" und „Trifft gar nicht zu". Ausgewiesen ist der Anteil der Befragten, die mit „trifft voll und ganz zu" oder „trifft eher zu" antworteten.

(2) Kommt man damit auf die Unterschiede zu sprechen, die sich im Vergleich verschiedener Markenbereiche beobachten lassen, konnten drei in sich stimmige Markengruppen recht gut ausgemacht werden: die *Mode*-Markengruppe, der 36,3 % der Befragten angehörten, die A&M-Markengruppe

mit 20,6 % sowie die FMCG-Markengruppe mit 17,6 % der insgesamt 300 befragten Markenfans.[10]

Die Mode-Markengruppe umfasst die Nennung von insgesamt 50 Marken ganz unterschiedlicher Preisklassen wie *Adidas, Armani, Brax, Dolce & Gabbana, Hugo Boss, Lagerfeld, Nike, Street One* oder *Wrangler*, was bei einer tiefergehenden Interpretation der Ergebnisse sicher bedacht werden müsste, angesichts dann jedoch stark schrumpfender Fallzahlen eigene Probleme aufwerfen dürfte. Nicht viel anders bei der FMCG-Markengruppe, die 33 Marken umfasst, mit Namen wie *Axe, Camel, Demeter, Dove, Fürst Metternich, Krüger, Maggi, Nivea, Persil, Tchibo* oder *Tupperware*. Und bei der A&M-Markengruppe wurden insgesamt 21 Marken genannt, u.a. *Audi, BMW, Ford, Harley-Davidson, Porsche, Triumpf* oder *VW*, was gleichfalls eine große Streuung beinhaltet.

Die Unterschiede zwischen den Markengruppen sind teilweise erheblich. So ist allein schon bezüglich der Fansozialisationsfrage bemerkenswert, dass 66 % der Befragten, die der Mode-Markengruppe zuzurechnen sind, „Zufall" als Grund angaben, gegenüber 62,7 % beim FMCG- und nur 50 % bei der A&M-Markengruppe. „Tradition" war wiederum für 51,6 % der Befragten aus der A&M-Markengruppe entscheidend, hingegen nur 34,6 % beim FMCG- und gar nur 28,7 % bei der Mode-Markengruppe. Offenbar liegen die Ursachen je nach Markengruppe ganz unterschiedlich. Ein Grund dafür könnte sein, dass Autos und Motorräder für sich gesehen einen besonderen, nicht bloß exogen bedingten Reiz darbieten, während es bei Mode in erster Linie auf Außenwirkung ankommt, das strategische Kalkül hier somit im Vordergrund steht.[11] Immerhin lag der Anteil jener, die sich für die Mode-Markengruppe bei der Frage, ob es ein paar besondere emotionale Erlebnisse gab, die dazu führten, dass man Fan wurde, mit 20,2 % am nied-

---

10 Bei den restlichen Befragten konnten keine weiteren Markengruppen gebildet werden, die groß genug gewesen wäre, um damit sauber rechnen zu können. So umfasste eine vierte Markengruppe zu dem Bereich IK-Technologien nur 22 Personen, andere Optionen für weitere Markengruppen wie Sport umfassten noch weniger Personen.

11 Möglicherweise greift hier die These des „other directed character" von David Riesman u.a. (1964) recht gut, die auf den rein strategischen Einsatz sämtlicher Maßnahmen der optimalen Selbstdarstellung zur Erreichung von Peer Group-Akzeptanz gerichtet ist. Mode wird damit zum reinen Mittel für einen ganz anderen Zweck, ohne jede Substanz.

rigsten äußerten, im Vergleich zu 34 % bei der FMCG- und 43,5 % bei der
A&M-Markengruppe.

Bestätigung erfuhr dieser Eindruck, als es um die Frage ging, ob man
Berichte bezüglich der eigenen Fanmarke in der Zeitung häufig lese. Hier
stimmten 43,5 % der A&M-Fans zu, während dies bei FMCG-Fans nur
26,4 % und bei Modefans sogar nur 16,5 % waren. Dieses Gefälle ergab sich
öfters, so beim Fernsehen, wo 78,7 % der A&M-Fans meinten, dass sie sich
entsprechende Sendungen im Fernsehen anschauen würden, aber nur 50,9 %
der FMCG- und 47,5 % der Mode-Fans; bei der Frage, ob man sich freue,
wenn andere die eigene Marke ebenfalls mögen (72,1 % bei A&M, 65,4 % bei
FMCG und 52,3 % bei Mode); und gleichfalls bei der Frage, wie wichtig es
einem sei, sich mit anderen Fans der gleichen Marke zu treffen (11,3 % bei
A&M, 0,9 % bei Mode und 0,0 % bei FMCG). Offenbar ist die Fanbindung im
A&M-Bereich am deutlichsten ausgeprägt, während diese für Mode wie
FMCG generell stark abfällt.[12] Der Unterschied könnte bei Mode, wie schon
angedeutet, daran liegen, dass Mode häufig strategisch zum Einsatz kommt,
während man bei FMCG vergegenwärtigen muss, womit man es konkret zu
tun hat: zumeist Verbrauchsgüter des täglichen Bedarfs, die in der Regel nur
ein geringes Involvement abverlangen und in der Wahrnehmung der Konsumenten dementsprechend auch nur eine „existence neglible" darstellen.

(3) Wendet man sich zum Schluss noch dem Stufenmodell zu, bei dem
es um die Ermittlung unterschiedlicher Bindungsgrade von Markenfans
geht, weisen die drei Markengruppen tendenziell zwar ähnliche, aber keine
identischen Verläufe auf. Diesem Modell liegt die Annahme zugrunde, dass
es mehrere Schwellen und Segmente der Bindungsbereitschaft gibt (vgl.
Thorne/Bruner 2006; Hellmann/Kenning 2007).

Ausgangspunkt sind die „dilettantees", d.h. Markenfans, die noch eine
vergleichsweise lose Markenbindung aufweisen. Auf der nächsten Stufe
bekommt man es mit den „dedicatees" zu tun, die schon anfangen, ihre
Lebensführung teilweise an ihrem Fanobjekt auszurichten. Die dritte Stufe

---

12 Eine parallele Ungleichverteilung ergibt sich beim Geschlechtervergleich. So äußern
Männer deutlich häufiger eine positive Haltung bezüglich ihres Fanseins als Frauen,
und dies über alle Fragen hinweg. Frauen sind demnach systematisch weniger fanfä-
hig bzw. fanbereit. Obgleich Frauen als Fans auch ganz anders können, vgl. Crawford
und Gosling (2004); Mewett und Toffoletti (2008) und Fritzsche (in diesem Band).

umfasst die „devotees", welche allmählich ihre gesamte Lebensführung auf ihr Fanobjekt einstellen. Und auf der vierten Stufe befinden sich schließlich die „dysfunctionals", deren Engagement und Involvement so weit gehen, dass sie auch vor extremen Maßnahmen – sich wie ihrer Umwelt gegenüber – nicht zurückschrecken, um ihrem Fanobjekt die entsprechende Geltung und Aufmerksamkeit zu verschaffen (vgl. Thorne/Bruner 2006).[13]

Abbildung 1:   Drop-out-Verlauf (in Prozent)

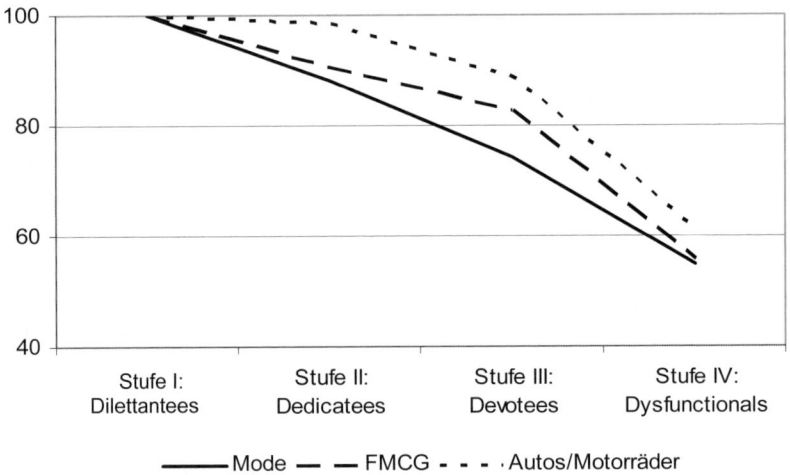

Bezogen auf das vorliegende Forschungsprojekt, stellt sich der Verlauf der Fankarrieren hinsichtlich der drei Markengruppen Mode, FMCG und A&M wie in Abbildung 1 präsentiert dar.

Das Startniveau lag bei 100 %, in absoluten Zahlen waren das 109 Mode-fans, 62 A&M-Fans und 53 FMCG-Fans. Am Ende dieser Verlaufskurve

---

13   Zu diesem Aspekt der Binnendifferenzierung eines Fandoms, ob nach einer Zentrum/ Peripherie-, extrem/moderat- oder welcher Logik auch immer, gibt es mehrere Vorschläge, je nach Fragestellung, vgl. Tulloch und Jenkins 1995; Abercrombie und Longhurst 1998; Guilianotti 2002; Gray 2003; Mackellar 2006, 2009; Hellmann und Kenning 2007.

verblieben jeweils noch 55 % „dysfunctionals" in der Mode-, 55,8 % in der
FMCG- und 61,3 % in der A&M-Markengruppe.[14]

Diskussionswürdig dürfte in diesem Zusammenhang sein, ob sich auffällige Häufigkeiten bzw. Unterschiede innerhalb der drei Fanstufen „dedicatees", „devotees" und „dysfunctionals" unter Einbeziehung der drei Markengruppen festhalten lassen. Die „dilettantees" finden dabei keine weitere
Erwähnung mehr, weil sie schon als Gesamtheit aller befragten Markenfans
behandelt wurden.

(1) Schaut man zunächst auf die „dedicatees" und kommt sogleich auf
deren Geschlechterdifferenzen zu sprechen, sind die positiven Ausschläge
bei den Männern über alle Items hinweg durchweg höher als bei den
Frauen. Offenbar sind Männer auch auf dieser Stufe viel eher bereit, sich für
ihr Fansein in vielfältiger Art und Weise aktiv einzusetzen, als Frauen. Nur
bei einer Frage gab es Gleichstand: ob man kein Problem hätte, sich als Fan
zu „outen". Hier lagen die Männer bei 84,9 %, die Frauen bei 84,7 % Zustimmung.

Hinsichtlich der Fandauer kann bei den „dedicatees" gesagt werden,
dass, je länger jemand Fan ist, er/sie sich durchgängig positiver zu seinem/
ihrem Fansein äußert, ob dies nun sein/ihr Informationsverhalten, sein/ihr
Kontaktbedürfnis gegenüber anderen Fans oder das Interesse an der Mitgliedschaft in einem Fanclub betrifft. Nur bei der Frage der Zugehörigkeit
zu anderen Fans ist die Zustimmung im Falle von Fans, deren Fandauer fünf
Jahre nicht übersteigt, leicht höher als bei Fans zwischen sechs bis zehn bzw.
über zehn Jahren (8,9 % zu 3,5 % zu 6,7 %). Ansonsten aber ergibt sich ein
eindeutiges Gefälle: Je länger die Fandauer, desto höher die Ausschläge.

Geht man schließlich noch auf die drei Markengruppen ein, so informieren sich fast doppelt so viele A&M- wie Mode-„dedicatees" (18 % gegenüber
9,4 %) bei anderen Fans über ihre jeweiligen Marken. Mode scheint demnach
eine viel geringere Versuchung darzustellen, den Austausch mit anderen
Fans zu suchen, als bei A&M. Ähnlich stellt sich der Fall dar, wenn es um

---

14 Das diesem Verlauf zugrunde liegende Drop-out-Modell geht davon aus, dass man
   unterschiedliche Bindungsgrade in differenzierte Item-Batterien übersetzen und dann
   sequentiell abfragen kann, wobei die jeweils nächste Stufe nur jene erreichen, die auf
   der davor liegenden Stufe mindestens „trifft zu" und „trifft voll und ganz zu" geantwortet haben, vgl. Hellmann und Kenning (2007).

die Wichtigkeit der Fanzugehörigkeit geht: Hier sprechen sich 10 % der A&M-„dedicatees" gegenüber nur 2,1 % der Mode-„dedicatees" dafür aus. Bei den FMCG-„dedicatees" bewegen sich die Werte zumeist auch im unteren Bereich, Fansein im FMCG-Bereich ist auf dieser Stufe demnach nicht sehr ausgeprägt.

(2) Bei den „devotees" ergibt sich unter dem Gesichtspunkt der Geschlechter keine eindeutige Ordnung. Bei der Frage danach, ob man seiner Fanmarke viel Zeit opfere, antworten 14,9 % der Männer mit Zustimmung, aber nur 8,4 % der Frauen, während bei der Frage, ob man seiner Marke viel Geld opfere, wiederum 50 % der Frauen Zustimmung äußerten, aber nur 43,3 % der Männer. Ob dies darauf zurückzuführen ist, dass Männer tatsächlich mehr Zeit, Frauen mehr Geld „opfern", lässt sich aufgrund der Datenlage nicht klären. Und bei der Frage, ob man das Gefühl habe, seine Marke werde einem immer wichtiger, antworteten 14,5 % der Frauen zustimmend, aber nur 7,9 % der Männer. Ähnlich uneinheitlich stellte sich das Antwortverhalten bei der Altersfrage und beim Abgleich mit der jeweiligen Fandauer dar.

Geht man noch kurz auf die drei Markengruppen ein, liegt das Antwortverhalten der „devotees" etwa bei der „Zeitopfer"-Frage ähnlich weit auseinander (Mode: 2,5 %, FMCG: 7,1 %, A&M: 14,5 %) wie bei der „Geldopfer"-Frage, nur in umgekehrtem Verhältnis (Mode: 63,3 %, FMCG: 42,9 %, M&A: 40 %).

(3) Kommt man zum Schluss noch auf die „dysfunctionals" zu sprechen, so ist auch hier die positive Ausprägung bei den Männern deutlich stärker als bei den Frauen, etwa die Frage betreffend, ob man sich schon einmal mit jemandem gestritten hätte, der schlecht über die eigene Fanmarke sprach (Männer: 19 %, Frauen: 3,2 %).[15] Beim Alter zeichnet sich eine leichte, nicht durchgängige Tendenz dahingehend ab, dass die älteste Gruppe ab 51 Jahren ein etwas größeres Engagement als alle anderen aufbringt. Verstärkt wird dieser Effekt nochmals, wenn man auf die Fandauer schaut: Hier nehmen die „dysfunctionals" mit einer Fandauer von mehr als 10 Jahren wie-

---

15 Hinzu kommt, dass der Schwund bei den Männern – ausgehend von den „dilettantees" am Anfang über die drei Markengruppen hinweg – ungleich kleiner ausgefallen ist, nämlich von 100 % auf 61 %, als bei den Frauen (54 %), oder absolut von 92 auf 56 Männern gegenüber 132 auf 71 Frauen.

derum die Spitzenplätze ein, etwa bei der „Streit"-Frage (Fandauer 1-5 Jahre: 6,5 %, 6-10 Jahre: 6,7 %; über 10 Jahre: 17,1 % Zustimmung). Und hinsichtlich der drei Markengruppen schneiden die A&M-„dysfunctionals" am stärksten ab, etwa bei der Frage, ob man es nur schwer ertragen kann, wenn jemand über die eigene Fanmarke schlecht spricht (A&M: 26,3 %, FMCG: 10,3 %, Mode: 8,5 %), oder bei der Frage, ob man Menschen, die schlecht über die eigene Fanmarke sprechen, am liebsten den Mund verbieten würde (A&M: 13,2 %, Mode: 1,7 %, FMCG: 0,0 %). Freilich sind die absoluten Zahlen der verbliebenen „dysfunctionals" auf dieser letzten Stufe so gering (Mode: 60, A&M: 38, FMCG: 29), dass man mit quantitativen Aussagen sehr vorsichtig sein muss.

Zusammenfassend ist festzuhalten – obgleich die Vergleichbarkeit mit Erhebungen, die Sport-, Musik und Medienfans betreffen, erst noch herge-stellt werden müsste –, dass Markenfans insgesamt eine deutlich schwächere Ausprägung ins Positive haben dürften. Alles in allem hält sich der Fanatis-mus/Extremismus bei Markenfans sehr in Grenzen, ähnlich wie schon bei den Tatortfans. Unterschiede ergeben sich insbesondere zwischen den Ge-schlechtern. So werden Männer deutlich stärker als Fans sichtbar denn Frau-en. Weiter spielen Alter und Fandauer eine verstärkende Rolle, insofern die Fanintensität um so größer ist, je älter bzw. länger jemand Fan ist. Schließ-lich erweist sich gerade der Bereich „Autos und Motorräder" als jene Mar-kengruppe mit den stärksten Positivausschlägen, meist gefolgt von der FMCG-Markengruppe, während die Mode-Markengruppe abgeschlagen den letzten Platz einnimmt.[16] Anders formuliert, scheint sich Mode kaum als Fangenerator zu eignen. Indessen müsste man bei jeder dieser Markengrup-pen noch deutlich tiefer einsteigen, mit ungleich höheren Fallzahlen, über-dies qualitativ-ethnographisch, um einen wirklich zuverlässigen Befund ge-ben zu können.

---

16 Dies mag sich schlagartig ändern, wenn man etwa für die Mode-Markengruppe deut-lich höhere Fallzahlen zur Verfügung hätte, um damit auch das Hochpreissegment (Gucci, Prada, LVM etc.) gesondert untersuchen zu können. Denn es steht zu vermu-ten, dass die Positivausschläge gerade bei Frauen dann deutlich höher ausfallen dürf-ten, gerade im Vergleich mit dem Antwortverhalten von Männern im Falle der A&M-Markengruppe.

5   „Brand Community" und „Prosumer Movement"

Die Erforschung von Fans gehörte für die Konsumforschung bislang nicht zum „core business". Jedenfalls scheint es bislang eine gewisse Arbeitsteilung zwischen Fan- und Konsumforschung zu geben, selbst wenn sich viele Konsumformen, von denen wir inzwischen wissen, in der Sache kaum von dem unterscheiden dürften, was Fans, d.h. Personen auszeichnet, die eine längerfristige und leidenschaftliche Beziehung zu einem für sie externen, öffentlichen Objekt eingehen, sei es eine prominente Person, Gruppe oder Organisation, sei es ein Artefakt oder Symbol, für das sie vergleichsweise viel Zeit, Geld und Aufmerksamkeit aufbringen. Erst in jüngster Zeit sind erste Anstrengungen seitens der Konsumforschung unternommen worden, sich eingehender mit „fanatical consumers" zu beschäftigen.

Fragt man vor diesem Hintergrund nach zukünftigen Betätigungsfeldern der Konsumforschung, bei denen sie es mit „fanatical consumers" zu tun bekommt, gibt es sicher mehrere Möglichkeiten. Auf zwei soll hier gesondert eingegangen werden: Brand Community (BC)-Forschung und Prosumer-Forschung.

Die BC-Forschung hat ihren Anfang 2001 genommen, als Albert M. Muniz Jr. und Thomas C. O'Guinn im *Journal of Consumer Research* einen Beitrag mit dem Titel „Brand Community" veröffentlichten. Ein Jahr danach folgte dann der Artikel „Building Brand Community" von James H. McAlexander, John W. Schouten und Harold F. Koenig (2002) im *Journal of Marketing*. Seitdem hat das Interesse an diesem Thema auch außerhalb der Fachöffentlichkeit sprunghaft zugenommen (vgl. Hellmann 2006). Eine „brand community" stellt dabei ein mehr oder weniger aufwendig gepflegtes Beziehungsnetzwerk zwischen Intensivverwendern spezieller Markenprodukte dar, wie *Apple, AOL, BMW, eBay, H1/H2, Harley-Davidson, Jeep, Käfer, Märklin, Porsche, Red Bull, Saab, Saturn, Tupperware, Vesper, Yahoo!* oder auch *Star Wars* und *Star Trek* mit den „Conventions". Definiert wird sie wie folgt: „A brand community is a specialized, non-geographically bound community, based on a structured set of social relationships among admirers of a brand. It is specialized because at its center is a branded good or service. Like other communities, it is marked by a shared consciousness, rituals and traditions and a sense of moral responsibility. Each of these qualities is, however, situated within a commercial and mass-mediated ethos, and has its own par-

ticular expression. Brand communities are participants in the brand's larger
social construction and play a vital role in the brand's ultimate legacy"
(Muniz/O'Guinn 2001: 412).

Ohne hier auf die laufende BC-Forschung weiter eingehen zu können,
schließen sich gerade in solchen Netzwerken jene Kunden und Konsumenten zusammen, die gegenüber bestimmten Marken besonders treu sind,
ihnen eine herausragende Bedeutung beimessen und sehr viel Zeit, Geld
und Aufmerksamkeit für sie opfern. Insofern dürften gerade diese Netzwerke ideale Studienobjekte sein, um Markenfans in ihrem Element zu untersuchen.

Bei der Prosumerforschung geht es um eine Figur, die 1980 von Alvin
Toffler erfunden wurde und sich als Begriff aus der Vorsilbe von *Producer*
und dem Stammwort von *Consumer* zusammensetzt. Inhaltlich bezog sich
Toffler (1980) dabei auf die Tatsache, dass ein nicht geringer Anteil des
Bruttosozialprodukts der Vereinigten Staaten durch Heim- und Hausarbeit
bestritten wird – die unsichtbare Wirtschaft („the invisible economy"), so
Toffler (1980: 267) damals. Außerdem prophezeite Toffler, dass nicht nur
viele Dienst-, sondern vermehrt auch Sachleistungen („goods") den Konsumenten immer stärker als Prosumenten fordern werden. „To glimpse the
long-range future of this development, we need to look not only at services,
but at goods. And when we do we find that here, too, the consumer is in-
creasingly being drawn into the production process" (Toffler 1980: 273). Aus
diesem Grunde wird der Konsument in seiner bisherigen, vorwiegend passiven Rolle zusehends verschwinden und die Rolle des Prosumenten übernehmen.

Inzwischen sind beinahe 30 Jahre vergangen, und die Prophezeiung
Tofflers ist größtenteils eingetreten. Sicherlich gilt dies nicht für alle Märkte
gleichermaßen. Doch zeichnet sich ab, dass Toffler am Ende wohl Recht behalten dürfte, als er formulierte, dass das Auftauchen des Prosumers unser
ökonomisches Denken definitiv ändern wird. „The rise of the prosumer will
decisively alter all our economic thinking" (Toffler 1980: 283). Insbesondere
seit Einführung und Verbreitung des Web 2.0, d.h. von Technologien, die
höhere Partizipationschancen bieten, wie bei *amazon* und *ebay*, und den Aufbau von „computer mediated communities" wie *facebook*, *myspace*, *xing* unterstützen, nimmt die Bereitschaft sprunghaft zu, sich als Konsument aktiv
einzubringen (vgl. Andrejevic 2008; Friebe/Ramge 2008; Hellmann 2009).

Dies kann soweit gehen, dass ganze Produktionsprozesse an die Konsumenten ausgelagert werden, Stichwort „crowdsourcing" (vgl. Surowiecki 2005; Howe 2008).

In jedem Fall zeichnet sich hier eine weitere Entwicklung ab, bei der Konsumenten mitunter ein derart intensives Engagement entfalten, dass es berechtigt erscheint, dieses „Prosumer Movement" (Kotler 1986) als ein weiteres Objekt für die Konsumforschung vorzuschlagen, sofern es ihr um „fanatical consumers" geht. Zwar steht die Forschung auch hier noch am Anfang. Aber es dürfte sicher weiterhelfen, wenn sich die Konsumforschung hierfür gleich zu Beginn der Unterstützung der Fanforschung versichern würde, um auf diesen kürzlich erst eingeschlagenen Weg der Erforschung devotionaler Konsumenten zügig voranzukommen.

Literatur

Abercrombie, Nicholas & Brian Longhurst (1998): Audiences. A Sociological Theory of Performance and Imagination. London, Thousand Oaks & New Delhi: Sage.

Andrejevic, Mark (2008): Watching Television Without Pity. The Productivity of Online Fans. In: Television & New Media 9/1. 24-46.

Atkin, Douglas (2004): The Culting of Brands. When Customers Become True Believers. London: Portfolio.

Bauer, Hans H., Daniel Heinrich & Isabel Martin (2007): How to Create High Emotional Consumer-Brand Relationships? The Causalities of Brand Passion. In: 2007 Australian & New Zealand Marketing Academy Conference Proceedings. 2189-2198.

Belk, Russell W. & Gülnur Tumbat (2005): The Cult of Macintosh. In: Consumption, Markets and Culture 8/3. 205-217.

Belk, Russell W., Melanie Wallendorf & John F. Sherry Jr. (1989): The Sacred and the Profane in Consumer Behavior: Theodicy on the Odyssey. In: Journal of Consumer Research 16. 1-38.

Bieber, Christoph (2001): Sneaker-Story. Der Zweikampf von adidas und Nike. Frankfurt a.M.: Fischer Taschenbuch.

Blanchard, Ken & Sheldon Bowles (1993): Raving Fans! A Revolutionary Approach to Customer Service. London: HarperCollins.

Chung, Emily, Michael Beverland & Pascale Quester (2005): Exploring Consumer Fanaticism: Online unter http://smib.vuw.ac.nz:8081/WWW/ANZMAC2005/cd-site/pdfs/3-Consumer-Beh/3-Chung.pdf (Zugriff am 30.07.2009).

Classen, Steven (1998): Redeeming Values: Retail Coupon and Product Refund Fans. In: Harris, Cheryl & Alison Alexander (Hrsg.): Theorizing Fandom. Fans, Subculture and Identity. Cresskill: Hampton Press. 71-86.

Cova, Bernard, Robert V. Kozinets & Avi Shankar (Hrsg.) (2007): Consumer Tribes. Oxford: Butterworth-Heinemann.

Crawford, Garry & Victoria K. Gosling (2004): The Myth of the 'Puck Bunny': Female Fans and Men's Ice Hockey. In: Sociology 38/3. 477-493.

Friebe, Holm & Thomas Ramge (2008): Marke Eigenbau. Der Aufstand der Massen gegen die Massenproduktion. Frankfurt a.M.: Campus.

Giulianotti, Richard (2002): Supporters, Followers, Fans, and Flaneurs. A Taxonomy of Spectator Identities in Football. In: Journal of Sport & Social Issues 28/1. 25-46.

Gray, Jonathan (2003): New audiences, new textualities. Anti-fans and non-fans. In: International Journal of Cultural Studies 6/1. 64-81.

Hallay, Hendric, Kai-Uwe Hellmann & Thorsten Raabe (2008): Der See ruft... Markenkultur zwischen Forschung und Praxis. In: Markenartikel 70/3. 60-63.

Harris, Cheryl & Alison Alexander (Hrsg.) (1998): Theorizing Fandom. Fans, Subculture and Identity. Cresskill: Hampton Press.

Hellmann, Kai-Uwe (2003): Soziologie der Marke. Frankfurt a.M.: Suhrkamp.

Hellmann, Kai-Uwe (2006): Die Geburt der Gemeinschaft aus dem Geist des Kapitalismus. In: Berliner Debatte INITIAL 17/6. 76-80.

Hellmann, Kai-Uwe (2009): Prosumismus im Zeitalter der Internetökonomie. In: SWS-Rundschau 1. 49/1. 67-73.

Hellmann, Kai-Uwe & Peter Kenning (2007): Die Kreise der Communities. In: Absatzwirtschaft 2007/5. 40-43.

Holt, Douglas B. (1995): How Consumers Consume: A Typology of Consumption Practices. In: Journal of Consumer Research 22/1. 1-16.

Holt, Douglas B. (2004): How Brands become Icons. The Principles of Cultural Branding. Cambridge: Harvard Business School Press.

Howe, Jeff (2008): Crowdsourcing. Why the Power of the Crowd is Diving the Future of Business. New York: Random.

Jenkins, Henry (2006): Fans, Bloggers, and Gamers. Exploring Participatory Culture. New York: New York University Press.

Jindra, Michael (1994): Star Trek Fandom as a Religious Phenomenon. In: Sociology of Religion 55/1. 27-51.

König, Thomas (2002): Fankultur. Eine soziologische Studie am Beispiel des Fußballfans. Münster: Lit.

Kotler, Philip (1986): The Prosumer Movement: A New Challenge for Marketers. In: Advances in Consumer Research 13/1. 510-513.

Kozinets, Robert V. (2001): Utopian enterprise: Articulating the Meanings of Star Trek's Culture of Consumption. In: Journal of Consumer Research 28/1. 67-88.

Lohr, Miriam (2008): Das Fan-Star-Phänomen. Musikstars und ihre Fans im Austausch. Elvis Presley und Michael Jackson zum Beispiel. Marburg: Tectum.

Mackellar, Joanne (2006): Fanatics, fans or just good fun? Travel behaviours and motivations of the fanatic. In: Journal of Vacation Marketing 12/3. 195-217.

Mackellar, Joanne (2009): Dabbers, fans and fanatics: Exploring behavioural segmentation at a special-interest event. In: Journal of Vacation Marketing 15/ 1. 5-24.

McAlexander, James H., John W. Schouten & Harold F. Koenig (2002): Building Brand Community. In: Journal of Marketing 66/1. 38-54.

Mewett, Peter & Kim Toffoletti (2008): Rogue Men and Predatory Women. Female Fans' Perceptions of Australien Footballers' Sexual Conduct. In: International Review for the Sociology of Sport 43/2. 165-180.

Muniz, Jr., Albert M. & Thomas C. O'Guinn (2001): Brand Community. In: Journal of Consumer Research 27/4. 412-432.

Muniz, Jr., Albert M. & Hope Jensen Schau (2005): Religiosity in the Abandoned Apple Newton Brand Community. In: Journal of Consumer Research 31/4. 737-747.

O'Guinn, Thomas C. (1991): Touching Greatness: The Central Midwest Barry Manilow Fan Club. In: Belk, Russell W. (Hg.): Highways and Buyways: Naturalistic Research from the Consumer Behavior Odyssey. Provo: The Association for Consumer Research. 102-111.

O'Guinn, Thomas C. & Albert M. Muniz Jr. (2005): Communal consumption and the brand. In: Ratneshwar, S. & David Glen Mick (Hrsg.): Inside Consumption. Consumer motives, goals, and desires. London & New York: Routledge. 252-272.

Pichler, Elisabeth A. & Andrea Hemetsberger (2007): 'Hopelessly devoted to you' – Toward an Extended Conceptualization of Consumer Devotion. In: Advances in Consumer Research 34. 194-199.

Pichler, Elisabeth A. & Andrea Hemetsberger (2008): Driven by Devotion – How Consumers Interact with their Objects of Devotion. In: Advances in Consumer Research 35. 439-444..

Pimentel, Ronald W. & Kristy E. Reynolds (2004): A Model for Consumer Devotion: Affective Commitment with Proactive Sustaining behaviors. In: Academy of Marketing Science review 8/5. Online unter www.amsreview.org/articles/pimentel05-2004.pdf (Zugriff am 30.07.2009).

Ragas, Matthew W. & Bolivar J. Bueno (2002): The Power of Cult Branding. How 9 Magnetic Brands Turned Customers into Loyal Followers (and Yours Can, Too!). New York: Crown Business.

Redden, James & Carol J. Steiner (2000): Fanatical Consumers: towards a framework for research. In: Journal of Consumer Marketing 17/4. 322-337.

Riesman, David, Reuel Denney & Nathan Glazer (1964): Die einsame Masse. Eine Untersuchung der Wandlungen des amerikanischen Charakters. Reinbeck: Rowohlt.

Rozanski, Horacio D., Allen G. Baum & Bradley T. Wolfsen (2000): Brand Zealots: Realizing the Full Value of Emotional Brand Loyalty. In: strategy+business 17. 51-62. Online unter www.strategy-business.com/press/16635507/13741?tid=230&pg=all (Zugriff am 30.07.2009).

Rühle, Axel (2008): Da haut dir der Schuh nicht mehr ab. Programmierte Suchtgefahr: Der Nike-Laufschuh, der iPod und das Web haben sich zu einem perfekten Überwachungssystem für Sportler vernetzt. In: Süddeutsche Zeitung vom 11. April 2008. Online unter www.sueddeutsche.de/gesundheit/195/438938/text/ (Zugriff am 30.07.2009).

Sandvoss, Cornel (2005): Fans. The Mirror of Consumption. Cambridge & Malden: Polity.

Scardaville, Melissa C. (2005): Accidental Activists. Fan Activism in the Soap Opera Community. In: American Behavioral Scientist 48/7. 881-901.

Schouten, John W. & James H. McAlexander (1995): Subcultures of Consumption: An Ethnography of the New Bikers. In: Journal of Consumer Research 22/1. 43-61.

Surowiecki, James (2005): The Wisdom of Crowds. New York: Anchor.

Thorne, Scott & Gordon C. Bruner Jr. (2006): An Exploratory Investigation of the Characteristics of Consumer Fanaticism. In: Qualitative Market Research 9/1. 51-72.

Toffler, Alvin (1980): The Third Wave. New York u.a.: Bantam.

Tulloch, John & Henry Jenkins (1995): Science Fiction Audiences. Watching Dr. Who and Star Trek. London & New York: Routledge.

Wann, Daniel L., Merrill J. Melnick, Gordon W. Russell & Dale G. Pease (2001): Sport Fans. The Psychology and Social Impact of Spectators. New York & London: Routledge.

Wenger, Christian (2006): Jenseits der Sterne. Gemeinschaft und Identität in Fankulturen. Zur Konstitution des Star Trek-Fandoms. Bielefeld: transcript.

Fans und Medien

Dieter Ohr

Wer sich der Beziehung zwischen Fans und Medien zuwendet, mag sich zuerst fragen, ob hier irgendetwas fraglich sein kann. Ist nicht die zwangsläufige Bezugnahme des Fans auf die Medien begrifflich bereits im Konzept des Fans enthalten? Kann es, zumal in der Mediengesellschaft, überhaupt Fans ohne Medien geben? Man mag diese Frage womöglich so beantworten, dass sich *ohne* ein entwickeltes System von Massenmedien, *ohne* einen damit einhergehenden ‚Starkult' das Fantum nie zu einem Massenphänomen hätte entwickeln können (vgl. Fritzsche 2003: 17; Krischke-Ramaswamy 2007: 34ff.). Doch selbst wenn man die Frage so beantwortet, dass mit Blick auf die Gesamtgesellschaft das Fan-Sein der entwickelten Massenmedien bedürfe, heißt dies noch wenig für die individuelle Ebene: Fan zu sein bedeutet einerseits, sich auf die Medien zu beziehen, andererseits sind eine Reihe von Fan-aktivitäten vorstellbar, die nur einen schwachen oder gar keinen Medienbezug haben (Fritzsche 2003: 17). Wenn wir die Definition von Jochen Roose u.a. in der Einleitung dieses Bandes zugrunde legen, wonach Fans Menschen sind, *„die längerfristig eine leidenschaftliche Beziehung zu einem für sie externen, öffentlichen, entweder personalen, kollektiven, gegenständlichen oder abstrakten Fanobjekt haben und in die emotionale Beziehung zu diesem Objekt Zeit und/oder Geld investieren"*, so bleibt dabei zunächst noch völlig offen, auf welche Weise Fans die Beziehung zu ihrem Fanobjekt pflegen und welche Rolle Massenmedien dabei spielen.[1] Auch weiß man nicht, eine intensive Mediennutzung von Fans unterstellt, auf welche Medien sich diese richtet. Ferner könnte sich die Bedeutung der alten und der neuen Medien zwischen den Fangruppen unterscheiden. Mit anderen Worten: Die globale Verknüpfung von entwickeltem Mediensystem einerseits und der Existenz eines massen-

---

1 „This linking of fandom, celebrity and the mass media is an unexamined constant in commentary on fandom" (Jenson 1992: 10).

haften Fantums andererseits informiert nur wenig über die individuelle Ausgestaltung dieser Beziehung. Genau um diese individuelle Perspektive geht es in diesem Beitrag.

In der Folge werden dazu zunächst, in Abschnitt 1, die Grundlagen für die empirischen Analysen der Fan-Medien-Beziehung dargestellt. Dabei bildet die Entwicklung des Systems der Massenmedien, damit einhergehend auch die Entwicklung der Mediennutzung in den letzten Jahrzehnten, einen wesentlichen Hintergrund für das Fantum als Massenphänomen (1.1). Abschnitt 1.2 ist dem theoretischen Bezugsrahmen gewidmet, der den empirischen Analysen zugrunde liegt. In diesen empirischen Analysen in Abschnitt 2 werden drei Facetten der Fan-Medien-Beziehung unterschieden und unter die Lupe genommen:[2] erstens die Rolle, die die traditionellen Massenmedien wie auch das Internet bei der *Genese des Fan-Seins* spielen (2.1); zweitens wird die *Nutzung* alter und neuer Medien durch Fans im Detail aufgezeigt, bei unterschiedlichen Intensitäten der Fanbindung und bei unterschiedlichen Fanobjekten (2.2); drittens wird ein Versuch unternommen, eine spezielle Hypothese der *Wirkung von Medien auf den Charakter des Fan-Seins* bei Fußballfans zu prüfen (2.3).[3]

1 Empirischer Hintergrund und theoretische Erwartungen

1.1 Die Mediengesellschaft als Hintergrund des Fan-Seins

Dass Fan-Sein ein Massenphänomen geworden ist, lässt sich schwerlich ohne ein flächendeckendes und leistungsfähiges System der Massenmedien denken (vgl. Krischke-Ramaswamy 2007: 34ff.). In der modernen *Mediengesellschaft* ist jeden Tag eine große Zahl von Medienanbietern bestrebt, unter

---

2   Ein weiterer Aspekt der Medien-Fan-Beziehung soll noch erwähnt sein, nämlich der Stellenwert, den Fans für die Medien besitzen, ein Aspekt von sicherlich überragender wirtschaftlicher Bedeutung für die Anbieter im Mediensystem, denkt man etwa nur an die Sportberichterstattung und die Sportfans. Dieser Aspekt bleibt hier allerdings ausgeblendet (vgl. Mikos 2002; Gerhards/Klingler 2004; Schauerte 2004; Schierl 2004).

3   Grundlage der empirischen Analysen ist eine umfangreiche Online-Studie zu Fans, die im Jahre 2005 durchgeführt wurde. Jochen Roose und Mike S. Schäfer danke ich für die Überlassung ihrer Daten.

den Bedingungen scharfer Konkurrenz die Aufmerksamkeit des Publikums zu gewinnen. Personalisierung ist dabei ein geeignetes Mittel, so dass die Berichterstattung zu überregional bekannten Stars zu einer wichtigen Facette der Mediengesellschaft wird und hilft, das Fantum zu begründen und zu festigen. Die moderne Mediengesellschaft (vgl. v.a. Schulz 2008) ist, neben der strikten Orientierung der Medienanbieter an Nachrichtenwerten wie der personalisierten Berichterstattung, nicht zuletzt durch das große, vielfältige Medienangebot charakterisiert. Dass im Vergleich zu früheren Jahrzehnten eine beeindruckende Angebotsexpansion stattgefunden hat, lässt sich an vielen Indikatoren festmachen, etwa am Anstieg der gesendeten Programmstunden für Information wie für Unterhaltung. Mit der Angebotsausweitung geht auch ein stetiger Anstieg bei der Nutzung der traditionellen Massenmedien einher. Ganz besonders gilt dies für das Radio und das Fernsehen (vgl. zur Entwicklung der Mediennutzung allgemein Reitze/ Ridder 2006). Bei beiden Medien dürfte dazu ab der Mitte der 1980er Jahre die Etablierung des Dualen Rundfunksystems einen nochmaligen Schub bewirkt haben, so dass gegenwärtig die mittlere tägliche Nutzung beim Radio und beim Fernsehen bei mehr als drei Stunden liegt (Abb. 1). Etwas abgenommen hat die Nutzung der Tageszeitung. Umgekehrt hat das Internet mit im Mittel knapp 50 Minuten (im Jahr 2005) einen festen Platz in der täglichen Mediennutzung gefunden.

Vor allem die traditionellen elektronischen Massenmedien werden mit stetig steigender Frequenz genutzt und immer häufiger durch das Internet ergänzt. Hinter dieser Entwicklung dürfte sich verbergen, dass allein aufgrund der fast hundertprozentigen Ausstattung der Haushalte mit Radio- und Fernsehgeräten der Aufwand und die Kosten, diese Medien zu nutzen, deutlich kleiner geworden sind. Nie war es einfacher, eine Fanbeziehung zu pflegen und diese Beziehung durch eine so vielfältige wie individuell zugeschnittene Mediennutzung auszudrücken.

Besonders für die Musikfans wird sich die Beziehung zum Fanobjekt auch darin äußern, dass man die Musik der Gruppe, deren Fan man ist, regelmäßig hört. So wird die Nutzung auch der ‚nicht-tagesaktuellen Medien' (Reitze/Ridder 2006: 46) nicht zuletzt für Musikfans von großer Bedeutung sein (Böhm 2004). Abbildung 1 zeigt auch, dass ab Mitte der 1990er Jahre die Nutzungsdauer bei CDs und MP3-Geräten einen steilen Anstieg erfährt und an die Ein-Stunden-Grenze heranrückt.

Abbildung 1:   Mediennutzung in Deutschland im zeitlichen Verlauf (alte
                 Bundesländer, aus Reitze/Ridder 2006: 39, 46; in Minuten/Tag)

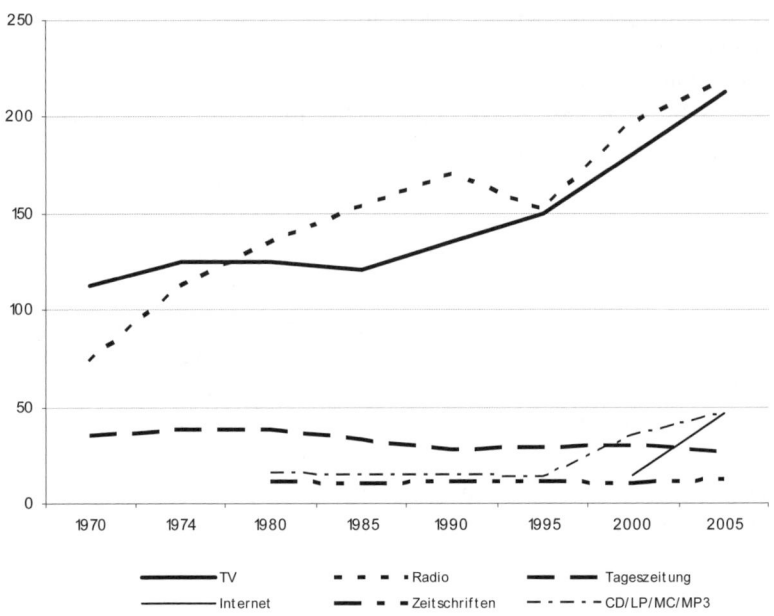

Was man aus der Grafik zur Entwicklung der Mediennutzung sicherlich
nicht ableiten kann, sind Aussagen darüber, in welchem Maße die Mediennutzung einen Bezug zum Fantum hat (zu einem Modell der TV-Nachfrage
nach Sportübertragungen vgl. Woratschek/Schafmeister 2004). Es zeigt sich
aber zum einen sehr deutlich, dass in der gesamten Bevölkerung die Mediennutzung einen sehr großen Raum im alltäglichen Leben einnimmt. Zum
anderen lässt sich eine große Vielfalt genutzter Medien erkennen.

Natürlich ist Fan-Sein nicht gleichbedeutend mit Mediennutzung. Dem
Fan bieten sich aber in der entwickelten Mediengesellschaft vielfältige Optionen, sein Fan-Sein mit Hilfe der Medien zu gestalten. In welchem Maße
und mit welchen Medien dies geschieht, ist Gegenstand der folgenden Abschnitte.

1.2 Theoretischer Bezugsrahmen und Erwartungen zur Beziehung zwischen Fan-Sein und Medien

Welcher Art ist die Beziehung zwischen Fantum und den Medien im einzelnen, welche Aspekte dieser Beziehung lassen sich unterscheiden? Wichtigster Bezugsrahmen für den Umgang von Fans mit Medien ist im Folgenden der *Nutzen- und Belohnungsansatz* (angelsächsisch: uses and gratifications approach; vgl. etwa McLeod/Becker 1981; Schenk 2002). Im Rahmen dieses Ansatzes wird die Mediennutzung von Individuen als mehr oder minder zielgerichtete und planvolle Befriedigung von Bedürfnissen verstanden: „The person follows his/her interests, choosing media content according to needs and synthesizes that content to satisfy those needs" (McLeod/Becker 1981: 69). Als fruchtbar hat es sich dabei erwiesen, zwischen *gesuchten* und *erhaltenen Gratifikationen* der Mediennutzung (gratifications sought vs. gratifications obtained) zu unterscheiden. Es sind danach nicht allein die individuellen Bedürfnisse, die über Art und Umfang der Mediennutzung entscheiden, sondern auch die Angebote der Medien und deren Bewertung durch die Rezipienten. Letztlich muss eine erfolgreiche Verwendung des Nutzen- und Belohnungsansatzes Aussagen über die vermuteten gesuchten und erhaltenen Gratifikationen der Personen, in diesem Falle also der Fans, treffen. Häufig geschieht dies durch direkte Messung der Gratifikationen. Für die vorliegende Analyse kommt demgegenüber die *Inferenzmethode* zur Anwendung, das heißt, es werden Vermutungen darüber formuliert, welche Interessen und Bedürfnisse Fans mit unterschiedlichen Fanobjekten an die Medien herantragen, auch, welche Medien diese Interessen in welchem Maße erfüllen werden. Der Bezugsrahmen des Nutzen- und Belohnungsansatzes soll also im Folgenden vor allem die Funktion erfüllen, zum einen einige Erwartungen für den Umgang von Fans mit alten und neuen Medien zu begründen und zum anderen die Deutung der empirischen Muster zu inspirieren.[4]

---

4   Direkte Messungen zu den Gratifikationen, die Fans aus den Medien beziehen, setzen entsprechende empirische Indikatoren voraus, die in den von mir verwendeten Daten nicht verfügbar sind. Unabhängig von der Verfügbarkeit haben direkte Gratifikations-messungen ihre ganz eigenen Probleme, die etwa darin bestehen, dass Befragte Ex post-Rationalisierungen ihrer Mediennutzung angeben (Schenk 2002: 642).

Im Folgenden sollen zwei Fangruppen verglichen werden: *Fußballfans* und *Musikfans*. Beide Fangruppen machen zusammen den weitaus größten Teil aller Fans aus: In der Fan-Online-Befragung, auf die sich die empirischen Analysen dieses Beitrags stützen, beträgt der Anteil beider Gruppen zusammengenommen 72,9 % (bei insgesamt 4189 befragten Fans der Kategorien Sport, Musik, Film, Buch sowie einer Restkategorie), davon sind 55,6 % Fußballfans und 17,3 % Musikfans.[5]

Welche Bedeutung haben die Medien für die *Genese des Fan-Seins*, dem ersten hier untersuchten Aspekt der Fan-Medien-Beziehung? Hier dürfte es bereits erste Unterschiede zwischen Fußballfans und Musikfans geben: Denn Fans einer Musikgruppe haben, von dem – seltenen – Ereignis eines Konzerts in der Nähe ihres Wohnorts einmal abgesehen, kaum eine andere Möglichkeit, als verschiedene Medien zu konsultieren, wenn sie sich mit ihrem Fanobjekt beschäftigen wollen. Der Fan eines Vereins der Fußball-Bundesliga kann dagegen, im Prinzip, jede Woche ein Spiel seines Vereins verfolgen. Allein aus dieser Perspektive einer Gelegenheitsstruktur, die bei den Musikfans sehr viel ungünstiger ist, dürften die Medien bei den Musikfans eine wichtigere Rolle für die Entwicklung zum Fan spielen als bei den Fußballfans.

Für den zweiten Aspekt der Fan-Medien-Beziehung, die Mediennutzung der Fans, kann als eine erste Erwartung formuliert werden, dass *Fans häufiger als Nicht-Fans Massenmedien nutzen*. Fan-Sein bedeutet, sich an ein Fanobjekt zu binden, und diese Bindung wird wiederum dazu mobilisieren, sich aktiv dem Fanobjekt zu widmen, nicht zuletzt durch Mediennutzung. Wenn es kaum andere Möglichkeiten gäbe, sich mit Fanobjekten zu befassen als durch die Nutzung von Massenmedien, so würden Fans zwangsläufig eine intensive Mediennutzung aufweisen. Dies trifft nun freilich auch in der Mediengesellschaft nicht zu, zumal das Maß, in dem Fans einzelne Medien nutzen, auch von der Art des *Fanobjekts* abhängt: Zum einen mag es je nach der Art des Fanobjekts unterschiedlich gute Alternativen zu den alten und

---

5   Die Heterogenität der Fans als Gesamtheit ist sehr groß. Allein die Unterkategorie Film enthält eine Vielzahl unterschiedlichster Fangruppierungen, ebenso die Residualkategorie. Im Rahmen dieses Beitrags ist es nicht möglich, angemessen auf diese Differenzierungen einzugehen. Für eine Beschreibung der Datenerhebung vgl. die Einleitung sowie Roose in diesem Band.

neuen Medien geben, sich dem Fanobjekt zuzuwenden. Je zahlreicher und
besser solche Alternativen sind, desto weniger wird auf die Medien zurückgegriffen werden. Zum anderen wird es darauf ankommen, welchen Raum
ein Fanobjekt in den Medien einnimmt, mit welchen Formaten darüber berichtet wird etc. In der Sprache des Nutzen- und Belohnungsansatzes werden hier die Erwartungen über zu erhaltende Gratifikationen eine wesentliche Rolle spielen. Insoweit sich diese zwischen Fangruppen unterscheiden,
wird auch die Mediennutzung differieren.

Man mag Lothar Mikos (2007: 479) zustimmen, wenn er formuliert,
Fußball sei wie Popmusik, wenn es etwa um die Intensität der Fanbindung
oder um den Starstatus von Fußballspielern und Musikern geht. So ähnlich
in diesen Hinsichten die Fanbindung zu Fußballvereinen einerseits, Musikgruppen andererseits auch sein mag, die Mediennutzung dürfte sich zwischen Fußballfans und Musikfans unterscheiden. Ob die Gesamtdauer der
Mediennutzung über alle Medien hinweg zwischen beiden Gruppen differiert, lässt sich a priori nicht ausmachen, wohl aber sind Unterschiede bei
der Nutzung der ‚alten‘ Massenmedien zu erwarten: Denn die regelmäßige
und aktuelle Berichterstattung in Fernsehen, Radio und Tageszeitung über
Fußballspiele, -vereine und -spieler wird es mit sich bringen, dass Fußballfans die ‚alten‘ Massenmedien intensiv nutzen. Für Musikfans sollte dies
weit weniger gelten, da der Fan einer bestimmten Musikgruppe nur aus-
nahmsweise etwa mit einem Bericht genau über seine Gruppe in einem der
‚alten‘ Medien rechnen kann (Böhm 2004: 44). Gerade für Musikfans bieten
Fernsehen, Radio und Tageszeitung zu wenig spezifische Informationen.
Eben dieses Bedürfnis nach spezifischen Informationen über das Fanobjekt
ist aber charakteristisch für das Fan-Sein.

Als nächste Erwartung kann deshalb gelten, dass Fans die Medien *spezifischer* und *gezielter* nutzen als Nicht-Fans (für Musikfans vgl. Böhm 2004).
Diese Implikation soll auch im Sinne einer Binnendifferenzierung verstanden sein: Je intensiver das Fan-Sein, je stärker die Involvierung einer Person
in die Bindung zum Fanobjekt, desto spezifischer und gezielter sollte die
Mediennutzung erfolgen. Spezifischere und gezieltere Nutzung bedeutet,
dass Fans sich häufig mit einem eng umrissenen Informationsinteresse einem Medium zuwenden: Wann hat der eigene Verein zum letzten Mal gegen den nächsten Gegner gewonnen? Hat die Schlagzeugerin der Musikgruppe, deren Fan man ist, Haustiere? Solche Informationsinteressen erfor-

dern Medien, die höchst spezifische und detaillierte Informationen bereitstellen. Die Tageszeitung oder das Fernsehen können dem nicht genügen.[6] Besonders im Hinblick auf dieses Kriterium der Bewertung von Medien dürfte es klare Unterschiede zwischen intensiven und weniger intensiven Fans sowie zwischen Fußballfans und Musikfans geben. Denn allein die schiere Anzahl von Musikgruppen und Musikern lässt es als ausgeschlossen erscheinen, dass auch nur für einen größeren Teil von ihnen spezifische Informationen in den traditionellen Massenmedien zu finden sind. Für Fußballfans könnte es sich aufgrund der eher überschaubaren Zahl von Vereinen als einfacher erweisen, spezifische Informationen auch in den traditionellen Massenmedien zu finden.

Eine weitere Erwägung bezieht die zeitliche Dimension der Informationssuche und der Mediennutzung mit ein. Demnach sollten Fans diejenigen Medien häufiger nutzen, die einen *Aktualitätsgewinn* bieten. Ebenso sollte diese Art der Nutzung umso eher und häufiger erfolgen, je stärker die Involvierung in die Fanbindung ist. Betrachtet man das Internet als das Medium mit der größten Aktualität, so werden Fans besonders das Internet nutzen, um sich über ihre Fanobjekte zu informieren (vgl. Bieber/Hebecker 2002).

Zuletzt werden Fans als Folge ihrer hohen Involviertheit sich nicht mit dem Status als passiver Mediennutzer begnügen, sondern sich auch aktiv beteiligen wollen (vgl. Roose/Schäfer und Winter in diesem Band). Deswegen werden Fans, aus diesem Blickwinkel gesehen, vor allem solche Medien nutzen, die Beteiligung ermöglichen. Beteiligung kann dabei ganz unterschiedliche Ausprägungen annehmen, von dem täglichen Schreiben von Meinungen bis hin zur Einflussnahme auf die Strategie eines Vereins (vgl. Schwier 2006).[7]

---

6 Anders verhält es sich freilich mit dem Internetarchiv einer Zeitung oder dem Internetarchiv eines Fernsehsenders. Aber hierbei handelt es sich natürlich nicht mehr um die traditionellen Massenmedien.

7 Beispiele für Beteiligung bis hin zur Einflussnahme auf die Vereinspolitik sind Fans der Vereine FC Ebbsfleed United (http://myfootballclub.co.uk), FC Liverpool (www. shareliverpoolfc.com) und Fortuna Köln (www.deinfussballclub.de), bei denen es Fans möglich ist, über die Internetseiten Anteile zu erwerben.

Welche Erwartungen lassen sich für den dritten zu untersuchenden Aspekt der Fan-Medien-Beziehung, nämlich die möglichen *Medienwirkungen,* identifizieren? Macht es etwa einen Unterschied, ob eine Person über und durch die Massenmedien den Zugang zu einem Fanobjekt findet? Verändert sich auf lange Sicht der Charakter des Fan-Seins durch die Art und Weise, wie Medien über Fanobjekte berichten? Wollte man solche Fragen für die Gruppe der Fans insgesamt untersuchen, so wäre dieses Unternehmen, ganz abgesehen von seiner Realisierbarkeit, inhaltlich betrachtet nicht sinnvoll: Zu groß dürften die Unterschiede zwischen den Fangruppen sein.[8] Auch ist die Analyse von Medienwirkungen zu komplex und aufwändig, um mehrere Fangruppen vergleichend in den Blick nehmen zu können. Deswegen beschränkt sich die diesbezügliche Untersuchung auf die Entwicklung der Medienberichterstattung über Fußball und deren mögliche Auswirkungen.

Für die *qualitative* Seite der Berichterstattung über Fußball wird von mehreren Beobachtern darauf hingewiesen, dass sich die inhaltlichen Schwerpunkte, die Formate der Berichterstattung und die eingesetzten Stilmittel gewandelt hätten (vgl. Mikos 2002; Schonhardt/Beeskow 2003; Ballensiefen/Nieland 2007; Bleeker-Dohmen u.a. 2007). Danach werde über Fußball emotionalisierter, personalisierter berichtet als in früheren Jahrzehnten; persönliche Belange von Spielern würden stärker beleuchtet. Ballensiefen/Nieland (2007) sprechen von einer Talkshowisierung des Fußballs. Am stärksten dürfte diese Entwicklung das Fernsehen betreffen. Doch auch für die Presse wurde konstatiert, dass das Schreiben über Fußball mehr und mehr dem Popjournalismus ähnele. Jacke und Kleiner zeigen dies für Fußballmagazine, die zunehmend Stilmittel wie Subjektivität, Parteinahme, Emotionalität und

---

8 Zum einen unterscheiden sich die Medienportfolios der einzelnen Fangruppen, wie sich in Abschnitt 2 zeigen wird. Zum anderen dürften sich die medialen Angebote je nach Fanobjekt auch über die Zeit hinweg in jeweils unterschiedlicher Weise gewandelt haben. So mag etwa bei den Musikfans das Aufkommen spezieller Musikkanäle wie MTV oder VIVA die Häufigkeit und den Charakter von Fanbindungen an Popgruppen beeinflusst haben (vgl. zu Bindungen an Popgruppen Fritzsche 2003). In ähnlicher Weise dürfte dies für neuere technische Möglichkeiten wie etwa MP3-Geräte oder das einfache Herunterladen von Musikstücken aus dem Internet gelten. Ob es im Vergleich dazu etwa bei der Gruppe der Fußballfans ähnliche oder gar äquivalente Entwicklungen gibt, wäre erst noch zu prüfen.

Selbstironie einsetzten (2007: 321).[9] Man könnte vor dem Hintergrund der beschriebenen Entwicklung folgern, dass die qualitative Veränderung der Berichterstattung etwa in die Richtung einer stärkeren Personalisierung und Emotionalisierung Rezipienten an den Fußball heranführt, deren Bindung nicht mehr die Beständigkeit und Entschiedenheit der ‚klassischen' Fußballfans hat. Auch wäre denkbar, dass sich durch eine Personalisierung der Berichterstattung über Fußball, womöglich mit einer Fokussierung auf einige zentrale Topstars, auch die Fanobjekte im Zeitablauf in die Richtung der in den Medien besonders präsenten Spieler und Vereine verschoben haben.

Gewandelt hat sich auch die *quantitative* Seite der Fußballberichterstattung. Mit der Durchsetzung des Fernsehens bis zu den 1970er Jahren, danach ab Mitte der 1980er Jahre der Etablierung des Dualen Rundfunks mit öffentlich-rechtlichen und privaten Fernsehanbietern und in den letzten Jahren mit Hilfe des Internets können in der Gegenwart Spielberichte zu jeder Fußballmannschaft der ersten und zweiten Fußball-Bundesliga gesehen werden. Auch ist es sukzessive einfacher geworden, Spiele von Vereinen des europäischen Auslands zu verfolgen. Als eine mögliche Folge dieser Angebotsausweitung stellt Mikos (2007: 480) fest, „dass die Vielfalt der Fankulturen auch eine Folge der medialen Verbreitung des Sports in der globalen Gesellschaft" sei. Ein wichtiges Phänomen dieser Vielfalt seien „*imaginierte Fan-Gemeinschaften*", deren Angehörige strukturell eher Fans von Pop- und Filmstars ähnelten als den traditionellen Fußballfans, die ihren örtlichen Verein unterstützten (Mikos 2006: 102f.). Solche Gemeinschaften entstünden „aufgrund gemeinsam geteilter Bedeutungen in spezifischen kulturellen Praktiken, z.B. der globalen Verbreitung von Real Madrid-Fans oder [...] von Madonna-Fans" (Mikos 2007: 483). Als Folge der Ausweitung des medialen Fußballangebots, auch seiner Professionalisierung, „entgrenzten" sich die Fangemeinden und würden zu imaginierten Gemeinschaften. Diese imaginierten Fangemeinden seien ein Ergebnis der globalisierten Medienlandschaft (Mikos 2007: 487). Mikos (2006: 103) berichtet als Indiz für die Exis-

---

9   Die beiden Zeitschriften „11 Freunde und Rund verbindet [...] die Tendenz, dass sie
     Fußball- als Popjournalismus konzipieren und damit den Fußball als einen zentralen
     Gegenstand der gegenwärtigen Popkultur auffassen, der eine eigene Sprache und eine
     spezifische (Publikations-)Form erfordert" (Jacke/Kleiner 2007: 321). Diese Zusammen-
     führung von Fußball- und Popkultur sei der Versuch, eine Marktlücke zu schließen.

tenz solcher Fangemeinschaften hohe Anteile für Nennungen, bei denen „Interesse" an internationalen Fußballvereinen wie Real Madrid oder Inter Mailand bekundet wird. Nun ist „Interesse" noch kein „Fan-Sein", und es ist zumindest fraglich, ob sich ähnlich hohe Anteile auch bei einer strengeren Operationalisierung des „Fan-Seins" eingestellt hätten.

Wir werden uns in den empirischen Analysen auf diesen zweiten, quantitativen Aspekt der Fußballberichterstattung beschränken und zu prüfen versuchen, ob sich in der bereits angesprochenen querschnittlichen Fan-Befragung empirische Hinweise darauf finden lassen, dass die gestiegene Verfügbarkeit von Berichten über Fußballspiele und –vereine aus aller Welt eine ‚Entlokalisierung' der Bindung an Fußballvereine mitbefördert und wahrscheinlicher gemacht hat. Mit einer solchen Entgrenzung von Fangemeinden ist nicht notwendig verbunden, dass lokale Bindungen an Vereine unwichtig werden. Lokale Bezüge mögen sogar durch die Medienberichterstattung gestärkt werden, etwa indem in der Berichterstattung über Vereine deren regionale Traditionen thematisiert werden. Auf diesen Aspekt weist Klein (2008: 32f.) zu Recht hin (vgl. Cachay u.a. 2005 zum Spannungsverhältnis zwischen Globalisierungszwang einerseits und andererseits der Notwendigkeit für die Fußballvereine, die lokale Einbettung zu pflegen). Unter ‚Entlokalisierung' wird hier im Folgenden mit Blick auf die Gruppe der Fußballfans verstanden, dass sich diese häufiger als in früheren Zeiten an einen Verein binden, der nicht in der eigenen Stadt oder Region beheimatet ist.[10]

2   Empirische Analysen

Die beschriebenen Vermutungen zur medialen Genese des Fan-Seins, zur Mediennutzung von Fans und zu einer Dimension von Medienwirkungen bei Fans sollen nun empirisch geprüft werden. Die Fan-Online-Befragung von Roose und Schäfer, auf die sich die empirischen Analysen stützen, ist dadurch charakterisiert, dass die befragten Personen ohne Ausnahme Fans

---

10 Wenn die so beschriebene Vermutung formuliert und empirisch beleuchtet wird, so widerspricht dies nicht der in der Literatur als „glocalization" (Robertson 1995) bezeichneten Hypothese. „Glocalization" meint, in seiner Übertragung auf Fußball, unter anderem, dass Globalisierung nicht notwendig die spezifischen lokalen Ausprägungen von Vereinen und Fan-Sein zerstören muss, sondern sogar neu beleben kann.

sind. Für die empirische Analyse bedeutet dies, dass nicht geprüft werden kann, inwiefern die *Eigenschaft, Fan zu sein*, kausal mit bestimmten Einstellungen und Verhaltensweisen verbunden ist. Denn dies setzte voraus, die Gruppe der Fans mit Nicht-Fans kontrastieren zu können. Dennoch erlauben die Fandaten zweierlei: Zum einen können Fans genau beschrieben werden: Welche Medien werden von Fans intensiver genutzt, welche weniger intensiv? Welche Fangruppen mit welchem Fanobjekt nutzen welche Medien? Zum anderen kann die Gesamtgruppe der Fans nach der *Intensität ihrer Bindung* unterschieden werden. So mag es etwa Fans eines Fußballvereins geben, die sich nur wenig von Personen unterscheiden, die den Geschicken des Vereins ein gewisses Interesse entgegenbringen. Dem gegenüber stehen Fans, die nahezu ihre gesamte freie Zeit der Beschäftigung mit ihrem Lieblingsverein widmen.

2.1 Welche Rolle Medien bei der Genese des Fan-Seins spielen

In einem ersten Schritt soll die *Genese des Fan-Seins* in den Blick genommen werden. Welche Rolle spielen die Medien, wenn es um den Zugang zum Fan-Sein geht? Inwiefern gibt es diesbezüglich Unterschiede zwischen Fußballfans und Musikfans? Abbildung 2 zeigt die Prozentanteile für die verschiedenen *Zugangsquellen* bei den Fußballfans und den Musikfans. Der Vergleich ergibt ein sehr klares Bild: Während Musikfans häufig über die klassischen Massenmedien oder das Internet zu ihrem Fanobjekt gelangen, ist dies beim Fußball anders (für andere Fanszenen vgl. Schäfer/Roose 2005). Zwar spielt auch das Fernsehen eine wichtige Rolle für den Zugang zum Fußball, noch wichtiger ist indessen das persönliche Umfeld: Rund 40 % der Fußballfans nennen die Eltern als Zugangsimpuls, sogar mehr als die Hälfte geben die Freunde an.

Nicht ganz diese Rolle spielen die Freunde bei den Musikfans mit etwas über 40 %. Damit erweist sich die Medienzentrierung des Zugangs zum Fan-Sein bei diesen Fans als deutlich höher. Während bei den Fußballfans die Fanrekrutierung weiterhin in vielen Fällen in den traditionellen Bahnen über die Freunde und die Eltern verläuft, ist bei den Musikfans bereits der Zugang in hohem Maße medienvermittelt. Dabei dürfte freilich für beide Fangruppen gelten, dass die Medienzentrierung des Zugangs zum Fußball oder zur Musik deutlich unterschätzt würde, nähme man die relativ hohen Anteile bei den Eltern und den Freunden zum Nennwert. Umgekehrt würde wohl die Rolle des sozialen Umfelds überschätzt, sähe man dieses ausschließlich in Konkurrenz zur Bedeutung der Medien und nicht auch als ein Zwischenglied in einem mehrstufigen Informationsfluss. Denn auch die Eltern und die Freunde, die einen Jugendlichen dazu bringen, sich mit einem Fußballverein oder einer Musikgruppe intensiv zu beschäftigen, dürften ihrerseits zumindest teilweise auch über die Vermittlung der Medien ihren Weg zum Fan-Sein gefunden haben. Die gesamte Bedeutung der Medien für die Genese des Fan-Seins dürfte mithin noch höher anzusetzen sein, als dies die Anteile in Abbildung 2 vermuten lassen.

Abbildung 2: Zugang zum Fan-Sein bei Fußballfans und Musikfans (in %)

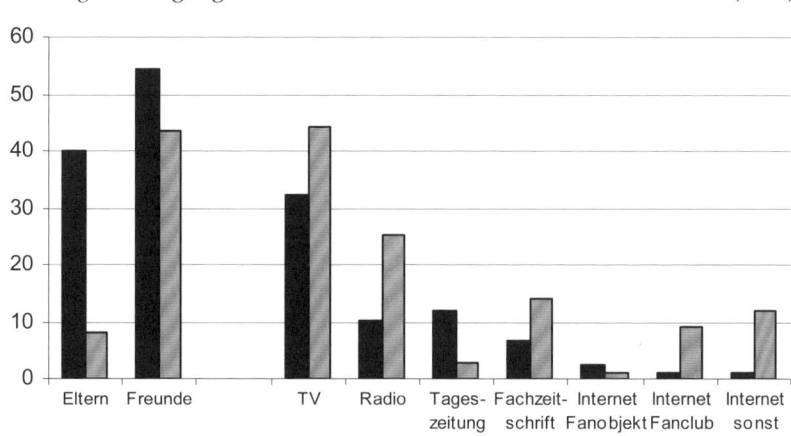

Frageformulierung: „Durch wen bist Du zu diesem Verein/Sportler/Sport/zu diesem Musiker/dieser Gruppe/dieser Musik gekommen?" (Mehrfachnennungen möglich, daher übersteigt die Summe der Prozentangaben innerhalb einer Fangruppe 100 %); Fußball: n = 2329; Musik: n = 724. (Datenbasis dieser und aller folgenden Auswertungen: Fan-Online-Befragung Roose/Schäfer)

In Abbildung 2 wird abzuschätzen versucht, welcher Stellenwert den neuen und den alten Medien im Vergleich zur sozialen Umgebung eines Individuums zukommt, wenn es um den Übergang zum Fan-Sein geht. Was einen Fan nun tatsächlich veranlasst hat, ein Fanobjekt ins Auge zu fassen und letztlich eine Bindung einzugehen, bleibt noch offen. In Frage käme etwa ein *herausragendes Ereignis*, das die Fanbindung begründet haben könnte. Ein solches Ereignis könnte live und vor Ort erlebt worden sein. Denkbar wäre aber ebenso, dass ein derartiges Schlüsselereignis medial vermittelt wurde (vgl. zu außeralltäglichen Ereignissen Gebhardt 2000). In Abbildung 3 ist für Fußball- und Musikfans dargestellt, mit welcher Häufigkeit ein herausragendes Ereignis den Grundstein zum Fantum legen konnte und welche Rolle dabei den Medien zukommt. Als mit weitem Abstand am wichtigsten erweist sich bei beiden Fangruppen das Live-Erlebnis, wobei freilich die Fokussierung der Frage auf ein „herausragendes Ereignis" das direkte Erleben zwar nicht zwingend vorgibt, aber doch nahegelegt haben könnte. Bei den Fußballfans ist das Live-Erlebnis wichtiger als bei den Musikfans, was nicht zuletzt an der im Regelfall sehr viel günstigeren Gelegenheitsstruktur für Live-Ereignisse bei den Fußballfans liegen dürfte.

Abbildung 3:   Herausragendes Ereignis als Grund für das Fan-Sein bei
                  Fußballfans und Musikfans (in %)

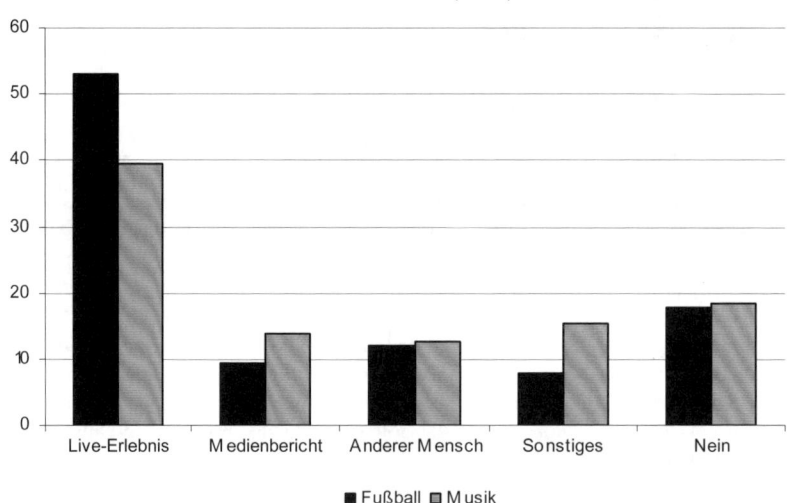

Frageformulierung: „Gibt es ein herausragendes Ereignis, das Dich zum Fan gemacht hat?".

Wenn nun ein spezifisches herausragendes Ereignis das Fan-Sein begründen konnte, dann spielen *dabei* Berichte in den Medien eine vergleichsweise untergeordnete Rolle. Immerhin zeigt sich beim Vergleich von Fußballfans und Musikfans das umgekehrte Muster zum Live-Erlebnis, wenn auch deutlich schwächer ausgeprägt: Insoweit ein herausragendes Ereignis den Einstieg in die Fankarriere mitbewirkte, ging dies bei den Musikfans etwas häufiger auf einen Medienbericht zurück.[11] Höhere Medienzentrierung bei den Musikfans im Vergleich zu den Fußballfans schlägt sich auch in diesem spezifischen Aspekt medienvermittelter Ereignisse nieder.

2.2 Welche Medien Fans wie häufig nutzen

Kommen wir zur zweiten Perspektive in diesem Beitrag, zur Mediennutzung von Fans. Zu erwarten ist, dass Fans die Medien häufiger und gezielter nutzen als lediglich Interessierte. In welchem Maß dies zutrifft, kann hier nicht auf direkte Weise geprüft werden, da dies auch Daten zu Nicht-Fans voraussetzte. Wohl aber können Vermutungen über die Informationsbedürfnisse von Fans mit unterschiedlichen Fanobjekten angestellt werden. Im Sinne des Nutzen- und Belohnungsansatzes handelt es sich dabei um gesuchte Gratifikationen. Hinzu kommen die erhaltenen Gratifikationen, die stärker das Medien*angebot* reflektieren und die Bewertungen der medienrezipierenden Fans prägen. Insoweit sich einzelne Medien in ihrem Angebot und in ihrem Medienformat unterscheiden, sollten sich auch Unterschiede bei der Nutzung zwischen den Medien zeigen.

Zuerst soll die Mediennutzung der *Fußballfans* als der größten Fangruppe in der Online-Fanstudie in den Blick genommen werden. Auf welche Medien greifen Fußballfans zu, wenn sie Informationen suchen und/oder wenn sie sich mit ihrem Verein oder ihren Lieblingsspielern beschäftigen (vgl. Abb. 4)?

---

11 Hagenah (2007) untersucht für den Fußball, ob Großereignisse wie Fußball-Weltmeisterschaften eine auch längerfristig nachweisbare Bindungswirkung entfalten. Dabei nimmt er die Leserschaft des Fußballmagazins „Kicker" in ihrer zeitlichen Entwicklung als Kriterium dafür, ob sich dauerhafte Bindungseffekte zeigen lassen. Es finden sich in den durchgeführten Zeitreihenanalysen der Leserzahlen immerhin schwache Hinweise auf Bindungseffekte.

Abbildung 4:   Häufigkeit der Mediennutzung von Fußballfans (Mittelwerte)

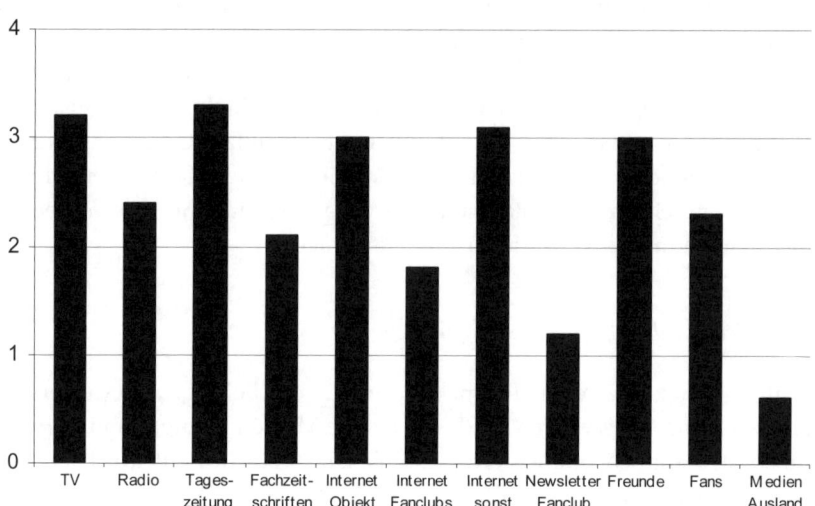

Frageformulierung: „Wie oft nutzt Du folgende Quellen für die Beschäftigung mit dem Sportler/Verein/Sport?" (Kodierung: 0 „nie", 1 „seltener als monatlich", 2 „mindestens monatlich", 3 „mindestens wöchentlich", 4 „mindestens täglich").

Ganz oben bei der Mediennutzung der Fußballfans stehen die traditionellen Massenmedien, vor allem das Fernsehen und die Tageszeitung. Nach wie vor ist das Fernsehen das alles dominierende Medium, um Fußballspiele entweder live oder doch mit geringem zeitlichem Abstand zu verfolgen. Zwar bieten mittlerweile viele Vereine der Fußball-Bundesliga die Möglichkeit, Spiele des Vereins über das vereinseigene Internet-TV kostenpflichtig zu sehen. Doch bezieht sich dies nicht auf die regulären Spiele, zumindest nicht als Liveübertragung.[12] Zum ‚Pflichtprogramm' des Fußballfans gehört neben dem Fernsehen auch die Tageszeitung und, mit im Mittel etwas niedrigerer Häufigkeit, das Radio (vgl. König 2002: 23).

Mit fast der gleichen Häufigkeit wird das Internet genutzt, um sich mit dem Verein und/oder dem Fußball allgemein zu beschäftigen. Dies kann,

---

12 Alternativ gibt es auch, etwa auf der Homepage von Eintracht Frankfurt, die Möglichkeit, das „Live-Radio" des Vereins zu abonnieren.

erstens, die Homepage des jeweiligen Vereins oder des jeweiligen Spielers sein. Besonders die Internetseiten der Bundesligavereine sind in den letzten Jahren in einem Maße ausgebaut worden, dass die unterschiedlichsten Informations- und Unterhaltungsinteressen befriedigt werden dürften. Ebenso häufig findet sich, zweitens, die Ausprägung der „sonstigen" Internetnutzung. Darunter mag fallen, dass ein Fan den Zwischenstand bei einem Spiel seines Vereins abruft oder gezielt Statistiken über seinen Verein abfragt (zum Unterhaltungspotenzial von Sportseiten im Internet vgl. Dimitriou 2006).[13]

Insofern sich Nicht-Fans und Fans in ihren Informations- und Unterhaltungsinteressen unterscheiden, sollten sich solche Unterschiede auch dann zeigen, in vermutlich etwas schwächerer Ausprägung, wenn man Untergruppen von Fans vergleicht, die in ihrem Involvierungsgrad differieren. Ein einfaches Maß der Involvierung ist der Aufwand, den ein Fan leistet. Operational kann dieses Maß in der Online-Studie zu den Fans umgesetzt werden über den *Anteil der freien Zeit eines Fans, der dem Fantum gewidmet ist*.[14]

Abbildung 5 zeigt diese Unterteilung nach dem Grad der Involvierung für die Fußballfans. Es erweist sich, dass es bei den traditionellen Massenmedien kaum einen Unterschied macht, welchen Raum das Fantum in der freien Zeit einnimmt: Wer sich als Fußballfan begreift, der sieht häufig Fußballspiele und liest häufig die Berichte in der Tageszeitung, weitgehend unabhängig vom Grad der Involvierung. Anders verhält es sich bei den Medien, die eine spezifischere und eine aktuellere Nutzung ermöglichen, also besonders die Angebote im Internet. Diese Medienangebote, die nicht der „rituellen" Mediennutzung eines Fußballfans (König 2002: 23) zuzu-

---

13 Legt man das Augenmerk direkt auf die gezielte Abfrage von Statistiken, so dürfte das Internet die traditionellen Medien bereits überflügelt haben. In der Castrol-Fan-Studie von 2007 nennen europäische Fußballfans zu 72 % das Internet, wenn auf die Abfrage „bevorzugter Statistiken" und auf die „Spielanalyse nach Abpfiff" abgestellt wird. Auf die Presse entfallen 59 %, auf das Fernsehen 48 % und auf das Radio 17 % (2007: 10).

14 Letztlich ist es natürlich auch immer eine empirisch zu klärende Frage, mit welchen Indikatoren die Involvierung eines Fans am besten zu erfassen ist, ob etwa mit Einstellungsindikatoren oder mit Verhaltensindikatoren. Dass die Frage nach dem zeitlichen Aufwand des Fan-Seins sich als recht schwierig für die Befragten herausstellte, wird bei Roose u.a. (in der Einleitung in diesem Band) erläutert.

rechnen sind, werden deutlich häufiger von den Fans genutzt, die einen großen Teil ihrer freien Zeit für das Fantum aufbringen. Eine ähnliche Differenzierung nach dem Involvierungsgrad findet sich auch für die Gespräche mit Freunden oder mit anderen Fans.

Abbildung 5: Häufigkeit der Mediennutzung von Fußballfans nach zeitlichem Aufwand (Mittelwerte)

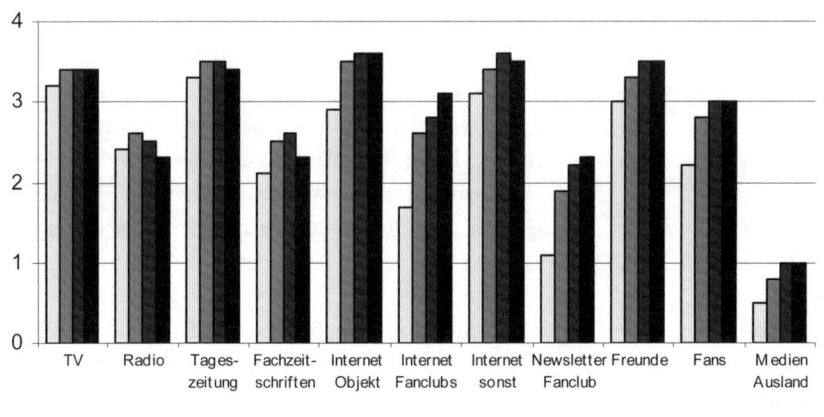

Frageformulierungen: „Wie oft nutzt Du folgende Quellen für die Beschäftigung mit dem Sportler/Verein/Sport?" (Kodierung: 0 „nie", 1 „seltener als monatlich", 2 „mindestens monatlich", 3 „mindestens wöchentlich", 4 „mindestens täglich"); „Wieviel Deiner Freizeit verwendest Du im Durchschnitt auf Deine Fan-Aktivitäten?" (Antwortkategorien: bis zu einem Viertel, ein Viertel bis die Hälfte, die Hälfte bis drei Viertel, mehr als drei Viertel).

Man kann das Muster der Mediennutzung nach dem Involvierungsgrad auch in der Weise lesen, dass in der Gruppe der am stärksten involvierten Fans dem Internet mindestens eine so große Bedeutung wie dem Fernsehen, der Tageszeitung und den Freunden zukommt.

    Vergleichen wir nun die Muster der Mediennutzung zwischen Fußballfans und den Musikfans (Abb. 6). Ein solcher Vergleich lässt größere Unterschiede erwarten, da vor allem die erhaltenen Gratifikationen je Medium für Musikfans ganz anders ausfallen dürften als für die Fußballfans (vgl. Böhm 2004 zur Mediennutzung von Musikfans und Abschnitt 1.2).

Abbildung 6:   Häufigkeit Mediennutzung bei Fußball- und Musikfans
(Mittelwerte)

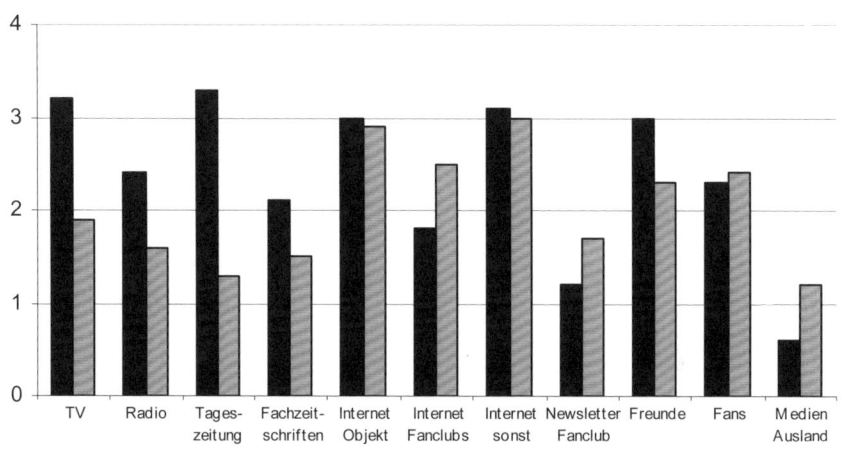

Frageformulierung: „Wie oft nutzt Du folgende Quellen für die Beschäftigung mit dem Sportler/Verein/Sport/Musiker/der Gruppe/der Musik?" (Kodierung: 0 „nie", 1 „seltener als monatlich", 2 „mindestens monatlich", 3 „mindestens wöchentlich", 4 „mindestens täglich").

Besonders deutliche Differenzen zwischen beiden Fangruppen zeigen sich bei den traditionellen Massenmedien, dem Fernsehen, dem Radio und der Tageszeitung. Fußballfans nutzen diese drei Medien sehr viel häufiger als Musikfans. Gewiss wird dies nicht wunder nehmen, ist doch das Gros der Berichterstattung über Fußball nach wie vor dort zu finden: Die Spiele der ersten und der zweiten Fußball-Bundesliga werden live oder mit geringem Abstand in Fernsehen und Radio übertragen. Hinzu kommt die ausführliche Nachbetrachtung in den Tageszeitungen.

Anders stellt sich die Situation für die Musikfans dar: Während lediglich an Musik Interessierte ihre Informations- und Unterhaltungsbedürfnisse in den traditionellen Medien ausreichend repräsentiert finden können, werden Musikfans dort nur im Ausnahmefall ihre gewünschte Musik hören können (Böhm 2004: 44). Insoweit ist das Internet für die Musikfans das ideale Medium: Es eignet sich dazu, genau die Musik, deren Fan man ist, zu hören oder herunterzuladen und sich dabei nicht an starren Programmvorgaben und -zeiten orientieren zu müssen.

Kleinere Unterschiede zwischen Fußball- und Musikfans finden sich bei der Nutzung des Internets, da die Vorteile dieses Mediums etwa hinsichtlich Aktualität oder der Möglichkeit, sich zu beteiligen oder mit anderen Fans zu kommunizieren, für beide Fangruppen in gleicher Weise gelten.

2.3 Medienwirkungen auf den Charakter der Bindung bei Fußballfans

Medienwirkungen können vielfältig sein, wie uns die Medienwirkungsfor-schung zeigt. Dies gilt auch für Fans: Medien können gewalttätiges Handeln von Fans beeinflussen (vgl. Leistner in diesem Band), sie können individu-elle Fan-Identitäten und soziale Fan-Gemeinschaften begründen (vgl. Müller u.a. 2002; Wenger 2003) und vieles mehr. Für die gesamte Gruppe der Fans sind eine Reihe vor allem langfristiger Medienwirkungen plausibel be-gründbar, sei es bei den Fußballfans, sei es bei den Musikfans (vgl. 1.2). Hier wird nun eine Wirkung von Medien auf Fans untersucht, die an die erste formulierte Frage, die Genese des Fantums, anschließt: Führt Mediennut-zung dazu, dass Fans öfter überregionale Bindungen zu Fußballvereinen eingehen? Ist die – behauptete – Zunahme „imaginierter Fangemeinden" oh-ne lokale Verankerung ein „Ergebnis der globalisierten Medienlandschaft" (Mikos 2007: 487)?[15] Auch wenn es sich fast von selbst versteht, soll an dieser Stelle doch darauf hingewiesen werden, dass die Analyse von Medienwir-kungen unsicher und fehlschlussgefährdet ist (vgl. McGuire 1992). Dies gilt für nicht-experimentelle Designs wie die hier verwendete Online-Studie in besonderem Maße, stellen sich doch dabei fast immer die Probleme nichtbe-rücksichtigter Drittvariablen und möglicher Rückkopplungseffekte. Zudem handelt es sich bei der hier untersuchten Hypothese um eine Annahme lang-fristiger Medienwirkung, was alleine schon die kausale Deutung sehr er-schwert.

---

15 Mikos (2007: 487) rechnet hierzu ausdrücklich auch die Möglichkeiten, die das Internet bietet, nämlich den Erwerb von Fanartikeln im und über das Internet sowie die Chan-cen, mit Fangemeinden Kontakt aufzunehmen.

Lässt sich nun diese ausdrücklich für den Längsschnitt formulierte Hypothese auch für eine querschnittliche Untersuchung fruchtbar machen, in der Weise, dass man unter den Fußballfans, die eine überdurchschnittliche Mediennutzung aufweisen, häufiger eine überlokale oder überregionale Bindung vermutet? Stellte man einen solchen querschnittlichen Befund fest, so wäre die kausale Deutung unsicher, ergibt sich doch ein nicht leicht zu durchbrechender Zirkel: Medienberichterstattung über den überlokalen und internationalen Fußball mag dazu führen, dass sich eine Person speziell für überlokale Fußballvereine zu begeistern beginnt und sich im Ergebnis als Fan eines solchen Fußballvereins begreift. Und eben dieses Fan-Sein mag wiederum zu (intensiverer) Mediennutzung der Medien motivieren, die über die Region eines Fans hinausgehend berichten. Was Ursache, was Wirkung ist, lässt sich nicht einfach unterscheiden. Idealerweise verfügte man über eine Panelbefragung, die mehrere Jahre einschließt, so dass man die Entwicklung auf der Ebene von Individuen im Zeitablauf verfolgen könnte. Bei querschnittlich erhobenen Daten wird man aber immerhin feststellen können, ob der empirische Befund sich im Einklang mit der formulierten Implikation befindet.

Bereits die bloße Größe von Anhängerschaften könnte etwas über mögliche (vermutlich eher langfristige) Wirkungen der Medienberichterstattung aussagen, drückt sich darin doch in vielen Fällen aus, dass Vereine weit über das regional erreichbare Fanpotenzial hinaus Anhänger gewinnen.[16] Dabei ist sicherlich empirisch nicht einfach zu trennen, wieviel auf den jahrelangen Erfolg eines Vereins zurückgeht und wieviel auf die damit einhergehende Medienpräsenz (ähnlich für die internationale Ebene Mikos 2006: 104). So hat mit großem Abstand der FC Bayern München die meisten Fans: 9 % der Fußballfans bekennen sich zu diesem Verein. 7,5 % geben an, Fan von Borussia Dortmund, knapp 7 %, Fan von Schalke 04 zu sein; 6,5 % sind Fans von Werder Bremen. Alle anderen Vereine haben deutlich kleinere Anhän-

---

16 Bei der Kodierung der verbalen Nennungen wurde wie folgt verfahren: Als Fan eines Fußballvereins wurde kodiert, wer als Fanobjekt ausschließlich den betreffenden Verein angab oder bei mehreren Nennungen eindeutig kenntlich machte, dass sich die nachfolgenden Angaben nur auf diesen Verein beziehen. Wurden zwei oder mehr Vereine genannt, so wurde die Angabe nicht berücksichtigt, da die nachfolgenden Angaben nicht zweifelsfrei zugeordnet hätten werden können.

gerschaften. Etwa 14 % der befragten Fußballfans haben „Fußball" als Fanobjekt angegeben, rechnen sich also nicht einem bestimmten Fußballverein zu.[17] Diese Werte lassen sich als, zugegebenermaßen recht globales, Indiz dafür interpretieren, dass überlokale „imaginierte" Fangemeinschaften kein randständiges Phänomen darstellen und dass die Berichterstattung über den Fußball dazu ihren Beitrag geleistet haben dürfte.

Für die eigentliche Wirkungsfrage, ob die Berichterstattung der Medien auf der Ebene der Individuen die Bindung an überlokale Fußballvereine befördert hat, stellt sich das bereits oben angesprochene Problem der kausalen Richtung: Die Berichterstattung der Medien kann den Blick auf Vereine jenseits der eigenen Region gelenkt haben; umgekehrt dürfte eine Fanbindung an diese Vereine wiederum zur Mediennutzung motivieren. Mit der *Zugangsquelle zum Fanobjekt* (vgl. Abb. 2), hier dem Fußballverein, steht in der Online-Studie zu den Fans ein Indikator zur Verfügung, der in dieser Hinsicht wahrscheinlich noch am wenigsten problematisch ist. Die These zur Medienwirkung kann nun für den Querschnitt so formuliert werden, dass die Wahrscheinlichkeit einer überlokalen Fanbindung dann größer ist, wenn man über ein Massenmedium zu seinem Fanobjekt gekommen ist.

Um zu entscheiden, ob eine befragte Person eine überlokale oder genauer: *überregionale* Bindung zu einem Fußballverein aufweist, wurde erfasst, ob eine Person Fan eines Vereins ist, der nicht in dem Bundesland beheimatet ist, in dem diese Person wohnt. Mit diesem Vorgehen sind zwangsläufig Ungenauigkeiten und Messfehler verbunden: Ist etwa ein in Köln lebender Befragter Fan von Borussia Dortmund, so würde er nach der beschriebenen Regel als Fan mit lokaler oder regionaler Bindung zugewiesen, was er natürlich nicht ist. Des Weiteren ist das Bundesland, in dem man zur Zeit der Befragung lebt, nicht unbedingt das Bundesland, in dem man aufge-

---

17 Wie die Fußballfans zu charakterisieren sind, die bei der Frage nach dem Fanobjekt „Fußball" als allgemeine Kategorie angegeben haben, ohne einen Verein oder Sportler zu nennen, lässt sich a priori schwer ausmachen. Vergleicht man sie als eine weitere Gruppe mit den lokal gebundenen Fußballfans einerseits und den überlokal orientierten Fußballfans andererseits im Hinblick auf ihre auf den Fußball bezogene Mediennutzung, so finden sich keine bedeutsamen Unterschiede (ohne Abbildung).

wachsen ist und in dem man unter Umständen die Bindung zu einem Fußballverein aufgebaut hat.[18]

In Abbildung 7 sind die Prozentanteile derjenigen mit überlokaler Ver-
einsbindung unter den Fußballfans dargestellt, nach der jeweiligen Quelle
des Zugangs zum Fanobjekt, sei diese massenmedial – Fernsehen, Radio
oder Zeitung –, sei diese dem sozialen Umfeld eines Fußballfans zuzurechnen. Der klarste Unterschied zeigt sich für das Medium Fernsehen: Wer
angibt, durch das Fernsehen zum Fan eines Fußballvereins geworden zu
sein (TV+), der hat eine deutlich höhere Wahrscheinlichkeit, eine überregionale Bindung zu entwickeln als eine Person, die nicht über dieses Medium
zum Fußball gekommen ist (TV-). Mit fast 20 Prozentpunkten fällt der Unterschied zwischen den beiden Gruppen beachtlich aus. Für das Radio und
die Zeitung finden sich dagegen nur minimale Unterschiede.

Die Muster für Eltern und Freunde stellen die andere Seite der Medaille
dar: Wer sich beeinflusst durch die Eltern oder die Freunde einen Fußballverein als Fanobjekt wählt, der hat mit einer deutlich niedrigeren Wahrscheinlichkeit eine überlokale Fanbindung. Das engere soziale Umfeld prä-
disponiert eher für eine Bindung an lokale Fußballvereine.

Auch wenn, wie gezeigt, die Unterschiede besonders für das Medium
Fernsehen recht klar ausfallen, ist bei der Interpretation Vorsicht geboten,
handelt es sich doch um einen lediglich bivariaten Befund. Denn natürlich
wird die Wahrscheinlichkeit für eine überlokale Bindung nicht allein davon
abhängen, ob man über das Fernsehen zur Bindung an einen Fußballverein
gelangt ist.

---

18 Berücksichtigt wurden bei diesem Analyseschritt grundsätzlich alle Vereine der ersten
und der zweiten deutschen Bundesliga. Der weitaus größte Teil der Befragung erfolgte
im Frühjahr 2005, ein kleiner Teil wurde noch in späteren Monaten des Jahres 2005, einige wenige Probanden auch noch im Jahr 2006 befragt. Operational wurden grundsätzlich die Vereine kodiert, die in einer der Spielzeiten 2004/05 oder 2005/06 in der ersten oder der zweiten Bundesliga spielten. Zusätzlich wurden mit St. Pauli, Fortuna
Düsseldorf, Lokomotive Leipzig (früher auch VfB Leipzig) und KFC Uerdingen (früher
Bayer Uerdingen) noch vier Vereine einbezogen, die in jüngerer Zeit einer der höchsten Spielklassen angehörten.

Abbildung 7:   Überlokale Bindung nach Art des Zugangs zum Fan-Sein (nur
                Fußballfans, in %)

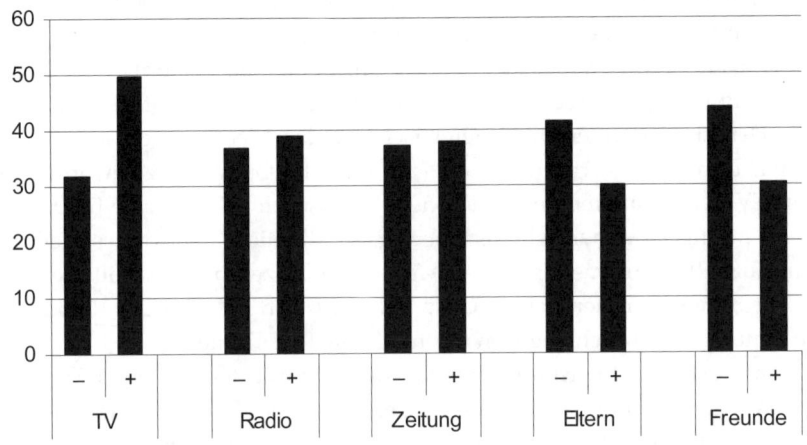

Frageformulierungen: „Du hast angegeben, Dich für Sport zu begeistern. Auf welchen Ver-
ein, Sportler, Sport o.ä. bezieht sich das genau?"; „Durch wen bist Du zu diesem Verein/
Sportler/Sport gekommen?"; „In welchem Bundesland wohnst Du?". - Lesehilfe: Unter
Fußballfans, die über das Fernsehen zu ihrem Verein gekommen sind, beträgt der Anteil
überlokaler Vereinsbindungen knapp 50 %; bei Fußballfans, die nicht das Fernsehen als
Quelle nannten, sind dies nur 32 %.

Besser Gebildete könnten offener dafür sein, sich an Vereine jenseits der eigenen Stadt zu binden, so vermutet Mikos (2007: 495) im Hinblick auf die Offenheit für Vereine aus anderen Ländern. Ähnlich könnte man für das
Merkmal *Alter* argumentieren: Vor allem die jüngeren Generationen sind in
einer Zeit aufgewachsen, in der es keineswegs mehr ungewöhnlich ist, Fan
eines Fußballvereins aus einer weit entfernten Region Deutschlands oder gar
eines ausländischen Vereins zu sein. Zuletzt könnte das Merkmal *Geschlecht*
differenzieren: Insoweit das traditionelle Rekrutierungsmodell für den lokalen Fußballverein sich vornehmlich auf den männlichen Nachwuchs bezieht
und nach wie vor zumindest partiell gültig ist, sollten lokale Vereinsbindun-

gen bei männlichen Fans häufiger vorkommen.[19] Um diese Erwägungen zu
prüfen und gleichzeitig den vermuteten Einfluss besonders des Fernsehens
abzusichern, wurde eine multiple logistische Regressionsanalyse gerechnet,
bei der es darum geht, zu erklären, wovon die Wahrscheinlichkeit einer
überlokalen Bindung an einen Fußballverein abhängt. Zentrale erklärende
Variable ist die Nennung des Fernsehens als Quelle des Fan-Seins. Als Kon-
trollmerkmale wurden berücksichtigt: die Schulbildung eines Befragten, das
Alter (in Jahren) und das Geschlecht. Schulbildung wurde in Form zweier
Dummy-Variablen für „Gymnasium, Abitur" bzw. „Hochschule, Hochschulabschluss" einbezogen. Alter (in Jahren) wurde aufgenommen, um
etwaige Generationenunterschiede zu erfassen (vgl. Tab. 1).

Tabelle 1:   Determinanten der überlokalen Bindung an Fußballvereine
               (logistische Regression)

	Effektkoeffizient $e^{\hat{\beta}_k}$
TV als Quelle	2,08**
Gymnasium, Abitur	1,04
Hochschule, Hochschulabschluss	1,24
Alter in Jahren	0,99
Geschlecht männlich	0,84
Anzahl Befragte	*1341*

Abhängiges Merkmal: Überlokale Bindung an Fußballvereine (0 „lokal", 1 „überlokal");
Schätzung des Effekts für das Merkmal Bildung: Referenzkategorie sind Personen, die die
Hauptschule oder die Realschule besuchen oder einen entsprechenden Abschluss haben.
**: $\alpha <= 0,01$ (zweiseitiger Test). - Lesehilfe: Wer über das Fernsehen Fan eines Fußballver-
eins geworden ist, dessen relative Chance, Fan eines Vereins außerhalb seines Bundeslandes zu sein (gegenüber dem Fan-Sein innerhalb des Bundeslandes), ist um den Faktor 2,08
höher als bei einem Fan, der nicht über das Fernsehen zu einem Verein gefunden hat.

19 Das paradigmatische Beispiel für dieses traditionelle Rekrutierungsmodell ist der
    Vater, der den kleinen Sohn mit in das örtliche Fußballstadion nimmt und so das Fan-
    tum des Sohnes begründet (Mikos 2007: 495).

Die Ergebnisse des Regressionsmodells sind einfach zusammenzufassen: Weder (höhere) Bildung noch Alter oder das Geschlecht beeinflussen die Wahrscheinlichkeit einer überlokalen Fanbindung. Keines dieser Merkmale hat einen bedeutsamen und statistisch abgesicherten Effekt. Allein das Fernsehen als Quelle für den Zugang zum Fanobjekt steht in einer klaren, auch statistisch abgesicherten Beziehung zu einer Bindung an Fußballvereine, die nicht der eigenen Region angehören. Gewiss ist dies nicht im strengen Sinn ein Beleg dafür, dass das Fernsehen maßgeblich zur Entwicklung „imaginierter" Fangemeinschaften im Fußball beigetragen hat. Mindestens lässt sich aber konstatieren, dass der gefundene querschnittliche Effekt des Fernsehens mit einer solchen These bestens vereinbar ist.

3   Fazit

Fan-Sein erschöpft sich nicht in intensiver Mediennutzung, um damit den Fanobjekten nah zu sein – aber die Mediennutzung der Fans ist intensiv, und umfasst die gesamte Bandbreite der verfügbaren Medien. Mediennutzung hat einen sehr hohen Stellenwert im täglichen Leben von Fans.

Das Internet ist bei Fußball- und Musikfans bereits jetzt ein Medium von herausgehobener Bedeutung: Bei den Musikfans ist es das wichtigste Medium; bei den Fußballfans kommt es der Bedeutung der traditionellen Medien sehr nahe. Man muss dieses Ergebnis sicherlich mit der Einschränkung versehen, dass eine Online-Befragung, wie sie den empirischen Analysen zugrunde lag, allein qua Selbstselektion die besonders eifrigen Internetnutzer überrepräsentieren wird. Insoweit dürften die tatsächlichen Werte für die Nutzung des Internets die berichteten nicht ganz erreichen.

Fans nutzen die Medien gezielter und spezifischer, sie legen dabei größeren Wert auf Aktualität und auch auf die Möglichkeit, sich aktiv zu beteiligen, als dies lediglich Interessierte tun würden. Die gezielte und spezifische Nutzung von Fans zeigte sich etwa beim Vergleich zwischen den Musik- und den Fußballfans: Fußballfans nutzen die gesamte Bandbreite der alten und der neuen Medien, weil sie in den traditionellen Medien die für sie relevante Berichterstattung vorfinden und gleichzeitig die spezifischen Informationen im Internet abrufen. Demgegenüber sind die traditionellen elektronischen Medien für die Musikfans in der Regel zu unspezifisch (vgl.

Böhm 2004), weshalb das Internet bei diesen das wichtigste Medium geworden ist. Wandlungen bei einzelnen Medien oder das Auftreten neuer Medien werden die Verteilungen der Fans auf die Fanobjekte, die Mediennutzung von Fans oder den Charakter der Fanbindungen nicht unberührt lassen. Dies ergibt sich aus der großen Bedeutung, die die Medien im täglichen Leben von Fans einnehmen. Aus den zahlreichen möglichen Medienwirkungen auf die Bindungen von Fans wurde im vorliegenden Beitrag eine ausgewählt und empirisch untersucht: die Annahme, eine Bindung an überlokale Fußballvereine – als ein Indikator für die Teilhabe an den sogenannten „imaginierten Fangemeinschaften" – sei dann wahrscheinlicher, wenn man über das Medium Fernsehen zu seinem Fanobjekt gefunden hat. Die empirischen Ergebnisse stützen die Hypothese.

Was lässt sich lernen, wenn Fans aus dem Blickwinkel ihrer Beziehung zu den Medien betrachtet werden? Die Befunde zur Genese des Fan-Seins und zur Mediennutzung der Fans lassen sich jeweils in der Weise lesen, dass Fans aktiv und ‚rational' mit den Medien umgehen. Damit liefert auch diese Perspektive keinerlei Unterstützung für eine alarmistische, pathologisierende Sicht auf Fans. Fans erweisen sich vielmehr als aktive Mediennutzer, die sich in der jeweils vorhandenen Gelegenheitsstruktur zu bewegen verstehen und die sehr treffgenau diejenigen Medien auswählen, die ihren Bedürfnissen entsprechen.

Vorsichtiger muss naturgemäß eine Einschätzung und Bewertung möglicher Medienwirkungen auf Fans und deren Bindungen an Fanobjekte ausfallen. Dass sich mit der sukzessiven Etablierung der Mediengesellschaft auch die Fan-Medien-Beziehung und als Folge auch der Charakter von Fanbindungen gewandelt hat, dürfte kaum strittig sein. Welche Bedeutung dabei dem Medienwandel im kausalen Sinn zukommt, ist freilich weit weniger gewiss – hierin zeigt sich eine Parallele zur Beziehung zwischen dem langfristigen Medienwandel und den Bindungen an politische Parteien.

Wie sich die intensive Mediennutzung von Fans im individuellen Lebensverlauf auswirkt, ist empirisch noch kaum ausgeleuchtet. Angesichts der immer besseren Verfügbarkeit auch langfristiger Panelstudien sollte sich diese Forschungslücke aber nach und nach schließen lassen.

Literatur

Ballensiefen, Moritz & Jörg-Uwe Nieland (2007): Talkshowisierung des Fußballs. Der Volkssport in den Fesseln des Fernsehens. In: Mittag, Jürgen & Jörg-Uwe Nieland (Hrsg.): Das Spiel mit dem Fußball. Essen: Klartext. 325-347.

Bieber, Christoph & Eike Hebecker (2002): You'll Never Surf Alone - Online-Inszenierungen des Sports. In: Schwier, Jürgen (Hrsg.): Mediensport. Hohengehren: Schneider. 211-232.

Bleeker-Dohmen, Roelf, Karl-Heinz Stammen, Hermann Strasser & Götz Weber (2007): ,Sind wir so unwichtig?' Fußballfans zwischen Tradition und Kommerz. In: Mittag, Jürgen & Jörg-Uwe Nieland (Hrsg.): Das Spiel mit dem Fußball. Essen: Klartext. 499-519.

Böhm, Karina (2004): Jugendliche, Musik und Konvergenz. In: medien+erziehung 48/43-45.

Cachay, Klaus, Ansgar Thiel, Lars Riedl & Christian Wagner (2005): Global Player – Local Hero. Der Sportverein zwischen Spitzensport, Publikum und Vermarktung. Bielefeld.

Castrol Fan-Studie 2007. Online unter www.castrol.com/liveassets/bp_internet/castrol/castrol_germany/STAGING/local_assets/downloads/c/Castrolstudie_final.pdf (Zugriff am 22.10.2009).

Dimitriou, Minas (2006): ,We love to entertain you' – Zur Typisierung des Unterhaltungspotenzials im Online-Sport. In: medien+erziehung 50. 91-101.

Fritzsche, Bettina (2003): Pop-Fans. Studie einer Mädchenkultur. Opladen: Leske+Budrich.

Gebhardt, Winfried (2000): Feste, Feiern und Events. Zur Soziologie des Außergewöhnlichen. In: Gebhardt, Winfried, Ronald Hitzler & Manuela Pfadenhauer (Hrsg.): Events. Soziologie des Außergewöhnlichen. Opladen: Leske+Budrich. 17-31.

Gerhards, Maria & Walter Klingler (2004): Sport und elektronische Medien. Die Bedeutung der Sportberichterstattung für die elektronischen Medien Hörfunk und Fernsehen. In: Schauerte, Thorsten & Jürgen Schwier (Hrsg.): Die Ökonomie des Sports in den Medien. Köln: Halem. 152-167.

Hagenah, Jörg (2007): Packt Kicker-Leser das WM-Fieber? Zur Bindungswirkung der Fußball-WM an die Bundesliga. In: Horky, Thomas (Hrsg.): Die Fußball-WM 2006 – Analysen zum Mediensport. Hamburg: Horky. 119-135.

Jacke, Christoph & Marcus S. Kleiner (2007): Innovation oder Kommerz? Der Boom von Fußballmagazinen in der deutschen Presselandschaft. In: Mittag, Jürgen & Jörg-Uwe Nieland (Hrsg.): Das Spiel mit dem Fußball. Essen: Klartext. 313-324.

Jenson, Joli (1992): Fandom as Pathology: The Consequences of Characterization. In: Lewis, Lisa A. (Hrsg.): The Adoring Audience. London & New York: Routledge. 9-29.

Klein, Gabriele (2008): Globalisierung, Lokalisierung, (Re-)Nationalisierung. Fußball als lokales Ereignis, globalisierte Ware und Bilderwelt. In: Klein, Gabriele & Michael Meuser (Hrsg.): Ernste Spiele. Zur politischen Soziologie des Fußballs. Bielefeld: transcript. 31-42.

König, Thomas (2002): Fankultur. Eine soziologische Studie am Beispiel des Fußballfans. Münster: Lit.

Krischke-Ramaswamy, Mohini (2007): Populäre Kultur und Alltagskultur. Funktionelle und ästhetische Rezeptionserfahrungen von Fans und Szenegängern. Konstanz: UVK.

McGuire, William J. (1992): Possible Excuses for Claiming Massive Media Effects Despite the Weak Evidence. In: Rothman, Stanley (Hrsg.): The Mass Media in Liberal Democratic Societies. New York: Paragon House. 121-146.

McLeod, Jack M. & Lee B. Becker (1981): The Uses and Gratifications Approach. In: Nimmo, Dan D. & Keith R. Sanders (Hrsg.): Handbook of Political Communication. Beverly Hills: Sage. 67-99.

Mikos, Lothar (2002): Freunde fürs Leben. Kulturelle Aspekte von Fußball, Fernsehen und Fernsehfußball. In: Schwier, Jürgen (Hrsg.): Mediensport. Hohengehren: Schneider Verlag. 27-49.

Mikos, Lothar (2006): Imaginierte Gemeinschaft. Fans und internationaler Fußball in der reflexiven Moderne. In: Müller, Eggo & Jürgen Schwier (Hrsg.): Medienfußball im europäischen Vergleich. Köln: Halem. 92-119.

Mikos, Lothar (2007): Mythos Fan. Fußball-Fankulturen im Kontext gesellschaftlicher Veränderungen. In: Mittag, Jürgen & Jörg-Uwe Nieland (Hrsg.): Das Spiel mit dem Fußball. Essen: Klartext. 479-497.

Müller, Renate, Patrick Glogner, Stefanie Rhein & Jens Heim (Hrsg.) (2002): Wozu Jugendliche Musik und Medien gebrauchen. Jugendliche Identität und musikalische Geschmacksbildung. Weinheim & München: Juventa.

Reitze, Helmut & Christa-Maria Ridder (Hrsg.): 2006: Massenkommunikation VII. Eine Langzeitstudie zur Mediennutzung und Medienbewertung 1964-2005. Baden-Baden: Nomos.

Robertson, Roland (1995): Glocalization: Time-Space and Homogeneity-Heterogeneity. In: Featherstone, Mike, Scott Lash & Roland Robertson (Hrsg.): Global Modernities. London: Sage. 25-44.

Schäfer, Mike S. & Jochen Roose (2005): Begeisterte Nutzer? Jugendliche Fans und ihr Medienumgang. In: medien+erziehung 49/2. 49-53.

Schauerte, Thorsten (2004): Die Entwicklung des Verhältnisses zwischen Sport und Medien. In: Schauerte, Thorsten & Jürgen Schwier (Hrsg.): Die Ökonomie des Sports in den Medien. Köln: Halem. 84-104.

Schenk, Michael (2002): Medienwirkungsforschung. Tübingen: Mohr Siebeck.

Schierl, Thomas (2004): Ökonomische Aspekte der Sportberichterstattung. Mögliche Strategien der ökonomisch motivierten Mediatisierung des Sports. In: Schauerte, Thorsten & Jürgen Schwier (Hrsg.): Die Ökonomie des Sports in den Medien. Köln: Halem. 105-126.

Schonhardt, Jörg & Beeskow, Jens (2003): Die Fußball-WM 2002 im deutschen Fernsehen – Eine empirische Untersuchung der Berichterstattung der öffentlich-rechtlichen und privaten Sender. In: Horky, Thomas (Hrsg.): Die Fußballweltmeisterschaft als Kommunikationsthema. Hamburg: Horky. 85-106.

Schulz, Winfried (2008): Politische Kommunikation. Wiesbaden: Verlag für Sozialwissenschaften.

Schwier, Jürgen (2006): ,Technology shapes Culture'. Medienaktivitäten von Fußballfans. In: Müller, Eggo & Jürgen Schwier (Hrsg.): Medienfußball im europäischen Vergleich. Köln: Halem. 120-136.

Wenger, Christian (2003): „Ich bin ein Trekkie" - Identitätsstiftung und Vergemeinschaftung in Fangemeinden am Beispiel der „Star Trek"-Fans. In: Winter, Carsten, Tanja Thomas & Andreas Hepp (Hrsg.): Medienidentitäten: Identität im Kontext von Globalisierung und Medienkultur. Köln: Halem. 347-361.

Woratschek, Herbert & Guido Schafmeister (2004): Einflussfaktoren der TV-Nachfrage nach Sportübertragungen - Wettbewerb, Konsumkapital, Popularität, Spannungsgrad und Relevanz. In: Schauerte, Thorsten & Jürgen Schwier (Hrsg.): Die Ökonomie des Sports in den Medien. Köln: Halem. 61-83.

Fans und Partizipation

Jochen Roose & Mike S. Schäfer

1   Fans als partizipierendes Publikum

Fans und Partizipation – das sind auf den ersten Blick zwei Themen, die wenig oder nichts miteinander zu tun haben. Fans werden oftmals als Konsumenten gesehen, die wie auf einem Markt zwischen unterschiedlichen ‚Produkten' wählen können und je nach Geschmack unterschiedliche Sportler, Mannschaften, Künstler, Marken o.ä. ‚konsumieren' oder auch nicht (vgl. Hellmann 2003; Klein 1993 sowie Akremi/Hellmann in diesem Band). Partizipation, etwa die Beteiligung an Entscheidungen des Fanobjektes, hat damit scheinbar nichts zu tun, sondern wird eher im politischen (Deth 2009) oder sozialen Bereich (Roßteutscher 2009) verortet.

Wir haben es also mit völlig unterschiedlichen Themen zu tun – so wenigstens der erste Blick. Allerdings hat schon vor längerer Zeit ein Klassiker des soziologischen, ökonomischen und politischen Denkens auf Parallelen von Wirtschaftsunternehmen und Politik hingewiesen, die sich hier heranziehen und erweitern lassen. In seinem Buch „Exit, Voice, and Loyalty" analysiert Albert Hirschman (1970) das Verhältnis politischer und wirtschaftlicher Institutionen zu ihren ‚Kunden'. Er interessiert sich insbesondere für die Eintrittswahrscheinlichkeit und die Folgen einer Partizipation der Kunden für den Fall, dass die von Organisationen eingeschlagene Richtung nicht ihren Wünschen entspricht. In so einem Fall, so Hirschman, gebe es zwei grundsätzliche Handlungsmöglichkeiten: „Exit" und „Voice". Bei Exit wechselt das Publikum, gewissermaßen wortlos, zu einem anderen Anbieter, es wendet sich von der politischen Partei ab und wählt eine andere oder verzichtet auf den Konsum bestimmter Produkte und zieht andere vor. Betroffene Organisationen können darauf nur reagieren, wenn sie den Exodus ihrer Kunden rechtzeitig registrieren. Tun sie dies nicht, steigt die Gefahr des Scheiterns. Im Falle von Voice dagegen artikulieren Kunden ihre Unzufriedenheit gegenüber der Organisation. Sie wenden sich nicht (sofort) ab, sondern sie protestieren bspw. gegen einen ihrer Meinung nach falschen Kurs oder eine Verschlechterung des Angebots und räumen damit dem Anbieter die Möglichkeit ein, durch eine Verbesserung zu reagieren. Hirschman diskutiert ausführlich die Bedingungen, unter denen es eher zu Voice bzw. eher zu Exit kommt. Er stößt dabei auf einen zentralen vermittelnden Faktor: Loyalität, d.h. die emotionale Bindung der Kunden resp. des Publikums an einen Anbieter. Für loyales Publikum ist das Ergreifen der Voice-Option tendenziell wahrscheinlicher als für nicht-loyales – „The likelihood of voice increases with the degree of loyalty" (Hirschman 1970: 77) – und äquivalent nimmt die Wahrscheinlichkeit der Exit-Option ab.[1]

Das Verhältnis von Fans zu ihrem Fanobjekt kann man unseres Erachtens in genau dieser Weise als Loyalitätsbeziehung charakterisieren: Fans unterscheiden sich von anderen Konsumenten, Zuschauern oder Zuhörern dadurch, dass sie eine (mehr oder weniger) belastbare emotionale Bindung zu einem Fanobjekt aufbauen (vgl. die Einleitung sowie Schäfer in diesem Band).[2] Diesem Fanobjekt gegenüber sind sie loyal, mit ihm feiern sie Erfolge und durchleiden auch schlechte Zeiten. Hirschman zufolge müsste diese Loyalität dazu führen, dass Fans eher als andere Konsumenten zur Voice-Option tendieren, falls ihnen die Entwicklung ihres Fanobjektes missfällt. Sie dürften eher als Andere bereit sein, Aufwand auf sich zu nehmen, um zu einer Verbesserung beizutragen und ihre Beziehung zum Fanobjekt aufrecht zu erhalten. Und während sich Hirschman allein für den Fall einer Verschlechterung des Angebots interessierte, ließe sich auch bei gleichbleibender oder verbesserter Qualität eines Angebots vermuten, dass loyale Anhänger eher bereit sind, den entsprechenden Anbieter zu unterstützen. Kurz: Als loyales Publikum müssten Fans ein aktiv unterstützendes, partizipierendes Publikum sein.

Vor diesem Hintergrund scheint es dann doch interessant, Fragen und Befunde der Partizipationsforschung auf Fans zu übertragen. Die Partizipa-

---

1 Hirschman analysiert eher die Anbieterseite und fragt v.a., welche Vor- und Nachteile sich aus Voice und Exit für Anbieter ergeben bzw. welche Reaktionen von diesen zu erwarten sind. Sein Blick auf das Publikum – der für uns besonders interessant wäre – bleibt undifferenziert.
2 Cachay u.a. (2005: bes. 32ff.) verdeutlichen in anschaulicher Weise, wie Sportzuschauer von Vereinsverantwortlichen als „Kunden" wahrgenommen und behandelt werden.

tionsperspektive gibt den Blick frei für die Facetten der Beziehung zwischen Fan und Fanobjekt. Gleichzeitig bietet sie aus der allgemeinen Partizipationsforschung konkrete Fragestellungen und Theorien an. Eine Übertragung für die Fanforschung ist also vielversprechend und soll im Folgenden geschehen. Dazu werden zunächst die Hauptfragen der Partizipationsforschung skizziert (Abschnitt 2), auf Fans übertragen (Abschnitt 3) und empirisch illustriert (Abschnitt 4).

2 Die Entwicklung der Partizipationsforschung

Die Partizipationsforschung beschäftigt sich mit den Formen und Modi der Beteiligung von Menschen an Entscheidungen in Demokratien.

Was die *Form der Partizipation* angeht, so stand (und steht) vornehmlich die Beteiligung von Menschen an Wahlen im Mittelpunkt, wobei sowohl die Beteiligung als Wähler als auch die als Kandidat erfasst wird (vgl. u.a. Roth 2008; Schmitt-Beck 2011).[3] Entsprechende Arbeiten argumentieren bspw., dass sich aus spezifischen sozialen Lagen und daraus resultierenden Interessen von Personen(gruppen) bestimmte Parteipräferenzen und Wahlentscheidungen ergeben (vgl. z.B. Brettschneider u.a. 2002). Die abnehmende Erklärungskraft dieser Variablen und die abnehmende Parteienbindung wird als Individualisierungsphänomen verstanden (Ohr 2009). Im Anschluss an die Lebensstilforschung (Hartmann 1999; Otte 2004) richtet sich der Blick darüber hinaus nun auch vermehrt auf politische (bzw. politisierte lebensweltliche) Milieus, die zumindest partiell unabhängig sind von Klasse und Schicht (Müller 1997; Otte 1997; Schnell/Kohler 1995). Neben die Analyse der Partizipation mittels Wahlen ist jedoch in jüngerer Zeit ein neuer Schwerpunkt der Partizipationsforschung getreten: Mit der Politisierung einer Generation im Laufe der Studentenbewegung von 1967/68 erweiterte sich das Spektrum hin zu nicht-institutionalisierten – sogenannten „unkonventionellen" – Partizipationsformen. Konkret ging es vor allem um politischen Protest und die Beteiligung an sozialen Bewegungen (Roth/Rucht 2008), die (auch) außerhalb

---

3 Neben der Wahl spielt in der Forschung auch die Beteiligung in Interessenverbänden wie Gewerkschaften, Arbeitnehmerverbänden u.ä. eine wichtige Rolle (vgl. z.B. Rehder u.a. 2009; Sebaldt/Straßner 2004).

der institutionalisierten Partizipationswege auf politische Entscheidungen Einfluss zu nehmen versuchen und parallel dazu ein eigenes lebensweltliches Alternativmilieu ausgebildet haben.

Neben der Ausweitung der betrachteten Partizipationsformen kam es zu einer Erweiterung der *Modi der Partizipation*. Klassisch richtete sich die Aufmerksamkeit der Partizipationsforschung auf die Beteiligung an politischen Entscheidungen, und dieses Thema ist fraglos noch immer zentral. Partizipation wurde hierbei als Mitentscheidung verstanden. Ab den 1990ern geriet daneben jedoch ein zweiter Modus der Partizipation in den Blick: die Mitwirkung am „Output" der Politik. Dabei geht es vornehmlich um wohlfahrtsstaatliche Leistungen, aber auch die Bereitstellung anderer Kollektivgüter durch nicht-staatliche Organisationen des Dritten Sektors und das dortige zivilgesellschaftliche Engagement (Anheier/List 2006; Bode 2009; Corsten u.a. 2007; Zimmer/Priller 2007). Neben die Partizipation als Mitentscheidung trat damit die Vorstellung von Partizipation als Mitwirkung. Die vor allem deskriptive Forschung zur Mitwirkung demonstriert die eindrucksvolle Vielfalt und Breite dieses Partizipationsmodus, etwa in Vereinen (Anheier/List 2006; Priller/Zimmer 2001) und durch bürgerschaftliches Engagement (Braun/Klages 2000).

Eine Brücke zwischen der Forschung zur Mitwirkung im Dritten Sektor und der klassischen Forschung zur Beteiligung an politischen Entscheidungen schlägt die Sozialkapital-Forschung, die von Putnam angestoßen wurde (Putnam 1993; 1995; 2001; Franzen/Freitag 2007; Fung 2003). Die Beteiligung in Vereinen u.ä. führt demnach zur Ausbildung von Kompetenzen, die in der Demokratie entscheidend sind, wie Vertrauen, Kompromissbereitschaft, Artikulationsfähigkeit usw. Die Vereinsarbeit ist damit nicht nur mit Blick auf den Output, sondern auch als „Schule der Demokratie" interessant.

3 Partizipation von Fans in theoretischer Perspektive

Die Partizipationsforschung verzeichnete also eine doppelte Erweiterung: Neben institutionalisierte traten nicht-institutionalisierte Partizipationsformen, und die Fokussierung auf die Mitbestimmung bei politischen Entscheidungen wurde ergänzt durch die Betrachtung der Mitwirkung bei der Leistungserbringung durch zivilgesellschaftliche Organisationen.

Diese Themenpalette lässt sich – auch wenn das bisher so gut wie nicht in systematischer Weise geschehen ist[4] – in zweierlei Weise auf Fans anwenden: Erstens kann man untersuchen, ob und in welchem Maße Fans an ihrem Fanobjekt partizipieren wollen und entsprechend die Fragen der Partizipationsforschung auf das Verhältnis von Fans zu ihrem Fanobjekt übertragen. Zweitens wäre denkbar, dass Fantum über die Sphäre des Sports, der Musik, des Films usw. hinaus für die politische Partizipation von Fans förderlich oder hinderlich sein könnte – und auch dies ist zu untersuchen.

Für das Übertragen der erstgenannten Grundperspektive der Partizipationsforschung auf Fans spräche, dass für verschiedene Gesellschaftsbereiche eine Ausweitung des Partizipationsinteresses diagnostiziert wird. Mehrere Autoren argumentieren, dass sich die Menschen in modernen Gesellschaften in vielen Lebensbereichen beteiligen wollen. Kaase spricht diesbezüglich von einer „partizipatorischen Revolution" (1984), Gerhards vom „Aufstand des Publikums" (2001).

Ob sich bei Fans aber tatsächlich ein ausgeprägtes Interesse an der Partizipation an ihrem Fanobjekt zeigen lässt, ist eine empirische Frage. Wenn dies der Fall wäre, dann stellt sich die Folgefrage, welche Formen der Partizipation zu finden sind. Institutionalisierte Formen der Partizipation erfordern entsprechende Möglichkeiten, sich einzubringen. Doch aus der Forschung zu Protest und sozialen Bewegungen ist bekannt, dass auch für die nicht-institutionalisierten Formen der Partizipation Gelegenheitsstrukturen von großer Bedeutung sind (Kriesi 2007a). Es gilt also für die Fan-Bereiche zu klären, welche Gelegenheiten institutionalisierter und nicht-institutionalisierter Partizipation sich bieten und wie diese genutzt werden. Neben der Mitentscheidung lässt sich zudem die Mitwirkung von Fans untersuchen. Auf der Individualebene ist zu klären, in welchem Maße Fans an der Erstellung der Leistung ihres Fanobjektes mitwirken bzw. eine derartige Mitwirkung als ihre Aufgabe ansehen. Auf der Mesoebene könnte man – analog

---

4   Eine der wenigen Ausnahmen stellt die Arbeit von Liesbet van Zoonen (2004) dar, die strukturelle Parallelen zwischen Fans von Fernsehserien und politischen Milieus herstellt. Die Autorin kommt aber über eine bloße Parallelisierung beider Phänomene nicht hinaus.

zur Dritte-Sektor-Forschung – analysieren, ob Fans im Zuge ihrer Mitwirkungsbemühungen eine Infrastruktur produzieren.[5]

Entsprechend lauten die Kernfragen der Partizipationsforschung, die wir im empirischen Teil auf die Beziehung von Fans zu ihren Fanobjekten übertragen werden: Gibt es bei Fans ein Bemühen um Mitentscheidung, und wenn dem so ist, welche Formen nimmt dieses Bemühen an? Und können wir bei Fans auch den Modus der Mitwirkung auf der Individualebene resp. die Ausbildung einer Mitwirkungs-Infrastruktur auf der Mesoebene ausmachen?[6]

---

5   In Analogie zur Entwicklung (Neuer) Sozialer Bewegungen könnte man auch untersuchen, ob sich bei Fans Gegenkulturen zum Fanobjekt entwickeln. Wohlgemerkt: Dies ist nicht identisch mit dem Ergreifen der Exit-Option, da Fans durchaus die Möglichkeit haben, sich ihr Fanobjekt anzueignen und dann gegenkulturell zu transformieren (vgl. Winter in diesem Band). Insbesondere der Fantasy- und Science Fiction-Bereich scheint sich für ausgeprägte Fan-Kulturen anzubieten, in denen die entsprechenden Bücher und Filme nicht allein konsumiert, sondern in alternativen oder ergänzenden Entwürfen auch fortgeschrieben werden (Costello/Moore 2007; Kozinets u.a. 2008). Derartige Fan-Kulturen begeben sich unseres Erachtens allerdings nicht im eigentlichen Sinne in Opposition zu ihrem Fanobjekt. Fragt man nach Gegenkulturen im Sinne von Protestkulturen, die geltende soziale Regeln negieren und nach eigenen Regeln agieren, wird die Frage deutlich schwieriger. Protestkulturen in diesem Sinne würden bedeuten, dass die Fans in dezidierter Abgrenzung zu ihrem Fanobjekt eine Protestkultur entwickeln. Eine solche Beziehung zwischen Fans und Fanobjekt ist jedoch in so spezifischer Weise konfiguriert, dass sie wohl nur in Einzelfällen zu erwarten ist. Beispiele finden sich bei Fußball-Fans. In Opposition zu den abgeschotteten Entscheidungsstrukturen im englischen Clubfußball wurde mit Ebbsfleet United ein Fußballclub von Fans übernommen, bei dem Fans als Teilhaber selbst alle wesentlichen Entscheidungen bis hin zur Mannschaftsaufstellung fällen (s. www.myfootballclub.co. uk). In Deutschland gibt es mit Fortuna Köln mittlerweile ein ähnliches Projekt (www. deinfussballclub.de). In einem anderen Fall haben Fans in Protest gegen die Kommerzialisierung ihres Vereins einen neuen Verein gegründet, der basisnah und auf Amateurniveau geführt wird (Football Club United of Manchester, s. www.fc-utd.co.uk). Es mag weitere Beispiele geben – es wird aber fraglos deutlich, dass es sich um sehr spezifische Konstellationen handelt. Daraus lässt sich weniger folgern, unter welchen Bedingungen Fan-Protestkulturen möglich sind, als vielmehr, dass sie höchst unwahrscheinlich sind und dass anstelle dauerhaft etablierter Gegenkulturen wohl das Ergreifen der Exit-Option wahrscheinlicher ist.

6   Die Frage nach den Folgen einer solchen Mitwirkung auf das Fanobjekt wäre dann ein nächster Schritt, sofern sich Partizipationsbemühungen feststellen lassen.

Die zweite Grundperspektive der Partizipationsforschung, die sich auf Fans übertragen lässt, thematisiert die Bedeutung von Fanbegeisterung für politische Partizipation.

Diesbezüglich könnte man Fangemeinschaften erstens als politische resp. politisierbare Milieus betrachten. Eine solche politische Ausrichtung könnte sich auf institutionalisierte Formen politischer Beteiligung auswirken, Fans könnten etwa spezifische Wahlentscheidungen treffen.

Zweitens können wir die Sozialkapital-These auf Fangemeinschaften anwenden und sie als potenzielle „Schulen der Demokratie" betrachten. Die These Putnams besagt, dass das Engagement von Bürgern in unpolitischen Vereinen zur Stabilität von Demokratien beitrage: „Good government [...] is a by-product of singing groups and soccer clubs" (Putnam 1993: 176). In diesen dezidiert unpolitischen Vereinen erwürben Menschen „Sozialkapital", mithin die entscheidenden Kompetenzen, über die Bürger in einer Demokratie verfügen müssen, wie Kompromissfähigkeit und Vertrauen in Andere (Kriesi 2007b). Fangemeinschaften und Fanclubs könnte man hier einordnen und vermuten, dass Fans, ceteris paribus, bessere Staatsbürger sind als Nicht-Fans und öfter politisch partizipieren. Allerdings gibt es gerade für Fans und für den prominenten Fan-Bereich Sport auch alternative Thesen (vgl. ausführlich Schäfer/Roose 2008). So finden sich, allerdings eher in der politischen Öffentlichkeit, unterschiedliche Variationen einer „Brot und Spiele"-These, die postuliert, dass Fanbegeisterung von Politik ablenke und damit gerade zu einer Entpolitisierung führe. Thomas Bernhard formulierte 1970 anlässlich der Verleihung des Georg-Büchner-Preises eine solche These für den Sport: „Dem Sport ist zu aller Zeit und vor allem von allen Regierungen aus gutem Grund immer die größte Bedeutung beigemessen worden: er unterhält und benebelt und verdummt die Massen; und vor allem die Diktatoren wissen, warum sie immer und in jedem Fall für den Sport sind." Schließlich wäre auch denkbar, dass Politik und Fantum gänzlich unverbunden nebeneinander stehen: In funktional differenzierten Gesellschaften sind Menschen eben gleichzeitig in unterschiedliche funktionale Subsysteme eingebunden (Schimank 2000), die je eigenen Logiken folgen, und dabei sind die in einem System erworbenen Kompetenzen oder Kapitalien nicht im anderen System nutzbar. Je nach Theorie finden sich also Argumente dafür, dass Fantum politische Partizipation fördert, verringert oder überhaupt nicht tangiert.

4 Partizipation von Fans in empirischer Perspektive

Im folgenden Kapitel werden die beiden skizzierten Grundperspektiven empirisch illustriert. Dazu greifen wir zum einen auf die einschlägige Literatur zu Fans zurück, zum anderen auf eine Online-Umfrage unter Fans, die wir selbst durchgeführt haben.[7]

4.1 *Fans und ihre Partizipation am Fanobjekt*

4.1.1 Mitentscheidung beim Fanobjekt

Wenden wir uns zunächst der Partizipation von Fans an ihrem Fanobjekt in Form einer Mitentscheidung, d.h. der Beteiligung an Entscheidungen des Fanobjekts zu.

Dabei ist augenfällig, dass die Partizipationsmöglichkeiten von Fans anders strukturiert sind als etwa in der politischen Sphäre. Regelmäßige Wahlen kann man bei einem Fanobjekt kaum erwarten, und auch sonst gibt es weniger institutionalisierte Mitentscheidungsmöglichkeiten für Fans. Im Sportbereich sind zwar Vereinsstrukturen verbreitet, die Mitgliedern formale Mitwirkungsrechte zugestehen, und Fan-Organisationen sind dort oft auch vertreten (Nash 2001; Vamplew u.a. 1998). Allerdings sind gerade die Bereiche des Profi-Sports, die viele Fans anziehen, mittlerweile oftmals anders organisiert. Zudem zeigen Wilkesmann u.a. (2002), dass professionelle Fußballclubs Strategien entwickeln, um ihre Machtposition gegenüber den Mitgliedern zu sichern. Bei Fans von Bands, Fernsehserien o.ä. gibt es ohnehin kaum institutionalisierte Möglichkeiten der Mitbestimmung. In Einzelfällen haben Musikgruppen ihre Fans zwar über das Programm eines Konzerts (z.B. Die Toten Hosen 2005), die Zusammenstellung (PUR 2001) oder

---

7   Fans unterschiedlicher Fanobjekte – aus Sport, Musik, Film, Fernsehen und anderen Bereichen – wurden aufgerufen, Fragen zu ihrem Fanobjekt und ihrem Fantum zu beantworten. Insgesamt nahmen 6.353 Personen an zwei Befragungswellen teil. Die Ergebnisse sind nicht repräsentativ, dürften aber einen realistischen Eindruck von deutschen Fans vermitteln, die das Internet nutzen (vgl. zu Details der Studie die Einleitung in diesem Band).

den Titel einer CD (Bon Jovi 2002) bzw. einen Konzertort (Die Happy 2003) abstimmen lassen, und deutsche Harry-Potter-Fans (und -Leser) durften über das Cover des siebten Bandes entscheiden. Dies sind allerdings Ausnahmen, die sich zudem auf sehr beschränkte Entscheidungen beziehen.

Während Fans nur wenige institutionalisierte Mitentscheidungsmöglichkeiten bleiben, stehen ihnen vor allem nicht-institutionalisierte Formen der Partizipation zur Verfügung. Die niederschwelligste denkbare Partizipationsform ist das Schreiben von Briefen und Petitionen – dazu liegen aber keine systematischen Studien vor. Fanpost scheint ein verbreitetes Phänomen zu sein, in welchem Maße sie aber für Kritik am Fanobjekt und Versuche der Mitentscheidung genutzt wird, ist unklar. Die wenigen vorliegenden Analysen beschäftigen sich ausschließlich mit affirmativen Kommentaren zum Fanobjekt (Brower 1992; Hauk 1999; Vannini 2004).

Protest in seinen verschiedenen Schattierungen ist eine weitere und in der Regel auffälligere Form der nicht-institutionalisierten Partizipation, zu der Fans eben auch deshalb greifen, weil ihnen institutionalisierte Möglichkeiten – „access" (Brown/Walsh 2000) – kaum zur Verfügung stehen. An Sport- und v.a. an Fußballfans lässt sich die Bandbreite derartiger Proteste gut beobachten, dort scheinen diese Protestformen besonders häufig vorzukommen: Fangesänge, die eine Entlassung des Trainers, des Managers oder bestimmter Spieler fordern, sind hinreichend bekannt. Weitere Protestformen bestehen darin, im Stadion dem Spielfeld den Rücken zuzudrehen, den Mannschaftsbus nach einem verlorenen Auswärtsspiel durch Blockaden (zeitweise) an der Heimfahrt zu hindern, erst mit einer fest verabredeten Verspätung im Stadion zu erscheinen oder mit Verzögerung die Mannschaft zu unterstützen.[8] In anderen Fan-Bereichen sind derartige Proteste dagegen eher selten. Missfallensbekundungen bei Konzerten, wie Buh-Rufe, eventuell auch das Werfen von Tomaten oder Obst kommen zwar vor,[9] doch sie lassen sich vermutlich nicht den Fans zurechnen, sondern anderen Teilen des Publikums. Von Serien-Fans werden Versuche berichtet, auf den Verlauf oder die Fortführung von Serien Einfluss zu nehmen (Jenkins 1992; 2006;

---

8   Eine Fan-Protestkultur eigener Art sind die Ultras. Pilz und andere (2006) sehen in dieser Fan-Szene zumindest teilweise einen Widerstand gegen die Fußballverbände bei fortdauernder Begeisterung für den Fußball selbst.
9   Man denke an die Tomatenwürfe auf Peter Maffay 1982 in München (Maffay 2009).

Scardaville 2005; vgl. Schmidt-Lux „Fans und Lebensführung" in diesem Band). Gerade das Internet mit seinen Diskussionsforen bietet hier ein günstiges Medium der Mobilisierung.

Es ist jedoch zu konstatieren, dass die Befunde zu den tatsächlichen Partizipationsbemühungen von Fans bruchstückhaft bleiben, weil vergleichende Arbeiten zu unterschiedlichen Fanbereichen bislang nicht vorliegen. Auf der Basis der bisherigen Schilderungen lässt sich gleichwohl ein Eindruck formulieren (der allerdings in weiteren Studien zu prüfen wäre): Sowohl Versuche der institutionalisierten als auch der nicht-institutionalisierten Mitentscheidung von Fans scheinen selten zu sein, wenngleich sie bei Sport- bzw. Fußballfans öfter aufzutreten scheinen als bei anderen Fans.

Vier Erklärungen sind dafür denkbar. *Erstens* könnten die Eigenheiten der Fanbeziehung selbst für dieses Ergebnis verantwortlich sein. Die emotionale Bindung an das Fanobjekt und die damit einher gehende Loyalität sind Grundbestandteile der Fanbeziehung und machen vermutlich gerade den Reiz dieser Beziehung aus.[10] Erhält die Fanbeziehung Risse, dann kommt es vielleicht doch eher zum Exit und nicht zu Voice. Voice wäre nur dann wahrscheinlich, wenn sich das Bindungsobjekt und das Objekt der Unzufriedenheit trennen lassen. Bei Einzelpersonen oder einzelnen Objekten, etwa Büchern oder Filmen, ist eine solche Trennung schwer vorstellbar. Im Sport dagegen – und insbesondere im Fußball, wo der allergrößte Teil der Sportfans zu finden ist – finden wir vor allem Fans von Vereinen. Das Personal der Vereine, die Sportler selbst, die Trainer und das Management, lassen sich davon abtrennen. In dieser Konstellation ist Widerspruch und Protest gut vorstellbar, ohne dass die Fanbeziehung in ihrem eigentlichen Kern betroffen sein muss.

Eine *zweite* Erklärung liegt in den Eigenschaften der Fanobjekte selbst. Musikproduktionen, Filme und Bücher sind in der Regel abgeschlossen, wenn sie von den Fans (und anderen) konsumiert werden, sie ändern sich nicht mehr in Abhängigkeit vom Zuschauerverhalten. Auch bei Konzerten ist das grundlegende Repertoire vorab festgelegt, wenngleich sich dort mehr Möglichkeiten der Mitentscheidung finden, etwa mittels des Forderns einer

---

10 Vgl. die Anmerkungen zur Rational Choice-Theorie in Roose u.a. zu „Fans in theoretischer Perspektive" in diesem Band.

bestimmten „Zugabe!". Sportveranstaltungen sind dagegen prinzipiell ergebnisoffen (vgl. Riedl 2006: 155) und ein Einfluss der Fans auf den Erfolg des bevorzugten Vereins oder Sportlers ist möglich, sowohl während des konkreten Wettbewerbs als auch im Verlauf einer Saison. Partizipation kann sich entsprechend im Sportbereich eher lohnen als in den anderen Fan-Bereichen.

Drittens ist eine strukturelle Erklärung denkbar, die an den Opportunitäten ansetzt. Die lokale Zugänglichkeit und Regelmäßigkeit der Spiele schafft ein ‚günstiges' Umfeld für Proteste: Es gibt in regelmäßigen Abständen Gelegenheiten, etwaige Unzufriedenheit den Spielern und Vereinsfunktionären im Stadion deutlich zu machen. Verstärkend dürfte sich eine Etablierung dieser Protestformen auswirken. Die Medien berichten regelmäßig über die Fußballspiele, sie berichten in diesem Zusammenhang auch über Proteste. Damit ist dem Protest einerseits die mediale Aufmerksamkeit gewiss, andererseits können die Proteste Vorbildwirkung entfalten für andere Fans in ähnlicher Situation.[11] Auf diese Weise wäre denkbar, dass es zu einer Selbstverstärkung von Protesten in bestimmten Fan-Bereichen kommt, während andere mit weniger günstiger Gelegenheitsstruktur, aber auch mit weniger Vorbildern kaum Fan-Proteste aufweisen.

Viertens ließe sich eine kulturelle Erklärung denken, die bei den Partizipationsregeln ansetzt. Es wäre möglich, dass die partizipatorische Revolution Fans generell nur wenig und Fans unterschiedlicher Gegenstände in unterschiedlichem Maße erreicht hat. Denkbar ist, dass Fanobjekten, anders als Leistungsträgern in vielen anderen Lebensbereichen, stärker eine charismatische Qualität in Webers Sinne (1980) zugestanden wird, bei der Partizipation den Fans nicht angemessen scheint. Gerade bei ästhetisch-künstlerischen Fanobjekten, etwa aus den Bereichen Musik oder Film wäre möglich, dass die Fanobjekte auch in den Augen der Fans eine hohe Autonomie genießen und dass bei Nicht-Gefallen nicht die Voice, sondern die Exit-Option gewählt wird. Bei Sportvereinen lässt sich möglicherweise eher die Vorstellung von Erfolg als Resultat richtiger und falscher Entscheidungen finden, die es gegebenenfalls auch von Seiten der Fans zu beeinflussen

---

11 In welchem Maße sich Fan-Gruppen des eigenen oder auch unterschiedlicher Vereine wechselseitig beobachten, macht die Dokumentation „Gate 8" über die „Ultras Nürnberg" eindrucksvoll deutlich.

gilt. Uns stehen zu dieser Frage Daten aus der erwähnten Online-Befragung zur Verfügung. Zunächst wollten wir wissen, ob Fans subjektiv das Gefühl haben, sie seien zu Voice verpflichtet, mithin dazu, auf das Fanobjekt Einfluss zu nehmen, wenn es sich in eine falsche Richtung entwickelt. Zwischen den Fanbereichen finden sich sehr deutliche Unterschiede. Unter den Sport-Fans empfinden 80,5 % die Notwendigkeit, sich in solchen Fällen zu äußern; bei den Buch-Fans ist es knapp die Hälfte und bei den Musik-Fans sind es nur 35,6 %. Entsprechend zeigen sich erhebliche Unterschiede über die Fanbereiche, ob nach Ansicht der Fans das Fanobjekt auf ihre Wünsche eingehen soll. Im Sportbereich ist die deutliche Mehrheit (68,7 %) der Ansicht, ihr Verein oder Sportler solle sich nach den Wünschen der Fans richten. Unter Musik-, Film- und Buch-Fans sind es nur rund 40 %. Tatsächlich unterscheiden sich die Partizipationsnormen also zwischen den Fanbereichen erheblich. Während im Sport eine Mehrheit den Einfluss von Fans für richtig und erforderlich hält, ist in den übrigen Fanbereichen nur eine Minderheit dieser Ansicht.[12]

4.1.2 Mitwirkung beim Fanobjekt

Wenden wir uns nun der Mitwirkung zu. Hier können wir in größerem Umfang auf Ergebnisse unserer Fanbefragung zurück greifen, und es wird deutlich, dass dieser Partizipationsmodus unter Fans weiter verbreitet ist als die Bemühungen um Mitentscheidung: Ein großer Teil der Fans sieht seine Aufgabe darin, das Fanobjekt zu unterstützen. Zwei Drittel der Sportfans in unserer Online-Befragung wollen ihren Verein oder Sportler unterstützen (vgl. Franke 1991: 191).[13] Genauso sehen das 55 % der Musikfans. Buch- und

---

12 Die Ursache für diese Unterschiede sind offensichtlich nicht die Erfolgsaussichten, denn diese verteilen sich umgekehrt proportional zum Mitentscheidungsinteresse: Buch-Fans sind zu 66,7 % der Ansicht, sie könnten ihr Fanobjekt beeinflussen, bei Film-Fans ist der Anteil ähnlich (63,9 %). Die Musik-Fans meinen nur noch zu 46,6 %, sie könnten ihre Band oder ihren Musiker beeinflussen und Sport-Fans sind in dieser Hinsicht am pessimistischsten (40,0 %).
13 Ähnliche Ergebnisse zeigte eine standardisierte Befragung von rund 3.700 Fußball-, Basketball- und Handballzuschauern. Durchschnittlich stimmen die Befragten den Aussagen „voll zu", dass das „Publikum die Mannschaft unterstützen" sowie „hinter

Filmfans sehen eine Unterstützung ihres Fanobjekts nicht als ihre Aufgabe an (vgl. Abb. 2 in der Einleitung in diesem Band). Unter ihnen gaben nur 14 % bzw. 15 % an, ihr Fanobjekt bei entsprechenden Gelegenheiten unterstützen zu wollen. Auch die Antworten auf die Frage, ob Fans bei Veranstaltungen für Stimmung sorgen, fällt ähnlich aus: Rund 40 % der Sport- und Musikfans engagieren sich für die Stimmung bei Konzerten (vgl. Grabowski 1999: bes. 120ff.) oder Wettbewerben, während Film- und Buchfans dies nur zu 14 % bzw. 16 % angeben.

Die Unterstützung des Fanobjektes ist also eine zentrale Facette des Fan-Daseins – und sie spiegelt sich auch in der Tatsache, dass sich zu diesem Aspekt von Fan-Partizipation mit Abstand mehr Forschungsaktivität verzeichnen lässt als zu allen anderen (vgl. z.B. die Arbeiten zu Fußball-„Supporters" von Bradley 2002; Crabbe 2003; Giulianotti 2002, 2005; Hughson 1998). Die Erklärung dieser deutlichen Unterschiede scheint auf den ersten Blick einfach. Sportereignisse und Musikkonzerte bieten eine günstige Gelegenheitsstruktur für direkte Unterstützungsaktivitäten. Bei Konzerten oder Wettbewerben kann man in der Konzerthalle, im Festzelt oder Stadion recht einfach selbst aktiv werden, was sich bei Filmvorführungen oder beim Lesen eines Buches so nicht ergibt. Dieses Argument ist sicherlich stichhaltig, greift aber allein nicht weit genug. Denn es sind auch die sozialen Normen, wie ein Sportereignis oder ein Konzert oder eben eine Filmvorführung abzulaufen hat (vgl. Christ 2001). Im Sport oder der Popmusik ist eine unterstützende, lautstarke Stimmung erwünscht, während dies bei Filmen und Büchern nicht erwartet, teils gar sanktioniert wird. Dabei spielt sicherlich eine Rolle, dass eine entsprechende Stimmung nicht erforderlich ist, denn das eigentliche Produkt ist bereits abgeschlossen. Wenn der Film im Kino gezeigt wird, macht es keinen Unterschied mehr, ob die Schauspieler angefeuert werden.[14]

---

der Mennschaft stehen" solle, dass „die Zuschauer selbst und nicht Einpeitscher für Stimmung sorgen" müssten und dass darüber hinaus eine „begeisterte Stimmung" in Stadien bzw. Hallen herrschen solle (Cachay u.a. 2005: 17ff., vgl. für ähnliche Befunde bei ungarischen Fußballfans Földesi 1996: 419f.).

14 Es ist anzumerken, dass unsere Frage – ob Fans bereit sind, für die „richtige Stimmung" zu sorgen – von den Befragten möglicherweise unterschiedlich verstanden wurde. Denn die „richtige Stimmung" bei einem Klassik-Konzert oder einer Filmvor-

Neben der unmittelbaren Unterstützung des Fanobjektes bei Veranstaltungen kann es eine Vielzahl anderer Gelegenheiten geben, dem Fanobjekt hilfreich zur Seite zu stehen. Ein prominentes, obschon ungewöhnliches Beispiel ist der Ausbau des Stadions des 1. FC Union Berlin, an dem viele Fans in ihrer Freizeit mitarbeiteten.[15] In dieser Weise mag es vielfältige Gelegenheiten geben, wie das Bereitstellen einer Unterkunft für eine Newcomer-Band, Geldsammlungen bei finanziellen Engpässen etc.

Neben diesen Formen der Mitwirkung, die direkt auf die Unterstützung des Fanobjekts gerichtet sind, gibt es eine indirekte Unterstützungsleistung, die sehr verbreitet ist: das Engagement von Fans für andere Fans. Fans finden sich in aller Regel in Gemeinschaften zusammen, treffen sich und tauschen sich aus. Für diese Vergemeinschaftung bedarf es einer Infrastruktur, einer Fan-Zivilgesellschaft, die sich für die Gründung und Verwaltung von Fan-Clubs, die Organisation von Reisen, das Bereitstellen von Informationen, Räumlichkeiten und Verpflegung etc. verantwortlich zeichnet. Sehr viele Fans bezeichnen diese Vergemeinschaftung als einen wesentlichen, wenn nicht den wesentlichen Teil ihres Fantums (vgl. Akremi/Hellmann und Winter in diesem Band). Der Vergemeinschaftung unter Fans und der dafür notwendigen Infrastruktur kommt daher eine wesentliche Bedeutung zu, und sie trägt indirekt auch zur Unterstützung des Fanobjekts bei.

In so gut wie allen Fanszenen finden wir ein Netz an mehr oder minder formal organisierten Fanclubs, die teils von den Fanobjekten unterstützt werden (vgl. z.B. Rüttgers/Rombach 1983; Taffertshofer 2002).[16] Sportvereine, Musiker, Schauspieler usw. halten oft Kontakt zu ihren Fanclubs; teilweise existieren Fanbeauftragte, die den Austausch mit Fanclubs organisieren.

Das Ausmaß, in dem sich Fans in Fanclubs organisieren, ist aber je nach Fanobjekt sehr unterschiedlich. In unserer Online-Befragung gibt nur ein gutes Drittel (35,8 %) der Sport-Fans an, Mitglied eines Fanclubs zu sein. Unter Film-Fans sind es 41,8 %, unter Musik-Fans 44,6 %. Am höchsten ist

---

führung kann auch andächtige Stille sein und deren Unterstützung darin bestehen, für Ruhe zu sorgen.
15 Vgl. Tagesspiegel vom 6.7.2009 „Tausende Stadionbauer wollen neue Alte Försterei feiern".
16 Weyrauch (1997: 73) schätzt für Deutschland eine Anzahl von 12.000 Fanclubs, macht allerdings keine Angaben, wie er zu dieser Zahl kommt.

der Anteil von Fanclub-Mitgliedern bei den Buch-Fans mit 74,4 %. Für diese Unterschiede sind aus unserer Sicht zwei Faktoren verantwortlich: die Menge an Fans in einem Fanbereich einerseits und die Konzentration der Fans in den Fanbereichen auf konkrete Fanobjekte andererseits. Dahinter steht die Überlegung, dass sich das verbreitete Interesse der Fans an einer Vergemeinschaftung mit anderen Fans je nach Fanobjekt unterschiedlich gut verwirklichen lässt. Je geringer die Anzahl der Fans eines Fanobjektes ist, desto geringer ist auch die Wahrscheinlichkeit, ohne organisatorischen Rahmen mit anderen Fans in Kontakt zu kommen. So gibt es bei Büchern insgesamt relativ wenig Fans in dem Bereich, und gleichzeitig ist das Angebot an Büchern, die grundsätzlich zum Fanobjekt werden könnten, sehr groß (vgl. Roose in diesem Band). Im Ergebnis ist die Chance, ohne besondere Anstrengungen auf Fans des gleichen Buches zu treffen, gering. Die Fans müssen also selbst dafür sorgen, in Kontakt mit anderen Fans zu kommen – und so ist der hohe Anteil von Fanclub-Mitgliedschaften bei Buchfans möglicherweise zu erklären. Genau anders herum verhält es sich mit Fußballfans, die den größten Anteil unter den Sportfans ausmachen. Als Volkssport zieht Fußball sehr viele Fans auf sich. Gleichzeitig konzentrieren sich diese Fans auf den höherklassigen Fußball in einem durch verschiedene Ligen klar strukturierten Angebot. Zudem sind die Fans vielfach regional gebunden, weshalb sie dominant Fans des lokalen Vereins sind, vor allem wenn dieser Verein in einer hohen Liga spielt (vgl. Ohr in diesem Band). Im Ergebnis kommen sehr viele Fans auf relativ wenige Vereine, was zu einer recht guten Chance führt, auch ohne Mitgliedschaft in einem Fanclub auf andere Fans zu treffen. Eine Mittelstellung nehmen die Film- und Musik-Fans ein, wobei jeweils unterschiedliche Faktoren für die Mittelstellung verantwortlich sind. Im Musikbereich ist das Angebot recht breit, allerdings gibt es viele Musik-Fans und zudem ist der Musikgeschmack recht klar nach Milieus strukturiert (Gebesmair 2001; Otte 2010). Im Ergebnis haben wir eine mittlere Wahrscheinlichkeit, ohne Fanclub-Mitgliedschaft mit anderen Fans in Kontakt zu kommen. Bei Film-Fans ist das Angebot deutlich konzentrierter, weil in einem recht breiten Filmangebot nur wenige Filme bzw. Serien ein großes Publikum auf sich ziehen. Bei Kinofilmen, abgeschwächt auch bei Fernsehserien ist dieses Angebot zudem zeitlich relativ fokussiert und auch hier haben wir eine Strukturierung des Geschmacks nach Milieus (Rössel 2006). Demzufolge ergibt sich auch für Filmfans eine mittlere Wahrscheinlichkeit, ohne organisatorische Anstrengung mit anderen Fans in Kontakt zu kommen.[17]

4.2 Die Relevanz von Fantum für politische Partizipation

Sehen wir uns nun die Bedeutung des Fantums für politische Partizipation an. Eine solche Bedeutung lässt sich auf Basis der Partizipationsforschung in zweierlei Weise vorstellen: Fan-Szenen können zum einen als spezifische politische Milieus, zum anderen als „Schulen der Demokratie" im Sinne Putnams fungieren.

4.2.1 Fanszenen als politische Milieus

Fangemeinschaften könnten zum einen politische Milieus und ihre Fans entsprechend anfällig für bestimmte politische Mobilisierungen sein. Am auffälligsten und auch am intensivsten diskutiert worden ist dies anhand des (vermeintlichen) Zusammenhangs von Fußballfans und Rechtsradikalismus (vgl. u.a. Althoff/Nijbor 2008; Heitmeyer 1988), teils in Überschneidung mit dem Phänomen der Hooligans, die in vielen Fällen, aber nicht immer rechtsradikal sind (Armstrong 1998; Meier 2001, vgl. Leistner in diesem Band). Diese Arbeiten zeigen, obwohl es meist nicht im Mittelpunkt ihrer Analysen steht, dass einige Vereine durchaus ein identifizierbares politisches Profil kultivieren, und dass ihre Fans auch als politisches Milieu verstanden werden können. Dies findet sich nicht nur für rechte Vereine und Fans, sondern auch für link(sradikal)e Fan-Szenen wie die des FC St. Pauli oder für sozialdemokratisch orientierte Arbeiterclubs wie Schalke 04. Woraus sich die konkrete politische Ausrichtung der Fanszene eines Fußballclubs ergibt, ist schwer zu sagen. Hier spielen neben langjährigen Traditionen (auch verbunden mit der regionalen und lokalen Herkunft des Vereins) und mehr oder minder großen und erfolgreichen Steuerungsversuchen sicherlich auch Zufälle eine Rolle. Einmal in einem bestimmten politischen

---

17 In der Mobilisierungsforschung wird das Problem, mit einer ausreichenden Anzahl von Gleichgesinnten in Kontakt zu treten mit analogen Argumenten unter dem Begriff der ‚Critical Mass' diskutiert (Marwell/Oliver 1993).

Fahrwasser, werden Selbstverstärkungsmechanismen wirksam, wenn Fans mit einer dem Image entsprechenden politischen Einstellung überproportional angezogen und andere entsprechend abgestoßen werden.

Bei Musik lässt sich über mehr oder minder eindeutige Texte oftmals einfacher eine politische Ausrichtung ausmachen (Nieland 2009; Richter 2006; Schmoliner 2006). Daneben sind aber auch Musikrichtungen eine Wahlverwandtschaft eingegangen mit politischen Richtungen. Spielarten des Heavy Metal oder der so genannte Neo Folk sind rechtsradikal konnotiert (Neumann-Braun 2004: 82; Speit 2006), während die Liedermacher-Richtung einen eher linken Einschlag hat und Punk dominant linksradikal orientiert ist. Auch in diesem Fall dürften Pfadabhängigkeiten für Entstehung spezifischer politischer Ausrichtungen entscheidend sein.

Als Rekrutierungskontext für politische Unterstützung im gemäßigten politischen Spektrum spielen diese Fanszenen aber vermutlich kaum eine Rolle. Lediglich für radikale politische Richtungen, die bei direkter Ansprache auf Vorbehalte treffen, bieten Fanszenen einen möglicherweise relevanten Mobilisierungskontext (vgl. Haubeck 2009). Konzerte, Fußballstadien, Fantreffen usw. können in diesen Fällen sogar als Gegenöffentlichkeit fungieren, in der anderweitig tabuisierte Meinungen artikuliert werden können (vgl. Bromberger 1998: 292). In welchem Maße dies aber wirklich erfolgreich ist, oder die Mobilisierungserfolge radikaler Parteien in Fanszenen auf einen vorgeschalteten Selektionseffekt zurückgehen, lässt sich schwer sagen. Hier sind, gerade angesichts der häufig geäußerten Anwürfe aus der Medienöffentlichkeit, weitere Studien vonnöten, um aufzuklären, ob und welche politischen Milieus sich unter Fans finden lassen.

4.2.2 Fangemeinschaften als Schulen der Demokratie

Neben der Bildung politischer Milieus unter Fans ist auch eine zweite Weise denkbar, in der Fantum politisch wirksam sein könnte: als Ort, an dem Menschen demokratische Verhaltensweisen und entsprechende Kompetenzen lernen. Der zentrale Autor, auf den sich viele derartige Diagnosen beziehen, ist Robert D. Putnam, demzufolge unpolitische Vereinigungen ‚Schulen der Demokratie‘ seien, in denen man Vertrauen, Toleranz, den Umgang mit Anderen usw. lerne. Vor dem Hintergrund dieser These kritisierte Putnam in „Bowling Alone" (1995) die sinkende Beteiligung der US-Amerikaner an

Institutionen wie Bowling Leagues – denn dies führe zum Verfall demokratischer Kultur.

Eine Anwendung dieser These auf Fans ist unter anderem deshalb interessant, weil hier auch alternative und teils genau gegenteilige Thesen formuliert wurden. Die „Brot und Spiele"-These unterstellt – Putnams Vermutung diametral entgegen gesetzt – dass eine Begeisterung im Fanbereich eine Abkehr von der Politik nach sich ziehe. Und aus Sicht der funktionalen Differenzierung wiederum würde man eine Unabhängigkeit beider Bereiche erwarten.

Auch zu diesen Fragen liegen kaum empirische Ergebnisse vor. Wir selbst hatten in einer früheren Publikation für Fußballfans gezeigt, dass deren Fan-Intensität unabhängig ist von ihrem Interesse an politischer Mitwirkung (Schäfer/Roose 2008). Wie sehr sie sich mit ihrem Fanobjekt identifizieren, wie viele Kontakte sie mit anderen Fans haben und wie sehr sie ihr Fanobjekt und die anderen Fans unterstützen wollen – all dies hat keinen Effekt auf das Partizipationsinteresse.

Auch für andere Fan-Bereiche finden sich auf Basis unserer Online-Befragung ähnliche Ergebnisse.[18] Der Zusammenhang zwischen der Intensität der Fan-Vergemeinschaftung und der Priorität für politische Mitbestimmung ist jeweils nahe Null, bei Film- und Buch-Fans leicht negativ, bei Musik-Fans leicht positiv.[19] Offensichtlich entsteht bei Fans kein generalisiertes Sozialkapital, das zu einem Interesse an politischer Mitwirkung führt. Hoffnungen auf eine Politisierung vormals politikferner Schichten über Fantum sind demnach ebenso verfehlt wie Warnungen vor einer Entpolitisierung

---

18 Berechnet wird der Einfluss mittels eines Strukturgleichungsmodells. Die latente Variable „Intensität der Fan-Vergemeinschaftung" wird gemessen durch die Zustimmung zu den Aussagen a) die vom Fanobjekt vertretenen Werte sind mir wichtig, b) ich bin vorbehaltlos begeistert, c) ich konzentriere mich in dem Bereich auf mein Fanobjekt, d) ich zeige mein Fantum nach außen für die Identifikation, e) Kontakthäufigkeit zu anderen Fans, f) Häufigkeit des Besuchs von Veranstaltungen rund um das Fanobjekt, g) andere Fans in der Nähe für die Interaktion mit Gleichgesinnten und Zustimmung zu den Aussagen h) ich sorge für Stimmung, i) ich will das Fanobjekt unterstützen und j) ich erzähle anderen begeistert von meinem Fanobjekt.

19 Zudem sind die Koeffizienten insignifikant, aber da die Bedingung einer Zufallsauswahl für Signifikanztests nicht gegeben ist, kann dies nicht interpretiert werden.

der Bevölkerung durch ihre Anhängerschaft zu Sportvereinen, Musikern, Schauspielern, Schriftstellern und dergleichen.

5 Fazit

Fans sind gekennzeichnet durch ihre Loyalität zu einem Fanobjekt. Diesem fühlen sie sich verbunden und bleiben ihm treu, oft auch über Enttäuschungen hinweg. Diese Loyalität macht es wahrscheinlich, so kann man mit Hirschman (1970) vermuten, dass Fans ein in hohem Maße partizipierendes Publikum sind, das eher die Voice- als die Exit-Option wählt und dessen Unterstützung auch unabhängig von Leistungsveränderungen ihres Fanobjektes längerfristig aufrecht erhalten wird.

Einschlägig für die Untersuchung von Voice ist die Partizipationsforschung. Überträgt man deren Grundperspektiven auf Fans, so schienen zwei Analyserichtungen fruchtbar:

Erstens haben wir uns die Ausprägung der Partizipation von Fans an ihrem Fanobjekt angesehen. Dahingehend deutet sich an, dass Fans wohl eher selten versuchen, Entscheidungen ihrer Fanobjekte auf institutionalisiertem (z.B. in Wahlen) oder nicht-institutionalisiertem (z.B. durch Proteste) Wege zu beeinflussen. Diese Form von Partizipation, die wir als Mitentscheidung bezeichnet haben, halten viele Fans nicht für erstrebenswert. Fantum erweist sich damit als Lebensbereich, der von der partizipatorischen Revolution kaum erreicht wurde. Fans, so legen die Ergebnisse nahe, sind auch in der Moderne Anhänger charismatischer Personen(gruppen). Sport- und vor allem Fußballfans stellen diesbezüglich, wenigstens partiell, eine Ausnahme dar. Sie streben in etwas stärkerem Maße eine Mitentscheidung an und bei ihnen kann man auch am ehesten Strukturen von institutionalisierter Mitentscheidung in Vereinsstrukturen, vor allem aber Proteste als nicht-institutionalisierte Partizipationsformen finden. Dass dies vor allem bei Fußballfans vorkommt, dürfte am Charakter ihres Fanobjektes liegen – sie sind Fan eines Vereins, bei dem die ausführenden Personen wechseln und damit kritisierbar sind, ohne dass sogleich die grundsätzliche Verbundenheit mit dem Verein in Frage gestellt ist. Deutlich weiter verbreitet ist unter Fans die Mitwirkung an der Leistungserbringung des Fanobjekts. Dieses soll unterstützt werden – im Stadion, beim Konzert usw. Dazu wird, meist ehrenamtlich, eine aufwändige Infrastruktur für andere Fans bereit gestellt: Fanclubs,

Internetseiten, Zeitschriften und ähnliches. In diesen Bereichen engagieren sich die Fans intensiv. Partizipation heißt für Fans also in erster Linie Mitwirkung an der Leistung und nur nachgeordnet Mitentscheidung. Zweitens haben wir betrachtet, welche Effekte Fantum auf politische Partizipation hat. Dahingehend zeigt sich, dass sich Putnams These von Freizeitorganisationen als „Schulen der Demokratie" für Fan-Gemeinschaften nicht bewährt. Eine intensivere Vergemeinschaftung mit anderen Fans führt nicht zu mehr politischer Mitwirkung.

Macht man die Partizipationsforschung in dieser Weise für die Fanforschung nutzbar, so kommen eine Reihe weitgehend vernachlässigter Fragen zum Vorschein. Die Partizipation von Fans als Mitwirkung resp. Unterstützung ist recht gut belegt, auch die fantypische Infrastruktur von Fanclubs und ähnlichem. Die Fragen der Mitentscheidung von Fans blieben in der Forschung dagegen bisher weitgehend außen vor. Ob etwa Fanobjekte, wie von uns angedeutet, tatsächlich als charismatische Führer verstanden werden können, deren Ausnahmekönnen ihnen auch in den Augen der Fans eine weitgehende Entscheidungsgewalt einräumt, bleibt eine hochinteressante Forschungsfrage.

Literatur

Althoff, Martina & Jan Nijbor (2008): Fußball, Spiel und Kampf. Zur politischen Dimension des Hooliganismus. In: Klein, Gabriele & Michael Meuser (Hrsg.): Ernste Spiele. Zur politischen Soziologie des Fußballs. Bielefeld: transcript. 135-153.
Anheier, Helmut K. & Regina A. List (Hrsg.) (2006): A dictionary of civil society, philanthropy, and the non-profit sector. London u.a.: Routledge.
Armstrong, Gary (1998): Football Hooligans. Oxford & New York: Berg.
Bode, Ingo (Hrsg.) (2009): Bürgergesellschaft als Projekt. Wiesbaden: Verlag für Sozialwissenschaften.
Bradley, Joseph M. (2002): The Patriot Game: Football's Famous `Tartan Army'. In: International Review for the Sociology of Sport 37/2. 177-197.
Braun, Joachim & Helmut Klages (2000): Freiwilliges Engagement in Deutschland. Stuttgart u.a.: W. Kohlhammer.
Brettschneider, Frank, Jan van Deth & Edeltraud Roller (Hrsg.) (2002): Das Ende der politisierten Sozialstruktur? Opladen: Leske+Budrich.
Bromberger, Christian (1998): Fußball als Weltsicht und Ritual. In: Belliger, Andréa (Hrsg.): Ritualtheorien. Wiesbaden: Westdeutscher Verlag. 285-301.

Brower, Sue (1992): Fans as Tastemakers: Viewers for Quality. In: Lewis, Lisa A. (Hrsg.): Adoring Audience. London & New York: Routledge. 163-184.

Brown, Adam & Andy Walsh (2000): Football supporters' relations with their clubs: A European perspective. In: Soccer & Society 1/3. 88 - 101.

Cachay, Klaus, Ansgar Thiel, Lars Riedl & Christian Wagner (2005): Global Player - Local Hero. Projektabschlussbericht. Bielefeld: Universität Bielefeld,

Christ, Michaela (2001): Ich bin anders. Fanstrukturen in Deutschland und den USA: (k)ein Kulturvergleich. Konstanz: Hartung-Gorre-Verlag.

Crabbe, Tim (2003): 'The Public Gets what the Public Wants': England Football Fans, 'Truth' Claims and Mediated Realities. In: International Review for the Sociology of Sport 38/4. 413-425.

Corsten, Michael, Michael Kauppert & Hartmut Rosa (2007): Quellen bürgerschaftlichen Engagements. Wiesbaden: Verlag für Sozialwissenschaften.

Costello, Victor & Barbara Moore (2007): Cultural Outlaws. An Examination of Audience Activity and Online Television Fandom. In: Television & New Media 8/2. 124-143.

Deth, Jan van (2009): Politische Partizipation. In: Kaina, Viktoria & Andrea Römmele (Hrsg.): Politische Soziologie. Wiesbaden: Verlag für Sozialwissenschaften. 141-162.

Földesi, Gyongyi Szabo (1996): Social and Demographic Characteristics of Hungarian Football Fans and their Motivations for Attending Matches. In: International Review for the Sociology of Sport 31/4. 407-425.

Franke, Elk (1991): Fußballfans - eine Herausforderung an das sozialwissenschaftliche Arbeiten. In: Garz, Detlef & Klaus Kraimer (Hrsg.): Qualitativ-empirische Sozialforschung. Opladen: Westdeutscher Verlag. 177-211.

Franzen, Axel & Markus Freitag (Hrsg.) (2007): Sozialkapital. Grundlagen und Anwendungen. Wiesbaden: Verlag für Sozialwissenschaften.

Fung, Archon (2003): Associations and Democracy: Between Theories, Hopes, and Realities. In: Annual Review of Sociology 29/1. 515-539.

Gebesmair, Andreas (2001): Grundzüge einer Soziologie des Musikgeschmacks. Wiesbaden: Westdeutscher Verlag.

Gerhards, Jürgen (2001): Der Aufstand des Publikums. Eine systemtheoretische Interpretation des Kulturwandels in Deutschland zwischen 1960 und 1998. In: Zeitschrift für Soziologie 30/3. 163-184.

Giulianotti, Richard (2002): Supporters, Followers, Fans, and Flaneurs: A Taxonomy of Spectator Identities in Football. In: Journal of Sport and Social Issues 26/1. 25-46.

Giulianotti, Richard (2005): The Sociability of Sport: Scotland Football Supporters as Interpreted through the Sociology of Georg Simmel. In: International Review for the Sociology of Sport 40/3. 289-306.

Grabowski, Rolf (1999): "Zünftig, bunt und heiter". Beobachtungen über Fans des volkstümlichen Schlagers. Tübingen: Tübinger Vereinigung für Volkskunde.

Hartmann, Peter H. (Hrsg.) (1999): Lebensstilforschung. Opladen: Leske + Budrich.

Haubeck, Julia (2009): Gefahr von Rechts. Frankfurt a.M.: Verlag der Polizeiwissenschaft.

Hauk, John (1999): Boygroups! Teenager, Tränen, Träume. Berlin: Schwarzkopf und Schwarzkopf.

Heitmeyer, Wilhelm (1988): Jugendliche Fußballfans: Zwischen sozialer Entwertung und autorität-nationalistischer Substituierung. In: Horak, Roman, Wolfgang Reiter & Kurt Stocker (Hrsg.): Ein Spiel dauert länger als 90 Minuten. Hamburg: Junius. 159-176.

Hellmann, Kai-Uwe (2003): Soziologie der Marke. Frankfurt a.M.: Suhrkamp.

Hirschman, Albert O. (1970): Exit, Voice, and Loyalty. Responses to Decline in Firms, Organizations, and States. Cambridge: Harvard University Press.

Hughson, John (1998): Among the Thugs: The `New Ethnographies' of Football Supporting Subcultures. In: International Review for the Sociology of Sport 33/1. 43-57.

Jenkins, Henry (1992): Textual Poachers. Television Fans and Participatory Culture. New York: Routledge.

Jenkins, Henry (2006): Fans, Bloggers, and Gamers. Exploring Participatory Culture. New York & London: New York University Press.

Kaase, Max (1984): The Challange of the 'Participatory Revolution' in Pluralist Democracies. In: International Political Science Review 5/299-318.

Klein, Hans-Joachim (1993): Wirtschafts- und Konsumsoziologie. In: Korte, Hermann & Bernhard Schäfers (Hrsg.): Einführung in Spezielle Soziologien. Opladen: Westdeutscher Verlag. 141-166.

Kozinets, Robert V., Andrea Hemetsberger & Hope Jensen Schau (2008): The Wisdom of Consumer Crowds: Collective Innovation in the Age of Networked Marketing. In: Journal of Macromarketing 28/4. 339-354.

Kriesi, Hanspeter (2007a): Political Context and Opportunity. In: Snow, David, Sarah Soule & Hanspeter Kriesi (Hrsg.): The Blackwell Companion to Social Movements. Malden, Oxford: Blackwell. 67-90.

Kriesi, Hanspeter (2007b): Sozialkapital. Eine Einführung. In: Franzen, Axel & Markus Freitag (Hrsg.): Sozialkapital. Grundlagen und Anwendungen. Wiesbaden: Verlag für Sozialwissenschaften. 23-46.

Maffay, Peter (2009): Maffay. Auf dem Weg zu mir. München: C. Bertelsmann.

Marwell, Gerald & Pamela Oliver (1993): The critical mass in collective action. A microsocial theory. Cambridge: Cambridge University Press.

Meier, Ingo-Felix (2001): Hooliganismus in Deutschland. Berlin: Verlag für Wissenschaft und Forschung.

Müller, Walter (1997): Sozialstruktur und Wahlverhalten. Eine Widerrede gegen die Individualisierungsthese. In: Kölner Zeitschrift für Soziologie und Sozialpsychologie 49/4. 747-760.

Nash, Richard (2001): English Football Fan Groups in the 1990s: Class, Representation and Fan Power. In: Soccer & Society 2/1. 39 - 58.

Neumann-Braun, Klaus & Axel Schmidt (2004): Gothic - Spielräume düster konnotierter Transzendenz. Über die (Sub-)Kultur der Gothics. Wiesbaden: VS Verlag für Sozialwissenschaften.

Nieland, Jörg-Uwe (2009): Pop und Politik. Köln: von Halem.

Ohr, Dieter (2009): Langfristige Trends und ihre Folgen für das Wahlverhalten. In: Forschungsjournal Neue Soziale Bewegungen 22/2. 36-47.

Otte, Gunnar (1997): Lebensstile versus Klassen - welche Sozialstrukturkonzeption kann die individuelle Parteipräferenz besser erklären? In: Müller, Walter (Hrsg.): Soziale Ungleichheit. Opladen: Leske+Budrich. 303-346.

Otte, Gunnar (2004): Sozialstrukturanalysen mit Lebensstilen. Wiesbaden: Verlag für Sozialwissenschaften.

Otte, Gunnar (2010): „Klassenkultur" und „Individualisierung" als soziologische Mythen? Ein Zeitvergleich des Musikgeschmacks Jugendlicher in Deutschland, 1955-2004. In: Berger, Peter A. & Ronald Hitzler (Hrsg.): Jenseits von Stand und Klasse? 25 Jahre Individualisierungsthese. Wiesbaden: Verlag für Sozialwissenschaften.

Pilz, Gunter A. u.a. (Hrsg.) (2006): Wandlungen des Zuschauerverhaltens im Profifußball. Schorndorf: Hofmann.

Priller, Eckhard & Annette Zimmer (2001): Der Dritte Sektor: Wachstum und Wandel. Gütersloh: Verlag Bertelsmann Stiftung.

Putnam, Robert D. (1993): Making Democracy Work. Civic Traditions in Modern Italy. Princeton & New Jersey: Princeton University Press.

Putnam, Robert D. (1995): Bowling Alone: America's Declining Social Capital. In: Journal of Democracy 6/1. 65-78.

Putnam, Robert D. (Hrsg.) (2001): Gesellschaft und Gemeinsinn. Gütersloh: Bertelsmann.

Rehder, Britta, Thomas von Winter & Ulrich Willems (Hrsg.) (2009): Interessenvermittlung in Politikfeldern. Wiesbaden: Verlag für Sozialwissenschaften.

Richter, Stephan (2006): „Gehasst - verdammt - vergöttert". Das Phänomen der ehemaligen Skinhead-Kultband „Böhse Onkelz" und ihre Bezüge zum Rechtsextremismus. In: Kloninger, Herbert (Hrsg.): Rechtsextremismus als Gesellschaftsphänomen. Brühl: Fachhochschule des Bundes für Öffentliche Verwaltung. 110-189.

Riedl, Lars (2006): Spitzensport und Publikum. Überlegungen zu einer Theorie der Publikumsbildung. Schorndorf: Hofmann.

Rössel, Jörg (2006): Allesfresser im Kinosaal? Distinktion durch kulturelle Vielfalt in Deutschland. In: Soziale Welt 57/3. 259-272.

Roßteutscher, Sigrid (2009): Soziale Partizipation und Soziales Kapital. In: Kaina, Viktoria & Andrea Römmele (Hrsg.): Politische Soziologie. Wiesbaden: Verlag für Sozialwissenschaften. 165-180.

Roth, Dieter (2008): Empirische Wahlforschung. Ursprung, Theorien, Instrumente und Methoden. Wiesbaden: Verlag für Sozialwissenschaften.

Roth, Roland & Dieter Rucht (Hrsg.) (2008): Die Sozialen Bewegungen in Deutschland seit 1945. Frankfurt a.M. & New York: Campus.

Rüttgers, Udo & Bernd Rombach (1983): Fußballfans. Der Alemannia-Fanclub "schwarz-gelb '81". In: Peinhardt, Ingrid (Hrsg.): Einblicke - Jugendkultur in Beispielen. Baden-Baden: Nomos. 189-204.

Scardaville, Melissa C. (2005): Accidental Activists. Fan Activism in the Soap Opera Communitiy. In: American Behavioral Scientist 48/7. 881-901.

Schäfer, Mike S. & Jochen Roose (2008): Die gesellschaftliche Bedeutung von Fußballbegeisterung. In: Klein, Gabriele & Michael Meuser (Hrsg.): Fußball-Gemeinden. Zur politischen Soziologie eines populären Sports. Bielefeld: transcript. 201-226.

Schimank, Uwe (2000): Theorien gesellschaftlicher Differenzierung. Opladen: Leske+Budrich.

Schmitt-Beck, Rüdiger (Hrsg.) (2011): Wählen in Deutschland. Sonderheft der Politischen Vierteljahresschrift. Wiesbaden: Verlag für Sozialwissenschaften.

Schmoliner, Stephanie (Hrsg.) (2006): Popmoderne und Protest. Musik zwischen Subversion und Aneignung. Themenheft 3 des Forschungsjournals Neue Soziale Bewegungen. Stuttgart: Lucius & Lucius.

Schnell, Rainer & Ulrich Kohler (1995): Empirische Untersuchung einer Individualisierungshypothese am Beispiel der Parteipräferenz von 1953-1992. In: Kölner Zeitschrift für Soziologie und Sozialpsychologie 47/4. 634-657.

Sebaldt, Martin & Alexander Straßner (2004): Verbände in der Bundesrepublik Deutschland. Wiesbaden: Verlag für Sozialwissenschaften.

Speit, Andreas (2006): Ästhetische Mobilmachung. Dark Wave, Neofolk und Industrial im Spannungsfeld rechter Ideologien. Münster: Unrast.

Taffertshofer, Birgit (2002): Soap-Fanclubs - Deskription einer Sozialform aus Sicht der Fanclub-Leitenden. In: Götz, Maya (Hrsg.): Alles Seifenblasen? Die Bedeutung von Daily Soaps im Alltag von Kindern und Jugendlichen. München: KoPäd. 236-249.

van Zoonen, Liesbet (2004): Imagining the Fan Democracy. In: European Journal of Communication 19/1. 39-52.

Vannini, Phillip (2004): The Meanings of a Star: Interpreting Music Fans' Reviews. In: Symbolic Interaction 27/1. 47-69.

Vamplew, Wray, John Coyle, Julie Heath & Brian Naysmith (1998): Sweet FA: Fans Rights and Club Relocations. In: Occasional Papers in Football Studies 1/2. 55-68.

Weber, Max (1980): Wirtschaft und Gesellschaft. Grundriß der verstehenden Soziologie. Tübingen: J. C. B. Mohr.

Weyrauch, Jan (1997): Boygroups. Das Teenie-FANomen der 90er. Berlin: Extent.

Wilkesmann, Uwe, Doris Blutner & Claudia Meister (2002): Der Fußballverein zwischen e.V. und Kapitalgesellschaft. Wie Profifußballvereine das Dilemma zwischen Mitgliederrepräsentation und effizienter Zielverfolgung institutionell lösen. In: Kölner Zeitschrift für Soziologie und Sozialpsychologie 54/4. 753-774.

Zimmer, Annette & Eckhard Priller (2007): Gemeinnützige Organisationen im gesellschaftlichen Wandel. Ergebnisse der Dritte-Sektor-Forschung. Wiesbaden: Verlag für Sozialwissenschaften.

Fans und Migration

Victoria Schwenzer & Nicole Selmer

Der vorliegende Text beschäftigt sich – vorwiegend am Beispiel der Fußballfankultur – mit dem Verhältnis von Fans und Migration. Sowohl Fans als
auch Migrant/innen bewegen sich in besonderem Maße in einer sozialen
Welt der Zugehörigkeiten. Dies soll am Beispiel von Fußballfans näher erläutert werden, da das Fansein im Fußballkontext auch in Zeiten globalisierten Kulturtransfers stark mit lokalen Zugehörigkeiten und Territorialität
verknüpft ist. Die Migrationsforschung, speziell die ethnologisch und kul-
turwissenschaftlich geprägte Migrationsforschung, beschäftigt sich u.a. mit
der Konstruktion ethnischer Gruppen und kulturellem „Anderssein", mit
kollektiven Identitäten im Zusammenspiel von Selbst- und Fremdzuschrei-
bungen sowie mit Ethnizität als sozialer Praxis der Grenzziehung. Auch in
der Fußballkultur spielt die Frage der Grenzziehung und die Konstruktion
des Anderen eine entscheidende Rolle – sowohl für die Brisanz und Bedeutung einer sportlichen Begegnung als auch für die Definition des subjektiven
Fanseins.

Nach einleitenden Überlegungen zur derzeitigen Rolle des Themas Mig-
ration/migrantische Fans sowohl in der Fußballforschung als auch in der
aktuellen Sport- und Vereinspolitik werden Besonderheiten der Fußballfankultur mit Blick auf das eng mit dem Thema Migration verknüpfte Verhältnis von Territorialität und Identität beschrieben (Abschnitt 1). Anschließend
wird Migration aus der Perspektive des Wunsches nach Anerkennung diskutiert. Dieser Wunsch nach und der „Kampf um Anerkennung", um den
Titel von Axel Honneths Habilitationsschrift (1992) zu zitieren, ist eines der
zentralen Themen im Verhältnis von Eingewanderten und Aufnahmegesellschaft und bestimmt die Beziehung von Minderheit und Mehrheit. Dieser
Kampf um Anerkennung hat nicht nur eine rechtliche und politische, sondern auch eine symbolische Dimension. Anhand der Beziehung von Migration und Fußball(-fans) lässt sich diese symbolische Ebene ebenso aufzeigen

wie die zwei gegenläufigen Aspekte des Kampfes um Anerkennung, nämlich der Kampf um Gleichheit und das Recht auf Differenz (Abschnitt 2).
In der ethnologischen und kulturwissenschaftlichen Diskussion der
letzten Jahrzehnte wurde der essentialistische, homogenisierende Kulturbegriff kritisch hinterfragt und durch offene, prozessorientierte Konzepte
ersetzt. Die postkoloniale Theorie hat den Begriff der Hybridität[1] als Antwort auf essentialistische Kulturkonzepte im Kontext von Migration in die
Debatte eingebracht. In Bezug auf migrantische Fußballfankultur wird in
Abschnitt 3 diskutiert, inwiefern die Möglichkeit hybrider Identitäten und
Zugehörigkeiten mit den eindeutigen Positionierungen kollidiert, die die
Fußballfankultur durch das ihr inhärente Freund-Feind-Schema erzwingt.
   Die These vom Fußballstadion als „Spiegel der Gesellschaft" ist bereits
vielfach widerlegt worden. Dies wird auch am Thema Migration deutlich:
Gerade in Bezug auf ethnische Vielfalt spiegelt das Stadion nicht die deut-
sche Realität eines Einwanderungslandes wider, weder in der realen Präsenz
von Zuschauer/innen mit migrantischem Hintergrund noch in seiner symbolischen Inszenierung.[2] Auch deutsche Fußballvereine haben sich bis vor
Kurzem kaum damit beschäftigt, ob und in welcher Weise migrantische
Besucher/innen einen zahlenmäßig größeren Teil ihres Publikums, und damit auch ihrer Kundschaft, bilden oder bilden könnten. Lediglich bei der
Verpflichtung bestimmter ausländischer Spieler wurde mitunter die Frage
thematisiert, ob durch diese Spieler auch entsprechende migrantische Gruppen verstärkt in das Stadion zu locken sind.[3] Erst langsam geraten migrantische Fans als Zielgruppe in den Fokus von Marketingüberlegungen der
Vereine. Aktuell beschäftigen sich in Hannover und Berlin jeweils in Zu-
sammenarbeit von Universität, Verein und Fanprojekt[4] durchgeführte klei-

---

1   Zu den bekanntesten Vertreter/innen der postkolonialen Hybriditätstheorie gehört Ho-
    mi Bhabha (vgl. z.B. 1994).
2   So führt die traditionell-proletarische Konnotation der Fußballkultur dazu, dass trotz
    der Beliebtheit von Pizza, Döner, Bionade oder Alcopops (nicht zuletzt unter Jugendli-
    chen) in deutschen Fußballstadien weiterhin Bier und Bratwurst dominieren.
3   Diese Diskussion gab es beispielsweise rund um die Verpflichtung von Ümit Davala
    bei Werder Bremen (vgl. Bogena 2003).
4   Die Fanprojekte in Deutschland sind durch Fußballverbände, Kommunen und Bundes-
    land geförderte Einrichtungen, die sozialpädagogische Arbeit mit jungen Fußballfans

nere Forschungsprojekte mit diesem Thema und untersuchen sowohl Möglichkeiten der besseren Einbindung und Ansprache von potenziellen migrantischen Fans als auch die Frage, ob bei Menschen mit Migrationshintergrund überhaupt Interesse am Stadionbesuch vorhanden ist und was sie dann gegebenenfalls davon abhält.[5] Rassistische Vorfälle in Form von Gesängen, Beschimpfungen oder auch körperlichen Attacken spielten nach Angaben der befragten (meist) jugendlichen Migrant/innen nicht die entscheidende Rolle; diese Aussage ist jedoch mit einiger Vorsicht zu betrachten. Erfahrungen von Untersuchungen zum Thema Sexismus zeigen, dass weibliche Fans die direkte Frage nach sexistischen Diskriminierungen im Stadion häufig verneinen, da sie Gefahr laufen, sich außerhalb der Fangemeinschaft zu positionieren, und damit ihren schwer erkämpften Platz verlieren, wenn sie sexistische Diskriminierungen thematisieren (vgl. Selmer 2004: 88ff.; vgl. auch Fritzsche in diesem Band).

Aus Sicht der Fußballfankultur ist der Zusammenhang von Migration und/oder Integration kaum erforscht. Vorhandene Überlegungen und Studien beziehen sich in der Regel auf den Bereich der migrantischen Vereine bzw. migrantische Spielerinnen und Spieler,[6] nicht auf migrantische Fußball-

---

durchführen und zu deren Zielen u.a. Gewaltprävention, demokratische Wertevermittlung und Abbau von extremistischen Einstellungen gehören.

5   Erste Zwischenergebnisse dieser noch nicht veröffentlichten kleineren Untersuchungen weisen darauf hin, dass von migrantischen Fußballinteressierten eine Reihe von Gründen für das Fernbleiben aus deutschen Stadien genannt werden: hohe Eintrittspreise, sportlich wenig attraktive örtliche Vereine, die Verbundenheit mit anderen nicht-deutschen Vereinen, die Orientierung an der Fußballkultur im eigenen Stadtteil und die rassistische Atmosphäre im Stadion. Die hier (verkürzt) referierten Punkte aus den Untersuchungen in Hannover und Berlin wurden im Rahmen eines Workshops der „3. Tagung für Toleranz im Fußball" in Hannover im Februar 2009 präsentiert und diskutiert. Vgl. auch Pilz (2009).

6   Zum Thema vgl. u.a. Kalter (2003), die Ausstellung „Ballarbeit. Szenen aus Fußball und Migration" (Ballarbeit 2006), Zifonun (2008), Soeffner und Zifonun (2006a; 2006b). Mit der Geschichte migrantischer Spielerinnen und Spieler im österreichischen Fußball beschäftigen sich Liegl und Spitaler (2008) sowie die Themenausgabe des österreichischen Fußball-Magazins ballesterer (2007). Beiträge speziell zur Situation von Migrantinnen im Fußball – wiederum nicht mit Bezug auf Fantum, sondern das aktive Spiel – sind Kleindienst-Cachay (2005), Lehnert (2006) sowie das noch laufende Forschungs-

fankultur oder Fankultur von Migrant/innen. Insofern haben unsere Ausführungen hier den Status theoretischer Überlegungen und stellen eine Rahmung des Themas dar. Den (notgedrungen schmalen) empirischen Bezug
stellen wir vor allem über Medienberichte her. Insgesamt ist aber gerade
angesichts der in den letzten Jahren rasant angewachsenen wissenschaftlichen, populärwissenschaftlichen und journalistischen Literatur zum Thema
Fußball und auch der Fankultur im engeren Sinne die Tatsache bemerkenswert, dass dieser Bereich bisher ausgespart ist. Auch in der Bearbeitung des
Themas Rassismus/Rechtsextremismus im Fußball wird der Aspekt davon
betroffener migrantischer Fans bisher kaum berücksichtigt.[7] Ebenso wie
weibliche Fußballfans (vgl. Selmer 2006) erscheinen migrantische Fußballfans weitgehend als Leerstelle der Fußballfanforschung. Diese doppelte
Leerstelle Frauen/Migranten ist kein Zufall und verweist zum einen darauf,
dass die Fußballfankultur in deutschen Bundesligastadien – wie bereits oben
beschrieben – immer noch weitgehend „weiß/deutsch" und „männlich/hete-
rosexuell" geprägt ist. Zum anderen blendet genau diese von unterschiedlichen Seiten (Medien, Fans, Vereine etc.) reproduzierte Konstruktion der
Fußballfankultur Veränderungsprozesse aus, die seit einiger Zeit diese
„Bastion der Männlichkeit"[8] erschüttern – z.B. dadurch, dass schwul-lesbi-
sche Fanklubs und Netzwerke von Fußball interessierten Frauen[9] aktiv in
Erscheinung treten. Migrantische Fans sind vor allen in den Fankulturen
empirisch erforscht, in denen Migrant/innen offensichtlich präsent sind, z.B.
im Hip-Hop. Trotz der starken Präsenz migrantischer Spieler vor allem im
Amateurfußball und der Existenz vieler migrantischer Fanklubs von nicht-

---

projekt „Soziale Integration von Mädchen durch Fußball" von Ulf Gebken, das durch
den Deutschen Fußball-Bund gefördert wird.

7   Das gilt auch selbstkritisch für die Studie von Behn und Schwenzer (2006) zu rassis-
tischem und rechtsextremen Zuschauerverhalten im Profifußball. Diskriminierungen
gegenüber migrantischen Fans (rassistische Beleidigungen, Frage nach der Existenz
von No-go-Areas für Migranten etc.) sowie Ausschlusskriterien, die zur tendenziellen
Abwesenheit von migrantischen Fans in den Bundesligastadien führen, werden in der
Studie nur am Rande thematisiert. (vgl. Behn/Schwenzer 2006: 345).

8   Zum Bild des Fußballstadions als „Männerbastion" und als „Männerreservat" vgl. z.B.
Sülzle (2005) und Schwenzer (2005).

9   „Queer Football Fanclubs" in Europa (www.queerfootballfanclubs.com) und das Netzwerk F_in Frauen im Fußball (www.f-in.org).

deutschen Vereinen steht eine grundlegende empirische Forschung zu migrantischer Fußballfankultur in Deutschland noch aus.

1 Fußball, lokale Identität und Globalisierung

Fußballfankultur ist im Unterschied zu vielen anderen Fankulturen durch spezifische Elemente gekennzeichnet, die für den Bezug zum Thema Migration von besonderer Relevanz sind: So sind Fußballfantum und regionale bzw. lokale Identität in enger und vielfältiger Weise miteinander verknüpft. Rein sprachlich drückt sich dies schon in Selbstbezeichnungen der Fans aus, „Steh auf, wenn du Schwabe/Schalker bist" oder „Wir sind alles Dortmunder/Frankfurter Jungs". Eingefordert wird diese Art von Identifikation auch von den Spielern; der Mangel an Identifikation, der sich vermeintlich z.B. in erfolglosem oder zu unengagiertem Spiel ausdrückt, kann von Fans in an die Mannschaft gerichteten Gesängen angeprangert werden: „Wir sind Schalker und ihr nicht!".

Diese Beispiele verweisen bereits auf den komplexen Zusammenhang zwischen Fanidentität und lokaler Zugehörigkeit: Was auf den ersten Blick wie eine unveränderbare und ein für allemal festgeschriebene Identifikation qua Herkunft wirkt – nur wer aus Gelsenkirchen ist, ist auch ein echter Schalker bzw. Schalke-Fan –, entpuppt sich bei genauerem Hinsehen als vielschichtiger. Es ist durchaus möglich, sowohl für Spieler als auch für Fans, ein „echter" Schalker, Hamburger usw. zu werden, ohne dies von Anfang an gewesen zu sein. Authentizität wird nicht per se durch die Herkunft hergestellt, sondern ist als ein aktiver Prozess zu verstehen. Die Bedingungen innerhalb der Fankultur für eine „authentische" Zugehörigkeit zur lokalen Fußballgemeinschaft sind allerdings schwer zu fassen, sie entsprechen den Definitionskriterien des „echten" Fans. Auch wenn dieser Echtheits-Diskurs innerhalb der Fanszene verschwommen bleibt, lassen sich einzelne Elemente bestimmen: Hingabe und Engagement für den Verein und die Identifikation mit bestimmten, diesem Verein zugeschriebenen Werten, die die imaginäre Fußballgemeinschaft charakterisieren und durch Erzählungen über den Verein immer wieder neu hervorgebracht werden, also etwa kämpferische Tugenden, schönes Spiel, Erfolg, Underdog usw. Die dem Verein zugeschriebenen Werte und symbolischen Bedeutungen speisen sich aus der Konstruktion der Vereinsgeschichte, die eng mit dem lokalen

Imaginären des Stadtteils oder der Stadt verknüpft ist.[10] Auf dieser Grundlage kann auch jemand, der von Istanbul, Beirut oder Berlin aus per Internet-
TV, Fanforen, Zeitung usw. mit den Geschicken seiner Mannschaft mitfie-
bert, sich darüber mit anderen austauscht und so auch Teil einer virtuellen
Fangemeinde ist, als Fan eines bestimmten Vereins gelten, dessen Heimat-
stadion tausende Kilometer entfernt ist: Einerseits ist also das Fansein eng an
einen Ort oder auch einen bestimmten Stadtteil geknüpft und scheint die
Herkunft als Zugangsvoraussetzung zu fordern, gleichzeitig kann diese
lokale Zugehörigkeit im Prozess des Fanwerdens und Fanseins hervorgebracht werden. Die Zugehörigkeit zu einer Fangemeinschaft ist also als ein
aktiver Prozess der eigenen Aneignung und sozialen Anerkennung zu verstehen, bei dem lokale Zugehörigkeit auch global gelebt werden kann. Fußballfans insbesondere von großen, international bedeutsamen Clubs bilden
so transnationale Gemeinschaften.

Eine Verknüpfung von lokaler Anbindung und Fußballkultur im Sinne
einer auch neu zu erlangenden Zugehörigkeit ist bereits in der historischen
Entwicklung des Fußballs angelegt: In den städtischen Ballungsräumen am
Ende des 19. Jahrhunderts konnte der lokale Fußballverein als Bezugspunkt
und gemeinschaftsstiftender Ort auch für Zugezogene fungieren, wobei die
Geschichte und Verbreitung des Fußballs selbst ohne internationale Kontak-
te und Transfers wiederum undenkbar ist.[11] Mit dem Aufstieg des Fußballs
zum Massensport in den Städten verstärkte sich diese Dynamik zusätzlich:
Die tausende von Zuschauern, die in dieser Zeit begannen, regelmäßig die
Sportstätten der großen Vereine zu füllen, waren nicht alle seit Generationen
an den Standorten dieser Klubs beheimatet. Das Phänomen des modernen
Zuschauersports Fußball ist eines, das eng mit der Industrialisierung, der
Verstädterung, den damit zusammenhängenden Wanderungsbewegungen

10 So wird etwa in der modernen Arena in Gelsenkirchen eine „Knappenkarte" verkauft,
    mit der man im Stadion bezahlen kann. Die Verknüpfung von Schalke und der lokalen
    Bergbaugeschichte ist vielfach beschrieben worden. Vgl. z.B. Lindner (1978).
11 Für den deutschen Fußball ist hier insbesondere der Fußballpionier und „Kicker"-
    Gründer Walther Bensemann zu nennen, der sich sowohl in der kosmopolitischen
    Vermittlung des Spiels zwischen England, der Schweiz und Deutschland als auch in
    der lokalen Gründung von Vereinen in Deutschland hervortat (vgl. Beyer 2003).

der Bevölkerung und auch der Suche nach Gemeinschaftserlebnissen und Zugehörigkeiten an neuen Wohnorten verbunden ist.[12]

Ein weiteres spezifisches Element der Fußballfankultur, das durchaus ein Gegengewicht zu der eben geschilderten lokalen Verortung bilden kann, umfasst die Tradition und intergenerationelle Tradierung von Fansein. Im Gegensatz insbesondere zu dezidiert jugendkulturellen Fankulturen, vor allem aus dem Bereich der Musik, aber auch etwa neuer Medien, ist die Fußballfanszene in weiten Teilen einer Vorstellung von historischer Tradition verpflichtet.[13] Aktuell wird dies vor allem im Konflikt mit der Kommerzialisierung des Fußballs deutlich, die beispielsweise den Verkauf der Stadiennamensrechte, Änderungen der traditionellen Trikotfarben aufgrund von Sponsorenwünschen bis hin zu Umbenennungen von ganzen Vereinen mit sich bringen kann.[14] Die aktive Fankultur steht hier nicht für einen Drang jugendlicher Modernisierer, sondern für die Beibehaltung der Tradition und das Engagement – um es mit einem Schlagwort aus der Ultraszene[15] zu sagen – „Gegen den modernen Fußball!"[16] Zweifellos im Zusammenhang damit steht die klassische Erzählung zur Entstehung von Fanleidenschaft im Fußball. Enthalten viele Ausprägungen popkultureller Fanphänomene auch einen Akt der Rebellion, etwa gegen Musikvorlieben der

---

12 Vgl. zu diesem Aspekt etwa Claßen und Goch (2006) und – insbesondere zum Begriff der „Gemeinschaft", die in Fußball und Vereinsleben gestiftet wird – Oswald (2008).

13 Hip-Hop allerdings basiert auch sehr stark auf einer Ursprungserzählung (Hip-Hop als Straßenkultur von schwarzen Ghettojugendlichen aus der Bronx), auf die immer wieder Bezug genommen wird (vgl. dazu Klein/Friedrich 2003: 55ff.).

14 So gab und gibt es u.a. in Nürnberg oder Rostock Proteste gegen die Umbenennungen der Stadien nach Sponsoren, in Bremen zog der Wechsel der Trikotfarben von Grün-Weiß zu Grün-Orange Kritik der Fans nach sich. Die Umbenennung des SV Austria Salzburg in Red Bull Salzburg samt Wechsel der Vereinsfarben führte zur Neugründung des alten Vereins Sportverein Austria Salzburg durch die Fanszene.

15 Die Ultras, die als besonders engagierte und leidenschaftliche Anhänger ihres Vereins gelten, sind im Stadion vor allem durch auffällige Choreografien mit Bannern, Fahnen und Transparenten sichtbar. Die Wurzeln der Ultrà-Bewegung liegen in Italien, viele Ultragruppen in Deutschland zeichnen sich durch ein kritisches Verhältnis zur Vereinspolitik, Kommerzialisierung und zu Einsätzen von Polizei und Sicherheitsdiensten aus.

16 So unter anderen auf einem Banner der Fangruppe „Schickeria München", das bei Heimspielen des FC Bayern im Fanblock hinter dem Tor zu sehen ist.

Eltern, wird in der Fanszene im Fußball der Tradierung durch frühere Generationen ein besonderer Wert zugemessen: Die autobiografische Erzählung
Nick Hornbys, der gemeinsam mit seinem Vater zum ersten Mal ein Fußballspiel besucht, kann als Schablone für diese Art der Fansozialisation gelten, in der Fanleidenschaft und Stadionbesuch zur Gemeinsamkeit zwischen
Vater und Sohn werden und nicht zu einem Bruch zwischen den Generationen führen (Hornby 1996).[17]

Sowohl die lokal verortete als auch die über Familien oder andere
Strukturen tradierte Fanidentität ist ständigen Veränderungen unterworfen
und in sich nicht stabil. Hinzu kommen die Auswirkungen der Globalisierung und Kommerzialisierung des Fußballs, die zum einen Erosionsfaktor
traditioneller Bindungen sind, zum anderen aber neue Bindungen stiften:
Durch eine größere mediale Reichweite vor allem internationaler Vereine
und Spieler finden diese ihre Anhängerschaft in stärkerem Maße als früher
unabhängig von Wohnort und Herkunft. Vor allem auch durch die Medien
Internet und Fernsehen kann diese Bindung zudem auch unabhängig von
einer räumlichen Distanz gepflegt werden (vgl. Ohr in diesem Band). So
sind etwa in Deutschland gegründete Fanklubs der türkischen Vereine oder
Fußballrunden in türkischen Lokalen, die über Generationen hinweg ihr
Fan-Sein über Satelliten-TV und Internet pflegen, sowohl ein Symptom klassisch tradierten Fantums als auch ein Zeichen der aktuellen Ausprägung des
Fußballs, in der große Klubs eine globale Reichweite und Identifikation
aufbauen.

2   Migration und der Kampf um Anerkennung: Gleichheit und Dif-
ferenz

Ging es zuvor um bedeutsame Charakteristika von Fußballfankultur – nämlich lokale Zugehörigkeit und aktive (globale) Aneignung sowie intergenerationelle Tradierung, soll nun die Perspektive auf Migration gelegt werden.

---

17 Anders als es Nick Hornby anhand seiner eigenen biografischen Erfahrung nahe legt,
   ist die Weitergabe des Fantums durch die Generationen keine rein patrilineare Ange-
   legenheit, sondern kann auch zwischen Großmüttern, Müttern und Töchtern oder
   Söhnen funktionieren (vgl. Selmer 2004: bes. Kap. 2).

Zentral erscheint dabei der Begriff der Anerkennung. Der Sozialphilosoph
Axel Honneth (1992) hat eine Theorie der Anerkennung entwickelt, in der er
zwischen drei verschiedenen Formen der intersubjektiven Anerkennung
unterscheidet: Liebe, Recht und Solidarität. Er beschreibt mit diesen Begriffen die Anerkennung durch emotionale Zuwendung in affektiven Primärbeziehungen,[18] die kognitive Anerkennung einer Person durch Gewährung
gleicher Rechte und die Anerkennung durch soziale Wertschätzung, die im
Unterschied zur rechtlichen Anerkennung den Blick auf die Unterschiede
einer Person lenkt und eine affektive, „solidarische" Anteilnahme an ihren
Besonderheiten voraussetzt. Das Streben unterschiedlicher sozialer Gruppen
nach sozialer Wertschätzung wird in modernen Gesellschaften als „kultureller Dauerkonflikt" (Honneth 1992: 205) verstanden, da diese unterschiedlichen Gruppen mit symbolischen Mitteln um Wertschätzung ihrer Leistungen und Lebensformen ringen. Die Existenz von symmetrischen Beziehungen zwischen sozialen Gruppen und den zugehörigen Individuen ist nach
Honneth in starkem Maße davon abhängig, wie „die ethischen Zielvorstellungen für verschiedene Werte geöffnet sind und ihre hierarchische Anordnung einer horizontalen Konkurrenz gewichen ist" (Honneth 1992: 198). Je
gleichberechtigter unterschiedliche Werte unterschiedlicher sozialer Gruppen innerhalb einer Gesellschaft existieren, desto symmetrischer gestalten
sich die Beziehungen zwischen verschiedenen Gruppen.

Das Verhältnis von Migrant/innen und Aufnahmegesellschaft kann als
ein asymmetrisches beschrieben werden; das gilt sowohl in Bezug auf die
rechtliche Anerkennung (z.B. Frage des Staatsbürgerrechts, Aufenthaltsrechts, Anerkennung von beruflichen Qualifikationen) als auch auf die Frage
der sozialen Wertschätzung (z.B. Diskussion um „deutsche Leitkultur",
Kopftuchdebatte, Diskussion um die Rückständigkeit des Islam). In ethnologischen Studien wurde der Begriff der Anerkennung aufgegriffen, um
Migrationsprozesse zu beschreiben und zu analysieren. Für Werner Schiffauer ist der Begriff der Anerkennung ein zentraler Begriff, um das Verhältnis der unterschiedlichen türkischen Einwanderungsgenerationen zum Islam und zu Europa zu beschreiben. Die Suche nach Anerkennung beinhaltet

---

18 Anerkennung meint hier keine kognitive Respektierung, sondern „eine durch Zuwendung begleitete [...] Bejahung von Selbständigkeit" (Honneth 1992: 173).

nach Schiffauer „ein prekäres Verhältnis von Gleichheit und Differenz"
(2004: 355). Der Wunsch nach Gleichheit bezieht sich auf die Anerkennung
als gleichwertiger Teil einer Gemeinschaft (da Ungleichheit häufig Diskri-
minierung und Ausgrenzung bedeutet). Das Recht auf Differenz bezieht sich
auf die Wahrnehmung des Besonderen, auf Respekt vor dem Anderssein.
Diesem „doppelten Anerkennungsbegehren" liegt eine Spannung zugrunde,
die nur dann *nicht* zum Problem wird, wenn „die Besonderheit Anerkennung findet oder zumindest auf eine gewisse wohlwollende Offenheit und
Neugierde stößt" (Schiffauer 2004: 356). Schiffauer führt aus, wie die zweite
türkische Einwanderungsgeneration (die er als die Generation des Diaspora-
Islam bezeichnet) im Bemühen, sich als europäische Muslime zu definieren,
unterschiedliche Strategien wählt, um mit diesem Spannungsverhältnis umzugehen. Der Begriff der Diaspora-Communities in der ethnologischen Migrationsforschung bezieht sich auf „einen repräsentativen Querschnitt von
Gruppenangehörigen, die [...] zwar in verschiedene Regionen der Welt ver-
streut wurden, aber am Mythos ihrer Einzigartigkeit und dem Bezug zu ihrer Heimat festhalten, ohne allerdings ernsthafte Rückkehrabsichten zu haben" (Ackermann 1997: 18). Den Diaspora-Identitäten entspricht das Gefühl,
Teil eines transnationalen Netzwerks zu sein, das das Herkunftsland (das
eigene oder das früherer Generationen) miteinschließt. Diaspora-Identitäten
entstehen sowohl durch Diskriminierungserfahrungen als auch durch Identifikation mit „weltgeschichtlichen kulturellen Kräften" (Ackermann 1997:
18), z.B. „die Araber".
   Überträgt man das geschilderte Spannungsverhältnis, das der Migrati-
onssituation innewohnen kann, auf die Fußballfankultur und ihr spezifisches kulturelles Bedeutungsfeld, so lassen sich beide Seiten – der Kampf
um Gleichheit und der Kampf um Differenz – dort wiederfinden.

2.1 Migration und der Kampf um Gleichheit: Fußballfans und die Nivellierung von
   Unterschieden

Das Element der Gleichheit ist im Fußball grundsätzlich angelegt. Auch
wenn die Fanszene eines Vereins von vielfältigen Differenzen und Hierarchisierungen durchdrungen sind, wird doch durch bestimmte ritualisierte
Handlungen (Fanlieder, Rituale bei Standardsituationen etc.) und Symbolik
(Vereinsfarben, Fankleidung, Fahnen, Transparente etc.) eine Fangemein-

schaft konstruiert, die sich von den gegnerischen Fans abgrenzt. Gerade der Glaube an eine gemeinsame Fanidentität kann als Ressource dienen (vgl. Schwenzer 2001: 107), um politische, soziale, ethnische und geschlechtsspezifische Grenzen zu überwinden. Der FC Barcelona eröffnete den kastilischsprachigen Migrant/innen, die aus dem verarmten Süden Spaniens in den 1960er und 1970er Jahren in die Industriemetropole kamen, die Möglichkeit, sich als Teil der katalanischen Nation zu fühlen, gerade weil Barça als ein Symbol katalanischer Identität galt/gilt. Frankreichs Erfolg bei der WM 1998, bei der eine Mannschaft siegte, deren Mitglieder mehrheitlich aus Einwanderungsfamilien stammten, wurde als Sieg einer erfolgreichen Migrationspolitik gefeiert; Zinedine Zidane als nationaler Star diente dabei nicht nur den jubelnden migrantischen Jugendlichen als Identifikationsfigur, sondern wurde zum nationalen Helden, der für ein multiethnisches Frankreich („une France métissée qui gagne", wie eine Zeitungsschlagzeile lautete) den Sieg nach Hause trug. Fußballfankultur, wie bereits im ersten Abschnitt ausgeführt wurde, ist sehr stark an lokale Zugehörigkeit gebunden. Diese ist jedoch keine ausschließlich als per Geburts- oder Herkunftsort vorgegebene Größe, sondern funktioniert (auch) in einem Prozess produktiver Aneignung unter der Bedingung der Anerkennung durch die vorhandene Fangemeinschaft. Neben dem bereits erwähnten Beispiel des FC Barcelona ist hier auch Olympique Marseille zu nennen. Die Vorstellung einer vielfältigen, weil migrantischen Kultur gilt sowohl in der südfranzösischen Hafenstadt als auch in ihrem prägenden Verein als positiver Wert – so zumindest lautet die „Erzählung" der Fans über ihren Klub. Diese mit „OM" verbundene kollektive Identitätszuschreibung in der Fanszene führt zur Wertschätzung einer ethnisch gemischten Anhängerschaft und einem stark ausgeprägten antirassistischen Grundkonsens. So Mitglieder der 1988 gegründeten Fangruppe „Fanatics" im Interview mit dem österreichischen Fußballmagazin „ballesterer" in dessen Themenheft zu Olympique Marseille:

„Gibt es einen antirassistischen Konsens im Stade Vélodrome?

Ja, sicher. Im Prinzip war das immer so. Am Anfang haben Winners und Konsorten die Skinheads verdroschen. [...] Es ist klar, dass man in Marseille und besonders im

Vélodrome Probleme kriegt, wenn man sich rassistisch aufführt. Schau uns an, wir sind Schwarze, Zigeuner, alles Mögliche." (ballesterer 2008)[19]

Die Wirkungsmacht der OM-Identität auch auf die Spieler und vor allem über das Stadion selbst hinaus wird in einem weiteren Artikel der „ballesterer"-Ausgabe geschildert:

„‚Schwarze, Juden, Araber und alle anderen im Stadion stehen auf, wenn OM trifft', sagt Kameruns Ex-Teamgoalie Joseph-Antoine Bell und meint damit jene Vielfalt, die – mehr noch als diverse Rekorde – vielleicht das eigentlich Große an OM darstellt. Als Hafenstadt ist Marseille seit jeher geübt darin, unterschiedliche Kulturen zu adaptieren. Im größten Hafen Frankreichs landeten seit Jahrhunderten Menschen aus aller Welt, und viele davon sind geblieben. Dabei geht es nicht um Romantik – auch Marseille hat seine sozialen Brennpunkte, und die Stadt wurde auch schon vom Front National regiert. Unbestritten ist aber, dass gerade Migranten, Secondos und Legionäre stets zu den Stützen Olympiques gehörten. Hier wurden sie nicht nach ihrer Herkunft beurteilt, sondern nach ihrem Können." (Sonnberger 2008)

Es ist weniger relevant, ob diese Selbsterzählung der Durchsetzung von Akzeptanz und Adaption von Vielfalt tatsächlich der sozialen Realität entspricht, sondern dass sie so überhaupt existiert und von Fans und (ehemaligen) Spielern getragen wird. Das Nivellieren von Differenzen angesichts einer gemeinsamen Fanidentität macht Fußball zu einem Medium, bei dem es zumindest möglich erscheint, das Recht auf Gleichheit im Sinne von Zugehörigkeit zu verwirklichen – und sei es nur in einem begrenzten gesellschaftlichen Raum. Im Falle von OM decken sich die positiven Zuschreibungen von Stadt und Verein als Einwandererstadt bzw. Einwandererklub, wie Christian Bromberger (1991) herausgearbeitet hat, der davon ausgeht, dass sich das lokale Imaginäre, das Ethos einer Stadt (zum Ethos-Begriff vgl. Lindner 1994), im Stadion widerspiegelt.[20]

---

19 Interessant ist, dass die Antwort die historische Entstehung dieser speziellen OM-Identität zugleich verschleiert und enthüllt. „Immer" bedeutet in diesem Fall eher „so lange das Gruppengedächtnis zurückreicht": Die „Winners", d. h. die Frangruppierung „South Winners" setzten ein antirassistisches Verständnis Ende der 80er-, Anfang der 90er-Jahre durchaus handgreiflich gegen rechtsextreme Skins in der Fankurve durch (vgl. South Winners 2009). Wie auch in anderen Fällen wird das historisch gewachsene Werteverständnis von Verein und/oder Fanszene also hier quasi rückwirkend verewigt und erhält daraus eine noch größere Wirkungsmacht.
20 Nicht auszuschließen ist allerdings, dass Brombergers Studien über OM zu einer Verdoppelung dieses Diskurses geführt haben, der sich in populären Publikationen

2.2 Migration und der Kampf um Differenz: symbolische Repräsentationen

Neben der Repräsentation von Gleichheit bietet der Fußball auch die andere Option, nämlich die des Rechtes auf Differenz, die im Sinne eines Kampfes um Anerkennung beschrieben wurde. Da Fußball kollektive Identitäten in Szene setzt und diese Inszenierung gerade in der Abgrenzung von anderen kollektiven Identitäten ihre Macht entfaltet, bietet sich Fußballfankultur für eine solche symbolische Repräsentation von Macht in besonderen Maße an.

Mit kollektiver Identität werden – im Unterschied zur personalen Identität – Identifizierungen von Menschen untereinander benannt, die auf einer Vorstellung von Gleichartigkeit basieren, die immer auch eine Abgrenzung von dem Nicht-Zugehörigen mit einschließt (Wagner 1999). Kollektive Identitäten basieren auf Grenzziehungsprozessen – „Wir" und „die Anderen" –, deren Unterscheidungen eine überzeugende Begründung nach innen (in Bezug auf die angenommenen Mitglieder des Kollektivs) und nach außen (in Bezug auf die Nicht-Zugehörigen) verlangen (Straub 1999). Kollektive Identitäten sind soziale Tatbestände, die symbolisch untermauert werden (beim Fußball z.B. durch die Vereinsfahne und die -farben) und kommunikativ ausgehandelt werden. Ethnische Kollektive bzw. ethnische Identitäten sind durch den Glauben an eine Abstammungsgemeinschaft charakterisiert, die auch den Glauben an eine geteilte Kultur umfasst.

Wie schon zu Beginn angedeutet, ist die Fußballfankultur ebenfalls durch starke Grenzierungsprozesse charakterisiert, die räumlich im Stadion beispielsweise durch abgegrenzte Fanblöcke, durch Fankleidung/Farben und durch eine ritualisierte Beschimpfungskultur ihren symbolischen Ausdruck findet. Die Fans der gegnerischen Mannschaft werden als die „Anderen" markiert, etwa durch ritualisierte Beleidigungen in Form von Fangesängen. Das Wissen um diese Grenzziehungen und ihre Ausgestaltung wird innerhalb der Fanszene über Fangenerationen hinweg tradiert und entwickelt. So hat jede Fangemeinschaft ungeachtet der grundsätzlich angelegten Gegnerschaft im Fußball ein Netz aus Vereinen, zu denen man Fanfreundschaften pflegt, und „Erzfeinden", häufig Lokalrivalen, mit denen in noch sorgfältiger gepflegten Gegnerschaften um die lokale Vorherrschaft

---

wie dem „ballesterer" niederschlägt und der von den Fans übernommen wird.

gekämpft wird. Die Brisanz einer Begegnung hängt nicht nur von der Tabellensituation ab, sondern auch davon, welche gemeinsame Geschichte zwei Vereine verbindet und mit welchen Zuschreibungen der gegnerische Verein belegt wird. Fußballfankultur erfordert unbedingte Loyalität und basiert gerade im Unterschied zu vielen anderen Fankulturen auf eindeutigen Zuordnungen und Gegnerschaften.

Gerade vor diesem Hintergrund werden Siege symbolisch besonders in Szene gesetzt. Dies geschieht häufig dadurch, dass auch tatsächlich Raum eingenommen wird – die lautstarke Präsenz von Fans in öffentlichen Verkehrsmitteln oder auf den Straßen nach einem Spiel ist dafür ein Beispiel. Bezogen auf den Kontext des Kampfes um Anerkennung von migrantischer Kultur durch die deutsche Mehrheitsgesellschaft können internationale Siege z.B. einer türkischen Vereinsmannschaft oder der türkischen Nationalmannschaft eine große Bedeutung erlangen. Sie verweisen parallel zur Diaspora-Identität auf die Konstruktion einer transnationalen Fußballgemeinschaft, können natürlich aber auch, wie bei nationalen Siegesfeiern grundsätzlich, nationalistische Diskurse bedienen und zu nationalistisch motivierten Ausgrenzungen führen. Wesentlicher ist jedoch, dass die ekstatischen Jubelfeiern, die sich z.B. nach den Siegen der türkischen Mannschaft bei der EM 2008 spontan auf den Straßen in migrantisch geprägten Großstädten wie Berlin oder Hamburg entwickelten, für eine symbolische Präsenz der Differenz stehen. Deutsch-türkische Fans nahmen mit ohrenbetäubendem Lärm nicht nur die Straßen der migrantisch geprägten Berliner Stadtteile wie Kreuzberg und Neukölln ein, sondern inszenierten sich auch ganz bewusst im westlichen Zentrum der Stadt, auf dem Ku'damm, als stolze Sieger. Mit symbolischer Präsenz der Differenz ist dabei eine Haltung gemeint, die gerade in der Sichtbarmachung von „Anderssein" und in seiner öffentlichen Inszenierung besteht, die sich machtvoll den Raum nimmt und durch Hupen, Schreien, Fahnen, Gesang etc. die Straße erobert. Diese starke und machtvolle Identifikation gerade der Generationen, die nicht in der Türkei geboren wurden und nie dort gelebt haben, für die die Türkei also auch keine gelebte „Heimat" bedeutet, muss vor dem Hintergrund dieses Anerkennungskampfes verstanden werden, bei dem vor allem die Frage der Anerkennung durch soziale Wertschätzung ungelöst ist, da diese für Migranten in vielen gesellschaftlichen Bereichen nicht nur ausbleibt, sondern Marginalisierungs- und Diskriminierungserfahrungen dominieren.

Die Wahrnehmung des Rechtes auf Differenz macht sich nicht nur in so genannten eigenethnischen Vereinen, also Fußballvereinen[21], die von Migranten gegründet wurden, bemerkbar, sondern auch durch die unzähligen Galatasaray-, Fenerbahce- oder Besiktas-Fanklubs in Deutschland. Wie bereits ausgeführt, spielt im Fußball die intergenerationelle Weitergabe der Fußballleidenschaft eine große Rolle. Wenn der Verein der Eltern oder auch Großeltern sich in deren Herkunftsland befindet und das Interesse auch über die Entfernung hinweg bewahrt wird, kann diese Bindung sich auch über Generationen und große räumliche Distanz hinweg als sehr eng gestalten. Oder wie ein Berliner Galatasaray-Fan der zweiten Einwanderungsgeneration es formulierte: „Meine Mutter war Galata-Fan, mein Vater Besiktas-Fan, da hatte ich dann die Wahl zwischen den beiden und ich hab mich für meine Mutter und Galatasaray entschieden".[22] Galatasaray-Fan zu sein hat einen stark emotionalen innerfamiliären Bezug. Der Fan beschreibt auch, wie es angesichts der medialen Möglichkeiten völlig unkompliziert ist, das eigene Fantum auch über die große räumliche Distanz hin zu pflegen, da alle Spiele bequem von zu Hause aus via Satellitenschüssel verfolgt werden können. Die Fangemeinschaft wird so über nationale Grenzen hinweg aufrecht erhalten.

Wie kompliziert aber im Einzelnen das Verhältnis von Vereinszugehörigkeit, Migrationshintergrund und lokaler Identifikation gestaltet sein kann und welche Rolle gerade auch starke Vereinsrivalitäten haben können, zeigen die Stimmen aus türkischen Vereinsfanklubs in Hamburg, die die „Hürriyet" vor dem UEFA-Cup-Spiel im März 2009 zwischen dem Hamburger Sport-Verein und Galatasaray Istanbul eingefangen hat:

> „Mustafa Cömlek, Vorsitzender der Fenerbahce-Fanklubs in Deutschland, sagt: ‚Da wir in Hamburg leben, unterstützen wir den HSV.' [...] Lütfü Kortag, Vorsitzender des Hamburger Besiktas-Fanklubs, sieht das anders: ‚Als Besiktas-Fans unterstützen wir natürlich Galatasaray, weil es eine Mannschaft aus unserer Heimat ist.' [...] Lütfü Gü-

---

21 Der erfolgreichste Verein migrantischer Gründung ist der 1987 in Berlin gegründete Verein Türkiyemspor, dessen Herrenmannschaft zur Zeit in der Regionalliga Nord, Deutschlands vierthöchster Spielklasse, spielt. Der Verein engagiert sich in Projekten gegen Gewalt und Rassismus und erhielt 2008 den Integrationspreis des Deutschen Fußballbundes. Der Verein hat ca. 700 Mitglieder unterschiedlicher Herkunft, von denen über die Hälfte aktiv Fußball spielen.

22 Informelles Gespräch im März 2009, geführt von Victoria Schwenzer.

ler vom Hamburger Trabzonspor-Fanklub hält auch zu den Türken: ‚Egal, wo auf der
Welt eine türkische Mannschaft spielen mag, wir Trabzoner sind immer für die Mannschaft aus der Türkei. Wir mögen Galatasaray-, Besiktas- oder gar HSV-Fans sein: Das,
was uns alle eint, sind unsere türkischen Wurzeln. Der HSV ist der Verein der Stadt,
in der wir leben. Wir hoffen, dass er Bundesliga-Meister wird, und unterstützen ihn
bei allen internationalen Begegnungen von Herzen. Es gibt nur eine Ausnahme: Wenn
der HSV gegen eine türkische Mannschaft spielt.'" (Hamburger Abendblatt 2009)

Während der Vorsitzende des Fenerbahce-Fanklubs seine Sympathie für
den HSV durch seine lokale Zugehörigkeit erklärt, beziehen sich die Vorsitzenden des Besiktas- und des Trabzonspor-Fanklubs auf ihre „türkischen
Wurzeln" und ihr Heimatgefühl als Begründung für die Unterstützung von
Galatasaray in der Begegnung gegen den HSV. Fußball erfordert grundsätzlich eindeutige Positionierungen und schafft dadurch ein kompliziertes Netz
aus Gegnerschaften und Freundschaften, die im Falle des Fenerbahce-Fan-
klubvorsitzenden bedeutsamer sind als die Option der Differenz (d.h. Sympathie zu einem „Heimatverein"). Denn obwohl er ja Anhänger eines türkischen Klubs ist, spielt für ihn bei der Begegnung HSV-Galatasaray die
Feindschaft seines eigenen Vereins Fenerbahce mit Galatasaray Istanbul eine
größere Rolle als der Bezug zu den „türkischen Wurzeln", den die beiden
anderen Fanklubvorsitzenden heranziehen. Der Trabzonspor-Vorsitzende
weist darüber hinaus auf eine Möglichkeit des Fußballs hin, die existiert,
obwohl der Fußball eindeutige Positionierungen verlangt: Es gibt durchaus
auch Doppel- und Mehrfachidentifikationen, man kann Sympathien für
zwei oder mehrere Mannschaften hegen und so beispielsweise den Bezug
zur Herkunfts- und zur Aufnahmegesellschaft symbolisch ausdrücken und
diesen je nach Spielbegegnung auch wechselhaft betonen. Fußballfankultur
im Sinne eines in der Fanszene anerkannten „authentischen Fanseins" erfordert jedoch mehr als wechselnde Sympathien, denn Fansein basiert auf einer
starken emotionalen Bindung, in die Zeit und/oder Geld investiert wird[23]
und die dadurch eine gewisse Stabilität erhält. Deswegen haben Fans in der
Regel – jenseits aller Mehrfachsympathien – nur einen Verein, zu dem sie
eine solche enge emotionale Bindung aufbauen. Das gilt auch für migrantische Fans. Wechselnde Sympathien zu unterschiedlichen deutschen und

---

23 Eine allgemeine, ausführlichere Definition von Fans, die auch auf Fußballfans bezogen
    werden kann, findet sich bei Roose u.a. in der Einleitung in diesem Band. Roose u.a.
    heben darin die leidenschaftliche Beziehung von Fans zu ihrem Fanobjekt hervor.

türkischen Vereinen spiegeln jedoch wie im Beispiel der zitierten Fanklubvorsitzenden den flexiblen Umgang mit Mehrfachzugehörigkeiten (d.h. sich
deutsch und türkisch fühlen) wieder.

In einem ebenfalls im Kontext des erwähnten Spiels HSV gegen Galatasaray Anfang März 2009 veröffentlichten Interview des Internetportals
„Sportal.de" mit dem türkischstämmigen Schauspieler Adnan Maral wird
die Frage der Vereinsidentifikation explizit mit der kulturellen Identifikation
und dem Aspekt der Anerkennung durch die deutsche Mehrheitsgesellschaft in Verbindung gebracht:

> „Wissen Sie, wenn sie mit zwei Kulturen aufwachsen, tut sich auch die deutsche Re-
> gierung schwer. Die Menschen möchten mit beiden Staatsbürgerschaften leben. In
> Deutschland geht das aber nicht, woanders ja. Hier heißt es, du musst dich entschei-
> den. Ich glaube nicht, dass es um Entscheidung geht. Es geht um die Vielfalt der Kul-
> turen, die in einem sind und die einen dazu bringt, Sympathien für den einen oder
> anderen Kulturbereich zu empfinden. [...] Die Gesellschaft lässt bestimmte Sachen
> nicht zu. Auf der Ebene zu sagen, es sind Menschen mit verschiedenen kulturellen
> Hintergründen, die hier leben. Die sich auch deutsch fühlen dürfen, aber eben diesen
> kulturellen Hintergrund haben für den auch ihr Herz schlägt. Wenn man das nicht
> zulässt, gibt es immer wieder diese Frage: Entscheid dich! Aber Menschen müssen
> sich nicht entscheiden für etwas, mit dem sie aufgewachsen sind. Was auch dazu
> führt, dass sich viele Deutsch-Türken nicht akzeptiert fühlen – auch auf sportlicher
> Ebene." (Sportal 2009)

In diesem Interviewausschnitt wird das Dilemma des Anerkennungskampfes sehr deutlich. Denn Maral fordert die Akzeptanz von Gleichheit
und Differenz gleichermaßen und verweigert sich einer Entscheidung zwischen den beiden Vereinen. Dies führt ihn zu der Frage, wie die deutsche
Gesellschaft mit Vielfalt umgeht. Die Verweigerung einer doppelten Staats-
bürgerschaft nach der Volljährigkeit ist für ihn eine Verweigerung ebenjener
Vielfalt von deutscher und migrantischer Kultur. Die geforderte Entscheidung für die eine oder die andere Nationalität impliziert für die Generation
der in Deutschland geborenen Migrant/innen, sich entweder gegen die Elterngeneration und das eigene Türkischsein oder gegen das eigene Deutsch-
sein zu entscheiden. Auch die Frage der sozialen Wertschätzung wird benannt und der Eindruck, dass der vielfältige kulturelle Hintergrund nicht als
gesellschaftliche Bereicherung wahrgenommen, sondern immer wieder in
Frage gestellt wird: Indem die Migrant/innen aufgefordert werden, sich zu
entscheiden – für etwas, wie Maral sagt, für das sie sich aus seiner Sicht
nicht entscheiden müssen, da sie ja Teil dieser deutschen Gesellschaft sind.

3   Hybride Fankultur

Die Frage von Mehrfachidentifikationenen und gesellschaftlichem Positio-
nierungszwang verweist auf die Konzeption hybrider Identitäten, die die
Postcolonial Studies in die Identitäts- und Ethnizitätsdebatte eingebracht
haben. Grundsätzlich wendet sich das Hybriditätskonzept gegen den essen-
tialistischen Kulturbegriff und verweist auf Verschmelzungen, Mehrdeutigkeiten und auf die Unabgeschlossenheit von Identitäten[24], und zwar insbesondere vor dem Hintergrund historisch geprägter globaler, postkolonialer
Machtverhältnisse. Stuart Hall hat dargelegt, dass nationale Kulturen nicht
als etwas Einheitliches, sondern als „diskursive[r] Entwurf" (Hall 1994) zu
denken sind. Für Hall sind alle modernen Nationen kulturell hybrid, da es
keinen einheitlichen national-kulturellen „Ort" gibt. Analog beschreibt Hall
die Entstehung hybrider Identitäten als nicht-fixierte Identitäten, die sich im
Übergang zwischen verschiedenen Positionen befinden, zur gleichen Zeit
auf unterschiedliche kulturelle Traditionen zurückgreifen und das „Resultat
komplizierter Kreuzungen und Verbindungen sind, die in wachsendem
Maße in einer globalisierten Welt üblich werden" (Hall 1994: 218) und durch
die postkoloniale Migration geschaffen wurden. Trotz dieser Konzeptionie-
rung gibt Hall den Begriff der kulturellen Identität nicht auf. Dies ist besonders interessant vor dem Hintergrund dessen, was bereits in Bezug auf den
Kampf um das Recht auf Differenz ausgeführt wurde. Denn auch für Hall
taugt der Begriff kultureller Identität (ebenso wie der der Ethnizität), um
„den Kampf für umfassende individuelle und gesellschaftliche Emanzipa-
tion führen zu können", wie es die Herausgeber der Schriften Halls formulieren (in Hall 1994: 9). Die Kategorien dienen dazu, die Position des Spre-
chers deutlich zu machen, von der aus er spricht (sprachliche und kulturelle
Codes, Zugehörigkeit zu einer Gruppe, Herkunft etc.) und die sein Anliegen
bestimmt. Denn der Kampf um das Recht auf Differenz wird von einer Min-

---

24 Ha (2008) verweist darauf, dass die Theorie kultureller Entgrenzungen und Vermi-
    schungen in Folge des Hybriditätsbegriffs eine ganze Reihe weiterer Begrifflichkeiten
    hervorgebracht hat (Kreolisierung, bricolage, méstissage, Transkulturalität, Transdiffe-
    renz etc.). Der Diskurs um Hybridität ist, so Ha, „in hohem Maße selbst uneindeutig
    und tendiert [...] dazu, sich selbst zu hybridisieren und seinen Gegenstandsbereich
    weiter aufzuspalten" (Ha 2008: 43).

derheitenposition aus geführt, die so als Erfahrungshintergrund deutlich wird.

Offensichtliches Beispiel hybrider Fankulturen bzw. Jugendkulturen ist nicht der Fußball, sondern die HipHop-Kultur, die durch afroamerikanische „Ghetto-Kultur", lokale Kulturtraditionen, US-amerikanische Popkultur und durch die jeweiligen jugendlichen Herkunftskultur(en) geprägt ist (Klein/ Friedrich 2003: 9). Hip-Hop als Kultur ethnischer Minderheiten gilt als glokale Kultur, die sich in und über globale Bilderwelten herstellt, aber lokal ausdifferenziert, neu gestaltet und kontextualisiert wird. Authentizität – hier besteht eine Parallele zur Fußballfankultur – gilt in der HipHop-Kultur als ein zentraler Bewertungsmaßstab und als eine „Herstellungspraxis, die sich performativ vollzieht" (Klein/Friedrich 2003: 10). Ethnische Differenz und soziale Marginalisierung wird durch Hip-Hop in Szene gesetzt; die mythische Erzählung vom Hip-Hop als schwarzer Ghetto-Kultur dient dabei als eine Quelle von Authentizität. Das Bild des Ghettos fungiert so als „Rahmen für die Imagination jener Jugendlichen, die zwar verschiedenen kulturellen Traditionen entstammen und diese auch in unterschiedlichen HipHop-Stilen aktualisieren und verfestigen, sich aber aufgrund ihrer sozialen Erfahrungen oder ihres Lebensgefühls der Welt der HipHopper zugehörig fühlen" (Klein/Friedrich 2003: 82).

Wir wollen uns hier aber wieder der Fußballfankultur zuwenden, um zu diskutieren, wo dort hybride Identitäten in Szene gesetzt werden. Am Beispiel der WM 2006 und der EM 2008 soll analysiert werden, welche Rolle hybride Fußballidentitäten im medialen und politischen Diskurs spielten und welche Funktionen dieser Diskurs möglicherweise hat:

„Als ich kürzlich in Kreuzberg war, habe ich gesehen, dass viele Balkone mit beiden Fahnen geschmückt waren. Ich glaube, man kann sehr wohl beiden Mannschaften die Daumen drücken." (Frankfurter Allgemeine Zeitung 2006) Diese Interviewäußerung der Integrationsbeauftragten Maria Böhmer aus dem Sommer 2006 beschreibt ein Phänomen, das während der Weltmeisterschaft in Deutschland starke mediale Aufmerksamkeit auf sich zog: Die deutsche Nationalmannschaft fand nicht nur große Unterstützung bei hier geborenen Deutschen, sondern auch bei (insbesondere türkischen) Migrant/innen. War das Symbol des zur WM ebenfalls häufig beschworenen Party-Patriotismus die gerade inflationär verwendete Fahne bzw. die Farben

Victoria Schwenzer & Nicole Selmer

Schwarz-Rot-Gold, steht die Kombination türkischer und deutscher Symbole für die bi-nationale Fußballbegeisterung der türkischen Migrant/innen.[25]

Auch in der Türkei selbst wurde die Unterstützung für die deutsche Nationalmannschaft thematisiert und mit dem Thema Integration in Verbindung gebracht. Die Psychologin Dagmar Schediwy hat in ihrer Medienanalyse zur WM 2006 neben deutschen Qualitäts- und Boulevardmedien auch das türkische Boulevardblatt „Hürriyet" ausgewertet und stellte fest, dass die Berichterstattung hier sehr positiv ausfiel und das Titelblatt zum Ende der WM sogar mit einer „deutsch-türkischen" Fahne – ein weißer Halbmond mit Stern im Rot der deutschen Fahne – geschmückt war (Schediwy 2006: 42). Die Bezeichnung Deutschlands als „zweite Heimat" oder die Selbstbeschreibung „DeuTürken", die Schediwy zitiert (Schediwy 2006: 104f.), heben ebenfalls auf die Doppelidentifikation der in Deutschland lebenden türkischen Migrant/innen ab. Sowohl in der deutschen Presse – wie das Zitat Maria Böhmers deutlich zeigt – als auch in der türkischen „Hürriyet" wird aus der Unterstützung der deutschen Nationalmannschaft bei gleichzeitiger Aufrechterhaltung der Identifikation mit dem eigenen Herkunftsland (bzw. dem der Elterngeneration) ein Beweis für gelungene Integration. Insbesondere im Kontext der in den Monaten zuvor in Deutschland heftig geführten Debatte rund um die sogenannten Ehrenmorde, um Zwangsehen und den Begriff der Parallelgesellschaft wird der Griff gerade auch junger männlicher türkischstämmiger Migrant/innen zur deutschen Fahne zum, wie Schediwy schreibt, „Nachweis türkischer Integrationsbereitschaft und Loyalität" (Schediwy 2006: 107).

Auch zwei Jahre später, bei der Europameisterschaft in Österreich und der Schweiz, für die sich die türkische Mannschaft, anders als bei der WM, qualifiziert hatte, wurde die politische Wirkungsmacht der doppelten Fankultur beschworen: „Das EM-Halbfinale sehe ich über den sportlichen Wettkampf hinaus vor allem als ein gemeinsames Spiel für die deutsch-türkische

---

25 Vgl. beispielsweise die Presseberichte unter folgenden Überschriften „Türkei-T-Shirt und Deutschlandflagge" (Lembke 2006) „Döner und Deutschland" (Thomsen 2006) und „Türken schwenken Deutschlandfahnen" (ov/dpa 2006). Ganz andere Stimmen, die dem Integrationsdiskurs qua WM widersprechen, fängt ein Artikel der Süddeutschen Zeitung unter dem Titel „Warum sollen wir jetzt für die Deutschen sein?" ein (Jauer/Strittmatter 2006).

Freundschaft.", schrieb etwa Innenminister Wolfgang Schäuble vor dem Spiel in der „BZ" (zitiert in REGIERUNGonline 2008). Der türkische Botschafter in Deutschland Ahmet Acet beschrieb das Spiel im Interview mit dem „Kölner Stadt-Anzeiger" als „Win-Win-Situation", da sich für die Türken in Deutschland zeige, „dass sie Teil dieses Landes sind und sich ihm noch stärker zugehörig fühlen", und umgekehrt die Deutschen „ein besseres Verständnis dafür [bekämen], dass die Türken ein Teil Deutschlands sein wollen." (Kölner Stadt-Anzeiger 2008). Das Spiel Deutschland-Türkei wurde damit zum Gradmesser für „Völkerfreundschaft"; gleichzeitig sollte das Spiel die Integration der türkischen Migrant/innen in die deutsche Gesellschaft und das Verständnis migrantischen Anerkennungsbegehrens fördern. Eine derartige politische Aufladung eines Fußballspiels, zumal eines so bedeutenden wie des EM-Halbfinales, ist mit dem kompetitiven Grundcharakter des Sports, der eben keine „Win-Win-Situation" vorsieht, nur schwer vereinbar, sie verweist darauf, wie stark Fußball in der Lage ist, nationale Identitäten zu mobilisieren, und wie dieses Potenzial (aus-)genutzt wird.

Deutsch-türkische Fahnen und die Identifizierung mit zwei Mannschaften können als Zeichen hybrider Identitäten gelesen werden – ebenso können aber die ganz speziellen Bedingungen von Fußball-Großereignissen im Zeitalter transglobaler Migration samt der dazugehörigen lokalen Partystimmung, Autokorso und Sommer diese Identifizierungen mit hervorbringen. Hybride Inszenierungen stehen nicht zwangsläufig im Widerspruch zur symbolischen Manifestation von Differenz, die weiter oben mit beispielhaftem Bezug auf die Siege der türkischen Mannschaft während der EM 2008 beschrieben wurde. So gesehen macht sich Hybridität gerade an dem Gleichzeitigen von unterschiedlichen Identitätsfragmenten, Zugehörigkeiten und kulturellen Mustern fest und kann demnach auch die Inszenierung von Differenz beinhalten. Bei der national konnotierten Inbesitznahme des öffentlichen Raums nach einem türkischen Sieg der Nationalmannschaft handelt es sich damit um eine inszenatorische Eindeutigkeit, die längst von hybriden Alltags- und Identifikationspraxen eingeholt wurde; durch den Fußball mit seiner Wettkampfstruktur und seinen Grenzziehungen wird diese partielle Eindeutigkeit aber möglich gemacht.

Sowohl das „Integrations-Sommermärchen" als auch die Fortsetzung zur Europameisterschaft hat den Gedanken einer positiven Vielfalt und mehrfachen Zugehörigkeit gegenüber der Rede von einer heimatlosen Zerrissenheit zwischen den Kulturen gestärkt, wohlgemerkt jedoch nur als „Leistung" der Migrant/innen in Deutschland. Dies ist ein wichtiger Punkt, da hier deutlich wird, wie stark eine einseitige Assimilationsforderung den Migrationsdiskurs in Deutschland prägt. Die Vorstellung, dass nach einem Ausscheiden der deutschen Mannschaft bei der EM das türkische Team mit den in Deutschland lebenden Bundesligaspielern umgekehrt von den deutschen Fans im Finale als „ihre" Mannschaft angefeuert worden wäre, erscheint utopisch. Nicht unterschlagen werden darf außerdem, dass es rund um das EM-Halbfinalspiel in Deutschland an verschiedenen Orten zu Vorfällen mit rechtsextremen/rassistischen Hintergrund und Angriffen etwa auf türkische Imbisse kam (vgl. Hübner/Kulick 2008).

4   Schluss

In diesem Beitrag wurde der Zusammenhang von Fans und Migration am Beispiel der Fußballfankultur aus unterschiedlichen Perspektiven untersucht. Deutlich wurde, dass trotz umfangreicher neuerer Untersuchungen zu Fußballfans das Thema migrantische Fankultur weitgehend ausgespart bleibt, was einerseits auf die spezifische Verfasstheit bzw. symbolische Konnotation und Inszenierung von (deutscher) Fußballfankultur verweist (weiß/männlich/heterosexuell), andererseits aber auch deutlich macht, wie sozialwissenschaftliche Forschung diese symbolischen Konnotationen durch die Auswahl von Forschungsthemen weiterträgt.

Eine bedeutsame Parallele in der Analyse von (Fußball-)Fankultur und Migrationsprozessen ist die Frage von Zugehörigkeit. In Bezug auf Fußballfankultur haben wir beschrieben, wie lokale Zugehörigkeit zu einem Verein von Fans aktiv hergestellt wird, dass diese Zugehörigkeit von der Fangemeinschaft, die die Kategorie des „echten Fans" hervorgebracht hat, anerkannt werden muss und dass trotz des lokalen Bezugs von Fankultur diese Zugehörigkeit auch global gelebt werden kann. Die intergenerationelle Weitergabe von Fanidentitäten erscheint im Migrationsprozess damit einerseits als Ausdruck traditioneller Fankultur, andererseits als deren moderne Ausprägung, da hier transnationale Fangemeinschaften gebildet werden, die mittels medialer Zugänge (Internet, Satellitenfernsehen) aufrechterhalten werden können. Die Zugehörigkeit zu einem Kollektiv spielt nicht nur in der Fankultur, sondern auch im Migrationsprozess eine wichtige Rolle und verweist wiederum auf den zentralen Aspekt der rechtlichen und symbolischen Anerkennung durch die Aufnahmegesellschaft. Wir haben dargelegt, dass die Frage der Anerkennung aufgrund des asymmetrischen Verhältnisses von Migrant/innen und Aufnahmegesellschaft als eine zentrale Kategorie in der Analyse von Migrationsprozessen angenommen werden kann und dass diese sich einerseits auf den Wunsch nach Gleichheit im Sinne einer gleichwertigen Teilhabe und andererseits auf das Recht auf Differenz im Sinne der Akzeptanz von Andersartigkeit beziehen lässt. Beide Aspekte dieses Anerkennungsbegehrens finden in der Fußballkultur ihren Ausdruck. So kann einerseits die Zugehörigkeit zu einer Fangemeinschaft den Wunsch nach Gleichheit einlösen, da die Fangemeinschaft tendenziell bestrebt ist, diverse Differenzen (aufgrund von sozialen Unterschieden, politischer Einstellung, ethnischer Herkunft, Geschlecht und sexuellen Orientierung) zugunsten der gemeinsamen, alles umfassenden Fanidentität zu nivellieren (z.B. in Form von symbolischen Praxen wie gemeinsamen Fangesängen). Andererseits bietet der Fußball auch die Möglichkeit, das Recht auf Differenz zu verwirklichen, indem diese Differenz symbolisch in Szene gesetzt wird, so etwa wenn erfolgreiche türkische Vereinsmannschaften oder auch die Nationalmannschaft einen Sieg davontragen, der von den Fans sicht- und hörbar durch die Einnahme von öffentlichem Raum gefeiert wird.

Da die Fußballfankultur grundsätzlich eindeutige Positionierungen erfordert und durch ein kompliziertes System von Gegnerschaften und Fanfreundschaften charakterisiert ist, scheinen hybride Identitäten, wie sie der Migrationsprozess hervorgebracht hat, damit zunächst zu kollidieren. Das symbolische Handeln von Fans während der WM 2006 jedoch setzte Mehrfachzugehörigkeiten auch symbolisch in Szene und wurde im politischen Diskurs um Integration entsprechend aufgeladen. Die Metapher von der Zerrissenheit zwischen zwei Kulturen, die nicht nur deswegen problematisch ist, weil sie von klar abgegrenzten Kulturen ausgeht, sondern vor allem auch migrantische Identität als prinzipiell problembehaftet und tendenziell defizitär beschreibt, konnte so durch hybride Alltagspraxen und wechselnde Zugehörigkeiten unterlaufen werden.

Wie dargelegt wurde, bestehen gerade zwischen Fußballfankultur und Hip-Hop-Kultur einige Parallelen, die insbesondere unter der Perspektive von Migration(-sprozessen) bedeutsam sind, die aber in dem vorliegenden Text nur angerissen werden konnten: Die Verknüpfung von globaler und lokaler Kultur, die konkrete territoriale Verankerung bei gleichzeitiger globaler Ausbreitung (vgl. Roose in diesem Band), die Bedeutung von Tradition und Ursprungsmythos, die Konstruktion von Authentizität, die Wettkampfstruktur (Battles im Hip-Hop) sowie die Auseinandersetzung mit Kommerzialisierung. Hinzu kommt, dass sowohl migrantische Fußballkultur als auch die migrantische Hip-Hop-Kultur in Deutschland häufig nicht nur eine Fankultur, sondern auch eine Aktionskultur ist (d.h. Fan sein und gleichzeitig Fußball spielen bzw. selbst rappen). Sowohl Fußballspielen als auch Rappen können – sogar noch deutlicher als aktive Fankultur – als Quelle der Anerkennung dienen. Die noch ausstehende tiefergehende Analyse von Fußball und Hip-Hop aus der Perspektive von signifikanten Unterschieden und Parallelen erscheint uns für die Entwicklung der migrantischen Fanforschung sehr fruchtbar.

Literatur

Ackermann, Andreas (1997): Ethnologische Migrationsforschung: ein Überblick. In: kea – Zeitschrift für Kulturwissenschaften 10: Ethnologie der Migration. Bremen. 1-29.

Ballarbeit (2006). Szenen aus Fußball und Migration. Eine Wanderausstellung der Projektgruppe Flutlicht. Dokumentation der Ausstellung 15.06–27.08. Berlin: Museen Dahlem. Online unter http://flutlicht.org/ausstellung/ausstellung.html (Zugriff am 22.03.2009).

ballesterer (2007): Titelthema: Geflüchtet, zugewandert, hier geboren. Die Zweite Generation von Sindelar bis Kuljic. In: ballesterer 27/2007. 9-29.

ballesterer (2008): „Die Mentalität hat sich stark geändert". Interview mit Fanatics Marseille. In: ballesterer 33/2008. 14-15.

Behn, Sabine & Victoria Schwenzer (2006): Rassismus, Fremdenfeindlichkeit und Rechtsextremismus im Zuschauerverhalten und Entwicklung von Gegenstrategien. In: Pilz, Gunter A. u.a. (Hrsg.): Wandlungen des Zuschauerverhaltens im Profifußball. Schorndorf: Hofmann. 320-435.

Beyer, Bernd-M. (2003): Der Mann, der den Fußball nach Deutschland brachte. Das Leben des Walther Bensemann. Göttingen: Verlag Die Werkstatt.

Bhabha, Homi K. (1994): The Location of Culture. New York: Routledge.

Bogena, Kai-Niels (2003): „Diva sorgt für volle Kassen Werder Bremen auf Suche nach neuen Anhängern". In: Welt am Sonntag 20.07.2003.

Bromberger, Christian (1991): Die Stadt im Stadion. In: Horak, Roman & Wolfgang Reiter (Hrsg.): Die Kanten des runden Leders. Wien: Promedia. 23-34.

Claßen, Ludger & Stefan Goch (2006): Von der Fußlümmelei bis zum Massensport – Fußball im Westen bis 1945. In: Goch, Stefan & Ralf Piorr (Hrsg.): Wo das Fußballherz schlägt: Fußball-Land Nordrhein-Westfalen. Essen: Klartext. 16-36.

Frankfurter Allgemeine Zeitung (2006): „Sport hilft bei der Integration" (Maria Böhmer im Gespräch). In: Frankfurter Allgemeine Zeitung 11.07.2006.

Goch, Stefan & Ralf Piorr (Hrsg.) (2006): Wo das Fußballherz schlägt: Fußball-Land Nordrhein-Westfalen. Essen: Klartext.

Ha, Kien Nghi (2008): Transdifferenz und postkoloniale Hybridität – Kritische Anmerkungen. In: Kalscheuer, Britta, Lars Allolio-Näcke (Hrsg.): Kulturelle Differenzen begreifen. Das Konzept der Transdifferenz aus interdisziplinärer Sicht. Frankfurt a.m. & New York: Campus. 41-58.

Hall, Stuart (1994): Rassismus und kulturelle Identität. Hamburg: Argument.

Hamburger Abendblatt (2009): „Türkische Fanklubs halten mehrheitlich zu Galatasaray". Hamburger Abendblatt 11. März 2009.

Honneth, Axel (1992): Kampf um Anerkennung. Frankfurt a.M.: Suhrkamp.

Hornby, Nick (1996): Ballfieber. Die Geschichte eines Fans. Hamburg: Rogner & Bernhard.

Hübner, Carsten & Holger Kulick (2008): „Beschämende Nachspielzeit". MUT gegen rechte Gewalt. Online unter www.mut-gegen-rechte-gewalt.de/news/meldungen/neonazis-vor-tuerkei-spiel (Zugriff am 19.04.2009).

Jauer, Marcus & Kai Strittmatter (2006): „Warum sollen wir jetzt für die Deutschen sein?". In: Süddeutsche Zeitung 26.06.2006.

Kalter, Frank (2003): Chancen, Fouls und Abseitsfallen. Migranten im deutschen Ligenfußball. Wiesbaden: Westdeutscher Verlag.

Klein, Gabriele & Malte Friedrich (2003): Is this real? Die Kultur des HipHop. Frankfurt a.M.: Suhrkamp.

Kleindienst-Cachay, Christa (2005): Zur Bedeutung des Sports für die Sozialisation und Integration junger Migrantinnen. Vortrag „Vierte Schnittstellenkonferenz Sportpädagogik – Jugendhilfe" in Frankfurt am 13.09.05. Online unter www.uni-bielefeld.de/sport/arbeitsbereiche/ab_iv/personal/Vortrag13.9.05.pdf (Zugriff am 22.03.2009).

Kölner Stadt-Anzeiger (2008): „Türkischer Botschafter: Halbfinale Deutschland Türkei ist ‚Win-Win-Situation'". Kölner Stadt-Anzeiger 24.06.2008.

Lehnert, Esther (2006): Migrantinnen und Fußball! Fußballerinnen zwischen ethnisierenden Vorurteilen, realen Diskriminierungen und dem Spaß am Sport. Heinrich-Böll-Stiftung Dossier Fußball & Integration, Juni 2006. Online unter www.migration-boell.de/web/integration/47_640.asp (Zugriff am 22.03.2009).

Lembke, Judith (2006): „Türkei-T-Shirt und Deutschlandflagge". In: Frankfurter Allgemeine Zeitung 23.06.2006.

Liegl, Barbara & Spitaler, Georg (2008): Legionäre am Ball. Migration im österreichischen Fußball nach 1945. Wien: Braumüller.

Lindner, Rolf (1994): Das Ethos der Region. In: Lindner,Rolf (Hrsg.): Die Wiederkehr des Regionalen. Frankfurt a.M. & New York: Campus. 201-231.

Lindner, Rolf & Heinrich Th. Breuer (1978): „Sind doch nicht alles Beckenbauers". Zur Sozialgeschichte des Fußballs im Ruhrgebiet. Frankfurt a.M.: Syndikat.

Oswald, Rudolf (2008): „Fußball-Volksgemeinschaft" – Ideologie, Politik und Fanatismus im deutschen Fußball 1919–1964. Frankfurt a.M. & New York: Campus.

ov/dpa (2006). „Türken schwenken Deutschlandfahnen". In: Focus.de 19.06.2006. Online unter www.focus.de/sport/fussball/wm2006/wm-fieber_aid_110629.html (Zugriff am 21.03.2009).

Pilz, Gunter A. (2006): Integration statt Rote Karten? Gewalt und Prävention in der ethnisch geprägten Fußballkultur. In: Sozialextra. Zeitschrift für Soziale Arbeit & Sozialpolitik 30/3-4. 36-40.

Pilz, Gunter A. (2009): Was können Vereine gemeinsam mit den Fans tun, um Menschen mit Migrationshintergrund in die Stadien zu bringen? Vortrag auf der 3. Tagung für Toleranz im Fußball. Hannover. 20.02.2009.

REGIERUNGonline (2008): „Schäuble: EM-Halbfinale ist ein Spiel für die deutsch-türkische Freundschaft". Online unter www.bundesregierung.de/nn_250/Content/DE/Namensbeitrag/2008/06/2008-06-25-schaeuble-em-halbfinale.html (Zugriff am 19.04.2009).

Rex, John (1990): „Rasse" und „Ethnizität" als sozialwissenschaftliche Konzepte. In: Dittrich, Eckhard J. & Frank-Olaf Radtke (Hrsg.): Ethnizität. Wissenschaft und Minderheiten. Opladen: Westdeutscher Verlag. 141-154.

Rommelspacher, Birgit (2002): Anerkennung und Ausgrenzung. Deutschland als multikulturelle Gesellschaft. Frankfurt a.M. & New York: Campus.

Schediwy, Dagmar (2006). Sommermärchen im Blätterwald. Die Fußball-WM 2006 im Spiegel der Presse. Marburg: Tectum.

Schiffauer, Werner (2004): Vom Exil- zum Diaspora-Islam. Muslimische Identitäten in Europa. In: Soziale Welt 55/4. 347-368.

Schwenzer, Victoria (2001): Fußball als kulturelles Ereignis: Eine ethnologische Untersuchung am Beispiel des 1. FC Union Berlin. In: Jahrbuch für Europa- und Nordamerikastudien 5. 87-115.

Schwenzer, Victoria (2004): Hürtürkel und die Suche nach einem deutschen Namen. Fußball und Migration. In: Gößwald, Udo (Hrsg.): Neukölln bewegt sich. Von Turnvater Jahn bis Tasmania. Berlin: Bezirksamt Neukölln von Berlin. 116-121.

Schwenzer, Victoria (2005): Samstags im Reservat. Anmerkungen zum Verhältnis zwischen Rassismus, Sexismus und Homophobie im Fußballstadion. In: Hagel, Antje, Nicole Selmer & Almut Sülzle (Hrsg.): gender kicks. Texte zu Fußball und Geschlecht. Frankfurt a.M.: Schriftenreihe Koordinationsstelle Fanprojekte 10. 57-68.

Selmer, Nicole (2004): Watching the Boys Play. Frauen als Fußballfans. Kassel: Agon.

Selmer, Nicole (2006): Die Frauen auf den Tribünen – Ein ungeschriebenes Kapitel der Fußballgeschichte. In: Goch, Stefan & Ralf Piorr (Hrsg.): Wo das Fußballherz schlägt: Fußball-Land Nordrhein-Westfalen. Essen: Klartext. 185-194.

Soeffner, Hans-Georg & Darius Zifonun (2006a): Die soziale Welt des FC Hochstätt Türkspor. In: Sociologia Internationalis 44/1. 21-55.

Soeffner, Hans-Georg & Darius Zifonun (2006b): Migranten im deutschen Vereinsfußball, Heinrich-Böll-Stiftung Dossier Fußball & Integration. Online unter www.migration-boell.de/web/integration/47_636.asp (Zugriff am 27.04.2009).

Sonnberger, Mario (2008): „Blau-Weiß in allen Farben". In: ballesterer 33/2008. 11-13.

South Winners 87 Le kaotic group (2009): Historique. Online unter www.sw87.com/ v3/index.php?content=histo.php&section=histo (Zugriff am 21.03.2009).

Sportal (2009): „Es geht um die Kulturen-Vielfalt". Interview mit Adnan Maral. Online unter www.sportal.de/sportal/generated/article/fussball/2009/03/12/12366400000.html (Zugriff am 27.04.2009).

Straub, Jürgen (1999): Personale und kollektive Identität. Zur Analyse eines theoretischen Begriffs. In: In: Assmann, Aleida & Heidrun Friese (Hrsg.): Identitäten. Erinnerung, Geschichte, Identität 3. Frankfurt a.m.: Suhrkamp. 73-104.

Sülzle, Almut (2005): Fußball als Schutzraum für Männlichkeit? Ethnographische Anmerkungen zum Spielraum für Geschlechter im Stadion. In: Hagel Antje, Nicole Selmer & Almut Sülzle (Hrsg.): gender kicks. Texte zu Fußball und Geschlecht. Frankfurt a.m.: Schriftenreihe Koordinationsstelle Fanprojekte 10. 37-52.

Thomsen, Jan (2006): „Döner und Deutschland". In: Berliner Zeitung 29.06.2006.

Topcu, Özlem (2008): „Ein Herz ist groß genug". In: stern.de 25.06.2008. Online unter www.stern.de/em2008/analyse/hintergrund/:Deutschland-T%FCrkei-Ein-Herz/ 625028.html (Zugriff am 19.04.2009).

Wagner, Peter (1999): Fest-Stellungen. Beobachtungen zur sozialwissenschaftlichen Diskussion über Identität. In: Assmann, Aleida & Heidrun Friese (Hrsg.): Identitäten. Erinnerung, Geschichte, Identität 3. Frankfurt a.m.: Suhrkamp. 42-72.

Zifonun, Darius (2008): Imagined Diversities: Migrantenmilieus in der Fußballwelt. In: Klein, Gabriele & Michael Meuser (Hrsg.): Ernste Spiele. Zur politischen Soziologie des Fußballs. Bielefeld: Transcript. 43-57.

Fans und Globalisierung

Jochen Roose

Am 30. Juni 2009 gibt es auf den Zeitungstitelseiten der Welt ein einheitliches Thema: Michael Jackson ist tot. Auch wenn der Musiker zum Zeitpunkt seines Todes den Zenit seiner Karriere schon geraume Zeit überschritten hat, berührt die Nachricht seines Todes auf dem gesamten Globus Fans und ehemalige Fans. Wir haben es hier offensichtlich mit einem typischen Phänomen der Globalisierung zu tun. Giddens versteht Globalisierung als „Intensivierung weltweiter sozialer Beziehungen, durch die entfernte Orte in solcher Weise miteinander verbunden werden, dass Ereignisse am einen Ort durch Vorgänge geprägt werden, die sich an einem viele Kilometer entfernten Ort abspielen, und umgekehrt" (Giddens 1997: 85; ähnlich Held u.a. 1999: 16; vgl. Beck 1997: 28f.). Die Wahrnehmung des Todes von Michael Jackson ist für den Fanbereich offensichtlich ein globalisiertes Ereignis, bei dem Fans auf dem gesamten Globus von einem Ereignis weit entfernt betroffen sind. Die Globalisierungsthese ist für den Fanbereich durch dieses Ereignis aber keineswegs belegt. Was sich an diesem Ereignis nicht zeigen lässt, ist der vom Globalisierungskonzept unterstellte Prozesscharakter. Haben wir es mit einem singulären Ausnahmeereignis zu tun, oder war die globale Fanbegeisterung für Michael Jackson ein besonders deutliches Beispiel für einen generellen Prozess? In welchem Maße sich für Fans ein Prozess der Globalisierung und eine globale Verteilung von Fanobjekten zeigen oder widerlegen lassen, welche Ursachen für diesen Prozess relevant sind und welche Folgen sich beobachten lassen, ist Thema dieses Beitrags.

Die These der Globalisierung blieb nicht unwidersprochen und hat auch in der Art ihrer Formulierung Kritik auf sich gezogen. Vor allem der im Wort enthaltene Anspruch, der gesamte Globus sei von diesem Prozess erfasst, stieß auf Widerspruch. Durchlässiger gewordene Nationalstaatsgrenzen bedeuten nicht zwingend, dass alle Weltregionen in gleichem Maße miteinander verbunden sind. Gerhards und Rössel (1999) plädieren für den Begriff Transnationalisierung, womit sie die Zunahme grenzübergreifender

Prozesse relativ zu den inländischen bezeichnen. So können sie eine Gewichtsverschiebung von der absoluten Zunahme der betrachteten Indikatoren unterscheiden.

Wie bei allen Phänomenen stellen sich auch in Bezug auf Globalisierung die Fragen von Ursachen, Ausmaß des Phänomens und Folgen. Wir wollen diesen ‚Dreischritt' für die sozialwissenschaftliche Globalisierungsdiskussion nachvollziehen, um dann die sich daraus ergebenden Fragen in Bezug auf Fans in den Blick zu nehmen.[1]

1   Fragen und Ergebnisse der Globalisierungsdiskussion

Die Ursachen der Globalisierung haben in der Diskussion erstaunlich wenig Aufmerksamkeit erhalten. Grund dafür könnte sein, dass sie (scheinbar) auf der Hand liegen. Am deutlichsten sind technologische Veränderungen (Garrett 2000). Weltweite Kommunikation hat sich in den vergangenen Jahrzehnten massiv vereinfacht und verbilligt. Das Internet spielt hier eine zentrale Rolle. Dazu wurde der Transport von Menschen und Gütern schneller und billiger. Räumliche Distanzen verlieren so an Bedeutung. Allerdings sind nicht alle Erdteile und Bevölkerungsschichten in gleichem Maße mit diesen Technologien versorgt und entsprechend ungleich an das Netzwerk des grenzüberschreitenden Austauschs angeschlossen.

Eine zweite Ursache ist ein kultureller Wandel. Garrett (2000) verweist auf die ideologisch-weltanschaulichen Veränderungen. Der Fall des Eisernen Vorhangs und die Transformation der mittel- und osteuropäischen Länder von einer staatlich gelenkten Planwirtschaft zu einer Marktwirtschaft erlaubte die Ausdehnung und Intensivierung des Handels, aber auch die Verbreitung von Ideen. Ähnliches gilt für die Umorientierung Chinas, wo die Wirtschaft ebenfalls zunehmend durch marktwirtschaftliche Elemente geprägt ist (Li u.a. 2000).

Als dritte Ursache der Transnationalisierung sind Entscheidungen zentraler Akteure, vor allem von Politikern, zu bedenken. Die Öffnung der Märkte, die Abschaffung von Zöllen, zum Teil auch die Förderung von in-

---

1   Mein Dank gilt Andreas Gebesmair für inhaltliche Beratung und Daten zur Transnationalisierung der Musikbranche sowie Beatrice Bedbur für umfangreiche Kodierarbeiten.

ternationaler Migration (beispielsweise in der EU) oder der Verzicht auf ihre Verhinderung sind das Ergebnis politischer Entscheidungen (Mayntz/ Scharpf 2005). Auch wenn manche Entwicklung eine Eigendynamik jenseits der Intentionen beteiligter Akteure entfalten mag, bleiben bewusste Entscheidungen ein wesentlicher Einflussfaktor.

Eine vierte Ursache der Transnationalisierung ist die Bildungsexpansion. In den Industrienationen hat die Bildung der Bevölkerung im Laufe des 20. Jahrhunderts massiv zugenommen. Dies bezieht sich auf die Länge der Ausbildung als auch auf die gesellschaftlichen Schichten, denen Bildung zugänglich ist (vgl. z.B. Frank/Meyer 2007). Ein Zusammenhang von Bildungsexpansion und Transnationalisierung ergibt sich aus zwei Gründen. Das Konzept der kognitiven Mobilisierung von Inglehart (1970) unterstellt einen Zusammenhang zwischen Bildung und der Fähigkeit, mit komplexeren, überregionalen und übernationalen Zusammenhängen umzugehen. Bildung wäre damit die kognitive Ermöglichung von transnationalen Beziehungen. Der zweite Effekt der Bildungsexpansion bezieht sich auf die Fremdsprachenkenntnisse. Insbesondere Englisch hat als globale lingua franca einen regelrechten Siegeszug angetreten. Diese Fremdsprachenkenntnisse bilden das sprachliche Fundament für Transnationalisierungen in ganz unterschiedlichen Bereichen (Gerhards 2008b).

Die Ursachen der Transnationalisierung sind sehr allgemein und begünstigen Transnationalisierungsprozesse in den unterschiedlichsten Bereichen. Dies zeigt sich, wenn man die tatsächliche Entwicklung von transnationalen Prozessen nach dem Zweiten Weltkrieg betrachtet. Beisheim und andere (1999) zeigen für eine ganze Reihe von Indikatoren, dass sich transnationale Bezüge verstärkt haben (vgl. Gerhards/Rössel 1999; Held u.a. 1999). Dies gilt genauso für Bereiche, in denen typischerweise Fans zu finden sind. Zunächst einmal lässt die Transnationalisierung des Handels insgesamt darauf schließen, dass die vielfältigen Konsumartikel, die als Fanobjekte in Frage kommen, sehr unterschiedlicher Herkunft sind (vgl. Akremi/Hellmann in diesem Band). Allerdings ist die Transnationalisierung vielfach keine neue Entwicklung. In den als Fanobjekten besonders relevanten Bereichen der Populärmusik und des Films sind die Produktionsstrukturen und Vertriebswege bereits seit sehr langer Zeit transnational (Bens/Smaele 2001; Gebesmair 2008; Held u.a. 1999: 341ff.; Thiermeyer 1994). Im Sport, wo sich ebenfalls viele Fans finden, ist die Transnationalisierung dagegen eine jüngere

Entwicklung, die erst seit den 1990er Jahren und auch nur in den stark professionalisierten Sportarten an Dynamik gewonnen hat (Cachay u.a. 2005; Giulianotti 2002; Hemmersbach 2003). Damit ist das Angebot an potenziellen Fanobjekten zu einem erheblichen Teil transnationalisiert (mit Blick auf Fans auch Harrington/Bielby 2005; Sandvoss 2003).

Neben dieser Betrachtung von Produktionsstrukturen und Handelsströmen auf der Makroebene wird seit einiger Zeit mit dem Transnationalismus-Ansatz die Individualebene betrachtet. Zunächst standen und stehen dabei Migranten im Fokus der Forschung (Pries 1999), weil sie prädestiniert dazu sind, einen Handlungsraum über Nationalstaatsgrenzen hinweg auszubilden. Dies lässt sich auch für Fans beobachten. So beschreiben Giulianotti und Kollegen (Giulianotti/Robertson 2006; Giulianotti/Williams 1994) schottische Migranten in den USA, die mit ihrer Begeisterung für die Glasgower Vereine Celtic und Rangers eine identitäre Verbindung zu ihrer alten Heimat aufrechterhalten (vgl. Kraszewski 2008; Zifonun/Cýndark 2004).

Hinzu gekommen sind nun Studien, die auch jenseits der sehr spezifischen Bevölkerungsgruppe der Migranten transnationale Bezüge untersuchen. Mau (2007) zeigt anhand von Umfrageergebnissen, dass ein erheblicher Teil der Bevölkerung regelmäßig Kontakte zu Menschen im Ausland hat und Auslandsreisen in den letzten Jahrzehnten zugenommen haben. Roose (2010) betrachtet die Binnengrenzen der Europäischen Union und kann hier in einigen Bereichen grenzübergreifende Handlungsräume feststellen. Ob Fans zu den besonders transnational aktiven Personengruppen gehören, ist unklar. Zumindest der harte Kern von Fans scheint auch in erheblichem Umfang internationale Reisen zu unternehmen (Mackellar 2006).

Der größte Teil der Globalisierungsliteratur dreht sich nicht um die Ursachen oder das Ausmaß der Transnationalisierung, sondern um ihre Folgen, einerseits für die Politik und andererseits für die Kultur. Die Politik gerät durch die Transnationalisierung insbesondere der Wirtschaft unter Druck. Es entwickelt sich ein globaler Konkurrenzkampf um Unternehmen, der zu einer Abwärtsspirale bei der Unternehmensbesteuerung sowie Sozial- und Umweltstandards führt (für andere Beck 1997) und die Frage einer global koordinierten Politik aufwerfen (Beisheim u.a. 1999).

Die kulturellen Folgen der Globalisierung werden verbreitet als Verlust thematisiert. Nach dieser Vorstellung führt die kulturelle Globalisierung zu einer Vereinheitlichung und dem Verschwinden lokaler Besonderheiten (z.B.

Ritzer 1997). Insbesondere ein dominanter Einfluss der USA führe zu einem Kulturimperialismus, der die nationalen und lokalen Eigenheiten überrollt (auch Barber 1996). Diese pessimistische Sicht wurde vielfältig kritisiert. So gäbe es beispielsweise in der Musik schon immer vielfältige transnationale Einflüsse. In der Klassik dominieren bis heute die europäischen Komponisten der vergangenen Jahrhunderte (Garofalo 1993; Gerhards 2008a: 24). In den verschiedenen Sparten der Populärmusik fließen Motive aus den Traditionen aller Erdteile zusammen. Hannerz (1987) sieht als Folge der globalen Verbreitung von Kulturgütern nicht eine Angleichung, sondern eine Kreolisierung. Die globalen Kulturangebote werden auf unterschiedliche Weise rezipiert und dabei modifiziert (vgl. auch Robertson 1998; Waters 1996: 124ff.). Frau-Meigs (2006) hat die globale Adaption des Reality-Fernsehformats Big Brother untersucht mit den Anpassungen bei der Produktion, Verbreitung und schließlich der Rezeption, nicht zuletzt durch die Fans. Darling-Wolf (2004) beschreibt für Fans eines japanischen Popstars aus verschiedenen asiatischen Ländern, wie einerseits ihr Verhältnis zum Star und andererseits ihre Identität als transnationale Fangemeinschaft aushandeln (vgl. Sandvoss 2005). Diese Studien zeigen exemplarisch die lokal spezifische Adaption transnationaler Angebote durch Fans. Die entscheidende Ressource, die eine transnationale Vernetzung von Fans möglich macht, ist dabei das Internet (vgl. Baym 2000; Shefrin 2004).

Die vielfältigen Studien über Fans transnationaler Angebote können zunächst einmal nur zeigen, dass sich für diese transnational verbreiteten Produkte Fans finden. Ob sie Fans in stärkerem oder unterproportionalem Maße anziehen, bleibt unklar. Für Fußball hat Frank Kalter (1999) untersucht, ob die Fans bei ihren Präferenzen für Spieler Unterschiede nach Nationalitäten machen. Dazu hat er den Verkauf von Trikots der Bundesligavereine analysiert. Es zeigt sich, dass die Leistung der Spieler (Einsätze und Tore) die Verteilung zu einem erheblichen Teil erklären können. Darüber hinaus werden deutsche Spieler jenen aus Osteuropa etwas vorgezogen, noch deutlich beliebter sind allerdings Fußballer aus Brasilien. Dies ist zumindest für den Fußball ein Hinweis, dass das transnationalisierte Angebot von den Fans angenommen wird (ebenso Ben-Porat/Ben-Porat 2004).

Neben der modifizierten Aufnahme globaler Kulturangebote wird eine weitere These diskutiert: der Widerstand gegen eine transnationalisierte Kultur. Parallel zu den vielfältigen Prozessen der Transnationalisierung entstehen nationale und lokale Gegenbewegungen (Barber 1996; Robertson 1998). Gerade wegen der transnationalen Vernetzungen besinnen sich die Gruppen, die sich von der Transnationalisierung bedroht fühlen, auf lokale Traditionen, identifizieren sich stärker mit ihrer Nation und grenzen sich gegen „Fremdes" ab (Münch 1998: 294ff.). Im Kulturellen bietet sich Raum für eine solche Rückbesinnung auf das (vermeintlich) Eigene. Nach diesen Argumenten müssten wir zumindest bei einem Teil der Fans eine bewusste Orientierung auf das Lokale finden. Ob sich Fans beispielsweise von Volksmusik auf diese Weise verstehen lassen, ist eher fraglich, denn Grabowski (1999) findet in seiner ethnographischen Studie keine Tendenzen der Abgrenzung gegen ausländische oder fremdsprachige Musik. Fans von Neo-Folk könnten sich eher als Beispiel eignen, wird ihnen doch eine Nähe zum Rechtsextremismus nachgesagt (Jung u.a. 2004).[2]

Dieser Überblick macht deutlich, dass die Forschung zu Transnationalisierung und ihren Folgen eine Reihe von Fragen aufwirft, die für die Fan-Forschung relevant sind. Untersuchungen, die meist als Fallstudien angelegt sind, können für Teilfragen exemplarische Befunde beisteuern. Was durch die qualitative Herangehensweise naturgemäß zu kurz kommt, sind die Querschnittsfragen. Werden Angebote aus dem Ausland entsprechend ihres Angebotsanteils als Fanobjekte gewählt, oder sind ausländische Fanobjekte bei den Fans beliebter oder weniger beliebt? Gibt es über die Zeit eine Transnationalisierung der Fan-Objekte? Sind transnationalisierende Effekte der Fanbegeisterung, wie beispielsweise Reisen ins Ausland, Kontakt zu Fans im Ausland, Erweiterung der Sprachkenntnisse oder Sympathie für das Herkunftsland des Fanobjekts, Ausnahmen oder verbreitete Phänomene? Diese Fragen sollen hier für verschiedene Fan-Bereiche betrachtet werden.

2　Wie stark der Rechtsextremismus in der Szene insgesamt ist, muss auch nach der Studie von Jung und anderen offen bleiben, finden sich doch neben eindeutig rechtsextremen Fans (NPD-Funktionsträger) auch andere, denen eine rechtsradikale Gesinnung kaum unterstellt werden kann.

2 Daten

Die Prüfung von Verlaufsthesen, insbesondere wenn sie zeitlich weit zurückreichen, ist oft ausgesprochen schwierig. Erst der (vermeintliche) Wandel weckt das Interesse und motiviert Datensammlungen. Die Situation vor dem Wandel bleibt dann aber schwer zu bestimmen. In sozialwissenschaftlichen Glücksfällen stehen frühere Befragungen oder Statistiken zur Verfügung, in allen anderen Fällen müssen wir Indikatoren aus Dokumentenanalysen gewinnen, die oftmals nicht für die angezielte Frage erstellt wurden und entsprechende Schwächen aufweisen. So ergeht es uns auch mit der Kernfrage nach dem Ausmaß der Transnationalisierung von Fanobjekten.

Zwei Magazine, die sich wesentlich an Fans richten, können hier zumindest einen Eindruck von der geographischen Verteilung der Fanobjekte bieten: die Bravo und der Kicker. Die Bravo wendet sich an Jugendliche und beschäftigt sich vornehmlich mit Stars im Musik- und Filmbereich, der Kicker berichtet über Fußball. Damit sind nur zwei Teilsegmente möglicher Fanobjekte (bzw. möglicher Fans) abgedeckt. Vorteilhaft an den Quellen ist aber, dass die Zeitschriften beide bereits seit Langem lückenlos erscheinen. Um den Erhebungsaufwand bewältigen zu können, beschränkt sich die Analyse auf die zentral abgebildeten Personen auf der Titelseite, weil diese in der Berichterstattung besonders hervorgehoben sind. Damit werden die am prominentesten dargestellten Fanobjekte untersucht.

Für die übrigen Hypothesen wird auf eine Online-Befragung von Fans zurückgegriffen (vgl. auch die Einleitung in diesem Band). Zu beachten ist bei der Online-Befragung, dass sie kein repräsentatives Bild der Fans in Deutschland bietet, sondern systematisch verzerrt sind. Zusammenhangshypothesen und Gruppenvergleiche erfordern aber nicht zwingend repräsentative Daten. Allgemein formulierte Zusammenhangsannahmen müssten auch für sinnvolle Subgruppen gelten, und Fans, die das Internet nutzen und in der Online-Umfrage vertreten sein können, müssten für eine Prüfung von Zusammenhangshypothesen geeignet sein. Insgesamt sind aber bei den Analysen die vermutlichen Selektivitäten des Instruments zu beachten.

Eine zentrale Unterscheidung ist im Folgenden die Frage, aus welchem Land das Fanobjekt stammt. Dazu wurden die auf eine offene Frage angegebenen Fanobjekte kodiert. Bei Personen war der Geburtsort ausschlaggebend, bei Vereinen der Ort des Vereins, bei Sportlern gegebenenfalls die

Nationalmannschaft, für die sie spielen. Sportarten, Musikrichtungen oder Filmgenres wurden nur einem Land zugeordnet, wenn darauf in der Beschreibung explizit hingewiesen wurde (z.B. ‚britische Komödien', ‚argentinischer Tango').

3 Transnationalisierung der Fanobjekte

3.1 Transnationalisierung von Fanobjekten

Transnationalisierung von Fanobjekten, wie sie sich auf den Titelblättern von Kicker und Bravo widerspiegelt, interessiert hier in zwei Varianten: als absolute Veränderung und als Veränderung relativ zum Angebotsspektrum im jeweiligen Bereich.

Abbildung 1 zeigt den Anteil deutscher Fußballer, die auf der Titelseite des Kicker abgebildet wurden. Dazu ist als Vergleich der Anteil von Deutschen in der deutschen Bundesliga eingetragen. Bis in die 1980er Jahre sind über 90 Prozent der Spieler auf dem Kicker-Titelblatt Deutsche. Unter den Spielern der Bundesliga ist der Anteil an Deutschen ähnlich hoch. 1965 und 1986 sind die deutschen Spieler auf dem Kicker-Titelblatt leicht überrepräsentiert, 1976 ist ihr Anteil auf dem Titelblatt etwas geringer als ihr Anteil in der Bundesliga. 2006 bietet sich ein deutlich anderes Bild. Der Anteil ausländischer Spieler auf dem Kicker-Titelblatt hat sich deutlich erhöht. Knapp 30 % der abgebildeten Fußballer sind nun Ausländer. Es hat also eine deutliche Transnationalisierung stattgefunden. Interessant ist aber der Vergleich mit der Entwicklung in der Bundesliga. Bereits ab 1996 hat der Ausländeranteil in der Bundesliga stark zugenommen, was sich aber auf den Titelblättern des Kicker zunächst nicht widerspiegelt. Auch der angestiegene Ausländeranteil auf den Titelblättern 2006 fällt geringer aus als der Ausländeranteil in der Bundesliga. Der Kicker ist demnach eher zögerlich und skeptisch, was die Akzeptanz ausländischer Fußballer in deutschen Vereinen unter den Fans angeht. Auf dem Titelblatt der Zeitschrift wird die Transnationalisierung bei den Bundesligaspielern erst mit Verzögerung und in geringerem Ausmaß nachvollzogen. Geht man weiterhin davon aus, dass die Zeitschrift auf der Basis von Verkaufszahlen und Leserreaktionen über die Präferenzen der Fußballfans gut informiert ist, dann zeigt sich im Sport eine deutliche nationale Orientierung.

Abbildung 1:   Anteil deutscher Fußballer auf dem Kicker-Titelblatt und in der Bundesliga (in %)

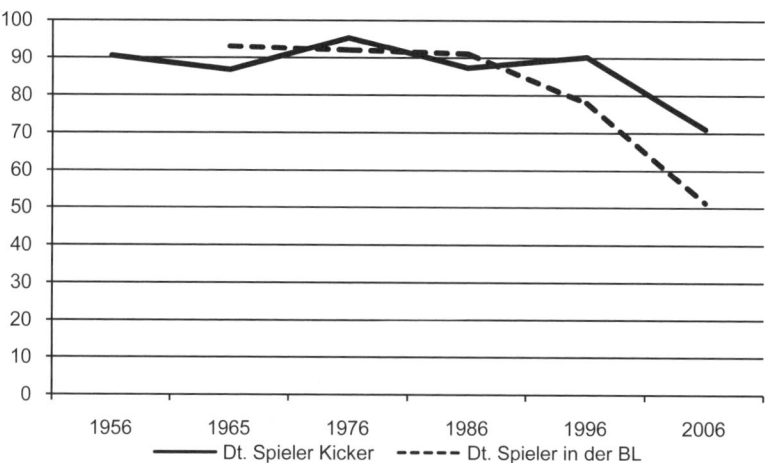

Quelle: Kicker-Titelblätter: eigene Vercodung. Bundesliga-Spieler: Hemmersbach (2003) und www.fussballdaten.de.

Für den Musik-Bereich sieht das Bild deutlich anders aus (Abb. 2).[3] Insgesamt ist der Anteil deutscher Musiker auf dem Titelblatt der Bravo geringer als der Anteil deutscher Fußballer auf den Kicker-Titelseiten. Dazu zeigen sich starke Schwankungen. Die Bravo beginnt mit überwiegend deutschen Musikern, doch 1962 fällt ihr Anteil schlagartig auf 11 % und bleibt nach einem Wiederanstieg auf einem niedrigeren Niveau. Der vergleichsweise hohe Anteil deutscher Musiker 1982/84 ist ein Effekt der „Neuen deutschen Welle", der Spitzenwert für 2006 geht auf das Konto von Tokio Hotel, die für den höchsten Anteil deutscher Musiker auf den Bravo-Titelseiten eines Jah-

---

3   Weil es im Bereich der Musik stärkere Schwankungen gibt, wurden die Erhebungsjahre mit einem Zwei-Jahres-Rhythmus deutlich enger gesetzt.

424   Jochen Roose

res seit Bestehen der Zeitschrift sorgen. Insgesamt lässt sich weder eine Nationalisierung noch eine De-Nationalisierung feststellen, allenfalls eine Wel-
lenbewegung.

Abbildung 2: Anteil deutscher Musik-Interpreten auf der Bravo-Titelseite
und in den Single-Charts (in %)

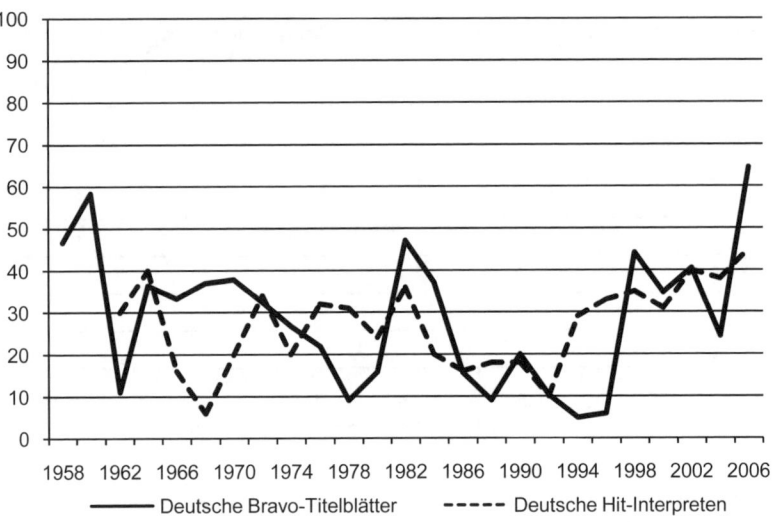

Quelle: Bravo-Titelblätter: eigene Vercodung. Single-Charts: Gebesmair (2008) und
www.mtv.de/charts/Single_Jahrescharts_2006.

Für den Musikbereich sind angemessene Vergleichsdaten nicht verfügbar.
Eine Statistik der lieferbaren Platten/CDs nach Nationalität der Interpreten
existiert nicht. Allerdings gibt es seit vielen Jahren Hitparaden. Diese gehen
zurück auf Verkaufszahlen, entsprechen also nicht direkt dem Angebot, sondern spiegeln eher die allgemeine Kundenpräferenz wider. Das bedeutet,
die Daten sind bereits stark in Richtung der Beliebtheit einzelner Interpreten
verschoben.

Der Vergleich ist dennoch lohnend. Zunächst einmal ist der Kurvenver-
lauf erstaunlich ähnlich. Sowohl bei den Hitparaden als auch auf den Bravo-
Titelblättern ist der Anteil der Deutschen durchweg unter 50 %. Die Verschiebungen zwischen deutschen und nicht-deutschen Musikern sind bei

den Bravo-Titelblättern stärker als in den Hitparaden. Eine Überrepräsentation von deutschen Musikern ist aber selten und nicht sehr ausgeprägt. Ein Transnationalisierungstrend, also ein Trend zu immer weniger deutschen Interpreten auf der Bravo-Titelseite, lässt sich aber weder absolut noch relativ zu den Hitparaden konstatieren. Die Entwicklungen der letzten Jahre der Zeitreihe deuten eher auf eine Stärkung des deutschen Anteils, wobei dies eine vorübergehende Entwicklung sein kann.

Auch der Filmbereich wird durch die Bravo abgedeckt. Die Schwankungen der Anteile von deutschen Schauspielern auf der Titelseite sind weit größer als dies für den Musik- oder gar Sportbereich gilt. Verantwortlich dafür sind jeweils wenige Personen, die dann mehrfach auf der Titelseite zu finden sind. Bis 1992 nimmt der Anteil deutscher Schauspieler tendenziell ab, was für eine Transnationalisierung der Fanobjekte in diesem Bereich spricht. In den Folgejahren ist aber der Anteil deutscher Schauspieler ausgesprochen hoch, was für eine Nationalisierung der Fanobjektwahl spricht.

Abbildung 3: Anteil deutscher Schauspieler auf der Bravo-Titelseite und bei uraufgeführten Kinofilmen (in %)

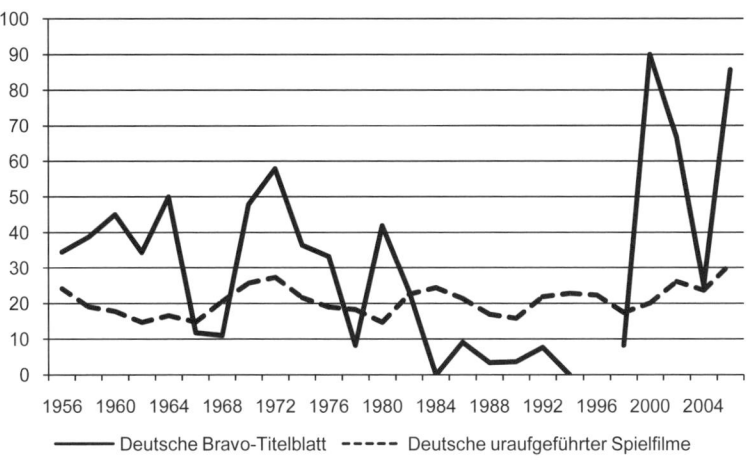

Quelle: Bravo-Titelblätter: eigene Vercodung. Uraufgeführte Kinofilme: Thiermeyer (1994) und SPIO: Filmstatistisches Jahrbuch 2004 und 2009.

Relativ zur Herkunft der in Deutschland uraufgeführten Kinofilme sind die
deutschen Schauspieler auf dem Bravo-Titelblatt bis 1982 meist überrepräsentiert, das Gleiche gilt für die Zeit ab 2000. In dieser Zeit sind es nicht
Kino-Stars, sondern die Schauspieler der Daily Soaps, allen voran Jeannette
Biedermann, die in der Bravo eine große Rolle spielen. In einer Zwischen-
phase von 1984 bis 1996 kommen Deutsche auf dem Bravo-Titelblatt kaum
vor, sofern es um Film geht. Diese Phase fällt allerdings nicht zusammen mit
einer ausgesprochenen Produktionsschwäche des deutschen Films, denn
dessen Anteil am Filmmarkt ist in diesen Jahren auf dem üblichen Niveau
um die 20 %. Die meiste Zeit aber sind deutsche Schauspieler, gemessen am
Marktanteil deutscher Kinofilme, eher überrepräsentiert. Eine Transnationalisierung lässt sich nicht beobachten. Eher schon können wir einen überpro-
portionalen Anteil der Deutschen feststellen. Ab den 1990er Jahren gilt dies
im Film- als auch im Musik- und Sportbereich. Wir können also keinen
Transnationalisierungstrend seit den 1960er Jahren erkennen, wohl aber
einen leichten relativen Nationalisierungstrend ab den 1990ern.

3.2   Transnationalität von Fanobjekten im Querschnitt

Die Online-Befragung informiert über die geographische Streuung der Fanobjekte zu einem Zeitpunkt und kann keine Trendaussagen machen. Dafür
richtet sie sich an alle Arten von Fans. Das Ausmaß der Transnationalität ist
in den Fanbereichen sehr unterschiedlich (Tab. 1). Im Sport dominieren die
deutschen Vereine und Sportler mit 97 %, was der obigen Verlaufsanalyse
entspricht. In der Musik sind gut die Hälfte Fan einer deutschen Band bzw.
eines deutschen Musikers. In dieser Kategorie sind auch die USA und Großbritannien mit je knapp 20 % vertreten. Hier ist noch einmal der Vergleich
mit der Angebotsseite interessant. Als potenzielle Fanobjekte im Musikbereich lassen sich die im Radio gespielten Lieder verstehen, die zumindest für
die letzten Jahre verfügbar sind. In jeweils drei zufällig ausgewählten Wo-
chen in den Jahren 2005 und 2006 wurde das Herkunftsland der Interpreten
bei den 30 am häufigsten gespielten Titeln erhoben.[4] Unter diesen häufig im

---

4   Quelle dafür sind die Top 30 Radio nach Nielsen Music Control, vgl.
    www.pooltrax.com/top100charts/germany/top_30_radio.html.

Radio gespielten Titeln waren nur 24 % aus Deutschland (vgl. auch Gebesmair 2008: 205), also ein weit geringerer Anteil als bei den Fans. Der Befund
der Verlaufsanalyse bestätigt sich hier anhand geeigneterer Daten. Die Fan-
Begeisterung richtet sich überproportional häufig auf Interpreten aus dem
Inland. Bei den übrigen Fanobjekten von einer *Global*isierung zu sprechen,
wäre aber ebenfalls verfehlt. Es sind dominant zwei Länder, aus denen bei
Fans erfolgreiche Bands und Musiker kommen, nämlich Großbritannien und
die USA.[5]

Tabelle 1:   Herkunftsland von Fan-Objekten (in %)

	Sport	Musik	Film	Bücher	Sonstiges
Deutschland	96,5	52,1	13,5	0,0	52,3
USA	1,6	18,0	62,1	1,4	0,9
Großbritannien	0,4	19,8	8,2	96,8	25,0
and. englischsprachige Länder	0,0	1,6	2,9	0,0	0,0
Europa sonst.	1,3	5,0	2,3	1,8	6,4
sonstige Länder	0,1	3,5	11,1	0,0	14,5
gemischte Herkunft	0,0	0,0	0,0	0,0	0,9
N	*2305*	*1070*	*488*	*217*	*220*

Quelle: Fan-Online-Befragung Roose/Schäfer

Die Filmfans begeistern sich in ihrer Mehrheit für US-amerikanische Akteure. 2004 waren 45 % der in Deutschland uraufgeführten Filme aus den USA,
dagegen kamen nur 24 % aus Deutschland.[6] Ähnlich sieht es bei Fernsehserien aus, allerdings mit sehr großen Unterschieden zwischen öffentlich-
rechtlichen und privaten Sendern (Bens/Smaele 2001). Serien wie ‚Dallas'
oder ‚Ally McBeal' und Kinofilme aus den Reihen ‚Star Trek', ‚Star Wars'
oder ‚Matrix' finden in Deutschland ihre Fans. Doch auch deutsche Produktionen wie ‚Gute Zeiten, schlechte Zeiten' oder ‚Verbotene Liebe' können

---

5 Es ist allerdings möglich, dass die Online-Erhebung den Anteil deutscher Musik überschätzt. Immerhin 10 % der Antworten kamen von Fans, die sich für Kandidaten in
   Casting-Shows begeistern (wie ‚Deutschland sucht den Superstar' oder ‚Starsearch').
   Diese Fans sind vermutlich aufgrund der Wettbewerbslogik der Casting-Shows besonders mobilisierungsfähig, was möglicherweise nicht sehr lange anhält.
6 Quelle: Filmstatistisches Jahrbuch der Spitzenorganisation der deutschen Filmwirtschaft.

Jochen Roose

vielfach eine Fangemeinde um sich scharen.[7] Insgesamt aber folgen die Fans überproportional dem amerikanisierten Angebot. Die Nationalisierungstendenz der Bravo-Titelbilder findet sich in der Online-Befragung nicht. Ein interessanter und überraschender Fall sind schließlich die Bücher. Das Buch-Angebot in Deutschland ist stark national. 93 % der im Jahr 2004 veröffentlichten Titel waren Bücher von deutschen Autorinnen und Autoren.[8] Doch nicht die Fans von Erich Kästner oder Michael Ende antworten auf die Online-Befragung, sondern die Fans von Joanne K. Rowlings ‚Harry Potter' oder J. R. R. Tolkiens ‚Herr der Ringe'.[9] Verfilmungen dürften für die Bildung einer Fangemeinde hilfreich sein, doch nicht nur ‚Herr der Ringe' wurde verfilmt, sondern auch verschiedene Bücher von Kästner, ohne dass damit eine Fangemeinde entstanden wäre. Vielleicht kann erst internationale Medienaufmerksamkeit und damit das Bewusstsein der Fans, Teil einer internationalen Fan-Gemeinschaft zu sein, dazu führen, dass Bücher längerfristig Fans an sich binden.

3.3 Transnationalisierungseffekte von Fanobjekten

Vier mögliche Transnationalisierungseffekte von Fanobjekten auf die Fans sollen hier untersucht werden: Reisen zu Veranstaltungen des Fanobjekts im Ausland, Kontakt zu ausländischen Fans, (verbesserte) Kenntnisse der Sprache des Fanobjekts und Sympathie für sein Herkunftsland.

In der Online-Befragung sollten die Fans angeben, ob sie für Ihr Fanobjekt schon einmal eine Reise ins Ausland unternommen haben. Zusätzlich wurde die Häufigkeit solcher Reisen grob unterschieden (Tab. 2).

Gut die Hälfte der Fans von ausländischen Sportlern und Vereinen sind schon einmal für ein Spiel oder einen Wettkampf ins Ausland gereist, ein Viertel sogar mehrfach. Aber auch unter den Fans deutscher Vereine und

---

7   Hinter dem erheblichen Anteil Fans von Filmen aus der Kategorie ‚sonstige Länder' verbergen sich vor allem Anhänger japanischer Anime-Zeichentrickfilme.
8   Quelle: Börsenverein des deutschen Buchhandels.
9   Wenn die Angabe (auf die offene Frage nach dem Fanobjekt) nicht weiter spezifiziert war, wurde als Fanobjekt die Buchreihe angesetzt. In vielen Fällen wurde aber auch explizit auf die Bücher als Fanobjekt hingewiesen, seltener auf die Filme, was eine Zuordnung zur Kategorie Film nach sich zog.

Sportler hat sich ein Viertel einmal auf den Weg ins Ausland gemacht. Musikfans reisen insgesamt etwas, aber auch hier waren 33 % der Fans ausländischer Bands und Musiker schon einmal für ein Konzert im Ausland. Bei den Fans von deutschen Bands und Musikern sind es 14 %. Fans deutscher Filme bzw. TV-Serien oder Bücher sind in der zweiten Welle der Befragung, in der die Reisen ins Ausland erhoben wurden, kaum vertreten. Auslandsreisen sind bei Fans ausländischer Filme, TV-Serien und Bücher selten, doch auch hier haben sich immerhin 9 % bzw. 5 % auf den Weg über die Grenze gemacht. Im Gegensatz zu Konzerten und sportlichen Wettkämpfen bieten Filme und Bücher als solche kaum Anlässe für Reisen.

Tabelle 2:   Häufigkeit von Fan-Reisen ins Ausland (in %)

	Sport		Musik		Film	Buch
	deutsches Fanobjekt	ausländ. Fanobjekt	deutsches Fanobjekt	ausländ. Fanobjekt	ausländ. Fanobjekt	ausländ. Fanobjekt
nein	73,7	56,3	86,2	66,7	91,1	94,9
schon einmal	11,6	27,1	8,8	11,9	4,8	3,2
schon mehrfach	11,9	14,6	3,2	17,8	2,7	1,9
mehrfach in letzten 12 Monaten	2,8	2,1	1,8	3,7	1,4	0,0
N	2056	48	217	219	146	158

Quelle: Fan-Online-Befragung Roose/Schäfer

Die Frage nach Kontakten zu anderen Fans im Ausland zielt auf Kontakte zu Gleichgesinnten, die aktiv gesucht, zumindest gepflegt werden. Kontakt zu Fans im Ausland ist nicht der Normalfall (Tab. 4). Wiederum sind die Unterschiede nach Fanobjekten sehr groß. Der größte Unterschied je nach Nationalität des Fanobjekts zeigt sich bei den Sportfans. 7,4 % der Fans von deutschen Sportlern und Vereinen hat Kontakt zu Fans ihres Vereins/ Sportlers im Ausland. Unter den Fans von ausländischen Sportlern und Vereinen gibt dagegen knapp die Hälfte solche Kontakte an. Dass der Unterschied bei den Musikfans deutlich geringer ist, liegt nur zum Teil an den Fans ausländischer Gruppen und Musiker. Immerhin 38,2 % von ihnen geben solche Kontakte an. Es sind die Fans deutscher Gruppen, die erheblich mehr Kontakte zu Fans im Ausland haben. 18,5 % der Fans deutscher Musiker haben Kontakt zu gleichgesinnten Fans im Ausland. Die Fans ausländischer Filme haben zu knapp einem Drittel Fan-Kontakte ins Ausland, bei

den Fans deutscher Filme sind es immerhin noch 15 %. Die Fans von Büchern und Buchreihen ausländischer Autoren pflegen zu 28 % Kontakte ins
Ausland. Das ist zwar der geringste Anteil im Vergleich zu Fans ausländischer Fanobjekte in den anderen Bereichen, aber immer noch beachtlich.

Tabelle 3:   Kontakt zu Fans im Ausland (in %)

	Sport		Musik		Film		Buch
	deutsches Fanobjekt	ausländ. Fanobjekt	deutsches Fanobjekt	ausländ. Fanobjekt	deutsches Fanobjekt	ausländ. Fanobjekt	ausländ. Fanobjekt
keine Auslands-kontakte	92,6	51,9	81,5	61,8	84,6	68,3	71,6
Kontakte zu Fans im Ausland	7,4	48,1	18,5	38,2	15,4	31,7	28,4
N	2152	79	551	502	65	416	208

Quelle: Fan-Online-Befragung Roose/Schäfer

Nun sind Auslandskontakte nichts Ungewöhnliches. 47 % der Deutschen
haben regelmäßige Kontakte ins Ausland, zu Ausländern oder dort lebenden Deutschen (Mau 2007: 104). Die Auslandskontakte der Fans erreichen
solche Anteile durchweg nicht, allerdings fasst Maus Frage Kontakte in allen
privaten Bereichen zusammen, während die Fanbefragung auf Fans desselben Fanobjekts abstellt, also nur einen Ausschnitt des Privatlebens und eine
spezifische Personengruppe erfasst. Allein die Fanbegeisterung bringt schon
je nach Fanobjekt zwischen 7 % und 48 % der Fans in Kontakt mit Menschen
im Ausland. Fantum geht offensichtlich häufig mit transnationalen Kontakten einher.[10]

Vielfach stehen Fanobjekte in Zusammenhang mit einer Fremdsprache.
Die Fans wurden daher gefragt, ob nach ihrer Einschätzung das Fanobjekt
Einfluss hatte auf das Erlernen einer Sprache oder die Verbesserung der
Sprachkenntnisse. Es ist eine Minderheit, die sich von ihrem Fanobjekt
beeinflussen lassen (Tab. 4). Die meisten Befragten (73 %) geben an, das

---

10 Eine Einschränkung für die Ergebnisinterpretation ist notwendig. In der Online-Befra-
    gung sind naturgemäß intensive Internetnutzer überrepräsentiert und das Internet
    macht Kontakte ins Ausland einfach. Die befragten Fans werden zu größeren Anteilen
    Auslandskontakte haben als Fans insgesamt. Da aber in Deutschland 37 % der Bevöl-
    kerung das Internet mindestens wöchentlich nutzen (Statistisches Bundesamt 2006:
    527), sind die Internet-nutzenden Fans nicht nur eine Randgruppe.

Fanobjekt habe keinerlei Einfluss auf das Erlernen einer Sprache gehabt, obwohl es dafür grundsätzlich Gelegenheit gegeben hätte. Am wenigsten wurden die Sportfans zum Spracherwerb motiviert. Da Sport als einziger der hier verglichenen Fanbereiche nicht sprachgebunden ist, mag diese Reihenfolge kaum überraschen. Immerhin sind es auch bei den Sportfans noch 9 %, die sich zumindest etwas von ihrem Verein oder Sportler zum Sprachlernen motivieren ließen. Bei den drei anderen Fanbereichen sieht es ganz anders aus. 14 % der Musikfans wurden entscheidend durch ihr Fanobjekt zum besseren Erlernen einer Sprache motiviert, bei einem weiteren guten Drittel hat das Fanobjekt dazu beigetragen. Bei Büchern und Filmen ist der Anteil sogar noch einmal höher. Deutlich mehr als die Hälfte sieht einen Einfluss des Fanobjekts auf die Motivation zum Erlernen einer Fremdsprache, bei einem Fünftel war die Fanleidenschaft entscheidend. Diese Zahlen sind beeindruckend wenn man bedenkt, dass das Erlernen einer Sprache viel Aufwand und langfristiges Engagement bedeutet, also mit hohen Kosten verbunden ist.

Tabelle 4:   Einfluss des Fanobjekts auf das Lernen einer Sprache (in %)

	Alle	Sport	Musik	Film	Buch
ja, war entscheidend	7,9	2,1	13,8	20,4	19,7
ja, hat dazu beigetragen	19,0	6,8	35,9	35,8	39,9
nein	73,0	91,1	50,3	43,8	40,5
N	2091	1048	435	162	173

Quelle: Fan-Online-Befragung Roose/Schäfer

Während das Erlernen einer Sprache hohen Aufwand erfordert, sind Sympathien erst einmal kostenlos. Dennoch kann eine positive Haltung gegenüber anderen Ländern von großer Bedeutung sein für transnationale Solidarität und letztlich konfliktarmen interkulturellen Umgang in einer transnationalisierten Welt. Sportler, Musiker und andere Künstler werden oft als Botschafter eines Landes verstanden, die für solche Sympathie werben sollen. Die Frage liegt also auf der Hand, ob sich dieses Werben zumindest bei den besonders Begeisterten tatsächlich in einer Sympathie auch für das Herkunftsland niederschlägt.

Tabelle 5:   Einfluss des Fanobjekts auf die Sympathie für dessen Herkunftsland (in %)

	Sport	Musik	Film	Buch
ja, war entscheidend	7,4	14,9	18,1	14,4
ja, hat dazu beigetragen	31,7	34,8	35,0	36,5
nein	60,9	50,3	46,9	49,1
N	*1074*	*437*	*160*	*167*

Quelle: Fan-Online-Befragung Roose/Schäfer

Die Umfrageergebnisse weisen tendenziell in diese Richtung. Rund die Hälfte der Befragungsteilnehmer meint, ihre Fanbegeisterung habe zumindest
dazu beigetragen, das Herkunftsland ihres Fanobjekts sympathischer zu
finden. Wiederum ist im Sport dieser Effekt am schwächsten, bei Film- und
Buchfans am stärksten. Zwischen 7 % und 18 % geben an, das Fanobjekt
habe entscheidend zu mehr Sympathie für sein Herkunftsland beigetragen.
Überhaupt einen Beitrag zu mehr Sympathie hatte die Fanbegeisterung nach
der Selbsteinschätzung bei rund einem Drittel in allen Fanbereichen.

Nach der Selbsteinschätzung der Fans gibt es zumindest bei einer Minderheit einen Effekt auf die Motivation, eine Sprache zu erlernen. Die Sympathie für ein anderes Land nimmt sogar bei etwa der Hälfte der Fans zu.
Bei Sportfans ist dieser Effekt jeweils noch am geringsten, Sympathie und
Spracherwerb wird bei den Filmfans am häufigsten gesteigert.

4   Fazit

Fans bewegen sich in einem Feld, das durchweg stark transnationalisiert ist.
Dies gilt heute für den Sport, es gilt schon lange für Film, Musik und Literatur. Doch ein transnational gemischtes Angebot bedeutet nicht zwingend,
dass diese Mischung auch von Fans so angenommen wird. Die hier vorge-
legten Ergebnisse machen aber deutlich, dass die Fans im Großen und Ganzen dem Angebot weitgehend folgen. Die Fanbegeisterung bezieht sich heute auf ausländische wie inländische Fanobjekte. Ausschließlich Bücher und
Buchreihen aus dem Ausland haben Fans, in der Musik und bei Filmen ist
das Bild gemischt, wobei im letzteren Fall die ausländischen Produktionen
und Akteure dominieren, während bei der Musik die Hälfte der Fans auf

deutsche Musiker und Bands entfallen. Der Sport ist dominiert von inländischen Vereinen.

Eine Dokumentenanalyse der Fanzeitschriften Bravo und Kicker zeigt zweierlei. Zum einen bestätigt der Blick in diese Zeitschriften den deutlichen Unterschied zwischen Sportfans und Musikfans. Es wird weit mehr über ausländische Bands berichtet als über ausländische Sportvereine. Allerdings sind die Sportfans nicht allein national ausgerichtet, denn sie begeistern sich auch für die ausländischen Spieler des inländischen Vereins. Zum anderen zeigen beide Zeitschriften insbesondere in den letzten Jahren eine tendenzielle Überrepräsentation von deutschen Akteuren. Beim Fußball nimmt zwar der Anteil deutscher Spieler, die es auf das Kicker-Titelblatt schaffen, ab, doch deutlich weniger stark als ihr Anteil unter den Spielern insgesamt. Bei der Bravo gibt es vor allem ab 2000 eine stärkere Konzentration auf Deutsche in Musik und Film. Damit finden wir zumindest relativ zum Angebot einen nationalen Fokus bei den Fanobjekten. Diese Entwicklung lässt sich aber kaum interpretieren als ablehnende Reaktion auf Globalisierungsprozesse, dafür kommt sie deutlich zu spät. Eher spiegelt sich hier eine generelle Entwicklung in Deutschland hin zu einer verstärkten Orientierung auf das eigene Land wider, wie sie auch in einem zunehmenden Nationalstolz im Nachgang der deutschen Vereinigung deutlich wird (Ahlheim/ Heger 2008). Bevor man hierin einen problematischen Nationalismus erkennt, lohnt es, sich einige Relativierungen zu verdeutlichen. Die Überrepräsentation deutscher Fanobjekte im Vergleich zum Angebot ist relativ gering. Im Sport folgen die Fans beispielsweise der Internationalisierung der Spieler weitgehend, aber eben nicht ganz vollständig. Die Überrepräsentation von deutschen Musikern ist uneinheitlich, eher eine schwache Tendenz und es bleibt abzuwarten, ob es sich, wie bereits in früheren Phasen, um ein vorübergehendes Phänomen handelt. Und schließlich zeigt sich auch bei Fans von deutschen Fanobjekten ein zum Teil transnational ausgerichtetes Fantum. Auch die Fans deutscher Fanobjekte gehen transnationale Beziehungen ein, reisen für ihr Fanobjekt ins Ausland, nicht selten bieten auch deutsche Fanobjekte die Gelegenheit, Fremdsprachenkenntnisse zu verbessern. Auch die Fans deutscher Fanobjekte sind zu nennenswerten Anteilen transnational orientiert.

Fans, das machen diese Ergebnisse deutlich, sind eine interessante Gruppe zur Erforschung von transnationalen Beziehungen und ihren Wirkungen. Dies gilt besonders für Fans ausländischer Fanobjekte, aber nicht allein für diese. Denn bei Fans entstehen transnationale Verbindungen nicht als Folge von ökonomischen Anreizen bzw. ökonomischem Druck – sie wählen emotional besetzte Beziehungen ins Ausland, die zu weiteren transnationalen Verbindungen führen können. Das macht die Fans für die Transnationalisierungsforschung so interessant.

Literatur

Ahlheim, Klaus & Bardo Heger (Hrsg.) (2008): Nation und Exklusion. Der Stolz der Deutschen und seine Nebenwirkungen. Schwalbach: Wochenschau.

Archiv der Jugendkulturen (Hrsg.) (2005): 50 Jahre Bravo. Berlin: Archiv der Jugendkulturen Verlag.

Barber, Benjamin R. (1996): Coca Cola und Heiliger Krieg. Wie Kapitalismus und Fundamentalismus Demokratie und Freiheit abschaffen. Bern, München, Wien: Scherz.

Baym, Nancy K. (2000): Tune In, Log On: Soap, Fandom, and Online Community. London: Sage.

Beck, Ulrich (1997): Was ist Globalisierung? Frankfurt a.M.: Suhrkamp.

Beisheim, Marianne, Sabine Dreher, Gregor Walter, Bernhard Zangl & Michael Zürn (1999): Im Zeitalter der Globalisierung? Baden-Baden: Nomos.

Ben-Porat, Guy & Amir Ben-Porat (2004): (Un)Bounded Soccer: Globalization and Localization of the Game in Israel. In: International Review for the Sociology of Sport 39/4. 421-436.

Bens, Els de & Hedwig de Smaele (2001): The Inflow of American Television Fiction on European Broadcasting Channels Revisited. In: European Journal of Communication 16/1. 51-76.

Cachay, Klaus, Ansgar Thiel, Lars Riedl & Christian Wagner (2005): Global Player – Local Hero. Der Sportverein zwischen Spitzensport, Publikum und Vermarktung. Projektabschlussbericht. Bielefeld: Universität Bielefeld.

Darling-Wolf, Fabienne (2004): Virtually Multicultural: Trans-Asian Identity and Gender in an International Fan Community of a Japanese Star. In: New media and Society 6/4. 507-528.

Frank, David John & John W. Meyer (2007): Worldwide expansion and change in the university. In: Krücken, Georg, Anna Kosmützky & Marc Torka (Hrsg.): Towards a multiversity? Universities between global trends and national traditions. Bielefeld: transcript. 19-44.

Frau-Meigs, Divina (2006): Big Brother and Reality TV in Europe. In: European Journal of Communication 21/1. 33-56.

Garofalo, Reebee (1993): Whose World, What Beat. The Transnational Music Industry, Identity, and Cultural Imperialism. In: The world of music 35/2. 16-32.

Garrett, Geoffrey (2000): The Causes of Globalization. In: Comparative Political Studies 33/6-7. 941-991.

Gebesmair, Andreas (2008): Die Fabrikation globaler Vielfalt. Struktur und Logik der transnationalen Popmusikindustrie. Bielefeld: transcript.

Gerhards, Jürgen (2008a): Die kulturell dominierende Klasse in Europa: Eine vergleichende Analyse der 27 Mitgliedsländer der Europäischen Union im Anschluss an die Theorie von Pierre Bourdieu. In: Kölner Zeitschrift für Soziologie und Sozialpsychologie 60/4. 723-748.

Gerhards, Jürgen (2008b): Transnationales linguistisches Kapital der Bürger und der Prozess der europäischen Integration. Berliner Studien zur Soziologie Europas Nr. 17. Berlin: Freie Universität Berlin.

Gerhards, Jürgen & Jörg Rössel (1999): Zur Transnationalisierung der Gesellschaft der Bundesrepublik. Entwicklungen, Ursachen und mögliche Folgen für die europäische Integration. In: Zeitschrift für Soziologie 28/5. 325-344.

Giddens, Anthony (1997): Konsequenzen der Moderne. Frankfurt a.M.: Suhrkamp.

Giulianotti, Richard & Roland Robertson (2006): Glocalization, Globalization and Migration. The Case of Scottish Football Supporters in North America. In: International Sociology 21/2. 171-198.

Giulianotti, Richard & John Williams (Hrsg.) (1994): Game without Frontiers: Football, Identity and Modernity. Aldershot: Arena.

Giulianotti, Richard & Roland Robertson (2002): Die Globalisierung des Fußballs. 'Globalisierung', transnationale Konzerne und demokratische Regulierung. In: Zentrum für Europa- und Nordamerika-Studien (Hrsg.): Fußballwelten. Zum Verhältnis von Sport, Politik, Ökonomie und Gesellschaft. Opladen: Leske + Budrich. 219-251.

Grabowski, Rolf (1999): "Zünftig, bunt und heiter". Beobachtungen über Fans des volkstümlichen Schlagers. Tübingen: Tübinger Vereinigung für Volkskunde.

Hannerz, Ulf (1987): The World of Creolisation. In: Africa 57/546-559.

Harrington, C. Lee & Denise D. Bielby (2005): Global Television Distribution. In: American Behavioral Scientist 48/7. 902-920.

Held, David, Anthony McGrew, David Goldblatt & Jonathan Perraton (1999): Global Transformations. Stanford: Stanford University Press.

Hemmersbach, Tobias (2003): Globalisierung im deutschen Profifußball. In: Zeitschrift für Soziologie 32/6. 489-505.

Inglehart, Ronald (1970): Cognitive Mobilization and European Identity. In: Comparative Politics 3/1. 45-70.

Jung, Stefanie, Mandy Grützke & Tim Mitreuther (2004): Praxis und Bedeutung des Fanseins am Beispiel von Fans der Neo-Folk-Musik. Leipzig: Universität Leipzig, unveröffentlichtes Manuskript.

Kalter, Frank (1999): Ethnische Kundenpräferenzen im professionellen Sport. Der Fall der Fußballbundesliga. In: Zeitschrift für Soziologie 28/3. 219-234.

Kraszewski, Jon (2008): Pittsburgh in Fort Worth. Football Bars, Sports Television, Sports Fandom, and the Management of Home. In: Journal of Sport and Social Issues 32/2. 139-157.

Li, Shaomin, Shuhe Li & Wiying Zahng (2000): The Road to Capitalism. Competition and Institutional Change in China. In: Journal of Comparative Economics 28/2. 269–292.

Mackellar, Joanne (2006): Fanatics, fans or just good fan? Travel behaviours and motivations of the fanatic. In: Journal of Vacation Marketing 12/3. 195-217.

Mau, Steffen (2007): Transnationale Vergesellschaftung. Die Entgrenzung sozialer Lebenswelten. Frankfurt a.M. & New York: Campus.

Mayntz, Renate & Fritz W. Scharpf (2005): Politische Steuerung - Heute? In: Zeitschrift für Soziologie 34/3. 236-243.

Münch, Richard (1998): Europa als Projekt der Identitätsbildung: Zwischen globaler Dynamik, nationaler und regionaler Gegenbewegung. In: Münch, Richard (Hrsg.): Globale Dynamik, lokale Lebenswelten. Frankfurt a.M.: Suhrkamp. 267-324.

Pries, Ludger (1999): Die Transnationalisierung der sozialen Welt und die deutsche Soziologie. In: Soziale Welt 50/4. 383-394.

Ritzer, George (1997): Die McDonaldisierung der Gesellschaft. Frankfurt a.M.: Fischer.

Robertson, Roland (1998): Glokalisierung: Homogenität und Heterogenität in Raum und Zeit. In: Beck, Ulrich (Hrsg.): Perspektiven der Weltgesellschaft. Frankfurt a.M.: Suhrkamp. 192-210.

Roose, Jochen (2010): Vergesellschaftung an Europas Binnengrenzen. Wiesbaden: Verlag für Sozialwissenschaften.

Sandvoss, Cornel (2003): A Game of Two Halves: Football, Television and Globalization. London & New York: Routledge.

Sandvoss, Cornel (2005): Fans. The Mirror of Consumption. Cambridge: Polity.

Shefrin, Elana (2004): Lord of the Rings, Star Wars and Participatory Fandom: Mapping New Congruencies between the Internet and Media Entertainment Culture. In: Critical Studies in Media Communication 21/3. 261-281.

Statistisches Bundesamt (2006): Datenreport 2006. Zahlen und Fakten über die Bundesrepublik Deutschland. Bonn: Bundeszentrale für politische Bildung.

Thiermeyer, Michael (1994): Internationalisierung von Film und Filmwirtschaft. Köln u.a.: Böhlau.

Waters, Malcolm (1996): Globalization. London & New York: Routledge.

Zifonun, Darius & Ibrahim Cýndark (2004): Segregation oder Integration? Die soziale Welt eines ‚türkischen' Fußballvereins in Mannheim. In: Deutsche Sprache. Zeitschrift für Theorie, Praxis, Dokumentation 32/3. 270-298.

Register

Zu den Autorinnen und Autoren

Akremi, Leila, geb. 1976, wissenschaftliche Mitarbeiterin am Institut für Soziologie der Technischen Universität Berlin. Arbeitsbereiche: quantitative und qualitative Methoden der empirischen Sozialforschung, Mediensoziologie, Soziologie abweichenden Verhaltens. Ausgewählte Publikationen: Skalenkonstruktion nach Mokken für mehrdimensionale Variablenstrukturen. Ein Anwendungsbeispiel mit SPSS. In: Bamberger Beiträge zur empirischen Sozialforschung 14, 2007; Einführung in die Skriptprogrammierung für SPSS. In: Baur, Nina & Sabine Fromm (Hrsg.): Datenanalyse mit SPSS für Fortgeschrittene. Wiesbaden 2008. 142-207.

Fritzsche, Bettina, Dr., geb. 1968, Gastprofessorin am Institut für Erziehungswissenschaft der Technischen Universität Berlin. Arbeitsbereiche: qualitative Methoden, Kindheits- und Jugendforschung, Geschlechterforschung. Ausgewählte Publikationen: Dekonstruktive Pädagogik. Erziehungswissenschaftliche Debatten unter poststrukturalistischen Perspektiven (hrsg. mit Jutta Hartmann, Andrea Schmidt & Anja Tervooren). Opladen 2001; Pop-Fans. Studie einer Mädchenkultur. Opladen 2003; Barbies Dekonstruktion. Fiktionen des Geschlechts als Fluchtpunkt performativer Suchbewegungen in der peer culture. In: Wulf, Christoph & Jörg Zirfas (Hrsg.): Pädagogik des Performativen. Theorien, Methoden, Perspektiven. Weinheim & Basel 2007. 110-121.

Gebhardt, Winfried, Dr., geb. 1954, Professor für Allgemeine Soziologie an der Universität Koblenz-Landau. Arbeitsbereiche: Jugend-, Religions- und Kultursoziologie. Ausgewählte Publikationen: Megaparty Glaubensfest. Weltjugendtag: Erlebnis - Medien – Organisation (mit Ronald Hitzler, Andreas Hepp, Michaela Pfadenhauer u.a.). Wiesbaden 2007; Die unsichtbare Religion in der sichtbaren Religion. Formen spiritueller Orientierung in der religiösen Gegenwartskultur (mit Christoph Bochinger & Martin Engelbrecht). Stuttgart 2009.

Hellmann, Kai-Uwe, Dr., geb. 1962, Privatdozent am Institut für Soziologie der Technischen Universität Berlin. Arbeitsbereiche: Wirtschafts- und Konsumsoziologie. Ausgewählte Publikationen: Soziologie der Marke. Frankfurt a.M. 2003; Das konsumistische Syndrom. Zum gegenwärtigen Entsprechungsverhältnis von Gesellschafts- und Identitätsform unter besonderer Berücksichtigung der Raum-Konsum-Relation. In: Hellmann, Kai-Uwe & Guido Zurstiege (Hrsg.): Räume des Konsums. Über den Funktionswandel von Räumlichkeit im Zeitalter des Konsumismus. Wiesbaden 2008. 19-50.

Jobst, Solvejg, Dr., geb. 1972, Professorin für Internationale und Interkulturelle Bildungs-forschung an der Otto-von-Guericke Universität Magdeburg. Arbeitsbereiche: Bildungs-prozesse im Kontext von Internationalisierung, Migration und sozialer Ungleichheit, Sozia-lisationstheorie, Wissenschaftstheorie. Ausgewählte Publikationen: Sozialisation. In: Hör-ner, Wolfgang; Drincks, Barbara & Jobst, Solvejg (Hrsg.): Grundbegriffe der Erziehungs-wissenschaft. Leverkusen 2008; Profession und Europäisierung. Zum Zusammenhang zwi-schen Lehrerhandeln, Institution und gesellschaftlichem Wandel. Münster u.a. 2010; Cultu-ral Differentiation or Self-Exclusion: On young Turks' and Repatriates' Dealing with Expe-riences of Discrimination in Germany (mit Jan Skrobanek). In: Current Sociology vol. 58 3/2010.

Leistner, Alexander, geb. 1979, Doktorand am Institut für Kulturwissenschaften der Uni-versität Leipzig. Arbeitsbereiche: Soziologie sozialer Bewegungen, Biographieforschung, Soziologie der Gewalt. Ausgewählte Publikationen: Zwischen Entgrenzung und Inszenie-rung. Eine Fallstudie zu Formen fußballbezogener Zuschauergewalt. In: Sport und Gesell-schaft. 2/2008. 111-133; „Ein schönes Spiel reicht noch nicht aus". Fußballfans im Rausch (mit Thomas Schmidt-Lux). In: Niekrenz, Yvonne & Sonja Ganguin (Hrsg.): Jugend und Rausch. Weinheim & München 2010.

Ohr, Dieter, Dr. geb. 1960, Professor für Methoden der empirischen Sozialforschung an der Freien Universität Berlin. Arbeitsbereiche: Methoden der empirischen Sozialforschung und der Datenanalyse, empirische Wahlforschung. Ausgewählte Publikationen: Rechtsextre-mistische Wahlabsicht und regionaler Kontext: Mehrebenenanalysen zur Rolle sozialer Mi-lieus und regionaler Gruppenkonflikte in Deutschland (mit Hermann Dülmer). In: Politi-sche Vierteljahresschrift 49/2008. 491-517; Changing Patterns of Political Communication. In: Aarts, Kees, André Blais & Hermann Schmitt (Hrsg.): Political Leaders and Democratic Elections. Oxford 2010.

Otte, Gunnar, Dr., geb. 1971, wissenschaftlicher Assistent am Soziologischen Institut der Universität Zürich. Arbeitsbereiche: Sozialstrukturanalyse, Lebensstile, Jugendkulturen, Kultur- und Kunstsoziologie, Stadt- und Regionalforschung, Methoden der empirischen Sozialforschung. Ausgewählte Publikationen: Sozialstrukturanalysen mit Lebensstilen. Ei-ne Studie zur theoretischen und methodischen Neuorientierung der Lebensstilforschung. Wiesbaden 2008; From Origin to Destination. Trends and Mechanisms in Social Stratifica-tion Research (hrsg. mit Stefani Scherer, Reinhard Pollak & Markus Gangl). Frankfurt a.M. 2007.

Roose, Jochen, PD Dr., geb. 1972, Juniorprofessor am Institut für Soziologie der Freien Universität Berlin. Arbeitsbereiche: Soziologie Europas, Politische Soziologie, Kultursozio-logie, Methoden der empirischen Sozialforschung. Ausgewählte Publikationen: Vergesell-schaftung an Europas Binnengrenzen. Eine vergleichende Studie zu den Bedingungen sozialer Integration. Wiesbaden 2010; Die gesellschaftliche Bedeutung von Fußballbegeiste-rung: Vergemeinschaftung und Sozialkapitalbildung auf dem Prüfstand (mit Mike S. Schäfer). In: Klein, Gabriele & Michael Meuser (Hrsg.): Ernste Spiele. Zur politischen Soziologie des Fußballs. Bielefeld 2008. 201-225; Die öffentliche Zuschreibung von Verantwortung. Zur Entwicklung eines inhaltsanalytischen Instrumentariums (mit Jürgen Gerhards und Anke Offerhaus). In: Kölner Zeitschrift für Soziologie und Sozialpsychologie 1/2007. 105-124.

Schäfer, Mike S., Dr., geb. 1976, Juniorprofessor am Exzellenzcluster „CliSAP" der Universität Hamburg. Arbeitsbereiche: Medien- und Öffentlichkeitssoziologie, Kultursoziologie, politische Soziologie. Ausgewählte Publikationen: Begeisterte Nutzer? Jugendliche Fans und ihr Medienumgang (mit Jochen Roose). In: merz - Medien und Erziehung 2/2005. 49-53; Wissenschaft in den Medien. Zur Medialisierung naturwissenschaftlicher Themen. Wiesbaden 2007; Emotions in Sports Stadiums (mit Jochen Roose). In: Frank, Sybille & Silke Steets (Hrsg.): Stadium Worlds. London & New York 2010.

Schmidt-Lux, Thomas, Dr., geb. 1974, wissenschaftlicher Mitarbeiter am Institut für Kulturwissenschaften der Universität Leipzig. Arbeitsbereiche: Religionssoziologie, Soziologie der Gewalt, Kultursoziologie. Ausgewählte Publikationen: Das helle Licht der Wissenschaft. Die Urania, der organisierte Szientismus und der ostdeutsche Säkularisierungsprozess. In: Geschichte und Gesellschaft 1/2008. 41-72; Forcierte Säkularität. Religiöser Wandel und Generationendynamik im Osten Deutschlands (mit Monika Wohlrab-Sahr & Uta Karstein). Frankfurt & New York 2009; „Ein schönes Spiel reicht noch nicht aus". Fußballfans im Rausch (mit Alexander Leistner). In: Niekrenz, Yvonne & Sonja Ganguin (Hrsg.): Jugend und Rausch. Weinheim & München 2010.

Schwenzer, Victoria, geb. 1968, wissenschaftliche Mitarbeiterin bei Camino – Werkstatt für Forschung, Praxisbegleitung und Beratung im sozialen Bereich gGmbH. Arbeitsbereiche: Gewaltprävention, Rassismus/Rechtsextremismus, Stadt- und Quartiersentwicklung. Ausgewählte Publikationen: Rassismus und Rechtsextremismus im Zuschauerverhalten und Entwicklung von Gegenstrategien (mit Sabine Behn). In: Pilz, Gunter A. u.a. (Hrsg.): Wandlungen des Zuschauerverhaltens im Profifußball. Schorndorf 2006. 320-435; Fußball als kulturelles Ereignis. Eine empirische Untersuchung am Beispiel des 1. FC Union. In: Zentrum für Europa- und Nordamerikastudien (Hrsg.): Fußballwelten. Zum Verhältnis von Sport, Politik, Ökonomie und Gesellschaft. Opladen 2002. 87-115.

Selmer, Nicole, geb. 1970, freie Autorin und Übersetzerin. Arbeitsbereiche: Fußball, Fankultur, Geschlechterverhältnisse. Ausgewählte Publikationen: Watching the Boys Play. Frauen als Fußballfans. Kassel 2004; gender kicks. Texte zu Fußball und Geschlecht (hrsg. mit Antje Hagel & Almut Sülzle). Frankfurt a.M. 2005; Fußballweltmeisterschaft 1966 in England (mit Olaf Edig & Daniel Meuren). Kassel 2006.

Skrobanek, Jan, geb. 1968, Dr., Mitarbeiter des Deutschen Jugendinstituts Halle. Arbeitsbereiche: Migrationsforschung, Jugendforschung, Extremismusforschung, Ungleichheitsforschung, Evaluationsforschung. Ausgewählte Publikationen: Migration und Ungleichheit in der wissenschaftlichen Debatte. Zur Konstruktion eines sozialen Problems (mit Solvejg Jobst). In: Soziale Probleme 19/2009. 34-52; Perceived Discrimination, Ethnic Identity and the (Re)Ethnicisation. In: Journal of Ethnic and Migration Studies 35/2009. 535-554; New Risks and New Opportunities in School-to-Work Transition: The Transformation of the German Apprenticeship System (mit Birgit Reißig & Nora Gaupp). In: Hugh D. Hindman (Hrsg.): Child Labour Atlas: A Reference Encyclopedia. New York: Sharp. 619-624.

Winter, Rainer, Dr., geb. 1960, Professor für Kultur- und Medientheorie an der Fakultät für Kulturwissenschaften der Alpen-Adria-Universität in Klagenfurt. Arbeitsbereiche: Kultursoziologie, qualitative Methoden, Film- und Fernsehanalyse, Internetkultur. Ausgewählte Publikationen: Widerstand im Netz. Zur Herausbildung einer transnationalen Öffentlichkeit durch netzbasierte Kommunikation. Bielefeld 2009; Globales Amerika. Die kulturellen Folgen der Globalisierung (hrsg. mit Ulrich Beck & Natan Sznaider). Bielefeld 2003; Die Kunst des Eigensinns. Cultural Studies als Kritik der Macht. Weilerswist 2001; Widerspenstige Kulturen. Cultural Studies als Herausforderung. Frankfurt a.M. 1999.

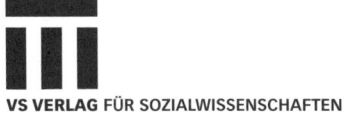